Schlette — Figuren des Erfolges

Marc Schlette

Figuren des Erfolges

Zur politischen Kritik von
Unternehmens- und Managementphilosophie

Königshausen & Neumann

Die vorliegende Arbeit wurde vom Fachbereich Gesellschaftswissenschaften der Universität Duisburg-Essen, Campus Duisburg, unter dem Titel „Mythos, Motivation und Manipulation: Politische Implikationen, Spuren des Religiösen und die Konstituierung von Gemeinschaft in sogenannter Unternehmens- und Managementphilosophie" mit dem Referenten Prof. Dr. Claus-E. Bärsch und dem Koreferenten PD Dr. Reinhard Sonnenschmidt als Dissertation angenommen. Das Promotionsverfahren wurde am 17.01.2005 durch mündliche Prüfung abgeschlossen.

Bibliografische Information der Deutschen Bibliothek

Die Deutsche Bibliothek verzeichnet diese Publikation in der Deutschen Nationalbibliografie; detaillierte bibliografische Daten sind im Internet über <http://dnb.ddb.de> abrufbar.

D 464 Zugleich als Dissertation an der Universität Duisburg-Essen

© Verlag Königshausen & Neumann GmbH, Würzburg 2005
Gedruckt auf säurefreiem, alterungsbeständigem Papier
Umschlag: Hummel / Lang, Würzburg
Bindung: Buchbinderei Diehl+Co. GmbH, Wiesbaden
Alle Rechte vorbehalten
Dieses Werk, einschließlich aller seiner Teile, ist urheberrechtlich geschützt.
Jede Verwertung außerhalb der engen Grenzen des Urheberrechtsgesetzes ist ohne Zustimmung des Verlages unzulässig und strafbar. Das gilt insbesondere für Vervielfältigungen, Übersetzungen, Mikroverfilmungen und die Einspeicherung und Verarbeitung in elektronischen Systemen.
Printed in Germany
ISBN 3-8260-3167-9
www.koenigshausen-neumann.de
www.buchhandel.de
www.buchkatalog.de

Für N.

Inhaltsverzeichnis

1	**Vorwort**	11
2	**Einleitung**	13
2.1	Gegenstand und Anliegen der Untersuchung	13
2.2	Zur Notwendigkeit einer politikwissenschaftlichen Analyse	15
2.3	Aufbau der Arbeit	19
3	**Arbeitsmethode und Gang der Untersuchung**	22
3.1	Der normative Ausgangspunkt	22
3.2	Theoretische Grundlagen des Ansatzes	23
3.3	Kriterien der Textauswahl	27
3.3.1	Beiträge zur Theorie und Praxis des Managements	27
3.3.2	Unternehmensdarstellungen	28
3.4	Methodische Probleme des Ansatzes	29
4	**Problemhorizont und Frageperspektiven**	31
4.1	Die Mystifizierung des ökonomischen *Erfolges* des Einzelnen und der Gemeinschaft in Unternehmens- und Managementphilosophien	31
4.2	Die Unternehmensgemeinschaft und der Einzelne – Strategien der Identitätsbildung	34
4.3	Die Konstruktion einer Illusion eigenen Einflusses auf ökonomischen Erfolg und die Erreichung von Unternehmenszielen	36
4.4	Unternehmenskultur versus politische Kultur: Die partielle Disqualifizierung des institutionalisierten politischen Prozesses	37
4.5	Die Bedeutung und Bewertung gewerkschaftlicher Interessenvertretung	39
4.6	Philosophie, Sinn und Orientierung durch das Management und die Probleme der Diskrepanz zwischen imaginierter und praktizierter Unternehmensrealität	42
4.7	Die Verschleierung tatsächlicher Machtverhältnisse und Interessenkonstellationen als Implikation neuerer Managementkonzepte	45
4.8	Die Besonderheiten der kommunikativen Situation im Unternehmen	49

5	**ZENTRALE PROBLEME UND BEGRIFFE DER UNTERNEHMENSKULTURDEBATTE**	54
5.1	Der Unternehmenskulturansatz	54
5.2	Normative Personallehren und Unternehmenskultur	62
5.3	Der Begriff Unternehmensphilosophie	63
5.4	Die Reduktion komplexer Wirklichkeit: Zur phänomenologischen Charakterisierung von Unternehmensphilosophien	67
5.5	Der Begriff Managementphilosophie	69
5.6	Corporate Identity	71
5.6.1	Grundzüge des Corporate-Identity-Ansatzes	71
5.6.2	Corporate Design	76
5.6.3	Corporate Communications	76
5.6.4	Corporate Behaviour	78
5.7	Konformität, Verhaltensregulation und soziale Kontrolle als Managementproblem	78
6	**ZUR KRITIK AUSGEWÄHLTER BEITRÄGE DER MANAGEMENTLEHRE**	84
6.1	Management als Heilung: Rudolf Manns Neue Führung: „Vom Kampf um Anerkennung zum authentischen Sein"	84
6.1.1	Zur Analogie Mensch – Unternehmen	85
6.1.2	Führung im Unternehmen als Erkenntnisprozess mit dem Ziel „energetischen" Gleichgewichts	87
6.1.3	Die Wiederentdeckung der *Seele* im Management: Der Bewusste führt den Mächtigen	89
6.1.4	Der neue Führer entdeckt sein „göttliches Selbst"	92
6.2	Homogenität und Spiritualität in der Unternehmung: Jesper Kundes Konzept einer „Corporate Religion"	97
6.2.1	Die Verwendung des Begriffes *Religion* bei Jesper Kunde	98
6.2.2	Die Produktion der großen Männer	100
6.2.3	Das Unternehmen als Organismus und die Phantasie von *Einheit*	103
6.2.4	Effiziente Führung durch „Feldherren" in Szenarien existentieller Bedrohung	106
6.2.5	Entwicklung, Erkenntnis und der Verlust des Maßes	107
6.2.6	Geltungsanspruch und Reichweite	111
6.3	Metaphysik des Managements: Gerd Gerkens Überwindung des Ich	113

6.3.1	Trends und „Neues Management"	113
6.3.2	Indirekte Steuerung und kollektive Imagination	115
6.3.3	Macht und Mythos	118
6.3.4	Wissenschaft und Gesellschaft	119
6.3.5	Selbsttranszendenz und Transpersonalität	122
6.4	Begeisterung und Kalkül: Matthias zur Bonsens *Transformierende Führung*	124
6.4.1	Eine „Vision von Größe"	125
6.4.2	Führung und Transformation	130
6.4.3	Betrieblicher Alltag als liturgische Praxis	134
6.5	Ein Klassiker und die Folgen: Thomas J. Peters' und Robert Watermans *In search of Excellence*	138
6.5.1	Gemeinsame Merkmale exzellenter Unternehmen	141
6.5.2	Die Überwindung rationaler Management-Modelle	142
6.5.3	Triebfeder Motivation: Glaube, Disziplin und Transzendenz	144
6.6	Management als Beruf: Fredmund Maliks Idee eines wirksamen *Menschen*	152
6.6.1	Management als wichtigster Beruf überhaupt	152
6.6.2	Ganzheitsorientierung und Reduktion von Komplexität	156
6.6.3	Systemisch-evolutive Entwicklung	159
6.6.4	Regulation und Verhaltenssteuerung	161
6.6.5	Zusammenfassung	163
7	**DAS UNTERNEHMEN ALS GEMEINSCHAFT**	**166**
7.1	Annäherung an einen schwierigen Begriff	166
7.2	Zur Genese der Vergemeinschaftungsidee in Unternehmen	174
7.3	Wir, die Firma: Die Konstruktion kollektiver Identität	180
7.3.1	Das Hervorrufen emotionaler Bindung	181
7.3.2	Das Unternehmen als Wertegemeinschaft	189
7.3.3	Exkurs: Christlicher Glaube als Grundlage der Unternehmensführung	203
7.3.4	Das Unternehmen als Familie und das japanische Vergemeinschaftungsmodell	210
7.4	Im Mittelpunkt aller Anstrengungen...: Die Verabsolutierung des Kunden	215
7.5	Potentialität und Aktualität: Die unbedingte Notwendigkeit zur Realisierung aller Möglichkeiten in der Unternehmung	221
7.6	Vergemeinschaftung durch „Weiterbildung"	225

7.7	„Leisten und Leben": Die Konnexität von Unternehmenserfolg und der Realisierung persönlicher Ziele	227
7.8	Wettbewerb als permanente Krise: Unternehmen in einer „bedrohlichen" Umwelt	232
7.9	Der Arbeit einen Sinn geben: Zur Produktion von *Sinn* in der Unternehmung	238
8	**ERFOLGSIDEOLOGIEN INNERHALB UND AUẞERHALB DES UNTERNEHMENSKONTEXTES**	**243**
8.1	„Erfolg ist machbar": Zum Problem der methodischen Aneignung von Erfolg	243
8.2	Optimismus und „positives Denken" als Illusion des Privaten	245
8.3	Die Unternehmer- und Managerpersönlichkeit als Held	253
8.3.1	Vom Tellerwäscher zum Millionär oder *Die Mentalität des Erwerbs*	257
8.3.2	Wer siegen will, muss führen...- Die Selbstinterpretation von Managern	259
8.4	Exkurs: WalMart als Gemeinschaft der Erfolgreichen	262
8.5	Die Entwicklung von *Erfolgspersönlichkeiten* durch Seminare und Trainings	266
9	**SPUREN DES RELIGIÖSEN IN MANAGEMENTLEHRE UND UNTERNEHMENSFÜHRUNG**	**279**
9.1	Zum hier zugrunde gelegten Verständnis des Wortes Religion	279
9.1.1	Die Typologie der Transzendenzen	286
9.1.2	Religion und Privatheit	288
9.2	Die Dimensionen moderner Religiosität in Unternehmensführung und Wirtschaft	290
9.2.1	Die Entdeckung des „spirituellen" Managers	290
9.2.2	Religiöse Elemente als Bestandteil einer Sozialtechnik	294
9.2.3	Wirtschaftlicher Erfolg als Paradigma geglückten Lebens	296
9.2.4	Kapitalismus als Religion und die Idee der absoluten Gültigkeit der Marktgesetze	300
9.2.4.1	Der variierende Problemgehalt der Rede vom *Kapitalismus als Religion*	300
9.2.4.2	Markt und Gemeinwohlfiktion	305

10	**UNTERNEHMENS- UND MANAGEMENTPHILOSOPHIE UND DIE DEBATTE UM ETHIK IN DER WIRTSCHAFT – VERSUCH EINER EINORDNUNG**	**308**
10.1	Argumentationslinien der Unternehmens- und Wirtschaftsethik-Debatte	308
10.2	Ökonomische Entwicklung und Politische Ethik	316
10.2.1	Ökonomik: Der Anreizethik- und Rahmenordnungsansatz Karl Homanns	322
10.2.2	Integrative Wirtschaftsethik: Kritik des Ökonomismus bei Peter Ulrich	330
10.3	Schlussfolgerungen	336
11	**SCHLUSSBETRACHTUNG UND AUSBLICK**	**339**
11.1	Zusammenfassung der Ergebnisse – Grundzüge einer gemeinsamen Tendenz	339
11.1.1	Einheit und Geschlossenheit	339
11.1.2	Emotion, Identifikation und Entwicklung	340
11.1.3	Größe, Exzellenz, Erfolg und Geheimnis	341
11.2	Das großgeschriebene WIR zurückweisen…- Eine Anmerkung zum Problem von Humanität und Distanz in der Arbeitswelt	343
11.3	Partizipation und Freiheit vor dem Hintergrund des Ökonomismus	352
12	**LITERATURVERZEICHNIS**	**359**
12.1	Verzeichnis der untersuchten Unternehmensdarstellungen	394
12.2	Berichte, Statistiken und Leitfäden	398
12.3	Radio- und Fernsehsendungen	400
12.4	Stellungnahmen	400
12.5	Nachweis der Paratexte	400
12.6	Interviews	401
12.7	Internetseiten	402

1 Vorwort

> „Siegerteams entstehen durch die differenzierte Behandlung der Teammitglieder – die Besten werden belohnt, die Schlechtesten aussortiert, und die Latte für das gesamte Team wird immer höher gelegt." (Jack Welch)

Die gegenwärtige Wirtschaftswelt ist durch Komplexität und tief greifende Veränderungsprozesse gekennzeichnet. Der wettbewerbsbedingte Anpassungsdruck und veränderte wirtschaftliche Rahmenbedingungen haben vielfältige Effekte auf das Arbeits- und Wirtschaftshandeln in Unternehmen. Bei den Erklärungen, Deutungen und Interpretationen dieses wirtschaftlichen Wandels, die in Unternehmen und von Unternehmern, Managern und Managementtheoretikern vielfach als Philosophie bezeichnet werden, setzt meine Untersuchung an. Die Verwendung des Wortes Philosophie hat sich auch in der Wirtschaftswelt durchgesetzt. Dies kann man mit guten Gründen kritisieren, obschon in Unternehmensdarstellungen und vor allem in Beiträgen zu Management und Unternehmensführung durchaus grundsätzliche Fragen behandelt werden. Es geht hier darum, in diesen Beiträgen entwickelte „philosophische" Positionen, Ideen und Deutungen von Mensch, Welt, Wirtschaft und Gesellschaft ernst zu nehmen und zu problematisieren. Bei einer so angelegten Untersuchung kann es sich nur um eine Annäherung, eine Exploration in einem weiten und unübersichtlichen Feld handeln. Bei der Verallgemeinerung von Aussagen und Bewertungen ist daher Vorsicht geboten. Davon aber, dass die präsenten *Figuren des Erfolges* Einfluss auf das Bewusstsein von politischer und gesellschaftlicher Realität haben, war und bin ich überzeugt.

Die Arbeit hat unter dem Titel „Mythos, Motivation und Manipulation. Politische Implikationen, Spuren des Religiösen und die Konstituierung von Gemeinschaft in Unternehmens- und Managementphilosophie" der Fakultät für Gesellschaftswissenschaften der Universität Duisburg-Essen am Campus Duisburg als Dissertationsschrift vorgelegen.

Für die wissenschaftliche Begleitung der Promotion bin ich meinen akademischen Lehrern Herrn Prof. Dr. Claus-E. Bärsch und Herrn Privatdozent Dr. Reinhard Sonnenschmidt zu besonderem Dank verpflichtet. Beide ließen mir jede Freiheit im Denken und Schreiben und unterstützten mich mit ihrem guten Rat, ohne mir kritische Einwände zu ersparen.

Frau Nicole Schlette M.A. hatte über Jahre nicht nur viel Arbeit mit der Manuskriptlektüre und den Korrekturen. Sie hat mir auch immer Mut gegeben und mich im richtigen Moment davon überzeugt, dass es jetzt *Zeit* ist.

Die Mitarbeiter, die Freunde aus dem Institut für Religionspolitologie in Duisburg verdienen ebenfalls Dank für Unterstützung, Geduld und manch spannende Diskussion. Speziell Herr Dr. Peter Berghoff hat mir mit seiner profunden Kenntnis der Identitätsproblematik in der Sphäre des Politischen zu einer differenzierteren Sicht auf die eigene Argumentation verholfen.

Ich danke meinen lieben Eltern und allen Freunden für die Unterstützung meiner Arbeit und die während der vergangenen vier Jahre genommenen Rücksichten.

Darüber hinaus ist Herrn Hendrik Risse und Herrn Georg Beckers, ganz besonders aber Frau Dipl.-Soz.-Wiss. Ursula H. Berretz für ihre geduldige Hilfe bei der Formatierung des Manuskripts zu danken.

Der Hans-Böckler-Stiftung danke ich für die Förderung des Promotionsvorhabens. Die Veröffentlichung wurde mit Hilfe eines großzügigen Druckkostenzuschusses realisiert.

Herrn Prof. Dr. Johannes Königshausen bin ich sehr dankbar dafür, dass die Arbeit nun im Verlag Königshausen & Neumann verlegt wird.

Last but not least danke ich Herrn Prof. em. Dr. Dr. Heinz Robert Schlette, der meine Studien mit Interesse begleitet und durch substantielle Gespräche bereichert und gefördert hat.

Für alle Fehler, Ungenauigkeiten, Redundanzen und Unklarheiten bleibt indes allein der Verfasser verantwortlich.

Duisburg, im Juni 2005   Marc Schlette

2 Einleitung

> „Nach Ausweis der Erfahrung geht es indessen tatsächlich umgekehrt, indem alle, die sich mit Erwerb befassen, ihr Geld schrankenlos zu vermehren trachten [...]. Jene Menschen aber machen aus allen diesen Dingen einen Gelderwerb, als wäre es das Ziel, worauf alles bezogen wäre." (Aristoteles, Politik)

2.1 Gegenstand und Anliegen der Untersuchung

In dieser Arbeit wird der Versuch unternommen, einen Zugang zur politischen Bedeutung eines Denkens zu erhalten, das in Beiträgen zur Managementlehre und Unternehmensführung sowie in Selbstdarstellungen von Unternehmen erkennbar ist, und es zugleich einer kritischen Überprüfung zu unterziehen. Insofern Gilbert Weiss darin zuzustimmen ist, dass „die ökonomischen Kategorien des Marktes und des Wettbewerbs" gegenwärtig „zu den alles dominierenden Elementen der politischen, sozialen, kulturellen und auch individuellen Selbst-Interpretation *(doxa)* avancieren"[1], verdienen diese *politischen* Positionen, Deutungen und grundsätzlichen Überlegungen hinsichtlich ihres Beitrages zu dieser Problematik und der ggfs. durch sie mit verursachten Verschärfung derselben eine kritische Aufmerksamkeit.

Unternehmens- und Managementphilosophie sind aus der gegenwärtigen Wirtschaftswelt nicht wegzudenken. Während Unternehmen heute mit einiger Selbstverständlichkeit über eine Unternehmensphilosophie, Unternehmensgrundsätze oder Unternehmensleitbilder verfügen, in denen über den Zweck, die Werte und die Grundlagen des unternehmerischen Handelns „philosophiert" wird, stehen in der wissenschaftlichen Managementlehre und den zahlreichen populärwissenschaftlichen Handbüchern, Ratgebern und Praxisberichten über Management und Führung allerwegen die Fragen optimaler Unternehmensführung im Mittelpunkt der „philosophischen" Betrachtungen.

In der hier vorgelegten Untersuchung werden einzelne, aus der Sicht des Verfassers durchaus *typische* Konzepte modernen Managements hinsichtlich ihrer politischen Implikationen untersucht. Darüber hinaus werden Unternehmensphilosophien[2] ausgewählter Unternehmen analysiert. Hier wird ebenfalls nach deren politischer Dimension gefragt.

---

[1] Vgl. Weiss 2003, S. 26.
[2] Neben dem Schlagwort "Unternehmensphilosophie", dessen rege Verwendung vorläufig als Tatsache akzeptiert werden muss, sind häufig auch die Begriffe "Unternehmensverfassung" und „Unternehmensleitbild" anzutreffen. Darüber hinaus ist auch von der *Vision* oder gar der *Mission* des Unternehmens zu lesen. Trennscharfe und sinnvolle begriffliche Abgrenzungen sind hier kaum möglich. Von Interesse sind in jedem Fall Darstellungen, Konzepte und sonstige Materialien, die von Unternehmen publiziert und Mitarbeitern zur Verfügung gestellt werden, und die das „Selbstverständnis" des Unternehmens zum Ausdruck bringen und seinen „Sinn"

Angesichts der seit Jahren andauernden breiten öffentlichen Diskussion um Globalisierung[3], die Zukunft der Arbeitsgesellschaft, die *Wettbewerbsfähigkeit* der Unternehmen und die Optimierung ökonomischer und organisationaler Prozesse stellt die intensive Beschäftigung auch der Managementliteratur unterschiedlicher Provenienz, Qualität und theoretischer Reichweite mit den damit verbundenen Fragen keine Überraschung dar. Im Gefolge neuerer Managementkonzepte und in Anlehnung an aus Amerika übernommene Vorstellungen von Unternehmensführung erfreuen sich Unternehmensphilosophien auch hierzulande einer ansehnlichen Popularität.

Das mit der neueren Managementlehre eng verknüpfte Thema *Unternehmenskultur* ist seit Anfang der 80er Jahre nicht nur ein zentraler Topos der wirtschaftswissenschaftlichen Literatur, sondern hat mehr und mehr auch die Öffentlichkeit und die Führungsetagen der Firmen erreicht. Der Wunsch nach einer „philosophischen Absicherung" der eigenen Unternehmensaktivitäten und der eigenen „Kultur" wächst. Diese Feststellung ist einfacher als die genaue Beschreibung der Formen und Ausprägungen dieser Absicherungen und der Gründe, welche die Führung eines Unternehmens veranlassen, ihr Augenmerk auf Fragen zu richten, die mit Kultur und Philosophie eines Unternehmens verbunden sind. Die bisher in dieser Hinsicht verfügbaren Antworten lassen sich, stark vereinfacht, etwa folgendermaßen zusammenfassen: Unternehmen wollen und nutzen eine Unternehmensphilosophie zur *Produktion* von *Sinn, Einheit, Zusammenhalt* und der *Legitimation des Führungshandelns*.

Die Unternehmenskultur gilt als „weicher Erfolgsfaktor" und wird als mehr oder weniger *gestaltbar* betrachtet. Mitunter wurde in Wissenschaft und Praxis die Position vertreten, die Unternehmenskultur sei gar der entscheidende Erfolgsfaktor.[4] Auch die Zahl der Veröffentlichungen zu Strategien und Konzepti-

---

erklären sollen. Eine ausführliche Klärung des Begriffs *Unternehmensphilosophie* wird in Kapitel 5 vorgenommen.

[3] Da es eine Fülle von Versuchen gibt, die Ereignisse genauer zu bestimmen, die gemeinhin mit Globalisierung umschrieben werden, ist eine begriffliche Klärung des hier zugrunde liegenden Verständnisses erforderlich: Ein weiter Globalisierungsbegriff, der einerseits die mannigfachen ökonomischen und weltwirtschaftlichen Entwicklungen, insbesondere die nahezu uneingeschränkte Kapitalmobilität als auch die der Globalisierung immanente „Revolution der Kommunikation" (Giddens) umfasst, scheint angemessen. Globalisierung ist nicht nur „totaler Markt", sie ist weder zur Gänze als zerstörende Kraft, noch als, positiv gewendet, neues und großartiges Weltzeitalter zu verstehen, sondern kann im Sinne Anthony Giddens' als „komplizierter und widerspruchsvoller Komplex von Veränderungen" begriffen werden (Vgl. Giddens 2000, S. 13.). Des näheren geht es mir für den hier behandelten Zusammenhang vor allem darum, die Bedeutung tatsächlich handelnder Akteure in dem augenscheinlich geradezu "selbstbewegt" ablaufenden Großereignis hervorzuheben. Die Konflikte und Krisen der Globalisierung globalisieren nicht die Globalisierung (sic!), wie Ulrich Beck es nahe legt (Vgl. Beck 2002, In: SZ 09./10.11.2002), sondern handelnde Akteure deuten, beeinflussen, steuern, interpretieren und managen einen höchst auslegungsbedürftigen und unklaren Prozess, aus dem konkrete Nachteile und Vorteile durch konkretes Handeln resultieren. Zum Globalisierungsbegriff vgl. auch Simon 2002, S. 57 f.

[4] Vgl. neben vielen anderen Peters/Waterman 1989.

onen, die unter dem Schlagwort *Corporate Identity* zusammengefasst werden können, ist kaum noch zu überblicken. Die Begriffe *Unternehmensidentität*[5] oder *Unternehmenspersönlichkeit* sind zu gängigen Beschreibungsformeln geworden. Wie bei anderen Topoi der Wirtschafts- und Organisationswissenschaften wie z.B. *Lean Management, Business Reengeneering, Total Quality Management, Change-Management, Management by Vision, Management by Love* und weiteren *Management by*...Varianten beanspruchte auch der Unternehmenskulturansatz die Qualität des *Neuen* und des *ganz Anderen*.[6] Umwälzung, Revolution, Paradigmenwechsel oder vergleichbare Begriffe sind in beinahe jedem einschlägigen Beitrag zu lesen.[7]

Ausgangspunkt der Diskussionen um Unternehmenskultur und Corporate Identity ist die grundsätzliche Auffassung, dass Unternehmen überhaupt eine „Identität" besitzen können. Was im Einzelnen unter Identität verstanden wird, variiert dabei erheblich. Im Rahmen dieser Untersuchung wird daher auf verschiedene Identitätsvorstellungen, die in der gegenwärtigen Debatte von Bedeutung sind, einzugehen sein. Im Mittelpunkt der hier vorgetragenen Überlegungen steht jedoch die allgemeine Frage, inwieweit dem Phänomen der Konstituierung von Firmenidentitäten und Unternehmenskulturen eine *politische Relevanz* zukommt und wie diese erfasst und beschrieben werden kann.

2.2 Zur Notwendigkeit einer politikwissenschaftlichen Analyse

Die Entscheidung für einen politikwissenschaftlichen Ansatz zur Analyse von Unternehmens- und Managementphilosophie bedarf der Begründung. Die wissenschaftliche Betrachtung des Gegenstandes wird gemeinhin den Wirtschaftswissenschaften, allenfalls noch der Arbeitspsychologie zugeordnet, zumeist unter dem Gesichtspunkt von Optimierung und Rationalisierung betrieblicher Abläufe. In jüngerer Zeit sind im Kontext der politologischen Globalisierungsdebatten verschiedene Beiträge zu verzeichnen, die mit Blick auf die Themenkreise Menschenrechte und Arbeitsbedingungen in den ärmeren Staaten Ansätze und Lösungsmöglichkeiten thematisieren, durch die im Rahmen der Fixierung allgemeiner Mindeststandards und Selbstverpflichtungen, insbesondere der weltweit tätigen Unternehmen, wenigstens die eklatantesten Auswirkungen der

---

[5] Zum Begriff Unternehmensidentität vgl. Jongebloed 2001, S. 206 f.
[6] Die Aufzählung der wirtschaftswissenschaftlichen Modeworte habe ich teilweise der Zeitschrift Assistenz entnommen. Vgl. O.V.: Change-Management – eine neue Unternehmensphilosophie. In: Assistenz, Bd. 47, Nr. 2 1998, S. 22. Zu den Konzepten *Lean Management*, Total Quality Management, Re-Engeneering und Simultaneous-Engeneering vgl. die knappe aber informative zusammenfassende Darstellung bei Brinkmann 1996, S. 221 f.
[7] Gertraude Krell hat zu Recht darauf hingewiesen, dass die Rede vom Paradigmenwechsel bei den Managementkonzeptionen Tradition hat. Vgl. Krell 1994, S. 13. Während beispielsweise bei Malik eine *neue Zeit* für das Management begonnen hat, ist es bei Nagel gleich eine *neue Epoche*. Bei Moss-Kanter bewegt sich das Management in „neuen Dimensionen". Vgl. Malik 2001 (Titel), Nagel 1991, S. 14 und Moss-Kanter 1998 (Titel).

neueren weltwirtschaftlichen Entwicklungen abgemildert werden sollen. Gegenstand politikwissenschaftlicher Analyse sollte indes auch die politische Dimension des in den Unternehmens und Managementphilosophie verkörperten Denkens einschließlich seiner Nebeneffekte sein.

Dabei ist es nötig zu betonen, dass es hier nicht darum geht, Unternehmensphilosophie oder gar unternehmensethische Anstrengungen von Unternehmen prinzipiell abzulehnen – im Gegenteil: Aus der Perspektive eines normativen Eintretens für eine *humane Arbeitsgesellschaft*, die weiterhin eine unaufgebbare Forderung darstellt, ist eine grundsätzliche Reflexion über das Handeln der Unternehmung im Wirtschaftsprozess und im gesamtgesellschaftlichen Kontext gerade angesichts der neueren Problemlage, die in all ihrer Komplexität und Tragweite unter dem Begriff Globalisierung subsumiert wird, erst recht geboten, so dass Unternehmensgrundsätze, die ein „ethisches Fundament" des wirtschaftlichen Handelns darstellen und das begründete Bekenntnis zu einem bestimmten *Tun* (und ebenso zu einem *Unterlassen*) enthalten, in der Diskussion um die Möglichkeiten einer „lebensdienlichen Ökonomie" einen wichtigen Beitrag leisten können.[8] Fraglich ist allerdings, ob die „Philosophien", Leitbilder oder „Grundsätze" der hier untersuchten Unternehmen einem solchen Anspruch gerecht werden oder ob Ertragsgesichtspunkte, Gewinninteressen oder auch die einfache Tatsache, dass Unternehmenskultur und Unternehmensphilosophie „in Mode" sind, hier den Vorrang vor ethischen Grundsatzüberlegungen haben und dieser Umstand sich auch auf die in der Unternehmensdarstellung thematisierten Fragen und Antworten auswirkt.[9] Außerdem ist zu fragen, inwieweit das einer ökonomischen Funktionslogik unterworfene Unternehmen überhaupt der geeignete Ort für ethische Reflexionen sein kann.[10]

Das normative Ziel einer „Arbeit für alle", einer Arbeit als humaner und demokratisierter „Möglichkeit, selbstverantwortlich und mitverantwortlich sinnvoll tätig zu sein"[11], wird heute gelegentlich bereits als Ausdruck einer eher „traditionellen Position" betrachtet.[12] Da jedoch eine „Überwindung" der Arbeits- und Leistungsgesellschaft auf absehbare Zeit nicht in Sicht ist, bleiben die Fragen, wie Arbeit möglichst menschengerecht gestaltet werden kann, kontinuierlich auf der politischen Agenda. Dass zahlreiche Unternehmen bemüht sind, das eigene wirtschaftliche Handeln an Maßstäben und Standards auszurichten, dass vielfach Selbstverpflichtungen zu umweltschonendem Wirtschaften übernommen werden und endlich auch die Arbeitsbedingungen in ausländischen Betriebsstätten oder bei Lieferanten in den Blick kommen, muss angesichts der sich in diesem Zusammenhang dramatisch verschärfenden Probleme anerkannt werden.

---

[8] Vgl. Ulrich 2001.
[9] Zu einer stark verallgemeinernden Überschätzung der ethischen Wirksamkeit von Unternehmensgrundsätzen neigt z.B. Hermann 1992, S. 12 f.
[10] Vgl. zu diesem Problem insbesondere die Abschnitte 10.1 und 10.2.
[11] Vgl. Brakelmann 1998.
[12] Vgl. z.B. Guggenberger 1988.

Einleitung 17

Wenn die Selbstdarstellungen von Unternehmen oder die zum Einsatz kommenden Management- und Führungskonzeptionen eine Unternehmenspolitik vorsehen, die bei Arbeitsbedingungen und Umweltverträglichkeit über gesetzliche Mindeststandards hinausgeht und auch die unternehmerische Praxis diesen Grundsätzen Rechnung trägt, können sie selbst dann ein hilfreiches Instrument darstellen, wenn das Engagement einzelner Unternehmen zuerst der Imageoptimierung dient.

Aber es tun sich Widersprüchlichkeiten auf: Umweltverträgliches Verhalten und humane Arbeitsbedingungen bedeuten eher selten einen Konkurrenzvorteil. Unternehmen bewegen sich in einer elementaren ökonomischen Funktionslogik. Ob der Markt freiwillige Engagements und Wertorientierung im positiven Sinn des Wortes „belohnt", ist nicht erst unter Globalisierungsbedingungen mehr als fraglich.[13] Ökologisch verträgliches Wirtschaften gilt vielen als Luxus. In dieser Hinsicht beispielhafte Engagements geraten wie andere Positionen auf der Ausgabenseite von Unternehmen schnell unter Kostendruck und werden im Zweifel zur Disposition gestellt.

Und die Realität der Arbeitsbedingungen kann weder welt- noch europaweit durchgängig als human bezeichnet werden. Trotz der Schwierigkeiten, die mit so weit reichenden Bewertungen verbunden sind, liegen doch genügend Belege dafür vor, dass derzeit nicht die *Humanisierung der Arbeitswelt*, sondern gegenläufige Tendenzen zu beobachten sind. Dabei sind wachsender Leistungsdruck, erhöhte Arbeitsdichte, Angst vor Arbeitslosigkeit und zunehmende *Armut trotz Erwerbstätigkeit*[14] die Phänomene, die in den Industrieländern zu gewärtigen sind, wohingegen blanke Not und mitunter skandalöse Arbeitsbedingungen die Situation in den ärmeren und armen Ländern kennzeichnen.[15]

Mit einigen Ausnahmen gilt, dass diese weit reichenden Problemkonstellationen in den mir vorliegenden Unternehmensdarstellungen fast durchweg ausgeklammert werden und zumeist allenfalls darauf hingewiesen wird, das eigene Handeln basiere auf „starken Werten" und man bekenne sich zu einer „gesellschaftlichen Verantwortung". In ähnlicher Weise gilt dies auch für die untersuchten Ansätze der Managementlehre.

Es wird deutlich werden, dass von einer *Unternehmensethik* nur in den seltensten Fällen die Rede sein kann. Statt einer solchen Ethik lässt sich insgesamt eher eine gemeinsame Tendenz der „philosophierenden" Unternehmen identifi-

---

[13] Vgl. dazu etwa die Studie von Fichter und Sydow, die im Rahmen ihres 2001 vorgelegten und auf die Selbstverpflichtungskodizes der Bekleidungsindustrie bezogenen Berichtes kritisch fragen: „Warum scheint die Gegensteuerung der Händler und Hersteller der ersten Welt durch Entwicklung und Implementierung eigener interner und selbstbestimmter Kodizes eher wenig effektiv?", vgl. ebenda, S. 5.
[14] Vgl. die empirischen Befunde zur Armut bei Erwerbstätigkeit in Deutschland bei Hanesch et. al. 2000, S. 163 ff.
[15] Vgl. etwa Fuchs 2002, S. 3 ff. und Chossudovsky 2003, S. 88 ff. sowie das aufschlussreiche Buch *Arbeit Poor. Unterwegs in der Dienstleistungsgesellschaft* von Barbara Ehrenreich, Reinbek bei Hamburg 2003.

zieren, das Vorhandensein einer „Unternehmensgemeinschaft" zu suggerieren, die sich im „sich ständig verschärfenden Wettbewerb" nur behaupten kann, wenn „alle an einem Strang ziehen."

Die Absicht, die eigenen Stärken vorzuführen und die wirtschaftliche Realität (und ihre Herausforderungen) zu deuten, führt gelegentlich zu recht eigenwilligen Interpretationen und zu einer fragwürdigen Reduktion von politischer, gesellschaftlicher und wirtschaftlicher Komplexität. Nimmt man ältere Selbstdarstellungen von Unternehmen auszugsweise zum Vergleich, lässt sich außerdem ein Trend zu stärkerer Verallgemeinerung und Vereinfachung beobachten.

Obschon das Wort „Verantwortung" stark strapaziert wird, sind die Anzeichen, dass die Darstellungen zumeist einer *Ideologie des Erfolges* gleichkommen, deutlich. Mythos, Motivation und Manipulation sind, wie hier gezeigt werden soll, die Schlagworte, die den Inhalt einer Vielzahl von Unternehmens- und Managementphilosophien kurz und gleichwohl zutreffend beschreiben. Die verwendeten Interpretations- und Deutungsmuster erschweren die kritische Auseinandersetzung mit prinzipiellen wirtschafts- und gesellschaftspolitischen Fragen. Unter der gut gesicherten Prämisse, dass die in der Arbeitswelt gemachten Erfahrungen die Persönlichkeit sowie deren Wertvorstellungen auch in anderen Lebensbereichen beeinflussen[16], muss davon ausgegangen werden, dass das *Bewusstsein von Gemeinschaft*, welches bei einem Gelingen der Vermittlungsabsicht konstituiert wird, die Perspektive auf politische Fragestellungen verändert. Zu denken ist dabei vor allem an eine Beeinflussung der Perzeption der eigenen Interessenlage im Arbeitsprozess. So wird der vorgegebene Interessengegensatz zwischen Arbeitnehmer und Arbeitgeber entweder nicht thematisiert, als „Ideologie" desavouiert oder negiert.[17] Häufig wird einfach behauptet, Arbeitgeber und Arbeitnehmer hätten prinzipiell gleiche Interessen.[18] Auch im Hinblick auf ethische und politische Entscheidungen des Einzelnen sind Auswirkungen zu erwarten (Stigmatisierung derjenigen, welche die jeweilige Gemeinschaftskonzeption ablehnen; Ablehnung von gesetzlichen Mitbestimmungsorganen und Gewerkschaften etc.). Aus der Sicht des Verfassers kann die Vermittlung der

---

[16] Vgl. zu dieser Thematik etwa Schmale 1995, S. 17-57 und Ulich 1998, S. 161 ff.
[17] Vgl. u.v.a. Ulrich 1974, S. 9 f. Hans Ulrich spricht von einer unhaltbaren und überholten „Interessentheorie". Dabei werden allerdings die unterschiedlichen Interessen von Arbeitgeber und Arbeitnehmer mit einem Gegensatz von „Kapital und Arbeit" gleichgesetzt. Dies ist aber problematisch, weil eine Vorfestlegung auf eine Gesellschaftstheorie unterstellt wird, welche die Befürworter der Annahme eines Interessengegensatzes nicht notwendigerweise unternommen haben müssen.
[18] Das Bundesverfassungsgericht hat in einem Beschluss vom 10.12.1985 zur Frage des konsequenten Vertretens von Rechtspositionen durch Betriebsräte ausdrücklich einen so wörtlich „vorgegebenen Interessengegensatz" angenommen. In einem Beschluss des Bundesarbeitsgerichtes vom 21.04.1983 (Az.: 6 ABR 70/82) heißt es: „Auch das Betriebsverfassungsgesetz setzt diesen Interessengegensatz voraus." Vgl. Schoof 1996, S. 244. In der Begründung der Bundesregierung zum neuen BetrvG, welches am 28.07.2001 in Kraft getreten ist, wird die aus dem Interessengegensatz resultierende Notwendigkeit arbeitnehmerseitiger betrieblicher Interessenvertretung entsprechend unterstrichen. Vgl. Begründung zum Gesetzentwurf, S. 5 ff.

Fiktion von *Homogenität* und *Einheit* in der „Unternehmensgemeinschaft" unter der alles leitenden gemeinsamen Vision außerdem zu einer Negation von Pluralität sowie zu einer normativ nicht zu rechtfertigenden Verschleierung ökonomischer Interessen führen.

Es erscheint daher zweckmäßig, das in den Unternehmensdarstellungen verkörperte Denken und insbesondere die *Ideologie des Erfolges* auch vor dem Hintergrund des allgemeinen Diskurses über Wirtschaft, Markt und Wettbewerb zu verstehen. Die Konzentration auf die von mir behandelten Texte erleichtert den Zugang zu der Frage, inwiefern sich in der Selbstinterpretation von Unternehmen neben ökonomischer Rationalität zugleich strategisch manipulative Momente in Bezug auf diesen allgemeinen Diskurs auffinden lassen. Beispielhaft sei hier nur die ebenso konsequente wie problematische Interpretation der Globalisierung als extern bewirktes, notwendig eintretendes, zwangsläufig Maßnahmen erforderndes, den Wettbewerb infinit verschärfendes und alles auf den Kopf stellendes *Ereignis* genannt. Die Komplexität der mit dem Wort Globalisierung beschriebenen Prozesse wird in keiner mir bekannten Darstellung eines Unternehmens gewürdigt oder problematisiert. Die vielen, im Zusammenhang mit der Globalisierungs- und Standortdebatte zu stellenden Fragen, insbesondere die Frage, ob für das eigene Unternehmen eigentlich wirklich zwangsläufige und erhebliche Veränderungen der wirtschaftlichen Ausgangslage eingetreten sind, welche die Rede von einer „bedrohlichen" Umwelt und eines „unerbittlichen Kampfes um Marktanteile" rechtfertigen würden, bleiben üblicherweise ungestellt.

2.3 Aufbau der Arbeit

Im folgenden Abschnitt gehe ich zunächst auf die Einzelheiten der von mir gewählten methodischen Vorgehensweise ein und begründe die hinsichtlich der Arbeitsmethode getroffenen Entscheidungen. Darüber hinaus lege ich die Kriterien der Auswahlentscheidungen dar und gehe schließlich kurz auf die methodologischen Probleme dieser Arbeit sowie ihren normativen Ausgangspunkt ein. In Kapitel 4 (Problemhorizont und Frageperspektiven) stelle ich meiner Analyse eine kurze einführende Beschreibung der mit Unternehmenskultur, Unternehmens- und Managementphilosophie einhergehenden zentralen Probleme und politischen Implikationen voran und formuliere meine Thesen. Die Kriterien der Kritik werden hier benannt. Dabei beziehe ich skizzenhaft den ökonomischen und gesellschaftlichen Kontext ein, in dem die zu untersuchenden Konzepte, Positionen und Darstellungen vollzogen werden.

Im Anschluss daran erfolgt in Kapitel 5 eine subsumierende Darstellung der wichtigsten Argumentationslinien, Probleme und Begriffe der Unternehmenskulturdebatte. Die Klärung der für die Untersuchung wichtigen Begriffe wie *„Managementphilosophie", „Unternehmensphilosophie", „Unternehmenskultur"* und *„Corporate Identity"* erfolgt ebenfalls an dieser Stelle. Die Übersicht über den Forschungsstand und die Themenkreise, welche die Diskussion über Unternehmenskultur und Unternehmensphilosophie in der wirtschaftswissenschaftlichen Literatur in der Vergangenheit bestimmt haben und derzeit bestimmen, ist absichtlich kurz gehalten und wird im Schlussabschnitt dieses Kapitels auf das Problem der *Konformität* des Mitarbeiterverhaltens im Unternehmen konzentriert.

Danach analysiere ich in Kapitel 6 (Zur Kritik ausgewählter Beiträge der Managementlehre) sechs Positionen modernen Managements, darunter auch den „Klassiker" des Unternehmenskulturansatzes, die Schrift *Auf der Suche nach Spitzenleistungen* von Thomas Peters und Robert Waterman.[19]

Mit Rudolf Mann (Management als Heilung) und Gerd Gerken (Metaphysik des Managements) werden zwei Vertreter esoterisch-spiritueller Ansätze in den Blick genommen, deren Führungsverständnis auf der Annahme mentaler und humaner Exzellenz der Führenden beruht und spezielle Kontaktmöglichkeiten zu übersinnlichen Kräften sowie die Möglichkeit des Durchschauens verborgener Seinsprinzipien unterstellt.

Die Analyse von Jesper Kundes *Corporate Religion* und der Beiträge von Matthias zur Bonsen (Begeisterung und Kalkül) ergibt, dass diese Autoren ebenfalls mit einer religiösen Symbolik operieren, dabei aber in erster Linie auf Unternehmenskultursteuerung und Vergemeinschaftung abzielen und insofern eher als Vertreter „technischer" Managementansätze zu qualifizieren sind, durch die unternehmerischer Erfolg systematisch herbeigeführt werden können soll.

Die Analyse des Managementdenkens von Fredmund Maliks schließlich, der als Vertreter eines „rationalen Managements" bezeichnet werden kann, soll das zuvor entwickelte Bild kontrastieren und, sofern dies angesichts der unüberschaubaren Vielzahl der Veröffentlichungen in diesem Bereich überhaupt möglich ist, abrunden.

Danach und auf der Basis der in Kapitel 6 unternommenen Analyse gehe ich in Kapitel 7 (Das Unternehmen als Gemeinschaft) gesondert auf das aus meiner Sicht zentrale Problem der Konzeption des Unternehmens als Gemeinschaft ein. Ausgehend von einer Klärung des Gemeinschaftsbegriffes und einer überblicksartigen Darstellung der Genese der Vergemeinschaftungsidee im Unternehmen betrachte ich die unterschiedlichen Themen und Strategien der Vergemeinschaftung und versuche erkennbare Gemeinsamkeiten herauszuarbeiten. Dies geschieht auf der Grundlage einer Auswahl von Unternehmensdarstellungen. Dabei geht es auch darum, die mithin fragwürdigen Momente vermeintlich progressiver Führungs- und Gemeinschaftskonzeptionen zu erfassen.[20] Trotz aller Unterschiede in Deutungsanspruch, Reichweite und theoretischer Fundierung der Positionen können dabei als Grundzüge einer gemeinsamen Tendenz des in Unternehmens- und Managementphilosophien repräsentierten Denkens die Idee der *Einheit* der Unternehmensgemeinschaft und ihrer Geschlossenheit sowie die Vorstellung der Arbeit im Unternehmen als höherer Zweck extrahiert werden.

---

[19] Vgl. Peters/Waterman 1989.
[20] Vgl. dazu schon Krell 1994, insbesondere S. 9 ff. und S. 248 ff.

Im anschließenden 8. Kapitel soll mit der Problematisierung *erfolgsideologischer* Argumentationsfiguren innerhalb und außerhalb des Unternehmenskontextes anhand konkreter Beispiele und unter besonderer Berücksichtigung des vielgestaltigen Seminar- und Trainingsmarktes der Zusammenhang zwischen unternehmerischer und öffentlicher Behandlung und Inszenierung von Erfolg bzw. der Aussicht, diesen systematisch herbeizuführen, weiter verfolgt und analytisch erfasst werden.

Eine im weitesten Sinne *religiöse Dimension* bzw. das Phänomen der auffällig regen Verwendung einer religiösen Sprachsymbolik in einzelnen Managementansätzen verdient eine ausführlichere Behandlung. Die Überlegungen und Analyseergebnisse zum Problem der religiösen Implikationen der Managementlehre werden daher aus systematischen Gründen in einem gesonderten Kapitel (9. Spuren des Religiösen in Managementlehre und Unternehmensführung) thematisiert, in dem auch eine Klärung des der Analyse zugrunde liegenden Religionsverständnisses erfolgt.

Im dritten Teil meiner Darstellung geht es abschließend darum, die extrahierten Grundzüge einer gemeinsamen Tendenz der Beiträge mit Konzeptionen der Unternehmens- und Wirtschaftsethikdebatte zu konfrontieren. Dies geschieht im Bemühen um eine theoretische Fundierung meiner Kritik an Formen der „wertorientierten" Unternehmensführung. Dabei soll verdeutlicht werden, dass die von mir untersuchten Konzepte, Positionen und Unternehmensdarstellungen entgegen einer mitunter vertretenen Auffassung den Zugang zu den wichtigen Fragen der Unternehmens- und Wirtschaftsethik nicht eröffnen, sondern den kritischen Blick aus verschiedenen Gründen im Gegenteil verstellen (Kapitel 10).

Im Schlusskapitel werden die Ergebnisse der Untersuchung zusammengefasst und es wird eine Einordnung des von mir dargestellten Befundes in den Kontext der allgemeinen Diskussion um Wirtschaft, Markt und Wettbewerb vorgenommen. In den *Figuren des Erfolges* spiegeln sich Phantasien von Erfolg, totalem Wettbewerb und ökonomischer Machbarkeit, von Gemeinschaft im Unternehmen und der Möglichkeit der grenzenlosen Aktualisierung unternehmens- und mitarbeiterimmanenter Potentiale. Dieses Denken schließt politisch relevante Deutungen von Mensch, Welt, Wirtschaft und Gesellschaft ein und kann als spezifische Form eines *Ökonomismus* interpretiert werden, der für den Rahmen politischer Handlungsmöglichkeiten nicht folgenlos bleibt.

Zum Abschluss und als Anregung zur Diskussion formuliere ich im Abschnitt *Das großgeschriebene WIR zurückweisen – zum Problem von Humanität und Distanz in der Arbeitswelt* eine skeptisch-kritische Position, mit der für eine Erweiterung des Begriffs humaner Arbeit plädiert wird. Die Frage nach den Chancen der Distanzierung von Erfolgsideologien, Versuchen geistiger Einflussnahme und fragwürdigen Formen substantieller Gemeinschaftlichkeit sollte, so die hier vertretene Überzeugung, als grundlegendes Problem persönlicher Freiheit bei der Suche nach Kriterien für die Humanität von Arbeit nicht übersehen werden.

3 Arbeitsmethode und Gang der Untersuchung

3.1 Der normative Ausgangspunkt

Reflexionen über Management und Unternehmensführung sind eine *politische Angelegenheit*. In den Positionen, Konzepten und Ansätzen, die ich hier zusammengestellt habe, werden, wie ich nachweisen werde, regelmäßig nicht nur die im engeren Sinne ökonomischen und betriebswirtschaftlichen Fragen behandelt, sondern darüber hinaus politische oder mindestens politisch relevante Aussagen, Deutungen und Interpretationen vorgenommen. Das Studium der mir vorliegenden Beiträge zur Managementlehre ergibt überdies, dass in diesen Texten mitunter weit reichende anthropologische und philosophische Behauptungen enthalten sind und sogar „letzte Fragen" behandelt und beantwortet werden.

Auch die von Unternehmen veröffentlichten Unternehmensphilosophien, Grundsätze oder Leitbilder weisen in der Reichweite ihres Deutungs- und Erklärungsanspruches vielfach über das erklärte Ziel einer „Übereinkunft" über den Unternehmenszweck und die Grundlagen des gemeinsamen Arbeitens hinaus und implizieren z.B. Erfolgstheorien. Eine solche Ausweitung des Deutungs- und Erklärungsanspruches ist ein Gegenstand der hier vorgetragenen Kritik. Dabei basiert diese Untersuchung auf insgesamt vier grundlegenden normativen Annahmen:

Erstens vertrete ich hier die Auffassung, dass die gegenwärtige politische Lage und die aktuellen politischen Diskurse maßgeblich von *ökonomischen* Problemen und Fragen bestimmt sind. Politische und existentielle Erfahrung impliziert den Rückgriff auf ökonomische Kategorien, politische Maßnahmen implizieren die Abschätzung der ökonomischen Folgen, und politisch-philosophisches Denken schließt regelmäßig die Berücksichtigung der ökonomischen Dimension desselben ein. Insofern gehe ich von einer *Dominanz des Ökonomischen* und einer allerwegen zu beobachtenden Priorisierung der *ökonomischen Vernunft* aus, die sich in all ihren einzelnen Ausprägungen und Facetten unter dem Begriff des *Ökonomismus* subsumieren lässt.

Zweitens verstehe ich die Beiträge zu Management und Führung sowie die Selbstaussagen und Selbstinterpretationen von Unternehmen als Teil des gegenwärtigen Diskurses über Wirtschaft und damit auch als Beitrag zum gegenwärtigen Umgang mit ökonomischen Fragen und Problemen, der, trotz aller Unterschiede im Einzelnen, durchaus als ein eigenes *Genre* bezeichnet werden kann. Die hier vertretene Position impliziert Skepsis gegenüber allen Ansätzen, die Unternehmensführung und Management zu einer intuitiven, spirituellen, magischen, charismatischen oder religiösen Angelegenheit erklären wollen.

Drittens vertrete ich eine der *Vergemeinschaftungsidee* im Unternehmen gegenüber ablehnende Position. Ich gehe dagegen von einem prinzipiellen *Interessengegensatz* zwischen Arbeitnehmerinteressen und Arbeitgeberinteressen und einer strukturellen Machtasymmetrie des Lohnarbeitsverhältnisses aus. Dieser Ausgangspunkt beinhaltet notwendig Vorbehalte allen populären Auffassungen gegenüber, die davon ausgehen, dass in dieser Frage kein Gegensatz herrsche – dass also, wenn der Diskurs „ideologiefrei" geführt würde, die Übereinstimmung der Interessen in wesentlichen Punkten „erkannt" werden könnte.[1]

In der rechtlichen Verfasstheit des Lohnarbeitsverhältnisses einschließlich der entsprechenden für Arbeitnehmer und Arbeitgeber verbrieften Rechte und Pflichten und den auf rational motiviertem Interessenausgleich beruhenden Arbeitsbeziehungen kommt der Stand der politischen und gesellschaftlichen „Bearbeitung" dieses Interessengegensatzes zum Ausdruck. Die Arbeitsbeziehungen als durchaus asymmetrische Konstellation von Kräften zu verstehen, erscheint der Sache nach angemessen und wird in dieser Darstellung daher befürwortet. Die stets konfliktbehaftete Konstellation der Interessen und des damit verbundenen Machtgefüges in Abrede zu stellen, versperrt aus der Sicht des Verfassers den Blick auf die politisch-ökonomischen Grundfragen einer demokratischen Gesellschaft.

Viertens ist dieser Ansatz auch insofern normativ, als ich humane und persönlichkeitsförderliche Arbeitsbedingungen[2] als eine für die demokratische „Arbeitsgesellschaft" unaufgebbare politische Zielsetzung verstehe. Trotz aller Schwierigkeiten der inhaltlichen Bestimmung größtmöglicher *Humanität* in der Arbeitswelt kann von im weitesten Sinne *humanen Arbeitsbedingungen* nur dann die Rede sein, wenn die Arbeitstätigkeit, sowie die im Unternehmen praktizierte Unternehmenspolitik, die Grundsätze der Führung und Zusammenarbeit, die Ziel- und Zweckbestimmung des Unternehmens und die *Unternehmenskultur* die Chance auf eine kritisch-reflexive Auseinandersetzung mit den eigenen Arbeitsbedingungen einerseits und den politischen Ausdruck und das Verfolgen *eigener* Interessen andererseits ermöglichen. Unternehmens- und Managementphilosophie verdienen gerade dann kritische Aufmerksamkeit, wenn diese Konzeptionen diesen Zugang zur eigenen Arbeitstätigkeit für obsolet erklären.

3.2 Theoretische Grundlagen des Ansatzes

Im Zentrum der hier vorgelegten Untersuchung steht eine *Textanalyse* von ausgewählten Beiträgen zur Theorie und Praxis des Managements mit dem Ziel, im

---

[1] Auch neuere Argumente *gegen* den Interessengegensatz, wie etwa die von Schulze 2004 vertretene Auffassung, durch die Globalisierung würden angesichts der gemeinsamen Sorge um „Kollektivgüter" (Schulze meint hier v.a. „Arbeit" bzw. Arbeitsplätze) die „neuen Gemeinsamkeiten" überwiegen, ändern nichts an dem Umstand, dass Arbeitnehmer und Arbeitgeber auch unter Globalisierungsbedingungen prinzipiell verschiedene Ziele und Interessen verfolgen. Die Einordnung der einzelnen Arbeitstätigkeit in einen größeren Globalisierungs- und Marktzusammenhang hat immer schon interpretierende Qualität.

[2] Der Begriff der Persönlichkeitsförderlichkeit von Arbeitstätigkeiten und Arbeitsbedingungen ist der Arbeitspsychologie entlehnt und aus meiner Sicht nicht unproblematisch, da diesen Überlegungen ein bestimmtes *Menschenbild* zugrunde liegt. Immerhin werden aber durch die arbeitspsychologische Forschung Kriterien bestimmt, die eine Bewertung von Arbeitsbedingungen und ihrer Effekte auf die Psyche erst ermöglichen. Vgl. etwa: Ulich, Eberhard: Arbeitspsychologie, 4. Auflage, Zürich und Stuttgart 1998, S. 40 ff. und S. 413 ff.

Stile einer klassischen *Inhaltsanalyse* die zentralen Topoi, Strukturen und Begriffe der jeweiligen Texte zu erfassen, dabei auch vergleichend zu betrachten und schließlich zu prüfen, inwieweit im untersuchten Textmaterial Gemeinsamkeiten der Deutung politischer und ökonomischer Realität nachweisbar sind, die auf eine *gemeinsame Tendenz* der untersuchten Positionen schließen lassen.

Theoretische Überlegungen zu Management und Unternehmensführung („Managementphilosophie") finden ihren praktischen Niederschlag in den Selbstdarstellungen von Unternehmen („Unternehmensphilosophie"). Eine Analyse dieses weiten Feldes muss daher beide Formen des „Philosophierens" über Wirtschaft, Unternehmensführung und den Sinn und Zweck von Unternehmen im Allgemeinen und besonderen ins Auge nehmen. In einem zweiten Schritt werden daher anhand des aus meiner Sicht zentralen Topos der Figur des *Unternehmens als Gemeinschaft* (im Sinne einer partiell existentiellen, einer Sinn- und einer politischen Gemeinschaft) die Selbstdarstellungen ausgewählter Unternehmen (Unternehmensphilosophien, Unternehmensleitbilder) in die Analyse einbezogen und daraufhin untersucht, ob auch hier Anhaltspunkte für politische Implikationen respektive *ein Denken* erkennbar sind, welches tendenziell geeignet ist, das politische Bewusstsein und die Selbstinterpretation von Arbeitnehmern in dem in der Einleitung erläuterten Sinne zu beeinflussen.[3]

Der im weitesten Sinne *ideologiekritische* Ansatz, der hier verfolgt werden soll, erfordert den Ausweis, wie der Begriff *Ideologie* gefasst wird. Mein Ideologiebegriff ist pragmatisch. Mit Neuberger verstehe ich unter einer Ideologie „...eine zusammenhängende gedankliche Konstruktion, die als eine umfassende Rechtfertigung der bestehenden Wirklichkeit angeboten wird; weil aber weder die erkenntnisleitenden Interessen, noch relativierende Einschränkungen offen gelegt werden [...], ist sie eine einseitige Parteinahme, die aber eben diese Einseitigkeit verleugnet und sich den Schein gesicherter verständiger Begründung gibt. Ideologien beschreiben nicht was ist, sondern rechtfertigen, warum es so ist (bzw. sein muß oder sein soll)."[4]

Der Arbeit liegt ein Politikbegriff zugrunde, der von insgesamt drei politischen Dimensionen unternehmerischen Handelns ausgeht. Unternehmenspolitik wird zunächst als *policy-making* im Sinne der Festlegung grundsätzlicher Zielsetzungen verstanden. Policy bedeutet *Programm, Plan, Zielsetzung, Rahmenentwurf* (Dorow) und impliziert bereits die Festlegung von Entscheidungsregeln. Die *politics* der Unternehmenspolitik sind dagegen auf die Sicherung und Durchsetzung konkreter Interessen sowie insbesondere die „Sicherung gefährdeter Machtanteile und die Gewinnung von Einfluß gegen Widerstand..."[5] gerichtet. Neben der *policy* als Zielsetzungsaspekt der Unternehmenspolitik und den *politics* als auf die Zielsicherung des Unternehmens gerichteter Politikdimension kommen drittens die Frage der Beeinflussung und *Politisierung* der Organisationsmitglieder für Organisationszwecke und die verhaltenssteuernde be-

---

[3] Zum Problem der Auswahlentscheidungen siehe den folgenden Abschnitt.
[4] Neuberger 1994, S. 8.
[5] Vgl. Dorow 1982, S. 22.

triebliche „Mikropolitik" in den Blick.⁶ Dieser „Spezialfall" der *politics* der Unternehmenspolitik umfasst aber auch die Effekte des Unternehmenshandelns auf Strategien, Haltungen und Mentalitäten der Beteiligten und soll in dieser Untersuchung im Mittelpunkt stehen.⁷ Der Begriff der „politischen Relevanz" ist weit und mit einer zwangsläufigen definitorischen Unschärfe behaftet. Unter Umständen können ein triviales Alltagshandeln und eine nebenbei gemachte Bemerkung oder Geste politisch relevant sein, wenn sie in einem bestimmten Kontext vollzogen werden. Die Schwierigkeiten der Abgrenzung kommen auch in der kaum entscheidbaren Alternative enger oder weiter Politikbegriff sowie in der Substantivierung „das Politische" zum Ausdruck. In dieser Untersuchung kann indes keine zufrieden stellende Begriffsentwicklung erfolgen. Mit den oben formulierten und auch sonst in der Politikwissenschaft gängigen Begriffen von Polity, Policy und Politics lassen sich jedoch die Dimensionen des Gegenstandsbereiches (Form, Inhalt und Prozess) bestimmen und auf den Unternehmenszusammenhang übertragen.⁸

Der dieser Arbeit zugrunde liegende Begriff von *Gemeinschaft*, der zu Beginn des 7. Kapitels von mir genauer expliziert wird, ist eng an die Arbeiten der Soziologen Ferdinand Tönnies und Max Weber angelehnt. Mit dem Verfahren, unternehmerische Personalpolitik als Strategie der Erzeugung kollektiver Identität zu begreifen, folge ich in meiner Absicht, auf die Fragwürdigkeit einer solchen Politik aufmerksam zu machen, dem Ansatz von Gertraude Krell, die in ihrer maßgeblichen Arbeit zu diesem Thema alle von ihr untersuchten personalpolitischen Konzeptionen unter den Bezugsrahmen *vergemeinschaftende Personalpolitik* fasst.⁹

Bleibt die Frage: Was sind Unternehmen eigentlich? Hinsichtlich des Problems, wie Unternehmen organisationstheoretisch adäquat erfasst und beschrieben werden können, erscheint ein weites Organisationsverständnis der Komplexität von Unternehmen angemessen. Die jeweiligen Perspektiven systemtheoretischer, machttheoretischer, konstruktivistischer, strukturalistischer,

---

⁶ Ulrich/Fluri verstehen unter Unternehmenspolitik die „Auseinandersetzung mit den Interessen aller an der Unternehmung interessierter Gruppen" und zur Unterscheidung des internen und externen Aspektes dieser Politik die Begriffe *Innenpolitik* und *Außenpolitik*. Vgl. dies. 1975, S. 63. Die betriebliche *Mikropolitik* soll hier als Spezialfall der „Innenpolitik" verstanden werden und insbesondere die sublimen, gruppendynamisch wirkenden und indirekt verhaltenssteuernden Maßnahmen des Managements umfassen, aber auch den prinzipiell *politischen* Charakter der sozialen Beziehungen der Mitarbeiter verschiedener Hierarchieebenen untereinander hervorheben.
⁷ Zu den Begriffen *policy* und *politics* als Dimensionen der Unternehmenspolitik vgl. v.a. Dorow 1982, S. 19 ff. und S. 190 f.
⁸ Alle drei Dimensionen von Politik in Unternehmen sind in Wechselwirkung mit den politischen Institutionen im engeren Sinne und der öffentlichen politischen Diskussion zu sehen. Offensichtlich wird dies anhand von Fragen der Unternehmensverfassung, des Tarifrechts, des Steuer- und Abgabenrechts oder etwa im Zuge der Standortdiskussion, um nur einige Beispiele zu nennen.
⁹ Vgl. Krell 1994.

verhaltenswissenschaftlicher und transaktionskostenanalytischer Ansätze sollten ernst genommen werden und in ein *integrales* Organisationsverständnis Eingang finden. Denn auch wenn das Unternehmen derzeit überwiegend als *System* beschrieben wird, sind Machtverhältnisse und Interessenlagen von Bedeutung. Auch wenn scheinbar die *Strukturen* das Entscheidungsverhalten gerade in größeren Unternehmen prägen, sind es doch einzelne Akteure, die zurechenbar handeln oder unterlassen. Neben rationalen Vorteils- und Transaktionskostenabwägungen finden wir in Unternehmen Konstruktionen und Interpretationen von Wirklichkeit, Deutungen des Organisationszweckes und außerdem Akteure, die selbst mit einem impliziten Verständnis „ihrer" Organisation operieren. Diese Vielschichtigkeit von Handeln, Entscheiden und Wirklichkeitsdeutung in Unternehmen spricht dafür, sich in einer Arbeit wie dieser nicht auf eine Perspektive festzulegen.[10]

Der Ansatz ist insofern *explorativ*, als der Untersuchung bereits durch die Fülle des Textmaterials äußere Grenzen gesetzt sind, die eine Auswahl erforderlich machen. Ein Anspruch auf Repräsentativität kann und soll nicht erhoben werden.

Signifikante Strukturähnlichkeiten im Hinblick auf die zugrunde liegenden Interpretations- und Deutungsmuster können allerdings womöglich einen Ausgangspunkt für weitere Untersuchung und Diskussion bieten, obwohl bezüglich quantitativer Aussagen Vorsicht geboten ist.

Der Ansatz ist insofern als im weitesten Sinne *hermeneutisch* zu bezeichnen, als der Versuch unternommen werden soll, die vielgestaltigen „Phänomene" Management- und Unternehmensphilosophie durch eine ausführliche Textanalyse und intensive Interpretation zu *verstehen*. Wie wir sehen werden, stehen die Chancen manchmal schlecht, in diesen Texten *Wahrheit* und *Vernunft* aufzuspüren. Es handelt sich also in gewissem Sinne um eine *negative Hermeneutik*.[11] Dabei sind dem Verfasser die Gefahren der hermeneutischen Methode, insbesondere die Möglichkeit der Fehlinterpretation und der Überinterpretation, voll bewusst. Es wird versucht, diesem Problem mit ausführlichen Quellenbelegen und, soweit irgend möglich, mit Urteilszurückhaltung zu begegnen. Dass der Verfasser einen Standpunkt hat, wird dabei dennoch deutlich zu erkennen sein.

Die hohe Zahl der in der Arbeit enthaltenen Zitate ist nur dadurch zu rechtfertigen, dass auf diese Weise, neben einer möglichst strukturgetreuen Wiedergabe der Positionen, en passant ein Eindruck von der mitunter bemerkenswerten Wortgewaltigkeit einzelner Autoren entsteht.

Die Arbeit ist gemäß den neuen Rechtschreibregeln abgefasst. Fehler in Originaltexten wurden dort, wo keine Sinnentstellung zu befürchten war, nicht

---

[10] Zu den vielfältigen Problemen der Beurteilung von Entscheidungsprozessen in Organisationen und deren „Rationalität" vgl. etwa Homann 1980, S. 114 ff. im Anschluss an Simon/March 1959, S. 28 ff.

[11] Ich lehne mich hier an eine freilich einen anderen Zusammenhang betreffende Formulierung meines Lehrers Claus-E. Bärsch an. Vgl. Bärsch 1998, S. 9.

korrigiert. Auf Einzelfälle, in denen ausnahmsweise anders verfahren wurde, wird in einer Fußnote hingewiesen.

An allen Textstellen, an denen beispielsweise von einem *Arbeitnehmer* die Rede ist, möge stets eine *Arbeitnehmerin* mitgedacht werden. Der Verzicht auf die fortwährende Nennung auch der weiblichen Endungen hat ausschließlich pragmatische Gründe.

3.3 Kriterien der Textauswahl

3.3.1 Beiträge zur Theorie und Praxis des Managements

Die Textauswahl erfolgte unter mehreren Gesichtspunkten. Zunächst spielte die anvisierte „ideologische" und politische Reichweite der Beiträge eine Rolle. Jesper Kundes Ansatz einer „Corporate Religion" kann für die Idee der Vergemeinschaftung als prototypisch gelten. Unternehmensführung besteht für ihn im „Stiften einer Religion". Der geistige Zugriff auf die Mitarbeiter, die unversehns Mitglieder einer „religiösen Gemeinschaft" sein sollen, begründet einen qualitativen Unterschied zu moderateren Positionen.

Ein weiteres Kriterium bestand darin, anhand der Arbeiten von Gerd Gerken und Rudolf Mann Positionen vorzustellen, in denen Management und Spiritualität eng verknüpft werden. Mittels der Analyse der Beiträge Matthias zur Bonsens und auch bei Peters/Waterman lässt sich hingegen gerade der manipulativ-technische Anspruch von Unternehmensführung und die Idee „geistiger Führung"[12] im Unternehmen in Verbindung mit einer betrieblichen Vergemeinschaftungspraxis gut exemplarisch herausarbeiten.

Fredmund Malik andererseits versteht sich als konsequent rationaler Managementdenker und würde die anderen untersuchten Ansätze mit großer Wahrscheinlichkeit stark kritisieren. Da allerdings auch in den „rationalen" Ansätzen auf politische und anthropologische Deutungen und Präskriptionen in der Regel nicht verzichtet wird, sollte dies an wenigstens einem Beispiel verdeutlicht werden. Der Focus lag insgesamt auf Positionen, die entweder den Managerberuf (Malik) oder die Managerpersönlichkeit (Kunde, Gerken, zur Bonsen, Peters/Waterman, Mann) ideologisch deuten. Die Beschreibung von Gemeinsamkeiten der Ansätze erfordert eine gewisse Vorsicht. Mit Ausnahme Maliks neigen jedoch alle genannten Autoren zur eigenschaftstheoretischen oder symbolischen Überhöhung der Person des Managers, der je nach Standpunkt, qua Charisma, Intuition, Gespür, Zugang zu kosmischer Intelligenz oder aus sonstigen Gründen Gefolgschaft verdiene. Neben einer Tendenz zum impliziten Konservativismus, die vorrangig in einer sehr zurückhaltenden Thematisierung von Fragen politischer Arbeitnehmerbeteiligung zum Ausdruck kommt, ist die durchgängige implizite oder explizite Negation des Interessengegensatzes als Gemeinsamkeit zu konstatieren. Alle Ansätze können schließlich als Variationen des für

---

[12] Vgl. zum Begriff der „geistigen Führung" auch Böning 1989, S. 453.

die Managementlehre zentralen Themas, nämlich des Problems der Erzeugung *intrinsischer Arbeitsmotivation*, engagierter Arbeitshaltungen und maximaler Leistungsabgabe bei Arbeitnehmern, verstanden werden.

3.3.2 Unternehmensdarstellungen

Angesichts der nahezu unüberschaubar großen Zahl von Unternehmen, die zwischenzeitlich über ein Leitbild, Unternehmensgrundsätze bzw. eine *Philosophie* verfügen, war zu fragen, welche Unternehmen für die Analyse auszuwählen sind. Der Versuch, eine repräsentative Stichprobe, erschien vor diesem Hintergrund vermessen.

Vielmehr sollte es hier darum gehen, an ausgewählten und weitgehend bekannten Beispielen die Strukturen eines Denkens zu identifizieren und zu analysieren, das von politiktheoretischem Interesse ist.

Im Rahmen der von mir durchgeführten Erhebung stand also zunächst die Frage im Mittelpunkt, nach welchen Kriterien die Auswahl erfolgen sollte. Dabei war zu berücksichtigen, dass größere Unternehmen eine Anfrage zum jeweiligen Unternehmensleitbild bzw. der jeweiligen Unternehmensphilosophie in der Regel häufiger zuverlässig und schnell beantworten, während es bei kleinen Unternehmen tendenziell schwieriger ist, entsprechendes Textmaterial zu erhalten.

Mit Blick auf die Ausgangsfragestellung der *politischen Relevanz* der Selbstdarstellungen ist natürlich vor allem die wahrscheinliche Verbreitung eines Textes von Interesse, so dass große Betriebe mit hohen oder höheren Beschäftigtenzahlen in den Blick kommen. Damit ist keineswegs gesagt, dass mittels dieses Kriteriums sichere Rückschlüsse auf die Wirkung der Darstellungen gezogen werden können. Größere Unternehmen sind aber bekannter, einige können ohne weiteres als *allgemein bekannt* bezeichnet werden (Ikea, Daimler Chrysler, Deutsche Bank etc.) und haben ihre Leitbilder und Unternehmensphilosophien tendenziell ausführlicher dargestellt und ausformuliert. Es ist außerdem davon auszugehen, dass der entsprechende „Implementierungsprozess" und die kommunikative Verbreitung von Unternehmensgrundsätzen in größeren Unternehmen üblicherweise systematisch organisiert und professionell gemanagt werden.

Neben der Größe, der Bekanntheit, der wahrscheinlichen Verbreitung und der Verfügbarkeit von Darstellungen dieser Art war außerdem ihre etwaige *besondere Originalität* zu berücksichtigen. Dieser Umstand erklärt die gelegentliche und eher illustrative Berücksichtigung kleiner und weniger bekannter Firmen.

Mit Blick auf die notwendige Auswahlentscheidung war auch zu fragen, welche inhaltliche und formale Gestalt die ausgewählten Texte eigentlich haben müssen, um untersuchungsrelevant zu sein. Angesichts der erheblichen Unterschiede in der formalen Gestaltung sind die Elemente anzugeben, die Inhalt eines Leitbildes bzw. einer Philosophie sein sollen. In Anlehnung an Huber[13], der 1985, allerdings aus wirtschafts- und betriebspädagogischer Perspektive, einen

---

[13] Vgl. Huber 1985, S. 40 ff.

ähnlichen Auswahlvorgang durchzuführen und zu begründen hatte, werden Bedingungen formuliert, die bei den untersuchten Materialien erfüllt sein sollten:

1. Die explizite Formulierung einer „betrieblichen Leitidee" (derzeit gerne als „Vision" oder gar „Mission" bezeichnet)
2. Die Formulierung eines betrieblichen Zielsystems, mindestens die ausdrückliche Angabe des Zieles der Unternehmung
3. Handlungsgrundsätze des Betriebes in Bezug auf verschiedene Gruppen interner und externer Akteure
4. Grundsätze der Führung und Zusammenarbeit im Betrieb[14]

Der hier gewählte Zugang kann immer nur auf Beispiele zurückgreifen. Der bloße Umstand, dass einige Unternehmen genannt werden, andere aber nicht, sollte nach Möglichkeit nicht als eine bereits implizite Bewertung verstanden werden.

3.4 Methodische Probleme des Ansatzes

Das methodische Hauptproblem dieser Arbeit ist die unüberschaubare Menge an Textmaterial.[15] Die zum Teil erheblichen Unterschiede insbesondere der Unternehmensdarstellungen hinsichtlich Aufbereitung, Ausführlichkeit, Reichweite und Relevanz für den Unternehmens- und Arbeitsalltag erschweren eine zusammenfassende Beurteilung. Von der Konzentration einiger Unternehmen auf eine relativ allgemeine „Alltagsweisheit", mithin sogar beschränkt auf einzelne Sätze, bis hin zu umfangreichen Texten und Darstellungen, die im Kontext einer umfangreichen Führungs- und Qualifizierungskonzeption verankert sind, reicht die Spannbreite. Verallgemeinernde Aussagen über die tatsächliche Arbeitsrealität in einzelnen Unternehmen sind auf der Basis der in den Unternehmensdarstellungen getroffenen Aussagen und den hier gewonnenen Anhaltspunkten nur unter Bezugnahme auf andere Quellen möglich. In der Debatte über Unternehmensphilosophie wird darüber hinaus gelegentlich ein sehr weiter Begriff von Unternehmensphilosophie vertreten, so dass schließlich auch das grundsätzliche Nachdenken über Unternehmen überhaupt zusätzlich in den Blick kommt, was exakte begriffliche Grenzziehungen erschwert, aber gleichwohl nicht außer Acht gelassen werden kann, will man sachgerecht über Unternehmensphilosophie sprechen.[16]

---

[14] Vgl. Huber 1985, S. 46. Die Formulierung unter 4. wurde wörtlich übernommen.
[15] So ergibt beispielsweise eine einfache Suche in der Internet-Suchmaschine *Google* allein für den Begriff „Unternehmensphilosophie" 58.300, für den Begriff „Unternehmensgrundsätze" immerhin noch 9.900 und für den Begriff „Managementphilosophie" rund 2.500 Suchergebnisse (Stand 18.05.2004). Die wissenschaftlichen Beiträge zum Thema sind ebenfalls so zahlreich, dass sie nicht zur Gänze berücksichtigt werden konnten.
[16] Ein Vertreter dieses *weiten* Begriffes von Unternehmensphilosophie ist etwa Philipp Herder-Dorneich. Unternehmensphilosophie stehe neben „Staats-Philosophie, Religions-Philosophie oder auch Wirtschaftsphilosophie" und sei ein allerdings „noch recht ungewohntes" Teilgebiet der Philosophie. Vgl. Herder-Dorneich 1991, S. 7.

Die große Materialfülle kann nicht darüber hinwegtäuschen, dass anderseits relevante Quellen nicht zugänglich sind. Die Wochenzeitung *Der Spiegel* merkte 1999 in einem Beitrag zum Thema „Unternehmenskultur" an: „Auch viele Unternehmensleitlinien lesen sich inzwischen wie Auszüge aus der Uno-Menschenrechtsdeklaration."[17] Vielfach bleiben aber gerade interessante Materialien (interne Führungsgrundsätze, Arbeitsanweisungen, Leistungskontrollverfahren, Personalentwicklungsprogramme etc.) unter Verschluss. Damit war zwar zu rechnen. Einige Unternehmen gaben auf meine Anfrage allerdings überhaupt keine Auskunft. Überdies war zu beobachten, dass eine größere Zahl von Unternehmen zum Erhebungszeitpunkt (Januar/Februar 2002) ihre Unternehmensgrundsätze gerade überarbeitete und daher nicht bereit waren, diese zugänglich zu machen.

Für die Analyse des Managementdiskurses gilt, dass hier ebenfalls das Problem einer schier unüberschaubaren Materialfülle zu beklagen ist. Dass eine auswählende Rezeption immer Ausdruck subjektiver Präferenzen des Verfassers impliziert und dass daher anstelle der von mir hier untersuchten Beiträge gleichwohl andere Autoren hätten herangezogen werden können, versteht sich von selbst.

Auf einen ursprünglich geplanten Exkurs über die Besonderheiten der Unternehmensführung so genannter *Strukturvertriebe*, von denen einige ausweislich dafür bekannt sind, das von ihnen beschäftigte Personal unter besonderen psychischen Druck zu setzen[18], musste aus Gründen einer notwendigen thematischen Begrenzung und mit Blick auf die mit der Behandlung von Strukturvertrieben einhergehenden neuen Auswahl- und Rechercheprobleme verzichtet werden.

Der explorative Charakter der Untersuchung lässt sich vor dem dargelegten Hintergrund nur dann rechtfertigen, wenn das Erkenntnisziel nicht in kategorischen Aussagen und letzten „Wahrheiten", sondern lediglich in einer vorsichtigen und kritischen Annäherung an die vielfältigen und komplexen Probleme von Management und Unternehmensführung und deren politische Implikationen besteht, welche im günstigsten Fall zentrale Aspekte und Regelmäßigkeiten der entsprechenden Debatten herauszustellen in der Lage ist. Dabei geht es um nicht mehr, aber auch um nicht weniger als um das Sichtbarmachen eines *geistigen Klimas*.

---

[17] Vgl. Fleischauer, Jan: Good bye Mr. Brutalo. In: Der Spiegel, Heft 1/1999, S. 69.
[18] Vgl. in diesem Zusammenhang v.a. Nordhausen/von Billerbeck 2000, S. 358 ff.

4 Problemhorizont und Frageperspektiven

> „Man müßte sich hier den ganzen Investitions- und Besetzungsprozeß vor Augen führen, der die Arbeiter dazu bringt, alle Anstrengungen zu unternehmen, sich ihre Arbeit und ihre Arbeitsbedingungen anzueignen und gerade dadurch zu ihrer eigenen Ausbeutung beizutragen [...] Dabei spielen die ihnen belassenen (oft winzigen und fast immer funktionalen) Freiheiten ebenso eine Rolle wie ganz gewiß die Konkurrenz, die aus den existierenden Unterschieden entsteht, welche für den als Feld funktionierenden Berufsraum konstitutiv sind." (Pierre Bourdieu)

4.1 Die Mystifizierung des ökonomischen *Erfolges* des Einzelnen und der Gemeinschaft in Unternehmens- und Managementphilosophien

Dass wirtschaftlicher Erfolg von Unternehmen die Bedingung für deren Fortbestehen darstellt, und dass Unternehmen daher Gewinne erzielen müssen, ist evident und weitgehend unumstritten der primäre Zweck der wirtschaftlichen Unternehmung überhaupt. Umstritten ist indes die politische Frage, bis zu welcher Grenze Anstrengungen des Unternehmens legitim sind, den Gewinn unter Inkaufnahme vielfältiger Nebeneffekte zu vergrößern. Auch die Frage kurzfristiger und langfristiger Investitions- und Gewinnstrategien sowie die damit verbundenen Probleme der möglichen Disparität daraus resultierender mikro- und makroökonomischer Effekte werden kontrovers diskutiert.[1] Auf die wirtschaftsethischen und wirtschaftstheoretischen Kontroversen, die in diesem Zusammenhang von Bedeutung sind, komme ich in den Kapiteln 10 und 11 zurück. Für den Moment genügt es, die Beobachtung festzuhalten, dass es im Kontext der Diskussionen um die Grenzen des Wachstums, den Ausgleich von Ökonomie und Ökologie, die Konsequenzen einer fortgesetzten Intensivierung und Extensivierung des Wirtschaftens und die Fragen einer sozialen Verantwortung unternehmerischen Handelns für das der unternehmerischen Praxis immanente *Streben nach Gewinn* offensichtlich neuer Legitimationen bedarf.[2]

Unternehmensleitbilder, Grundsätze und Unternehmensphilosophien sollen einen Beitrag dazu leisten, indem sie das Gewinnstreben in einer Weise aufbereiten und darstellen, in der die Ertragsorientierung der Unternehmung in den Hintergrund, das Bewältigen einer gemeinsamen Herausforderung und den gemeinwohlrelevanten Nutzen der Aktivitäten hingegen in den Vordergrund rücken. Sie sollen erklären, warum Unternehmen erfolgreich sein müssen. Sei es,

---

[1] Vgl. dazu neuerdings Ganssmann 2004, S. 12 f.
[2] Vgl. etwa Homann/Blome-Drees 1992, S. 123 f.

dass der wirtschaftliche Erfolg in diesen Dokumenten mit Gemeinwohlorientierung im allgemeinen, mit sicheren Arbeitsplätzen, Wettbewerbs- und „Zukunftsfähigkeit", dem Wohl der Shareholder, der *Stakeholder*[3] oder mit systemimmanenten Notwendigkeiten in Zusammenhang gebracht wird – Selbstdarstellungen von Unternehmen dienen immer auch der Legitimation des Strebens des Unternehmens nach Gewinn.

Charakteristisch für diese Legitimationsversuche ist (insbesondere in Deutschland)[4] die Betonung *gemeinsamer* Anstrengungen, die für die Zielerreichung und die Sicherung bzw. Ausweitung des unternehmerischen Erfolges erforderlich seien. Ein besonderes Augenmerk verdienen Darstellungen, in denen der unternehmerische Erfolg ohne weitere Explikation und nähere Definition mit dem persönlichen Erfolg einzelner oder sämtlicher Arbeitnehmer in eins gesetzt wird. Abgesehen davon, dass wirtschaftlicher und individueller Erfolg und dessen Bewertung im Kontext von Interessenlagen, Interpretationen und mit Blick auf die der Bewertung zugrunde liegenden Maßstäbe je nach Standpunkt erheblich variieren können und dass auch die Konzeptionen der Definition eines *Common Best* mithin vor dem Hintergrund einer durchaus kontroversen Deutungs- und Interpretationsproblematik zu beurteilen sind, stellen Positionen, welche wirtschaftlichen Unternehmenserfolg und den jeweils eigenen Berufserfolg in diesen Zusammenhang bringen und in den Kontext übergeordneter „Pläne" oder einer Sachzwanglogik des Marktes einordnen, bereits den Ausgangspunkt für die Konstituierung einer *Unternehmensgemeinschaft* dar. Die Mitarbeiter sollen die Sache des Unternehmens zu ihrer eigenen Angelegenheit machen und sich für das „Ganze" verantwortlich fühlen.[5]

Das betriebliche Zielsystem gibt die Maßstäbe vor, anhand derer der tatsächliche Erfolg, die eigene Leistung gemessen und beurteilt werden kann. Dabei stehen die Kriterien der Bewertung, sofern einmal „gemeinsam" vereinbart, nicht mehr zur Disposition. Eingespielte Routinen und bewährte Verfahren sind Bestandteile eines organisationsweiten Rationalitätsverständnisses, welches zwar implizite theoretische Annahmen enthält, dessen Gültigkeit aber zumeist außer Frage steht. Mit speziellen Leistungsanreizen wie Prämien, Mitarbeiterwettbewerben zum „Mitarbeiter des Monats", der regelmäßigen Veröffentlichung von „Umsatzspitzenreitern" und einem mehr oder weniger komplexen System der betriebsöffentlichen Belobigung und Kritik wird eine gemeinschaftsförderliche respektive eine „vergemeinschaftende Personalpolitik"[6] praktiziert. Nebenbei werden gleichzeitig die Erfolgmaßstäbe so konstituiert, dass die *Spitzenleistung* – ganz gleich durch welche Umstände sie zustande kam – den Raum des Möglichen definiert und damit zugleich das Anspruchsniveau für andere Beschäftigte mitkonstituiert. Dabei wird vielerorts Wert auf die Zurechenbarkeit von Leis-

---

[3] Zu den unterschiedlichen Konzepten des „Stakeholder-Managements" vgl. v.a. Roloff 2002, S. 77 ff.
[4] Vgl. Kreikebaum et al. 2001.
[5] Vgl. etwa Volk 2002, S. 39.
[6] Vgl. dazu den maßgeblichen Beitrag von Krell 1994 sowie von Köhnen 2000, S. 17 ff.

tungserbringung und Erfolgsbewertung zu einzelnen Personen, Gruppen oder Teams gelegt. Die „mikropolitischen" Zusammenhänge, die bei einer Gemeinschaftskonstituierung im Unternehmen eine Rolle spielen, sind jedoch üblicherweise vielfältig und komplex und selten vollständig zu durchschauen. Bedenklich wird eine solche Personalpolitik dann, wenn Beschäftigte zwar mit Verantwortung für einen bestimmten Geschäftsbereich ausgestattet sind, aufgrund organisatorischer oder externer Faktoren[7] die Ergebnisse gar nicht oder nur teilweise beeinflussen können.[8] Grundsätzlich sollte die Bewertung der Darstellung besonderer Erfolge oder herausragender Leistungen bei den Beiträgen zur betrieblichen Zielerreichung auch die subtilen Nebeneffekte derartiger Systeme einbeziehen. Bei der Analyse von „Erfolgsstorys" jeglicher Provenienz ist eine Tendenz zur Mystifizierung und Glorifizierung wirtschaftlichen Erfolges zu verzeichnen bis hin zu der gelegentlich geäußerten Behauptung, die Erreichung der gesetzten Unternehmensziele sei Voraussetzung für den Fortbestand des Unternehmens und das „Überleben der Gemeinschaft". Bei Hartmut Volk etwa heißt es:

> „Wollen Betriebe auf den Kriegsschauplätzen moderner Märkte überleben, dann müssen sie geistig wach, funktional lebendig und situativ aufgeschlossen sein."[9]

Dieser Tatbestand ist nicht losgelöst von den allgemeinen Diskussionen um die fortschreitende Globalisierung der Güter- und Kapitalmärkte und insbesondere der so genannten *Standortdebatte* zu sehen, denn insbesondere in der letzteren findet man eine ähnliche Denkfigur; auch hier stellt die Behauptung der „Wettbewerbsfähigkeit" eine Art Überlebensfrage[10] dar, die mehr oder weniger drastisch auf die einzelwirtschaftliche Erfolgslogik übertragen werden kann.[11] Diese Selbstinterpretationen laufen häufig auf eine Verengung des *Erfolgsbegriffes* hinaus, denn zentrale Aspekte, die ebenfalls mit der Wirtschafttätigkeit verbunden

---

[7] Zu denken wäre hier etwa an eine gezielte Kaufzurückhaltung der Verbraucher aufgrund konjunktureller Umstände.
[8] Bereits die Beurteilung, ob eine solche Beeinflussungsmöglichkeit vorliegt, bereitet große Schwierigkeiten.
[9] Volk 2002, S. 38.
[10] Zurückhaltender, aber in die gleiche Richtung argumentiert Momm 1997, der die angeblich abnehmende Wettbewerbsfähigkeit der deutschen Wirtschaft als *Gefahr für den Wohlstand* sieht und dieser Gefahr mit einem Konzept der umfassenden Erneuerung der „intelligenten Unternehmung" beggnen will. Vgl. Momm 1997, S. 1 ff. und S. 109 ff.
[11] Vgl. Kapitel 11 ff. Die Ansicht, nicht nur Unternehmen, sondern auch einzelne Arbeitnehmer müssten der Anforderung der *Wettbewerbsfähigkeit* genügen, also im Grunde zum *Unternehmer ihrer eigenen Arbeitskraft werden*, wird neuerdings häufiger durch die Verwendung des Begriffes *Beschäftigungsfähigkeit* (Employability) unterstrichen. Dabei steht die Vermittlung der Botschaft, dass die Herstellung und Erhaltung der Beschäftigungsfähigkeit in der Verantwortung des Arbeitnehmers liegt, im Vordergrund. Vgl. etwa das Interview von Jens Reimer Schinkel mit dem Hewlett-Packard Manager Fitz Schuller mit dem Titel *Eigenverantwortlichkeit fordern* 2002, S. 24.

sind und daher in eine aussagekräftige Erfolgsbewertung einfließen müssten, bleiben üblicherweise unberücksichtigt.[12]

Zu fragen ist also zunächst, wie in Unternehmens- und Managementphilosophien die Realisierung ökonomischen Erfolges und die Absicht der Gewinnerzielung „aufbereitet" wird, welche Rolle dabei der Einzelne und die Gemeinschaft spielen und wie der Zusammenhang von „richtiger" Unternehmensführung und Unternehmenserfolg hergestellt und gedeutet wird.

4.2 Die Unternehmensgemeinschaft und der Einzelne – Strategien der Identitätsbildung

Soziale Beziehungen innerhalb von Unternehmen, in denen das Handeln von Beschäftigten durch subjektiv *gefühlte* Zusammengehörigkeit maßgeblich bestimmt wird, sind kein neues Phänomen. Sie standen und stehen im Gegensatz zu „Einstellungen, die auf rational motiviertem Interessenausgleich oder auf ebenso motivierter Interessenverbindung beruhen."[13] Die jüngeren Anstrengungen der Unternehmen, das Zusammengehörigkeitsgefühl der Betriebsangehörigen durch verschiedene Maßnahmen gezielt zu fördern bzw. zu erzeugen, sind insofern nicht als Erfindung der Unternehmenskultur, sondern als Intensivierung der Bemühungen um die Steuerung der Unternehmenskultur zu verstehen. Die Einstellungen, Motivationen[14] und Wertvorstellungen der Beschäftigten sollen in die gewünschte Richtung gelenkt werden, ein „Geist der Kooperation" (Cooper) soll entstehen.[15] Die Mitarbeiter sollen sich mit dem Unternehmen *identifizieren*

---

[12] So wären etwa soziale, gesundheitliche und ökologische sowie mittelbar *politische* Effekte des Wirtschaftens nicht nur zu berücksichtigen, sondern in den originär ökonomischen Kategorien, sprich in „Zahlen", auszudrücken, was jedoch zu großen Schwierigkeiten führt. Zum Stand der politikwissenschaftlichen Debatten über Ökonomie und Ökologie im „Zeitalter der Globalisierung" vgl. die kurze Zusammenfassung bei Meyer/Fricke 2003, S. 100 f.
[13] Vgl. Köhnen 2000, S. 19 sowie auch Krell 1994, S. 12 f.
[14] Sprenger konstatiert, dass Motivation gegenwärtig geradezu als Synonym für „Führung" begriffen werden könne. Etwas latent Vorhandenes, so die verbreitete Auffassung, müsse durch geeignete Interventionen – durch das *Motivieren* – zur Wirkung gebracht werden. Sprenger expliziert einen Begriff von *Motivieren*, welcher der Vielschichtigkeit dieses Vorgangs gerecht wird: Es geht darum, jemanden mit *Motiven* auszustatten, die dieser vorher nicht hatte, darüber hinaus Möglichkeiten *zur Realisierung* zu schaffen, subjektive Bedeutung und Wichtigkeit von Verhaltensweisen zu suggerieren und schließlich Begeisterung und Anreize zu erzeugen. Darüber hinaus werden *Motivation* und *Motivierung* in der Weise unterschieden, dass Motivation den „Zustand aktivierter Verhaltensbereitschaft des Mitarbeiters" im Sinne intrinsischen Interesses und *Motivieren* deren „Erzeugen, Erhalten und Steigern [...] durch Anreize" im Sinne einer Fremdsteuerung beschreiben soll. Vgl. Sprenger 2002, S. 21 f. Diese Unterscheidung erweist sich als nützlich, weil sie für das Problem sensibilisiert, dass oftmals Motivierung anvisiert wird, wenn von Motivation die Rede ist.
[15] Vgl. Cooper 2001, S. 76 ff.

oder sich als „Angehörige einer Familie" interpretieren.[16] Mehr oder weniger ausgefeilte Instrumente der „Vergemeinschaftung" sollen diesen Effekt erzielen helfen: Gemeinschaftsförderliche Veranstaltungen, Feste und „Events" können die Gemeinschaftsbildung ebenso befördern wie unternehmensinterne Sprachsysteme, spezielle Kommunikationsregeln und Codes sowie Beurteilungspraktiken (etwa das 360 Grad Feedback)[17], Seminare und Trainings, spezielle öffentliche Belobigungsriten, Embleme, Abzeichen etc.

Insgesamt steht eine Fülle von psychologischen Techniken zur Verfügung, um die emotionale Bindung der Beschäftigten an das Unternehmen zu beeinflussen. Indem allenthalben ein „völlig neues Denken und Handeln" eingefordert und diese Forderung in der betrieblichen Praxis perpetuiert wird, werden die Beschäftigten auf unbedingte Teilhabe an der Gemeinschaft im Unternehmen verpflichtet. Je mehr die Personalpolitik eines Unternehmens darauf ausgerichtet ist, eine enge und intensive Bindung an das Unternehmen durch Konstitution einer Gemeinschaft zu erreichen, je mehr das Unternehmen den ganzen Menschen und nicht nur dessen Arbeitskraft gewinnen will, desto schwieriger wird es für einzelne, sich dieser Identifikationsanforderung zu entziehen. Bei dieser Beobachtung sind immer auch die Besonderheiten des Arbeitsverhältnisses gegenüber anderen Vertragsverhältnissen zu berücksichtigen: Die Chancen, sich einer derartigen „Vergemeinschaftung" innerhalb des Betriebes als Einzelner wirksam zu entziehen, sind, realistisch betrachtet, gering. Angesichts enormer Arbeitslosigkeit ist ein einfacher Wechsel des Unternehmens, insbesondere für ältere und gering qualifizierte Arbeitnehmer nur in den seltensten Fällen möglich und dann in der Regel auch mit Nachteilen verbunden. Durch eine konsequente Vergemeinschaftungspolitik werden neue Verpflichtungen für den Arbeitnehmer, die über die üblichen Pflichten des Dienstvertrages (§ 611 BGB) hinausgehen, begründet.[18] Eine Verpflichtung zu Engagement für den „Geist" des Unternehmens, zu „totalem Einsatz", „neuem Denken", „offener Kommunikation" oder die „Entwicklung der eigenen Persönlichkeit" kann aus guten Gründen nicht dienstvertraglich oder tariflich geregelt werden, weswegen die Strategien der Gemeinschaftsbildung in der Personalpolitik tendenziell an Bedeutung gewinnen und Konzepte, die stark auf internen Wettbewerb setzen, ablösen.[19]

Da die hochkomplizierten Verpflichtungsgefüge einzelner Unternehmen und die dort wirksamen subtilen ungeschriebenen Regelsysteme kaum wissenschaftlich untersucht und im Rahmen dieser Darstellung schon gar nicht behan-

---

[16] Vgl. Köhnen 2000, S. 19. Köhnen bezieht sich in seiner Darstellung ausschließlich auf WalMart. Die theoretischen Überlegungen zu Personalpolitik, Unternehmenskultur und Kundenorientierung sind jedoch von generellem Interesse.
[17] Vgl. dazu kritisch: Neuberger 2000.
[18] Zur strukturellen Machtsymmetrie des Arbeitsvertrages als vertraglicher Sonderform vgl. neuerdings Höpner 2003, S. 192 f.
[19] Vgl. Cooper 2001, S. 76 ff. Die oben angedeutete Unterscheidung ist nicht so zu verstehen, als seien hier keine Fälle vorstellbar, in denen Vergemeinschaftungspraxis und Modelle internen Wettbewerbs kombiniert werden.

delt werden können, konzentriere ich mich hier auf diejenigen Verpflichtungen, die unternehmensseitig formuliert oder in der Managementlehre benannt werden.

4.3 Die Konstruktion einer Illusion eigenen Einflusses auf ökonomischen Erfolg und die Erreichung von Unternehmenszielen

Parallel zu der angedeuteten Tendenz, im Unternehmen eine *Gemeinschaft* zu institutionalisieren, als deren Teil die Beschäftigten an das Unternehmen gebunden und auf sein Zielsystem verpflichtet werden sollen, wird in Unternehmensphilosophien regelmäßig die Bedeutung jedes Einzelnen für das Erreichen der „anspruchsvollen" Ziele akzentuiert. Dabei wird mitunter der Eindruck erweckt, die Zukunft des Unternehmens hänge tatsächlich von der unbedingten Bereitschaft zu besonderen Leistungen Einzelner ab. „Positive", „engagierte" und „begeisterte" Beschäftigte leisten täglich „Herausragendes" in dem Bewusstsein, dass die „Zukunft unseres Unternehmens" verantwortlich in ihren Händen liegt. Gelingt eine derartige Orientierung, glaubt ein Arbeitnehmer also unabhängig von seinen tatsächlichen Beeinflussungsspielräumen, maßgeblichen Einfluss auf das Unternehmen insgesamt nehmen zu können, den Unternehmenserfolg kausal zu bewirken und damit *bedeutend* und *unverzichtbar* zu sein, sind Auswirkungen dieser Haltungen auf unterschiedlichen Ebenen zu erwarten, die hier nur angedeutet werden können: Neben der dadurch erleichterten Steuerbarkeit sind durch den Verlust einer rational-kritischen Distanz zur eigenen Tätigkeit auch Effekte in Richtung einer Überbeanspruchung der eigenen Arbeitskraft zu erwarten. „Totale" Motivation und „Hingabe" an die eigenen Aufgaben führen häufig dazu, dass eine realistische Einschätzung betrieblicher Realität erschwert wird. So werden z.B. die gesundheitlichen Risiken einer Überbeanspruchung durch die Arbeitstätigkeit, gerade wenn sie „hingebungsvoll" verrichtet wird, nicht selten unterschätzt. Für die Erklärung des Phänomens einer regelrechten Sucht nach Arbeit, welches auch mit dem Schlagwort „Arbeit ohne Ende"[20] bezeichnet wird, könnte dieser Distanzverlust, der durch die Illusion maßgeblichen Einflusses induziert sein dürfte, von Bedeutung sein.

Dabei ist bereits an dieser Stelle auf die Paradoxie der Argumentation hinzuweisen, dass es ausgerechnet in einer globalisierten Ökonomie mit weit reichender Eigendynamik, in Systemen mit komplexer Funktionsweise und sinkenden Steuerungsmöglichkeiten einzelner Akteure auf „jeden einzelnen Mitarbeiter" ankommen soll.

Gerade in großen Organisationen, die mit vielen anderen Akteuren und Interessengruppen verflochten und in denen die Handlungsspielräume daher be-

---

[20] Vgl. zu diesem Problem v.a. den Beitrag von Holger Heide: Massenphänomen Arbeitssucht – historische Hintergründe und aktuelle Bedeutung einer Volkskrankheit, Bremen 2002, sowie zu den mikropolitischen Problemen des Distanzverlustes einen der in dieser Hinsicht wenigen kritischen Managementdenker Michael Löhner 1990, S. 130 ff.

reits vorab mit erheblichen Restriktionen versehen sind, kommt der *Glaube* an den maßgeblichen eigenen Einfluss des Einzelnen auf den Unternehmenserfolg, genährt durch unzählige Erfolgsmythen „großer" Unternehmer, einer irrationalen Deutung bzw. einer ideologischen Umdeutung betrieblicher Realität gleich.

Die Management- und Führungsliteratur stellt Konzepte und Handlungsoptionen vor, durch welche die Einflussillusion zielgerichtet herbeigeführt werden soll.[21] Insofern erscheint es angemessen, in diesem Zusammenhang von einer *Konstruktion* zu sprechen. Auf die eher anthropologische Frage, warum Führungskonzeptionen, die diese Konstruktion einer Illusion eigenen Einflusses nahe legen, erfolgreich sind, soll hier allerdings keine abschließende Antwort versucht werden.

4.4 Unternehmenskultur versus politische Kultur: Die partielle Disqualifizierung des institutionalisierten politischen Prozesses

Interpretationen ökonomischer und betrieblicher Wirklichkeit gehen immer mit Interpretationen des politischen Rahmens der Wirtschaftstätigkeit einher. Die *Standortdebatte* in Deutschland ist ein markantes Beispiel für diesen Umstand. Bürokratisierung, Überreglementierung und inflexible Strukturen sowie bis ins Detail verrechtlichte Arbeitsbeziehungen und eine auf gesellschaftlichen Ausgleich ausgerichtete soziale Umverteilungspolitik werden im Kontext der Debatten um den Wirtschaftsstandort Deutschland als Ursachen geringen wirtschaftlichen Wachstums, anhaltender Arbeitslosigkeit und vermeintlicher Standortnachteilen ausgemacht.[22] Welche Rolle spielen in diesem Zusammenhang Unternehmens- und Managementphilosophiekonzeptionen?

Unternehmensphilosophie und Unternehmenspolitik sind immer zunächst im Kontext dieser gesellschaftlichen Diskussionen zu sehen und korrespondieren mit den im öffentlichen Raum vorherrschenden Vorstellungen von wirtschaftlicher Notwendigkeit und *ökonomischer Effizienz*. Den die Wirtschaftstätigkeit regulierenden Institutionen und Akteuren sowie den politischen Entscheidungs- und Reformprozeduren, deren inkrementalistischer Charakter als typisch für moderne Demokratien bezeichnet werden kann, wird mittels der unternehmerischen *Vision* eines *Self-made Mythos*, der Verordnung von Optimismus, der Vorstellung wirtschaftlichen Wettbewerbs als eines existentiellen Kampfes und der Konstruktion einer unternehmensinternen Gemeinschaft der Sieger und Erfolgreichen implizit ein diffuses Politik- und Gemeinschaftskonzept entgegengesetzt, welches die mühsamen Prozeduren der demokratischen Entscheidungsfindung in letzter Konsequenz als nicht sachgemäß erscheinen lässt. Diese (Gegen-) Geschichten über die Wirklichkeit sind einfach strukturiert, mitunter „Binsenweisheiten", und sollen den Unternehmensmitgliedern Orien-

---

[21] Siehe dazu vor allem Kapitel 6 und 7.
[22] Für einen differenzierteren Standortvergleich vgl. etwa Eichhorst 2002, S. 22-31.

tierung bieten, insbesondere durch Abgrenzung vom verregelten Apparat, der unternehmerische Initiative behindert.[23]

Die Kritik an der „Überregulierung" von Sozial- und Arbeitsbeziehungen, der versachlichten Verwaltungsprozedur und dem der Kompliziertheit komplexer Systeme Rechnung tragenden Regulations- und Differenzierungsgrad erfolgt allerdings nur selten explizit. Im Vergleich mit den 1985 von Huber untersuchten Unternehmensdarstellungen ist im Gegenteil insgesamt eine Tendenz zu beobachten, politische Institutionen überhaupt nicht mehr zu erwähnen und sich allenfalls auf die Hervorhebung eigener Engagements und Kooperationen im sozialen oder ökologischen Bereich zu konzentrieren. Daraus ist jedoch mitnichten zu schlussfolgern, die untersuchten Darstellungen seien daher *unpolitisch*.

Bei genauerem Hinsehen kann festgestellt werden, dass ein *emotionenorientiertes* Management und eine vergemeinschaftende Personalpolitik zusätzlich zu den oben beschriebenen Charakteristika zumindest in Einzelfällen durchaus darauf gerichtet sind, die *Unternehmensgemeinschaft* als eine Art Gegenkonzept zur Idee politischer Gemeinschaft zu etablieren. Die Beteuerung der eigenen Unternehmenskultur und der eigenen Werte laufen vereinfacht ausgedrückt auf die Behauptung *Bei uns ist alles anders!* hinaus, nämlich besser. Die „gute" Gemeinschaft ist eine Gemeinschaft der *Sieger*. Durch Leistungsfähigkeit und Leistungswilligkeit kann sich diese Gemeinschaft behaupten und von *den Anderen* absetzen. Die Gruppe kommt mit geringem Regelungsniveau der Arbeitsbeziehungen aus: *Mein Gehalt verhandele ich selber, Ich bleibe auch mal länger, wir sprechen das flexibel ab, mein Freiheitsspielraum ist mir wichtig, Management und Mitarbeiter kommunizieren bei uns auf „gleicher Augenhöhe", hier zu arbeiten, ist phantastisch, wer wirklich etwas leistet, wird auch belohnt, etc.*[24] Diese Idee steht aber, wenn nicht in Opposition zur demokratisch-rechtstaatlichen Gemeinschaft, zumindest quer zur politischen Gemeinschaft, deren weniger „erfolgreiche" Mitglieder auf den Schutz durch eine umfassende rechtliche bzw. rechtsstaatliche Regelung der Arbeits- und Sozialbeziehungen angewiesen sind.

---

[23] Aus dem ganzen Set von typischen *Mythen* dieser Art, für die im Zweifel unzählige Belege anzuführen wären, seien hier nur einige wenige beispielhaft genannt: Der Gründer mit seiner unverwechselbaren und einzigartigen Idee, der gegen alle Widerstände etwas wagte und für seine geniale Idee ein hohes persönliches Risiko einging; die Unternehmer, die so gerne Arbeitsplätze schaffen würden, deren Betriebe aber von einer bürokratischen Verwaltung und zahllosen überflüssigen Vorschriften sowie durch lange Genehmigungsverfahren behindert und sogar in ihrer Existenz gefährdet werden; die gerade in Deutschland unerträglich hohe Steuer- und Abgabenlast, der übertriebene Kündigungsschutz, der Einstellungen behindert und bestehende Arbeitsplätze gefährdet, eine komplizierte, überflüssige und nicht wettbewerbsfähige Mitbestimmungsgesetzgebung; ein Sozialstaat, der nicht in der Lage ist, zielgerichtet zu fördern, sondern sich im wesentlichen selbst verwaltet, und der eine vermeintliche „Koalition" aus fleißigen Arbeitnehmern und erfolgreichen Unternehmern enorme Geldsummen kostet, welche viel nutzbringender eingesetzt werden könnten; und schließlich die im Vergleich zum parlamentarischen Regierungssystem viel effizienteren und flexibleren Führungsstrukturen in Wirtschaftsunternehmen.

[24] Vgl. dazu im Einzelnen die Kapitel 6 und 7.

Die Frage, wie sich ein entsprechendes Selbstkonzept der Beschäftigten als Teil der Unternehmensgemeinschaft langfristig auf Strategien, Haltungen und Mentalitäten in der modernen Arbeitsgesellschaft und insbesondere auf die Akzeptanz der politischen Institutionen auswirken wird, bleibt virulent.

4.5 Die Bedeutung und Bewertung gewerkschaftlicher Interessenvertretung

Gewerkschaften nehmen die Vertretung der Interessen ihrer abhängig beschäftigten Mitglieder wahr. Der Rahmen, in dem diese Interessenvertretung stattfindet, wird im Wesentlichen durch das Grundgesetz, das Tarifvertragsgesetz, die Mitbestimmungsgesetze sowie das Betriebsverfassungsgesetz vorgegeben. Mit der kollektiven Regelung von Arbeitsbedingungen per Tarifvertrag erfüllen Gewerkschaften eine wichtige gesellschaftliche Funktion. Außerdem nehmen sie an verschiedenen Stellen mit ihren Positionen und in Gremien politischen Einfluss. Bei realistischer Bewertung wird man zu dem Ergebnis kommen, dass dieser Einfluss indes in den vergangenen Jahren rückläufig ist. Nicht erst seit Beginn der Standortdebatte stehen die Gewerkschaften in der Bundesrepublik Deutschland einer umfassenden öffentlichen Kritik gegenüber. In letzter Zeit mehren sich die Stimmen auch auf Arbeitnehmerseite, die den Gewerkschaften skeptisch gegenüberstehen und statt einer kollektiven Interessenvertretung individuelle Lösungen bevorzugen. Die klassischen Argumente gegen gewerkschaftliche Politik und Einflussnahme lassen sich folgendermaßen systematisieren:

- „Überhöhte" Lohnforderungen gefährden die wirtschaftliche Prosperität und die Preisstabilität. Es besteht die Gefahr einer *Lohn-Preis-Spirale*.
- Hohe tarifliche Löhne werden als Fixkosten für die Unternehmen insbesondere in Krisenzeiten zu einer Existenzbedrohung. Stattdessen sind flexible Aushandlungsprozesse von Gehältern und Arbeitsbedingungen marktkonform und erlauben die Anpassung der Kosten an den Unternehmenserfolg, was im Ergebnis Arbeitsplätze sichert und in wirtschaftlich guten Zeiten Chancen für mehr Beschäftigung eröffnet.[25]
- Gleiches gilt für die Restriktionen und Regulierungen, denen Arbeitsbedingungen und Arbeitsmarkt unterworfen sind. Während Gewerkschaften dazu neigten, eine immer stärkere Reglementierung und eine Weiterentwicklung von Arbeitnehmerschutzrechten zu fordern, sei genau das Gegenteil, nämlich eine Flexibilisierung und Deregulierung der Arbeits- und Sozialbeziehungen erforderlich, um im weltweiten Wettbewerb bestehen zu können.

---

[25] Zur neueren Entwicklung der Verteilung von Arbeits- und Gewinneinkommen im Verhältnis zum Volkseinkommen vgl. etwa den Bericht *Die Einkommens-Schere wird größer* der Frankfurter Rundschau vom 29. November 2003, S. 9.

- Aufgrund von Tarifrestriktionen würden Beschäftigungsmöglichkeiten im Niedriglohnsektor unmöglich gemacht und damit Chancen für mehr Wachstum und einen signifikanten Abbau der Arbeitslosigkeit verspielt.
- Die von Gewerkschaften entwickelten („rückwärtsgewandten") Vorstellungen würden sich zusehends von den Bedürfnissen der Beschäftigten entfernen, welche die so genannten *betrieblichen Bündnisse für Arbeit* mehrheitlich begrüßen würden.
- Insgesamt verhindere die *blockierende* Haltung der Gewerkschaften erforderliche Reformprojekte. Die Massenarbeitslosigkeit sei insofern zu einem guten Teil gewerkschaftsinduziert.[26]

Dass hier Gegenargumente sowohl seitens der Wirtschafts- und Sozialwissenschaft als auch der Gewerkschaften selbst vorgetragen wurden und werden, ist bekannt. Ich möchte an dieser Stelle nur das Problem andeuten, dass etwa die Beschäftigung zu Niedriglöhnen zu einer Fülle von anderen Schwierigkeiten führt (und insbesondere die Verdrängung der Normalarbeitsverhältnisse begünstigt), und dass auch die Erfahrungen mit so genannter „maßvoller" oder „vernünftiger" Tarifpolitik den empirischen Nachweis, dass sich die Probleme der Massenarbeitslosigkeit durch eine Strategie niedriger Tariflohnsteigerungen lösen ließen, nach wie vor schuldig bleiben.[27] Und dennoch befinden sich die Gewerkschaften gesellschaftlich und politisch in der Defensive. Die abnehmende Bedeutung des Tarifvertrages als zentrales Instrument zur Absicherung von Mindestarbeitsbedingungen und zur Herstellung gleicher Wettbewerbsbedingungen, arbeitgeberseitige Verbandsaustritte sowie die bei vielen Beschäftigten vorherrschende Überzeugung, Arbeitsbedingungen ließen sich besser individuell aushandeln, verschärfen ein „chronisches Flexibilitätsdilemma", in dem sich gewerkschaftliche Interessenvertretung, wenn sie an demokratischen Spielregeln orientiert sein soll und die Vielzahl individueller Arbeitnehmerinteressen unter einen „kompromissfähigen" Hut bringen will, ohnehin befindet.[28] Die Mitglie-

---

[26] Zu den komplizierten Fragen der verschiedenen Ursachen von Arbeitslosigkeit vgl. zuletzt Zinn 2003, S. 46 ff. und zur äußerst umstrittenen Auffassung, Arbeitslosigkeit sei eine Folge marktwidriger Regulierung des Arbeitsmarktes auch Bäcker 2000, S. 335 f.

[27] Das durchschnittliche verfügbare *Realeinkommen* bundesdeutscher Arbeitnehmer lag einer Untersuchung Heiner Ganssmanns zufolge 1978 bereits genauso hoch wie 2002. Er resümiert: „Wenn es den Gewerkschaften gerade eben gelingt, in einem Vierteljahrhundert mit deutlichem, wenn auch schwachen Wirtschaftswachstum das Niveau der Nettoreallöhne zu halten, kann man nicht im Ernst behaupten, die Löhne hätten nicht ausreichend auf die Arbeitslosigkeit reagiert." Ganssmann 2004, S. 12 f.

[28] Vgl. dazu etwa Negt 2001, S. 197 ff. Vgl. auch den Aufsatz von Wolfgang Streeck: Vielfalt und Interdependenz, 1987, S. 471-495, in dem die besonderen Integrationsprobleme intermediärer Organisationen, darunter fasst Streeck die Gewerkschaften, analysiert werden. Zur neueren Kontroverse um die Intermediaritätsthese von Walther Müller-Jentsch und ihre Konsequenzen vgl. etwa die von Joachim Beerhorst eröffnete Diskussion in der Zeitschrift „Industrielle Beziehungen". Zeitschrift für Arbeit, Organisation und Management, 12. Jg., Heft 2/2005.

derentwicklung der DGB-Gewerkschaften deutet gleichsam auf diese Problematik.[29]

Im Rahmen dieser Untersuchung steht aber weniger die Situation der Gewerkschaften insgesamt im Mittelpunkt, sondern die Frage, welche Bedeutung ihnen in den Unternehmensdarstellungen zufällt. Dabei sind in diesen durchaus unterschiedliche Strategien, die Gewerkschaften zu thematisieren, zu beobachten: Häufig werden weder betriebsverfassungsmäßige Mitbestimmungsorgane noch Gewerkschaften überhaupt erwähnt, gelegentlich wird eine „vertrauensvolle" Zusammenarbeit „im Rahmen der gesetzlichen Vorschriften" betont. Besondere Beachtung verdienen diejenigen Darstellungen, die gewerkschaftliche Interessenvertretung explizit als überflüssig bezeichnen (WalMart) und sogar ein komplexes Informations- und Überwachungssystem entwickelt haben, um einer eventuellen gewerkschaftlichen Organisierung der Beschäftigten vorzubeugen (Wie bleiben wir gewerkschaftsfrei?).[30] Diese Position bleibt jedoch die Ausnahme. Eine Kritik an Gewerkschaften erfolgt überwiegend mittelbar und indirekt. Die häufig beschriebenen „starken Werte", denen sich die Unternehmensgemeinschaften verpflichten sollen, sind Ausdruck einer Gegenposition zu einer an der Weiterentwicklung von festgeschriebenen Arbeitnehmerrechten und am betrieblichen Interessenausgleich orientierten Politik. Wer in einem Unternehmen mit „offener Tür" an einer „großartigen Sache" arbeitet, kann auf die unspektakulären und mühsamen kollektiven Aushandlungsprozesse, die in der gegenwärtigen Wirtschaftswelt als Relikt der abgelösten Industriegesellschaft erscheinen mögen, verzichten, so eine verbreitete Auffassung. Unternehmerischer „Spirit" soll die traditionellen Selbstinterpretationen von Arbeitnehmern ablösen. Die Erfahrung gemeinsamer Interessen soll keinesfalls *gegen* das Unternehmen, sondern *im* Unternehmen gemacht werden. Dieser Umstand kann für gewerkschaftliche Politik langfristig nicht folgenlos bleiben, weswegen gerade die Gewerkschaften und auch Betriebsräte aufgefordert sind, das in Unternehmens- und Managementphilosophien repräsentierte Denken zu rezipieren.

---

[29] Die Ursachen für Mitgliederentwicklungen sind komplex und einige Trends widersprüchlich. Vgl. dazu z.B. Streeck 1987, S. 452f.

[30] Das gleichnamige Handbuch für Führungskräfte des Unternehmens ist üblicherweise nicht öffentlich zugänglich, liegt dem Verfasser aber vor. Die Handlungshilfe soll den Leser in die Lage versetzen, bereits kleinste Anzeichen für gewerkschaftliche Aktivität im Unternehmen zu erkennen (etwa verdächtige Gespräche von Mitarbeitern in Gruppen auf dem Firmenparkplatz!) und darauf im Unternehmenssinne, nämlich durch Meldung an zuständige Stellen, zu reagieren. Unter Verweis darauf, dass angeblich eine „Vertretung durch Dritte" bei WalMart nicht erforderlich sei, wird hier die Installation eines umfassenden Überwachungssystems auf der Basis einer gewünschten Denunziationskultur angeregt.

4.6 Philosophie, Sinn und Orientierung durch das Management und die Probleme der Diskrepanz zwischen imaginierter und praktizierter Unternehmensrealität

Die Arbeitswelt ist gekennzeichnet von großer Unsicherheit und geringer Vorhersagbarkeit zukünftiger Verläufe. Unternehmensführungen, die fortwährend Anpassungsprozesse vornehmen und dabei zufrieden stellende ökonomische Ergebnisse erzielen wollen, sind dabei in zunehmendem Maße auf die konstruktive und engagierte Mitarbeit ihrer Beschäftigten angewiesen. Die Reorganisationsmaßnahmen und Interventionen der Unternehmensführung werden aber auf Seiten der Arbeitnehmer, nicht selten mit guten Gründen, vielfach als konkrete Bedrohung ihrer Arbeitssituation bzw. des Arbeitsplatzes erfahren. In dieser Situation versuchen Unternehmensleitungen das Führungshandeln zu legitimieren, die ökonomischen Notwendigkeiten zu betonen und den ökonomischen Wandel für die Beschäftigten zu *interpretieren*. In der Führungs- und Managementlehre werden fortwährend neue Strategien, Konzepte und Mythen hervorgebracht, welche die Möglichkeit der methodischen Aneignung der für diese Interpretationsleistungen erforderlichen Kompetenzen in Aussicht stellen. Modernes Management wird übereinstimmend als *Sinnvermittlung* und Orientierung verstanden. *Vom Sinn zum Gewinn* – dies ist Böckmann zufolge angeblich sogar die „Kurzformel für das unternehmerische Denken überhaupt."[31] Das Wirtschaftsgeschehen insgesamt und die Notwendigkeit von Veränderung müssen so erklärt, dargestellt und aufbereitet werden, dass trotz der häufig offensichtlichen Beeinträchtigung von Arbeitsbedingungen die Motivation der Arbeitnehmer nicht sinkt, sondern möglichst noch gesteigert werden kann. Arbeitnehmer sollen verstehen und einsehen, warum die Maßnahmen der Unternehmensleitung alternativlos sind. Dabei müssen aus der Sicht des Unternehmens Techniken und Instrumente zum Einsatz kommen, die einerseits den vorhandenen Werthaltungen und Einstellungen von Beschäftigten Rechnung tragen, und andererseits das für das Management stets zentrale Motivationsproblem einer Lösung zuführen, die den ökonomischen Unternehmenserfolg sicherstellt.[32] Die Erfolgsträchtigkeit und Einzigartigkeit des Unternehmens sowie die Angemessenheit und Legitimität der Interventionen der Unternehmensführung müssen insofern nicht nur für andere Anspruchsgruppen (Kapitaleigner, Kunden, Öffentlichkeit), sondern gerade für die Arbeitnehmer fortwährend unterstrichen werden. Dazu dienen auch die Selbstdarstellungen von Unternehmen. In diesem Sinne betätigen sich Unternehmensleitungen als „Sinnproduzenten". In „philosophierenden" Unternehmen wird eine gemeinsame „Vision" oder gar „Mission" formuliert, die Mitglieder des Unternehmens adaptieren und als regulative Idee ihres Arbeitshandelns internalisieren sollen. Der Unternehmenserfolg wird so zu einer ge-

---

[31] Vgl. Böckmann 1990, S. 5.
[32] Bei Kramer 2002, S. 111 werden Führung und Motivation sogar gleichgesetzt: „Führung bedeutet Motivation." Vgl. auch den zum „Mythos Motivation" maßgeblichen Beitrag von Sprenger 2002, S. 7 ff.

meinsamen Sache aller. Da es hier auf Werte, Haltungen und Überzeugungen von Arbeitnehmern ankommt, die für deren Erfahrung der Arbeitswelt und der Wirklichkeit insgesamt maßgeblich sind, ist Management in diesem Sinne *Beeinflussung und Gestaltung von Bewusstsein.*

Der Beobachtung, dass die betriebliche Wirklichkeit und die in Unternehmensdarstellungen vorgeführten „Idealunternehmen" mitunter voneinander abweichen, kann durch eine Fülle von Beispielen unterstrichen werden. Es gibt genügend Anzeichen dafür, dass der betriebliche Alltag von vielen Arbeitnehmern wenig oder nichts mit der beworbenen einzigartigen „Unternehmenskultur" und den „gemeinsamen Grundwerten" zu tun hat, weswegen Managementexperten fortwährend neue Strategien der Implementierung wirksamer Steuerungsmechanismen zur Überbrückung bzw. zum Abbau dieser Diskrepanzen präsentieren. In der Debatte besteht Übereinstimmung darüber, dass unternehmensseitig oder durch externe Berater formulierte und für alle verbindlich erklärte Werte, Einstellungen und Standards unbedingt eingehalten, dass also die „Unternehmensphilosophie" tatsächlich handlungsleitend werden müsse. Die anvisierte „Innenlenkung" durch Hintergrundüberzeugungen[33] wird nur erreicht, wenn die Unternehmensdarstellungen „geglaubt" werden und die unternehmerische Personal- bzw. Mikropolitik darauf abgestimmt ist.

Wie schwierig dieses Unterfangen ist, zeigt sich schon im auffallend geringen Konkretionsniveau vieler Darstellungen von Unternehmen. Wenn man etwa Gemeinplätze wie „Wir bekennen uns zu unserer gesellschaftlichen Verantwortung" oder „Bei uns sind ehrliche und faire Kommunikation selbstverständlich" liest, dann kann nicht einmal von einer imaginierten Unternehmensrealität die Rede sein, weil die Aussagen kein differenziertes „Sollenskonzept" im Sinne eines wirklichen Leitbildes darstellen. Aber auch die differenzierteren Konzepte, die umfangreiche Darstellungen über Führung und Zusammenarbeit im Unternehmen enthalten, stehen sehr häufig nicht im Einklang mit der Praxis des Unternehmens. Beispielhaft seien hier nur zwei Fälle angeführt: Der amerikanische Einzelhandelskonzern WalMart, der seinen Erfolg mit einer „totalen Kundenorientierung"[34] begründet und der ein umfangreiches Set an Regeln für die Beschäftigten, Ritualen, Feiern und Präsentationen etabliert hat, die im Rahmen der „Familie WalMart" eine gewerkschaftliche Organisation der Beschäftigten überflüssig machen soll, weil die „Türen des Managements" stets für Anregungen „offen" seien, erweist sich nicht erst seit der lesenswerten Untersuchung von Heiner Köhnen als in mehrfacher Hinsicht fragwürdiger Arbeitgeber. Köhnen notiert: „Beschäftigte bei WalMart haben jedoch nicht nur eine relativ schlechte materielle Situation (gilt für die USA M.S.). Die Gewerkschaft UFCW bezeichnet WalMart als einen der „schlimmsten Arbeitgeber" in den USA. Sie führt Fälle geheimer und illegaler Kameraüberwachung, von Aufnahmen privater Ge-

---

[33] Vgl. Ulrich 1990, S. 277 f. Der Autor schreibt allerdings in kritischer Absicht.
[34] Vgl. Köhnen 2000, S. 18 und www.walmartwatch.com sowie www.walmartyrs.com sowie den Artikel *Neue Spiritualität macht die Runde Wal-Mart sieht die Firma als Wertegemeinschaft* von Michael Kuntz 2002, S. 22.

spräche oder illegaler Hausdurchsuchungen wegen vermeintlichen Diebstahls von Beschäftigten auf..."[35].

Weniger drastisch, aber gleichwohl bedenklich ist die Abweichung des tatsächlichen Verhaltens von der Unternehmensdarstellung bei der Citibank, die „die beste Bank für Kunden und Mitarbeiter in Nordeuropa" sein will und sich dafür engagiert, „das Leben der Menschen besser zu machen." Eines der Erfolgskriterien, welches die Citibank angibt, sei eine 80%-ige Mitarbeiterzufriedenheit, wobei offen bleibt, anhand welcher Erhebungsverfahren diese Zufriedenheit festgestellt werden soll. Leicht feststellbar war hingegen eine fragwürdige Personalpolitik der Citibank im Rahmen von Umstrukturierungsprozessen 1999.[36]

Auch der tatsächliche Einfluss von Selbstverpflichtungen durch die Implementierung von *Codes of Conduct* auf die unternehmerische Praxis, die erträgliche Arbeitsbedingungen auch in den Niedriglohnländern, in denen viele der weltweit operierenden Konzerne Lieferantenverbindungen unterhalten, sicherstellen sollen, sind, wie jüngere Untersuchungen zeigen, oftmals eher gering.[37]

Auch die mikropolitischen Nebeneffekte von Führung mit Unternehmensgrundsätzen sind mitunter ganz anderer Art, als auf den ersten Blick zu erwarten gewesen wäre. So weist etwa der Arbeitspsychologe Oswald Neuberger im Zusammenhang mit der Verantwortlichkeit aller Mitarbeiter für den Unternehmenserfolg und den Entscheidungsspielräumen, die den Mitarbeitern im Rahmen von kooperativen Führungsstilen zugestanden werden, darauf hin, dass es sich hierbei im Wesentlichen um eine *Inszenierung* handelt: „Wenn man sich intensiv über ‚Delegation' ausläßt, sollen Dezentralisierung und Machtabgabe dokumentiert werden, aber gleichzeitig wird die Ideologie erneuert, an der Spitze seien im Grunde Macht, Kompetenz, Information etc. konzentriert und würden von dort freiwillig und sachgerecht abgegeben...."[38].

Auch wenn der Arbeitgeber die Ergebnisverantwortung ganz den Mitarbeitern überlässt, und aus der „Mittlerfunktion" zwischen Markt und Mitarbeiter gewissermaßen zur Seite tritt, ist dies allein noch lange keine „selbstbestimmte" Arbeit. Nur allzu oft sind die Freiheitsgrade in ein rigides System von Zielvorgaben und sonstigen Regeln eingebettet und erhöhen Arbeitsdruck und Arbeits-

---

[35] Vgl. Köhnen 2000, S. 29.
[36] Der Konflikt um die Eröffnung eines Call-Centers in Duisburg bei gleichzeitiger Schließung anderer Call-Center und der Inanspruchnahme öffentlicher Fördergelder erregte bundesweit Aufsehen. Der gezielte Abbau tariflicher Arbeitsbedingungen, eine Beeinträchtigung der Koalitionsfreiheit und zahlreiche Kündigungen am Standort Duisburg als Folge einer Streikauseinandersetzung waren einem Boykottaufruf der von Kirchen und Gewerkschaften initiierten Kampagne „Citi-critic" vorausgegangen. Zu den Einzelheiten der Kontroverse, die einen Rechtsstreit der Bank gegen den Duisburger Pfarrer Hans Peter Lauer nach sich zog, siehe etwa www.ekir.de/kda-duisburg/citi.htm und den zusammenfassenden Bericht von Lauer mit dem Titel *Der Zauber der Macht* unter www.transparentonline.de/Nr57/57_2.htm (Stand jeweils 23.03.2004) sowie den Bericht über den Prozessverlauf in der Neuen Ruhr Zeitung (NRZ) vom 08.12.1999.
[37] Vgl. etwa Fichter/Sydow 2001, S. 40 ff. und Stelzl 2004, S. 149 ff.
[38] Neuberger 1994, S. 258.

dichte, anstatt „Mitarbeiterpotentiale" zu entfalten und deren Entwicklung zu fördern.[39] Übertragene Verantwortung und gewährte Entscheidungskompetenzen sind in solchen Fällen als rein „funktionale Freiheiten" zu verstehen. Die Diskrepanzen im Einzelnen vorzuführen, wird im Rahmen dieser Darstellung nur beispielhaft möglich sein.[40]

Dass die beschriebenen Konzeptionen mit dem Arbeitsalltag der Beschäftigten jedoch mitunter nur bedingt korrespondieren, ist bei der Analyse von Unternehmensleitbildern und Unternehmensphilosophie und entsprechenden Führungslehren mitzudenken. Diese Einschränkung schließt nicht aus, dass es andererseits Unternehmen gibt, die ein überzeugendes soziales und ökologisches Engagement pflegen, und dass handelnde Personen sich auf den Begriff „Verantwortung" festlegen lassen.

4.7 Die Verschleierung tatsächlicher Machtverhältnisse und Interessenkonstellationen als Implikation neuerer Managementkonzepte

Unternehmen sind, dem hier zugrunde liegenden Organisationsverständnis gemäß, Organisationen, in denen die Mitglieder bzw. Akteure einerseits in komplexen Interaktionsbeziehungen zueinander stehen, in denen andererseits Strukturen, Institutionen und Regelsysteme existieren, und in denen schließlich auch Konstruktionen, Deutungen und Interpretationen der Wirklichkeit vorgenommen werden. Unternehmen sind aber auch Orte, an denen Konstellationen von unterschiedlichen Kräften und Vermögen, Kausalverläufe zu bewirken, d.h. *Machtverhältnisse* bestehen.[41]

---

[39] Vgl. dagegen Bauer-Harz 1995, S. 152 f. Delegation von Verantwortung „so weit wie möglich nach unten" sei dazu geeignet, „...den Mitarbeitern Erfolgserlebnisse zu verschaffen, in dem ihnen innerhalb ihres engeren Aufgabengebietes Chancen zur Selbstentfaltung und Selbstverwirklichung geboten werden."

[40] Vgl. dazu v.a die Kapitel 7 und 8.

[41] Die Verwendung des Begriffes „Macht" erfordert heute stets den Ausweis, in welchem Sinne er gemeint ist. Es muss betont werden, dass Macht hier weder als Subjekt noch als in irgendeiner Weise selbsttätige Substanz verstanden wird, sondern vielmehr als *Vermögen und Fähigkeit, einen im Denken hergestellten Kausalverlauf realisieren zu können* (Bärsch). Mit dieser Sichtweise, die an die bekannte Definition Max Webers erinnert (Macht als Chance, innerhalb einer sozialen Beziehung den eigenen Willen auch gegen Widerstreben durchzusetzen, gleichviel worauf diese Chance beruht, vgl. Weber 1980, S. 28), gelingt es, gleichzeitig den deutenden Charakter und die „reflexive Struktur" der Rede über Macht zu erfassen. Dies ist auch und gerade für unseren Zusammenhang, in dem ja die im Unternehmen, in der Selbstinterpretation von Arbeitnehmern und in der Öffentlichkeit *gedeutete Konstellation der Kräfte* eine nicht unerhebliche Rolle spielt, von Bedeutung. *Machtverhältnisse* können in diesem Sinne als Relationen und Konstellationen aufgefasst werden, in denen die *Spannung* zwischen asymmetrisch verteilten *Vermögen, etwas im Unternehmen zu bewirken*, zum Ausdruck kommen. Vgl. zu den Problemen der Verwendung des Begriffes „Macht" den grundsätzlichen Aufsatz von Bärsch 1999, *Der Reflex der Relationen: Ein mögliches politikwissenschaftliches Verständnis von Macht*, S. 28 f.

Die Machtverhältnisse in Unternehmen haben Auswirkungen auf die Frage, welche betrieblichen Akteure ihre Ziele im Unternehmen erreichen, welche Entscheidungen und Interessen durchgesetzt, welche Strategien verfolgt und unter welchen konkreten materiellen und organisatorischen Bedingungen die Arbeitsleistungen der Mitarbeiter erbracht werden. Angesichts dieser zentralen Bedeutung für die Arbeitsrealität aller Beteiligten müssen Machtverhältnisse als solche erfasst, erkannt und mitunter kritisch hinterfragt werden können, wenn man es ernst meint mit einer Arbeitsgesellschaft, in der die Arbeitnehmer zugleich freie und mündige Bürger sein sollen und können. Das Begreifen der eigenen Lage in einer Konstellation von Kräften ist Voraussetzung für eine selbständige Beurteilung politischer Fragen auch außerhalb des Unternehmenskontextes. All dies ist freilich auch den Vertretern neuerer Managementansätze bekannt. Indes suggerieren diese vor dem Hintergrund des Umstandes, dass zum Erreichen des übergeordneten Ziels, des ökonomischen Unternehmenserfolges, eine kooperative Handlungsabstimmung vonnöten ist, fortwährend die Vorzüge des Verfahrens, die Maßnahmen der Unternehmensführung gerade nicht als Ausübung von Macht, sondern als „Gestaltung" und „Entwicklung" von komplexen Organisationen, Systemen und Personen zu verstehen und dies auch so darzustellen. In dem Maße, in dem das Management gestaltet, unterstützt, organisiert, fördert, als Coach fungiert, begleitet etc. übt es scheinbar keine Macht aus. Das gleiche gilt für das Unternehmen insgesamt: In einem Unternehmen, in dem alle teamorientiert und kooperativ gemeinsame Ziele verfolgen, wird die Betrachtung des Machtaspektes obsolet.

Eine Management- und Führungslehre, die sozial- und psychotechnische Interventionen der Unternehmensführung zur Gemeinschaftsbildung im Unternehmen vorschlägt und dabei mitunter sehr weit reichende Einflussnahmen auf Beschäftigte, ihre soziale Interaktionen sowie ihre Selbstinterpretation empfiehlt, ist insofern geeignet, die Machtdimension von Arbeitsbeziehungen zu verdunkeln und damit auch den Herrschaftsaspekt des Arbeitsverhältnisses in den Hintergrund treten zu lassen. Folgt man Oskar Negt, dann begründet bereits die „Verfügung über fremde Arbeitskraft" als solche *Herrschaft*.[42] Die Verpflichtung, vertragsgemäße Dienste zu leisten, impliziert die Befolgung disziplinarischer, fachlicher und organisatorischer Regeln und Ordnungen des mit dem Direktionsrecht ausgestatteten Arbeitgebers. Das Lohnarbeitsverhältnis ist daher in seiner Struktur grundsätzlich ein machtasymmetrisches Vertragsverhältnis. Unternehmensphilosophie und moderne Strategien des Managements, so meine These, können nun zu einem gewissen Grad dazu beitragen, diese Machtasymmetrie und die Tatsache, dass es sich um ein oft prekäres Über- und Unterordnungsverhältnis zur beiderseitigen Verfolgung genuin unterschiedlicher Zwecke handelt, gar nicht erst bewusst werden zu lassen oder deliberativ zu ver-

---

[42] Vgl. Negt 2001, S. 18.

schleiern.[43] Wenn wirksam glaubhaft gemacht werden kann, man verfolge gleiche Zwecke, arbeite an der gleichen Sache und gehe auf gleiche Ziele aus, erscheint die Frage der rechtlichen Verfasstheit des Arbeitsverhältnisses ebenso zweitrangig wie die stets legitimitätsbedürftige Tatsache, dass im Unternehmen klar identifizierbare Herrschaftsverhältnisse und Machtungleichgewichte existieren.

Wer an einer großen Sache mit Leidenschaft arbeitet, wird die theoretischen Implikationen seiner Lage kaum en detail analysieren wollen. Die Frage, in welchem Ausmaß sich Arbeitnehmer von Gemeinschafts-, Leistungs- und Erfolgsmythen überzeugen lassen, ist seriös nicht abschließend zu beantworten. Dass diese Strategien durch die praktizierte Verbreitung von entsprechenden Handlungsanweisungen für Manager in den mehr oder weniger einschlägigen Managementhandbüchern und Beiträgen zur Führungslehre allerdings geeignet sind, signifikante Effekte auf die Wahrnehmung wirtschaftlicher und gesellschaftlicher Prozesse und Probleme sowie die Selbstinterpretation im Arbeitsprozess zu erzielen, liegt auf der Hand: Die wachsende Angst vor Arbeitslosigkeit, die Hoffnung, vielleicht doch zu den ökonomischen Gewinnern gehören zu können, die mediale Aufbereitung der wirtschaftlichen Lage, die anhaltende Standortdebatte und die infinite Repetition der bekannten Globalisierungsargumente stellen keine gute Basis für die Entfaltung und Etablierung eines in dieser Hinsicht kritischen Bewusstseins dar.

Die Erfahrung von Gefährdung oder Bedrohung und deren Auswirkungen auf den Motivationszustand ist nun im Arbeitszusammenhang besonders problematisch, wird von einigen Vertretern der Managementlehre aber auch als Orientierungsproblem expliziert. In einer komplexen Wirtschaftswelt bedürfe es der orientierenden Komplexitätsreduktion für Arbeitnehmer und der Möglichkeit, Sinn zu erfahren.[44]

Darüber hinaus kommt es in Unternehmens- und Managementphilosophien zu unterschiedlichen Akzentuierungen der Bedrohung durch die Globalisierungsfolgen: Vorrangig sind Unternehmen durch den „immer härteren Wettbewerb" bedroht. Dieser Umstand rechtfertigt einen höheren Grad der Verpflichtung aller Mitarbeiter auf die Unternehmensziele. Neben diesen Ansprüchen an die Leistungsabgabe werden *Ansprüche sozial-normativer Art* (Türk) formuliert, „die sich nicht auf die berufliche Arbeitsqualifikation oder Leistung in „technischer" Hinsicht beziehen, sondern auf Akzeptanz, Duldung oder Vertretung organisationskultureller Werte, Standards, Ziele, Rollen, Verhaltensmuster u.ä.m., also auf Fügsamkeit oder Loyalität."[45] Unter Globalisierungsbedingungen müssen, so die verbreitete Auffassung, traditionelle „geistige Haltungen" wie etwa die so genannte „Arbeitnehmermentalität" dem Konzept eines international ori-

---

[43] Im Managementdiskurs ist die explizite Rede von *Machtverhältnissen* zwischen den Interessengruppen eher unpopulär. Eine Ausnahme stellen Ulrich/Fluri 1975, S. 63 ff. und Berger 1993, S. 24 dar.
[44] Vgl. etwa Nagel 1991, S. 97 ff., Gerken 1995, S. 141 ff., Bleicher 1994, S. 5 f., und Höhler 2002, S. 125 f.
[45] Türk 1981, S. 38.

entierten, polylingualen, flexiblen, geistig und emotional vollengagierten, leidenschaftlich leistungsbereiten „Arbeitskraftunternehmer" weichen.[46]

Gleichzeitig ist hier immer auch die bereits erwähnte implizite Legitimation des Führungshandelns intendiert. Der Zusammenhang ist einleuchtend: Veränderte äußere Rahmenbedingungen erfordern eine marktadäquate Reaktion des Unternehmens. Das Management weist sich selbst nicht selten die Rolle eines „bloße[n] Agenten der Verhältnisse"[47] zu und ist damit gerade der Verantwortung enthoben, deren Übernahme seitens der Unternehmensleitungen und Manager in den von mir untersuchten Beiträgen immer wieder mit Nachdruck gefordert und beteuert wird.

Die Konsequenzen dieser Interpretationen lassen sich vermuten: Kritische Distanzierungen vom Wertekanon der Unternehmensgemeinschaft werden um so schwieriger, je intensiver die Marktlogik und die daraus resultierenden Handlungsnotwendigkeiten adaptiert und verinnerlicht werden. Im Extremfall werden Hierarchie- und Herrschaftsstrukturen nicht mehr hinterfragt, sondern in ihrer Disziplinierungswirkung für die Beschäftigten stabilisiert und noch verschärft.[48] Vor diesem Hintergrund wäre zu fragen, ob nicht gerade der partnerschaftliche, sich selbst als *Entrepreneur* konzipierende, in einer „offenen Kommunikationskultur" agierende, kooperativ und durch Zielvereinbarungen geführte, auf der Basis „starker Werte" handelnde Mitarbeiter, der Mitglied einer „Gemeinschaft der Sieger" ist, am leichtesten zu steuern ist.[49]

---

[46] Simon etwa beschreibt die „wirklichen Herausforderungen der Globalisierung" als Herausforderungen „geistiger, emotionaler" und „kultureller" Art. „In unseren Köpfen und Herzen" sei der Globalisierung mit Anstrengungen zur Internationalisierung der Unternehmenskultur zu begegnen. Vorrangig gehe es für Unternehmen darum „die Besten [zu] gewinnen und [zu] halten, um „im weltweiten Konkurrenzkampf [zu] obsiegen. Globalisierung aus Managersicht bedeutet hier „Krieg um die besten Talente des 21. Jahrhunderts". Vgl. Simon 2002, S. 58 f.
[47] Vgl. Negt 2001, S. 18.
[48] Die Spannbreite der alltäglichen Disziplinierungsmaßnahmen ist groß. In Einzelfällen nimmt die Wertbasierung der Unternehmensführung groteske Formen an. So zitiert die Süddeutsche Zeitung den Unternehmer Frank Wöckel, der seinen Angestellten ein generelles Rauchverbot in Arbeits- und Freizeit verordnet hat, auf die Frage, wie er auf einen in der Freizeit rauchenden Mitarbeiter reagieren würde, mit den Worten: „Dem würde ich sofort kündigen". Vgl. SZ, Nr. 135, Sa/So 14./15. Juni 2003, S. V1/15. Betriebsräte eines Unternehmens berichten im Gespräch über eine fristlose Kündigung einer Beschäftigten aufgrund der Entnahme einer Plastiktüte. Betriebsräte eines Großhandelsbetriebes berichten über ein grundsätzliches Redeverbot für die Mitarbeiter einer kompletten Schicht. Die Firma Takko, einer der größten Textilfilialisten in Deutschland mit ca. 9300 Mitarbeitern, erregte jüngst Aufsehen durch eine Aussage in einem Sitzungsprotokoll von Regionalleitern. Dort heißt es: „Mitarbeiter über 50 Jahre sind im Laufe der nächsten Monate auf Entwicklung und *Optik* zu überprüfen. Nicht passende sind nach Abwägung zu kündigen." Vgl. Rheinische Post vom 23.01.2004 sowie den diesbezüglichen Artikel von Wolfgang Schneider. In: Arbeitsrecht im Betrieb, Nr. 3/2004, S. 147 f. Hervorhebung M.S. Die Liste ließe sich fortsetzen.
[49] Vgl. zu neuen Steuerungskonzepten im Betrieb zuletzt Peters/Sauer 2005, S. 23ff.

4.8 Die Besonderheiten der kommunikativen Situation im Unternehmen

Der Idee des „philosophierenden Unternehmens" oder einer „Philosophie des Managements" liegt die Annahme der prinzipiellen Möglichkeit von vernunftgeleiteten Erwägungen und Reflexionen in Unternehmen zugrunde, die über eine rein instrumentelle und zweckgebundene Rationalität hinausgehen.

Insbesondere die Behauptung der Generierung „gemeinsamer Werte" als Voraussetzung der Gemeinschaftlichkeit im Unternehmen, die in dialogischer Verständigung erzielt werden sollen oder erzielt worden sein sollen, macht einen kurzen Blick auf die strukturellen Besonderheiten der kommunikativen Situation im Unternehmen erforderlich. Was ist das Typische an dieser Situation?

Die Schwierigkeiten, die mit der Beantwortung dieser Frage verbunden sind, liegen auf der Hand: Welcher Begriff von Rationalität soll hier gemeint sein? Und sind angesichts der Verschiedenartigkeit von Unternehmen hinsichtlich ihrer Größe, Organisation, Branche, „Kommunikationskultur", der Führungsstile usw. hier überhaupt generalisierende Aussagen angebracht?

Die Antwort auch auf diese Frage ist, so meine ich, wiederum in der strukturellen Beschaffenheit des Lohnarbeitsverhältnisses zu suchen. Im Kern besteht es im vertraglichen Zusammenschluss ungleicher Partner. Beide verfolgen zwar regelmäßig Zwecke, jedoch weichen diese Zwecke mitunter erheblich voneinander ab: Der Unternehmer nimmt die Dienste des Arbeitnehmers im Zusammenhang mit übergreifenden Ziel- und Zweckkonstellationen in Anspruch – er antizipiert einen (i.d.R. dauerhaften) Nutzen durch das Eingehen des Vertragsverhältnisses. Der Arbeitnehmer erhält für das Erbringen der gewünschten Dienstleistung in aller Regel die Möglichkeit seiner materiellen Existenzsicherung für die Dauer des Vertragsverhältnisses (und durch den Erwerb zusätzlicher Versorgungsansprüche gegebenenfalls auch kurz- bis mittelfristig darüber hinaus) sowie je nach Tätigkeit in unterschiedlichem Maße Status-, Ansehens- und Selbstverwirklichungschancen. Der Realisierung dieser materiellen und ideellen Chancen gilt die arbeitnehmerseitige Zweckverfolgung. Die Dienste werden durch den Arbeitnehmer üblicherweise in einer sozialen Gruppe, also im für betriebliche Arbeitstätigkeit typischen Fall der sozialen Interaktion mit anderen Beschäftigten (Vorgesetzte, Kollegen und Mitarbeiter) erbracht. Die Möglichkeiten des Arbeitnehmers, den Vertrag bei aus seiner Sicht suboptimaler Realisierung der in Aussicht genommen Ziele zu lösen, sind von Alters-, Qualifikations-, Mobilitäts- und generellen Flexibilitätsrestriktionen abhängig. Die Lösung des Vertragsverhältnisses ist für je einen der Vertragspartner – in der gegenwärtigen Lage trifft dies überwiegend auf den Arbeitnehmer zu – von gravierenderer und mithin existentieller Bedeutung. Die Frage, mit welcher Wahrscheinlichkeit eine solche Lösung des Vertragsverhältnisses bei Unzufriedenheit des Arbeitnehmers eintritt, ist also immer vor dem Hintergrund der subjektiven Einschätzung, was jeweils „auf dem Spiel steht" bzw. was dabei „verloren" werden kann, zu sehen. Dabei wird die individuelle Erwerbsbiographie signifikant stärker beeinflusst als das Organigramm eines Wirtschaftsunternehmens, insofern dieses die Lösung des Vertrages herbeiführt. Schon diese Lage begründet eine Besonderheit der kommunikativen Situation, weil sie nicht für alle Sprecher automatisch durch *Freiwilligkeit* gekennzeichnet ist. In gesamtökonomischen Verhältnissen, in denen Arbeitslosigkeit oder Massenarbeitslosigkeit vorherrscht, wie es in den meisten Industrieländern der Fall ist, bedeutet dies für die Mehrzahl aller Fälle, dass die Lösung des Vertrages für den Arbeitnehmer nachteilige Folgen hat, der Arbeitgeber sich hingegen entweder sogar Vorteile (z.B. Kostenvorteile) verschaffen kann oder jedenfalls relativ nur geringe Nachteile riskiert. Insofern kann man in Bezug auf den Normalfall derzeitiger Lohnarbeitsverhältnisse auch von einer durch die Gesamtumstände *indirekt eingeschränkten Vertragsfreiheit* sprechen. Der Arbeitsvertrag als solcher ist daher kein typischer, sondern ein Spezialfall der vertraglichen Abrede. Was bedeutet nun diese Ausgangslage für die Frage nach der Möglichkeit kommunikativ rationaler Verständigung über Werte und Grundüberzeugungen im Unternehmen?

Für die Bewertung der Möglichkeiten einer „echten Einigung", etwa im Sinne der diskurstheoretischen Überlegungen von Jürgen Habermas, müsste rein formal zunächst eine „ideale Sprechsituation" im Unternehmen gegeben sein. Unter Zuhilfenahme der von Habermas formulierten Voraussetzungen für eine solche ideale Sprechsituation und der für die Möglichkeit kommunikativen Handelns gültigen formalen Diskursprinzipien, kann die Sprechsituation im Unternehmen für unseren Zusammenhang zureichend beschrieben werden – und zwar auch dann, wenn die Annahme, dass Vernunft überhaupt als Ergebnis kommunikativer Verständigung unter idealen Dialogbedingungen zu denken ist, nicht geteilt wird. Die Theorie des kommunikativen Handelns liefert nämlich das begriffliche Instrumentarium dafür, zwischen den möglichen Typen sozialen Handelns und den Typen des Kommunizierens so zu differenzieren, dass die kommunikative Situation im Unternehmen erfasst werden kann.

In einem ersten Schritt können wir überprüfen, ob die von Habermas an die ideale Sprechsituation geknüpften Bedingungen im Unternehmenszusammenhang erfüllt werden können. Soll die im kommunikativen Handeln als prinzipiell möglich gedachte „echte Einigung" zwischen den Beteiligten – das wären in unserem Fall die im Unternehmen beschäftigten Arbeitnehmer einschließlich der leitenden Angestellten, die für die grundsätzliche Normensetzung traditionell verantwortlich sind – durch Einverständnis oder durch fortgesetzte diskursive Bearbeitung erzielt werden, müssten „alle potentiellen Teilnehmer eines Diskurses die gleiche Chance haben, kommunikative Sprechakte zu verwenden", jederzeit Diskurse eröffnen können und „die gleiche Chance haben, Deutungen, Behauptungen, Empfehlungen, Erklärungen und Rechtfertigungen aufzustellen." Keine Vormeinung dürfte darüber hinaus „auf Dauer der Thematisierung und der Kritik entzogen bleiben".[50] Des Weiteren wären zu einem solchen Diskurs nur Sprecher zugelassen, „die als Handelnde gleiche Chancen haben, repräsenta-

---

[50] Vgl. Habermas, Jürgen: Wahrheitstheorien, in: Fahrenbach, H. (Hrsg.): Wirklichkeit und Reflexion. Festschrift zum sechzigsten Geburtstag von Walter Schulz, Pfullingen 1973, S. 255, hier ausnahmsweise zitiert nach Gripp 1986, S. 52 f.

tive Sprechakte zu verwenden, d.h. ihre Einstellungen, Gefühle und Intentionen zum Ausdruck zu bringen". Schließlich – und dies ist hier entscheidend – sind zum Diskurs „nur Sprecher zugelassen, die als Handelnde die gleiche Chance haben, *regulative* Sprechakte zu verwenden, d.h. zu befehlen und sich zu widersetzen, zu erlauben und zu verbieten, Versprechen zu geben und abzunehmen, Rechenschaft abzulegen und zu verlangen usf.[51] Die Idee der symmetrischen Verteilung von Chancen, einen Diskurs bzw. einen Sprechakt überhaupt in Gang zu setzen, seine Richtung zu bestimmen und seine Einzelheiten zu kontrollieren, steht hier im Vordergrund. Nicht die Person des jeweiligen Sprechers ist für das Vorhandensein idealtypischer Sprechsituationen also entscheidend, sondern vielmehr die strukturellen Voraussetzungen für die Erfüllung formaler Diskursprinzipien.[52] Schon diese jedoch sind in der kommunikativen Konstellation in Wirtschaftsunternehmen *nicht* gegeben. Keineswegs haben alle Beteiligten gleiche Chancen, Sprechakte auszuführen, schon gar keine *regulativen* Sprechakte. Trotz der Verweise auf die im Unternehmen angeblich gepflegte „offene Kommunikation", die gelegentlich sogar in den Status eines „Wertes" erhoben wird, ist das zwangsläufig in disziplinarischer und fachlicher Hinsicht hierarchisch organisierte Wirtschaftsunternehmen unabhängig von Größe, Branche und Führungsstil ein Ort, an dem zumeist das genaue Gegenteil einer idealen Sprechsituation im hier bezeichneten Sinne vorherrscht. Die Themen- und die Wertsetzung der unternehmensinternen Debatten erfolgt so gut wie immer durch genau diejenigen Personen und „Sprecher", die das Unternehmen auch nach außen repräsentieren, die über die disziplinarische Sanktionsmacht verfügen und bei denen die Durchsetzungsgewalt für die Umsetzung getroffener Entscheidungen liegt. Auch die Idee der „echten Einigung" durch kommunikative Verständigung ist im Grunde das genaue Gegenteil des in Unternehmen üblicherweise praktizierten und durch die Funktionslogik des Wirtschaftsunternehmens als notwendig erachteten Entscheidungsverfahrens. Dieser Sachverhalt allein spricht bereits gegen die in einigen Ansätzen zur Unternehmens- und Wirtschaftsethik vertretene Annahme, ausgerechnet im Unternehmen seien Prozeduren dialogischer Verständigung über Zwecke und Werte des unternehmerischen Handelns im Sinne des Habermasschen Postulats der prinzipiellen Möglichkeit der diskursiven Generierung kommunikativer Rationalität unter Einhaltung formaler Diskursprinzipien wahrscheinlich.[53]

Die kommunikative Struktur von Wirtschaftsunternehmen lässt sich weiter verdeutlichen, wenn zusätzlich nach den organisationsspezifisch dominierenden

---

[51] Vgl. ebenda, S. 256. Hervorhebung M.S.
[52] Vgl. dazu im Einzelnen v.a. Gripp 1986, S. 46 ff.
[53] Vgl. dazu das Kapitel 10. Um Missverständnissen vorzubeugen: Es soll hier nicht versucht werden, den Habermasschen Ansatz zu interpretieren oder zu kritisieren. Der Verweis auf die von Habermas formulierten Bedingungen für kommunikative Rationalität, die Charakterisierung der Sprechsituation und die von ihm ausdifferenzierten Typen sozialen Handelns dient hier lediglich der Illustration der mit der Beschreibung der kommunikativen Situation im Unternehmen verbundenen Fragen und Probleme.

Typen sozialen Handelns gefragt wird. Anschließend an die von Max Weber in Wirtschaft und Gesellschaft vorgeführte Typologie sozialen Handelns[54] unterscheidet Habermas bekanntlich zwischen *erfolgsorientiertem* und *verständigungsorientiertem* Handeln, wobei hinsichtlich des erfolgsorientierten Handelns mit den Begriffen *instrumentell* und *strategisch* je nach Objekt- bzw. Subjektbezug weiter differenziert wird.[55] Ohne hier den vielschichtigen theoretischen Problemen des Handlungsbegriffes im Einzelnen nachgehen zu können, liegt doch die Antwort auf die Frage nach dem vorherrschenden Handlungstyp in Wirtschaftsunternehmen auf der Hand. Wirtschaftliches Handeln ist, um noch einmal bei der Terminologie Webers zu bleiben, *zweckrational*, weil das Handeln „durch Erwartungen des Verhaltens von Gegenständen der Außenwelt und von anderen Menschen und unter Benutzung dieser Erwartung als „Bedingungen" oder als „Mittel" für rational, als Erfolg, erstrebte und abgewogene eigene Zwecke" bestimmt ist.[56] Wertrationale, affektuelle oder traditionale Aspekte unternehmerischen Handelns mögen zwar vorkommen, als vorherrschender Typus sozialen Handelns in Unternehmen kommt aber offenbar, folgt man der Weberschen Unterscheidung, nur die Zweckrationalität in Frage.

Die unternehmerische Grundidee des Absatzes von Gütern oder Dienstleistungen mit der Absicht der Gewinnerzielung ist gerade der idealtypische Fall des zweckrational bestimmten sozialen Handelns, da ein klar präzisierbares Ziel (Gewinnerzielung) und geeignete Mittelwahl (Ausgestaltung des Betriebes, technische Anlagen, Personal etc.) leicht identifiziert werden können. Der Erfolg als das Eintreten eines erwünschten Zustandes in der Welt soll und (kann es zumeist auch) durch ein entsprechendes Tun (hier die Wirtschaftstätigkeit) oder Unterlassen (hier etwa der Verzicht auf weitere Aktivitäten in einem Geschäftsfeld) kausal bewirkt und im Fall des Unternehmens sehr konkret in Zahlen ausgedrückt werden. Wirtschaftstätigkeit von Unternehmen ist daher, nimmt man die von Habermas vorgeschlagene Terminologie zur Grundlage, als „erfolgsorientiertes" Handeln zu qualifizieren.[57] Wirtschaftliches Handeln ist *instrumentell* insofern, als dabei technische Handlungsregeln (etwa im Produktionsprozess) eine Rolle spielen und der „Wirkungsgrad einer Intervention in einen Zusammenhang von Zuständen und Ereignissen" gesetzt wird und schließlich nach dem Kriterium der Zweckerreichung bewertet werden kann. Wirtschaftliches Handeln ist aber gleichwohl immer auch strategisches Handeln, weil es auf eine Einflussnahme auf andere Mitspieler (Mitglieder des Unternehmens und Kunden) und rationale Gegenspieler in vergleichbarer Lage (Mitbewerber, Konkurrenten) ausgerichtet ist.[58]

---

[54] Vgl. Weber 1980, S. 12 f.
[55] Vgl. Habermas 1985, Bd. 1, S. 383 f. und Habermas 1989, S. 457 f.
[56] Vgl. Weber 1980, S. 12.
[57] Vgl. Habermas 1985, S. 384 f.
[58] Vgl. zu den Einzelheiten der Unterscheidung zwischen instrumentellem und strategischem Handeln ebenda, S. 385 und Habermas 1989, S. 441 ff.

Für die kommunikative Situation im Unternehmen bedeutet dies: Das Ideal eines verständigungsorientierten Handelns und eine daraus abgeleitete *verständigungsorientierte Einstellung* der Akteure ist im Unternehmenszusammenhang strukturell nicht gegeben. Auf eine propositionale und intentional herbeigeführte Verständigung im Habermasschen Sinne, auf einen „Prozeß der Einigung unter sprach- und handlungsfähigen Subjekten" kommt es im Unternehmen gar nicht an, was nicht ausschließt, dass „faktische Übereinstimmungen" bestehen.[59] Arbeitsalltäglich werden regelmäßig Verständigungen über funktionale Fragen – Abstimmungen, Absprachen über Einzelheiten der Verrichtung von Arbeiten, Planungen etc. – erreicht. In vielen Fällen wird dabei eine Einigung erzielt. Die Sprechhandlungen sind aber nicht originär auf kommunikative Verständigung als solche ausgerichtet, sondern im Interaktionszusammenhang der Wirtschaftstätigkeit begründet. Wenn nun instrumentelles und strategisches Handeln die dominierenden Handlungstypen des Unternehmens sind, und zwar sowohl hinsichtlich der Außenkontakte desselben als auch innerhalb des Unternehmens als Ort sozialer Interaktionen, dann erscheint die Annahme plausibel, dass man es gleichsam mit strategischer und instrumenteller Kommunikation ebendort zu tun hat. Mit ihren Sprechhandlungen verfolgen die Sprecher in erster Linie strategische Ziele und die Durchsetzung von Interessen und nicht eine transsubjektive „rationale" Einigung über den Gesamtzweck des Unternehmens und gemeinsam vertretene „Grundwerte". Dies schließt nicht aus, dass eine (evtl. diffuse) gefühlte Übereinstimmung, „warum man hier zusammen arbeitet" und welche Grundsätze man dabei gemeinsam beachtet, vorhanden ist. Ziel-, Zweck- und Wertsetzung erfolgen jedoch eben nicht durch einen verständigungsorientierten „fairen" Diskurs, sondern per Führungsentscheidung. Die Asymmetrie unternehmensinterner Machtbeziehungen bewirkt eine Asymmetrie der unternehmensinternen Kommunikationsbeziehungen. Insofern verdient die Konstruktion einer Illusion, Unternehmensziele, Unternehmensphilosophie oder „Unternehmenswerte" könnten als Ergebnis eines kommunikativen Verständigungsprozesses mit dem Ziel einer „echten Einigung" begriffen werden, kritische Beachtung. Managementansätze, welche die Möglichkeit von Kommunikation auf „gleicher Augenhöhe" betonen oder programmatisch forcieren, verdunkeln den strategischen Charakter betrieblicher Kommunikationsvollzüge.

Für die Frage nach den Möglichkeiten diskursiver Konzepte von Unternehmensethik, bleiben diese Überlegungen, wie ich in Kapitel 10 zeigen werde, ebenfalls nicht folgenlos. Kommunikative diskursive Verständigung über ethische Grundsatzfragen, die sich im Zusammenhang mit der Wirtschaftstätigkeit stellen, stößt dort an Grenzen, wo, wie in Unternehmen, die situativen Voraussetzungen für einen solchen Diskurs aus strukturellen Gründen nicht vorliegen.[60]

---

[59] Vgl. Habermas 1985, S. 385 f.
[60] Vgl. zum Problem der Unternehmensethik ausführlicher Kapitel 10.

5 Zentrale Probleme und Begriffe der Unternehmenskulturdebatte

> *„Man will nicht mehr den Befehlsempfänger, sondern man will den subjektiven Unternehmer. Deshalb wird es immer schwerer, die Vision zu benützen für Kohärenz, also der Vision die Aufgabe zu geben, einen konformen Geist für eine gemeinsame geglaubte Zukunft herzustellen."* (Gerd Gerken)
>
> *„Wenn erreicht werden kann, daß Handelnde einen Satz von Werthaltungen und Überzeugungen so verinnerlicht haben, daß sie als Maximen ihres Handelns fungieren, dann kann externe Kontrolle wegfallen, weil sie von sich aus wollen und tun, was sie sollen. Das ist eine wichtige Funktion von Unternehmenskultur als Herrschaft 3. Grades".* (Oswald Neuberger)[1]

5.1 Der Unternehmenskulturansatz

Der Begriff *Unternehmenskultur* ist seit Anfang der achtziger Jahre ein zentraler Topos in Betriebswirtschaftslehre, Managementtheorie und Managementpraxis, und der Unternehmenskulturansatz als Managementstrategie wird in einer Vielzahl von Beiträgen umfassend erörtert. An dieser Stelle sollen indes nur wesentliche Begriffsklärungen vorgenommen und Argumentationslinien nachgezeichnet werden. Aus den verschiedenen Definitionen von *Unternehmenskultur* lässt sich mit Gertraude Krell folgender gemeinsamer Nenner extrahieren:

> „Werte und Normen, die sich im Laufe der Zeit in einer Unternehmung herausgebildet haben, die von den Mitgliedern dieser Unternehmung geteilt werden und deren Verhalten steuern."[2]

Schweickhardt spricht von „Verhaltensprogrammen" und „ungeschriebenen Gesetzen", die keineswegs rational begründet sein müssen.[3] Jan Krulis-Randa definiert:

> „Die Unternehmenskultur ist die Gesamtheit der tradierten, wandelbaren, zeitspezifischen, jedoch über Symbole erfahrbaren und erlernbaren Wertvorstellungen, Denkhaltungen und Normen, die das Verhalten aller Mitarbeiter und das Erscheinungsbild der Unternehmung (Corporate Identity) prägen."[4]

---

[1] Im Gegensatz zu Gerken schreibt Neuberger in kritischer Absicht.
[2] Krell 1994, S. 248. Eine ganze Liste von Definitionen liefert Marré 1997, S. 8 f.
[3] Vgl. Schweickhardt 2001, S. 134 f. In dem mit „Diskrete Tretminen" überschriebenen Artikel werden die Gefahren der Unkenntnis der ungeschriebenen Unternehmensregeln gerade für Neueinsteiger betont.
[4] Krulis-Randa 1990, S. 6.

Holleis geht in seiner Definition noch weiter und spricht von einer „Gesamtheit der im Unternehmen (in einer Organisation) – bewußt oder unbewußt – symbolisch oder sprachlich tradierten Wissensvorräte und Hintergrundüberzeugungen, Denkmuster und Weltinterpretationen".[5] Jahns bezeichnet die Unternehmenskultur als „implizites Bewusstsein des Unternehmens" und spricht von einem „Symbolsystem". Die Unternehmenskultur verdeutliche sich (sic!) auf der sichtbaren Ebene durch gemeinschaftlich gepflegte Sitten, Gebräuche und Verhaltensweisen. Hinzu treten die nur teilweise erkennbaren Handlungs- und Verhaltensnormen sowie die meist unsichtbaren und unbewussten grundlegenden Hintergrundannahmen und Orientierungsmuster über grundsätzliche Fragen (Menschenbild, soziale Beziehungen etc.). Schließlich entstehe eine „stimmige Gesamtgestalt", ein „gemeinsam getragenes Weltbild". Die Kultur des Unternehmens sei schließlich als ein „dynamisches System" zu verstehen, „das durch interaktives Handeln der Unternehmensmitglieder entsteht und in *gemeinsam getragenen Werthaltungen* seinen sinnhaften Niederschlag" finde.[6]

Die Annahme, das menschliche Verhalten in und außerhalb von Organisationen und Wirtschaftsunternehmen sei gewissermaßen „unentrinnbar durch kollektive Ideen und Normen gesteuert", die Berger kritisch als „cultural dope" bezeichnet, ist für den Unternehmenskulturansatz charakteristisch.[7]

Die verschiedenen Varianten des Unternehmenskulturansatzes rekurrieren darüber hinaus alle auf den Grundsatz, dass die jeweilige Unternehmenskultur für den wirtschaftlichen Erfolg der Unternehmung eine bedeutende (oder gar die entscheidende) Rolle spielt.[8] Daran schließt sich die Frage an, welche *Funktion* die Unternehmenskultur im Unternehmen erfüllt.[9]

---

[5] Vgl. Holleis 1987; S. 17. Brinkmann spricht vom „Geist des Hauses" und versteht die „Personifizierung einer Unternehmung" als Ausdruck von *Ganzheit* und *Einheit*, vgl. Brinkmann 1996, S. 15 f. Nagel spricht vom „Geist des Unternehmers".
[6] Vgl. Jahns 2002, S. 211 f.
[7] Vgl. zu den Problemen dieser Annahme im einzelnen Berger 1993, S. 31 f. Es bleibt fraglich, ob das „Einimpfen" von Werten ein gewünschtes Verhalten garantiert, ob also tatsächlich eine „feste Kopplung" (Berger) von Handeln und Unternehmenskultur besteht.
[8] Vgl. beispielsweise Brummer 2001, S. 37, der von einer „enorm zunehmende[n] Bedeutung der Gestaltung der Unternehmenskultur" spricht oder Jahns 2002, S. 212 f., der von einer „entscheidenden Funktion" der Unternehmenskultur zur „Umsetzung der Unternehmensstrategie" berichtet. UK gilt Jahns sogar als „zentraler Schlüsselfaktor" für den Erfolg des Unternehmens. Sundrum konstatiert: „Kein strategischer Erfolg ohne gemeinsame Werte." Vgl. Sundrum 2001, S. 39. Eine existenzentscheidende Bedeutung der Unternehmenskultur diagnostiziert auch Jongebloed 2001, S. 199 f. und S. 208, der allerdings das Fehlen einer „schlüssigen theoretischen Verdichtung" des Unternehmenskultur-Ansatzes beklagt. Vgl. ebenda, S. 203. Nagel erklärt, Unternehmensphilosophie und „Firmenkultur" würden immer wichtiger. Vgl. Nagel 1991, S. 20.
[9] Die funktionale Betrachtung birgt die Gefahr, wesentliche Aspekte des Phänomens nicht adäquat zu erfassen – zumal bei einem so vieldeutigen Begriff wie *Kultur*. Die Managementlehre hat in zahlreichen Beiträgen die Bedeutung des Phänomens Unternehmenskultur für wirtschaftlichen Erfolg unterstrichen. Die Frage nach den Funktionen setzt also bereits die Auffassung voraus, dass Unternehmenskultur eine Relevanz für den Unternehmenserfolg hat. Erst in

Fragt man weiter nach den Gründen für die breite Aufmerksamkeit, denen sich der Unternehmenskulturansatz seither und immer noch erfreut, wird üblicherweise angeführt, dass die Konzepte „rationaler und technokratischer" Unternehmens- und Personalführung durch neuere Wirtschaftsentwicklungen in vielfältiger Hinsicht an Grenzen gestoßen seien. Der gesamtgesellschaftliche „Wertewandel" der siebziger Jahre[10], eine tendenzielle Verschärfung des internationalen Wettbewerbs, die *Globalisierung* der Weltwirtschaft und das „Erschrecken" vor der Überlegenheit japanischer Unternehmen – was jedoch eher für den Beginn der Debatte und weniger für die gegenwärtige Lage eine Rolle spielt – werden genannt.[11] Darüber hinaus wird auf eine wachsende Komplexität betrieblicher Abläufe und auf die Anonymität der zwischenmenschlichen Beziehungen in der Arbeitswelt hingewiesen. Schließlich werden wachsende Zweifel am „gesellschaftlichen Wert" der von Unternehmen erbrachten Leistungen angeführt, durch die ein höherer „Bedarf an Sinngebung und -deutung" zur Bewältigung von Unüberschaubarkeit und mangelnder Orientierungsmöglichkeit ent-

---

einem zweiten Schritt kommen die Probleme der *Optimierung der Kultur* in den Blick. Die Kultur eines Unternehmens soll unter Ertragsgesichtspunkten in eine gewünschte Richtung hin „entwickelt" werden. Aus dieser Perspektive und unter dieser Prämisse besteht die unmittelbare Funktion, die Unternehmenskultur aus der Sicht der Unternehmensleitung haben soll, in einer in Zahlen messbaren Verbesserung des Unternehmenserfolges. Wenn hingegen die Frage nach der politischen Dimension von Unternehmenskultur gestellt wird, rücken andere, mittelbare „Funktionen" in den Vordergrund. Insofern wäre es wohl angebrachter, von der *Funktion der Kultursteuerung* als von der *Funktion von Unternehmenskultur* zu sprechen. Anders ausgedrückt: Selbst wenn man die Auffassung teilt, dass sich Elemente einer je spezifischen Unternehmenskultur in dieser oder jener Weise im Unternehmenserfolg niederschlagen, stellt sich die Frage nach ihrer Funktion erst, nachdem man ihr diese Bedeutung sowohl zugeschrieben hat, als auch eine Beeinflussung der Unternehmenskultur, ihr „Nutzbarmachen" anstrebt. Um die Problematik der funktionalen Betrachtung deutlicher zu machen, sei hier ein Beispiel angeführt. So bezeichnet etwa Ulrich als wichtige Funktion der Unternehmenskultur: „Die Unternehmenskultur begründet Identität: sie konstituiert die kulturelle Identität einer Unternehmung und unterstützt damit das Wir-Gefühl der Unternehmensangehörigen sowie das personale Selbstbewußtsein jedes Einzelnen, soweit er dies aus seiner Berufsrolle bezieht." Vgl. Ulrich 1984, S. 312. Hier spielen mittelbare und unmittelbare Funktionalität eine Rolle, abhängig von der Frage, für wen und in welcher Hinsicht etwas funktionieren soll. Wird das *Wir-Gefühl* wirklich, wie Ulrich meint, von der Unternehmenskultur selbst begründet? Sind es nicht die sozialen Interaktionen der Beschäftigten, die Arbeitsbedingungen, gemeinsame Sorgen (etwa vor einer Unternehmensschließung oder Standortverlagerung) oder Maßnahmen des Managements, die das *Wir-Gefühl* entstehen lassen? Wenn es so wäre, wäre Unternehmenskultur nicht ein *Fungiens*, sondern ein Resultat aus einer Mixtur von Arbeitsbedingungen, Stimmungen, Haltungen, Interpretationen und Organisationsgestaltungsmaßnahmen durch die Unternehmensleitung. Ich berücksichtige diese Akzentverschiebung nachfolgend insoweit, als ich zwar Ulrichs Funktionsbestimmung der Unternehmenskultur übernehme, dabei aber die Frage nach den *Funktionen der Unternehmenskultur* durch die Frage nach den *Zielen der Unternehmenskulturbeeinflussung* ersetze.

[10] Vgl. dazu ausführlich Holleis 1987, S. 61 ff. Zur Fragwürdigkeit des Wertewandel-Arguments vgl. auch Peucker-Perron 1992, S. 58 f.
[11] Vgl. dazu etwa Marré 1997; S. 4 ff. und Holleis 1987, S. 15 ff.

stehe.[12] Das „Symbolmanagement" und eine regelrechte *Ideologieplanung* (Deutschmann) tritt neben die traditionellen Formen bloßer Selbstdarstellung von Unternehmen.[13]

Der Unternehmenskulturansatz[14] verspricht neue Antworten auf die stets virulenten Fragen von *Arbeitsmotivation* und der Erfahrbarkeit von *Sinnbezügen* in der Arbeitstätigkeit.[15] Das Motivationsproblem ist geradezu *der* „Evergreen" der Managementdebatte. Die Sicherung „existentieller Bedürfnisse" trete, wie Worrach anmerkt, als Movens für die Leistungserbringung zunehmend in den Hintergrund, da sie bei hoch qualifizierten Arbeitnehmern aufgrund der ihnen gewährten Vergütung, bei geringer qualifizierten Arbeitnehmern „hervorragend durch ein staatliches Sozialsystem gewährleistet" sei.[16] Bereits Ende der siebziger Jahre wurde ein „Verfall der Arbeitsfreude", ein Ausweichen vor Anstrengung und verstärkte „Arbeitsunlust" diagnostiziert.[17] Mit verschiedenen Theorien wurde versucht, diese, keinesfalls unumstrittene[18], Beobachtung zu erklären. Die Akzeptanz traditioneller Arbeitstugenden wie Pünktlichkeit, Fleiß, Genauigkeit, Gehorsam etc., also die Kernstücke einer tradierten „puritanischen Arbeitsmoral" seien nicht zuletzt aufgrund technologischer Innovationen einer eher „kommunikativen Arbeitsmoral" gewichen, die im wesentlichen in einer Hochschätzung von Partnerschaftlichkeit, Teamorientierung, Selbständigkeit, gleichberechtigter Kommunikation und einem verstärkten Vertrauen der Arbeitnehmer in die eigene Meinung bestehe.[19]

Konservative bürokratische Formen der Personalsteuerung litten unter einer „zunehmende[n] Insuffizienz".[20] Löhner diagnostiziert eine „Irritation" der Manager aufgrund wachsender Autonomiebestrebungen einer „anderen Mitarbeitergeneration".[21] Gleichwohl wurden die Sichtweisen, die im Zusammenhang mit Fragen von Arbeitsmoral und Arbeitsmotivation hauptsächlich auf den „Wertewandel" abzielten oder Arbeitslust und mangelnde „Arbeitsfreude" gar

---

[12] Vgl. v. Rosenstiel 1990, S. 146.
[13] Vgl. Deutschmann 1993, S. 70.
[14] Als Klassiker dieses Ansatzes gelten weithin Peters/Waterman 1989 mit ihrer bereits Anfang der 80er Jahre erstmalig erschienen Schrift *Auf der Suche nach Spitzenleistungen. Was man von den bestgeführten US-Unternehmen lernen kann.*
[15] Zur vermeintlich sinnstiftenden und identitätsbildenden Funktion von Unternehmenskultur und Unternehmensphilosophie vgl. auch Jongebloed 2001, S. 16 f.
[16] Vgl. in diesem Fall Worrach 2001, S. 66.
[17] Diese frühe „Faulheitskontroverse" ist vor allem mit dem Namen Elisabeth Noelle-Neumann verbunden. Vgl. dazu Noelle-Neumann 1978, S. 20 ff. und Holleis 1987, S. 69 ff. sowie Klages 1987, S. 10 f. und v. Rosenstiel 1987, S. 39.
[18] Vgl. v. Rosenstiel 1990, S. 135. V. Rosenstiel weist darauf hin, dass nicht nur die Schlussfolgerungen, die aus dem Wertewandel gezogen werden können, sondern bereits der Befund als solcher in den Sozialwissenschaften umstritten sind. Zu den Problemen der Ordnung und Reichweite der verschiedenen „Tugenden" im Betrieb vgl. auch kritisch Löhner 1990, insb. S. 75 f.
[19] Vgl. Schmidtchen 1984, S. 196 ff.
[20] Vgl. Deutschmann 1993, S. 71, der allerdings in kritischer Absicht formuliert.
[21] Vgl. Löhner 1990, S. 13.

als eine Charakterfrage ausmachen wollten, immer wieder kritisch gesehen.[22] So wurde etwa angeführt, dass die Ursachen der diagnostizierten „Zerrüttung" des Verhältnisses von Mensch und Arbeit weniger in einer Abnahme der Bedeutung von Pflicht- und Akzeptanzwerten und einem wachsenden Bedürfnis nach Freizeit, Genuss und Dispositionsfreiheit zu suchen seien, sondern vielmehr in den Bedingungen der Arbeit selbst, die es „an Menschlichkeit und Sinnbezug" fehlen lasse.[23] Ich kann auf die Einzelheiten dieser älteren Debatte hier nicht weiter eingehen. Es ist jedoch festzuhalten, dass Einstellungen, Werte und Haltungen von Beschäftigten und damit auch die Frage, als wie *sinnvoll* eine Arbeitstätigkeit subjektiv erlebt wird, im Gefolge dieser Auseinandersetzungen in den Mittelpunkt des Interesses der neueren Personal- und Führungslehren rückten. Unabhängig davon, ob man wie Noelle-Neumann aus einer Position der Sorge um die Arbeitsmoral heraus argumentiert, der Diskussion unter Ertragsgesichtspunkten bzw. aus betriebswirtschaftlicher Perspektive folgt, oder eher kritisch die Verhältnisse und Strukturen in der modernen Wirtschafts- und Arbeitswelt für die Problemkonstellation verantwortlich macht – dass sich der Mensch in der Arbeitswelt nur bedingt wohl fühlt und dass es ein *Sinnvakuum* auszufüllen gelte, kann als weitgehender Konsens aufgefasst und als eine Gewissheit des Unternehmenskulturansatzes betrachtet werden.[24]

Das Management eines Unternehmens, so die Annahme, kann gesellschaftliche Entwicklungen und Einstellungsveränderungen der Beschäftigten nicht einfach ignorieren, sondern muss, da diese mittelbar und unmittelbar in das Unternehmen und seine Ertragsaussichten hineinwirken, adäquate Strategien entwickeln, um mit veränderten Einstellungen der Beschäftigten fertig zu werden und den *Sinn in der Arbeit*, dort wo er nicht mehr erfahren wird, nötigenfalls selbst „produzieren". Seit einigen Jahren kommt ein neues Problem für das Management hinzu: Die mit dem Wort *Globalisierung* bezeichneten weltwirtschaftlichen Entwicklungen beginnen, ihre Spuren in der Lebenswelt von Arbeitnehmern zu hinterlassen. Die Sorge des Individuums um den noch vorhandenen Arbeitsplatz wird unter den gegenwärtigen Bedingungen zu einer weit geteilten Erfahrung von Gefährdung, zumal die permanente Thematisierung Probleme der Volkswirtschaft und des Standortes in allen denkbaren medialen Formen diese Erfahrung sicher noch verstärkt.

---

[22] Am deutlichsten zuletzt Sprenger 2002, S. 28 ff.
[23] Vgl. z.B. Strümpel, in: Noelle-Neumann/Strümpel 1984, S. 7 f. und zur unterschiedlichen Interpretation der Ergebnisse der gemeinsamen Studien Strümpel 1987, S. 23 f.
Aus heutiger Sicht kann dieser Einwand sicher als berechtigt angesehen werden. Dass eine als sinnvoll und erfüllend erlebte Arbeitstätigkeit unter humanen und auskömmlichen Bedingungen mit längerfristigen Perspektiven üblicherweise erhebliche positive Effekte auf Arbeitsmotivation und Arbeitsfreude hat, ist trotz aller Schwierigkeiten der Messung communis opinio. Vgl. zu den methodologischen Problemen der Bewertung von Arbeitstätigkeiten in dieser Hinsicht v.a. Ulich 1998, S. 129 ff.
[24] Verallgemeinerungen dieser Art sind stets fragwürdig. Dass es *den Arbeitnehmer* ebenso wenig gibt, wie sein weibliches Pendant steht außer Frage. Auch hier geht es wieder lediglich darum, ein Klima spürbar zu machen bzw. eine *Tendenz* zu beschreiben.

In gewisser Hinsicht ist diese Sorge aber auch Ausdruck einer arbeitnehmerseitigen Form ökonomischer Rationalität.[25] Sie kann das unternehmensseitig geforderte Engagement fördern aber unter Umständen auch behindern.

Ob es die Angst vor dem Verlust des Arbeitsplatzes ist (welche entweder die Verringerung des gemittelten Krankenstandes und erhöhten Arbeitseinsatz oder aber Arbeitszurückhaltung bewirken kann), ob es Befürchtungen sind, im infiniten Wettbewerb der *flexiblen Menschen* (Sennett) nicht bestehen zu können, oder ob ein diffuses *Unbehagen* aufgrund starker persönlicher Abhängigkeit von einem Wirtschaftsunternehmen besteht – schneller ökonomischer Wandel, Fusionswellen und permanente Restrukturierungen führen tendenziell zu wachsender *Verunsicherung*.[26]

Dies ist nicht nur bei denjenigen Beschäftigten zu beobachten, die aufgrund mangelnder oder technologisch überholter Qualifikationen den vermeintlich größten Anlass dazu hätten. Neuere Zahlen zur Frage des Mitarbeiterengagements in Deutschland, die auf eine insgesamt geringe Arbeitsmotivation weisen, können je nach Standpunkt und Interessenlage entweder als Bestätigung der älteren „Faulheitsthese", als Ausdruck der Verunsicherung von Arbeitnehmern, als Selbstbestätigung der von Arbeitgeberverbänden beklagten deutschen Zustände oder aber als Folge des von Rudolf Hickel diagnostizierten „Standort-Wahns"[27] gedeutet werden. Dies macht eine Interpretation bzw. eine „objektive" Bewertung dieser Zahlen schwierig. Nach einer Studie des Gallup-Institutes sind angeblich 69% der deutschen Arbeitnehmer „unengagiert" und weitere 15% „destruktiv".[28] Insofern besteht ein weiterer Grund für die Popularität von Unternehmenskulturrezepten sicher darin, dass *skeptischen* bzw. *resignativen* Arbeitshaltungen vorgebeugt werden soll. Es erscheint einleuchtend, dass unter den Bedingungen weltweiter Konkurrenz unzureichende Motivation und mangelndes Engagement nicht toleriert werden können.

Unter Berücksichtigung der Restriktionen, die bei der Führung von Unternehmen und der Gestaltung von Arbeitstätigkeiten und Arbeitsbedingungen vor allem hinsichtlich des Kostenproblems zu beachten sind, muss die Kernfrage des Unternehmenskulturansatzes lauten: Wie kann erreicht werden, dass Arbeitnehmer die Arbeitstätigkeit als sinngebend erleben und sich dauerhaft mit aller Kraft für das Unternehmen einsetzen, ohne dass die Strukturen des Betriebes in

---

[25] Man macht sich in Bezug auf die eigene Lage „nichts vor". Das Problem der langfristigen Planbarkeit von Lebensvollzügen stellt sich anders dar. Auswirkungen kann man hier nur vermuten: Wie soll man etwa Unternehmungen, die mit größeren Risiken behaftet sind, oder die Gründung einer Familie ins Auge fassen, wenn man durch die beschriebene Erfahrung von Gefährdung bedrückt wird?

[26] Eine wachsende Verunsicherung sieht u.a. Bleicher 1994, S. 5. Deal/Kennedy erklären in ihrem Plädoyer für ein „normatives Management" kategorisch: „...employees today are confused [...] they feel cheated by their jobs [...] their life values are uncertain; they are blameful and cynical [...] Uncertainty is at the core of it all" . Vgl. Deal/Kennedy 1982, S. 16, hier zitiert nach Holleis 1987, S. 233 f.

[27] Vgl. Hickel 1998.

[28] Vgl. Petrowitsch 2004, S. 20.

einer Weise verändert werden müssen, die mit anderen Zielen, insbesondere mit Kosten- und Ertragszielen konfligieren?

Die Phänomene, mit denen es die Unternehmenskulturdebatte zu tun hat, sind, dies wurde hier bereits deutlich, schwer zu fassen. Unternehmenskultur als das „subtile, unter der Oberfläche der „formalen Welt" befindliche Gedankengut in den Köpfen der Mitglieder der Organisation"[29] schien mit den traditionellen Führungsansätzen nicht mehr in geeigneter Weise in die gewünschte Richtung beeinflusst werden zu können. Obwohl die Diagnose der Auflösung stabiler Wertorientierungen, bzw. des Rückgangs der Reichweite einer „puritanischen Arbeitsethik" immer auch eine Reflexion darüber erfordert, ob die Einstellungen und Werthaltungen, deren Auflösung behauptet wird, früher wirklich so beschaffen und vor allem so stabil waren, kann das breite Interesse für diese Fragen in der Managementtheorie nicht überraschen. Die Konsequenz daraus wurde jedenfalls gezogen und spiegelt sich als ein wichtiger Kernaspekt im verbreiteten Begriff eines *wertorientierten Managements* wider.[30] Wenn die Einstellungen und Orientierungen der Arbeitnehmer sich nicht in die vom Management gewünschte Richtung entwickeln oder jedenfalls schwer zu überschauen und einzuschätzen sind, liegt der Versuch, selbst für Orientierung, konforme Werthaltungen und die Erfahrbarkeit von *Sinn* in der Arbeit zu sorgen und dies zur zentralen Managementaufgabe zu erklären, auf der Hand.[31]

Man kann den Eindruck gewinnen, dass die Aufmerksamkeit für solche Fragen in den letzten Jahren auch deswegen so beachtlich ist, weil gerade in Bezug auf Einstellungen, Werte, implizite Normen und Grundsatzauffassungen der Arbeitnehmer über Arbeit im allgemeinen und das eigene Unternehmen im besonderen die Einsicht an Bedeutung gewonnen hat, dass dem Management auf diesem Feld der Personalführung gewisse *Grenzen der Steuerbarkeit* gesetzt sind.[32] Dieser Umstand dürfte mithin auch die Ursache für das Aufkommen von *esoterisch-spiritualistischen* Ansätzen sein.[33]

Eine unbegrenzte Verfügbarkeit der menschlichen Arbeitskraft scheint unter den gegenwärtigen Bedingungen nicht gegeben zu sein. Dies motiviert Anstrengungen, die Verfügungsspielräume auszubauen oder wenigstens konstant zu halten.

Parallel zu dieser Einsicht wird das Unternehmen organisationstheoretisch mehr und mehr als (evolutionsfähiges) System gedacht.[34] Die intensive Auseinandersetzung mit Unternehmensführung aus systemtheoretischer Perspektive bringt die Frage nach in ökonomischer Hinsicht adäquater Systemsteuerung

---

[29] Vgl. Holleis 1987, S. 17 f.
[30] Zum „Erfolgspotenzial" der Werteorientierung vgl. u.a. den Artikel *Prinzip Eigenverantwortung.*, O.V..In: Markt und Mittelstand, Heft 2/2001, S. 36-43.
[31] Vgl. etwa Brinkmann 1996, S. 186-193 und Löhner 1990, S. 195 f.
[32] Sprenger hat diese Diskussion mit seiner provokanten These *Alles motivieren ist demotivieren* durch einen originellen Beitrag bereichert. Vgl. Sprenger 2002, S. 12 f. und S. 26 ff.
[33] Vgl. insbesondere die Abschnitte 6.1 und 6.3.
[34] Vgl. Weinand 2000, S. 45.

ebenso wie die bereits angedeutete Frage nach den Grenzen der Steuerbarkeit des Systems mit sich.³⁵ Im Zusammenhang mit dem Problem der Einflussnahme auf Unternehmenskulturen lassen sich drei Sichtweisen unterscheiden:

1. Unternehmenskultur als „nicht steuerbare Größe" ohne Beeinflussungsmöglichkeiten seitens des Managements
2. Unternehmenskultur als „weicher", gestaltbarer Erfolgsfaktor, der für unternehmerische Zwecke instrumentalisiert werden kann. Kultur wird als grundsätzlich „machbar" verstanden. Im Vordergrund dieser Sichtweise stehen Überlegungen einer „Herstellung" von Unternehmenskultur und deren optimaler Gestaltung, um „dysfunktionale" Effekte zu vermeiden.³⁶
3. Die dritte Sichtweise erkennt grundsätzlich an, dass bereits eine Unternehmenskultur besteht, und versucht ein „kulturbewusstes Management" anstelle des „Managements von Unternehmenskulturen" (Kreikebaum) zu setzen. Auch hier wird angenommen, Unternehmenskultur sei veränderbar. Allerdings werden „von oben" verordnete Veränderungen skeptisch gesehen. Im Vordergrund soll vielmehr eine kritisch-reflexive Auseinandersetzung aller Unternehmensmitglieder mit der bestehenden Unternehmenskultur stehen. Prinzipiell kommt in dieser Sichtweise die Einsicht, dass die Veränderung von Werten, Einstellungen und impliziten Denkmustern bei den Beschäftigten eines Unternehmens ein komplexes und unter Umständen auch fragwürdiges Unterfangen darstellt, zum Ausdruck. Insgesamt ist der Anspruch an das Ausmaß der Veränderungs- und Gestaltungsmöglichkeiten von geringerer Reichweite („Kulturkorrektur statt Kulturrevolution").³⁷

Die hier beschriebene dritte Sichtweise soll der Einsicht in die Eigendynamik der Unternehmenskultur Rechnung tragen. Allerdings wird die Anerkennung dieser Grenze der Steuerbarkeit von Unternehmenskulturen keineswegs allgemein ver-

---

[35] Vgl. Marré 1997, S. 10 f., Holleis 1987, S. 7 ff., Ulrich/Fluri 1975, S. 16 ff. und ausführlich Weinand 2000, S. 45 ff. sowie Jahns, 2002, S. 213.
[36] Der Grad der Beeinflussbarkeit der Unternehmenskultur wird zum Teil sehr unterschiedlich gesehen. Während etwa Kundes Ansatz (vgl. das folgende Kapitel) auf eine Totalsteuerung hinausläuft, hält z.B. Jahns 2002, S. 211 ff. nur sehr „behutsame" Veränderungen für realistisch. Brinkmann 1996, S. 178 ff., der eine „ganzheitliche Unternehmensführung" anvisiert, sieht mit Metz den „Schlüsselfaktor für den Unternehmenserfolg" v.a. in der Führungskultur, deren Gestaltungsmöglichkeit offensichtlich höher bewertet wird als Einflussnahmen auf die Unternehmenskultur insgesamt, wenngleich distinkte Abgrenzungen hier kaum überzeugend zu leisten sind.
[37] Vgl. v.a. Kreikebaum u.a. 2001, S. 157 ff. Die von mir vorgenommene Unterscheidung in drei Sichtweisen ist im Wesentlichen aus Kreikebaums Darstellung extrahiert. Dabei ist anzumerken, dass Kreikebaum die Unternehmenskulturdebatte unter dem Gesichtspunkt der Möglichkeit der Implementierung ethischer Reflexionsmöglichkeiten im Unternehmen zusammenfassend analysiert. Die Grenzen der „Steuerbarkeit" von Unternehmenskultur betont auch Berger 1993, S. 14.

treten.[38] In Kapitel 6 wird an ausgewählten Beispielen zu zeigen sein, dass neben den moderaten und eher korrektiven Konzepten in Theorie und Praxis eine Reihe von Ansätzen existiert, die eine umfassende oder gar totale Veränderung der Unternehmenskultur anvisieren.

5.2 Normative Personallehren und Unternehmenskultur

Die Betrachtung der kulturellen Dimension betrieblicher Praxis und der im Unternehmen vorhandenen sozialen Gemeinschaftsverhältnisse hat auch in Deutschland eine wissenschaftliche Tradition, die weit hinter den Unternehmenskulturansatz und die 80-er Jahre zurückreicht. In der ethisch-normativen Richtung der Betriebswirtschaftlehre mit ihrem zentralen Begriff der „Betriebsgemeinschaft" werden bereits in den 20-er Jahren des vergangenen Jahrhunderts Fragen diskutiert, die den im Unternehmenskulturansatz behandelten Problemen ähnlich und vergleichbar sind. Bereits zu diesem Zeitpunkt sind die Probleme der Arbeitsmotivation und „Arbeitsfreude" und die Frage nach den Möglichkeiten ihrer Steigerung virulent und werden Überlegungen angestellt, wie eine möglichst hohe und stabile Identifikation des Arbeitnehmers mit seinem Unternehmen und seiner Aufgabe erreicht werden kann. „Geistige" Haltungen, Überzeugungen und Mentalitäten von Belegschaften erfahren dabei eine intensive Behandlung auch vor dem Hintergrund der normativen Befürwortung von „organischer" Gemeinschaftlichkeit im Betrieb. Hier werden Analogien zur Natur hergestellt. Die Ideen von notwendiger *Ganzheit* und *Einheit* sowie von Planmäßigkeit und *Ordnung* im Betrieb werden bereits hier formuliert. Die Legitimation des Führungshandelns steht zwar weniger im Mittelpunkt als gegenwärtig, wird jedoch tendenziell mit konservativ-elitistischen Argumenten untermauert, so dass die in Aussicht genommene betriebliche Vergemeinschaftung mitunter als *Erziehungsprojekt* erscheint. So sollen Beschäftigte Kolbinger zufolge etwa als „wesentlichen Gesichtspunkt menschlicher Gemeinschaften" ein „Gefühl für Rangordnung" erlernen.[39] Auch die heute wieder aktuelle Idee des Unternehmens als Familie findet hier bereits Beachtung. Wie zu erwarten war, werden Positionen, die von einem Interessengegensatz ausgehen und eine prinzipielle Konfliktbehaftetheit der Arbeitsbeziehungen unterstellen, bereits in den älteren normativen Konzepten zurückgewiesen.

---

[38] Vgl. zu diesen Problemen etwa Schreyögg 1988, S. 155 ff, der die interessante Frage *Kann und darf man Unternehmenskulturen ändern?* zwar bejaht, allerdings differenziert auf die Schwierigkeiten und Grenzen diesbezüglicher Methoden hinweist und sich für eine „breite Partizipation" aller Organisationsmitglieder ausspricht. Darüber hinaus wird die Anfälligkeit gezielter Kultursteuerung für Manipulationen mittels „symbolischer Kommunikation" festgestellt: „Direkte diskutierbare Kontrolle könnte durch die unbewußte Implantation von vorbestimmten Werten ersetzt, Unternehmenskultur zu einem unfaßbaren Beherrschungsinstrument ausgeformt werden." Ebenda, S. 165.
[39] Vgl. Kolbinger 1972, S. 62.

Stattdessen wird bereits hier die Idee des Betriebs als *Organismus*, als „lebendiges Wesen" formuliert. Wenig überraschend ist die durchgängige Ablehnung der organisierten (externen) Interessenvertretung als überflüssig, gefährlich oder „widernatürlich". Ein besonderes Augenmerk wird in diesen Beiträgen der Idee der Betriebserziehung zuteil. Arbeitnehmer sollen in einigen Konzepten regelrecht zur Identifikation mit der Betriebsgemeinschaft, zur Loyalität und zur Unterordnung unter die im Betrieb gepflegten Normen und Werte „erzogen" werden.

Präskriptive Normensetzung durch Unternehmensführungen wird als „verantwortliche Betriebs- und Personalführung" verstanden, das Unternehmen soll „geistige Heimat" für seine Beschäftigten sein. Schließlich werden bereits in den 20-er und 30-er Jahren die Arbeitsrealität und die Arbeitshaltungen von Arbeitnehmen als Anzeichen für einen Verlust der Möglichkeit von Sinnerfahrungen in der Arbeitstätigkeit gedeutet. Diese Beobachtung wird auch in den 50-er Jahren wieder betont. Dabei ist u.a. von einer „Entgemeinschaftung im Geist" und der Notwendigkeit der „Wiedergewinnung einer betrieblichen Sinnmitte" (Kolbinger) die Rede[40], sowie von einem Verlust des Gefühls, „mit [dem Ganzen] verbunden zu sein"(Nicklisch).[41] Im Abschnitt 7.2. *Zur Genese der Vergemeinschaftungsidee im Unternehmen* gehe ich in einem kurzen Überblick auf zentrale Argumente einiger Vertreter dieser normativen Personallehren, nämlich auf Heinrich Nicklisch, Rudolf Dietrich, Josef Kolbinger, Guido Fischer und August Marx ein. Dabei soll deutlich werden, dass die Vergemeinschaftungsidee im Unternehmen einerseits auf eine längere ideengeschichtliche Tradition zurückgeht und andererseits dort behandelte Fragen und gegebene Empfehlungen in, um es modern zu formulieren, „neuem Kommunikationsdesign" nach wie vor die Diskussion bestimmen.[42]

5.3 Der Begriff Unternehmensphilosophie

Die Verwendung des Begriffes Unternehmensphilosophie hat sich durchgesetzt, obschon damit aus der Sicht des Verfassers einige Schwierigkeiten verbunden sind. Die Aussagen, Texte und Sinnsprüche, die im alltäglichen Sprachgebrauch als *Philosophie* bezeichnet werden, stehen offenbar allenfalls in einem sehr entfernten Zusammenhang mit Philosophie als einer systematischen und analytischen Wissenschaft.[43] Darüber hinaus handelt es sich bei der Philosophie gerade nicht um ein *Wissen* oder gar um ein *System des Wissens*, sondern um eine intellektuelle, ergebnis- und „revisionsoffene" Praxis (Leidhold), mithin um eine

---

[40] Vgl. des näheren Abschnitt 7.2. Vgl. Kolbinger 1958 , S. 9 ff.
[41] Vgl Nicklisch 1928, S. 16.
[42] Vgl. zu den normativen Personallehren die ausführliche Darstellung von Krell 1994, insbesondere S. 52 ff.
[43] Anders bei Herder-Dorneich 1990, S. 944 f., der unter Unternehmensphilosophie das geübte und vernünftige „Nachdenken über den Gegenstand *Unternehmen*" verstanden wissen will. Ähnlich auch Kramer 2002, S. 78 f.

Haltung zur Welt. Der paradigmatische antike φιλόσοφος, als ein mit der Weisheit Befreundeter und diese Liebender, wäre dem griechischen Weltverständnis gemäß kaum auf die Idee gekommen, man könne sich eine Philosophie aussuchen und dann behaupten *Meine Philosophie ist*.... – nicht alles, was Philosophie genannt wird, heißt demnach zurecht so."[44] Die philosophische Haltung impliziert ein Staunen angesichts der Welt, und die Besonderheit etwa der sokratischen Position ist es gerade, die Wahrheit zu suchen und sich zugleich der eigenen Unvollkommenheit, der Tatsache des Nichtwissens und Nichtwissenkönnens voll bewusst zu sein. Bis in die heutige akademische Philosophie hinein ist die Sache der Wissenschaft das Betrachten der Welt, das skeptische Fragen, die Urteilszurückhaltung, Textanalyse und Interpretation und weniger die Bereitstellung von Sinn- und Leitsprüchen zur Lebenshilfe oder die apodiktische Präsentation von Gewissheiten. Der Begriff erfährt hier eine Akzentverschiebung.[45]

Unternehmen brauchen im stetigen ökonomischen Wandel, so ist zu lesen, etwas, „dass das Unternehmen in seinem Innersten zusammenhält, eine Philosophie, eine Linie..."[46]. Kramer spricht von einem „Streben des Unternehmens nach einer eigenen Weisheit."[47] Vereinfacht ausgedrückt lässt sich sagen, dass unter Unternehmensphilosophie die *Vorstellung eines Unternehmens von sich selbst* verstanden werden kann.[48] Glöckler etwa definiert im Rekurs auf Ulrich und Fluri:

> „Die Unternehmens- und Managementphilosophie ist die ganzheitliche Interpretation der wirtschaftlichen und gesellschaftlichen Funktion und Stellung der Unternehmung und der daraus abzuleitenden Sinnzusammenhänge und Wertbezüge des Managements."[49]

Die Unternehmensphilosophie umfasst in diesem Sinne die von der Unternehmung gewünschten und angestrebten Zielvorstellungen und Unternehmens-

---

[44] Vgl. dazu etwa die grundsätzlichen Überlegungen von Wolfgang Leidhold, Leidhold 2002, S. 179.
[45] Um dem Leser der Untersuchung die ständige Formulierung „so genannte Unternehmensphilosophie" zu ersparen, war diese Problematik hier anzudeuten.
[46] Vgl. Kopelent 2001, S. 83.
[47] Vgl. Kramer 2002, S. 78.
[48] Die definitorischen Schwächen dieser Vereinfachung geben Gelegenheit zur Präzisierung: Ganz anders als in der einschlägigen Unternehmenskulturdebatte soll das Unternehmen in der hier vertretenen Auffassung gerade *nicht* zu einem Organismus oder zu einer *Person* erklärt werden, welche „eine Vorstellung von sich selbst" entwickeln kann. Gemeint sind die Grundvorstellungen, die das Management als „Selbstverständnis des Unternehmens" proklamiert. Geist, Bewusstsein, Spirit und *Seele* werden Unternehmen jedoch immer wieder im Sinne einer *Eigenschaft* oder *Eigenheit* attestiert. Auf dieses Problem komme ich noch mehrfach zurück. Vgl. dazu auch Kunde 2000, sowie Pollard 1996, der von einer „Soul of the Firm" spricht, Kopelent 2001 und andere, die den Begriff *Unternehmenspersönlichkeit* verwenden, Worrach 2001, die von „Corporate Spirit" spricht, Dietrich 1999, S. 48, der ein *Unternehmensbewusstsein* annimmt und *zur Bonsen* (o. J.), der Organisationen „Spirit" zuschreibt und sie als „Energie" bezeichnet. Vgl. darüber hinaus Aswerus 1993, insbesondere zur Angemessenheit der Analogie *Mensch – Unternehmung*, S. 11 ff.
[49] Vgl. Glöckler 1995, S. 26 und Ulrich/Fluri 1975, S. 49 ff.

grundsätze für die Entwicklung und das Auftreten des Unternehmens.[50] Da Ziele, Werte, Grundsätze und Einstellungen formuliert werden, hat eine Unternehmensphilosophie einen normativen Charakter.[51] Aswerus spricht von Unternehmensphilosophie als „kognitive[m] Teil der gelebten Unternehmenskultur" und betont deren systematischen Charakter.[52] Wunderer unterstreicht den das Handeln eines Unternehmens im gesellschaftlichen Kontext legitimierenden Charakter der Unternehmensphilosophie und geht davon aus, dass in ihr die „gesellschaftliche Verantwortung" eines Unternehmens zum Ausdruck komme.[53] Nach Bleicher, der von einer „Unternehmungs-Philosophie"[54] spricht, welche die „...paradigmatisch geprägte Einstellung der Unternehmung zu ihrer Rolle und ihrem Verhalten in der Gesellschaft..." erfasse, dient diese als Grundlage für eine „Management-Philosophie", die vor allem integrative Zwecke erfüllen soll:

> „Die verschiedenen Phasen einer Unternehmungsentwicklung stellen das Management vor unterschiedliche Probleme. Für die Bandbreite von Möglichkeiten, die den Mitarbeitern zu deren Lösung zur Verfügung stehen, muß das Management eine konkrete Kursbestimmung vornehmen. Hierzu bedarf es einer Leitidee, welche die Wahl unter alternativen Verhandlungskursen erleichtert."[55]

Alle „Dimensionen des Managements" haben sich Bleicher zufolge in normativer, strategischer und operationaler Hinsicht, „...vermittelt über die Wahl von Aktivitäten, Struktur und Verhalten...", an dieser Leitidee zu orientieren.[56] Für Bauer-Harz „definiert" die Unternehmensphilosophie „den Sinn unternehmerischer Existenz und legt andererseits in groben Zügen Verhaltensrichtlinien fest". Als eine „weltanschauliche Grundlage" enthalte sie „Vorstellungen darüber, wie Unternehmensmitglieder sich verhalten sollen".[57]

Einen ganz anderen Akzent setzt Herder-Dorneich, der von einem sehr weit reichenden Unternehmensphilosophiebegriff ausgeht und allen Ernstes behauptet:

> „Unternehmensphilosophie wirft die Grundfragen betrieblicher Organisation als die *Grundfragen des Überlebens* heute auf. Sie setzt an der Beo-

---

[50] Vgl. ebenda, S. 26. Jongebloed schlägt folgende, stark auf die Verbindlichkeit der Normensetzung abhebende, Definition vor: „Unternehmensphilosophie kann als die Menge aller auf das Unternehmen bezogenen gedanklichen Grundannahmen, verinnerlichten Werte und formulierten Normen angesehen werden, die sich in jeder konkreten, unternehmensinitiierten Handlung oder Verhaltensweise aufweisen lassen müssen oder aber diese als Verstoß erkennt und kritisiert." (Sic!) Vgl. Jongebloed 2001, S. 206.
[51] Ähnlich Moser 1998, 49. Hier werden *Visionen, Grundwerte, Führungsgrundsätze, Organisationsrichtlinien* und Erfolgsfaktoren als Bestandteile der Unternehmensphilosophie genannt.
[52] Vgl. Aswerus 1993, S. 166 ff.
[53] Vgl. Wunderer 2001, S. 560.
[54] Bleicher 1995, S. 58.
[55] Ebenda, S. 58.
[56] Ebenda, S. 58.
[57] Vgl. Bauer-Harz 1995, S. 110 f.

bachtung einfacher Befunde an, um von da aus in die Tiefe ontologischer Fragestellungen vorzustoßen..."[58]

Die existentielle Eingebundenheit in und Abhängigkeit des Menschen von Unternehmen sowie die für das „Überleben der Massen" notwendige Arbeitsteilung nebst ihrer Koordinationserfordernisse und Vernetzungen markieren für Herder-Dorneich die „Weise des gegenwärtigen Seins überhaupt."[59] Antonoff spricht von „übergeordneten Kraftfeldern" und bezeichnet die Unternehmensphilosophie gleich als „Ur-Substanz" des Unternehmens.[60] Eine weitere Definition liefert Huber, der die Begriffe Unternehmensphilosophie, Grundordnung, Leitbild und Unternehmensstatut unter dem Begriff „Betriebsphilosophien" subsumiert. Diese sei zu verstehen als „eine Art Weltanschauung von meist umfassender Reichweite und einem vergleichsweise hohen Strukturierungsgrad."[61] Eine Betriebsphilosophie schließt nach Huber „vor allem Werte ein, die immer auch in Verfolgung bestimmter, noch näher zu konkretisierender Zwecke gesehen werden müssen. Die Unternehmensphilosophie hat einmal die Ziele des Unternehmens zu rechtfertigen und zum andern jene Probleme, die aus den immer komplexer werdenden Systemplanungen und aus dem soziotechnisch-ökonomischen Wandel resultieren, zu interpretieren."[62] Neben der Legitimation des Führungshandelns, der Zielrechtfertigung, der begründenden Verbindung von Werten und Zwecken und der Interpretation des Wandels falle der Unternehmensphilosophie schließlich die Aufgabe zu, „gesellschaftliche Orientierungskrisen verständlich zu machen und sie auf Wertentscheidungen und Identitätsfragen, die für den betrieblichen Kontext eine Rolle spielen, zu übersetzen."[63] Zuweilen werden auch einzelne Managementansätze, wie etwa das *Change-Management*, als *Unternehmensphilosophie* bezeichnet.[64] Aus der kritischen Perspektive des bekannten Arbeitspsychologen Oswald Neuberger dienen Unternehmensphilosophien vor allem der Abwehr äußerer oder innerer Bedrohungen: „Dies geschieht nach innen, indem ein *liturgisches* System heiliger Werte oder letzter Autoritäten installiert wird."[65] Da nun die Diskrepanz zwischen der in den „Hochglanzbroschü-

---

[58] Herder-Dorneich 1991, S. 7., Hervorhebung M.S.
[59] Vgl. ders. 1990, S. 946.
[60] Vgl. Antonoff 1975, S. 28. Der Rekurs auf das angeblich Ursprüngliche ist durchaus keine Seltenheit: Für Nagel etwa ist die unternehmerische Vision die "Urkraft", "die als einzige wirklich alle Mitarbeiter mitreißen kann..." Vgl. Nagel 1991, S. 55.
[61] Vgl. Huber 1985, S. 29 im Rekurs auf Kirsch 1977, S. 224. Der von Huber diagnostizierte hohe Strukturierungsgrad mag für Hubers Sample zutreffen. Meine eigenen Recherchen weisen eher auf ein niedriges Strukturierungs- und Konkretionsniveau.
[62] Ebenda, S. 29 f.
[63] Ebenda, S. 30.
[64] Vgl. Bullinger /Klein 1998, S. 22.
[65] Neuberger/Kompa 1987, S. 35 f., vgl. auch den zumindest teilweise kritischen Beitrag *Sinn und Unsinn von Unternehmensphilosophie und Leitbild* von Moser 1998, S. 48 f. Sehr deutlich wird auch Hegselmann 2001: „Noch nie war so viel die Rede von Unternehmens-Philosophie, -kultur, Visionen und so weiter. Das ist häufig bloßes Blabla." Vgl. ein Interview in der Zeitschrift *brand eins*, Heft 6, 2001, S. 74.

ren" vorgeführten „Ideologie" und der „urwüchsige[n] Praxis" eklatant sei, müsse diese Kluft fortwährend durch *„symbolisches Management"* überbrückt werden. Dieses bestehe in der Verbreitung von „Heile Welt" - und Karrieremythen.⁶⁶ Die von Neuberger diagnostizierte Ferne der in den Unternehmensphilosophien propagierten Werte und Grundprinzipien von der betrieblichen Praxis dürfte mithin auch die Ursache dafür sein, dass unablässig die Notwendigkeit betont wird, wie wichtig es sei, die verordneten Prinzipien nun auch zu „leben."⁶⁷

Michael Löhner spricht ebenfalls in kritischer Absicht von der Unternehmensphilosophie als „Heilsbotschaft" und beurteilt die Möglichkeiten eines vorhersehbaren Einflusses auf die im Unternehmen praktizierten Interaktionen durch Dekretierung einer Unternehmensphilosophie letztlich skeptisch.⁶⁸

Eine *Unternehmensphilosophie* kann also, wenn man die hier angeführten Definitions- und Bestimmungsvorschläge berücksichtigt, einerseits als Grundlegung unternehmerischen Handelns und wirtschaftlicher Tätigkeit überhaupt verstanden, andererseits als Formulierung der *Wertebasis* eines Unternehmens (Zwecke, Ziele, normative Begründung des Arbeitshandelns) aufgefasst und schließlich als Interpretation gesellschaftlichen und ökonomischen Wandels sowie zur Konstruktion kollektiver Identität und als Führungsinstrument begriffen werden.⁶⁹

5.4 Die Reduktion komplexer Wirklichkeit: Zur phänomenologischen Charakterisierung von Unternehmensphilosophien

Welche Implikationen sind mit dem Umstand verbunden, dass ein Unternehmen überhaupt „philosophiert" bzw. die Unternehmensführung oder die verantwortlichen Mitarbeiter davon ausgehen, zu philosophieren?

Es wurde schon deutlich, dass ein Grundzug der Implementierung von Unternehmensphilosophie der Versuch ist, die Ziele und Zwecke des Unternehmens zu formulieren und das Führungshandeln zu legitimieren. Die Philosophie soll etwas erklären und die „Orientierungskrisen", die im komplexen Wirt-

---

⁶⁶ Neuberger/Kompa 1987, S. 36.
⁶⁷ Vgl. etwa Merkens/Schmidt/Dürr 1990, S. 20 ff., Essing 1998, S. 199 ff., Schneider 1998, S. 101, Senden/Wöckel 1997, S. 269 ff., Cooper 2001, S. 76 f. Dieser Anspruch wird darüber hinaus in zahlreichen Unternehmensphilosophien explizit formuliert und ist ein typischer Gemeinplatz der Debatte.
⁶⁸ Vgl. Löhner 1990, S. 209 f.
⁶⁹ Löhner erwartet in einer gelungenen Unternehmensphilosophie immerhin Aussagen über: Unternehmensziele und Absichten, Einstellung zum Kunden, Verhältnis Umwelt und Produkte, Klarheit in den Wettbewerbsvorteilen, Stellung in der Gesellschaft, Wertstellung des Mitarbeiters, Führungsdenken und Führungssystem, Profildaten für Fach- und Sozialkompetenz, Werte des Unternehmens, Aussagen zur Bildungspolitik, zukünftige Entwicklung (Vision), Kommunikationsstil im Hause, Imageförderung und Public Relations und schließlich Aussagen zur Corporate Identity. Vgl. Löhner 1990, S. 209 f.

schaftssystem entstehen (können), verhindern helfen.⁷⁰ Arbeitnehmer werden mit Unternehmensphilosophie konfrontiert⁷¹ oder sollen an der „Erarbeitung" mitwirken.

Ein bedeutender Gesichtspunkt besteht in der *gezielten Reduktion von Komplexität* mittels Unternehmensphilosophie. Vor allem in der Verwendung von einzelnen Sinnsprüchen und ihrem Kontext enthobenen Zitaten größerer oder großer Denker kommt dies zum Ausdruck. In der Konsequenz kann beobachtet werden, dass die Führung eines Unternehmens zumindest offerierend, häufig aber mit hohem Verbindlichkeitsgrad die Realität – und nicht nur die Arbeitsrealität – stellvertretend deutet und eine ihrer Deutung entsprechende *Variante* bzw. einen *gedeuteten Ausschnitt* der Realität *präsentiert*. Diese Deutungen verbleiben nicht bei Einsichten wie „Ohne Fleiß, kein Preis" oder „Es gibt nicht Gutes, außer man tun es". Der Anspruch vieler Unternehmensphilosophien zielt auf eine größere Reichweite.

Mit einer Selbstverständlichkeit werden Szenarien, die nunmehr ein völlig neues Handeln, neue Konzepte, neue Strategien, „neues Denken" oder gar eine „totale" Veränderung erfordern sollen. Dabei wird im Kern versucht, die Maßnahmen des Managements nicht nur in Bezug auf ihre Legitimität abzusichern, sondern sie zur eigenen Sache der Beschäftigten zu machen. Auch für die Beschäftigten, deren tatsächliche Kompetenzen und Einflussmöglichkeiten in Wirklichkeit zumeist in einem Missverhältnis zu den „gigantischen Herausforderungen" stehen, denen „wir uns alle" nunmehr stellen müssen, soll die wortgewaltig präsentierte, geteilte Vision dadurch in den Mittelpunkt des „Daseins" rücken.⁷²

Die in der Unternehmensphilosophie formulierten „starken Werte", sofern diese überhaupt als Werte im konventionellen Sinne bezeichnet werden können⁷³ sind aber gleichzeitig so wenig konkret formuliert, dass auf der Ebene betriebli-

---

⁷⁰ Auch im Wissenschaftsbetrieb ist der Terminus *Unternehmensphilosophie* mittlerweile ebenso gebräuchlich wie die anderen Schlagworte, welche die Ausweitung des marktlichen Prinzips in diesen Bereichen der Gesellschaft andeuten. Senden/Wöckel etwa nennen für von Auftragsforschung abhängige Einrichtungen *Kundenorientierung, Benchmarking, Evaluation, Total Quality Management* und weist auf die angebliche Notwendigkeit hin, mittels permanenter Optimierungsprozesse das „Wissenschaftsgeschäft nicht nur markt- und nutzenorientiert [zu] entwickeln, sondern sich zugleich eine vorrangige Stellung in der Konkurrenz- und Wettbewerbsszene" zu *erkämpfen*. Vgl. Senden/Wöckel 1997, S. 269 ff.

⁷¹ So betont etwa Leicher die Notwendigkeit der überzeugenden Präsentation der eigenen Unternehmensphilosophie („Was macht uns gemeinsam so stark?, Was verbindet uns miteinander?, Worin besteht unser gemeinsamer Auftrag?") bereits in der Stellenanzeige, vgl. Leicher 2001, S. 104 f.

⁷² Zur gezielten Herstellung einer so genannten „shared-vision" empfiehlt etwa Kopelent ein „Interview mit dem *Kopf* des Unternehmens zum Thema Vision, Strategie und Mission" – das Denken des Unternehmens als Organismus ist stets präsent. Vgl. Kopelent 2001, S. 84.

⁷³ Ikea etwa versteht unter „starken Werten" u.a. Einfachheit, Respekt, Verantwortung, Bescheidenheit und Denken in neuen Bahnen.

cher Mikropolitik[74] so gut wie jede Maßnahme und jeder interne Vorgang als wertkonform bzw. eben nicht wertkonform angesehen und interpretiert werden kann. Dieser Umstand legt zumindest die Frage nahe, ob der Fixierung eines Wertekanons nicht zwangsläufig die Funktion einer subtilen und indirekten Verhaltenssteuerung und Disziplinierung zufällt.

Der Appell an die gemeinsam geteilten Werte ist stets auch vor dem Hintergrund ökonomischer Zweckverfolgungen zu betrachten – diese Einsicht mag trivial sein. Für unseren Zusammenhang ist allerdings das strategische Motiv der *Erzeugung konformen Verhaltens* im Unternehmen von zentraler Bedeutung. Wertsetzungen und Weltdeutungen, die auf konformes Verhalten und eine *Homogenisierung* von Belegschaften[75] abzielen, verdienen deswegen kritische Aufmerksamkeit, weil sie dem Paradigma des aufgeklärten, kritischen und selbstständigen Bürgers innerhalb der demokratisch verfassten Ordnung zuwiderlaufen können, die ja in der Eigenschaft ihrer *Liberalität* gerade auf das Einhalten einer *Konformitätsgrenze* abzielt und mithin einen Schutz vor übermäßigen Konformitätserwartungen einzelner Anspruchsgruppen darstellen soll.

5.5 Der Begriff Managementphilosophie

Der Begriff *Management* findet nicht nur in der Betriebswirtschaftslehre, sondern auch in der Umgangssprache eine außerordentlich häufige Verwendung. Allgemein im Sinne von *manus agere* ist zunächst das Handhaben, Steuern, Leiten und Führen gemeint. Die synonyme Verwendung des Terminus' mit *Unternehmensführung* ist üblich.[76] Als zweckmäßig erweist sich zunächst eine Unterscheidung zwischen Management als *Institution* und als *Funktion*. Bauer-Harz etwa formuliert:

> „Während die Institution formal die organisatorisch zuständigen Träger der betrieblichen Macht kennzeichnet, umschließt Management als Funktion stets dispositive, nicht hingegen ausführende Tätigkeit."[77]

Als primäre Aufgabe des Managements im funktionalen Sinne können die Planung und Durchführung konzeptioneller, richtungweisender und steuernder Interventionen in Wirtschaftsunternehmen (bzw. in sozio-ökonomischen Systemen aller Art) mit Hilfe professioneller Methoden verstanden werden.[78] Im Rahmen dieser Darstellung sind beide Dimensionen des Begriffes relevant: Das Management als Institution und als Träger „betrieblicher Macht" muss Legitimationserfordernissen des Handelns gegenüber Kapitalgebern, Kunden, Mitarbeitern und Umwelt Rechnung tragen. Die neuere Management- und Führungslehre versucht daher zum einen Antworten auf die Frage nach der Möglichkeit

---

[74] Vgl. Neuberger 1994.
[75] Vgl. Krell 1994, S. 34 ff.
[76] Vgl. die genaue begriffliche Bestimmung bei Bauer-Harz 1995, S. 76 f.
[77] Ebenda, S. 77.
[78] Ähnlich Bauer-Harz 1995, S. 77 f.

legitimen Managerhandelns zu geben. Darüber hinaus ist die Frage, welche Methoden, Strategien und Instrumente in der Unternehmensführung zum Einsatz kommen sollen, also der funktionale Aspekt des Managements, Gegenstand reger Diskussion. Eine weitere begriffliche Differenzierung des Managementbegriffes nimmt Bleicher, ein Vertreter des St. Gallener Management-Konzeptes, vor, der zwischen *normativem, strategischem* und *operationalem* Management unterscheidet: Während es beim normativen Management um generelle Unternehmenszielsetzungen, Prinzipien und Spielregeln gehe, die darauf ausgerichtet seien, „die *Lebens- und Entwicklungsfähigkeit* der Unternehmung sicherzustellen", sei strategisches Management „auf den Aufbau, *die Pflege und die Ausbeutung von Erfolgspotentialen* gerichtet".[79] Das stark auf Umsetzung von Entscheidungen abzielende operative Management schließlich besteht in den eigentlichen Handlungsvollzügen und Dispositionen, die aus den normativen und strategischen Gestaltungsvorgaben abzuleiten sind. Dem Selbstverständnis einiger Managementdenker zufolge ist das Nachdenken über grundsätzliche Fragen der Unternehmensführung ein *Philosophieren*. Ähnlich wie beim Terminus Unternehmensphilosophie lassen sich hier Einwände vorbringen. Da die Beiträge zur Management- und Führungslehre allerdings häufig sehr grundsätzliche Behauptungen, Deutungen und Erklärungen enthalten, die unter der Überschrift Unternehmensführung nicht ohne weiteres zu erwarten gewesen wären, und da der Begriff in der Diskussion ohnehin Verwendung findet, erscheint die Bezeichnung *Managementphilosophie* als eine Art Sammelbegriff für die hier untersuchten Texte analog zur Begriffswahl Unternehmensphilosophie vertretbar. Mit Blick auf die Feststellung Löhners, Management und Führung als solche bestünden wesentlich in einer reflexiv-denkerischen Tätigkeit[80], schlage ich vor, den Begriff Managementphilosophie hier wie folgt zu verstehen, nämlich als *Betrachtung grundsätzlicher Fragen der Unternehmensführung und der Führung von Mitarbeitern unter Einbeziehung der spezifisch sozialen Situation des Menschen im Unternehmen sowie gesellschaftlicher Entwicklungen in ökonomischer, sozialer und politischer Hinsicht.*[81] Dieser Definitionsvorschlag erfasst die von mir konkret untersuchten Schriften und trifft wohl insgesamt den Gehalt der allermeisten (mir bekannten) neueren Beiträge. Während die Unternehmensphilosophie einen normativen Rahmen für das Handeln einzelner Unternehmen konstituieren soll, thematisieren Managementphilosophien den Rahmen der Unternehmensführung und das Selbstkonzept des Managers, die allgemeine wirtschaftliche Entwicklung und ihre Herausforderungen, implizite oder explizite Leistungs- und Arbeits-

---

[79] Vgl. Bleicher 1994, S. 16.
[80] Vgl. den entsprechenden Beitrag *Unternehmen heißt denken. Folgerichtigkeit im Management*, Löhner 1990, v.a. S. 190 ff.
[81] Eine engere Definition schlägt Haas vor, der unter Managementphilosophie „…die grundlegenden Einstellungen, Überzeugungen oder Wertvorstellungen des Managements einer Unternehmung in Bezug auf die zu führende, bzw. zu gestaltende und lenkende Unternehmung, als soziales System, sowie auf die eigene Funktion in der Unternehmung" verstanden wissen will. Vgl. Haas 1989, S. 21.

ethiken sowie die Frage nach den besten Strategien der Führung, Organisation und „Kultursteuerung".

Damit ist ein weiter Begriff von *Managementphilosophie*[82] formuliert. Im Gegensatz zu Vertretern engerer Definitionen von Managementphilosophie, die vornehmlich die grundsätzlichen Werthaltungen, Einstellungen, „Menschenbilder"[83] und Vorstellungen von der Wirtschafts- und Gesellschaftsordnung *eines konkreten Managements* bzw. der Unternehmensleitung einer Unternehmung ins Auge nehmen, können auf diese Weise auch Beiträge zu Management und Führung, die über einen spezifischen Unternehmenskontext hinausweisen, als Managementphilosophie qualifiziert werden.[84] Es kann sich dabei sowohl um betriebswirtschaftliche Abhandlungen als auch um Beiträge aus anderen Disziplinen (Kommunikationswissenschaften, Psychologie etc.) handeln sowie um populärwissenschaftliche Ratgeber oder Handbücher für „Praktiker". Interessant sind Schriften dieser Art besonders dann, wenn in ihnen normative oder präskriptive Setzungen, Deutungen und Interpretationen vorgenommen und politische Fragen thematisiert werden und/oder die Managementphilosophie sich als eine Art missverständlicher „Sozialwissenschaft" erweist, nämlich als eine Lehre vom Menschen in Gemeinschaft bzw. in Organisationen.

5.6 Corporate Identity

5.6.1 Grundzüge des Corporate-Identity-Ansatzes

Auch das Schlagwort *Corporate Identity* prägt seit Jahren die Managementliteratur. In den Definitionsvorschlägen wird der Begriff unterschiedlich akzentuiert. Immer wieder ist von Unternehmenskommunikation, Öffentlichkeitsarbeit, Unternehmenspersönlichkeit, Philosophie und Leitbild im Zusammenhang mit Corporate Identity die Rede.[85]

Der Versuch, den Gehalt des Wortes *Corporate Identity* bzw. „Unternehmensidentität" zu erfassen, führt in die allgemeinen Bestimmungsprobleme, die mit dem Wort *Identität* ohnehin verbunden sind. Diese Schwierigkeiten werden durch die geläufige Verwendung von Worten wie *Identitätskrise, Identitätssuche, Identitätsverlust* etc. im alltäglichen Sprachgebrauch noch verschärft. Bereits bei der Beschreibung von individueller bzw. Ich-Identität, bleibt unklar, was gemeint ist. Wonach genau sucht, wer auf der Suche nach der *eigenen Identität* ist? Oft werden hier Selbsteinschätzungen der Person mit Ideal- oder Wunschvorstellungen, also mit Zielfiktionen in Beziehung gesetzt. Die Frage nach der Idee

---

[82] Schon 1923 ist bei Sheldon von einer *Philosophy of Management* die Rede. Vgl. dazu Haas 1989, S. 20 f.
[83] Mit Haas 1989 können unter Menschenbildern hier implizite oder explizite, handlungsrelevante „Grundannahmen über Ziele, Motive, Bedürfnisse und die zu erwartenden Verhaltensweisen" von Menschen in Unternehmen verstanden werden. Vgl. ebenda, S. 166.
[84] Vgl. zum Begriff insbesondere Haas 1989, S. 20 ff.
[85] Eine Zeitlang schien Corporate Identity hier als eine Art Obergriff zu fungieren.

des einzelnen Menschen von sich selbst und nach Konstanten und Merkmalen, die gerade ihn (sein „Wesen", seinen „Kern") dauerhaft ausmachen, geht dem Problem der Identitätssuche voraus. Berghoff erläutert zum Problem von Identität und Kostanz: „Ein wesentliches Problem der menschlichen Identitätssuche liegt deshalb in der Suche nach Bleibendem, das angesichts aller Veränderungen immer als dasselbe identifiziert oder logisch als Zurechnungspunkt von Erfahrungen und Handlungen der Person gedacht werden kann."[86]

Bei der Frage nach Gruppen-Identitäten und nach der Möglichkeit *kollektiver Identität* liegen die Dinge noch komplizierter. Hier geht es zunächst nicht um die substantielle Übereinstimmung aller Mitglieder auf Dauer und in jeder Hinsicht, sondern um die Realisierung gemeinsamer Ziele, den Erwerb gemeinsamer Güter und um Zugehörigkeit zu einem Kollektiv, welches die Chancen der Bewirkung gewünschter Resultate und die Reichweite der Gestaltungsmöglichkeiten einzelner Personen in der Welt übersteigt. Gleichwohl ist die Konstruktion einer „gemeinsamen Identität", der ein Prozess der Identifizierung und des identifiziert Werdens voraus geht, nicht zu verwechseln mit einer pragmatischen Logik des Kooperierens. Denn im Zweifel wird ein psychischer Prozess in Gang gesetzt, der über den Horizont „nützlicher" Zusammenarbeit hinausgeht. Berghoff führt zum „Wir-Gefühl" aus:

> „Das „Wir-Gefühl" entspricht, ungeachtet aller real fortbestehenden Unterschiede der identifizierenden Subjekte, der Phantasie eines gemeinsam geteilten Identischen, die durch das Identifikationsobjekt repräsentiert wird. Insofern das Identifikationsobjekt nicht ursprünglich ein gegebenes Objekt ist, sondern eine objektivierte Phantasie, gründet kollektive Identität in einem objektivierten Phantasma."[87]

In der Politikwissenschaft kommen hier Kollektivsymbole wie etwa *Staat*, *Nation* und *Volk* in den Blick. Identitätskonstruktionen, die politische Kollektive als Objekte der Identifizierung zum Gegenstand haben, sind insofern brisant, als hier ein „souveränes Potential zur Gestaltung verbindlicher Wirklichkeiten" (Berghoff) zugeschrieben werden kann und mithin de facto besteht, das, wie wir wissen, auch auf äußerst fragwürdige Zielgüter gerichtet werden kann.

Die Frage nach der „Unternehmensidentität" oder der Konstruktion von Identität in anderen, kleineren Personenverbänden oder Lebensgemeinschaften erscheint vor dem Hintergrund dieses hier nur angedeuteten Problems indes

---

[86] Berghoff 2001, S. 57. Zur Frage, inwieweit Beschreibungen in der Kategorie der Identität überhaupt zutreffen können, notiert Berghoff: „Legt man den strengen Maßstab der Logik an, so könnte von der Identität verschiedener Individuen bzw. einzelner Merkmale oder Eigenschaften nur dann gesprochen werden, wenn diese in verschiedenen Sachlagen, Umständen und Perspektiven immer als dasselbe oder dieselben identifiziert werden könnten." Vgl. ebenda, S. 57. Dies ist aber, wenn man von der höchsten für Menschen denkbaren Identität, nämlich *Gott*, einmal absieht, regelmäßig nicht der Fall. Identitäten sind immer Konstruktionen und insbesondere „kollektive Identität" ist, wie Berghoff zeigt, ein Bewusstseinsphänomen. Vgl. ebenda, S. 59 f.
[87] Ebenda, S. 60.

eher nachrangig. Natürlich werden auch hier gemeinsame Ziele unterschiedlicher Art ins Auge genommen, und auch in Unternehmen als Spezialfall des Personenverbandes ist „gemeinsame Identität" kein objektiv feststellbarer Zustand, sondern ein Bewusstseinsphänomen. Für Unternehmen, wie für andere Organisationen gilt: Durch die Charakterisierung dessen, was intersubjektiv als *identisch* gelten kann, ist das *Negative, Nicht-Identische* bzw. das *Fremde* bereits bestimmt und exkludiert. So fatal dies im Fall politischer Kollektive sein kann, so funktional kann dies für das Wir-Gefühl in Unternehmen sein: Durch den Vollzug der Abgrenzung von dem oder den *Anderen* gelingen Selbsteinschätzung und Selbstverortung, es entsteht der Eindruck eines geteilten *Verständnisses der Gruppe oder des Kollektives von sich selbst*. Gerade komplexe Kooperationsleistungen sind, so scheint es, ohne dieses gemeinsame Gruppenverständnis, einer „Idee von uns" und deren Abgrenzungsfunktion, gar nicht zu erbringen. Und doch sind die Unterschiede, die in Identitätskonstruktionen von Unternehmen bestehen können, nicht unbedeutsam. So ist es etwa nicht einerlei, ob man gemeinsam von der Qualität der eigenen Produkte überzeugt ist, im Laufe der Zeit bestimmte Arbeits- und Kommunikationsstile ausbildet, oder sich auf einer (höheren) Mission im „Krieg um Marktanteile" wähnt.

In Szenarien, in denen die Wettbewerbsposition des Unternehmens oder vitale Interessen der Unternehmensmitglieder gefährdet sind, ist die Identifizierung mit dem Unternehmen und der gemeinsamen Zielfiktion unsicher. Dazu kommt, dass angenommen wird, externe Anspruchsgruppen würden prinzipiell vom Unternehmen eine „einheitliche Linie" und ein geschlossenes Auftreten nach außen erwarten.

Nicht zuletzt aus diesen Gründen erscheint den Vertretern des Corporate-Identity Ansatzes die Herstellung von *Unternehmens*-Identität notwendig. Birkigt und Stadler diagnostizieren ein „Auseinandertreten von Selbstverständnis und Fremdverständnis", „wachsende Rollenkonflikte zwischen sozialer Funktion und egoistischen Interessen" sowie „die sich oft bis zum Chaotischen steigernde Vielfalt von Zielen, Zwecken, Tätigkeitsgebieten, Mitarbeiterinteressen und Marktaktivitäten" eines Unternehmens. Der Begriff der Corporate Identity weist auf das Streben nach einem einheitlichen Erscheinungsbild und innerer *Ordnung* (hier vor allem als Koordinierung der Aktivitäten und Vereinheitlichung von Abläufen gedacht) und darüber hinaus auf die Notwendigkeit eines positiven Images in der Öffentlichkeit.[88]

Böning versteht Corporate Identity als die „ganzheitliche und einheitliche Darstellung des Unternehmens nach innen und außen".[89] Die Corporate Identity soll idealerweise eine *Unternehmenspersönlichkeit* begründen. Damit wird der Schritt zur Konstruktion einer als Identifikationsobjekt dienenden überindividuellen Person vollzogen. Brinkmann spricht von Corporate Identity als Kombination von „Ruf" und „Geist des Hauses"[90]. Hier wird nochmals deutlich, dass es

---

[88] Vgl. Birkigt/Stadler 1980, S. 17 f.
[89] Vgl. Böning 1989, S. 388.
[90] Vgl. Brinkmann 1996, S. 232.

sich um ein Bewusstseinsphänomen und eine Frage der Perzeption handelt. Wenn Identität so verstanden wird, dann muss ihre Erzeugung in Unternehmen als strategische Managementaufgabe gelten. Es müssen Bedingungen geschaffen werden, unter denen das Unternehmen als einheitliche, kohärente, konsistente und erkennbar öffentlich profilierte *Persönlichkeit* erscheint – und zwar in der Innen- und in der Außenperspektive.[91] Corporate Identity stellt, ganz in diesem Sinne, für Wunderer ein „strategisches (Kommunikations-) Konzept zur Positionierung einer einheitlichen Identität (sic! M.S.) des Unternehmens dar."[92] Es gehe um den Versuch, ein Selbstbild des Unternehmens zu schaffen, welches auf die Einstellung der Mitarbeiter ebenso wie auf die Öffentlichkeit wirkt:

> „Eine so verstandene Corporate Identity hat damit eine „Steuerungsaufgabe" für alle Kommunikations- und Interaktionsbeziehungen für die Kulturgestaltung innerhalb und außerhalb der Unternehmung zu erfüllen und zu einer einheitlichen Unternehmensrepräsentation beizutragen."[93]

Birkigt und Stadler definieren in ähnlicher Weise:

> „Wir sehen die Corporate Identity in Parallele zur Ich-Identität als schlüssigen Zusammenhang von Erscheinung, Worten und Taten eines Unternehmens mit seinem „Wesen", oder, spezifischer ausgedrückt, von Unternehmens-Verhalten, Unternehmens-Erscheinungsbild und Unternehmens-Kommunikation mit der hypostasierten Unternehmenspersönlichkeit als dem manifestierten Selbstverständnis des Unternehmens."[94]

Die Autoren kommen dem Einwand zuvor, dass es sich bei der Vorstellung, ein Unternehmen sei eine Person bzw. ein Organismus und verfüge als solcher über ein „Wesen", um eine Hypostase handelt. Dass die hier beschriebene „Identität" eine Sache strategischer Planung ist, wird gar nicht in Abrede gestellt.[95] Hier ist auch der Zusammenhang zur Unternehmensphilosophie und Unternehmenskultur zu sehen, deren Analyse, Steuerung und „systematische Kanalisierung"

---

[91] Vgl. u.a. Wiedmann 2001, S. 17 ff. Dagegen sieht Böning die „Unternehmenspersönlichkeit, d.h. (für Böning M.S.) die Menschen im Unternehmen mit ihrer „Psychologie" und „Philosophie" als eine Frage der Unternehmenskultur. Diese sei der „Kern" des Unternehmens, Corporate Identity der „Ausdruck", vgl. Böning 1989, S. 388. All diese begrifflichen Differenzierungen bleiben wenig überzeugend. Vielmehr weist das Konzept auf ein offensichtliches *Einheitsverlangen* bei Theoretikern und Praktikern hin.
[92] Wunderer 2000, S. 546.
[93] Vgl. ebenda, S. 546.
[94] Birkigt/Stadler 1980, S. 20 f.
[95] Vgl. ebenda, S. 21 und Kunde 2000. Sehr kritisch und mit erheblichen Bedenken gegen die gezielte Herstellung von Firmenidentitäten zuletzt: Kurnitzky, Horst: Die unzivilisierte Zivilisation, Frankfurt am Main 2002. Vgl. auch den Auszug aus vorgenannter Schrift: ders.: Die Stunde der Gurus. Total totalitär: Der Weltmarkt als Kampfzone. In: Frankfurter Rundschau vom 12.06.2002, S. 21. Zur „Angemessenheit" der Analogie „System Mensch" – „System Unternehmen" vgl. dagegen Aswerus 1993, S. 11ff. Zur angeblichen Vergleichbarkeit der Entwicklungsgesetzmäßigkeiten bei Menschen und Unternehmen vgl. auch Nagel 1991, S. 17 f. Zu den Dilemmata der Planbarkeit von Unternehmenskulturen vgl. etwa Jahns 2001, S. 211 ff.

(Wiedmann) Gegenstand dieser strategischen Planung ist.[96] Corporate Identity ist demnach Selbstdarstellung auf der Grundlage eines vorher definierten „*Soll-Images.*"[97] Dieses Image soll die Eigenart und Einmaligkeit des Unternehmens unterstreichen.[98] Neben der Absicht, möglichst gut in der Öffentlichkeit und bei den Konsumenten anzukommen, soll eine Corporate Identity sicherstellen, dass die Unternehmensangehörigen sich mit ihrem Unternehmen *identifizieren.*[99] Der Corporate-Identity-Ansatz und das ihm zugrunde liegende Identitätskonzept wurden allerdings in jüngster Zeit von verschiedenen Seiten kritisiert. So spricht etwa Deekeling im Zusammenhang mit der den Ansatz kennzeichnenden Grundannahme „einer mit einer Kernidentität ausgerüsteten Unternehmenspersönlichkeit" von einer „Idée fixe und Sackgasse", die längst durch neuere Erkenntnisse und Konzepte in den Humanwissenschaften, insbesondere der Sozialpsychologie, in Frage gestellt worden seien. (Unternehmens-) Identität lasse sich demnach nicht als Kern langfristig beständiger Werte, Haltungen und Eigenschaften definieren.[100]

Insgesamt zielt die dem Corporate Identity Ansatz zugrunde liegende Idee von Identität auf eine Einheit im Geiste, einheitliches Auftreten, Geschlossenheit nach innen und außen sowie eine die subjektiv gefühlte Zugehörigkeit zum Unternehmen befördernde Atmosphäre ab. Die Substantialisierung eines Unternehmens durch die Annahme eines besonderen „Kerns" oder „Wesens" muss letztlich ähnlich fragwürdig bleiben, wie bei anderen Konstruktionen kollektiver Identität.[101]

Weitgehende Einigkeit besteht unter den Autoren, dass sich die Corporate Identity aus verschiedenen Bestandteilen „zusammensetzt". Üblicherweise werden hier genannt:

- Corporate Design (CD)
- Corporate Communications (CC)
- Corporate Behaviour (CB)
- Corporate Mission (CM)
- Brand Identities[102] bzw. Corporate Branding[103]

---

[96] Vgl. Wiedmann 2001, S. 18.
[97] Vgl. Birkigt/Stadler 1980, S. 21.
[98] Vgl. Schneider 1991, S. 12.
[99] Vgl. ebenda, S. 12.
[100] Vgl. Deekeling 2003, S. 23.
[101] Die hier vorgetragenen Bemerkungen zum komplizierten Problem der Identität sind notwendigerweise unvollständig. Für eine detaillierte Analyse vgl. den schon mehrfach zitierten Aufsatz von Peter Berghoff „Das Phantasma der „kollektiven Identität" und die religiösen Dimensionen in den Vorstellungen von Volk und Nation". In: Schnurbein, Stefanie v./Ulbricht, Justus H. (Hrsg.): Völkische Religion und Krisen der Moderne. Entwürfe „arteigener" Glaubenssysteme seit der Jahrhundertwende, Würzburg 2005, S. 56-74.
[102] So etwa bei Schneider 1991, S. 12 und Essing 1998, S. 63 ff.
[103] Vgl. Wiedmann 2001, S. 17-22.

Für unseren Zusammenhang sind insbesondere die Aspekte Corporate Behaviour und Corporate Communications von Interesse. Daher werde ich auf die anderen Aspekte nachfolgend nur sehr kurz eingehen. Dahingegen werde ich den von Jesper Kunde eingeführten Begriff der *Corporate Religion*[104] in Kapitel 7 ausführlicher behandeln.

5.6.2 Corporate Design

Unter Corporate Design wird allgemein das äußere Erscheinungsbild einer Unternehmung verstanden, welches sich in Logos, Farben, Schriftarten etc. äußert. Die graphische Systematisierung umfasst das gesamte Spektrum von Verpackung, Briefbögen bis hin zur Autobeschriftung. Werbespots und sämtliche sonstige öffentliche Erscheinungsformen, unter Profis „Visual-Identity-Elemente"[105] genannt, sind im Idealfall aufeinander abgestimmt und bilden ein konsistentes Bild.[106] Es wird dann deutlich, welches Erscheinungsbild für ein Unternehmen *typisch* ist. Mit einigem Recht kann man daher Corporate Design als visuelle Umsetzung des CI-Konzeptes bezeichnen. Der Begriff des Corporate Design umfasst allerdings noch mehr: Bei Birkigt und Stadler heißt es: „Das (Corporate Design M.S.) sind dann die typischen Zeichen und Symbole, Schriften und Farben, Gestaltungsraster, Leitlinien für die Werbung, für die Verkaufsförderung und die typischen Sprachmittel und der unverwechselbare Sprachstil."[107] Man erkennt, dass dem Corporate Identity Konzept die Vorstellung zugrunde liegt, auch die Sprachmittel und der im Haus gepflegte Stil könnten (oder sollten) systematisch „designed" werden.[108]

5.6.3 Corporate Communications

Birkigt und Stadler zufolge bestehen für ein Unternehmen verschiedene Möglichkeiten, sich kommunikativ zu äußern: Darunter fallen das *schlüssige Handeln bzw. Verhalten,* der *optische Auftritt,* und die *verbavisuelle Botschaftsübermittlung,* welche allgemein als Unternehmenskommunikation im engeren Sinne verstanden wird.[109] Charakteristische Beispiele für derartige Botschaftsübermittlungen sind etwa unverwechselbare *Slogans,* die – oftmals ein Destillat aus der Unternehmensphilosophie – eine einprägsame und leicht verständliche „gedankliche

---

[104] Vgl. Kunde 2000. Kundes Buch heißt nicht nur Corporate Religion, sondern stellt im wahrsten Sinne des Wortes den Versuch dar, eine „Religion" zu begründen.
[105] Vgl. Schneider 1991, S. 13.
[106] Sehr großes Gewicht wird diesen Fragen etwa in der Selbstdarstellung der Firma Aral beigemessen. Hier ist gar von einer *Farbphilosophie* und einer *Designphilosophie* die Rede: „Die Designphilosophie für Aral bewegt sich zwischen den Polen Emotion und Ratio. Identität, Leichtigkeit, Bewegung und Dynamik sind die Grundpfeiler." Vgl. www.aral.de, Stand 19.06.2004.
[107] Birkigt/Stadler 1980, S. 23.
[108] Dazu gehört sicher auch die Frage einheitlicher Kleidung, bzw. der *Corporate Fashion*. Vgl. dazu etwa Knaus 2001, S. 32 f.
[109] Birkigt/Stadler 1980, S. 24.

Verbindung" zum jeweiligen Unternehmen herstellen.[110] Corporate Communications ist demnach als eine „zentrale Kommunikationsstrategie" zu verstehen, „...welche die Arbeitsfelder der Unternehmenskommunikation (wie Werbung, Teilbereiche von PR und Sales Promotions, aber auch die innerbetriebliche Kommunikation zwischen Unternehmensleitung und Mitarbeitern sowie der Mitarbeiter untereinander) unternehmenstypisch gestaltet und koordiniert."[111] Essing spricht allgemeiner von einem „aktiven Dialog mit der Öffentlichkeit und den eigenen Mitarbeitern."[112] Dabei liegt der besondere Anspruch eines professionellen „CC-Managements" in der Erzeugung langfristig orientierter, konsistenter und „geschlossener" Unternehmenskommunikation: „Konzeptunverträgliche Botschaften [...] sowie ständig wechselnde Aussage- und Ausdrucksformen werden durch CC ausgeschlossen."[113] Grundsätzliche unternehmenstypische Botschaften sollten Schneider zufolge nicht zielgruppenspezifisch abgeändert werden, da andernfalls die Gefahr bestehe, dass Unternehmensbotschaften „doppelzüngig" erscheinen könnten.[114] Birkigt und Stadler wählen eine noch kräftigere Formulierung: Das „Zelebrieren der Identität" trete oftmals zugunsten einer „taktischen" Zielgruppenansprache in den Hintergrund. Es geschehe allzu leicht, dass „dem Volk aufs Maul" und nicht in die „Bibel der Identity" geschaut werde.[115] Die Autoren heben in Bezug auf diesen zentralen Aspekt die Bedeutung der CC für die Mitarbeiter deutlicher hervor:

> „Geschlossenheit [...] im Sinne der Identity ist eine klare Forderung an die Unternehmens-Kommunikation, soweit sie *interne* Aufgaben zu erfüllen hat. Jeder Mitarbeiter steht innerhalb eines vielfältigen Netzes von Kommunikationen, aus dem sich für ihn die Vorstellung und die Empfindung der Unternehmensganzheit entwickelt: Je klarer ihm diese Vorstellung sagt, daß sein Unternehmen eine klar umrissene Gestalt hat, daß es sich für begreifbare und akzeptable Zwecke einsetzt und damit in Einklang stehende Ziele verfolgt [...], desto geringer wird für ihn der Ungewißheits-Druck, unter dem grundsätzlich jeder Arbeitnehmer steht."[116]

Zusammenfassend lässt sich feststellen, dass das Konzept der Corporate Communications auf die Schaffung eines widerspruchsfreien Gesamteindruckes[117] abzielt und eine „strategische Kommunikation"[118] anvisiert, welche die Einstellungen von Öffentlichkeit, Kunden und Mitarbeitern dem Unternehmen gegenüber positiv beeinflusst.

---

[110] Vgl. Essing, S. 77.
[111] Schneider 1991, S. 13.
[112] Vgl. Essing 1998, S. 76.
[113] Ebenda, S. 14.
[114] Vgl. ebenda, S. 14.
[115] Vgl. Birkigt/Stadler 1980, S. 24.
[116] Ebenda, S. 25.
[117] Vgl. Essing, 1998 S. 68 f.
[118] Vgl. ebenda, S. 76.

5.6.4 Corporate Behaviour

Von zentraler Bedeutung im gesamten Corporate Identity-Ansatz ist selbstverständlich das „tatsächliche Verhalten" eines Unternehmens bzw. seiner Führung und seiner Mitarbeiter. So versteht denn auch etwa Essing unter dem Begriff Corporate Behaviour „...die in sich schlüssige und damit widerspruchsfreie Ausrichtung aller Verhaltensweisen und Reaktionen eines Unternehmens bzw. seiner Mitarbeiter im Innen- und im Außenverhältnis."[119] Dabei gelte es, durch einen Handlungskodex und entsprechend formulierte Handlungsgrundsätze das *Verhalten der Betriebsangehörigen* so gut wie möglich zu planen, zu steuern und zu kontrollieren.[120]

Schneider zufolge hat Corporate Behaviour „entscheidenden Einfluß" auf die Realisation des gesamtes „CI-Zieles", ist also der zentrale Einflussfaktor für die Konstituierung einer tragfähigen und „wirksamen" Firmenidentität.[121] Birkigt und Stadler argumentieren in die gleiche Richtung: „Jede wirtschaftliche Organisation stellt sich gegenüber Dritten weitaus stärker durch ihr Verhalten als etwa durch ihre Verlautbarungen dar, mehr durch Taten als durch Worte...".[122] Bezüglich der in der internen und externen Unternehmenskommunikation zum Ausdruck gebrachten *Werte* dürfe es nicht bei Verlautbarungen und Appellen bleiben. Vielmehr müssten diese mittels eines allseits konsistenten Handelns permanent unterstrichen werden, um Glaubwürdigkeitsdefiziten vorzubeugen.[123] Um die Ernsthaftigkeit der CI Anstrengungen zu unterstreichen, fordert auch Nina Cooper, dass das einheitliche Verhalten und die konsequente Ausrichtung am schließlich formulierten Leitbild auch in Bezug auf die darauf abgestimmten Leistungsbewertungskriterien auf eine „wirkliche Verpflichtung" der Mitarbeiter hinauslaufen soll.[124]

5.7 Konformität, Verhaltensregulation und soziale Kontrolle[125] als Managementproblem

Unter der Überschrift „Konditionierungen sichern Leitbildtreue" fasst Michael Löhner die der Konformitätsidee zugrunde liegende Führungsauffassung zusammen:

---

[119] Vgl. ebenda, S. 74. Dass es nicht das Unternehmen ist, dass „sich verhalten" kann, sondern die Mitglieder und die Leitung desselben, ist offensichtlich. Dennoch weist auch die hier erfolgende sprachliche Behandlung auf die Tendenz zur Personalisierung des Unternehmens.
[120] Vgl. Schneider 1991, S. 14.
[121] Vgl. ebenda, S. 14.
[122] Vgl. Birkigt/Stadler 1980, S. 22 f.
[123] Vgl. Cooper 2001, S. 77 f.
[124] Vgl. ebenda, S. 78.
[125] Zur Diskussion um unterschiedliche Strategien, Legitimationen und Praktiken von Kontrolle im Betrieb vgl. den zusammenfassenden Aufsatz von Schierenstock 1993, S. 229 ff.

"Die entscheidende Aufgabe der Führung ist, dafür zu sorgen, daß sich Menschen im Unternehmenssinne verhalten."[126]

Der Führende kann zur Erfüllung der Aufgabe, unternehmenszielkonformes Verhalten der Unternehmensmitglieder zu erzeugen, auf drei Formen der Autorität zurückgreifen:

- Fachautorität (Argumente)
- Persönlichkeitsautorität (Ausstrahlung)
- Positionsautorität (Sanktionsgewalt)[127]

Analog zur Standardisierung anderer Abläufe im Betrieb liegt es nahe, die Führung an *Führungsrichtlinien* auszurichten und damit einen hohen Grad an Prozessstrukturierung zu erreichen. Hinsichtlich der *Geführten* gilt es aus Managementsicht dabei, eine allzu große Heterogenität der Gruppe zu vermeiden. Stark divergierende Ansprüche, Werthaltungen und „Subkulturen" könnten als Störfaktor eine standardisierte Führung im Unternehmen erschweren. Eine auf das Unternehmensziel und die Werthaltungen in der Organisation bezogene größtmögliche „geistige" Homogenität der Belegschaften sowie möglichst konformes und stabil berechenbares Verhalten sind daher nahe liegende Managementziele. Unerwünschtes Verhalten muss zugunsten geeigneten und adäquaten Verhaltens so weit als möglich minimiert werden. Führung in diesem Sinne ist immer auch *Erziehung*.[128] „Gemeinsam Denken muss geübt werden" – so eine derzeit gängige Managementauffassung.[129] Berger spricht dagegen skeptisch von einem „Mythos der kulturellen Integration".[130] Sackmann et. al. sehen eine stetige unternehmenskulturelle *Heterogenisierung* deutscher Unternehmen und heben gerade auf die Chancen und Synergieeffekte ab, die in einem gelungenen Management kultureller Vielfalt liegen.

Angesichts der gegenwärtig großen Zahl von Firmenzusammenschlüssen, Fusionen und Übernahmen auch über nationale Grenzen hinweg und zahlreicher anderer Um- und Restrukturierungsmaßnahmen, ergeben sich neue Probleme von unternehmenskultureller Integration, Heterogenität und Homogenität. Das „Management kultureller Vielfalt" besteht häufig gerade in der Anstrengung, erkannte kulturelle Unterschiede schnellstmöglich zu nivellieren. Selbst eine idealtypische „Multikulturelle Organisation", die auf die Akzeptanz von Unterschieden abzielt (Sackmann), soll die Schaffung einer „neuen gemeinsamen Kultur" im Auge haben und erfordert die Durchsetzung einer gemeinsamen

---

[126] Löhner 1990, S. 205. Ulrich/Fluri sprechen von Führung als „persönliche[r] Beeinflussung des Verhaltens eines andern Individuums oder einer Gruppe in Richtung auf gemeinsame Ziele". Vgl. dies. 1975, S. 131.
[127] Ulrich/Fluri 1975, S. 131.
[128] Vgl. Löhner 1990, S. 205 f.
[129] Vgl. Volk 1999, S. 718.
[130] Vgl. Berger 1993, S. 11 ff.

übergeordneten Identifikation und die Gewinnung der Beteiligten für übergeordnete Ziele.[131]

Kulturelle Vielfalt und Pluralität werden als chancen- *und* risikobehafteter Faktor gesehen, der im Sinne der optimalen Ausnutzung menschlicher Potentiale in bestmöglicher Weise gemanagt werden muss, um – gerade im Bereich von Fusionen und Übernahmen (Mergers and Aquisitions) – unerwünschte leistungs- und motivationshemmende, „kulturbedingte" Nebeneffekte zu vermeiden, die sich aus dem Aufeinandertreffen unterschiedlicher Unternehmenskulturen ergeben.[132] Eine suboptimal „gemanagte" kulturelle Vielfalt könne sich negativ auf die „Funktionsfähigkeit" des Teams auswirken, so die Sorge.[133] Ein „Kulturkampf" im Unternehmen hinterlässt Sieger und Besiegte und müsse daher in der „Phase der Postmerger Integration" (Stahl) unbedingt vermieden werden.[134] Leistungsfähige Teams bestünden zwar aus Unterschiedlichkeit und nicht aus Homogenität: „Doch gerade diese Unterschiedlichkeit erschwert häufig die Zusammenarbeit"[135], ist zu erfahren. Verbindendes muss also „über gemeinsame Visionen" geschaffen werden.[136] Eine populäre Lösungsstrategie dieser Probleme besteht in der Herstellung eines gemeinsamen Selbstverständnisses mittels eines neuen zentralen Leitbildes. Einfache, für jedermann verständliche und fassbare Ziele vermittelnde, wirksam steuernde Botschaften werden dabei favorisiert.[137] Böning, der den „kulturbewußten Manager" zum Sisyphos erklären will und sich dabei ausgerechnet auf Camus[138] bezieht, betont die Bedeutung der Sprache für die Herstellung von Einheit im Unternehmen:

---

[131] Vgl. Sackmann et al. 2002, S. 43 ff.

[132] Vgl. z.B. Schweickhardt 2001, S. 134, der auf eine Befragung des US-Magazins Forbes unter 500 Top-Managern hinweist, die in unterschiedlichen Unternehmenskulturen mehrheitlich die „Hauptgründe für gescheiterte Fusionen oder Übernahmen" sehen. Einheitlichkeit der Werte und Verhaltensweisen als Ziel des Unternehmenskulturmanagements betonen auch Turbanski/Jeglinger 2002, S. 48. Vgl. darüber hinaus den Artikel „Der interkulturelle Führerschein" von Töpfer/Lindstädt 2002, S. 32-37.

[133] Sackmann et al. unterscheiden die Monolithische, die Plurale und die Multikulturelle Organisation sowie eine Vielzahl unterschiedlicher Strategien des Managements kultureller Vielfalt, wobei integrativen Modellen und der Idee der Schaffung einer neuen gemeinsamen Kultur der Vorzug gegeben wird. Die Betonung der Notwendigkeit der Formulierung gemeinsamer neuer Ziele und des Angebots neuer, „übergeordneter" Identifikationsmöglichkeiten lässt allerdings vermuten, dass die konstatierte Heterogenität der Organisation zur optimalen Realisierung aller Synergiepotentiale letztlich doch wieder „homogenisiert" werden soll. Vgl. ebenda, S. 48 f. und insbesondere die zusammenfassende Abbildung 2 auf S. 49. Ähnlich auch Stahl 2001, S. 61 ff.

[134] Vgl. Stahl 2001, S. 74 f.

[135] Vgl. Volk 1999, S. 718 und Sackmann et. al. 2002, S. 43 ff.

[136] Vgl. Volk1999, S. 718 und Dietrich 1999, S. 42 ff.

[137] Vgl. Dietrich 1999, S. 42 f.

[138] Vgl. Böning 1989, S. 417. Man kann hier wohl die Prognose wagen, dass Camus selbst vom "symbolischen Management" und dem Unternehmenskulturansatz kaum zu überzeugen gewesen wäre.

"Die Aufgabe eines kulturbewußten Managements besteht nun folglich darin, in der Organisation eine einheitliche Sprache mit einheitlicher Bedeutungsgrundlage zu schaffen, so daß auf der Grundlage von sprachlichen Äußerungen die Handlungen und Einstellungen der Mitarbeiter als positiv oder auch als negativ eingestuft werden können."[139]

Die Mitarbeiterbeeinflussung, so Böning, gelinge durch „zufällige Informationen" oft besser als durch „offensichtliche Manipulationen". Dies sei durch „empirische Untersuchungen" schon mehrfach nachgewiesen worden. Offenbar sympathisiert Böning mit der Idee, die zufällige Beeinflussung zu systematisieren.[140]

Die Einheitsidee dominiert alle mir bekannten einzelnen Ansätze, die im Kontext der Unternehmenskulturdebatte vertreten wurden und werden. Ob es sich um einer „wertorientiertes", „symbolisches" oder „konsensorientiertes" Management handelt, die Notwendigkeit der Herstellung von Einheit und Einheitlichkeit im Denken und Handeln der Unternehmensmitglieder wird stets explizit, die Notwendigkeit von Konformität und der Vermeidung von Verweigerungshaltungen von Mitarbeitern stets implizit proklamiert. Die Strategien der Erzeugung von Einheit im Unternehmen erstrecken sich auch auf das „Mitbestimmungsmanagement", d.h. auf den Umgang der Unternehmensführung mit Betriebs- und Personalräten. Ausgehend von der z.B. von Brinkmann formulierten Behauptung, „…daß für Unternehmen und Mitarbeiter mit hoher Wahrscheinlichkeit eine gemeinsame Strategie [...] am weitesten führen dürfte", wird den kooperativen und „harmonieorientierten" Strategien der Einbindung von Arbeitnehmervertretungen klar der Vorzug vor der Konfliktorientierung gegeben.[141] Da offene Konflikte mit konsequenten Arbeitnehmervertretungen erfahrungsgemäß schwer kontrollierbare Auswirkungen auf den „Geist des Hauses" haben können, sollen auch diese für die gemeinsame Sache gewonnen bzw. „aktiv eingebunden"[142] werden und ihr Amt möglichst als „Co-Manager" führen.[143]

---

[139] Ebenda, S. 440 f.
[140] Vgl. ebenda, S. 441. Die Gefahr des „Umschlagens" von Motivation in Manipulation wird z.B. von Kramer 2002, S. 111 betont. Ihr soll mit einer erweiterten dialogischen Praxis begegnet werden. Angesichts der kommunikativen Asymmetrien in Unternehmen stellt dieses Verfahren allein, wie ich meine, keinen wirksamen Schutz dar. Sprenger 2002 spricht kritisch vom *Verführen*, Vgl. ebenda, S. 189 f.
[141] Vgl. Brinkmann 1996, S. 175 f.
[142] Das Seminarangebot zur Professionalisierung des „Mitbestimmungsmanagements" für Unternehmensleitungen spiegelt diese Strategie der Einbindung deutlich wider. Während früher Seminare wie „In sechs Monaten ohne Betriebsrat" Interesse fanden, überwiegen heute Veranstaltungen, die kooperative Ansätze verfolgen. Der Umgang mit Mitbestimmungsorganen ist ein wichtiges Managementproblem, weswegen die Vielzahl der dazu angebotenen Seminare nicht überrascht. Eine unsystematische einfache Suche bei *Google* ergibt bei der Phrase „Umgang mit dem Betriebsrat" über 15.000 Treffer (Stand 10.02.2003). Die Tendenz zu verstärkter Kooperation und aktiver Einbindung von Arbeitnehmervertretern darf nicht darüber hinwegtäuschen, dass die Grenzen zwischen Einbindung und Vereinnahmung fließend sind.
[143] Diese Politik der Einbindung von Betriebsräten ist der Erfahrung des Verfassers nach derzeit die Strategie der Wahl. Dies heißt nicht, dass nicht einige Unternehmen die Betriebsver-

Gerade bei Umstrukturierungen werden Oppositionshaltungen einzelner Gruppen im Unternehmen besonders gefürchtet[144]. Dietrich betont die Führungsaufgabe, „dem Selbstverständnis der Mitarbeiter im Rahmen des Zusammenarbeitens mit Dritten eine feste Grundlage zu geben..."[145] Dienst am Kunden als „oberste Maxime", Teamgeist, Stolz auf die Arbeit, Ehrgeiz, Phantasie und Pragmatismus sollen das gemeinsame Selbstbewusstsein prägen. Die Einhaltung dieser „Grundsätze" soll bzw. muss kontrolliert werden, so die verbreitete Auffassung, damit die gemeinsame „Vision" umgesetzt und die Unternehmensgrundsätze zu „Denk- und Handlungsgrundsätzen" der Mitarbeiter „umgeformt" werden. „Kopf und Herz" der Mitarbeiter müssen erreicht werden.[146] Peucker-Perron spricht mit Blick auf entsprechende Beurteilungssysteme von einer regelrechten Konditionierung:

> „Die Kriterien der Beurteilung sind in der Regel keine Leistungskriterien, sondern Verhaltenskriterien. Herausgefiltert aus den Unternehmensleitbildern sorgen sie für die Konditionierung der Beschäftigten auf die strategische Zielsetzung der Firma hin."[147]

Kontrolle ist auch in strukturell stark dezentralisierten und relativ „unbürokratischen" Organisationen, die neue, „flache" Hierarchiestrukturen eingeführt haben, insofern weiterhin erforderlich, weil die Arbeitsleistung der Beschäftigten nun „nicht länger durch detaillierte Anweisungen, Regeln und Vorschriften" gesteuert werden kann.[148] Dort, wo eine höhere Arbeitsautonomie besteht, müssen Leitungsorganisation, Führungsstil und Aufgaben der Vorgesetzten darauf abgestimmt sein. Deutschmann fasst zusammen:

> „Direkte muß durch indirekte Kontrolle und Steuerung ersetzt werden, anstelle formaler Folgebereitschaft muß authentische Motivation treten."[149]

Der skizzierte Trend zu Selbstverantwortung und selbstgesteuertem Arbeitshandeln ist jedoch keineswegs einheitlich. Vielmehr sind ambivalente Entwicklungen zu beobachten: Während „neue Wege", unkonventionelles Denken und Handeln, eigene Ideen, Selbständigkeit etc. allenthalben gefordert werden, laufen die Anstrengungen mancher Unternehmen zur Standardisierung und Vereinheitlichung von Abläufen sowie eine damit einhergehende Rücknahme zuvor eingeräumter Kompetenzen darauf hinaus, Dispositionsspielräume tendenziell wieder zu verkleinern.

---

fassungsorgane behindern und dass es nicht mehr zu Sanktionen und Kampagnen käme, wenn einzelne Arbeitnehmer ihre „gemeinsame Verantwortung" für das Unternehmen und seine Mitarbeiter anders interpretieren als die Unternehmensleitung.
[144] Besondere Berücksichtigung weicher Integrationsfaktoren (Mitarbeiterintegration, Unternehmenskultur etc.) fordert u.a. Maassen 1999, S. 38 ff.
[145] Vgl. ebenda, S. 44.
[146] Vgl. ebenda, S. 44
[147] Peucker-Perron 1992, S. 63.
[148] Vgl. Deutschmann 1993, S. 71.
[149] Ebenda, S. 71.

Dieses widersprüchliche Bild stellt aufgrund der stark variierenden Anforderungen an verschiedene Arbeitsorganisationen keine Überraschung dar: Arbeitstätigkeiten, die ein hohes Maß an Selbstverantwortung, spontaner Kooperation, „Mitdenken", Entscheidungsfähigkeit usw. erfordern, stehen neben einfachen Tätigkeiten und solchen mit mittlerer Verantwortungsreichweite, die zusammen einen beachtlichen Anteil an den Gesamtbeschäftigungsverhältnissen ausmachen. Die Arbeitsrestriktivität in Organisationen variiert je nach Anforderung, und ihr insgesamter Anstieg unter den Bedingungen der Shareholder-Value-Option ist wahrscheinlich.[150] Konformitäts- und Leistungsabgabeerwartungen werden jedenfalls durch partielle Autonomieversprechen und die Gewährung funktionaler Freiheiten nicht grundlegend relativiert.[151]

---

[150] Vgl. etwa für den Bereich der Industriearbeit zunächst Kern/Schumann 1984, S. 36 und dann die „Rücknahme der Entwarnung" von Schumann 1998, S. 458 ff..
[151] Vgl. zu den Widerständen gegen die Gewährung wirklicher Freiheit in der Arbeitstätigkeit und die diesbezügliche Diskrepanz zwischen Theorie und Praxis z.B. Volk 2002, S. 38 f.
So indirekt, wie die Erzeugung intrinsischer Arbeitsmotivation durch Hintergrundüberzeugungen erreicht und kontrolliert werden soll, so indirekt dürfte auch die leistungssteigernde Wirkung des Unternehmenskulturansatzes sein. Peucker-Perron fasst zusammen:„Der psychologische Druck, nicht abseits stehen zu wollen, nicht mithalten zu können und das in Konfliktlösungsseminaren eingeübte soziale Verhalten kombiniert mit (oft gefilterten und aufbereiteten M.S.) arbeitsplatz- und abteilungsübergreifenden Informationen wirkt förderlich auf die Produktivität. Die Verantwortung für das Ganze wird realisiert im fehlerfreien Erledigen der eigenen Arbeit und bewirkt eine Qualitätsverbesserung. Durch flexibles Reagieren auf nicht routinemäßige Vorgänge („Eigentlich bin ich ja nicht zuständig, aber ich bring das mal in Ordnung") werden Friktionen im Arbeitsablauf vermieden." Vgl. Peucker-Perron 1992, S. 63.

6 Zur Kritik ausgewählter Beiträge der Managementlehre

> „[Es ist] in Erwägung zu geben, dass die große Heerde des Menschengeschlechts, stets und überall, nothwendig der Führer, Leiter und Berather, in mannigfaltigen Gestalten, je nach den Angelegenheiten bedarf [...] Dass nun diese Führer sowohl von körperlicher Arbeit, oder Unbequemlichkeit, befreit bleiben, ja auch, nach Maaßgabe ihrer viel größeren Leistungen, mehr besitzen und genießen müssen, als der gemeine Mann, ist natürlich und der Billigkeit gemäß." (Arthur Schopenhauer)

6.1 Management als Heilung: Rudolf Manns Neue Führung: „Vom Kampf um Anerkennung zum authentischen Sein"

Der Ansatz Rudolf Manns verdient Beachtung, weil mit der von ihm konzipierten *neuen Führung* über das traditionelle Verständnis von Unternehmensführung hinausgegriffen wird. Indem Führung als Bewusstseinsprozess begriffen und in einen weiteren Zusammenhang angeblich in der Welt wirkender „Gesetze" eingeordnet wird, wird sie zu einer spirituellen Angelegenheit und einer Frage des *Erkennens verborgener Prinzipien und Mechanismen*, die schließlich in der für Manns Denken zentralen Idee der *Heilung* mündet. Dabei operiert der Autor mit einem reichhaltigen Instrumentarium schwieriger Begriffe, deren zufrieden stellende Klärung hier nicht bis in Einzelheiten verfolgt werden kann. Aus der überblicksartigen Darstellung des von Mann vertretenen Ansatzes können jedoch bereits Rückschlüsse auf dessen politiktheoretische Bedeutung gezogen werden.

Rudolf Mann ist heute nach einer Hochschultätigkeit und verschiedenen Managementfunktionen in der Wirtschaft als selbständiger Berater, Trainer und Coach in Mannheim tätig und betreibt dort eigenen Angaben zufolge seit 1984 eine „Beratungspraxis".[1] Seine Veröffentlichungen, darunter Titel wie *Der ganzheitliche Mensch. Zehn Schritte zu Lebenssinn und Erfüllung im Beruf, Die fünfte Dimension in der Führung, Das Ganzheitliche Unternehmen* und *Das visionäre Unternehmen. Der Weg zur Vision in zwölf Stufen* stoßen offensichtlich auf ein reges Interesse, wie die beachtliche Zahl der Neuauflagen vermuten lässt.[2] Ich konzentriere mich bei meiner Analyse des Ansatzes auf den Beitrag *Die neue Führung. Vom Kampf um Anerkennung zum authentischen Sein.*[3]

---

[1] Zu den biographischen Einzelheiten vgl. die Internetseite www.rudolfmann.de (Stand 17.02.2004) und Mann 1995, S. 18 f.
[2] Zur Übersicht über alle Veröffentlichungen vgl. ebenfalls www.rudolfmann.de.
[3] Erwähnenswert scheint mir, dass Mann als einer der wenigen Managementdenker Fragen der ökologischen Konsequenzen des Wirtschaftens recht ausführlich thematisiert. Vgl. etwa Mann 1995, S. 25 f.

6.1.1 Zur Analogie Mensch – Unternehmen

Für Mann sind Unternehmen *lebende Organismen* und „Projektionen ihrer Schöpfer".[4] Genau wie der Mensch verfüge auch ein Unternehmen über eine *Seele*.[5] Hinsichtlich der grundlegenden philosophischen Frage, was der Mensch sei, deren Bearbeitung man in einem Beitrag über Management und Führung nicht unbedingt erwarten konnte, erfahren wir von Mann, der auf ein „anderes Menschenbild" aufmerksam machen will:

> „Der Mensch als göttliches Geschöpf, der mit allem eins ist. [...] Der Mensch ist ein Wesen, das sich erfüllen möchte, mit seiner Unzahl unerfüllter Fähigkeiten und Potentiale. Der Mensch, dessen Seele sich danach sehnt, gefordert und gefördert zu werden. [...] Der Mensch an der Quelle. [...] Der hier auf Erden ist, um etwas ganz Wichtiges zu lernen. [...] Um zu wachsen. Eins zu werden, Kanal und Werkzeug für das Ganze. Hand des Schöpfers, damit die Schöpfung weitergeht. Der, der den Quantensprung schafft, das Unmögliche."[6]

Manns „Anthropologie" ist also Teil einer ebenso weitgreifenden wie diffusen Welterklärung. In diesen größeren Zusammenhang ist auch die Tätigkeit von Wirtschaftsunternehmen eingeordnet. Das Unternehmen wird zum Ort, an dem vorbestimmte Lebensaufgaben gemeinsam bewältigt werden. Zur Bekräftigung der Organismusidee wird einerseits der Begriff des *Stoffwechsels*, andererseits der Begriff der *Lebensenergie* eingeführt.[7] Die „Lebensenergie" im Unternehmen sei die „Bedingung" für den Gewinn. Das Unternehmen „lebe", so ist zu erfahren, auf insgesamt „vier Ebenen", nämlich *Materie, Bewegung, Energie* und *Geist*. Mit dem Ebenenschema wird zugleich eine Ordnungsvorstellung deutlich: Auf der (untersten) Ebene der Materie befinde sich alles, „was ist und fest steht" und mittels der Größen Aktiva und Passiva gemessen wird. Gemeint sind hier die „Substanz oder das Eigenkapital eines Unternehmens"[8]. Auf der „Bewegungsebene" befinde sich hingegen „alles, was im Fluß ist, was sich bewegt, bevor es danach zu Materie erstarrt". Mann assoziiert diese „Ebene" mit der unternehmerischen Gewinn- und Verlust-Rechnung, um sodann in angeblicher Analogie zum Menschen zu erklären:

> „Die beiden unteren Ebenen des Unternehmens entsprechen dem Leib des Menschen. Auch hier gibt es einen festen Körperbau und den Fluß von Sauerstoff, Nahrung, Blut und Lymphe, der immer in Bewegung ist."[9]

---

[4] Vgl. Mann 1996, S. 76.
[5] Vgl. ebenda, S. 100. Der Begriff „Seele" erfährt bei Mann keine nähere Erörterung oder inhaltliche Bestimmung.
[6] Ebenda, S. 101.
[7] Zu den Einzelheiten des „lebendigen Unternehmens" und seines „Stoffwechsels" vgl. auch Mann 1988, S. 87 ff.
[8] Vgl. Mann 1996, S. 76 f.
[9] Ebenda, S. 77.

Oberhalb dieser angeblichen gemeinsamen Körperlichkeit von Unternehmen und Mensch befänden sich nun die „Ebenen" *Energie* und *Geist*. Während auf der „Energie-Ebene" zwischen den beiden „Pole[n] Anziehung/Attraktivität und Abstoßung/Abhängigkeit" ein „Energie-Saldo" ermittelt werden könne, „der die Lebensfähigkeit" bestimme, komme es auf der so genannten „Geist-Ebene" zwischen den „Pole[n] Ordnung und Unordnung" zu einem Saldo, den Mann als *Harmonie* bezeichnet. Auf der „Geist-Ebene" würden, so wird uns erklärt, „durch die Bilder und Visionen, die wir in uns tragen, Realitäten geschaffen."[10] Schließlich wird die beschriebene Analogie komplettiert:

> „Wenn wir die beiden unteren Ebenen als *Leib* des Unternehmens betrachten, entspricht die Energie-Ebene der *Seele* und die Geist-Ebene eben dem *Geist*. Somit haben wir die Ganzheit des Menschen als Leib-Seele-Geist-Einheit widergespiegelt im Unternehmen."[11]

Diese Schlussfolgerung läuft auf die Behauptung hinaus, die „Lebensfähigkeit" von Unternehmen hänge von der Kenntnis energetischer und „geistiger" Gesetzmäßigkeiten ab. Die „neue Führung" besteht dann vornehmlich in der Erkenntnis und Anwendung dieser Gesetzmäßigkeiten. Das als „Leib-Seele-Geist-Einheit" konzipierte Unternehmen benötigt eine Führung, die Manns Analogie durchschaut und akzeptiert. In dieser Variante der Managementphilosophie wird Unternehmensführung als Herstellung von *Gleichgewicht* begriffen. Der „Unternehmensorganismus" kann, folgt man dieser Deutung, durch den Verlust einer Gleichgewichtsbalance ebenso erkranken wie ein menschlicher Körper. Die nachhaltige Sicherung der „Gesundheit" des Unternehmens ist folgerichtig eine zentrale Idee in Manns Ansatz.[12] Es wird zwischen *neuer Führung* und konventionellem *Management* unterschieden. Ganz im Sinne der Organismusidee spricht Mann auch von *Leadership* als *Überlebenskonzept*.[13] Aus der Analogie folgt für Mann als Ziel sowohl für das individuelle Bewusstsein wie auch für das Unternehmen: „ganz werden statt einseitig, heil statt krank".[14] Das Unternehmen ist für Mann nicht nur Organismus, sondern verfügt über *Energie* und *Geist*. Dabei hat die Verwendung dieser Begriffe ausdrücklich nicht lediglich metaphorischen Charakter. Im Gegenteil: Manns Ansatz deutet daraufhin, dass die Analogie Mensch – Unternehmen in einer Grundvorstellung der Welt als einer von verborgenen Prinzipien durchwalteten *Einheit* begründet ist. Die damit verbundenen Implikationen sollen im Folgenden herauspräpariert werden.

---

[10] Vgl. ebenda, S. 78.
[11] Ebenda, S. 78.
[12] Zu den Möglichkeiten der „Heilung" und sogar der „Geistheilung" von Unternehmen vgl. ausführlicher Mann 1988, S. 173 ff.
[13] Vgl. Mann 1996, S. 10. Zur verbreiteten Idee des Unternehmensorganismus, der um sein „Überleben" kämpft und zum Problem damit zusammenhängender Vorstellungen von *Reinheit* und *Hygiene* im Unternehmen vgl. insbesondere Fuchs 2002, S. 17 f.
[14] Vgl. Mann 1996, S. 10.

6.1.2 Führung im Unternehmen als Erkenntnisprozess mit dem Ziel „energetischen" Gleichgewichts

Ökonomische Krisen und Schwierigkeiten in der Unternehmensführung werden von Mann als Störung eines energetischen Gleichgewichtszustandes begriffen. Ursächlich für derartige Störungen sei eine für das konventionelle Management typische Kontrollillusion: „Wir leben heute in einer Zeit, in der Menschen regieren, die keine Führer sind, sondern Manager. Manager haben die Illusion, sie hätten alles im Griff."[15] Mann diagnostiziert: „Unsere Gesellschaft ist in einer Führungskrise – es gibt keine Vorbilder mehr".[16] Aufgrund einer „neurotische[n] Mentalität des Entscheidens und Durchsetzens" habe man in der Führung und im Unternehmen allzu lange von anderen verlangt, „was man selber nicht bereit war zu geben".[17] Führung wird bei Mann als eine Art Innenschau, als Prozess der Selbsthervorbringung verstanden. Der Führende soll seine „Mitte" erreichen und sich „öffnen für den *wirklichen Seins-Zustand*"[18]:

> „Wir schaffen das innere Sehen nur, wenn das Äußere ohne Bewertung und Verurteilung wahrgenommen wird. Die Schranke heißt „Gut und Böse". In Unternehmen fehlt dieses zweifache Sehen. Schumpeter war der letzte, der über Gefühle und Gespür des Unternehmens sprach. Seit der Zeit sind diese Bewußtseinsebenen tabu."[19]

Obwohl rätselhaft bleibt, worin das „zweifache Sehen" eigentlich bestehen soll und sich auch der Verweis auf Schumpeter nicht ohne weiteres sofort erschließt, wird hier doch Manns Abheben auf *Innerlichkeit*, Intuition und die Idee innerlicher Selbstführung als Voraussetzung der Führung anderer bereits angezeigt. Führung erfordere die Überwindung des Gegensatzes von *Gut* und *Böse*, die – wie an anderer Stelle zu erfahren ist – ohnehin *eins* seien und von Mann hier eigenartigerweise als „Schranke" bezeichnet werden. Mann will zur „Wurzel" aller Probleme der Unternehmensführung vordringen und ihre konventionellen Varianten grundsätzlich überwinden. Die Störungen im Unternehmen (hier sind offenbar sowohl Organisations- und Managementprobleme als auch ökonomischer Misserfolg gemeint) werden als „Krankheiten" verstanden, die es, gemäß der oben referierten Analogievorstellung, ursächlich und nicht symptomatisch zu bekämpfen gelte.[20] Mann fasst diese Sicht folgendermaßen zusammen:

> „Weil Unternehmen Organismen sind, ist es bei ihnen genauso wie beim Menschen. Deshalb kann man sagen: Wenn unsere Seele leidet und sie nicht gehört wird, somatisiert sie ihr Leiden als Krankheiten im Körper und als Krisen im Unternehmen."[21]

---

[15] Ebenda, S. 10.
[16] Vgl. ebenda, S. 177.
[17] Vgl. ebenda, S. 206.
[18] Vgl. ebenda, S. 213, Hervorhebung M.S. .
[19] Ebenda, S. 24.
[20] Vgl. ebenda, S. 206.
[21] Ebenda, S. 206.

Er selbst habe, so erklärt der Autor, gemeinsam mit einem Psychotherapeuten „Lösungsansätze" entwickelt, um „Unternehmen und ihre Organe nachhaltig zu heilen."[22] Das Unternehmen sei „eine Stätte, in der Bewußtseinserweiterung kollektiv erfolgen" könne, sofern sich die Führung für diese Möglichkeit „öffne". Im hier vorgetragenen Konzept reicht jedoch die „Heilung" einzelner Unternehmen nicht aus, vielmehr geht es „…um einen Transformationsprozeß, der helfen will, die Situation zu ändern, in der wir uns heute auf unserer Erde befinden."[23] Der Gleichgewichtszustand durch „bewusste" Führung ist erreicht, wenn das „Leiden der Seele" nicht mehr durch „Krisen im Unternehmen" *somatisiert* werden muss. Die Möglichkeit eines „störungsfreien" Zustandes ohne die Notwendigkeit der Somatisierung von Krankheiten im Körper und Krisen im Unternehmen wird als durch rein geistige Bewirkung, nämlich durch „Bewusstseinserweiterung" erreichbar gedacht.

Manns Ansatz impliziert über die Phantasie eines durch Bewusstheit insgesamt möglichen „störungsfreien", d.h. leidens- und krisenfreien Seinszustandes einen auf die Spitze getriebenen Subjektivismus. Dabei spricht Mann von einem „neuen Denken". Im neuen Denken habe „jeder Recht", weil jeder von seinem Standpunkt aus etwas anderes sehe. Auf einem Standpunkt zu bestehen, habe höchst unerwünschte Folgen. Der nicht nur für Führungsverantwortliche typische Wille, im Recht zu sein, sei eine „Strategie gegen die Lebendigkeit". Lebenskraft werde vernichtet:

> „Es ist der konsequente Weg zur Selbstzerstörung. Der Kriegsschauplatz ist das Unternehmen."[24]

Diese „Bewusstseinserweiterung" (die Erkenntnis „Jeder hat Recht"[25]) müsse vollzogen werden, um den angestrebten Gleichgewichtszustand in Unternehmen *und* Gesellschaft sicherzustellen. Ganz im Gegensatz zum argumentations- und diskussionspraktischen Paradigma der Angabe *guter Gründe* für das Bestehen auf einer als begründet und „richtig" erachteten Position, wird die Frage *Was sollen wir tun?* zunächst der Beliebigkeit überantwortet, da ja nicht nur in Unternehmen, sondern offenbar überall jetzt jeder im Recht ist, um dann schließlich doch durch die qua Bewusstseinsqualität ausgezeichneten „Führer" entschieden zu werden. Die Widersprüchlichkeit von Manns Bemerkungen zur Möglichkeit von Erkenntnis kann ich an dieser Stelle nur andeuten. Während es Mann zufolge unmöglich ist, „die objektive Welt" zu sehen, soll es andererseits „dem höheren Selbst" sehr wohl möglich sein, die verborgenen Prinzipien der Welt zu erkennen und das eigene Leben mit denselben in harmonische Übereinstimmung zu bringen.[26] Dieser Idealweg bleibt den „weniger Bewussten" verschlossen, weswegen im Umkehrschluss die Legitimität der Führung durch die wirklichen Füh-

---

[22] Vgl. ebenda, S. 207.
[23] Vgl. ebenda, S. 210.
[24] Ebenda, S. 22.
[25] Vgl. ebenda, S. 20 f.
[26] Vgl. den folgenden Abschnitt.

rungspersönlichkeiten trotz der Fragwürdigkeit des hier unterstellten Maßstabs der „Bewusstheit" sichergestellt ist. Mann geht sogar noch weiter: Führung wird zu einer Angelegenheit von Schicksal und Bestimmung. Denn ausgehend von einer Vorstellung der Prädetermination von Lebensverläufen unternimmt Mann eine schwer nachvollziehbare Einordnung des Problems gelungener Unternehmensführung und beruflicher Existenz in einen Reinkarnationszusammenhang: „Die Seele weiß vor der Geburt, was in diesem Leben zu erledigen ist. Man kann sich das so vorstellen wie einen Studienplan, den man vor Beginn eines Studiums erhält...".[27] Das berufliche Leben nicht nur der Führungskräfte wird als Teil kosmischen Geschehens gedacht. Der Beruf wird zur Berufung. Diese Berufung sei „das tiefe Sehnen der Seele nach Erfüllung, und zwar nach innerer Sinnerfüllung und kosmischer Weiterentwicklung. Es ist ein Ruf der Seele: Erwache und erfülle dein Programm."[28] Im angestrebten Gleichgewichtszustand geschehe diese „Programmerfüllung" nicht mehr unbewusst, sondern bewusst. Dies erlaube eine Aktualisierung „ungeahnter Potentiale".[29]

6.1.3 Die Wiederentdeckung der *Seele* im Management: Der Bewusste führt den Mächtigen

Jeder Mensch verfügt Mann zufolge über „unbegrenzte Fähigkeiten", welche allerdings zum großen Teil nicht „bewusst" seien. Mann behauptet:

> „So, wie sich die Musikalität bei Mozart zu einer fast übernatürlichen Genialität entwickelt hat, so mächtig ist das Potential in jedem Menschen."[30]

Mit analytischer Präzision führt Mann dem Leser eine Rechenaufgabe mit dem Ergebnis vor, dass angeblich sogar „99,5 % aller Potentiale" in Wirtschaftsunternehmen brach liegen. Dieses mathematische Kabinettstück verdient Erwähnung: „In der Psychologie" sei es heute communis opinio, dass jeder Mensch nur etwa 10 Prozent seiner Fähigkeiten „mobilisiert" habe. In Unternehmen gebe es darüber hinaus ca. 10% Führungskräfte, „von denen wir jedem zweiten zutrauen, daß er diese Chance der Potentialentfaltung hat." Das seien 5% der Gesamtbeschäftigten. Auf dieser Basis zieht Mann nun folgenden Schluss: „Wenn wir jetzt davon ausgehen, daß diese 5 Prozent nur 10 Prozent ihrer wirklichen Potentiale nutzen, dann sind es 0,5 Prozent. 0,5 Prozent der Chancen für Kreativität, Produktivität und Leistung werden in einem Unternehmen derzeit realisiert"[31] – fertig ist die abenteuerliche Rechnung. Dem Problem der Potentialvergeudung sei mit den konventionellen Management- und Führungstechniken nicht beizukommen. Traditionelle Führungstechniken, so Manns Optimismus, hätten schon deswegen ausgedient, weil sie von den Mitarbeitern der Zukunft nicht mehr akzeptiert würden. Menschen hätten heute das Bedürfnis, selbst Verant-

---

[27] Vgl. Mann 1996, S. 67.
[28] Ebenda, S. 199.
[29] Vgl. ebenda, S. 199.
[30] Ebenda, S. 15.
[31] Vgl. ebenda, S. 104.

wortung für ihr Leben zu übernehmen, ihre Fähigkeiten zu entfalten und dabei „unabhängig von der Liebe von anderen" zu sein:

> „Sie versuchen, sich selber lieben zu lernen. Es sind die gleichen Mitarbeiter, die früher folgsam und angepaßt waren. Sie sind kaum wiederzuerkennen."[32]

Mit einem weiteren Rechenexempel will Mann illustrieren, dass eine mit konventionellen Führungstechniken erzielte suboptimale Planerfüllung im Unternehmen durch „geistige Bilder" verursacht würde. Es gelte das Gesetz „Geist schafft Materie".[33] Eine nur 70%-ige Planerfüllung wird als Ausdruck einer „in uns" wirkenden Kraft gedeutet, die eine 100%-ige Erfüllung verhindert. Bei Mann heißt es dazu kryptisch:

> „Diese Kraft (Energieebene) muß auf der Geist-Ebene ihre Ursache haben, weil die Ursachen immer eine Ebene über der Wirkungsebene liegen. Als Ursache muß also ein geistiges Bild existieren, das die 100% Erfüllung verhindert. Es könnte z.B. heißen: „Ich schaffe immer nur zwei Drittel von dem, was ich mir vornehme" oder „Ich schaffe es nicht" [...]. Wie lange wir auch suchen, die wahre Ursache [...] liegt [...] auf der Geist-Ebene. Sonst müßte man das Gesetz umdrehen in „Materie schafft Geist". Das wäre ein wahrhaft teuflisches Gesetz."[34]

Der Plan-Ist-Vergleich werde sogar zum „Mahnmal" und „Heiler" (sic!) im Unternehmen, weil er im Sinne einer psychotherapeutischen Behandlung für das Unternehmen die unbewussten und den Erfolg störenden „geistigen Bilder" an die Oberfläche kommen lasse. Das rätselhafte Gesetz, von dem hier die Rede ist, soll offenbar Manns Annahme, die Realität könnte tatsächlich nicht nur maßgeblich von seinem Idealtyp des „bewussten Führers" beeinflusst, sondern von diesem regelrecht erzeugt werden, unterstreichen.

Das „natürliche menschliche Führungsverhalten, das wir alle kennen" sei unter dem Paradigma „linearen" Denkens und einer „Überbetonung des Intellekts" verloren gegangen und durch immer neue Führungstechniken ersetzt worden. Unter veränderten Bedingungen werde das Führen folgerichtig immer schwieriger, da man es über den Verlust ursprünglicher Führungsqualitäten hinaus mit einem „total veränderten Umfeld" zu tun habe.[35] Mann diagnostiziert eine „Zeit des Bewusstseinswandels" und will schließlich sogar einen „Übergang in die Bewusstseinsgesellschaft" erkennen, der allerdings – womöglich aus gutem Grund M.S. – „von den meisten Menschen gar nicht wahrgenommen" werde.[36] Gesellschaftliche Machtkonstellationen verlören ihre Bedeutung. In der Bewusstseinsgesellschaft würden die „weniger Mächtigen" nicht mehr durch die „Mächtigen", sondern die „weniger Bewussten" durch die „Bewussten" geführt. Mit dieser Behauptung wird das grundlegende und zentrale Problem der Macht-

---

[32] Ebenda, S. 15.
[33] Vgl. ebenda, S. 222.
[34] Ebenda, S. 222.
[35] Vgl. ebenda, S. 180 ff.
[36] Vgl. ebenda S. 15 f.

konstellationen in Unternehmen und Gesellschaft in origineller Weise erledigt: Ausbildung, Herkunft, Beziehungen, Fach- und Sozialkompetenzen etc. sollen für die Frage, wer eigentlich die Unternehmen und die Gesellschaft insgesamt „führt", keine Rolle mehr spielen. Ausschließliches Kriterium hierfür soll die Qualität und der Erweiterungsstand des Bewusstseins sein. Manns Annahme verborgener Prinzipien, die das Gleichgewicht des Führens angeblich steuern, impliziert weitere schwer nachzuvollziehende Schlussfolgerungen:

> „Führende der Zukunft wählen sich selber aus (sic! M.S.). Der, der im Bewußtseinsprozeß vorangeht, wird den, der nachfolgt oder stehenbleibt, in Zukunft führen. Es sortiert sich ganz von alleine."[37]

Mann löst hier ein zentrales Problem der politischen Philosophie, nämlich die prinzipielle Frage legitimer Führung, einfach in einer esoterischen Deutung auf: Da *es* sich „ganz von alleine" sortiert, da also die resultierende Verteilung von Führenden und Geführten Ergebnis einer selbstbestimmten Wahl sein soll und dies zugleich im Einklang mit unterstellten verborgenen Mechanismen und Gesetzen und gar vorgeburtlicher Determination stehen soll, die nur der Bewusste durchschaut, kommt es gewissermaßen stets so, „wie es kommen muss". Das Problem der Konkurrenz untereinander und die in diesem Ansatz mit dem Begriff „Kampf um Anerkennung" umschriebene traditionelle Haltung gegenwärtiger Manager werden so zugunsten einer *Theorie der Harmonie* erledigt. Die Pointe dieser Sichtweise besteht nun offensichtlich darin, dass damit alle Führungsverhältnisse erklärt und zugleich für gut befunden werden: Wer andere führt, der wollte es so, wer geführt wird, wollte genau dies und erfüllt damit seine *Lebensaufgabe*. Denn, „der Platz auf dem ich stehe ist mein Platz, sonst würde ich woanders stehen".[38]

Da dem *Bewusstsein* hier eine so zentrale Bedeutung attestiert wird, erscheint es zweckmäßig, Nachforschungen darüber anzustellen, was Mann unter dem stark strapazierten Begriff überhaupt versteht. Zunächst erfahren wir, dass Bewusstsein „Lebensenergie" sei, „die wir gezielt ausrichten können". Auch diese Fähigkeit scheint durch Gesetzmäßigkeiten vorgegeben zu sein:

> „Wohin wir unser Bewußtsein lenken, fließt die Kraft. Das, dem wir unsere Aufmerksamkeit schenken, hat die Tendenz, Wirklichkeit zu werden. Bewußtsein ist eine schöpferische Kraft, die Bilder und Ideen in Realitäten manifestiert."[39]

Die Menschen (und offenbar auch die Unternehmen) verfügen, so ist zu erfahren, über ein *höheres Selbst*, welches ständig unter dem Druck des Zwangs zur Sicherung des Überlebens einerseits und gesellschaftlicher Normen, der Erziehung, „aufgedrängten Selbstbildern" und „alten Verhaltensmustern und Programmen" anderseits stehe. Aufgrund dieser Umstände komme es nun dazu, dass „wir etwas leben, was gar nicht zu uns gehört". Bewusstsein sei „die Kunst,

---

[37] Ebenda, S. 16.
[38] Vgl. ebenda, S. 202. Zur Idee der *Lebensaufgabe* bei Rudolf Mann siehe unten.
[39] Mann 1996, S. 17.

Störungen im Leben und im Unternehmen als Wegweiser zu begreifen für eine notwendige Änderung und für einen besseren Weg". Doch ist diese Kunst mehr als eine Managementtechnik, wie man angesichts der mit rationalen Managementansätzen kompatiblen Idee der Beseitigung von „Störungen" vermuten könnte. Es geht um die Aktualisierung höheren Bewusstseins. Das unter Druck stehende „höhere Selbst" muss ein Bewusstsein seiner eigenen Beschaffenheit (zurück)gewinnen. Denn:

> „Es ist das innere Wissen um den wirklichen Grund, warum wir hier sind. Wer wir wirklich sind. Was wir zu lernen haben, um unsere Lebensaufgabe zu erfüllen."[40]

Durch die Kombination von im „höheren Selbst" vermeintlich auffindbaren grundlegenden Seinsprinzipien einerseits und der Vorstellung einer prinzipiellen Bewegbarkeit der Welt durch Bewusstsein und Gedanken andererseits gerät diese Weltdeutung schließlich zur Phantasie der Schaffung von Realität durch *Gedanken* in weltweit relevantem Ausmaß. Mann fasst zusammen:

> „Durch die Entscheidung, auf Konstruktives, Aufbauendes, Positives oder Negatives, Zerstörerisches, Pessimistisches unsere Aufmerksamkeit zu lenken, werden wir schöpferisch tätig. Wir wählen Teile aus den Möglichkeiten unserer Realität aus, denen wir Kraft geben, so daß sie mit der Zeit Wirklichkeit werden. Da sich die Schwingungsfrequenzen (sic! M.S.) aufbauender und zerstörender Gedanken unterscheiden, können wir auch sagen, wir bestimmen durch unser Denken die Schwingungsfrequenz auf der Erde (und damit natürlich auch im Unternehmen)."[41]

Angeblich kann „in der Realität nichts geschehen, was nicht als geistiges Bild vorher bereits existiert hat." Aus dieser Logik folgt für Mann in Bezug auf Wirtschaftsunternehmen, dass suboptimale ökonomische Resultate auf die „geistige[n] Bilder" und „Beschränkungen" der dort handelnden Personen zurückzuführen seien. Die Abweichung von gesetzten Zielen wird als Zeichen für eine nötige „Bewusstseinserweiterung" begriffen. Kernaufgabe der „neuen Führung" ist es nun, diesen Prozess der Bewusstseinserweiterung zu organisieren und damit einer „Verschleuderung von Lebensenergie" vorzubeugen.[42]

6.1.4 Der neue Führer entdeckt sein „göttliches Selbst"

Manager begreift Mann als Multiplikatoren, welche „Fähigkeiten, die sie selber lernen, an ihre Mitarbeiter weiterzugeben" hätten. Dieses „Geschenk" sei aufgrund der schwierigen Probleme in der gegenwärtigen Wirtschaft erforderlich.[43] Führung heiße, „einen Weg zeigen und vorangehen. Visionen kreieren und Vertrauen. Andersartigkeit akzeptieren und Menschen gleichwertig behandeln. Mit sich selbst im reinen sein". Niemand würde wohl dieser Aussage grundsätzlich

---

[40] Ebenda, S. 17.
[41] Ebenda, S. 19.
[42] Vgl. ebenda, S. 66 ff., insbesondere, S. 84.
[43] Vgl. ebenda, S. 122.

widersprechen, obwohl zu fragen wäre, was Mann hier unter Andersartigkeit versteht. Sind hier die bereits erwähnten „weniger Bewussten" gemeint, an denen die von ihm geforderten Erkenntnisprozesse vorbeigegangen sind? Einiges spricht dafür, insbesondere wenn wir das hier zugrunde liegende Menschenbild und den Gesamtzusammenhang, in den Unternehmensführung eingeordnet wird, nochmals genauer betrachten. Manns Überlegungen zur Anthropologie implizieren die bereits erwähnte Idee des Lebens als von einem höheren Prinzip gestellte Aufgabe: „Wir haben zwei Aufgaben in diesem Leben: unsere Fähigkeiten zu entwickeln und zu lernen".[44] Obwohl keine Hinweise auf den Modus der Methexis am von Mann unterstellten göttlichen Prinzip gegeben werden, ist sich Mann sicher, dass „jeder von uns 5,5 Milliarden Menschen seine individuellen göttlichen Fähigkeiten entfalten..." könnte.[45] Angeblich „möchte unsere Seele",

> „daß wir unsere brachliegenden, verborgenen, teilweise nur unbewußten Fähigkeiten zur Entfaltung bringen und damit unseren persönlichen Beitrag zum Schöpfungswerk leisten."[46]

Bei der Bewertung der von Mann hier vorgetragenen Behauptungen muss der implizite Bezug zum Unternehmen als einer Institution, in welcher die kollektive Erfüllung von „Lebensaufgaben" realisiert werden soll, mitgedacht werden. Mann spricht von einem „Gesetz der Anziehung", welches automatisch die Zusammenkunft von Menschen, die „das gleiche Lerndrama haben"[47], verursache. Führende und Geführte suchen sich ihr jeweiliges Gegenüber unbewusst bzw. dem Gesetz der Anziehung gemäß aus. Im Unternehmen muss sich das durch Potentialentfaltung nunmehr „entdeckte" Selbst um das Ganze, um den „Nutzen des Ganzen" bemühen. Der Mensch sei insoweit als „Hand des Schöpfers" zu begreifen:

> „Solange wir auf diesem Weg arbeiten, sind wir mit uns selbst, mit unserer Seele, mit unserem höheren Selbst verbunden. Wir sind mit uns eins."[48]

Dabei könne ein Manager der „Neuen Führung" auf die „üblichen Mittel, die seinen Status bisher bestätigt und stabilisiert haben" – hier werden u.a. Macht, Beziehungen, Kapital, „überragende Fachkompetenz" sowie Führungstricks genannt – verzichten. Der bewusste Führer im Sinne Manns „steht auf einem Fundament aus drei Säulen", nämlich 1. „seiner Berufung zur Führung", 2. „seiner Intuition" und 3. „seiner inneren Führung".[49] Die *Mächtigkeit*, die der Führende ausübt, habe eine gänzlich neue Qualität: „Es ist [...] die innere Mächtigkeit, die ausstrahlt." Denn:

---

[44] Vgl. ebenda, S. 58.
[45] Ebenda, S. 58.
[46] Ebenda, S. 59.
[47] Vgl. ebenda, S. 96.
[48] Ebenda, S. 59.
[49] Vgl. ebenda, S. 122.

> „Mächtigkeit kommt aus der inneren Quelle, wenn wir ganz bei uns selbst sind. In dem Bewußtsein, daß unser eigener göttlicher Kern bereits alles verfügbar hat, was wir brauchen, um unsere Aufgabe zu erfüllen."[50]

Druck und Zwang würden in der Unternehmensführung der Zukunft daher überflüssig und seien abzulehnen. Denn nur „wer unter Druck steht, unterdrückt andere"[51] Da die Manager der „Neuen Führung" über einen „göttlichen Kern" verfügen, können sie kaum „unter Druck" stehen und sind als einzige in der Lage, nicht nur ihr Unternehmen, sondern offenbar die Welt insgesamt auf eine neue Bewusstseinshöhe zu führen. Den hier vorgeführten angeblichen Idealzustand sieht Mann allerdings durch die gegenwärtige Existenzweise der Menschen insgesamt und speziell durch die Praxis der gegenwärtigen Unternehmensführung bedroht. Missglückte Unternehmensführung und missglücktes Leben haben dieselbe Ursache:

> „In dem Moment, in dem wir vergessen, um was es geht, beginnen wir, auf die anderen zu schielen, auf unseren Wettbewerb. Wir sehen das, was die anderen können, als viel wichtiger an als unsere eigenen Fähigkeiten. Wir verlieren den Kontakt mit uns selbst und versuchen, den andern nachzueifern. Wir trennen uns von unserem inneren Selbst, von dem Göttlichen in uns."[52]

Damit gereicht Manns Ansatz von „neuer Führung" zur Apotheose intuitiver, großer und mit den grundlegenden Seinsprinzipien vertrauter Unternehmensführer. Ergänzt wird diese Vorstellung von Führung durch eine spezielle Interpretation der ökonomischen Schuld als Ausdruck der *Sünde*. Schulden werden als Preis der Verfehlung gegen die kosmischen Prinzipien der Welt und deren Mikroversion des „höheren Selbst" verstanden:

> „Schulden sind ein Zeichen, daß wir schuldig geworden sind, unser Unvermögen höher bewerten als das, was wir können: unsere genutzten und brachliegenden Fähigkeiten. Bei Überschuldung sind wir zu unserem eigenen Judas geworden. Wir haben uns selbst verraten [...] Schulden stehen für Unvermögen. Überschuldung will sagen, wir haben uns selbst verleugnet."[53]

Die etwaige Verschärfung der Schuldenlast wird als *Zeichen* gedeutet, den eingeschlagenen Weg verändern zu müssen: „Wenn wir es dann immer noch nicht begreifen, erfahren wir in unserem Leben immer deutlicher Situationen, die wir als Unmöglichkeit empfinden." Das „Unmögliche" sei mithin die „typische Situation unserer heutigen Zeit". Schließlich wird die buchmäßige Schuld bei Mann sogar noch zu einem „Lehrer des Lebens" erklärt, zu einer Chance, „daß sich die Menschen in Unternehmen wieder auf ihre Stärken besinnen, ihre Einzigartigkeit leben und somit ihrem eigenen Wesenskern wieder näherkommen."[54]

---

[50] Ebenda, S. 127 f.
[51] Ebenda, S. 96.
[52] Ebenda, S. 59.
[53] Ebenda, S. 59.
[54] Vgl. ebenda, S. 59 ff.

So werden Management und Führung auf der Grundlage des neuen Bewusstseins und der Einsicht in die Seinsprinzipien schließlich zu einer „Schöpfungsaufgabe", die sich „mühelos" bewältigen lässt. Der Kampf in der Führung sei vorbei, die „Spielräume" selbst seien es, die „den Weg" zeigen. Die Mahnung Manns an die neuen „Schöpfer" lautet:

> „Immer dann, wenn wir Kraft einsetzen müssen, uns bemühen, im Schweiße unseres Angesichts, sind wir noch im Alten (Testament)."[55]

Die „Neue Führung" und die in Aussicht gestellte Überwindung des Alten implizieren also den Beginn einer *neuen Zeit*. Schließlich wird der ganzen Ansatz zur weltimmanenten Heilslehre, wenn Mann auf der Basis der Phantasie gigantischer weltweiter Potentialentfaltung seine Utopie formuliert, die interessanterweise auf die Überwindung und „Aufhebung" der Konkurrenz hinauslaufen soll:

> „Das Bild, daß 5,5 Milliarden Menschen auf unserer Erde die Chance haben, ein individuelles Bündel göttlicher Fähigkeiten zu entfalten, und damit jeder sein Bestes für die Erde beiträgt, ist phantastisch. Wenn jeder seine eigenen Fähigkeiten entfaltet, gibt es keine direkte Konkurrenz. Wenn es jeder auf dem Weg des Vertrauens und der Liebe tut, hat Streit keinen Platz."[56]

Ausgerechnet die Unternehmen sollen den „Raum für diese Entwicklungen" darstellen. Die verborgenen Gesetze und Regelmäßigkeiten weisen den neuen Manager auf nichts weniger als auf eine *andere Welt*. Das „authentische Sein", das von Mann mit der Entdeckung des so genannten höheren Selbst in Aussicht gestellt und nachgerade als zweite Realität konstruiert wird, entpuppt sich als phantastisches Szenario absoluter Einheit und Harmonie:

> „Unser wahres Wesen. Auf Licht, Liebe, Friede, auf das Hier und Jetzt in uns, das wahre Sein, die echte Menschlichkeit, den wirklichen Weg, die Kraft, Gefühl und Gerechtigkeit, Freiheit und Verbundenheit, Einfachheit und Treue, Klarheit und Einheit."[57]

Die Prognose wird schließlich durch die Ankündigung eines Zustandes komplettiert, der im Zusammenhang mit der von Mann zuvor entwickelten Analogie von Mensch und Unternehmen sowie der Deutung von „Störungen" im menschlichen Leben und im Unternehmensorganismus als Überwindung von Krankheit, als *Heilung* gedacht wird:

> „Wenn der Bewußtere den weniger Bewußten führt, trägt er am wirkungsvollsten dazu bei, die Schwingungsfrequenz auf unserer Erde anzuheben und so seinen Beitrag zur Heilung unseres Planeten zu leisten."[58]

Damit ist eine starke Behauptung formuliert: Management und Führung sind nichts Geringeres als die Heilung des Planeten, die Heilung „unsere[r] kranke[n]

---

[55] Ebenda, S. 102. Das Wort Testament steht im Original in Klammern.
[56] Ebenda, S. 105.
[57] Ebenda, S. 129.
[58] Ebenda, S. 135.

Erde, bevor es zu spät ist"⁵⁹. Die spirituellen „Führer" organisieren nicht nur den Arbeitsprozess, sie treffen nicht nur die maßgeblichen Entscheidungen, sie vertreten nicht nur das Unternehmen nach außen, sondern sie *heilen* die Welt. Angesichts dieser einigermaßen enormen Aufgabe dürfen sie auf der Basis dieses Ansatzes wohl mit der Gefolgschaft der Geführten, der weniger Bewussten, rechnen. Der weitreichende Anspruch dieser Führungskonzeption, die geradezu als eine Kosmologie der Führung begriffen werden kann, ist augenfällig: Da jeder angeblich qua natürlicher Gesetzmäßigkeit in Unternehmen und Gesellschaft mit Notwendigkeit an dem Platz steht, an den er aufgrund seiner ihm vom Seinsprinzip zugewiesenen „Lebensaufgabe" gehört, muss der Ansatz Rudolf Manns im Grunde als ein Rückfall hinter die zwar immer wieder desavouierten, aber keineswegs erledigten Ideen der Aufklärung und ihrer Implikationen für die Kriterien legitimer Führung begriffen werden.

Mann suggeriert ein verborgenes Wissen über Fragen, die von ernstzunehmender Seite eben nicht seriös zu beantworten sind. Dabei besteht das zentrale politiktheoretische Problem nicht nur in der von mir nachgezeichneten impliziten Heilsvorstellung und der Idee der Vergöttlichung des Menschen, insbesondere aber des Führenden. Da Mann keinen expliziten Gottesbegriff entwickelt, ist anzunehmen bzw. jedenfalls nicht auszuschließen, dass hier ein Prinzip bzw. eine Macht gemeint ist, die der Autor abseits der Gottesbegriffe der historischen Weltreligionen verortet.⁶⁰ Darüber hinaus erscheint der Ansatz bei einer nüchternen Konfrontation mit der gegenwärtigen Arbeitswelt als Zynismus: Wer nur „geführt" wird und keinerlei Aufstiegschancen hat, wer kaum seinen Lebensunterhalt bestreiten kann, wer auf dem Arbeitsmarkt keine Chance hat usw., der wollte es angeblich so, erfüllt dabei seine Lebensaufgabe, „lernt", und befindet sich mit seiner Lebenssituation sozusagen in der besten aller für ihn möglichen Welten. Neben den empirischen Nachweisproblemen, die eine solche Weltsicht mit sich bringt, wird hier mit einer fragwürdigen *Schicksal als Chance*-Logik operiert: Der Skandal wird dort, wo er augenfällig und unbestreitbar wird, als Chance verniedlicht. Durchaus reale Konflikte und reales Leiden an unwürdigen Verhältnissen werden als notwendige Nebeneffekte bei der Planerfüllung eines die Welt durchwaltenden geheimnisvollen Prinzips gedeutet. Wäre die Welt tatsächlich so, wie sie uns Mann hier vorführt, wären die schwierigen Fragen der politischen Repräsentation und Legitimation im einmal erreichten Zustand „authentischen Seins" obsolet, da es ohnehin so kommt, wie es kommen muss. Manns Ansatz empfiehlt insofern nicht weniger als das Ende der kontroversen politischen Auseinandersetzung über grundsätzliche Fragen legitimer Führung.

---

⁵⁹ Vgl. ebenda, S. 233. An anderer Stelle wurde unter der bezeichnenden Überschrift *Geistheilung im Unternehmen* zwischen *mentaler, emotionaler und spiritueller Heilung* unterschieden. Vgl. dazu ausführlicher Manns Buch *Das ganzheitliche Unternehmen*, Bern u.a. 1988, S. 175 ff. Prinzipiell sei jedes Unternehmen, solange es nicht bereits konkursreif sei, „durch geistige Heilung sanierbar." Vgl. ebenda, S. 190.
⁶⁰ Gelegentlich wird, allerdings nur sehr oberflächlich, auf religiöse Traditionen des Hinduismus und auch des Buddhismus rekurriert. Vgl. etwa Mann 1996, S. 212 ff.

6.2 Homogenität und Spiritualität in der Unternehmung: Jesper Kundes Konzept einer „Corporate Religion"

Jesper Kunde gilt als „Marketingexperte" und ist Inhaber einer in Kopenhagen ansässigen Marketingagentur mit Filialen in Stockholm und London mit nach eigenen Angaben über 200 Mitarbeitern. Sein Buch *Corporate Religion* hat zwischenzeitlich einen relativ hohen Bekanntheitsgrad erreicht, wie ich aus der regen Besprechung des Beitrages im Internet schließen muss. Eine einfache Suche bei *Google* ergibt für das Schlagwort „Corporate Religion" bereits über 1.600 Treffer (Stand 02.12.2003), hauptsächlich Verkaufsangebote, private (zustimmende) Kommentare oder Rezensionen. Dabei fällt auf, dass eine dezidiert kritische Rezeption des Beitrages und eine Problematisierung sowohl des Titels wie des Inhaltes bisher offensichtlich unterblieben ist. Hervorzuheben ist allerdings eine beim Internetbuchhändler Amazon an erster Stelle stehende Rezension. Dort ist zu lesen:

> „Der dänische Agenturinhaber zeigt uns äußerst anschaulich, wie spirituelles Management und eine Markenreligion konzeptionell und strategisch aufgebaut werden können. Fundamentalisten werden es nicht gerne hören. Aber wenn die Kirchen ein urmenschliches Bedürfnis nicht mehr zeitgemäß abdecken, springen eben gewiefte Unternehmen in die Lücke. Doch Corporate Religion ist wie jede Unternehmenskultur nur möglich, wenn sie gelebt wird. Da kommen goldige Zeiten auf die Menschheit zu."[61]

Der Rezensent stellt in Aussicht, dass Unternehmenskultur als ersatzreligiöse Alternative eine auf ein „urmenschliches Bedürfnis" bezogene Funktion erfüllen könne, die bisher von Kirchen übernommen worden sei. Und eine ganz ähnliche Auffassung vertritt auch Kunde selbst, wenn er auf die angeblichen Parallelen seiner Vorstellung von Religion in Unternehmen und der Überzeugungskraft insbesondere der katholischen Kirche hinweist. Kunde thematisiert allerdings dabei nicht vorrangig die Frage nach der Plausibilität dieser Substitutionsthese, sondern konzentriert sich auf die Idee, eine aus seiner Sicht engagementförderliche Verbindung von Organisation und Glaubensüberzeugung im Unternehmenskontext zu kopieren. In Kundes Perspektive erscheint die Kirche als Organisation selbst als Ort der absichtsvollen Hervorbringung von Glaubensüberzeugungen. Diese Eigenschaft mache ihren Vorbildcharakter für moderne Managementsysteme aus:

> „Denken sie an die katholische Kirche, die eine weltweite Organisation auf einem Glauben aufgebaut hat, der unter seinen Anhängern eine unerschütterliche religiöse Überzeugung und ein enormes Engagement hervorgebracht hat. Es gibt einige Parallelen zur Erzeugung von Engagement für die *Religion eines Unternehmens*. Die Zugehörigkeit zum Unternehmen

---

[61] www.amazon.de/exec/obidos/ASIN/3409115560/ref=nosim/getabstractcom/302 (Stand: 02.12.2003).

muss eine Glaubenskomponente enthalten, denn Glaube fördert die Motivation."[62]

Es geht also offenbar gar nicht um die inhaltliche Beschaffenheit religiöser Bekenntnisse und Glaubensüberzeugungen, sondern um die Frage ihrer verhaltenswirksamen Effekte. Kunde suggeriert, indem er das Unternehmen als *Kirche* konzipiert, es gäbe gewissermaßen eine vom Gehalt des Bekenntnisses unabhängige *kirchliche Methode der Glaubens- und Motivationserzeugung*, die für Wirtschaftsunternehmen funktionalisierbar sei.

6.2.1 Die Verwendung des Begriffes *Religion* bei Jesper Kunde

Wie bereits angedeutet, ist Kundes *Corporate Religion* für meine Problemstellung insbesondere insofern von Interesse, als sie geeignet ist, die für unseren Zusammenhang prototypischen Denk- und Deutungsmuster zusammenfassend vorzuführen. Zugleich stellt sie eine Extremposition dar. Die auch in anderen Konzepten der Managementlehre feststellbare Tendenz, Glaubens- und Hintergrundüberzeugungen und deren verhaltensregulierende Wirkung in den Mittelpunkt des Interesses zu stellen, wird hier gewissermaßen auf die Spitze getrieben, indem der *Glaube* der Mitarbeiter an das Unternehmen zum alles entscheidenden Erfolgsfaktor erklärt wird.

Eine Analyse dieses Ansatzes muss angesichts des Titels bei der Frage ansetzen, was der Autor im Zusammenhang mit Unternehmensführung und insgesamt unter *Religion* versteht. Dabei erweist sich, dass Kunde den Religionsbegriff für seine Zwecke vereinfacht. Eine präzise definitorische Bestimmung erfolgt nicht. Es ist lediglich zu erfahren:

> „Das Wort Religion verwende ich, weil es die Vereinigung in einem gemeinsamen Glauben bedeutet."[63]

Der für Religion bzw. Religionen konstitutive Bezug auf ein überweltliches, transzendentes Heiliges, etwa in Form der personalen Gestalt einer Gottheit oder der Annahme grundlegender Seinsprinzipien und die damit verbundenen Implikationen werden von Kunde mit keinem Wort erwähnt. Auch werden die Besonderheiten religiöser Weltinterpretationen im Vergleich zu anderen Auffassungen nicht problematisiert. Kunde will die etymologischen Wurzeln des Wortes Religion ausschließlich im lateinischen Verb *religare* erkennen, für welches er offenbar eine eigene Übersetzung vornimmt, wenn er behauptet:

> „Das Wort Religion stammt vom lateinischen Verb *„religare"* ab und das bedeutet: etwas in einem gemeinsamen Ausdruck vereinen."[64]

---

[62] Kunde 2000, S. 186 f. Hervorhebung M.S.
[63] Ebenda, S. 3.
[64] Vgl. ein in *Agenda – Magazin der Firma RWE*, Nr. 2/2001, S. 27-28 erschienenes Interview von Jesper Kunde, hier zitiert nach home.tiscali.de/fboensel/reli_11/Markenreligion.pdf (Stand 02.12.2003).

Auch diese Aussage verschafft noch keine Klarheit. Abgesehen davon, dass alle mir bekannten Bedeutungen des Wortes *religare* nicht mit Kundes Übersetzung in Übereinstimmung zu bringen sind, wird auch hier noch kein dezidiertes Religionsverständnis deutlich.[65] Allerdings finden sich im Verlauf der Argumentation Anzeichen dafür, dass Kunde Religion im Wesentlichen als *Methode* und nicht als besondere Form der Welterfahrung begreift. Eine Religion sei nichts anderes als „ein Weg, einer Gruppe von Menschen gemeinsame Einstellungen und Werte zu vermitteln."[66] Dabei scheint es Kunde weder auf überweltliche Transzendenzbezüge noch darauf anzukommen, dass die qua Religion üblicherweise „vermittelten Einstellungen und Werte" *letzte* und grundsätzliche Fragen der menschlichen Existenz und Lebenspraxis betreffen. Gemeinsame Einstellungen und Werte können bekanntlich auch durchaus auf sehr triviale Fragen und Probleme bezogen sein. Der Akt der „Vermittlung" von Überzeugungen ist für Kundes Religionsverständnis entscheidend, nicht das Bekenntnis als solches und der Problemhorizont, auf den es inhaltlich gerichtet ist. Es ist der von ihm anvisierte Mechanismus der deliberativen *Erzeugung gemeinsamen Glaubens*, den Kunde *Religion* nennt. Wie hängen nun dieses Religionsverständnis und der hier vorgeschlagene Managementansatz zusammen, und worin besteht die *Corporate Religion*? Kunde geht zunächst von einer prinzipiellen Bedürftigkeit des Menschen aus:

„Wir alle sind Einzelwesen. Gemeinsam ist uns aber die Suche nach dem Sinn unserer Existenz – nicht zuletzt in der Arbeit."[67]

Der Begriff Corporate Religion beschreibt ein *Verfahren*, einen „Weg" der Sinnvermittlung durch Arbeit und in der Arbeit im gemeinsamen Praxisvollzug mit allen anderen Unternehmensangehörigen, in der dieses Verständnis von Religion als *Methode* zur Anwendung kommt. Insofern ist die Bedeutung der Religion für Kunde in erster Linie praktisch und wenn man so will streng „anwendungsbezogen". Die Corporate Religion wird als Führungsinstrument verstanden, als ein „spiritueller Focus", der gewährleisten soll, „dass sich alle Mitarbeiter eines Un-

---

[65] Schon der Rekurs auf lat. *religare* ist fragwürdig. Kluge legt 1. *religio* (gewissenhafte Berücksichtigung, Sorgfalt usw.) und 2. *relegere* (bedenken, Acht geben) nahe. Vgl. Kluge 1995, S. 679. Pons Wörterbuch der lateinischen Sprache, hrsg. von Rita Hau im 9. Nachdruck der 2. Auflage, Stuttgart u.a. 1998, S. 887 nennt insgesamt vier Bedeutungen für das Verb *religare* (1. zurück-, auf-, emporbinden, 2. anbinden, festbinden, befestigen, verbinden, festhalten, 3. umbinden, umwinden, 4. losbinden), die allesamt wohl auch sinngemäß in eine andere Richtung weisen als Kundes „Vereinigung in einem gemeinsamen Ausdruck". Auch die Bedeutungen des Wortes *ligare* binden, verbinden, vereinigen, das offenbar die Wurzel des Kompositums *religare* bildet, helfen hier nicht weiter, weil eine explizite Beziehung zu einem „gemeinsamen Ausdruck" nicht zu erkennen ist.
[66] Vgl. Kunde 2000, S. 113.
[67] Ebenda, S. 111.

ternehmens auf dieselben qualitativen Werte verständigen."⁶⁸ Kunde entledigt sich weiterer Definitions- und Bestimmungsprobleme und stellt apodiktisch fest: „Unternehmen brauchen eine Corporate Religion."⁶⁹

6.2.2 Die Produktion der großen Männer⁷⁰

Unternehmen litten Kunde zufolge „in einer globalisierten Welt" insbesondere an „mangelnder Homogenität und darunter, dass „visionäre, dynamische Führungspersönlichkeiten [...] immer noch die Ausnahme..." seien.⁷¹ Durch die Implementierung einer *Unternehmensreligion* soll die *Homogenität* der Organisation herbeigeführt, das Unternehmen in ein „homogenes Gebilde" verwandelt werden.⁷²

Kunde hat bei seinem Versuch, „aus eingefahrenen Denkmustern auszubrechen" herausgefunden, dass Unternehmen mit einem „dynamischen Management" am profitabelsten arbeiten und dass Manager sich zukünftig „grundlegend verändern" müssen, um „erfolgreich zu kommunizieren."⁷³ Damit ist der thematische Bogen gespannt: Die zuvor genannten Aussagen – typische Gemeinplätze der Managerliteratur – werden in leichter Paraphrasierung über mehrere hundert Seiten repetiert: Herausforderungen müssen gemeistert werden, Manager müssen sich grundlegend verändern, werden mit hohen und höchsten Anforderungen konfrontiert, die ihre ganze Hingabe erfordern. Sie haben aber die Chance, indem sie die von Kunde empfohlene Implementierung einer Corporate Religion konsequent und unnachgiebig vornehmen, den Anforderungen des Marktes gerecht zu werden und schließlich „zu den Siegern [zu] gehören."⁷⁴

Zunächst ist zu beobachten, dass in dieser Vorstellung von Unternehmensführung der „spirituelle Manager" als „charismatische Führungspersönlichkeit" zur zentralen Figur erhoben und mithin überhöht wird, denn:

> „Der Unternehmenslenker wird hier zum Propheten."⁷⁵

Es sind in erster Linie nicht etwa seine intellektuellen, fachlichen oder sozialen Kompetenzen, die ihn als für seine verantwortliche Position qualifiziert ausweisen, sondern vielmehr *Intuition*, *Gespür* und *Mut*, sowie *unbedingter Wille zum Erfolg*, *Kompromisslosigkeit* und *Begeisterung*. Dass es sich bei diesem „charisma-

---

⁶⁸ Vgl. ebenda, S. 110. Mir kommt es vor allem darauf an herauszustellen, dass Kundes Ansatz im Gegensatz zu dieser Behauptung gerade keine verständigungsorientierte, sondern eine autoritäre Tendenz aufweist.
⁶⁹ Ebenda, S. 3.
⁷⁰ Die gleichnamige Schrift von Maurice Godelier behandelt natürlich einen ganz anderen Zusammenhang. Gleichwohl erscheint mir die Formulierung an dieser Stelle gerechtfertigt, weil Kunde den Manager der Zukunft, wie durch eine Lupe betrachtet, immer *größer* werden lässt.
⁷¹ Vgl. Kunde 2000, S. XI.
⁷² Vgl. ebenda, S. 46.
⁷³ Vgl. ebenda, S. XI und S. 6.
⁷⁴ Vgl. ebenda, S. 6.
⁷⁵ Ebenda, S. 254.

tischen" Managertypus um eine Konstruktion, oder besser noch eine Fiktion handelt, ist bereits von Ulrich[76], von Neuberger[77] und anderen überzeugend gezeigt worden. Dennoch werden in der Führungstheorie unablässig „charismatische Ansätze" vorgetragen.[78] Kundes Vorliebe für die von Max Weber beschriebene *charismatische* Herrschaft, welche „...auf der außeralltäglichen Hingabe an die Heiligkeit oder die Heldenkraft oder die Vorbildlichkeit einer Person und der durch sie offenbarten oder geschaffenen Ordnungen..."[79] gründet, wird überdeutlich. Wenn man Webers Definition hier folgt, ergeben sich für die Analyse von Kundes Konzeption zwei Konsequenzen: Einerseits handelt es sich um eine implizite Legitimation des Führungshandelns, mithin eine Begründung des Führungsanspruchs *qua Charisma*. Neuberger weist in diesem Zusammenhang auf eine nicht unwichtige Konsequenz dieser Vorstellung hin:

> „Der Charismatiker ist niemandem Rechenschaft schuldig, im Gegenteil: die Geführten schulden ihm Verehrung und Dankbarkeit [...] Charismatiker sind Männer der Tat; sie überwinden die „Paralyse durch Analyse" (Peters/Waterman 1984)"[80]

---

[76] Vgl. Ulrich 1990, S. 277 ff. Ulrich sieht in den Bemühungen um ein „Symbolisches Management" und der „den Zeitgeist faszinierenden Rückkehr zum Mythos" durchaus einen neuen „Antirationalismus". In Bezug auf die Praxis eines symbolischen Managements macht Ulrich aber auf den paradoxen Umstand aufmerksam, „...daß dabei in Wahrheit nicht die Überwindung, sondern eine äußerste, tendenziell zynische Steigerung des technokratischen Rationalismus im Management gefördert wird." Der Manager als „Mythenerzähler und Symbolarchitekt" stehe „selbst außerhalb der gedachten mythischen Organisationswelt. Er hat für sich selbst das mythische durch ein rationales Weltbild überwunden." Die Produktion von Sinn ist in diesem Sinne eine hochgradig rationale, technische und zynische Angelegenheit, die eben nicht auf Vision und Begeisterung einer herausragenden Persönlichkeit basiert, sondern auf nüchterner Berechnung. Ulrich über den Manager: „ Er konstruiert, analysiert und instrumentalisiert „magische Formeln" in einer selbstdistanzierenden, „berechneten" Weise, in der Regel ohne selbst an sie zu glauben, während der archaische Stammesangehörige ihnen sozusagen mit Haut und Haaren hörig war. Die Geführten andererseits sind als die „Eingeborenen" der mythischen Welt, die da zweckrational manipuliert werden soll, gedacht. Sie dürfen [...] das, was mit ihnen geschehen soll, auf keinen Fall durchschauen: Die magischen Formeln wirken nur, wenn die „Besprochenen" sie unbefragt akzeptieren und sich von ihrem „Zauber" einfangen lassen, am besten unbewußt oder zumindest unreflektiert." Ebenda, S. 191. Vgl. dazu auch das 9. Kapitel.
[77] Vgl. Neuberger 1994. Neuberger spricht von einem Heldenkult und notiert: „Der Heldenkult feiert den Großen und verschleiert die Bedeutung des Apparats; er suggeriert, daß es auf Genialität und Visionen einzelner ankommt und das um so dringlicher, je größer, anonymer und intransparenter die Systeme werden, die zu steuern sind". Vgl. ebenda, S. 47.
[78] Vgl. dazu v.a. Neuberger 1994, der House 1977, 1987, Burns 1978, Boal & Bryson 1987, Avolio & Baß 1987, Conger & Kanungo 1987 und an zentraler Stelle Peters/Waterman 1984 nennt, auf deren Schrift „Auf der Suche nach Spitzenleistungen" ich in Abschnitt 6.5 noch zurückkommen werde.
[79] Weber 1972, S. 124.
[80] Vgl. Neuberger 1994, S. 54 f. Die „Paralyse durch Analyse" ist mittlerweile zu einem geflügelten Wort in der Debatte avanciert. Hintergrund ist die Abkehr des neueren Managementdenkens von einem technizistisch-rationalistisch geprägten Managementparadigma. Zuviel

Andererseits geriert Kunde aus seinem Managerbild, welches den charismatischen, dynamischen, visionären und entscheidungskräftigen Manager als einzig erfolgreichen identifiziert, das angeblich eigene Verdienst, auf die unumgängliche Notwendigkeit der Neuorientierung aller „Führungspersönlichkeiten" nunmehr endlich hingewiesen zu haben. Wer diesem „letzten Aufruf" (sic!) nicht Folge leistet, den erwarten größte Schwierigkeiten:

> „Diejenigen Unternehmen dagegen, die lediglich verwaltet werden und sich auf den Lorbeeren der Vergangenheit ausruhen, haben bereits die Talfahrt angetreten. Es dauert seine Zeit, bis der große Einbruch kommt, aber der Abstieg beschleunigt sich in einer globalisierten Welt immer mehr. Wenn Sie zu den Gipfelstürmern gehören wollen, ist dies der letzte Aufruf."[81]

Aufgabe des Managers als „allgegenwärtig[r] religiöse[r] Leitfigur" sei die Identifikation des „wahren Kernes" des Unternehmens.[82] Das erfolgreiche Unternehmen sei geradezu als „Abbild der Menschen, von denen es geleitet wird" zu verstehen.[83] Wenn die „spirituellen Manager" ihrer Aufgabe gerecht werden, dann erhalten und verdienen sie unbedingte Gefolgschaft, denn:

> „Und je besser es ihnen gelingt, mit ihren Botschaften jeden Winkel des Unternehmens und des Marktes zu erreichen, desto eher wird man ihnen folgen."[84]

Die aufgrund ihrer humanen Exzellenz mit der Königsaufgabe der geistigen Führung Betrauten müssen allerdings gelegentlich Strenge walten lassen und den Geführten „Grenzen setzen". Kunde betrachtet das Versäumen dieser Grenzsetzung als eine „fehlgeleitete Großzügigkeit": „Manager, die keine Grenzen setzen, tun ihren Mitarbeitern keinen Gefallen."[85] Und noch deutlicher formuliert er: „Langfristig befinden sich Unternehmen auf geradem Weg ins Abseits, wenn es ihnen nicht gelingt, die *Zügel zu straffen* und auf eine größere Beständigkeit hinzuwirken, die unmissverständlich signalisiert, wo sich das Machtzentrum befindet."[86]

Auch dies ist eine typische Argumentationsfigur, die in der Managementliteratur immer wieder vorgetragen wird. Die Vertreter dieser Art der Führung gehen davon aus, dass Menschen geführt werden müssen. Die assoziativen Parallelen zum Eltern-Kind-Verhältnis sind offensichtlich. Neuberger notiert in seiner Analyse dieser Begründungen von Führung kritisch: „Von der Verklärung

---

Berechnung, Planung und Vernunft im Management führen den Klassikern der Managementliteratur Peters/Waterman zufolge zu suboptimalen Ergebnissen und zu Schwierigkeiten bei grundlegenden Strukturveränderungen im Unternehmen. Vgl. dazu auch die ausführlichere Darstellung in Abschnitt 6.5.

[81] Kunde 2000, S. XI.
[82] Vgl. ebenda, S. 127 und S. 134.
[83] Vgl. ebenda, S. 3.
[84] Vgl. ebenda, S. 6.
[85] Vgl. ebenda, S. 151.
[86] Vgl. ebenda, S. 219. Hervorhebung M.S.

des „Großen Mannes" ist es nur ein kleiner Schritt, die „kleinen Leute" als minderwertig zu erklären."[87] Den Mitarbeitern fehlt die spirituelle Übersicht über ihr eigenes Handeln, über die ausschließlich die von Kunde so bezeichneten „strategischen Feldherren" und „visionären Führer" verfügen.[88]

Der Führungsanspruch der großen Männer muss jedoch nicht auf das Unternehmen beschränkt bleiben:

> „Internationale Unternehmen mit zentraler Führung, die eine homogene Einheit bilden, können sowohl ihre interne Organisation als auch den Markt über eine ausgeprägte Religion steuern."[89]

Über den Aufbau einer „Markenreligion" müsse seitens der Unternehmensführung spürbar in den Markt und die Gesellschaft interveniert werden: „Eine Markenreligion ist für eine Markenkultur von magnetischer Anziehungskraft. Sie ist für Verbraucher ein Muss, eine Glaubensfrage."[90] Kunde spricht an anderer Stelle sogar von der „Erziehung" des Marktes.[91] Verbraucher müssen so kontinuierlich beeinflusst werden, dass die Marken schließlich „Bestandteil des täglichen Lebens" werden."[92] Die Interventionen der Führung *in* Markt und Gesellschaft sind die existentielle Aufgabe schlechthin, im Kampf der Marken entscheiden sich die „Wettbewerbsschlachten der Zukunft."[93]

6.2.3 Das Unternehmen als Organismus[94] und die Phantasie von *Einheit*

Die *Corporate Religion* als Grundlage des Unternehmenshandelns soll die leitungsgesteuerte Konzentration aller Unternehmensangehörigen auf die „wirklichen" Unternehmensziele bewirken:

> „Das Konzept der Corporate Religion ist eine alternative Methode zur Fokussierung der Unternehmensziele. Es ist ein zentralistisches Modell, das von der obersten Führungsebene die Übernahme echter Verantwortung verlangt und – falls nötig – die Rückleitung unternehmerischer Energie in das Herz des Unternehmens."[95]

---

[87] Vgl. Neuberger 1994, S. 10.
[88] Vgl. Kunde 2000, S. 72 ff.
[89] Ebenda, S. 116. Kunde führt immer wieder die Firmen *Nike*, *The Body Shop* (hier handelt es sich allerdings um eine „visionäre" und „charismatische" Unternehmensgründerin), *McDonalds* und *Microsoft* als paradigmatische Fälle für die Verbindung von charismatischer Führung und „Markenreligion" an.
[90] Vgl. ebenda, S. 76.
[91] Vgl. ebenda, S. 204.
[92] Vgl. ebenda, S. 75.
[93] Vgl. ebenda, S. 58.
[94] Zur Idee des Unternehmens als Organismus vgl. auch Mann 1996, S. 201 ff. und Nagel 1991, S. 20 f.
[95] Kunde 2000, S. 9. Kunde zählt offensichtlich zu den Befürwortern einer „Eigenschaftstheorie der Führung". Neuberger merkt zu der angeblich zentralen Bedeutung der „Führungspersönlichkeiten" an: „Wie nüchtern und für viele Wirtschaftsführer kränkend nimmt sich dagegen die alternative Sicht des Nobelpreisträgers für Wirtschaftswissenschaften Milton Friedman aus:

Die „unternehmerische Energie" (was auch immer das genau sein mag) muss also in das Herz zurückgeleitet werden.[96] Die Grundidee der Corporate Religion sei es gerade, „die seelenlosen Maschinerien", als die sich Unternehmen heute darstellen würden, wieder in „lebendige Organismen" zu verwandeln.[97]

Der Wunsch nach einem „spirituellen" Management werde „unternehmensweit" geteilt und ist bei Kunde sogar der zentrale Erfolgsfaktor: „Vergessen Sie Ergebniskalkulationen und internes Rechnungswesen. Zahlen und Budgets führen hier nicht weiter."[98]

Was einem Unternehmen zum wirklichen Erfolg verhilft, ist seine *Philosophie*, die von einem „spirituellen Management in die Welt getragen wird."[99] Die Religion des Unternehmens muss im Rahmen eines Top-Down-Ansatzes konstruiert und konstituiert werden:

> „Ein Unternehmen muss über seine Philosophie eigene Regeln aufstellen – die seiner Religion. Diese verbindet das Unternehmen in einer geteilten Vision, einer gemeinsamen Mission und einem einheitlichen System."[100]

An dieser Stelle wird deutlich, worum es eigentlich geht: Einheit und Einheitlichkeit müssen hergestellt werden, das Unternehmen soll ein *einheitlicher Organismus* sein, welches dem drohenden „internationalen Chaos" und dem „Wildwuchs der Kulturen und Kompetenzen"[101] Paroli bietet.

Jesper Kunde hat ein Rezept gegen „Chaos" und „Wildwuchs", denn „...solange ein Unternehmen zentral von einem ideologisch geprägten Management geführt wird, das die gesamte Organisation bis zur kleinsten Tochtergesellschaft fest im Griff hat, ist das Problem lösbar"[102], wohingegen das Konzept der *Dezentralisierung* „einen langsamen Tod" zu sterben verurteilt sei.[103] Der autori-

---

„Die wirtschaftlichen Personen sind letztlich nichts anderes als Marionetten der Marktgesetze." Vgl. Neuberger 1994, S. 64

[96] Einen interessanten kritischen Blick auf den Begriff der „charismatischen Führungspersönlichkeit" und ihre „unternehmerischen Energien" liefert auch Hansen, Klaus P.: Die Mentalität des Erwerbs. Erfolgsphilosophien amerikanischer Unternehmer, München 1995.

[97] Vgl. Kunde 2000, S. 128 und S. 275.

[98] An dieser Stelle wird ein bemerkenswerter Gegensatz behauptet. Plötzlich darf das Herzstück unternehmerischer Planung, die Ergebniskalkulation, zu den Akten gelegt werden. Die Zahlen, die so häufig als Inbegriff der ökonomischen Rationalität herangezogen werden und als Symbole die Notwendigkeit unternehmerischer Entscheidungen unterstreichen, sollen Ausdruck einer „Buchhaltermentalität" sein, die sich mit den Herausforderungen der „neuen Zeit" nicht mehr verträgt. Angesichts der umfangreichen Kostensenkungsbemühungen zahlreicher Unternehmen und des vielbeschworenen „Kostendrucks", der immer wieder als Ursache weitgehender Umstrukturierungen mit Arbeitsplatzabbau herhalten muss, stellt Kundes Position an dieser Stelle eine Überraschung dar. Vgl. ebenda, S. 9.

[99] Vgl. Kunde 2000, S. 9.

[100] Ebenda, S. 9.

[101] Vgl. ebenda S. 34 ff.

[102] Ebenda, S. 35.

[103] Vgl. ebenda, S. 35.

täre[104] Tenor dieser Bemerkungen ist kaum zu überhören. Zentral soll die Führung sein, das Management soll „ideologisch geprägt" sein und die Organisation „fest im Griff" haben – und da schon die Umwelt des Unternehmens „chaotisch" ist, soll wenigstens innerhalb des „Organismus" eine kohärente und konsistente Ordnung herrschen:

> „Dazu gehört auch, dass alle Abteilungen des Unternehmens auf eine Linie eingeschworen werden."[105]

Die „perfekte Situation" sei erst dann gegeben, „wenn die Steuerung hundertprozentig in den Händen der Zentrale liegt."[106]

Dezentrale Organisationsstrukturen, Partizipation an Entscheidungs- und Aushandlungsprozessen oder gar Skepsis und Kritik gegenüber den „Führungspersönlichkeiten" gefährden demnach den Erfolg des Unternehmens, stellen mithin sogar seinen Fortbestand in Frage. Diese Sichtweise bleibt auch für die Definition der Mitarbeiteraufgaben und ihrer Rolle im Unternehmen nicht folgenlos. Dabei ist besonders aufschlussreich, was Kunde unter beruflicher Qualifikation versteht:

> „Möglicherweise ist der Glaube an das Unternehmen die höchste Qualifikation eines Mitarbeiters."[107]

Die Mitarbeiter müssen unbedingt an das Unternehmen und dessen Führungskräfte *glauben*. Das „ideologisch geprägte Management" dient dem Ausbau, der Festigung und der Perpetuierung dieser „Qualifikation". Über sein eigenes Unternehmen berichtet Kunde:

> „Ich habe stets neue Initiativen angeregt, um die Familienbande und das Zusammengehörigkeitsgefühl in der Agentur zu stärken, weil ich daran glaube, dass diese Faktoren für den Erhalt eines hohen Energiepegels ausschlaggebend sind."[108]

Kunde lässt keinen Zweifel daran, dass in der Mitarbeit an der von der Unternehmensleitung vorgegebenen „übergeordneten Mission" geradezu der Lebenssinn der Unternehmensangehörigen bestehen muss: „Sie leben für ihr Unternehmen."[109] Die *Corporate Religion* konzipiert das Unternehmen als das *Allerheiligste*. Das Vorhandensein des entsprechenden Glaubens an die einheitliche und großartige Organisation ist aber noch keine Garantie für einen Beschäftigten, denn „...wenn diese Bedingung einmal fest verankert ist, kann das Unternehmen die fachlichen Kompetenzen seiner Mitarbeiter unter die Lupe nehmen."[110] Die

---

[104] Ich verwende diesen Begriff hier und im Folgenden nicht nur im Sinne von „auf Autorität beruhend", sondern in der von Kluge1995 nahe gelegten Bedeutung „bedingungslose Unterwerfung unter die Autorität verlangend". Vgl. Kluge, 1995, S. 69.
[105] Kunde 2000, S. 71.
[106] Vgl. ebenda, S. 221.
[107] Ebenda, S. 14.
[108] Ebenda, S. 315.
[109] Vgl. ebenda, S. 310 f.
[110] Ebenda, S. 14.

Implementierung der Corporate Religion beinhaltet also offenbar keineswegs einen Verzicht auf konventionelle Kriterien der Qualifikationsbeurteilung, der Leistungsmessung sowie auf etablierte Kontrolltechniken. Wird aber die „religiöse Begeisterung" nicht entfacht, wird der geforderte unbedingte Glaube der Organisation nicht entgegengebracht, ist, wie man sehen wird, mit drastischen Sanktionen zu rechnen.

6.2.4 Effiziente Führung durch „Feldherren" in Szenarien existentieller Bedrohung

Zusammenfassend stellt Kunde noch einmal fest, was sowohl Unternehmen als auch Mitarbeiter benötigen, um erfolgreich zu sein:

> „Internationale Großunternehmen brauchen ein spirituelles Management, das den Willen und die Fähigkeit besitzt, seinen Mitarbeitern die Marschroute aufzuzeigen und dafür zu sorgen, dass der Kurs eingehalten wird. Die weltweiten Champions unter den Unternehmen werden von äußerst charismatischen Führungspersönlichkeiten gelenkt. Die Unternehmensphilosophie der neuen Sieger ist unmissverständlich. Jeder versteht sie und leistet seinen Beitrag zum Erfolg."[111]

Die präskriptive Verpflichtung jeden Mitarbeiters auf die Unternehmensziele habe folgenden Effekt: „Das setzt einen sich verselbständigenden Kreislauf in Gang, der alle Mitarbeiter am richtigen Platz hält. Das Ergebnis ist eine effektive und kohärente Organisation, in der alle an einem Strang ziehen."[112] Die Konsequenzen, zu denen die kritische Einwände seitens der Mitarbeiter führen können, werden benannt: „Eine Corporate Religion basiert auf Konsens und auf der Gewinnung aller Beteiligten für ein gemeinsames Ziel [...] *In einem Unternehmen, das von einer internen Religion gelenkt wird, finden nur Glaubensanhänger Platz.*"[113] Damit wird ein totaler Anspruch formuliert: Die Corporate Religion ist die Form der Repräsentation der *Wahrheit* im Unternehmen, die entweder übernommen werden muss oder zum zwangsläufigen Ausschluss aus der Gemeinschaft der „Champions" führt.[114]

Gerechtfertigt wird dieses drastische Verfahren insbesondere durch externe Faktoren. Die Außenwelt des Unternehmens erscheint bei Kunde grundsätzlich als Bedrohung. Ohne ein derart „starkes Management" würden die äußeren Bedingungen, denen die Unternehmung ausgesetzt ist, schnell ihre zerstörerische Kraft entfalten.[115] Unternehmensinterne Meinungsverschiedenheiten oder Kon-

---

[111] Ebenda, S. 36.
[112] Ebenda, S. 42.
[113] Ebenda, S. 125. Hervorhebung M.S.
[114] Ähnlich unmissverständlich äußert sich auch Nagel: „Wenn sich im Laufe des Prozesses herausstellt, daß bestimmte Subkulturen für das Ganze schädlich sind, müssen gezielte Maßnahmen zur Stärkung der Stammkultur durchgeführt werden. Werden schädliche Subkulturen von einzelnen Personen geprägt, muß die Lösung auf dieser Ebene gesucht werden." Vgl. Nagel 1991, S. 120.
[115] Vgl. Kunde 2000, S. 43.

flikte dürfe es unter keinen Umständen geben, denn diese gefährdeten die Existenz der Organisation als Ganze:

> „Darüber hinaus wirkt in traditionellen Organisationen die selbstzerstörerische Kraft einer Vielzahl gegensätzlicher Meinungen und Interessen, die schließlich in einem Machtkampf enden. Stattdessen sollten sie ihre Anstrengungen darauf richten, dass alle in dieselbe Richtung marschieren."[116]

Auch das gelingt jedoch wieder nur dem favorisierten Managertypus: „Das können nur strategische Feldherren und nicht Buchhalter in Ärmelschonern leisten."[117] Diese „Feldherren" können Kunde zufolge gerade noch retten, was bereits beinahe verloren war: „Top-Manager tragen ihre Scheuklappen so lange, bis eines Tages die Umsätze einbrechen. Zu diesem Zeitpunkt ist das Unternehmen bereits gefährlich nahe am Abgrund."[118]

Die Vorstellung, die Außenwelt sei prinzipiell bedrohlich und gefährlich in der Kombination mit der Feststellung, viele der Verantwortlichen seien *blind und untätig*, mündet bei Kunde in den unablässig wiederholten Ruf nach einem Retter, der die Organisation vor ihrem Untergang bewahrt. Die gruppenpsychologischen Effekte eines solchen Verfahrens sind bereits untersucht: Manager, die sich für Kundes Ansatz begeistern und die sowohl die Organismusidee als auch ihre eigene herausragende Position als „Retter" willfährig introjizieren und auf dieser Basis für das Unternehmen als Kollektiv eine autoritäre Organisationskultur propagieren, können damit bei Beschäftigten, wie Sievers 1999 in einem anderen Zusammenhang berichtet, regelrecht „totalitäre Bewusstseinsstrukturen" evozieren.[119]

6.2.5 Entwicklung, Erkenntnis und der Verlust des Maßes

Mit Kundes Forderung, die „Feldherren" müssten eine echte Vorbildfunktion übernehmen, wird ein weiteres Standardargument[120] vorgetragen: „Überzeugungen entstehen nicht auf Kommando. Das Top Management muss als Vorkämpfer mit gutem Beispiel vorangehen. Wenn sich das Management aktiv für die Unter-

---

[116] Ebenda, S. 45.
[117] Ebenda, S. 72.
[118] Ebenda, S. 114.
[119] Hinsichtlich der psychologischen Problematik der „Rettung" von Organisationen und der Frage organisationaler Angst vor externen Bedrohungen erlaubt der theoretische Ansatz der „psychotischen Organisation" von Burkhard Sievers interessante Einsichten. Vgl. Sievers 1999, S. 2 ff. Die Sorge um das "Überleben der Institution" und den eigenen Arbeitsplatz könne, so Sievers, bis zur Entwicklung „psychotischer Ängste" und schließlich „zu totalitären Bewusstseinsstrukturen" führen. Sievers rekurriert hier auf eine Untersuchung von Lawrence 1995 zur organisationalen Dynamik im britischen Gesundheitswesen, die mir jedoch nicht zugänglich war. Vgl. ebenda, S. 7.
[120] Vgl. z. B. Birkigt/Stadler 1980, S. 25. und Peters/Waterman 1986, S. 330 ff.
Dagegen erhebt etwa Malik Einwände gegen die Forderung, Manager müssten als Vorbilder fungieren. Vgl. dazu Malik 2000, S. 46 ff.

nehmensziele einsetzt, überträgt sich der Elan auch auf die Mitarbeiter."[121] Dabei hilft dem Feldherren vor allem seine *Begeisterung*, es gibt aber noch weitere „Instrumente": Kunde behauptet allen Ernstes, ein wichtiger Schritt des Feldherren sei der „Entwurf" einer Bibel:

> „Wenn das Feuer der Begeisterung im Management entfacht ist, ist der nächste Schritt der Entwurf einer „Bibel", die die Grundlagen der Religion bzw. der Überzeugungen beschreibt sowie die Werte und den Verhaltenskodex festlegt, der für alle Mitglieder der Religionsgemeinde verbindlich ist. Diese Bibel ist das wertvollste Führungsinstrument überhaupt"[122]

Die Religion wird *gestiftet*, die Bibel wird *entworfen*, und den „Mitgliedern der Religionsgemeinde" wird die neue Religion „kommuniziert" und zur Grundlage allen Schaffens erklärt. Nur in einer Kombination aus „Ausbildung, Schulung und straffer Steuerung [...] auf der Basis der Religion" lassen sich die verhaltensregulierenden Effekte in gewünschtem Maße erzielen.[123] Die Religion muss „systematisiert" werden:

> „Damit die Religion ein integraler Bestandteil des Unternehmens wird, muss sie systematisiert werden [...] Das System ist ein Regelwerk, das die buchstabengetreue Praktizierung sicherstellt."[124]

Es wäre zu fragen, auf welcher Legitimationsbasis diese Verbindlichkeitserklärung eigentlich zustande kommen soll. Der aus meiner Sicht entscheidende Aspekt ist der unbegrenzte und unumschränkte Anspruch des Top-Managements, nicht nur zu entscheiden, was im Unternehmen geschieht, sondern darüber hinaus die gesamte Existenz der Menschen zu deuten und zu erklären und den Lebenssinn des Menschen nicht nur implizit sondern explizit auf die Arbeit und die Zugehörigkeit zur „Religionsgemeinschaft" einzuschränken (Sie leben für ihr Unternehmen...).

Die von Kunde intendierte „religiöse Unternehmensführung"[125] hat es auf den *ganzen Menschen* abgesehen und ist auch insofern *maßlos*, als ausgerechnet die kritiklose Hinnahme der Inhalte der „Religion" ohne weitere Explikation (dafür mit um so mehr Zynismus) als *Erkenntnisprozess* qualifiziert wird:

> „Nur sehr wenige internationale Unternehmen nutzen alle ihre Ressourcen, um der gesamten Organisation zu einer höheren Erkenntnisstufe über die Unternehmensziele zu verhelfen, damit jeder einzelne Mitarbeiter seine Einstellungen überprüfen kann."[126]

Abgesehen davon, dass der finale Zusammenhang, den Kunde hier behauptet – beim Erreichen einer „höheren Erkenntnisstufe" der Organisation, bzw. insbesondere dann, sei der einzelne Mitarbeiter imstande, seine Einstellungen zu

---

[121] Kunde 2000, S. 114.
[122] Ebenda, S .114.
[123] Vgl. ebenda, S. 151.
[124] Vgl. ebenda, S. 149f.
[125] Vgl. ebenda, S. 115 ff.
[126] Ebenda, S. 115.

"überprüfen" – einigermaßen fragwürdig und die Wortwahl ein Euphemismus ist, wird durch die Einleitung und die Behauptung, vorhandene Ressourcen würden nicht genutzt, eine weitere typische Argumentationsfigur vorgeführt. Wie zahlreiche andere Managementtheoretiker geht auch Kunde davon aus, dass mit "richtigem" Ressourceneinsatz zu erreichen wäre, was derzeit aus seiner Sicht nicht gelingt, nämlich die Mobilisierung sämtlicher Leistungspotentiale bzw. die Realisierung eines größeren Maßes an Arbeitskraft, Motivation, Einsatz und Erfolg. Die "Einstellungen" der Beschäftigten bedürfen nach dieser Vorstellung prinzipiell einer Korrektur.[127]

Es handelt sich um die Unterstellung, der Arbeitnehmer enthalte dem Unternehmen absichtlich oder aus Unwissenheit Teile seiner Arbeitskraft vor, woraus sich der hier vorgeschlagene straffe Führungsstil und die von Kunde vertretene Auffassung, dass Menschen zu dem, was sie "eigentlich" wollen, geführt werden müssen, erklären lässt. Diese Idee ist bekanntlich keineswegs neu, wie die anhaltende Sorge um die Arbeitsmotivation und der umfangreiche Diskurs über dieselbe deutlich machen.[128] Erinnern wir uns an das Führungsprinzip, das Neuberger *Herrschaft dritten Grades* nennt: "Wenn erreicht werden kann, daß Handelnde einen Satz von Werthaltungen und Überzeugungen so verinnerlicht haben, daß sie als Maximen ihres Handelns fungieren, dann kann externe Kontrolle wegfallen, weil sie von sich aus wollen und tun, was sie sollen."[129] Aber gerade solange die Mitarbeiter die Corporate Religion noch nicht voll "verstanden" haben, ist eine "strikte Kontrolle bis ins Detail" erforderlich.[130] Ausgerechnet das Systemgastronomieunternehmen *McDonalds*, über das Günter Wallraff medienwirksam berichtet hat[131] und über dessen Arbeitspraxis ein einfacher Restaurantbesuch bereits den nötigen Aufschluss gibt, gilt Kunde als Vorbild für eine "Markenreligion" und den ideologischen Zugriff auf Mitarbeiter:

> "Viele erfolgreiche Unternehmen üben über Schulungsprogramme einen großen Einfluss auf ihre Mitarbeiter aus. Dazu gehört z.B. McDonald's, das seine Mitarbeiter in der unternehmenseigenen Hamburger University trainiert – und zwar bis in die kleinsten Details seiner Prozesse."[132]

Die "Überprüfung" und Korrektur eigener Einstellungen muss das Ergebnis des Lernprozesses, der die Organisation zu einer höheren "Erkenntnisstufe" führen soll, sein. Bei Kunde besteht Lernen offensichtlich vorrangig aus den Bestandteilen *Mitmachen* und *Gehorchen*, obwohl dieser Umstand bei aller Deutlichkeit, welche die Darstellung ansonsten aufweist, nur auf Umwegen formuliert wird:

---

[127] Vgl. ebenda, S. 230 ff.
[128] Vgl. dazu insbesondere Holleis 1987, Neuberger 1987 und 1994 sowie Staute 1998.
[129] Vgl. Neuberger 1994, S. 16. Kramer erklärt: "Der Mitarbeiter soll sich mit dem Unternehmen identifizieren können – und wollen." – das heißt er *soll* etwas *wollen*. Vgl. Kramer 2002, S. 111.
[130] Vgl. Kunde 2000, S. 235 f.
[131] Vgl. Wallraff 1995.
[132] Kunde 2000, S. 235.

> „Mit einer klar definierten Corporate Religion wird niemand Probleme haben, weil die Aufgaben jedes Einzelnen mit der Religion eng verknüpft sind – das oberste Kriterium für die Mitarbeit in einem Unternehmen."[133]

Als handele es sich um eine zwangsläufige Kausalität wird so getan, als könne gerade deswegen niemand an der Corporate Religion Anstoß nehmen, weil sich schließlich die Aufgaben des Einzelnen in ihr widerspiegeln würden. Ist diese Aussage wirklich ein Argument? Immerhin taugt sie dazu, die eigentliche Botschaft – *Wer nicht mitmacht, ist draußen!* – mehr oder weniger elegant zu verkleiden. Das Unternehmen als Organismus kann sich keine „Organe" von suboptimaler Funktionalität leisten. Unternehmen sind aber Kunde zufolge noch mehr als lebendige Organismen, ihnen komme auch ein eigener „spiritueller Wert" zu. Homogenität und Spiritualität der Organisation werden somit in eine fragwürdige Verbindung gebracht:

> „Die Corporate Religion setzt sich aus den Werten zusammen, die das Unternehmen zu einer Einheit um die Mission und die Vision herum verbindet. Das sind die Werte und Einstellungen, die die Grundlage der Organisation bilden und ihren spirituellen Wert ausmachen, d.h. die wirklich inspirierenden Qualitäten, an die alle Mitarbeiter glauben."[134]

Es sind also nicht die Werte, die das Unternehmen „um die Mission und die Vision herum" verbinden (wobei selbst dann zu fragen wäre, ob es wirklich die Werte selbst sind, die binden), sondern das Unternehmen *verbindet* die Werte um die Vision und die Mission zu etwas, nämlich der unablässig herbeiphantasierten *Einheit*. Ob das möglich ist, mag dahingestellt sein, die Rede von *Missionen* und *Visionen*, *„wahren Kernen"*, *Seelen* und *Substanzen* von Unternehmen gehört jedenfalls zu den Gemeinplätzen der Managementliteratur und findet auch bei Kunde im Bemühen, den *höheren Zweck* des Unternehmens immer wieder zu unterstreichen, rege Verwendung.

An der tatsächlichen Bedeutung der oben zitierten Aussage besteht jedoch, wie ich meine, kein Zweifel: Es geht nämlich nicht um das Teilen bestimmter Werte, die sich als Ergebnis langer Zusammenarbeit in einer dialogischen Erarbeitung[135] herausstellen und als Grundlage weiterer Aktivität dienen, sondern um Manipulation: Die Corporate Religion und die enthaltenen Werte werden ja gestiftet, sie werden – ebenso wie Mission und Vision – festgelegt, und die Mitarbeiter müssen daran glauben. Die „jeweilige Religion" muss *„jeden Winkel der Organisation"* durchdringen und als „authentisch" empfunden werden.[136]

Ein kritischer Einwand gegen diese Vorstellung könnte sich ganz allgemein gegen die Manipulation von Menschen am Arbeitsplatz richten. Diese Kritik ist nicht neu. Üblicherweise wird dem entgegengehalten, es handele sich nicht um Manipulation, sondern um eine Hilfestellung der Führungskraft, die Potentiale

---

[133] Kunde 2000, S. 116.
[134] Ebenda, S. 125.
[135] Vgl. zu einem derartigen Verfahren etwa Steinmann/Löhr 1989, S. 5 ff.
[136] Vgl. Kunde 2000, S. 127 f. Zur beliebten Forderung nach Authentizität vgl. auch Moser 1998, S.49 f.

der Mitarbeiter in Gänze zu aktualisieren. Ich stelle hier das Problem der Manipulation zurück und konzentriere mich auf den aus meiner Sicht interessanteren Aspekt: Die Idee, das Unternehmen sei durch Führungshandeln und konsequente Anwendung eines Wertekanons und entsprechende Maßnahmen zu einer totalen „spirituellen" Einheit zu machen, fußt auf einer gravierenden Überschätzung der Möglichkeit, Organisationen zu schaffen, sie dann maßgeblich zu steuern und schließlich zu kontrollieren und dabei Menschen genau das glauben zu lassen, was sie glauben sollen.[137]

Kunde spricht ausdrücklich von einer „allgegenwärtigen religiösen Leitfigur", die für die „Verbreitung der Botschaft" verantwortlich sein müsse.[138] Aufmerksamkeit verdient daher weniger der Manipulationsversuch, der keine Überraschung darstellt, sondern die Illusion, dass tatsächlich *alles machbar* ist, dass mit Leistungswillen, „Energie" und „Begeisterung" jedes Ziel erreicht werden kann.

Die Zielerreichung hängt in dieser Konzeption schließlich nur noch von der Qualität der Führung ab. Damit wird – die der religiösen Sphäre verwandte Sprache ist wohl kein Zufall – das Führungshandeln zu einer *magischen* und *künstlerischen* Angelegenheit. Die religiöse Leitfigur, ist „allgegenwärtige" Hüterin des „wahren Kerns" und der „wirklich inspirierenden Qualität" – sie ist die verantwortliche Architektin einer *großen Sache*. Die Geführten schulden ihr für die Übernahme dieser „echten Verantwortung", dieser „schwierigsten aller Aufgaben", Dankbarkeit und Gehorsam.

6.2.6 Geltungsanspruch und Reichweite

Diese Position ist im Kern eine autoritäre Führungskonzeption. Für die Frage nach den Kriterien, die einer Kritik dieses Ansatzes zugrunde zu legen sind, ist entscheidend, dass auch bei Kunde Wert- und Sinnfragen tangiert werden. Die Beantwortung dieser Fragen impliziert in Kundes Argumentation nicht nur anthropologische Vorentscheidungen, sondern kombiniert das oben geschilderte Menschenbild mit der Vorstellung vom Unternehmen als einer idealtypischen Einheitsorganisation, die wesentlich eine Einheit im Geiste ist. Unter der Maske einer gemeinsamen Idee wird der Anspruch verborgen, Menschen im Sinne des Unternehmens zu vereinnahmen. Die inhaltliche Bestimmung dieses Unternehmenssinns überlässt Kunde der „straffen Steuerung"[139] durch das Management:

> „Top-Manager sollten sich Antworten auf folgende Fragen überlegen: Warum existiert unser Unternehmen? Wo wollen wir hin? Welche Einstellungen erwarten wir von unseren Mitarbeitern? Welche Werte wollen wir för-

---

[137] Dass den Möglichkeiten der Kulturbeeinflussung Grenzen gesetzt sind und Kultur im Unternehmen nicht im eigentlichen Sinne „machbar" ist, wird von zahlreichen Autoren gesehen und ist mittlerweile communis opinio. Vgl. zusammenfassend Weinand 2000, S. 3.
[138] Vgl. Kunde 2000 S. 127.
[139] Vgl. ebenda, S. 151.

dern? Welche Verhaltensweisen halten wir für geeignet, diese Werte auszudrücken? Welche Verhaltensregeln sind unserer Religion verankert?"[140]

Während es extern auf einen *„spirituellen Dialog mit dem Markt"*[141] ankomme, dient die „Entwicklung" der „internen Religion" der Vermeidung von „Kursabweichungen".[142] Dazu sei eine Introspektion vonnöten:

> „Das Ziel ist, das Herz und die Seele eines Unternehmens zu erfassen. Die qualitativen Aspekte eines Unternehmens lassen sich nur mit tiefenpsychologischen Methoden herausarbeiten. Das Wichtigste ist, die positive Kraft des Unternehmens freizulegen."[143]

Ähnlich wie schon in Bezug auf die Mitarbeiter scheint es für Kunde eine ausgemachte Sache, dass im Unternehmen etwas schlummert bzw. ein „wahrer Kern" verborgen ist, welcher der Entdeckung und Freisetzung bedürfe. Statt „in Trägheit zu verfallen"[144], muss ein „Wille zum Sieg"[145] entwickelt und ein „hoher Energiepegel"[146] gehalten werden, „kreative Energie" müsse sich sogar „entladen."[147]

Bei aller Wortgewaltigkeit ist auffällig, dass Kunde es immer wieder meidet, sich auf ein höheres Konkretionsniveau zu begeben. Mit der hier vorgetragenen Handlungsanweisung ist prinzipiell jede unternehmerische Entscheidung begründbar. Wie in vergleichbaren Darstellungen üblich, werden auch bei Kunde immer wieder Sinnsprüche eingeflochten, die wohl suggerieren sollen, der vorgetragene Ansatz verfüge über eine entsprechende theoretische oder philosophische Fundierung. Aus den zahlreichen Beispielen seien hier nur einige wenige genannt: So liest man etwa, dass es „...keine stärkere Kraft auf Erden [gibt] als Menschen, die eine Berufung spüren"[148] oder dass „...nichts wirklich Bedeutendes [...] je ohne Begeisterung erreicht..." wurde.[149]

Erwähnenswert ist auch Kundes Einsicht, dass sich „...die Zukunft [...] nicht aufhalten..." lässt.[150] Sogar Schiller wird zitiert: „Wenn sich die Religion eines Landes auflöst, droht auch alles andere zu zerfallen."[151] Mit dem Rekurs auf dieses Diktum wird eine Parallele zwischen der für Staaten und für Organisationen vermeintlich gleichermaßen unverzichtbaren Glaubenswahrheit in „letzten" Fra-

---

[140] Vgl. ebenda, S. 127.
[141] Vgl. ebenda, S. 148, Hervorhebung M.S.
[142] Ebenda, S. 136.
[143] Ebenda, S. 133. Um schließlich ein „ganzheitliches Unternehmensbild" zu erhalten, sei es außerdem erforderlich, die Grundfrage: „Wohin will das Management das Unternehmen zukünftig lenken?" zu beantworten.
[144] Ebenda, S. 134.
[145] Vgl. ebenda, S. 259.
[146] Vgl. ebenda, S. 315.
[147] Vgl. ebenda, S. 315.
[148] Vgl. ebenda, S. 186.
[149] Vgl. ebenda, S. 110.
[150] Vgl. ebenda, S. 143.
[151] Vgl. ebenda, S. 217.

gen insinuiert. An dieser Stelle bleibt meinerseits nur der Verweis auf Hegel, der von „schlechter Religion" respektive einem „schlechten Begriff von Gott" wusste, dass damit „...ein schlechter Staat, eine schlechte Regierung und schlechte Gesetze" einhergehen.[152] Ob Schiller zuzustimmen ist oder ob Hegels Diktum zutrifft, soll an dieser Stelle nicht entschieden werden. In moderner Wendung des Ausspruches darf aber wohl behauptet werden, dass eine plurale und demokratisch verfasste Gesellschaft fragwürdiger Orientierungen und Einheitskonstruktionen wie dieser nicht zwangsläufig bedarf. Die Konzeption einer *Corporate Religion* ist insgesamt hinsichtlich ihrer Reichweite und ihres Anspruchs auf totale Geltung im Unternehmen bisher in der Managementlehre eine Außenseiterposition. Wäre dieses Denken allerwegen populär, wäre wohl zu erwarten, dass die geweckten Führungsphantasien der großen Männer auf der einen und die angeblichen Sehnsüchte nach Führung, Unterordnung und Einheit auf der anderen Seite alsbald auch andere Bereiche der Gesellschaft erreichen würden. Die Anleitung dafür nebst ideologischer Begründung hat Jesper Kunde mit seinem Buch bereits geliefert. Sie kommt im Gewand fortschrittlicher Unternehmensführung daher.

6.3 Metaphysik des Managements: Gerd Gerkens Überwindung des Ich

6.3.1 Trends und „Neues Management"

Der von Gerd Gerken vertretene Managementansatz kann als „systemisch-evolutionäres Management" bezeichnet werden.[153] Ich konzentriere mich bei meiner Darstellung insbesondere auf den Beitrag *Der neue Manager* (München 1995). Gerkens viel beachtete Überlegungen sind für unseren Zusammenhang von Interesse, weil er einerseits als Vertreter einer systemtheoretisch argumentierenden Richtung der Management-Theorie begriffen werden kann, die in der aktuellen Debatte in Wissenschaft und Beratung, aber auch in der Praxis meinem Eindruck nach eine dominierende Rolle spielt. Andererseits weist auch Gerkens Position interessante politische und anthropologische Implikationen auf, die schließlich in der Forderung nach einer „Überwindung des Ich" gipfeln.[154]

Bevor ich auf den von Gerken diagnostizierten „Trend in Richtung Selbsttranszendenz"[155] und den Begriff der *Transpersonalität* näher eingehe, will ich das Managementverständnis Gerkens und seine Beschreibung derzeitiger wirtschaftlicher Grundfragen und Probleme kurz skizzieren. Dieses Unterfangen gestaltet sich insofern schwierig, als Gerken sich einer eher wenig illustrativen Sprache bedient. Insbesondere die zentralen Topoi seines Entwurfes eines systemisch-

---

[152] Vgl. Hegel 1995, S. 237.
[153] Vgl. Gerken 1995, S. 35.
[154] Vgl. ebenda, S. 297 ff.
[155] Vgl. ebenda, S. 77.

evolutionären Managements bleiben so wenig konturiert, dass an verschiedenen Stellen allenfalls gemutmaßt werden kann, was genau gemeint ist.

Unternehmen sind für Gerken Systeme, deren wirtschaftlicher Erfolg im Wesentlichen davon abhängig ist, ob eine „Erhöhung der Veränderungsgeschwindigkeit" gelingt.[156] Den gegenwärtigen Managern bleibe nur wenig Zeit „für den Umbau der Wirtschaft."[157] Er will insgesamt einen Trend „zu mehr Turbulenz" sowie zu einer *Ethisierung* und *Ökologisierung* der Wirtschaft erkennen.[158] „Alles" wandele sich immer schneller und befinde sich in „Fluktuation und instabiler Dynamik". Die Probleme der Zeit seien schwierig und hochkomplex und mit der „evolutionären Ausstattung" des Menschen nicht zu durchschauen.[159] Unvermeidlich ist auch bei Gerken die Diagnose, dass der „tiefgreifende Wandel" in Management und Wirtschaft einen Paradigmenwechsel erfordere. Handelt es sich womöglich um eine Selbstbeschreibung des Systemtheoretikers Gerken, wenn es heißt: „Es war schon immer ein Zeichen besonders kluger und weitsichtiger Eliten, frühzeitig zu erkennen, ob und wann ein Paradigmenwechsel stattfinden muß."?[160] Der *neue Manager* muss Gerken zufolge Komplexität und Selbstorganisation, Evolution und Vision, Instabilität und Fluktuation und sogar die Gesellschaft und deren „Werte" managen.[161] Er sei ein „Doppel-Manager", der „mit der einen Hand" sein Unternehmen, und „mit der anderen Hand [...] die gesellschaftliche Welt mit-managen [muss]."[162] Gleichzeitig erfahren wir, dass die Probleme, mit denen dieser „neue Manager" konfrontiert ist, „im Prinzip lösbar" sind, jedoch einen tief greifenden „Wandel" des Managers und seines „Weltbildes" erfordern würden.[163] Auf den Mythos des Managers als eines Helden und auf die Überhöhung des Managerberufes kann auch Gerken nicht verzichten:

> „Wenn sich der neue Manager den Problemen der Komplexität, der Evolution, der Instabilität und der gesellschaftlichen Werte nähert, so wirkt das auf ihn wie ein großes ‚Bad der Läuterung'. Denn das sind Probleme, die ans Grundsätzliche gehen."[164]

Ähnlich wie Kunde wirbt auch Gerken dafür, sich vom „toten Material der Zahlen" zu lösen und sich Intuitionen, Stimmungen, Gefühlen, Klatsch, in Gerkens

---

[156] Vgl. ebenda, S. 15 f. Die Hochschätzung von *Tempo und Geschwindigkeit* ist weit verbreitet. Ähnlich argumentiert auch Kunde. Vgl. Abschnitt 6.2. Zur angeblich grundlegenden Beschleunigung wirtschaftlicher Vorgänge vgl. auch Owens Beitrag „The Spirit of Leadership", 2001, S. 23ff.
[157] Vgl. Gerken 1995, S. 15.
[158] Vgl. ebenda, S. 16 f. Wachsende „Turbulenz" der Wettbewerbssituationen sieht auch Dietrich 1999, S. 42.
[159] Vgl. Gerken 1995, v.a., S. 161 ff.
[160] Vgl. ebenda, S. 28. An anderer Stelle habe ich bereits auf Krells Hinweis aufmerksam gemacht, dass die Rede vom Paradigmenwechsel Tradition hat. Vgl. Krell 1994, S. 13.
[161] Vgl. Gerken 1995, S. 27.
[162] Vgl. ebenda, S. 177.
[163] Vgl. ebenda, S. 27.
[164] Ebenda, S. 28.

Worten „...dem klare[n] Unvollständige[n], das aus dem Morgen kommt..." zu widmen.[165] Wirklich erfolgreiche Manager sorgten im Unternehmen so für eine „Kultivierung des Bewußtseins" und „für die Sensibilität wichtiger Meinungsmacher im Betrieb für strategische Fragen."[166] Auch für Gerken ist das Unternehmen als System ein „lebendiger Organismus".[167] Er macht ein „kartesianisch und damit mechanistisch maschinenhaftes Weltbild" aus, welches „der über alles dominierende Vater der betriebswirtschaftlichen Modelle" sei. Gegen ein derart technizistisches Managementverständnis setzt Gerken andere Konzeptionen von Führung bzw. „andere geistige Vorstellungsbilder, von dem, was Management sein soll", nämlich: „das Hüten einer Herde", „Dressur einer gemischten Raubtiergruppe"[168], „ökologisches Gleichgewicht" und schließlich „die Schaffung einer glücklichen Familie."[169] Führung werde zukünftig „Bewußtseinsführung" sein.[170] An anderer Stelle erklärt Gerken, Führung sei „Freiheit in Geborgenheit."[171]

6.3.2 Indirekte Steuerung und kollektive Imagination

Im Zentrum von Gerkens Führungskonzeption steht die Idee der *indirekten Steuerung*.[172] Die Unternehmenskultur müsse einen impliziten „Satz von Regeln" aufweisen, die das gewünschte Verhalten im Sinne des „Firmengeistes" sicherstellen. Dieser Prozess verläuft offensichtlich autopoietisch – anders ist der Gebrauch des Reflexivum in der folgenden Formulierung nicht zu verstehen: „Es gestaltet sich also eine Kultur der Indirektheit."[173]

Gerken spricht von einer „Mystik des Managements" und erklärt, dass man *das Mythische nur mythisch* verändern könne.[174] Sowohl traditionelle rationale Nutzen-Strategien als auch „Visionen" würden unter den neuen Bedingungen

---

[165] Vgl. ebenda, S. 28 f.
[166] Vgl. ebenda, S. 30.
[167] Vgl. ebenda, S. 36.
[168] Nagel bevorzugt das „Bild eines Gärtners", der Beete und Pflanzen bewirtschaftet, und der „das Wachstum beobachtet, Wurzeln zurechtschneidet, Schädlinge bekämpft und letztlich Früchte erntet." Vgl. Nagel 1991, S. 146.
[169] Vgl. Gerken 1995, S. 33.
[170] Vgl. Gerken 1994, S. 141 f.
[171] Vgl. ebenda, S. 541.
[172] Der aus der Systemtheorie stammende Begriff der *Steuerung* hat zwischenzeitlich vielfachen Eingang in die Alltagssprache gefunden. Gerken befindet sich mit seiner Verwendung des Steuerungsbegriffes durchaus in der Nähe zu Luhmann, bei dem der Begriff wiederholt im Konzert „Steuerung und Planung" gebraucht wird. Vgl. Luhmann 1997, S. 789 f. Darüber hinaus werden etwa die Umweltbeziehungen von Systemen bei Luhmann v.a. in komplexeren Systemen „gesteuert". Auch ist der Begriff der Selbststeuerung ein typischer „Luhmann-Begriff". Luhmann lässt allerdings keinen Zweifel daran, dass der „Organismus" keine systemtheoretische Operable, sondern ein „Vorfahre" der Systemtheorie ist. Vgl. Luhmann 1991, S. 38 ff. Zum Begriff „indirekte Steuerung" vgl. neuerdings auch Peters/Sauer 2005, S. 23 f.
[173] Vgl. Gerken 1995, S. 37.
[174] Sic! Hier werden die Begriffe *Mystik* und *Mythos* offenbar nicht exakt unterschieden.

des Wettbewerbs versagen. Daher werde in der „2. Epoche der Unternehmenskultur"[175] ein Management benötigt, „das in der Lage ist, aus einem zielorientierten Unternehmen ein kollektives Experiment zu machen."[176] Wir lesen Rätselhaftes:

> „Eine mythische Struktur muß man durch morphische Rituale zu einer kollektiven Identität umformen."[177]
>
> „Es muß mythisch gemanagt werden: Das Master-Management ist das Management dieser mythischen Intelligenz"[178]
>
> „Man muß das globale Gehirn des Unternehmens global managen."[179]
>
> „Wer nicht den 6. Sinn seines Unternehmens managt, wird in den chaotischen Märkten versagen."[180]

Trotz einer „Kultur der Indirektheit", trotz der gemeinsamen Idee, das Unmögliche möglich zu machen, trotz der Phantasie, gemeinsame Zukünfte „herstellen" zu wollen und trotz der durch durchlässigere Grenzlinien im Unternehmen angeblich entstandenen „neuen Intimität"[181] geht es aber nicht ohne Regeln und Konformität. In der so bezeichneten *Kultur der Indirektheit* ist das System selbst zunächst „der eigentliche, alles qualifizierende Regisseur."[182] In einem solchen System scheinen die Macht- und Führungsbeziehungen eine untergeordnete Rolle zu spielen, denn:

> „Alle führen sich selbst und gegenseitig."[183]

Dem systemischen Management-Ansatz nach sei „im Prinzip" jedermann „ein Top-Manager in seinem Rahmen."[184] Die Konstitution von Machtverhältnissen wird gar nicht erst berührt. Sie scheinen bei Gerken gänzlich zu verschwinden. Das Regelsystem soll auf elegante Weise zum intrinsischen Bewusstseinsphänomen werden. Gerken benutzt den Begriff eines „Motion-Field Managements". Hierunter verstehe man „das Aufbauen von mentalen Kraftfeldern, verbunden mit kollektiver Intelligenz."[185] Obwohl Gerken ein Meister darin ist, nicht wirklich konkret zu formulieren, lässt sich erahnen, was gemeint ist. Gerken spielt wohl nur vordergründig auf ein – wenn man so will – *Verschwinden des Subjekts* – konkret ein Verschwinden des Managers im klassischen Sinne an. Die von ihm

---

[175] Vgl. Gerken 1996, S. 260 und S. 286 ff.
[176] Vgl. ebenda, S. 260 ff.
[177] Ebenda, S. 264.
[178] Ebenda, S. 277.
[179] Ebenda, S. 277.
[180] Ebenda, S. 278.
[181] Vgl. ebenda, S. 290.
[182] Vgl. Gerken 1995, S.43.
[183] Ebenda, S. 44. Ähnliches lesen wir auch bei Owen: „Glücklicherweise ist, denke ich, das Geheimnis gelüftet. Der einsame Führer ist gegangen, wir alle sind Führer." Owen 2001, S. 126.
[184] Vgl. Gerken 1995, S. 46.
[185] Vgl. ebenda, S. 38.

favorisierte indirekte Bewusstseins-Steuerung durch ein Regelsystem soll nämlich auf folgendes hinauslaufen:

> „...ein adäquates, kraftvolles Regelsystem, lebendig gehalten durch Corporate-Culture Techniken. Hierdurch werden Orientierung und Wegweisung ermöglicht, weil die Regeln wie indirekte, unsichtbare Ge- und Verbote wirken. Dadurch entsteht die Richtung. Ziel-Imagination und Affirmation von Visionen. Das bedeutet, daß wir Techniken entwickeln, um Zukünfte gemeinsam sehen zu können, um sie danach durch kollektive Imagination (innere Verbildlichung) mit kollektiver Kraft („Bauch-Leidenschaft") zu versehen. Dadurch entsteht die Kraft."[186]

Trotz kryptischer Formulierung drängt sich die Vermutung auf, dass es hier im Ergebnis um die kollektive Programmierung ganzer Belegschaften geht. Ein indirekt wirkendes Regelsystem soll Orientierung und „Wegweisung" bieten, wird jedoch darüber hinaus nicht weiter inhaltlich präzisiert. Statt dessen erfährt man, dass die Konzeption und Implementierung dieses „kraftvollen" und gleichsam subtilen Regelsystems für Gerken *die* Aufgabe einer „neuen Generation von Managern [ist], die mehr systemhaft-geistig denkt."[187] Schließlich sind also sehr wohl maßgebliche Akteure für die systemoptimale Anwendung der so genannten „Corporate-Culture-Techniken" verantwortlich. Dass sich nämlich tatsächlich *alle selbst und gegenseitig führen*, ist kaum zu erwarten.

Der Manager müsse lernen, „holistisch zu denken, zu fühlen und zu handeln" und sich durch eine „intensive Zuwendung zu Visionen" zunächst um eine „Überwindung seines Weltbildes" bemühen.[188] Unter Visionen versteht Gerken „die geistigen Hormone der Bejahung", die in der Lage seien, „Leidenschaften" zu erzeugen, „um in die richtige Richtung zu gehen."[189] Firmeninterne „Ziel-Mythen" sollen Gerken zufolge „durch die Artikulation von Regeln und Visionen" von jedem „persönlich internalisiert" werden.[190] Der Manager werde zu einem „Sinnvermittler" und einem „Agenten des Wandels"[191], der definieren, bezeichnen und erklären soll, „um die widersprüchlichen Wirklichkeiten und damit auch die Widersprüche zwischen gesellschaftlichem Werte-Kontext einerseits und der wirtschaftlichen Pragmatik andererseits legitimieren zu können"[192] und eine „Harmonie der Konflikte" zu „produzieren."[193]

---

[186] Ebenda, S. 38.
[187] Vgl. Gerken 1995, S. 56.
[188] Vgl. ebenda, S. 62 und 68.
[189] Vgl. ebenda, S. 71. An gleicher Stelle wird von Visionen als „Motoren für den Mut zur Zukunft" gesprochen. Vgl. ebenda, S. 71.
[190] Vgl. ebenda, S. 44.
[191] Vgl. ebenda, S. 143 f.
[192] Vgl. ebenda, S. 124 f.
[193] Vgl. ebenda, S. 143.

6.3.3 Macht und Mythos

Der Manager soll sich dafür von konventionellen Macht-Konzeptionen verabschieden. Denn: „Macht hat sich zu transformieren. Von der Militär-Befehlsmacht (formale Macht) zur Katalysatoren-Macht."[194] An anderer Stelle ist von der Notwendigkeit einer para-systemischen Optimierung des Managements von Unternehmenskultur und Vision als *sanftem Management* die Rede.[195] Dabei kommt der Unternehmensphilosophie als Instrument der Kulturgestaltung auch bei Gerken ein zentraler Stellenwert zu.[196] Der Mythos soll als Management-Instrument eingesetzt werden, und manipulierendes Intervenieren wird als systematische Strategie formuliert:

> „Management kann man aus dieser Sicht eher auffassen als Manipulation von Mythen, Symbolen[197], Etiketten, von Denk-, Sprach- und Interpretationsmustern."[198]

Ein derart umfassendes Managementverständnis impliziert zwangsläufig begrenzte Exitoptionen für die Geführten, wenn durch Unternehmensführung sogar Denk-, Sprach- und Interpretationsmuster manipuliert werden sollen. Gerken fasst zusammen:

> „Es handelt sich um eine neuartige Metaphysik des Managements: [...] der Top-Manager als *Gestalter von Geist*, Sprache, Sinn und Kultur."[199]

Gerken ist bemüht zu betonen, dass diese umfassenden Aufgaben und insbesondere die „Gestaltung" von *Sinn* ohne Zwang erfolgen müssen, da Sinn immer das Ergebnis kommunikativer Verständigungspotentiale sei und „mündige Bürger" benötige. Andernfalls sei zu befürchten, dass es zu einem „Unbehagen in der Unternehmenskultur" komme.[200] Wir lesen: „Die ideale Firmenkultur ist das Ergebnis eines dualen Prozesses: Von unten kommt der größte Teil der inhaltlichen Substanz, von oben kommt die Kompetenz zur Formung einer gestaltfesten Kultur."[201] Und weiter: „Kultur-Management ist aktive Bewußtseinsförde-

---

[194] Ebenda, S. 151. Wieder kann man nur vermuten, was unter „Katalysatoren-Macht" verstanden werden kann. Ohne den komplizierten Begriff der Macht, der aus der Sicht des Verfassers geeignet ist, Relationen zu beschreiben und nicht eine Substanz selbst bezeichnet, an dieser Stelle näher untersuchen zu können, sei darauf hingewiesen, dass die o.g. „Militär-Befehlsmacht" in vielen Unternehmen glücklicherweise seit längerem nicht mehr als gängiger Machttypus zu beobachten ist. Die Machttypologie und die Gegenüberstellung der von Gerken identifizierten Machttypen wirken konstruiert und vereinfacht.
[195] Vgl. Gerken 1987, S. 24 f. In Gerken 1996, S. 157 ff. wird dagegen ein „Soft-Management der Unlogik" favorisiert.
[196] Vgl. Gerken 1995, S. 126 f.
[197] Über Symbole heißt es: „Sinnvermittlung braucht Symbole. Nur durch Symbole und Symbolhandlungen lassen sich Sinn-Strukturen, Autoritätsverhältnisse und Handlungsabläufe regeln." Ebenda, S. 189.
[198] Gerken 1995, S. 189.
[199] Vgl. ebenda, S. 189.
[200] Vgl. ebenda, S. 326 ff.
[201] Ebenda, S. 329.

rung und nicht Bewußtseinsbefehl."[202] Die Verpflichtung, die Mitarbeiter an der Kulturentwicklung mitwirken zu lassen, sei gerade in Deutschland durch „eine deutliche Scheu vor zu drastischen Symbol-Handlungen" begründet, deren Ursache Gerken in *„allzu starke[n] Assoziationen an das Dritte Reich"* erkennen will.[203] Die Ausführungen Gerkens an dieser Stelle lassen eigentlich nur einen Schluss zu: Es wird zwar die Auffassung vertreten, dass im Hinblick auf Deutschland besondere Rücksichten zu nehmen und letztlich doch gewisse Grenzen der Manipulation einzuhalten seien. Andererseits aber werden offenbar die so bezeichneten „drastischen Symbol-Handlungen" im Unternehmen grundsätzlich für sinnvoll erachtet, wie durch die oben erwähnte Formulierung „allzu stark" angedeutet wird.[204]

6.3.4 Wissenschaft und Gesellschaft

Gerken argumentiert auf der Basis einer dualistischen Wissenschaftstypologie: Auf der einen Seite verortet Gerken konventionelle Managementmethoden, „kartesianisches Denken" und die Schlagworte Dirigismus, Technizismus, „Sterilität der Analyse", „totes Material der Zahlen", Ideologie und Dogmatik, auf der anderen Seite hingegen systemische Evolution, Selbststeuerung und Selbstorganisation, „originäre Kraft der Visionen", Selbsttranszendenz, Energie, emotionale Dynamik usw.[205]

Schließlich gerät diese Typologie zur Mentalitätskunde. Im Gegensatz zu Japan und Amerika, die offen für den „visionary factor" seien, befindet Gerken über Deutschland:

---

[202] Ebenda, S. 335.

[203] Vgl. ebenda, S. 337, Hervorhebung M.S. Gerken trägt das Argument vor, als sei der Zusammenhang völlig abwegig. Wenn seine Diagnose zutrifft, dass manipulative Symbolhandlungen, insbesondere wenn sie „drastisch" sind, in Deutschland verstärkt auf Skepsis und Ablehnung treffen (was man bezweifeln kann), bliebe zu fragen, ob man die von Gerken behaupteten „Assoziationen an das Dritte Reich" gerade in einem Kontext, indem es um die professionelle Manipulation großer Gruppen geht, als „allzu stark" bezeichnen sollte, wenn man Missverständnissen verbeugen möchte.

[204] Gerken stellt an anderer Stelle fest, dass es „im Prinzip keine Autonomie des Führers" gebe und dass „die Masse vom Führer weder Willen noch Willensgehalt" empfange. Vielmehr finde der „Führer" die Grundrichtung vor und sei „abhängig von den Massen". Der „Führer" resp. der Manager soll wie weiter oben bereits angedeutet eine indirekte „Kohärenz des Wollens" herstellen. Vgl. ebenda, S. 123 ff. und S. 156 f. Da Gerken zugleich einräumt, dass ein in seinem Sinne operierendes Management bereits auf „informelles" Management „umgeschaltet" habe und sich gleichsam unterschiedlichster so genannter „Mental-Techniken" bediene, erscheint der beschriebene Entwicklungstrend als eine Art Notlage: Weil die direkte Sicherung autoritativer Macht- und Durchsetzungsansprüche nicht gelingt, sind subtilere Techniken erforderlich. Der Machtanspruch selbst wird hingegen keineswegs aus der Hand oder „an das System selbst" abgegeben, sondern verbleibt beim Management. Aus dieser Perspektive ist das systemischevolutive Management weit weniger neu oder gar revolutionär als es Gerken Glauben machen will.

[205] Gerken 1995, S. 56 ff.

> „Deutschland hingegen ergeht sich [...] in überkritischer Selbstanalyse, in einer zweifelnden Tiefgründigkeit, die lähmt und zementiert, kombiniert mit einer stillen und subtilen Weigerung, das Geheimnis des visionary factors auf die Ebene des Alltags-Managements anzuwenden."[206]

Anhand dieser kurzen Ausschnitte möchte ich nicht nur auf die komplexitätsreduzierenden Dualismen der Argumentation aufmerksam machen, sondern auch darauf hinweisen, dass Gerkens Beiträge insgesamt die Gestalt eines „philosophischen Gemischtwarenladens" aufweisen. In seiner Einschätzung der gegenwärtigen Lage von Wirtschaft und Gesellschaft und deren Beziehungen zueinander trifft Gerken einige unerwartete Feststellungen. So ist beispielsweise zu bemerken, dass man bei Gerken zum Verhältnis von Mensch und Gesellschaft auf ein und derselben Seite lesen kann, dass zwischen „Menschlichem und Gesellschaftlichem" einerseits eine „permanente Identität" bestehe, „da beide im Prinzip aus demselben, nämlich geistigen Stoff sind", und dass (ungeachtet dessen M.S.) andererseits ein Gegensatz zwischen beidem bestehe „der im Prinzip unversöhnlich ist."[207] Wenig erhellend ist der Hinweis, dass die Gesellschaft für das menschliche Handeln „sowohl eine Voraussetzung als auch ein Ziel" sei.[208]

Das „Subsystem" Wirtschaft habe sich mit der Zeit allerdings mehr und mehr von der Gesellschaft entfernt. Gerkens Auffassung nach ist es nun erforderlich, zu einer „Rückführung der Wirtschaft in die Gesellschaft" zu gelangen.[209] Es komme langfristig zu einer „Wiederverheiratung des Subsystems Wirtschaft mit dem Globalsystem Gesellschaft", sie würden alsbald „wieder eins."[210]

Wieder erfährt man nur ungefähr, was darunter zu verstehen sein soll. Gerken will einer den Aktivitäten der Wirtschaftsunternehmen gegenüber kritischen Öffentlichkeit und deren wachsender Skepsis insbesondere in Bezug auf ökologische Fragen mit *re-integrativen* Strategien begegnen. Er empfiehlt den Unternehmen, mit den von ihm so bezeichneten „Contra-Gruppen" der Gesellschaft zu „konzertieren." Gerken warnt:

> „Jeder Versuch, die Gesellschaft weiter auszugrenzen und sie zu ignorieren, stärkt sowohl die subversiven Anti-Gruppen als auch die emanzipatorischen Intentionen der neuen sozialen Bewegungen."[211]

Dies muss also offenbar vermieden werden. An anderer Stelle ist vom *System Gesellschaft* als einem *„hüpfenden Superfaktor"* (sic!) die Rede, „mit dem man sich arrangieren und mit dem man kooperieren muß, damit er nicht gefährlich werden kann."[212] Auch bei Gerken werden die Umwelt des Systems bzw. die Ge-

---

[206] Ebenda, S. 72.
[207] Vgl. ebenda, jeweils S. 119.
[208] Vgl. ebenda, S. 119.
[209] Vgl. ebenda, S. 61.
[210] Vgl. ebenda, S. 78.
[211] Vgl. ebenda, S. 81.
[212] Vgl. ebenda, S. 85. Hervorhebung M.S. Zu den Einzelheiten der gesellschaftlichen „Gefährlichkeit" vgl. auch Gerken 1987, S. 159 ff., insbesondere die Ausführungen über neue „mentale Gruppen" und neue Konsumententypen. Zu den „subversiven Anti-Gruppen" scheint Gerken

sellschaft wiederum als für das Unternehmen prinzipiell bedrohlich gedacht. Besondere Gefahr geht jedoch offenbar von Seiten der Ökologie- und Umweltschutzbewegung aus. Dem so genannten „grünen Gegner" muss durch die Umstellung auf eine „ökologische Marktwirtschaft" der Wind aus den Segeln genommen werden, um eine „eindimensionale und rigide-pessimistische Grün-Wirtschaft" zu verhindern.[213] Die Vorstellung, die Wirtschaft könne am Ende des 20. Jahrhunderts (dies gilt wohl auch noch zum jetzigen Zeitpunkt M.S.) die Gesellschaft *manipulieren*, sei als Illusion zu verabschieden.[214] Angesichts der weiter oben über die Aufgaben des Managers referierten Bemerkungen Gerkens zur Notwendigkeit des Manipulierens, wirkt diese Diagnose widersprüchlich. Gerken entschließt sich sogar zu folgender Behauptung:

> „Business wird immer mehr fremdbestimmt von der *Selbstorganisation des gesellschaftlichen Klimas*."[215]

Diese Argumentation steht in diametralem Gegensatz zu einer ganzen Ägide von an der Debatte beteiligten Wissenschaftlern und Autoren, die im Gegenteil eine immer weiterreichende Bestimmung des gesellschaftlichen Raums durch ökonomische Fragen, Perspektiven, Probleme und Akteure diagnostizieren.[216]

Gerken hingegen prophezeit langfristig eine „globale Lehre der Ökologie", die der Wirtschaft nur noch die Rolle eines „Untersystems" zuweisen werde.[217] Diese Behauptung ist angesichts der gegenwärtigen Lage kaum nachzuvollziehen. Ähnliches gilt für Gerkens weitere Zukunftsprognosen: Die Gesellschaft werde immer mehr zum „fraktalen Archiv", welches *sich* „permanent" bewege. Daher, so Gerken schlussfolgernd, werde die „Self-fulfilling Dynamik im Sinne der Autopoiesie immer wichtiger"[218] Über die *Wirklichkeit* der Zukunft heißt es:

> „Die nächste Wirklichkeit ist nur diejenige, die sich in unserer Kultur besonders gut erfinden und inszenieren kann."[219]

Für das ganz und gar *trendorientierte* Unternehmen des 21. Jahrhunderts heißt dies, dass der Unternehmer vom Erfinder von Produkten zum Erfinder „von

---

auch die Ökologiebewegung zu zählen. Vgl. dazu und zum Begriff des von Gerken so genannten „Öko-Sozialismus" v.a. die ältere Ausgabe des Beitrages *Der neue Manager* von 1988, S. 15 f. und S. 315 ff.
[213] Vgl. Gerken 1995, S. 107.
[214] Vgl. ebenda, S. 81.
[215] Ebenda, S. 83. Hervorhebung M.S. Im Original in Anführungszeichen.
[216] Eine Aufzählung an dieser Stelle bleibt in jedem Fall unvollständig. Vgl. jedoch u.a. Chomsky 2000, Ulrich 2001, Weiss 2003, Forrester 1998, Zinn 1997, Bourdieu 1998, Ramonet 1998. Wie bei allen Vorschlägen zur Rückeinbindung von etwas in etwas, liegt diesem Wunsch die implizite Vorstellung zugrunde, zu einem früheren Zeitpunkt sei das Eine in das Andere eingebunden gewesen. Übertragen auf unseren Zusammenhang geht Gerken also davon aus, dass „die Wirtschaft" einmal in „die Gesellschaft" eingebunden gewesen sei und dies phasenweise nicht mehr der Fall gewesen sei.
[217] Vgl. Gerken 1995, S. 112.
[218] Vgl. Gerken 1996, S. 49.
[219] Ebenda, S. 49

neuen Bewußtseinen" werde. Gerken spricht in diesem Zusammenhang von *Emergenz*.[220]

Im Folgenden werde ich mich den von Gerken eingeführten Begriffen der *Selbsttranszendenz* und der *Transpersonalität* zuwenden und versuchen, die Spuren der von Gerken anvisierten *Überwindung des Ich* nachzuzeichnen.

6.3.5 Selbsttranszendenz und Transpersonalität

Zum Begriff *Selbsttranszendenz* ist zunächst zu erfahren: „Es ist die Fähigkeit im menschlichen Denken und Handeln, dafür zu sorgen, daß man nicht Opfer seiner eigenen Ideologien wird [...], sondern daß man sich befähigt, die eigenen Gesichtspunkte zu verändern."[221]

Das *Werden der Welt* und auch das Werden von Organisationen vollziehen sich für Gerken als Kreislauf, als Kreis der sich „im Sinne einer Spirale" in die Höhe entwickelt.[222] Die „kreisförmige asiatische Logik" müsse „erst einmal innerlich akzeptiert werden, um wirklich evolutionär kybernetisch zu wirken...".[223] Wer diese „Gesetze der Evolution" begreife, der bekomme ein „anderes Bild vom Menschen", das zugleich die Voraussetzung für adäquates Management sei.[224]

Am Anfang des vom Manager zu durchlaufenden „läuternden" Erkenntnisprozesses stehe die Einsicht, „welcher Selbst-Ideologie man derzeit folgt."[225] Dann muss es zu einer Entwicklung der Persönlichkeit auf der Basis eines „intensiven Spezial-Trainings" kommen.[226] Ob damit das von Gerken selbst angebotene *Mind-Design. Das Trainings-Programm für den besseren Geist* gemeint ist, kann ich hier nur vermuten.[227] Über dieses Programm mit dem Ziel einer „spezifischen Meta-Programmierung für Unternehmer und Manager" ist jedenfalls zu erfahren, dass man hier nichts Geringeres will als:

„Den Geist neu machen. Den Geist schneller machen. Den Geist erhöhen"[228]

Gerken berichtet im Zusammenhang mit der „mentalen Optimierung" von Mitarbeitern und Managern von Unternehmen, die „...ihren Mitarbeitern eine „Versenkungsübung", die ja in Richtung Ego-Transformation zielt..." offerieren. Er

---

[220] Vgl. Gerken 1996, S. 54.
[221] Gerken 1995, S. 107. Den Begriff der *Selbsttranszendenz* kennen wir aus dem Denken Viktor Frankls. Die hier beschriebene Selbstüberschreitung ist jedoch in einen völlig anderen Kontext eingebettet und weist in eine andere Richtung. Selbsttranszendenz ausgerechnet als Instrument zu mehr Erfolg im Management zu denken, dürfte den Zugang zu den mit dem Begriff verbundenen wichtigen Fragen gleich wieder versperren. Vgl. dazu neuerdings den luziden Beitrag von Gilbert Weiss über die „Pneumopathologie der Marktgesellschaft", München 2003, S. 14 ff.
[222] Vgl. Gerken 1995, S. 113
[223] Vgl. ebenda, S. 113.
[224] Vgl. ebenda, S. 115.
[225] Vgl. ebenda, S. 122 f.
[226] Vgl. ebenda, S. 304.
[227] Vgl. Gerken 1996, S. 325.
[228] Ebenda, S. 326

spricht von Rebirthing-Kursen, Intuitionstrainings und Meditation.[229] An anderer Stelle ist von „transzendenz-fördernden Techniken" zur Entwicklung eines „transpersonalen Bewusstseins" und „paragnostischer Fähigkeiten" die Rede.[230] Der Manager soll Gerken zufolge offenbar mit kosmischen Mächten (oder gar dem Kosmos selbst? M.S.) in Verbindung treten:

> „Es gibt also [...] einen Aspekt von Weisheit, der sich erst durch den Dialog mit der Transzendenz (Kosmos) erschließt."[231]

Dafür benötigt der Manager ein „duales Bewusstsein". Gerkens Erklärung wirft wieder mehr Fragen auf als sie beantwortet: „Er [der Manager M.S.] muß einerseits linear-rational, d.h. ego-zentriert denken und entscheiden können, und gleichzeitig muß er in der Lage sein, sein Ego zu transzendieren, um sich von der kosmischen Intelligenz (eine Art höherer Computer) Erkenntnishilfen ‚zuspielen zu lassen'."[232]

Gelingt dieser Dialog mit den „Meta-Kräften", erlangt der Manager eine strategische Überlegenheit und verbesserte Prognosefähigkeit: „Um höhere Ordnungen im Chaos und um Sinn und Richtung von turbulenten Verläufen erkennen zu können, benötigt der neue Manager eine *komplexe Intuitions-Qualität, die über den statischen und konservierenden Begriffen des Gedächtnisses und der Sprache liegt*", und gelangt so zu einer *„neuen Fühl- und Erkenntnis-Qualität."*[233] Durch die Verbindung der Intellektualität und der „analytischen Intelligenz" des Managers mit „kosmischer Intelligenz" wird das *Ich* überschritten und überwunden. An anderer Stelle empfiehlt der „Trendforscher" Gerken „dringend, sich dem Thema *Brain-Programmierung* zuzuwenden". Mentale Kompetenz sei weder an Universitäten erlernbar noch durch eine übende tägliche Praxis erwerbbar. Der „Aufbruch zum Winning-Spirit" ist eine besondere religiös-spirituelle Angelegenheit.

Obwohl vieles unklar bleibt, ist der diffuse Rekurs auf östliche Denktraditionen bei Gerken unverkennbar. Er formuliert kategorisch, dass das „abendländische Denken" im Gegensatz zum asiatischen Denken „einen anorganischen und damit lebensfeindlichen Kern" habe.[234] Seine „systemisch-evolutionäre Management-Theorie", die in Bezug auf das zentrale Anliegen der „Beherrschung von

---

[229] Vgl. Gerken 1995, S. 77.
[230] Vgl. ebenda, S. 305.
[231] Vgl. ebenda, S. 299. Wieder stellen sich neue Verständnisfragen. Werden Transzendenz und Kosmos hier synonym verwandt?
[232] Vgl. ebenda, S. 299. Sic! Die letzten drei Wörter des Satzes stehen im Original in Anführungszeichen. In eine ähnliche Richtung gehen auch die Überlegungen Rudolf Manns zur *neuen Führung*: „Es ist alles eins [...] Das spirituelle Selbst hat die Führung übernommen [...] Das Wesen kann sich entfalten, die Essenz wird spürbar..." Vgl. Mann 1996, S. 232 f.
[233] Gerken 1995, S. 301. Hervorhebung M.S.
[234] Vgl. ebenda 1995, S. 77. Die Rede vom „asiatischen Denken" stellt aus meiner Sicht eine geradezu skandalöse Simplifikation dar. Gerken nimmt immer wieder Bezug auf Capras Schrift „Wendezeit". Dass die Fragen unterschiedlicher Denktraditionen bei Capra eine weit differenziertere Betrachtung erfahren, versteht sich von selbst. Vgl. Capra 1991.

Komplexität" den von Gerken so genannten „konstruktivistisch-technomorphen" Ansätzen überlegen sei, läuft so im Ergebnis auf einen östlich inspirierten *spirituellen* Managementansatz hinaus, der freilich keine spezielle *Methode* zur Erlangung der „Selbsttranszendenz" im Visier hat. Die in Aussicht gestellte Partizipation des Managers an „kosmischer Intelligenz" hat politische und religiöse Implikationen: Die Teilhabe an kosmischer Intelligenz und der Zugang zu ihr sowie höherwertige Perzeptions- und Erkenntnismöglichkeiten machen den Manager in Gerkens Konzeption zu einer *Superperson*.

Das Überschreiten und Übersteigen der eigenen Person und die inaugurierte Entwicklung der Persönlichkeit „in Richtung Selbsttranszendenz" und Aktualisierung dieser Potentiale bieten die legitimatorische Grundlage dafür, dass die „indirekt Gesteuerten" Gefolgschaft schulden. Es kann festgehalten werden, dass auch Gerkens Konzeption bedenkliche Elemente enthält. Während es vordergründig so aussieht, als sei Gerken nur Beobachter von „selbststeuernden" Systemen, entpuppt sich der Entwurf als Aufruf zur zielgerichteten und systematischen „Kultur-Manipulation". Wer in diesem Entwurf die maßgeblichen Entscheidungen trifft und die „Richtung" vorgibt, bleibt keineswegs ungeklärt, es ist der „neue", mit kosmischer Intelligenz kooperierende, sich selbst überschreitende und letztlich ein weiteres Mal als großer Mann konzipierte Manager.

6.4 Begeisterung und Kalkül: Matthias zur Bonsens *Transformierende Führung*

Matthias zur Bonsen ist ein bekannter und, soweit ich dies beurteilen kann, angesehener Unternehmensberater. Inwieweit seine Konzeption eines *ganzheitlichen Managements* als repräsentativ für die Beratungsszene in Deutschland bezeichnet werden kann, ist an dieser Stelle nicht zu untersuchen. Zur Bonsen zählt eigenen Angaben zufolge jedenfalls eine Vielzahl namhafter Unternehmen zu seinen Kunden. Darüber hinaus verfügt zur Bonsen über eine beachtliche Veröffentlichungsliste. So erhält man auf Anfrage bei der *Zur Bonsen & Associates* einen Reader mit annähernd 30 Veröffentlichungen (darunter in einschlägigen Publikationsorganen wie Harvard Business Manager, Zeitschrift Organisationsentwicklung etc.) aus jüngerer Zeit.

Der Schwerpunkt von zur Bonsens Aktivitäten besteht offenbar in der Organisation so genannter *Zukunftskonferenzen*, in denen ausgewählte Mitarbeiter eines auftraggebenden Unternehmens in einem „offenen Raum" (Open-Space) die Zukunft des Unternehmens „entwerfen" sollen.[235] Diese Technik wird als

---

[235] Die Großgruppenverfahren bzw. die Open-Space Methoden sind Varianten neuerer Moderationsmethoden, die in vielfältigen Zusammenhängen bei größeren Gruppenprozessen bzw. bei Großveranstaltungen mit vielen Teilnehmern zum Einsatz kommen. Dabei sind verschiedene Methoden zu unterscheiden, insbesondere ist zu fragen, ob der Gruppenprozess tatsächlich „ergebnisoffen" gestaltet werden soll, oder ob ein von vornherein feststehendes Ergebnis von der großen Gruppe „gemeinsam erarbeitet" werden soll. Im Vordergrund dieser Analyse

"Großgruppenintervention" bezeichnet – ich komme gegen Ende dieses Abschnittes darauf zurück. Im Mittelpunkt von zur Bonsens Arbeit und Interesse, so ist im Klappentext zu lesen, steht „seit vielen Jahren das Thema Vision".[236] Ich konzentriere mich im Rahmen meiner Analyse auf einen Beitrag mit dem Titel *Führen mit Visionen. Der Weg zum ganzheitlichen Management* aus dem Jahr 2000 und ziehe andere Veröffentlichungen zur Illustration hinzu. Wir werden bei der Untersuchung von zur Bonsens Position auf Parallelen zu den Ansätzen von Kunde und Gerken stoßen. Im Grundsatz verfolgt auch zur Bonsen einen im weitesten Sinne *intuitionistischen* und charismatischen Führungsansatz.

6.4.1 Eine „Vision von Größe"

Gleich zu Beginn seines Buches macht zur Bonsen eine Grundsatzaussage, in der das Streben nach Erfolg und Anerkennung als anthropologische Konstante eingeführt und auf Unternehmen ausgeweitet wird:

> „In jedem Menschen, jedem Führungsteam und jedem Unternehmen gibt es eine Glut unter der Asche. Diese Glut ist der sehnliche Wunsch, eine erträumte Zukunft zu erschaffen, Teil eines größeren Ganzen und erfolgreich zu sein."[237]

Der Wille zu Erfolg und Ansehen und dazu, „etwas wirklich Großes" zu erschaffen, wird lautmalerisch mit *Die Glut* umschrieben. Zur Bonsen erklärt:

> „Diese Glut ist unsere Vision, unsere Lebensenergie und unser Glaube daran, diese Vision verwirklichen zu können. Kurz: Die Glut ist unsere visionäre Kraft, die letzte und tiefste Ursache des Erfolges. Diese Kraft ist immer da, wir haben Visionen, wir haben Energie und wir haben Glauben. Und zwar genug um die Wirklichkeit zu kreieren, die wir uns wünschen,..."[238]

An dieser Stelle lässt sich bereits zweierlei beobachten: Einerseits wird auch bei zur Bonsen das Erfolgspotential gewissermaßen *in den* Menschen eingepflanzt, er hätte alle Voraussetzungen für Größe und Erfolg, er hat sogar Energie und Glauben, allein die Aktualisierung seiner Potentiale ist noch nicht gelungen. Darüber hinaus sind die dem Menschen innewohnenden Kräfte aber offensichtlich so stark, dass er selbst sogar die „Wirklichkeit kreieren" können soll. Diese Überlegung läuft in letzter Konsequenz darauf hinaus, die Wechselwirkungen

---

steht indes nicht eine kritische Betrachtung der Großgruppenverfahren als solche, die bei verschiedenen Gelegenheiten durchaus sinnvoll eingesetzt werden können und sogar zu einer Demokratisierung von Entscheidungsabläufen beitragen können. Hier geht es vorrangig um das den Interventionen zur Bonsens zugrunde liegende Denken. Zur Grundidee der nicht direkt auf Großgruppen bezogenen Moderationsmethode vgl. das Standardwerk von Klebert/Schrader/Straub 2002. Zu den Gefahren und Chancen der Großgruppenmethoden vgl. den Beitrag „Reflexionen zum Thema *Massen und faschistoide Phänomene* und zur Organisation von Großgruppen" von Peter Heintel 2000, S. 45 ff..
[236] Vgl. zur Bonsen 2000a, S. 157.
[237] Ebenda, S. 9.
[238] Ebenda, S. 9

zwischen Handeln und Behandeltwerden, zwischen eigenen Aktionen und widerfahrenden Ereignissen nicht nur im Arbeitsleben, sondern in der Existenz insgesamt in Abrede zu stellen. Ich muss nicht extra betonen, dass die Behauptung, so stark sie auch immer wieder faszinieren mochte und mag, regelmäßig der Alltagserfahrung widerspricht. Über die Wirklichkeit, die „wir uns wünschen" lässt sich eben *nicht* beliebig verfügen. Zur Bonsen geht aber davon aus, dass die Möglichkeiten, „etwas wahrhaft Großartiges" zu erschaffen, im Einzelnen verborgen liegen, dessen „visionäre Kraft" *wieder* freigelegt werden müsse.[239] Ähnlich wie Kunde folgert auch zur Bonsen angesichts noch schlummernder Potentiale, dass sich die Wirtschaft insgesamt „weniger dynamisch" entwickele als dies im besten Falle möglich wäre.[240] Er fordert daher vom Top-Management eines Unternehmens eine „Besinnung" auf die „tiefer liegenden Ursachen des Erfolges", nämlich: V*ision, Glaube und Energie*.[241] Wir lesen:

> „Dann werden wir eigene Wege erfinden, die uns unweigerlich zur Erfüllung unserer Träume und zu einer dynamischen Entwicklung führen werden."[242]

Nicht unbeachtlich ist zur Bonsens Behauptung, dass durch die Aktualisierung und *Entwicklung* der „visionären Kraft", die „in uns" verborgen ist, die „Erfüllung unserer Träume" nachgerade mit Notwendigkeit eintreten soll.[243] Diese Erfüllung erfolgt ja, wie oben zu lesen ist, *unweigerlich*. Der erste Schritt auf dem Weg zu „echter Größe" besteht bei zur Bonsen in der Kreation einer Vision *von sich selbst*, die, was an diesem Punkt der Untersuchung nicht überrascht, eine *totale* Veränderung der Selbstkonzeption der Beteiligten erfordert, eine Überwindung des bisherigen „Weltbildes":

> „Wenn wir etwas wahrhaft Großartiges erschaffen wollen, werden wir früher oder später entdecken, dass dies nicht geht, solange wir selbst die Gleichen bleiben. Wir müssen auch selbst großartig werden. Wir brauchen eine

---

[239] Vgl. ebenda, S. 9 und S. 14. Natürlich stellt sich alsbald die Frage, was zur Bonsen denn nun konkret unter einer Vision respektive unter einer Unternehmensvision versteht. Dazu heißt es: „Eine Unternehmensvision ist ein Vorstellungsbild davon, wie das Unternehmen und sein näheres Umfeld einmal sein sollen. Sie ist idealistisch und strategisch, erhaben und profan, altruistisch und egoistisch zugleich. Sie beschreibt einerseits das Ideal, das das Unternehmen erreichen will, das höchste Potential, das in ihm steckt, ein Unternehmen mit mehr Leben, Energie, Qualität, das hohe Werte lebt, begeisterte Kunden hat und ein großartiger Platz zum Arbeiten ist. Sie beschreibt andererseits, was das Unternehmen bei seinen Kunden und im Markt erreicht haben will, wie es gewachsen sein will und wie seine Leistungen einmal sein sollen. Die Vision zeigt, welchen Nutzen das Unternehmen für andere, zum Beispiel die Kunden und die Allgemeinheit, schaffen will, aber auch, welchen Nutzen es für sich selbst schaffen will, zum Beispiel, dass es gut verdienen will. Sie enthält Ideale, die ewig gelten, zum Beispiel „begeisterte Mitarbeiter"...". Ebenda, S. 51.
[240] Vgl. ebenda, S. 9.
[241] Vgl. ebenda, S. 10.
[242] Ebenda, S. 10. (Hervorhebung M.S.)
[243] Vgl. ebenda, S. 10.

Vision von Größe und Meisterschaft von uns selbst (auch die ist schon in uns) und müssen sie in uns verwirklichen."²⁴⁴

Man kann diese Aussage nicht als fragwürdige Aufforderung, sich selbst systematisch etwas vorzumachen, abtun. Es sei daran erinnert, dass der Erfolg von Groß- und Massenveranstaltungen verschiedener bekannter Experten für Erfolg und Motivation²⁴⁵ letztlich genau darauf basiert, dass Aussagen dieser Art in hohem Maße affektuelle Zustimmung erfahren. Auch in diesen Veranstaltungen geht es primär darum, sich selbst zu vergewissern, dass man *der Größte* ist und *alles* erreichen kann. Der Anspruch an die Veränderung der Konzeption des Selbst ist auch bei zur Bonsen umfassend: Der „Visionär" müsse sich von seinen Unsicherheiten, seinen Ängsten, seiner Unruhe, seinen Begierden, seinem Groll, seiner Verletzlichkeit (!), mithin von allem „was immer uns beeinträchtigt" trennen, da seine Bemühungen andernfalls zu „disharmonischen Ergebnissen" führen würden.²⁴⁶

Äußere Erfolge, die in diesem Kontext wohl als rein materielle Erfolge im Arbeitsleben zu verstehen sind, müssen zur Bonsen zufolge mit „innerem Wachstum" erreicht werden.²⁴⁷ Die Anstrengungen, die mit diesem Trennungs- und Wachstumsprozess verbunden sind, werden schließlich belohnt:

„Wir können als Menschen wachsen und unser Ich „verwandeln". Wir können viel energiereicher, liebender, optimistischer, harmonischer, positiver, gelassener und meist auch gesünder sein, als wir heute sind."²⁴⁸

Darüber hinaus sei es schließlich möglich, „der Allgemeinheit zu dienen" und „eine Spur auf der Erde" zurückzulassen, obgleich Arbeit an und mit der Vision, die wiederum selbst einem stetigen Entwicklungsprozess unterliege, gleichwohl „eine immerwährende Aufgabe" darstelle.²⁴⁹

Die Entdeckung der eigenen *Vision* erfordert eine umfassende meditative und selbstimaginative Bemühung. Auf autogenes Training oder „eine ähnliche Technik" wird ebenso verwiesen, wie auf die in den USA an einigen Hochschulen offenbar durchaus gängige Praxis eines „Visionsfastens in der Natur".²⁵⁰ Mittels Meditation, der „Reise ins Zentrum" kann also die eigene Vision „die schon in uns ist", entdeckt werden. Es könne in diesem Prozess eine (verlorene?) *Mitte* (wieder)gefunden werden, und angeblich sei bereits nach einem Tag des Schweigens spürbar, dass „Visionssuche auch Heilung" ist.²⁵¹ Ist die eigene Vision einmal entdeckt, müsse ihr Aufmerksamkeit und Sorge entgegengebracht, in zur Bonsens Worten, „Energie" zugeführt werden. Zur Bonsen konstruiert eine

---

²⁴⁴ Ebenda, S. 14.
²⁴⁵ Vgl. dazu Kapitel 8.
²⁴⁶ Vgl. ebenda, S. 14.
²⁴⁷ Vgl. ebenda, S. 15.
²⁴⁸ Ebenda, S. 15.
²⁴⁹ Vgl. ebenda, S. 15 f.
²⁵⁰ Vgl. ebenda, S. 18 f.
²⁵¹ Vgl. ebenda, S. 18 f. So seien „Tragödien aller Art [...] machtvolle Katalysatoren für das Bewusstwerden der Dinge, die wir in unserem Leben erschaffen wollen." Ebenda, S. 20.

Notwendigkeit der Realisierung derartiger Visionen und sieht offenbar ebenfalls ein Prinzip bzw. eine *verborgene Kraft* am Werke:

> „Wir werden für die Vision sicher viel arbeiten. Und zugleich wird sie sich von selbst erfüllen. Denn wir werden das Glück der Tüchtigen haben."[252]

> „Erinnern wir uns daran, dass Wünsche in uns eine Bedeutung haben und dass wir unsere Vision realisieren sollen."[253]

> „Wenn wir uns unsere Vision bewusst machen und lernen, an sie zu glauben, dann verbinden wir uns mit einer Kraft, die größer ist als wir selbst. Es ist der Geist, der die Materie erschafft."[254]

Mit der Einführung einer *Kraft, die größer ist als wir selbst,* wird ein entscheidender Sprung getan. Die Implikationen dieser Aussage sind noch weitreichender als die ebenfalls gewagte Behauptung, „Wünsche in uns" hätten zwangsläufig eine Bedeutung, die im Sinne eines Zeichens auf etwas aufmerksam machen solle. Sie unterstellt zum einen gewissermaßen eine *Logik des Erfolges*. Der Erfolg kann bei genügender Vorbereitung nicht mehr ausbleiben, weil unter bestimmten Voraussetzungen eine Verbindung mit einem machtvollen Prinzip eingegangen wird, die den günstigen Ausgang des visionären Unternehmens sicherstellt. Durch die Partizipation an den Möglichkeiten einer transzendenten Kraft gelangt der Visionär in eine Sphäre neuer Möglichkeiten. Gleichwohl ist bei zur Bonsen das Abenteuer des Visionärs an dieser Stelle noch nicht zu Ende. Wir erfahren:

> „Schließlich werden Rückschläge eintreten. Die Dinge laufen nicht gut oder es passiert sogar das Gegenteil von dem, was wir erschaffen wollen."[255]

Keineswegs darf in diesem Fall an der Wirkmächtigkeit der oben beschriebenen höheren Kraft gezweifelt werden. Die Rückschläge sind vielmehr eine Probe:

> „Wir werden getestet, ob wir es wirklich ernst meinen. Wir werden versucht aufzugeben. Das ist ein gutes Zeichen und wir dürfen uns nicht beirren lassen."[256]

Bei all dem bleibt zunächst rätselhaft, wer den „Visionär" hier auf die Probe stellt. Zur Bonsen bleibt in dieser Frage kryptisch. Er lässt Herbert Spencer sagen:

> „In all den Mysterien, die uns umgeben, ist nichts sicherer, als dass um uns ständig eine unendliche, ewige Energie gegenwärtig ist, aus der alle Dinge hervorgehen."[257]

---

[252] Ebenda, S.22.
[253] Ebenda, S.21.
[254] Ebenda, S. 22.
[255] Ebenda, S. 22.
[256] Ebenda, S. 22.
[257] Ebenda, S. 23.

Unter der Überschrift *Die eigene Energie entwickeln* erfahren wir wenig Konkretes über die Beschaffenheit dieser Energie. Zur Bonsen weist auf die Grenzen des sprachlichen Bezeichnens hin und weiß:

> „Erst langsam verbreitet sich der Begriff „Lebensenergie", den meisten sagt er jedoch nichts."[258]

Kennzeichnend für alle Erfolgspersönlichkeiten der Vergangenheit sei stets „überdurchschnittliche Energie" gewesen. Diese könne vom Einzelnen und sogar von Unternehmen immer weiter entwickelt werden. Seiner Erfahrung nach sei jedoch das „Energieniveau" vieler Führungskräfte „sehr instabil". In Versuchen im Rahmen seiner Veranstaltungen habe er immer wieder durch verschiedene „Tricks" versucht, die Energie seiner Teilnehmer zu schwächen. Lediglich bei „vitalen und erfolgreichen Leute[n]" sei dies nicht gelungen.[259]

Der schwierige Begriff der Energie wird bei zur Bonsen offensichtlich in zweierlei Weise verwendet: Persönliche Motivation, Glaube an die eigenen Möglichkeiten und schließlich schlichte Tatkraft werden ebenso mit Energie bezeichnet, wie die oben zitierte „Kraft, die größer ist", das Prinzip des Erfolges.

Zur Bonsen betont nachdrücklich die Wichtigkeit des Glaubens an die eigene Vision, er suggeriert mithin sogar, dass tatsächlich eine Entscheidung *für* den Glauben vorstellbar sei. Wieder begegnet uns diese Denkfigur im Zusammenhang mit der Notwendigkeit des Freilegens verborgener Potentiale:

> „Denn der Glaube ist schon in uns, genauso wie unsere Vision. Glauben ist ein natürlicher Zustand. Allerdings ist er bei uns allen in unterschiedlichem Maße verschüttet durch zweifelnde und ängstliche Gedanken und Gefühle."[260]

Das Problem bestehe darin, dass viele sich „nicht wirklich erfolgreich" fühlten. Es sei erforderlich, sich „vertrauensvoll dem Fluss des Lebens" hinzugeben. Je erfolgreicher man sich fühle, desto erfolgreicher werde man schließlich sein.[261] So erscheint schließlich alles ganz einfach: Wenn eine Vision gefunden ist, beginnt die umfassende Arbeit an ihrer Verwirklichung, Dabei kommt dem sich ernsthaft Bemühenden schließlich eine Kraft zu Hilfe, die mächtiger ist als er selbst. Wenn der Wachstumsprozess des Selbst gelingt, der Wille zum Erfolg und der Glaube an denselben stark genug ist und schließlich auch noch die Rückschläge als Tugendprobe und „Zeichen" richtig gedeutet werden, kann die Vision eigener Größe realisiert werden. Am Ende erwartet den Visionär ein bunter Strauß attraktiver Belohnungen.

---

[258] Ebenda, S. 26.
[259] Vgl. ebenda, S. 26 f.
[260] Ebenda, S. 27.
[261] Vgl. ebenda, S. 28.

6.4.2 Führung und Transformation[262]

Die zentralen Begriffe Vision, Energie und Glaube werden von zur Bonsen im nächsten Schritt auf Unternehmen ausgeweitet. Lebensenergie sei nicht nur ein individuelles, sondern gleichsam ein „kollektives Phänomen":

> „Ein Unternehmen und sogar ein ganzes Land haben genauso ein bestimmtes Energieniveau wie ein Mensch."[263]

Ein hohes „Energieniveau" im Unternehmen führe zu „Ausstrahlung und Anziehungskraft nach außen". Angeblich streben alle Menschen zur Energie. Zugleich werde ein bestimmter Menschentypus von „energiereichen" Unternehmen angezogen:

> „Denn Menschen, solange sie nicht notorische Miesepeter sind, streben zur Energie so wie Motten zum Licht"[264]

> „Die besonders vitalen Menschen sammeln sich immer in den Unternehmen mit viel Energie"[265]

Die „Entfaltung und Pflege" der „Lebensenergie" des Unternehmens sei daher die zentrale Führungsaufgabe überhaupt:

> „Nur eine Führungsspitze mit viel Energie wird ein Unternehmen mit viel Energie erschaffen können."[266]

Die Energie der Führenden überträgt sich zur Bonsen zufolge mit einer gewissen Zwangsläufigkeit auf die Geführten:

> „Die Lebensenergie derjenigen, die auf der Bühne stehen, kann uns völlig gefangen nehmen. Sie überträgt sich auf uns. Ein Einzelner kann ein Publikum von mehreren Tausend begeistern. Daher lassen wir uns gerne von Menschen führen, die viel Energie haben und die uns damit aufbauen und „hochziehen". Und daher arbeiten wir gerne in Unternehmen, deren optimistische Stimmung uns ansteckt."[267]

Interessanterweise legitimiert zur Bonsen den Führungsanspruch der Führenden mit einer eher konservativen Begründung: Dass die Geführten die Führung insbesondere aufgrund eigener Defizite benötigen, wird deutlich ausgesprochen:

---

[262] Zum Begriff der transformierenden Führung vgl. auch schon Peters/Waterman 1989, S. 110 ff. sowie den folgenden Abschnitt 6.5.
[263] Zur Bonsen 2000a, S. 29.
[264] Vgl. ebenda, S. 30.
[265] Ebenda, S. 32. Die kategorischen Aussagen über Energie sind zahlreich gelegentlich durchaus amüsant: „Die Physik lehrt uns, dass Materie etwas äußerst Flüchtiges ist und eigentlich aus einem Energiefeld besteht. Daher sollten wir uns an den Gedanken gewöhnen, dass auch Bürostühle und Kleiderbügel, die wir vielleicht herstellen, Energie sind. Und diese Bürostühle enthalten auch die Lebensenergie des Unternehmens." Ebenda, S.30.
[266] Zur Bonsen 2000a, S. 32.
[267] Ebenda, S. 30.

> „Alle Mitarbeiter schauen nach „oben". Die meisten sind gerade für Stimmungsschwankungen ins Negative besonders anfällig, denn sie ruhen nicht in sich, ihre eigene Energie ist sehr instabil."[268]

Die Führungsspitze, die aufgrund eigener meditativer Anstrengungen im Gegensatz zu den Mitarbeitern in sich selbst ruht und über stabile Energiezustände verfügt, müsse nun erkennen, „wo Lebensenergie blockiert ist", und diese Blockaden beseitigen. Gelegentlich bleiben die Mitarbeiter jedoch unbelehrbar. Dann sind durchgreifende Konsequenzen nicht mehr zu vermeiden:

> „Es ist auch wichtig zu wissen, dass es Menschen gibt, die schwarze Löcher für die Energie ihrer Umgebung sind. Diese Menschen sind so negativ eingestellt, dass sie andere permanent hinunterziehen. Wir sollten uns von ihnen trennen."[269]

Echte *Leadership* besteht in zur Bonsens Verständnis von Führung darin, in Menschen „das Beste" hervorzubringen, sie zu inspirieren und „wachsen" zu lassen. Hartnäckige Weigerungen, sich der Gemeinschaft der Erfolgreichen anzuschließen, enden zwangsläufig, wie bei Kunde, mit dem Ausschluss aus der Gemeinschaft.

Wer sich jedoch inspirieren und bewegen lässt, der darf sogar hoffen, durch die visionäre Führung in sein „besseres Selbst" *gehoben* (!) zu werden.[270] Schließlich wird auf diese Weise *Großes* möglich.

Der Führungsanspruch greift weit über die Arbeitstätigkeit hinaus. Die Mitarbeiter müssen in ihr „besseres Selbst" eingesetzt werden, sie müssen „transformiert" werden.[271] Wenn zur Bonsen, der Partei für eine emotionenorientierte Führung nimmt und Menschen mit Visionen ganz und gar für eine gemeinsame Sache begeistern will, in diesem Zusammenhang feststellt: „Wenn wir das tun, fällt es uns auch leichter, mit diesen Menschen den schmerzhaften Weg einer großen Veränderung zu gehen", werden die manipulationsstrategischen Aspekte seiner Führungskonzeption deutlich.[272]

Zur Bonsen unterscheidet zwischen zwei Arten von Führung, der *transaktionalen* und der *transformierenden* Führung. Transaktionale Führung sei nichts weiter als ein „wirtschaftlicher, politischer oder psychologischer Tausch", bei dem „Führer und Geführte" nicht durch „einen höheren Zweck" zusammengehalten würden. Der illustrierende historische Vergleich ist fragwürdig:

> „Du gibst mir mein monatliches Gehalt und Sicherheit, und ich gebe Dir dafür 37,5 Arbeitsstunden in der Woche" ist ein Beispiel für solch eine Transaktion. Auch Hitler führte seine Anhänger mit einer Transaktion, die

---

[268] Ebenda, S. 32.
[269] Ebenda, S. 33.
[270] Vgl. ebenda, S. 35.
[271] Alle verwandten Wörter lat. transformare (umformen, verwandeln), engl. to transform und frz. transformer beschreiben eine grundsätzliche Veränderung von Qualität, Form, Natur einer Sache oder Person. Der Vorgang, der jeweils beschrieben wird, ist also offensichtlich grundlegender und tief greifender als eine lediglich *Beeinflussung*.
[272] Zur Bonsen 2000a, S. 35.

die – in diesem Fall ausgesprochen niedrigen – Bedürfnisse des Führers wie der Geführten befriedigte."²⁷³

Transformierende Führung hingegen bedeute, „dass der Führer bei den Geführten „höhere Bedürfnisse" weckt, die über einen Tausch hinausgeht. Obwohl die Interpretation der Führungsbeziehung als *Tausch* als solche bereits sachlich unangemessen ist, erweist sich der Hitler-Vergleich in der von zur Bonsen vorgenommenen Weise erst recht als unsinnig, wenn wir lesen, was die Führungsbeziehung bei *transformierender* Führung (der von zur Bonsen favorisierten Variante) kennzeichnen soll:

> „Transformierende Führung (Leadership in meinem Sinne) bedeutet, dass der Führer bei den Geführten höhere Bedürfnisse weckt, die über einen Tausch hinausgehen. Er macht seiner Gefolgschaft bewusst, was sie eigentlich fühlt. Er macht ihr bewusst, welches ihre wahren Ideale und Hoffnungen sind, und macht ihr deutlich, wie weit die Realität davon entfernt ist. Er weckt in ihr den Wunsch, etwas für einen höheren Zweck und für die Allgemeinheit zu tun. Transformierende Führung hebt die Geführten auf eine höhere Stufe und mobilisiert ihre emotionale Energie."²⁷⁴

In jedem müsse „ein Feuer für einen höheren Zweck", ein „feu sacre" brennen.²⁷⁵ Kunden müssen zur Bonsen zufolge sogar „geliebt" werden.²⁷⁶ Transformierende Führung beinhalte die Vermittlung einer „sinnvollen Lebensperspektive" für die Mitarbeiter. Die Legitimation der Führenden basiert auf grundsätzlichen Einsichten, die den Mitarbeitern erst eröffnet werden muss:

> Und wir wollen ihnen etwas von den Wahrheiten des Lebens, die wir entdeckt haben, mitgeben [...] Eine ganze Reihe großartiger Unternehmer wollten – jeder auf seiner Art – Menschen wachsen lassen und ihnen eine geistige, wenn nicht sogar spirituelle Perspektive vermitteln."²⁷⁷

Die Vermittlung einer „Lebensphilosophie" sei die höchste Aufgabe des „wahren Führers". Unumwunden wird auch das Ziel, die totale Identifikation mit der „gemeinsamen Sache" formuliert:

> „Wir werden erkennen, dass wir unseren Mitarbeitern die grundlegenden Wahrheiten des Lebens vermitteln und ihnen dabei helfen müssen, ihre eigenen inneren Standards zu erkennen, wenn wir wollen, dass sie sich wirklich voll und ganz in die gemeinsame Sache einbringen."

> „Die Vision des wahren Führers besteht also nicht darin, eine Gefolgschaft im traditionellen Sinne an sich zu binden. Er möchte nicht Abhängige haben, die ihm einfach folgen. Vielmehr will er, dass die Menschen, die er führt, selbst zu einer Stimme werden und nicht Echo bleiben. Seine Vision ist der Traum von einer Organisation oder Gemeinschaft, in der im besten

---

[273] Ebenda, S. 35.
[274] Ebenda, S. 35. Gerade bei der so bezeichneten *transformierenden Führung*, der hier favorisierten Variante, wird der totale Führungsanspruch deutlich.
[275] Vgl. Zur Bonsen 2000a, S. 37.
[276] Vgl. ebenda, S. 39.
[277] Ebenda, S. 43.

> Falle alle führen und alle sich die Verwirklichung der gemeinsamen Vision und der gemeinsamen Werte aufrichtig wünschen. Der Führer verkauft nicht seine Vision, sondern er macht allen die gemeinsame Vision bewusst."[278]

Auch zur Bonsen will also mehr oder weniger „indirekt" Geführte, denn: „Wir beeinflussen am besten, wenn wir nicht direkt beeinflussen wollen."[279]

In gewisser Hinsicht ist der formulierte Führungsanspruch maßlos. Die Geführten sollen nicht „einfach folgen". Aufgrund der durch die Führenden vermittelten „grundlegenden Wahrheiten des Lebens" können sie vielmehr gar nicht anders, als die Notwendigkeit ihres Geführtwerdens einzusehen. Sie sind jetzt in den Stand versetzt, den Führenden in einer Weise zu folgen, die „im besten Fall" sogar bewirkt, dieses Geführtwerden als Selbstführung zu begreifen. Diese Interpretation drängt sich auf, weil die Zuständigkeit für die „letzten Fragen" eindeutig beim Management verbleibt. Von Kritik und Skepsis, davon, auf welche Weise die „Wahrheiten" der Visionäre hinterfragt werden sollten oder dürften, ist hier nicht die Rede. Im Gegenteil – das Ausschalten kritischer Kompetenzen ist sogar Programm:

> „Wenn wir in Bildern reden, überlisten wir den kritischen Verstand unserer Zuhörer. Das Bild dringt in sie ein, ob sie es wollen oder nicht."[280]

In dieser Führungstheorie erhalten die Mitarbeiter ihren „Zweck" erst durch das Geführtwerden:

> „Den Mitarbeitern vermittelt eine Vision Sinn, sie gibt ihnen einen edlen Zweck."[281]

Und die implizite Anthropologie des defizitären Mitarbeiters wird unter dem Gesichtspunkt der Nachhaltigkeit menschlicher „Entwicklung" nochmals unterstrichen:

> „Eine Vision gibt Mitarbeitern eine langfristige Ausrichtung. Die meisten Menschen denken nicht weit in die Zukunft; das wurde empirisch erforscht [...] Als Regel gilt, dass die Erfolgreichen eine langfristigere Perspektive haben als die weniger Erfolgreichen und dass sie dadurch motivierter sind. Eine Vision vermag auch die Aufmerksamkeit eher kurzfristig orientierter Mitarbeiter auf ein langfristiges Ziel zu lenken und ihnen ein Gefühl für Richtung geben."[282]

---

[278] Ebenda, jeweils S. 44.
[279] Ebenda, S. 100.
[280] Ebenda, S. 102. An dieser Stelle äußert sich zur Bonsen über die Notwendigkeit spezifischer Sprachtechniken, die erforderlich sind, um bei den Zuhörern „positive Gefühle" auszulösen. Der Beeinflussungsprozess lasse sich durch eine abgestimmte „Bildersprache" erfolgreicher gestalten. Durch Bilder lasse sich ein tranceähnlicher Zustand gebannter Aufmerksamkeit provozieren. Vgl. ebenda, S. 102 ff.
[281] Zur Bonsen 2000a, S. 49.
[282] Ebenda, S. 49.

Die bereits im „kollektiven Bewusstsein des Unternehmens vorhandene Vision muss", so zur Bonsen,[283] vom Management aktualisiert werden, um den defizitären Mitarbeitern den Weg zu weisen, denn:

> „Die Führungsspitze ist der kraftvollste Bannerträger und der beste Artikulierer der gemeinsamen Vision."[284]

Glücklicherweise gibt es jedoch „geborene Führer", die diejenigen Eigenschaften auf sich vereinen, die „wahre Führung" auszeichnet:

> „Zur Führerschaft sind diejenigen prädestiniert, die die Hoffnungen und Ideale ihrer Mitarbeiter besser kennen als diese selbst – und zwar, weil sie ihre eigenen Hoffnungen und Ideale gut kennen. Zum Beispiel das Ideal, bei der Arbeit Freude zu erleben, Stolz auf die eigene Leistung zu spüren und in einer Gemeinschaft zu arbeiten, in der Vertrauen herrscht."[285]

6.4.3   Betrieblicher Alltag als liturgische Praxis

Im Zusammenhang mit der Organisation von so bezeichneten „Zukunftskonferenzen", in denen Mitarbeiter eines Unternehmens „lernen" können, Visionen zu entwickeln und gemeinsam „Zukunft zu erschaffen", setzt zur Bonsen im Rahmen seiner Beratungstätigkeit offenbar weitere Techniken zur Gemeinschaftskonstituierung ein. Darunter findet sich etwa die Methode des so genannten *Story-Telling*. Durch das institutionalisierte Erzählen von Geschichten und sogar von Märchen[286] soll ein Bewusstsein der Zusammengehörigkeit aufgrund der gemeinsam erlebten Vergangenheit im Unternehmen geschaffen werden:

> „Es kommt darauf an, dass wir die Geschichte emotional beschreiben [...] Unsere Zuhörer werden sich dadurch bewusst, dass sie gemeinsame Erlebnisse und gemeinsame Gefühle hatten. Und es wird ihnen klarer, dass sie eine Gemeinschaft sind."

> „Wir können die gemeinsamen Traditionen und Werte wachrufen, zum Beispiel das Qualitätsbewusstsein, das wir immer hatten, oder die Fähigkeit, gerade in Krisenzeiten zusammenzuhalten. Wir können Anekdoten erzählen, die diese Werte veranschaulichen. Wir können an die Gründer erinnern. Und wir können beschreiben, worauf wir stolz sein können, was wir in der Vergangenheit zusammen erreicht haben. Das Wachrufen der Geschichte schafft das Bewusstsein, dass man eine Gemeinschaft ist, die Traditionen und eine gemeinsame Zukunft hat."[287]

---

[283] Vgl. ebenda, S. 52.
[284] Ebenda, S. 52.
[285] Ebenda, S. 99.
[286] Vgl. etwa den Aufsatz von zur Bonsen, Matthias: Märchen für Mitarbeiter. In: managerSeminare, Nr. 1/2002, S. 77-84.
[287] Zur Bonsen 2000a, jeweils S. 106.

In einem Aufsatz mit dem Titel *Eine neue Geschichte erzählen: Spirit, Mythen, Großgruppen-Interventionen und liturgische Systeme*, in dem die Technik des zielgerichteten Geschichtenerzählens erläutert wird, warnt zur Bonsen:

> „Manche Geschichten inspirieren. Sie erzeugen positive Gefühle, wenn sie erzählt werden. Der neue Mitarbeiter, der solche Geschichten von den „alten Hasen" hört, spürt Stolz und freut sich, selbst dabei sein zu dürfen. Andere Geschichten sind „sauer" und verschmutzen die Atmosphäre."[288]

Zur Bonsen bezeichnet diese Geschichten als *Mythen*. Er führt aus, dass diese so genannten „sauren" und „die Atmosphäre vergiftenden" Mythen bedauerlicherweise nicht einfach „aus der Welt geschafft" werden, sondern nur „überlagert" und „umrahmt" werden können. Nötig sei eine so wörtlich „neue Realitäts-Visions-Geschichte", die „Aussagen zur neueren Sicht der Realität" enthält und die unter den Mitarbeitern eine erfahrbare „Spannung zwischen heute und morgen" aufzubauen in der Lage sei. Für die „Konstruktion" bzw. die „Erarbeitung" einer solchen Geschichte böten sich unterschiedliche intervenierende Instrumente, u.a. eben die so genannte „Großgruppen-Intervention", die mit bis zu 2000 Personen möglich sei:

> „Im Rahmen der „wertschätzenden Erkundung" wird gezielt nach den positivsten Erlebnissen der Teilnehmenden und den Highlights in der Organisation gesucht. Diese werden ins Bewusstsein gerufen, es wird untersucht, was sie möglich machte, und es wird überlegt und geplant, wie künftig mehr davon entstehen kann. Dadurch haben die Teilnehmenden hinterher ein viel positiveres Bild von ihrer Organisation. Sie erzählen sich inspirierende Geschichten. Sie glauben auch mehr an die Visionen, die sie entwerfen, weil sie vorher festgestellt haben, wie viel Positives es doch schon in ihrer Organisation gibt – auch wenn es sich dabei um vereinzelte Juwelen in einem großen Dunghaufen handelt."[289]

Ich enthalte mich eines weiteren Kommentars und weise nur darauf hin, dass zur Bonsen erwartungsgemäß die „besonderen Energiepotentiale" einer solchen Großveranstaltung dieser Art betont. Eine solche Zukunftskonferenz soll nachgerade zum „Gipfelerlebnis" für alle Beteiligten avancieren.[290] Was auch immer auf Veranstaltungen dieser Art genau passieren mag, der Initiator ist überzeugt von ihrer Wirkung. Er beteuert: Die „Nicht-Dabeigewesenen" würden sich oft fragen: „Warum sind die plötzlich so begeistert?".[291]

Durch den nahen Kontakt mit Führungskräften („Wie man mit denen reden konnte...") werde das Unternehmen nach einer solchen „Intervention" anders wahrgenommen, und „alle zusammen" würden sich als eine Gemeinschaft erleben. Insgesamt werde auf diese Weise „ein neuer Spirit" und sogar „eine neue Realitätswahrnehmung" erreicht.[292]

---

[288] Zur Bonsen 2000b, S. 87.
[289] Ebenda, S. 93.
[290] Vgl. ebenda, S. 93.
[291] Vgl. ebenda, S. 93.
[292] Vgl. ebenda, S. 94.

Es komme aber nach einer solchen „Intervention" darauf an, „den neuen Geist wirklich langfristig zu stabilisieren." Denn:

> „Nötig sind Botschaften und Zeichen des Managements, physische und organisatorische Strukturen und Systeme (Beurteilungssysteme, Berichtssysteme usw.), die mit der neuen Geschichte/Vision kongruent sind."[293]

Der Arbeitsalltag muss in hohem Maße visions- und geschichtskongruent gestaltet und inszeniert werden. Zur Bonsen empfiehlt, sich in Bezug auf das „Lebendighalten von Mythen" die christlichen Kirchen als Vorbild zu nehmen.[294] Er plädiert für die Implementierung einer liturgischen Praxis:

> „*Liturgie* meint zunächst den Ablauf eines Gottesdienstes; ich möchte den Begriff hier in einem weiteren Sinne, nämlich als Ablauf des Jahres gebrauchen [...] Auch Organisationen brauchen eine solche jährliche Liturgie. Sie benötigen ein durchdachtes System von jährlich wiederkehrenden Ereignissen, in denen die inspirierendsten Geschichte der Vergangenheit und die Vision der Organisation inszeniert werden."[295]

Das Leben im Unternehmen muss, wie zur Bonsen vorschlägt, aus „einem Wechsel von „Opfer" und „Fest" bestehen.[296] An mehreren Beispielen realer Erfolgs- oder Katastrophenstorys wird die Konstruktion einer unternehmensindividuellen Historizität nahe gelegt. Das Management muss eine eigene Geschichte für das Unternehmen erfinden. Die Botschaft ist eindeutig: Das Zusammenhalten in schwieriger Zeit wird beschworen. Zur Bonsen fasst schließlich zusammen:

> „Taktil, visuell, olfaktorisch und auditiv wird die Erinnerung hier wachgerufen. Im Grunde geschieht nichts anderes, als wenn Reliquien aus dem Schrein geholt und durch weihrauchgeschwängerte Luft in einer Prozession durch die Stadt getragen werden."[297]

Große Gruppenerlebnisse, „an denen alle teilnehmen", müssten fortlaufend „als sinnlich erlebbare Inszenierung" gestaltet werden. So blieben „Schöpfungsgeschichten" oder „andere transformative Erlebnisse" stets im Bewusstsein der Mitarbeiter präsent:

> „Im Januar findet vielleicht eine „Initiation der Neuen" statt. Da werden in einer Zeremonie alle, die letzten Jahr die Probezeit bestanden haben, feierlich in die Organisation aufgenommen [...] Im März ist Zeit für das „Frühjahrsfasten" [...] Im November ist „awards and recognition day" (wobei Geschichten über die neuen Erfolge und Heldentaten mit den Geschichten über die früheren Erfolge und mit den alten Heldensagen ver-

---

[293] Ebenda, S. 94.
[294] Vgl. ebenda, S. 94.
[295] Ebenda, S. 95.
[296] Vgl. ebenda, S. 95.
[297] Ebenda, S. 95.

knüpft werden) und im Dezember „Familientag" oder auch „Gründer-Tag", an dem die Geschichte der Gründung zelebriert wird."[298]

Für den Fall, dass die Geschäfte nicht zufrieden stellend laufen, steht ebenfalls eine Geschichte bereit:

> „Und wenn die Geschäfte nicht gut gehen, ist es um so wichtiger, sich ein Ereignis auszudenken, mit dem das Ausbleiben des Erfolgs betrauert und die Hoffnung erneuert werden kann. Dabei kann helfen, die bestehenden „Legenden von der Wiederauferstehung" wachzurufen."[299]

Die favorisierten Interventionsformen sind angeblich sogar als „eine Liturgie für unseren Planeten" geeignet: „Sie können uns klarmachen, dass wir *eine* Menschheit sind und dass es Hoffnung gibt."[300] Allerdings bedürfe es, „um Menschen in aller Welt zu erreichen, [...] ganz neuer Formen, die kulturelle und religiöse Grenzen überschreiten."[301] Für die Zukunft der Menschheit stellt zur Bonsen ein Szenario in Aussicht, welches im Zusammenhang mit dem bis hier Berichteten eher wie eine Drohung klingt:

> „Wir werden mit planetaren Großgruppen arbeiten – große Gruppen in vielen Ländern, vernetzt durch die Medien –, und es wird sich eine neue planetare Liturgie entwickeln. Das wird schließlich dazu beitragen, den *Spirit* der Menschheit auf der Erde zu erneuern. Das Feuer der großen Gruppen."[302]

Ich will auf diese Prognose nicht näher eingehen, sondern zum Abschluss noch ein längeres Zitat anführen, in welchem die auch für zur Bonsen typische Idee von Einheit und Verhaltenskonformität in der für ihn typischen Diktion noch einmal besonders deutlich zum Ausdruck kommt. Unter der Überschrift *Die Entfaltung des Gruppengeistes* heißt es hier über die Vorteile des Verfahrens, Mitarbeiter „meditieren" zu lassen:

> „Wenn ein Team Meditatives tut, also meditiert oder durch eine Fantasiereise geleitet wird oder in sich hineinhorcht, um seine Vision zu entdecken, dann ist die Wirkung mit dem Effekt der Supraleitung vergleichbar; das Team bekommt mehr Energie, es entfaltet einen Gruppengeist und wird mehr zu *einem* Organismus. Und etwas Ähnliches findet in jedem Einzelnen statt. Wenn ein Einzelner sich tief entspannt und zugleich aufmerksam ist, dann beginnen sich seine Gehirnwellen zu synchronisieren. Sie werden kohärent und ordnen sich ähnlich wie die Elektronen im Supraleiter zu einer Art Reigen. Das ist empirisch erforscht. Unser Bewusstsein wird, bildlich gesprochen, supraleitend."[303]

Die hier vorgetragene Konzeption von Management und Führung ist im Ergebnis auf die systematische Manipulation der Beschäftigten ausgerichtet. Das

---

[298] Ebenda, S. 96f.
[299] Ebenda, S. 98.
[300] Vgl. ebenda, S. 98.
[301] Ebenda, S. 98.
[302] Ebenda, S. 99.
[303] Zur Bonsen 2000a, S. 97.

„ganzheitliche Management" besteht auch hier in dem Versuch, den *ganzen Menschen* für die Zwecke des Unternehmens zu vereinnahmen. Während die Ausführungen zur Inszenierung einer „liturgischen Praxis" zumindest beim Verfasser dieser Untersuchung etwa zur Hälfte Ärger und Amüsement auslösten, ist der von zur Bonsen vorgetragene intuitionistisch-esoterische Führungsansatz einschließlich der auf die Psyche zielenden Interventionstechniken aus der Perspektive eines Plädoyers für persönliche geistige Freiheit als bedenklich zu kritisieren. Auch zur Bonsen argumentiert aus einer Position der Überhöhung des Managements und der Überschätzung der Bedeutung seiner Steuerungsleistungen für den ökonomischen Gesamterfolg eines Unternehmens.

Der Führungsanspruch ist andererseits so umfassend, dass die Geführten sogar in „besseres Selbst" gehoben werden müssen. Auf die Implikationen des Verständnisses von einem prinzipiell defizitären Mitarbeiter, dem der Weg zur Optimierung, Entwicklung, Entfaltung etc. seiner Persönlichkeit erst gewiesen werden müsse, habe ich bereits hingewiesen. Daran, dass die vom Management eingeleiteten Veränderungsprozesse und insbesondere die zur Gemeinschaftsbildung intendierten Maßnahmen verbindlich sind und „von allen zusammen" bewältigt werden müssen, lässt zur Bonsen keinen Zweifel. Wer das „Energieniveau" des Unternehmens negativ beeinflusst, von dem trennt sich die Gemeinschaft der Sieger.

Die implizite Esoterik des Erfolges, die angeblich die Verbindung mit einer „Energie des Erfolges", einer transzendenten Kraft ermögliche, ist vor allem insofern zu kritisieren, als die Behauptung ihres Vorhandenseins in Kombination mit der angenommenen Zugriffsmöglichkeit der *Visionäre* auf diese geheimnisvolle Kraft, das Führungshandeln ein weiteres Mal auf fragwürdige Weise legitimiert. Wer in einem schwierigen „Selbsterneuerungsprozess" und durch intensive meditative Anstrengungen bereits über sich selbst „hinausgewachsen" ist, der darf mit Recht das Attribut eines „wahren Führers" beanspruchen. Die auf die Vision eingeschworenen Mitarbeiter werden durch Interventionen verschiedener Art, an denen sie in genau geplanter Weise beteiligt werden, auf eine unternehmenspolitische Linie gebracht. Wenn das „Feuer der Begeisterung" einmal um sich gegriffen hat und das Unternehmen „auf neuen Kurs" gebracht ist, schulden sie den Führenden Dankbarkeit für diese große Tat. Sie werden sich in vielen Fällen, so muss vermutet werden, der oktroyierten Einsetzung in ihr „besseres Selbst" nicht entziehen können.

6.5 Ein Klassiker und die Folgen: Thomas J. Peters' und Robert Watermans *In search of Excellence*

Der Grund, warum ich an dieser Stelle auch eine vor über zwanzig Jahren erstmals erschienene Schrift thematisiere, besteht einerseits in der immensen Wirkung, die *Auf der Suche nach Spitzenleistungen. Was man von den bestgeführten US-Unternehmen lernen kann*, weltweit entfalten konnte. Es handelt sich, wie

Uwe Böning schon 1989 feststellt, um ein „Kultbuch"³⁰⁴ Kaum ein Beitrag zum Thema Unternehmenskultur, in dem nicht in irgendeiner Form auf Peters/Waterman rekurriert würde, sei es auch nur, um den Ausgangspunkt des Unternehmenskulturansatzes zu verorten. Wir haben es also mit einem echten Klassiker und *Evergreen* zu tun, der die anderen bedeutenden Beiträge der frühen Phase der Beschäftigung mit Unternehmenskultur – etwa Deal/Kennedys *Unternehmenserfolg durch Unternehmenskultur*³⁰⁵, Pascale/Athos' *Geheimnis und Kunst des japanischen Managements*³⁰⁶ und Ouchis bekannte Theorie Z³⁰⁷ – hinsichtlich seiner Relevanz und Reichweite womöglich noch übersteigt.³⁰⁸

Mit einiger Absicht habe ich die Analyse dieses Beitrages nicht gleich an den Anfang dieses Kapitels gestellt. Es ging mir nicht um das Schreiben einer *Geschichte der Unternehmenskultur*, ein Unterfangen, das ohnehin scheitern, aber wohl mit dem Hinweis auf Peters/Waterman hätte beginnen müssen.

Es geht vielmehr darum, durch das Aufzeigen markanter Parallelen einerseits zu zeigen, dass ein bestimmtes Managementdenken bereits eine längere Tradition hat und dass hier offensichtlich für die Unternehmensführung und das Wirtschaften insgesamt grundsätzliche Probleme einer vermeintlich bahnbrechenden Lösung zugeführt werden. Ein beachtlicher Teil der vielfältigen Überlegungen und Diskussionen um die beste Unternehmensführung kann heute mit Recht als Fußnote zu Peters/Waterman gelesen werden. Meine Analyse erfolgt hauptsächlich im Rekurs auf das oben genannte „Hauptwerk" beider Autoren.³⁰⁹

Es ist darauf hinzuweisen, dass dieser Beitrag von den Autoren als Zusammenfassung der Ergebnisse einer Untersuchung zahlreicher, zumeist sehr bekannter amerikanischer Grossunternehmen wie etwa IBM und McDonald's verstanden wird. Gelegentlich wurde den Verfassern vorgehalten, im Hinblick auf die nach dem Erscheinen des Buches erfolgten unterschiedlichen wirtschaftlichen Entwicklungen in einzelnen der untersuchten Unternehmen eine Erfolgssystematik unterstellt zu haben, die empirisch nicht auf Dauer zu belegen sei bzw., dass aus entsprechenden „Momentaufnahmen" keine validen Prognosen für die zukünftigen Erfolge des einen oder anderen Unternehmens abzuleiten seien.³¹⁰ Dieser Einwand soll hier allerdings keine Rolle spielen, da es mir weniger um die betriebswirtschaftliche und organisationspraktische Nützlichkeit, als um die politische und politologische Relevanz des Beitrages geht. Ich will darauf

---

[304] Vgl. Böning 1989, S. 291.
[305] Vgl. Deal 1987.
[306] Vgl. Pascale 1982.
[307] Vgl. Ouchi 1982.
[308] Peter Ulrich spricht 1987 vom „meistverkauften Managementbuch aller Zeiten". Vgl. Ulrich 1987, S. 432.
[309] Insbesondere Thomas J. Peters verfügt darüber hinaus über eine beachtliche Liste von Veröffentlichungen. Zur illustrierenden Ergänzung werde ich auch auf das wichtige, zusammen mit Nancy Austin veröffentlichte Buch *Leistung aus Leidenschaft. Über Management und Führung*, Hamburg 1986 eingehen, dessen englischer Originaltitel erwähnenswert ist: *A passion for excellence*.
[310] Vgl. Holleis 1987.

hinaus, dass Peters/Waterman einerseits eine „Tugendlehre" für Unternehmen konzipieren, die bis heute „aktuell" ist, und andererseits eine implizite „Anthropologie des Champions" vertreten, welche zusammengenommen das Gerüst ihrer „Philosophie" des Unternehmenserfolges bilden.

Dabei wird ein in einem speziellen Sinne dezidert „anti-rationaler" Diskurs eröffnet, der bis heute andauert. Den Problemen und Grenzen „konventionellen Managements" wird ein Ansatz emotionen- und werteorientierten Managements entgegengesetzt, der, obwohl die Verfasser vermeintlich nur eine Beobachterperspektive in Bezug auf das einnehmen, was in erfolgreichen Unternehmen geschieht, mithin einen handfesten Standpunkt zu politischen Fragen impliziert.

Was war und ist also das Faszinierende dieses „Kultbuches", und welche zentralen Argumentationslinien lassen sich nachzeichnen?

Um der Argumentation auf die Spur zu kommen, muss man zunächst den Problemhorizont, den Peters/Waterman im Managementdenken der späten siebziger Jahre ausmachen, betrachten: Im Mittelpunkt steht auch hier die Frage nach den Voraussetzungen und Strategien der Optimierung des ökonomischen Erfolgs einer Unternehmung. Welche Organisationsprinzipien und welcher Führungsstil führen, so fragen auch diese Autoren, in einer komplexen internationalen Wirtschaftsumwelt zu vergleichsweise guten Ergebnissen oder sogar zu den herbeigewünschten „Spitzenleistungen". Dabei muss berücksichtigt werden, dass zu Beginn der 80er Jahre die Vergleiche mit japanischen Unternehmen einen starken Eindruck in Theorie und Praxis des Managements sowohl in Amerika als auch in Europa hinterlassen haben und der Blick nach Japan die Debatte stark geprägt hat.[311] Auch Peters/Waterman stellen fest:

> „Tag um Tag hören wir Geschichten über die japanischen Unternehmen, ihre einzigartige Firmenkultur und ihre Vorliebe für Zusammenkünfte und Firmenlieder."[312]

Eine „ausgeprägte Firmenkultur" ist jedoch Peters/Waterman zufolge gerade das Kennzeichnen der „exzellenten" Unternehmen in der vorgelegten Untersuchung – allesamt amerikanische Unternehmen. Das Resümee der Untersuchung ist ebenso eindeutig, wie bedenklich:

> „Uns wurde klar, daß diese [die untersuchten M.S.] Unternehmen mit ihrer ausgeprägten *Kultur* keinem japanischen Unternehmen nachstanden [...] Im großen und ganzen bedienten sich alle Unternehmen der gleichen – bisweilen trivialen, immer aber nachdrücklich und konsequent eingesetzten – Mittel, um immer dasselbe zu erreichen: daß alle Mitarbeiter voll in die Kultur einstiegen oder ausschieden."[313]

---

[311] Vgl. zur Diskussion über die Ursachen der „japanischen Erfolgsgeschichte" neuerdings Sen 2003, 315 f.
[312] Vgl. Peters/Waterman 1989, S. 16 f. Vgl. Zu den weitergehenden japanischen Vergemeinschaftungsstrategien als „ganz bestimmte[r] Geisteshaltung" auch Ohmae 1986, S. 2 ff.
[313] Peters/Waterman 1989, S. 17.

„Voll in die Kultur einsteigen" – das erinnert an Jugendsprache, ist nicht sonderlich konkret und hört sich nicht schlecht an, während die Alternative einen sehr konkreten und für die Betroffenen zumeist unangenehmen Vorgang beschreibt. Ohne dass der Begriff der Firmenkultur bei Peters/Waterman bereits näher behandelt worden wäre, lässt sich bereits die Quintessenz der hier präsentierten Botschaft erkennen: Erfolgreiche Unternehmen benötigen unbedingt eine „starke Kultur", die mitarbeiterseitigen Distanzierungen vorbeugt. In den untersuchten Beispielunternehmen sehen Peters/Waterman diesen Grundsatz regelmäßig verwirklicht. Indem die Unternehmen so zu Vorbildern für eine gelungene Unternehmensführung erklärt werden, wird das Verfahren, die Unternehmenskultur so zu steuern, dass man als Mitarbeiter entweder ganz und gar „einsteigen" oder das Unternehmen verlassen muss, legitimiert und geradezu empfohlen. Für die Wirkung dieser Empfehlung ist es dabei zunächst unerheblich, ob sich im Lichte einer kritischen Überprüfung die Richtigkeit der Behauptung, die „exzellenten" Unternehmen würden tatsächlich in dieser Weise vorgehen, überhaupt erweisen würde.

In der Perspektive von Peters/Waterman kommt es auf vielmehr auf die strikte, gedachte Trennung zwischen *Innen* und *Außen*, zwischen unzweifelhaften „Kulturträgern" und den nicht zur Gemeinschaft gehörenden „Kulturlosen" an, deren Verbleib im Unternehmen das Management im Interesse der gemeinsamen Sache keinesfalls dulden darf.

6.5.1 Gemeinsame Merkmale exzellenter Unternehmen

Peters/Waterman identifizieren insgesamt acht Merkmale, die für erfolgreiche Unternehmen typisch seien und die größtenteils recht vage formuliert sind. Darunter finden sich Grundsätze wie *Das Primat des Handelns, Nähe zum Kunden, Freiraum für Unternehmertum, Einfachheit des organisatorischen Aufbaus, Produktivität durch Menschen* und schließlich, was näher zu behandeln sein wird, ein *Sichtbar gelebtes Wertesystem* und eine so wörtlich *Straff-lockere* Führung.[314] Die Verfasser räumen ein:

> „Die meisten dieser acht Merkmale sind alles andere als sensationell. Einige von ihnen, vielleicht sogar die meisten, sind Binsenweisheiten."[315]

Entscheidend für den Erfolg seien aber eben Werte, Überzeugungen und die Firmenkultur. Dazu heißt es:

> „Das überragende Kennzeichen dieser Unternehmen ist die aus festgefügten Überzeugungen erwachsende *Intensität der Firmenkultur*."[316]

Folgt man der Argumentation von Peters/Waterman bestehen nun bei der praktischen Umsetzung dieser einfachen Grundsätze und der „Erhaltung der Le-

---

[314] Vgl. ebenda, S. 37 f.
[315] Ebenda, S. 39. Das Eingeständnis der Trivialität dieser Gemeinplätze erspart meinen Hinweis auf dieselbe. Peters/Waterman stellen in diesem Zusammenhang die Ausnahme dar.
[316] Ebenda, S. 39.

bensfähigkeit" des Unternehmens große Schwierigkeiten, die eine grundsätzliche und weitreichende Verhaltensänderung aller Beteiligten erfordere:

> „Im Grunde spüren wir alle, daß zur Erhaltung der Lebens- und Handlungsfähigkeit einer großen Organisation viel mehr gehört als in Grundsatzerklärungen, neuen Strategien, Plänen, Budgets und Organigrammen dargestellt werden kann. Und doch tun wir nur allzu oft so, als wüßten wir das nicht [...] Vielleicht wäre es Zeit, einmal unser Verhalten zu ändern."[317]

Diese Behauptung ist uns bereits als typischer Gemeinplatz bekannt: Alles darf auf keinen Fall so bleiben, wie es ist – auf dem Weg zu neuen Erfolgen muss insbesondere der Manager sich und sein Verhalten verändern. Die zentrale Aufgabe des Unternehmensleiters müsse, in Überwindung traditionaler Konzepte, vorrangig darin bestehen, „das *Wertsystem* des Unternehmens zu formen und zu pflegen". Dafür sind in den meisten Fällen auch bei Peters/Waterman „außergewöhnliche Menschen" erforderlich, die den erfolgreichen Unternehmen „ihre entscheidende Prägung" gegeben haben. Allerdings gilt für die Erfolgsunternehmen in späteren Phasen:

> „Die Spitzenunternehmen haben die Wertvorstellungen und Vorgehensweisen ihrer großen Führer in bleibende Firmenkulturen umgesetzt, so daß dieses Selbstverständnis den großen Guru selbst um Jahrzehnte überdauern kann."[318]

Ohne also den Mythos von der großen wegweisenden Führungspersönlichkeit aufzugeben, akzentuieren Peters/Waterman die Bedeutung eines etablierten Firmenselbstverständnisses in der Form von in Denk- und Verhaltensstrukturen institutionalisierten paradigmatischen Grundüberzeugungen der Gründer. Das Nachwirken des „großen Mannes" in der Organisation wird zur Ursache des Erfolges. Der „Guru" wird unsterblich, und durch den Rekurs auf das Wissen und den unternehmerischen Mut des Gründers bietet die Partizipation an der Gemeinschaft der Firmenangehörigen wiederum die Möglichkeit, an seiner Größe zu partizipieren. Das, so meinen die Autoren, setzt Motivationspotentiale großen Ausmaßes frei.

6.5.2 Die Überwindung rationaler Management-Modelle

Die Verfasser verstehen ihren Beitrag als „Aufbruch zu neuer Theorie" des Managements.[319] Auch ihr Ansatz will ein technizistisches und rationalistisches Konzept der Unternehmensführung überwinden. Als Ausgangspunkt für ihre Kritik wählen die Verfasser die Arbeitslehre Frederick Taylors, dessen Grundsätze wissenschaftlicher Betriebsführung nicht nur in dem hier behandelten Beitrag gewissermaßen als Prototyp einer „rationalistischen Schule" des Managements betrachtet werden. In Wirtschaft und Ausbildung präge die Konzeption

---

[317] Ebenda, S. 25.
[318] Ebenda, S. 49.
[319] Vgl. ebenda, S. 53 ff.

rationalen Managements, welches sich an Effizienz, Kostenkontrolle, Spezialisierung, Standardisierung, Problemdefinition, Analyse und Quantifizierung orientiere, immer noch das gängige Verständnis von professioneller Unternehmensführung.[320] Dieses Verständnis, das sich in der Nachkriegszeit angesichts der speziellen wirtschaftlichen Rahmenbedingungen bewährt habe, führe unter den aktuellen Bedingungen zu suboptimalen Ergebnissen:

> „Das System produziert eine ganze Schar von Managern mit unbestreitbaren Fähigkeiten, [...] die nicht den Grundbedürfnissen des Unternehmens entsprechen."[321]

Die Sachkenntnis der Manager liege vor allem in „im finanziellen und juristischen Bereich und nicht in der Produktion." Das Treffen riskanter Entscheidungen falle ihnen tendenziell schwer, und durch das Bestehen auf „objektiven Zielen" gelinge es ihnen häufig nicht, „Gewinne zu erwirtschaften, konkrete Maßnahmen durchzusetzen und ein Unternehmen voranzubringen."[322] Den Top-Managern fehle darüber hinaus *das innere Gespür für das Wesen des Unternehmens* und, so skandieren die Verfasser im Rekurs auf einen in Harvard Business Review erschienen Artikel von Robert Hayes und William Abernathy mit dem Titel *Wie wir uns wirtschaftlich zu Tode managen*, die „Liebe zum Produkt".[323] Das Unternehmen verfügt also über ein *Wesen*.[324]

Im Zusammenhang mit dieser Kritik am konventionellen Manager ist auch das zwischenzeitlich als geflügeltes Wort gern zitierte Diktum von der *Paralyse durch Analyse*[325] zu sehen: Die „herkömmliche unternehmerische Rationalität" führt zu einem Problembewusstsein und zu einer Analysehaltung, die dem wirtschaftlichen Erfolg letztlich im Wege steht. Sie sei experimentier- und fehlerfeindlich und führe schließlich zu einer Paralyse der Beteiligten. Motivation sei auf diese Weise nicht zu erzielen, denn:

> „Der rein analytische Ansatz, sich selbst überlassen, führt zu einer abstrakten Philosophie ohne Herz."[326]

> „Enge rationale Sicht heißt oft, negativ sein."[327]

Die Verfasser tragen eine ganze Reihe weiterer Argumente gegen die rationale Sicht vor. So sei in der „rationalistischen Welt" des Unternehmens wenig Raum für internen Wettbewerb, obwohl „das Kräftemessen mit Kollegen" stark moti-

---

[320] Vgl. zum „Glaubenbekenntnis der Pragmatiker", die „rationalen Konzepte der Managementlehre hätten ausgedient" v.a. Krell 1994, S. 271 ff., die im Zusammenhang mit der Unternehmenskultur-Mode von *Re-Moralisierung, Re-Mythologisierung* und sogar von *Re-Feudalisierung* der Personalpolitik spricht.
[321] Peters/Waterman 1989, S. 60.
[322] Vgl. ebenda, S. 60 f.
[323] Vgl. ebenda, S. 61.
[324] Vgl. ebenda, S. 61 f. Hervorhebung M.S.
[325] Vgl. ebenda, S. 55.
[326] Ebenda, S. 71.
[327] Ebenda, S. 72.

vierend sei. Das rationale Modell befördere darüber hinaus das Unterschätzen der Wichtigkeit von Wertvorstellungen für unternehmerischen Erfolg.

Dagegen setzen die Verfasser einen Ansatz informeller Unternehmensführung: Während *analysieren, planen, anordnen, vorgeben, und kontrollieren* die „Vokabeln" der rationalen Vorgehensweise darstellten, sei im Gegensatz dazu die informelle Variante durch die Begriffe *zusammenwirken, ausprobieren, versuchen, scheitern, in Kontakt bleiben, lernen, den Kurs ändern, anpassen, modifizieren und sehen* gekennzeichnet. Statt einem Denken in Zwängen sei eine Kultur der Zwanglosigkeit erforderlich, die ohne eine „Führung per Erlass" auskommt:

> „Zwar haben die guten Unternehmen hervorragende analytische Fähigkeiten, jedoch glauben wir, daß ihre wichtigsten Entscheidungen mehr von ihren Wertvorstellungen als von ihrem geschickten Umgang mit Zahlen geprägt werden. Die Spitzenunternehmen schaffen eine umfassende, beflügelnde, gemeinsam getragene Firmenkultur, ein geschlossenes Ganzes, innerhalb dessen hochmotivierte Mitarbeiter nach den richtigen Wegen suchen."[328]

Es gehe weniger um Zahlen als um Werte, Gewissheiten und vor allem um Motivation. Das Unternehmen als das „geschlossene Ganze" muss über motivierende Eigenschaften verfügen, damit möglichst alle Mitarbeiter zu den von Peters/Waterman geforderten „eifrigen Champions" werden.[329]

6.5.3 Triebfeder Motivation: Glaube, Disziplin und Transzendenz

Die Grundlage der Motivationstheorie, die Peters/Waterman entwickeln, besteht in einigen anthropologischen Grundsatzbehauptungen. Zunächst wird festgestellt, dass „die Menschen nicht sehr rational sind" und dass der Mensch „ein wandelnder Widerspruch und Konfliktherd" sei. Darüber hinaus ist zu erfahren:

> „Wir sind allesamt egozentrisch, warten auf ein bisschen Lob und sehen uns insgesamt gerne als Erfolgsmenschen [...] Als Informationsverarbeiter sind wir unzulänglich und großartig zugleich [...] Eine vorrangige Managementaufgabe, vor allem in komplexen Unternehmen, sollte es daher sein, für größtmögliche Einfachheit zu sorgen [...] Wir sind Geschöpfe unserer Umwelt und für Belohnungen und Strafen sehr empfänglich und empfindlich. Aber wir werden auch stark durch unseren inneren Antrieb, unsere Eigenmotivation, bestimmt."[330]

Der Zugang über die so wichtige *Eigenmotivation* soll Peters/Waterman zufolge durch eine Führung gefunden werden, welche diese angeblich prinzipiell vorhandenen Eigenschaften berücksichtigt. Das Gefühl, ein *Erfolgsmensch* zu sein, muss unbedingt vermittelt werden. Mit einfachen und verständlichen Belohnungssystemen soll dies erreicht werden. Vor allem aber muss das Management als *Sinnproduzent* erfolgreich sein. Die Autoren wissen:

---

[328] Ebenda, S. 77.
[329] Vgl. ebenda, S. 77 f.
[330] Ebenda, S. 81 f.

> „Wir brauchen unbedingt einen Sinn in unserem Leben und bringen für Institutionen, die auf uns sinngebend wirken, bereitwillig große Opfer. Gleichzeitig brauchen wir Unabhängigkeit, das Gefühl, Herr unseres Geschicks zu sein und uns von der Menge abzuheben."[331]

Angeblich werde das menschliche Verhalten „von einem relativ groben und primitiven System" beherrscht. Alle Menschen streben „mit aller Macht nach Transzendenz", meiden die Isolierung und fürchten die Hilflosigkeit.[332] Der emotionale und zu einem guten Teil irrationale Mensch halte sich selbst aber „für Spitze":

> „Wir haben den Menschen als verblüffend irrational bezeichnet. Er denkt in Geschichten, zählt sich bei allen guten Eigenschaften zu den besten 10%, muß sich von anderen abheben und gleichzeitig aus einer Gemeinschaft heraus einen Sinn finden, und so weiter. Doch diese Schwächen und Grenzen werden in der praktischen Unternehmensführung nur selten berücksichtigt"[333]

Diese anthropologischen Einsichten hätten nun weitreichende Konsequenzen für die Organisation und die Strategien geeigneter Führung. „Ganz gewöhnliche Menschen" – so das Dilemma aller Führungstheorie – sollen „zu außergewöhnlichen Leistungen geführt" werden.[334] Wie sollen so widersprüchliche, von falscher Selbsteinschätzung geblendete Mitarbeiter erfolgreich motiviert und zu echten „Champions" gemacht werden?

Der Mensch habe ein Bedürfnis nach *Selbstbestimmung* und einen Wunsch nach Einflussnahme, er brauche Erfolg und Profilierung. Dem könne das Management etwa durch Kompetenzverlagerungen „nach unten" gerecht werden. Auf die tatsächliche Ausweitung von Handlungsspielräumen kommt es dabei allerdings nicht notwendigerweise an, denn:

> „Schon der *Glaube*, wir hätten ein *bißchen* mehr Entscheidungsspielraum, führt zu einem *viel* stärkeren Engagement."[335]

Diese Einsicht ist aus meiner Sicht besonders praxisrelevant: Die Inszenierung einer symbolisch (durch Titel, Embleme und Trophäen aller Art) aufgeladenen Arbeitspraxis soll allenthalben den Glauben an eigene Handlungsspielräume und Dispositionsfreiheit erzeugen. Wer sich „wichtig" fühlt, wird sich – so schlussfolgern die Autoren wohl durchaus zu Recht – unablässig einsetzten und engagieren.[336]

---

[331] Ebenda, S. 82.
[332] Vgl. ebenda, S. 86.
[333] Ebenda, S. 113.
[334] Vgl. ebenda, S. 109.
[335] Ebenda, S. 108.
[336] Nebenbei ist zu erwähnen, dass insbesondere das Problem von Diskrepanzen zwischen „nach unten" verteilten Verantwortlichkeiten bzw. sog. „Kompetenzen" und tatsächlichen Handlungs- und Beeinflussungsmöglichkeiten des wirtschaftlichen Erfolges durch die Mitarbeiter besteht. Nicht selten tragen der oder die „Chief Officer", „Key Acounter", „Business Administration Secretary" oder „Facility Manager" zwar Verantwortung in dem Sinne, dass

Immerhin plädieren Peters/Waterman dafür, arbeitenden Menschen, insbesondere in weniger gehobenen Positionen, seitens des Managements mehr zuzutrauen und ihnen regelmäßige Erfolge und Selbstbestätigungen zu verschaffen. Grundsätzliches wird gleichwohl weiterhin durch die „großen Führungspersönlichkeiten" entschieden. Insofern bleiben auch Peters/Waterman dem Top-Down–Prinzip treu. Entscheidend sei, an die Fähigkeiten und Möglichkeiten der „gewöhnlichen" Mitarbeiter zu glauben:

> „Diese [die exzellenten M.S.] Unternehmen geben ihren Mitarbeitern Gelegenheit, sich hervorzutun, verbinden das allerdings mit einer Philosophie und einem Wertsystem [...], die einen transzendenten Sinn vermitteln – eine wunderbare Kombination."[337]

Den Bedürfnissen des „irrationalen Menschen" wird auch bei Peters/Waterman nur ein wirklich „transformierender Führer" gerecht, der als überragende Gestalt präsentiert wird:

> „Der transformierende Führer beschäftigt sich auch mit Details. Aber ihm geht es um andere Details; für ihn sind die Fertigkeiten des Pädagogen, des Mentors, des Linguisten wichtig, die ihm helfen können in seiner Rolle als Gestalter von Wertvorstellungen, Vorbild und Sinnvermittler. Er hat eine viel schwierigere Aufgabe als der vorgangsorientierte Führer, denn er ist der wahre Künstler (sic! M.S.), der wahre Erkunder neuer Wege. Schließlich weckt und verkörpert er ja das uns alle verbindende Streben nach Transzendenz."[338]

Die Konzeption des großen Gestalters und Sinnvermittlers hat, angesichts des enormen Einflusses, den Peters/Waterman mit ihrem Beitrag auf die Debatte hatte, sicher viel zur Vitalität der heute ebenso bedeutsamen Managermythen beigetragen. Der Führer fungiert in dieser Perspektive als Pädagoge und Mentor, der den prinzipiell defizitären Mitarbeiter anleitet und entwickelt, um ihn auf die aktuale Höhe seiner Potentiale zu heben, als Vorbild an humaner Exzellenz und ökonomischer Intuition und als Gestalter von Wertvorstellungen, weil die Wertvorstellungen der Mitarbeiter offenbar korrekturbedürftig sind.

Den Gipfel seines Schaffens erreicht er durch die Vermittlung von Sinn – die echte „Königsaufgabe". Er ist sogar die Verkörperung der Transzendenz schlechthin – damit wird er zur wahrhaft überragenden Figur. Er verschreibt sich

---

bestimmte geschäftliche Verläufe ihnen zugerechnet werden, von ihnen vertreten werden sollen, sind aber nicht mit tatsächlichen Möglichkeiten (Ressourcen, Vollmachten, Budgetmitteln etc.) ausgestattet.

[337] Peters/Waterman 1989, S. 109.

[338] Ebenda, S. 110. Der Unternehmensführer hat Peters/Waterman „das Gespür für das Ganze". Allerdings erfordert dieses geradezu geniale Fähigkeiten: „Eine formale, systematische Vorstellung vom Ganzen liegt allerdings selten vor, wenn sie überhaupt je möglich ist, außer bei wenigen genialen Unternehmen oder den wenigen Führungsorganisationen, deren Mitglieder eine kollektive Sensibilität und einen hohen Grad an Integration erreicht haben." Ebenda, S. 126. Peters/Austin notieren über Manager außerdem: „Sie müssen animieren, Begeisterung zeigen und wecken, potentielle Champions und Helden erkennen und fördern, umherwandern, dramatisieren, trainieren, Wege ebnen, aufbauen." Peters/Austin 1986, S. 315.

ganz dem „Prinzip der Menschlichkeit" und kann seine „Rolle" bei der „Menschenführung" sogar, wie bei Peters/Austin zu erfahren ist, „als eine Art Dienerrolle" auffassen.[339] Damit scheinen die Verhältnisse auf den Kopf gestellt: Handelte es sich nicht um ein rhetorisches Manöver, wäre die Rede von einer echten „Revolution" im Management, wie die Verfasser sie beobachten wollen, gerechtfertigt.[340] Gerade die Ausführungen über die Kompetenzen und Aufgaben des transformierenden Führers weisen jedoch eher in eine andere Richtung: Der gezielte Einsatz einer neueren, populären Motivationstechnik.[341]

Alle Ressourcen sollen Peters/Waterman zufolge durch transformierende Führung dergestalt „mobilisiert" werden, dass eine Situation des Zusammenwirkens zwischen Führern und Geführten entsteht, in der beide Seiten „einander zu höherer Motivation und Moral" verhelfen.[342] Die *erhebende, mobilisierende, inspirierende, beflügelnde, ermunternde und bekehrende* transformierende Führung „erhöhe" die Geführten. Auf beiden Seiten der Führungsbeziehung würden „das menschliche Verhalten" und der ethische Anspruch „auf eine höhere Ebene" gehoben. Durch *Glaubwürdigkeit* und die Fähigkeit, *Begeisterung* zu wecken sowie *Zuversicht* wachzurufen, sollen die Manager schließlich in einen „symbiotisches" Verhältnis zu den Geführten treten.[343] Wie durch die Verwendung der starken Vokabel *transformieren* bereits angedeutet wird, ist das Ziel der Interventionen des Führers eine grundsätzliche Veränderung, ja „Neugestaltung" des Geführten:

> „Die Kunst[344] des kreativen Führers ist die Schaffung von Institutionen, die Neugestaltung menschlichen und technologischen Ausgangsmaterials zu einem Organismus mit neuen, bleibenden Werten."[345]

Während sich ein Kommentar zur Formulierung „menschliches Ausgangsmaterial" erübrigt, erlaubt das Zitat die Feststellung, dass auch für Peters/Waterman Organisationen und Unternehmen als Organismen gedacht werden. Anpassungsfähige Unternehmen durchlaufen angeblich eine durch die Unternehmensleitung gesteuerte *Evolution*, die „nach Darwinschen Prinzipien" funktionieren soll:

> „Das anpassungsfähige Unternehmen lernt schnell, die nachteiligen Mutationen auszumerzen und in die aussichtsreichen zu investieren."[346]

---

[339] Vgl. Peters/Austin 1986, S. 266.
[340] Vgl. Peters/Waterman, S. 51 ff. und Peters/Austin, S. 9 ff.
[341] Die Devise „Alle Macht den Menschen an den Arbeitsplätzen", die Peters/Waterman dem Chairman von Dana Corporation Mc Pherson zuschreiben, klingt viele Jahre später erst recht zynisch. Vgl. Peters/Austin 1986, S. 269.
[342] Vgl. Peters/Waterman 1989, S. 110.
[343] Vgl. ebenda, S. 110 f.
[344] Zur Idee von Management als Kunst vgl. auch schon Golde 1978, S. 5 ff.
[345] Sic! Peters/Watermann 1989, S. 113.
[346] Vgl. ebenda, S. 144.

Das immer wieder beschworene „Wertsystem" müsse unternehmensindividuell festgelegt werden. Dabei kommen als Werte offenbar die bekannten Schlagworte Unternehmertum, totale Kundenorientierung, besondere Serviceleitungen oder gar obskure ästhetische Abwegigkeiten wie die von Peters/Waterman referierte „Schönheit im Hamburger" (sic! M.S.) bei McDonald's in Frage. Wer hier noch skeptisch oder gar amüsiert ist, dem wird mitgeteilt:

> „Platt und trivial? Nur für Zyniker. Die Unternehmen, die diese Werte leben, werden von ihnen laufend geformt und geprägt."[347]

> „Dort (in exzellenten Unternehmen M.S.) sind die Wertvorstellungen unmißverständlich klar; sie werden Minute für Minute und Jahrzehnt für Jahrzehnt an der Führungsspitze vorgelebt und sind auf allen Ebenen voll verstanden."[348]

Gemeinsam geteilte Werte sollen, wie so oft, die Grundlage der Gemeinschaft sein. In einem „Klima der Begeisterung" und mit dem „Gefühl, zu den Besten zu gehören" wird schließlich die gemeinsame „Mission" erfüllt. Die Beschwörung der beiden stark strapazierten „Werte" *Vertrauen* und *Offenheit* nimmt – dies sei nur nebenbei bemerkt – gelegentlich unfreiwillig komische Züge an. Über die Dana Corporation berichten Peters/Austin allen Ernstes:

> „Vertrauen! Vertrauen, das vom mündigen Erwachsenen in seine ebenso mündigen und erwachsenen Partner gesetzt wird. Während der Rezession mußte Dana zehntausend Leute entlassen. Einmal die Woche schickte das Management jedem Mitarbeiter – auch denen, die entlassen worden waren – eine ausführliche Informationsbroschüre. Es wurde darin gesagt, wo es Entlassungen gegeben hatte, wie die Zukunftsaussichten waren und sogar – und das war mutig – wo es möglicherweise noch zu weiteren Entlassungen kommen könnte. Was war das Ergebnis dieser schonungslosen Offenheit? Unter anderem ein Vertrauensbeweis auf den Mc Pherson (zu dem Zeitpunkt Chairman bei Dana M.S.) besonders stolz ist: Vor den Entlassungen besaßen 80 Prozent der Mitarbeiter Aktien der Gesellschaft, die sie im Rahmen eines speziellen Beteiligungsprogramms erworben hatten. Zum Zeitpunkt der meisten Entlassungen lag die Zahl der beteiligten Mitarbeiter knapp über 80 Prozent, einschließlich aller 10000 Leute, die man hatte entlassen müssen."[349]

Die Unternehmenskultur und die „Werte" sind in diesem Fall so stark, dass sie auch nach Beendigung des Arbeitsverhältnisses noch ihre Wirkung auf die ehemals Beschäftigten behalten. Dies soll hier offenbar verdeutlicht werden, wenngleich mit einem völlig fragwürdigen Kriterium – dem Halten von Firmenaktien, die aus ganz anderen Gründen nicht verkauft worden sein können. Die „schonungslose Offenheit", von der die Verfasser hier sprechen, kann ebenso gut als Zynismus begriffen werden. Peters/Austin finden an den Informationsbemühungen für die Ausgeschiedenen jedenfalls nichts Ungewöhnliches. Kehren wir

---

[347] Ebenda, S. 113.
[348] Ebenda, S. 125 f.
[349] Peters/Austin 1986, S. 270.

aber zurück zu den Merkmalen der von Peters/Waterman vorgeführten idealen Unternehmenskultur. Die Autoren fassen wortgewaltig zusammen:

> „Das Lebenselixier des Unternehmens ist der interne Wettbewerb, die intensive Kommunikation, der Familiensinn, die Politik der offenen Tür, die Zwanglosigkeit, die Flexibilität und die unpolitische Verlagerung von Ressourcen. Und im Zentrum der gesamten internen Ausrichtung steht die Mitarbeiterorientierung. [...] Jeder einzelne [...] soll sich hervortun und etwas Eigenes leisten. Gleichzeitig ist er Teil eines großartigen Ganzen [...] in der praktischen Umsetzung beweist sich dieses Wertsystem in ganz prosaischen Einzelheiten und kleinsten Kleinigkeiten. Jede Minute, jede Stunde, jeder Tag bietet Gelegenheit, etwas zur übergreifenden Zielsetzung beizutragen."[350]

Damit ist die Vision formuliert: Die „Zwanglosigkeit" und die „Politik der offenen Tür" sollten nicht darüber hinwegtäuschen, dass auch hier programmatisch ein umfassender Zugriff auf die Mitarbeiter erfolgen soll.

Wenn das Wertsystem Einfluss selbst auf „kleinste Kleinigkeiten" haben soll und alle Tage, Stunden und Minuten in den Dienst der „übergreifenden Zielsetzung" – gleichgültig, wie diese konkret beschaffen sein mag – zu stellen sind, wird ein totaler Anspruch auf Einsatz und Partizipation an der Gemeinschaft formuliert. Das Plädoyer für eine Personalpolitik, die in arbeitende „gewöhnliche" Menschen Vertrauen setzt, Dispositionsfreiheiten einräumt, Verantwortung delegiert, auf Selbständigkeit. Kreativität und „Eigenverantwortung" setzt und, wie beteuert wird, auf traditionelle Kontrolltechniken weitgehend verzichtet, wird durch die Verfasser gleich wieder relativiert. Im Abschnitt „Zwiespalt und Widerspruch beherrschen" werden lediglich subtilere Mechanismen der Überwachung und Kontrolle vorgeschlagen.[351] In die Beschreibung des Führungsstils der „IBM-Legende" Watson gekleidet, teilen Peters/Waterman mit, in welchen Fragen unbedingte Disziplin erforderlich ist:

> „Bei seiner Politik der offenen Tür zeigte Watson regelmäßig ein Herz für den Arbeiter; kaum jemals hielt er zu seinen Managern, wenn ihm die Be-

---

[350] Peters/Waterman 1989, S. 368 f. Das Wort Familiensinn steht im Original in Anführungszeichen. Wer die Gelegenheit, etwas zu übergreifenden Zielsetzung beizutragen, nutzt, den erwarten verschiedene Belohnungen. Peters/Austin, die zuvor festgestellt hatten, dass die Themen „Spaß, Arbeitsfreude und Begeisterung" in „Managementfibeln" vernachlässigt würden, berichten etwa von einer Begebenheit bei SAS in 1982: „Als Dank dafür (für besondere Leistungen M.S.) erwies sich der Präsident der Unternehmensgruppe, Jan Carlzon, als sehr großzügig. Weihnachten 1982 erhielten alle 16000 SAS-Mitglieder eine goldene Armbanduhr. Darüber hinaus wurde ein Super-Betriebsfest in drei Ländern gleichzeitig [...] gefeiert, an dem jeweils mehrere tausend Leute teilnahmen. Am Ende der Veranstaltung wurde jeder Gast mit einer Privatlimousine nach Hause gebracht. Das ist eine barocke Art zu feiern, die nicht nur gefällt, sondern auch auf ökonomisch außerordentlich sinnvolle Weise der Imagepflege dient." Peters/Austin 1986, S. 308.
[351] Vgl. Peters/Waterman 1989, S. 117 ff. Zu den Schwierigkeiten, die allgegenwärtigen Lippenbekenntnisse zu dem Wunsch nach selbständigen, eigenverantwortlichen, mündigen und gar kritischen Mitarbeiten, in der betrieblichen Praxis durchzuhalten Vgl. auch Volk 2002, S. 38-39.

schwerde eines Arbeiters zu Ohren kam. Andererseits waren die Unternehmer allesamt aus hartem Holz geschnitzt. Alle kannten sie keine Nachsicht, wenn gegen ihre Grundwerte *Dienst am Kunden* oder *kompromißlose Qualität* verstoßen wurde. In ihnen verbanden sich eine fürsorgliche und eine strenge Seite. Wie gute Eltern waren sie voller Zuneigung – und voll hochgesteckter Erwartungen."[352]

Betriebliche Führung wird so zu einem erzieherischen Projekt. In von den „Eltern" festgelegten Grenzen dürfen Mitarbeiter eine gewisse Eigenständigkeit erfahren. Bei Verstößen gegen Grundregeln jedoch muss mit der unerbittlichen Strenge der Erzieher gerechnet werden. Der Anspruch der Erziehungsberechtigen bezieht sich sowohl auf die Kontrolle, die jetzt nach anderen Kriterien abläuft (etwa die Leistungskontrolle der Zahl der Vertragsabschlüsse statt einer Anwesenheitskontrolle im Betrieb, Zahl der eingebrachten Verbesserungsideen statt Zahl der bearbeiteten Vorgänge etc.), als auch auf die Gestaltung der Sanktionen. Gleichwohl soll aber das „menschliche Ausgangsmaterial" ganz „neu gestaltet" werden – letztlich der Mensch durch diese Art der Führung also erst zu dem werden, was er eigentlich ist. Damit ist ein maßloser Erziehungsgedanke formuliert, der auf die in dieser Weise zu Erziehenden in nicht hinnehmbarer Weise zugreifen will. Spuren dieses Denkens finden sich heute allenthalben. Es hat weder an Aktualität und Relevanz noch an Kritikwürdigkeit verloren.

Robert Waterman veröffentlichte 1994 die Schrift *Die neue Suche nach Spitzenleistungen. Erfolgsunternehmen im 21. Jahrhundert*, die im Wesentlichen an das vorangegangene Buch anschließt und neuere wirtschaftliche Entwicklungen berücksichtigt. Waterman problematisiert allerdings insbesondere im Schlusskapitel auch die negativen Folgen (Massenarbeitslosigkeit, Armut im Wohlstand etc.) und relativiert mit dieser Reflexion in gewisser Weise den aufdringlichen Optimismus und die eindeutige Fixierung auf die „Spitzenleistung" des vorher vorgelegten Buches. Gleichwohl wird von den grundlegenden Ansichten über Führung und Unternehmenskultur nichts zurückgenommen. Im Kapitel *Jeder ist eine Führungskraft* rät er den Managern von heute und morgen:

> „Behalten Sie die Kontrolle – indem Sie sie abgeben [...] Um eine echte Führungskraft zu sein, muß man die Kontrolle in einem sehr engen Sinne abgeben – um Kontrolle in einem viel weiteren Sinn ausüben zu können."[353]

Der Verfasser berichtet von mehreren Beispielen gelungener Implementierung sog. *Selbstführung* oder *Selbststeuerung* in Teams und Arbeitsgruppen verschiedener Unternehmen. Die von Waterman vertretene Form der „Mitarbeiterorientierung" besteht kurz gesagt in dieser Stärkung eigenverantwortlichen Arbeitens, der Dezentralisierung von Entscheidungen, der Kapitalbeteiligung der Arbeitnehmer, einer permanent „lernenden Organisation", der Chance, Verbesserungsvorschläge zu machen und schließlich, seitens des Managements in der Kon-

---

[352] Peters/Waterman 1989, S. 124. Zum beliebten Verfahren, Manager zu „Vätern" oder „Eltern" zu erklären vgl. auch Neuberger 1994, S. 41 f.
[353] Waterman 1994; S. 37 f.

struktion eines „Inhaltes", einer *Mission* und der Bereitstellung eines ethischen Fundaments des Arbeitshandelns. Die neuen Spitzenleistungen werden also alles in allem mit den alten Erfolgsrezepten erzielt. Die Berichte aus der Praxis sind zu umfangreich, die berichteten „Geschichten" zu vielfältig, um sie an dieser Stelle im Einzelnen zu referieren. Allerdings erscheint mir ein von Waterman referierter Bericht selbst organisierter Umstrukturierungsmaßnahmen bei der Firma AES erwähnenswert, der – über seinen Anekdotencharakter hinaus – das Klima, welches bei Peters/Waterman vorherrscht, insgesamt widerspiegelt. Auf der Basis einer „starken Kultur" kommt es im Werk „Deepwater" Waterman zufolge zu diesem „gesteuerten" Prozess der Selbststeuerung:

> „Innerhalb eines Monats begannen die Mitarbeiter in Deepwater, die Dinge schneller 'umzukrempeln', als es sich die Unternehmensleitung in ihren Träumen vorzustellen wagte. Die wichtigste Änderung: Sie planten, sich in 'Familien' zu organisieren. Es sollte eine Kesselfamilie, eine Turbinenfamilie, eine Wäscherfamilie und so weiter geben. Die Familienmitglieder sollten die Arbeit ihrer Kollegen lernen, täglich rollieren, Routinewartungsarbeiten erledigen und – und dies ist entscheidend – ihren eigenen Betrieb zu ihrem 'Eigentum' machen [...] Sie (die Mitarbeiter M.S.) sprachen von Nachbarschaft, Gemeinden und Zellen. Schließlich entwarfen sie eine auf dem Familienkonzept aufbauende Struktur, die sie 'Honigwabe' nennen [...] die Stärke der Honigwabe, die sich aus wunderbar zusammenpassenden Zellen – oder in diesem Fall: Familien – zusammensetzt."[354]

Waterman versäumt nicht, zu erwähnen, dass es nach der zufälligen oder beabsichtigten Einführung dieser Struktur mit der Produktivität und der *Arbeitsmoral* „rapide aufwärts" ging. Auch die Kapazitätsauslastung sei von 85% auf 100% gestiegen, wobei insbesondere dies dem Laien kaum erklärlich ist, der bisher davon ausgegangen war, dass die Kapazitätsauslastung wesentlich durch externe Faktoren (Nachfrage) bestimmt wird und weniger durch die Organisation der Belegschaft in Familien.[355] In einem anderen Werk des Unternehmens führen Angestellte und Unternehmensleitung Waterman zufolge einen Kampf gegen die Unsitte, sich am Arbeitsplatz zu *siezen*:

> „Wer waren *Sie*? Weder die Arbeitnehmer noch die Unternehmensleitung wollten weiter so ineffektiv arbeiten. *Sie* war natürlich die Vergangenheit – alte Arbeitspraktiken, Mythen und Annahmen. *Sie* war ein Heer von Bürokraten [...] Später wurden alle mit einem nie abreißenden Strom von Aufklebern, Reversknöpfen, Notizen und Sheriffsternen bombardiert. Auf allen war das Wort *Sie* mit einem internationalen Verbotssymbol – einem Kreis mit einem Querstrich – überdruckt."[356]

Wer angesichts der Nebensächlichkeit des Gegenstandes, um den es hier geht, noch nicht irritiert ist, der sei auf die von Waterman berichtete einmalige Insze-

---

[354] Ebenda, S. 189.
[355] Vgl. ebenda, S. 190.
[356] Ebenda, S. 190.

nierung verwiesen, mit dem das unerträgliche *Sie* endgültig aus dem Unternehmen gejagt wurde:

> „Kurz darauf wurde eine Orientierungssitzung durch 'Gewehrfeuer' unterbrochen. Vier Leute im Kampfanzug stürmten das Zimmer. Sie trugen Spielgewehre; an ihren Kampfanzügen klebte Flicken an Flicken mit der Aufschrift: *Sie*. Diese Guerillatruppe, so stellte sich heraus, waren zwei der Spitzenmanager mit ihren Frauen."[357]

Diese Aktion löste, so Waterman, die Spannung in Humor auf und riss die „Mauern zwischen Funktionen und Managementebenen" ein. Aus meiner Sicht ist es völlig unerheblich, ob sich obskure Geschichten dieser Art tatsächlich in dieser Weise ereignet haben oder nicht. Entscheidend sind die Nebenbedeutungen, die beim Erzählen derartiger Begebenheiten zum Vorschein kommen: Die Führungsmannschaft wird als „menschlich", humorvoll, offen für Neues und „Unkonventionelles" inszeniert. Offensichtliche Status-, Entscheidungs-, Einkommens- und Machtunterschiede zwischen Führungskräften und anderen Mitarbeiten werden in der großen Familie, die zusammen Spaß hat und an einer „großartigen Sache" arbeitet, systematisch verschleiert. Die Arbeitstätigkeit soll nachgerade eine fortdauernde *Party* sein. Paradoxerweise werden die „Führer", die sich auf diese Weise tatsächlich „kleiner" machen als sie sind, im Ansehen der Mitarbeiter, so wird es jedenfalls berichtet, tatsächlich größer. Wenn Watermans Behauptung zutrifft, dass nach der Durchführung von Maßnahmen dieser Art die Arbeitsmotivation und die Produktivität zunehmen, geht die Rechnung, das kritische Vermögen der Beteiligten zu unterlaufen, auf.

6.6 Management als Beruf: Fredmund Maliks Idee eines wirksamen *Menschen*

6.6.1 Management als wichtigster Beruf überhaupt

Zum Schluss dieses Kapitels möchte ich den Ansatz eines Managementdenkers vorstellen, der mitnichten in die zuvor eröffnete Reihe einzuordnen ist, sondern in Bezug auf die Frage nach der mentalen oder humanen Exzellenz von Führungskräften eher einen Kontrapunkt markiert. Fredmund Malik genießt als Experte für Managementfragen weltweit hohes Ansehen und nimmt regelmäßig zu aktuellen Fragen Stellung.[358] Er ist einer der maßgeblichen Vertreter einer *systemorientierten Managementlehre* und des vor allem mit dem Namen seines Lehrers Hans Ulrich[359] verbundenen St. Galler Management-Ansatzes. Diese theoreti-

---

[357] Ebenda, S. 191.
[358] Für eine Übersicht über die zahlreichen Veröffentlichungen und eine Auswahl aktueller Stellungnahmen vgl. www.mom.ch.
[359] Vgl. Ulrich 1974. Gleich zu Beginn des grundlegenden Beitrages *St. Galler Management-Modell* erklärt Hans Ulrich: „Es ist klar, daß es bei derart arbeitsteiligen Führungsprozessen (in der demokratischen Gesellschaft, in der zahlreiche Personen mit Führungsaufgaben betraut sind M.S.) gemeinsamer Leitbilder und Konzepte, einer einheitlichen Sprache und einer *unité*

sche Richtung der Managementlehre rekurriert auf die Kybernetik und die systemtheoretische Beschreibung von Komplexität. Management dient diesem Ansatz zufolge der *Beherrschung von Komplexität*. Für Maliks Position sind ein streng an der Systemtheorie orientiertes Organisationsverständnis einerseits, Anleihen aus dem begrifflichen Instrumentarium der Biologie andererseits und schließlich die Forderung nach einer „Rückkehr zu einem kompromisslosen Rationalismus" in Management und Führung kennzeichnend.[360] Als Vertreter einer im weitesten Sinne wirtschaftsliberalen Gesellschaftstheorie orientiert sich Malik darüber hinaus an den Arbeiten von Friedrich Hayek und Karl Popper.[361]

In seinem Beitrag *Führen, Leisten, leben. Wirksames Management für eine neue Zeit* bemüht sich Malik um einen dezidiert *rationalen* Zugang zu den Fragen eines gelungenen Managements von Unternehmen und Organisationen und nimmt insofern eine Gegenposition zu allen Ansätzen ein, in denen im Gefolge der Unternehmenskulturdebatte die Abkehr vom rationalistischen Managementparadigma gefordert oder behauptet wird. Unter anderem richtet sich die Kritik Maliks gegen die Auffassung, Unternehmenskultur sei gewissermaßen etwas völlig *Neues* und der entscheidende Erfolgsfaktor:

> „Aus der Sicht einer richtig verstandenen Managementlehre, deren Gegenstand die umfassende Gestaltung, Lenkung und Entwicklung von komplexen sozialen Systemen ist, gilt die Unternehmenskultur schon lange als integrierter Bestandteil, wenn auch nicht unter dieser Bezeichnung."[362]

Die soziale Dimension des Handelns in Unternehmen, in denen eben nicht nur ein *homo oeconomicus* agiere, in den Vordergrund der Analyse zu stellen, sei entgegen der Auffassung mancher Vertreter des Unternehmenskultur-Ansatzes eine „Wiederentdeckung alter Wahrheiten."[363]

Ich werde versuchen zu zeigen, dass Maliks Position einerseits einen skeptisch-kritischen Zugang zu gängigen Managementtheorien wie etwa der *Eigenschaftstheorie der Führung* darstellt, andererseits aber doch erwähnenswerte politische und anthropologische Implikationen aufweist. Malik will immerhin darlegen, „...was Menschen wissen und können müssen, wenn sie *wirksam* und *erfolgreich* sein wollen – in erster Linie in ihrem Beruf, aber auch in ihrem Leben..."[364] Für Malik ist der Beruf des Managers die „wichtigste Funktion der Gesellschaft."[365] Management sei „...das gestaltende und bewegende Organ einer Gesellschaft und ihrer Institutionen" und habe nichts mit zweifelhaften Motivati-

---

de doctrine bedarf, wenn Management nicht nur die bewegende, sondern auch die einigende Kraft im Unternehmungsgeschehen sein soll." Vgl. ebenda, S. 7. Zum St. Galler Systemansatz vgl. auch die kurze Zusammenfassung bei Rühli 1975, S. 23.

[360] Vgl. Malik 1997, S.1 ff. und Malik 1993, S. 28.
[361] Vgl. Malik 2000, S. 386 f.
[362] Vgl. Malik 1990, S. 21.
[363] Vgl. ebenda, S. 22 f.
[364] Malik 2000, S. 7.
[365] Vgl. ebenda, S. 8.

onslehren zu tun.³⁶⁶ Gerade diese „zweifelhaften Motivationslehren" und die Ideologie der großen Führer erfahren bei Malik eine in einem liberalen Individualitätsverständnis begründete Kritik. Jegliche Mystifizierung, Heroisierung und Idealisierung von Managern wird strikt abgelehnt.³⁶⁷ Die gesellschaftliche Relevanz und die Gefährlichkeit solcher Ideen stehen für Malik außer Zweifel, wenn er warnt:

> „Genau jene Dinge, die in weiten Teilen der Unternehmungskulturdiskussion gefordert werden, waren zu allen Zeiten die herausragenden Kennzeichen kollektivistischer und totalitärer Ideologien [...] Wer hat den Personenkult, die Heroen und Champions besser benutzt als diese Regime?"³⁶⁸

Nur im Bereich des Managements und auf keinem anderen Gebiet werde „...pseudowissenschaftlicher Schwachsinn bar jeden Arguments mit unbegrenzter Beliebigkeit und Willkür verbreitet und kritiklos hingenommen..."³⁶⁹. Malik kritisiert die „...zweifelhaften Anforderungskataloge, die von Unternehmen und Personalberatungen in Bezug auf die Qualitäten eines Managers existieren."³⁷⁰ Die intensive Beschäftigung mit „charismatischen Führerpersönlichkeiten" und die Suche nach „kreativen und innovativen Persönlichkeitstypen" sowie der Betonung der Notwendigkeit, Identifikationsfiguren zu schaffen, betrachtet Malik als Ausdruck einer „eigentümlich kollektivistisch-totalitären Philosophie."³⁷¹

Der ideale Managertypus bleibe stets eine Fiktion. Aus Sicht der „richtig verstandenen Managementlehre" vielmehr sei zu fragen, wie *gewöhnliche Menschen dazu gebracht werden könnten, außergewöhnliche Leistungen zu erbringen*.³⁷²

Malik nimmt dabei eine implizite, aber grundsätzliche Unterscheidung zwischen *wirksamen* und *unwirksamen* Menschen vor. Der Schlüssel zum Erfolg der von Malik so genannten *wirksamen Menschen*, als von ihm so bezeichneten *Performer*, liege in der „Art ihres Handelns"³⁷³ Von einer Fokussierung auf die Persönlichkeitsmerkmale des Managers sei unterdessen schon deswegen abzusehen, weil es dadurch zu einer Psychologisierung des Managements komme und die Problemwahrnehmung dann ausschließlich in psychologischen Kategorien

---

³⁶⁶ Vgl. ebenda, S. 8 ff.
³⁶⁷ Vgl. ebenda, S. 45.
³⁶⁸ Vgl. Malik 1990, S. 37.
³⁶⁹ Vgl. Malik 2000, S. 9.
³⁷⁰ Malik rekurriert auf eine Umfrage unter 600 deutschen Großunternehmen und referiert die Eigenschaften, die an oberster Stelle eingefordert wurden: unternehmerisch denkend, teambildend, kommunikativ, visionär, international ausgerichtet, ökologisch orientiert, sozial orientiert, integer, charismatisch, multikulturell und intuitiv entscheidend (vgl. ebenda, S. 16). Eine Schweizer Großbank fordere in ihrem Bulletin für den Manager von morgen, dieser müsse *interrogativ-integral, integrierend-intermediär* sowie *interkommunizierend-instruierend* sein. Abgesehen davon, dass unter dieser Wortgewaltigkeit beinahe alles und auch das Gegenteil zu verstehen sei, weise die Hervorhebung der Bedeutung charakterlicher Qualitäten auf eine fragwürdige *Eigenschaftsorientierung* des Führungsansatzes hin (vgl. ebenda, S. 16 ff und S. 45 f.).
³⁷¹ Vgl. Malik 1993, S. 44.
³⁷² Vgl. Malik 2000, S. 17 f.
³⁷³ Vgl. ebenda, S. 21.

erfolge, was zu inadäquaten Beurteilungen führen müsse.[374] Management müsse als Beruf verstanden werden, Leistung und Erfolg seien mithin die einzigen Kriterien zur Legitimation des Führungshandelns.[375]

Managementkompetenzen können Malik zufolge erlernt und professionalisiert werden. Vielfach würde jedoch das Augenmerk zu wenig auf das systematische Erlernen dieser Kompetenzen gerichtet, weswegen Manager häufig unterhalb des „Leistungsniveaus" blieben, welches erreichbar wäre.[376] Hier klingt die Idee der Spannung von Potentialität und Aktualität des durch „richtiges" Management ökonomisch und gesellschaftlich systematisch herstellbaren „Erfolges" an. Suboptimales Management als Vergeudung von Entwicklungspotentialen könne zukünftig „von der Gesellschaft kaum noch toleriert" werden.[377] Vielmehr werde, so Malik, ein „Hochleistungs- und Hochpräzisionsmanagement" mit einer „Nulltoleranz" gegenüber Fehlern benötigt.[378]

Insofern Malik die Auffassung vertritt, dass es in einer modernen Gesellschaft *keinen wichtigeren Beruf* als den des Managers gebe, geht er davon aus, dass der „Zustand einer Gesellschaft" wesentlich durch die Qualität des jeweils praktizierten Managements bestimmt werde.[379] Das von Malik anvisierte professionelle Idealmanagement als „Steuerung komplexer Systeme" ist konzeptionell auf die Führung der ganzen Gesellschaft angelegt. Es scheint fast so, als solle Politik durch Management geradewegs ersetzt werden. Die Unterschiede zwischen der politischen Führung von Gesellschaften und Wirtschaftsunternehmen verschwimmen bei Malik in dem Maße, in dem der Systemcharakter sowohl politischer wie ökonomischer Organisationen und Verbände dominiert. Auch Politik und politische Repräsentation sind in erster Linie eine Frage „richtigen Managements". Damit wird die kritisierte eigenschaftsorientierte Idealisierung des Managers bei Malik durch die Idealisierung des *Managerberufes* ersetzt. Zur Illustration dieses Verfahrens sei nur ein Beispiel aus dem Bereich der Entwicklungspolitik genannt, in dem die alles überragende Bedeutung des Managements deutlich wird:

> „Lässt man die ideologischen und die sozialromantischen Erklärungen für den Zustand der unterentwickelten Welt beiseite, kommt man zu dem Ergebnis, dass die Entwicklung eines Landes vor allem mit seiner Managementqualität zusammenhängt."[380]

Hatten wir soeben noch erfahren, wie „gefährlich" Führerideologien und wie komplex Unternehmen sind, soll jetzt ein einfacher Kausalzusammenhang zwischen *Managementqualität* und dem Zustand ganzer Länder bestehen. Machtfragen, politische, ökonomische und kulturelle Besonderheiten, Bürgerkriege, Fol-

---

[374] Vgl. ebenda, S. 38.
[375] Vgl. ebenda, S. 45.
[376] Vgl. ebenda, S. 47.
[377] Vgl. ebenda, S. 47.
[378] Vgl. ebenda, S. 10 f.
[379] Vgl. ebenda S. 49 ff.
[380] Ebenda, S. 51.

gen der Kolonialisierung und externer Interventionen, asymmetrische internationale Wirtschaftsbeziehungen und konfligierende Interessen – alles nur ein Managementproblem? Dieser Zusammenhang ist nicht nur nicht ohne weiteres einsichtig, er lässt auch die Kompliziertheit der vielen Probleme außer Acht, die bereits zu berücksichtigen sind, wenn man etwa auf die Suche nach den Ursachen für die schwierige Lage nur *eines* Entwicklungslandes geht. Die Formulierungen ideologisch *und* sozialromantisch erlauben darüber hinaus Rückschlüsse auf das der Analyse zugrunde liegende Politikverständnis. Erklärungsansätze, wie etwa die Dependenztheorien, die im weitesten Sinne die westlichen Industrieländer für die desolate Situation vieler Entwicklungsländer direkt oder indirekt mitverantwortlich machen, werden nicht etwa einer begründeten Kritik unterzogen, sondern en passant als unsinnig verworfen bzw. als *Ideologie* desavouiert.[381] Maliks Fazit ist denn auch recht einseitig:

> „Wo immer es gelungen ist, Management aufzubauen und einzuführen, hat sich die ökonomische und soziale Lage rasch verbessert."[382]

Hier ist die Frage zu stellen (da Malik selbst kein Beispiel für diese These beibringt), an welcher Stelle der Gesellschaft und in welcher Form dieses Management eingeführt wurde. In einem oder mehreren Unternehmen, in der Politik oder der Verwaltung? Welcher Länder sind eigentlich gemeint?

Die Argumentation Maliks lässt an dieser Stelle diverse Fragen offen, das gewählte Konkretionsniveau kann den direkten Zusammenhang zwischen Managementqualität und Entwicklungsstand nicht plausibel erklären. Gerade ein Anhänger des kritischen Rationalismus müsste hier hohe Anforderungen an den Beleg der These stellen.

Malik spricht von den neueren ökonomischen Veränderungsprozessen als „größte[n] Herausforderung der Menschheitsgeschichte"[383] und von der Notwendigkeit der Bewältigung der „gigantische[n] Komplexität"[384] Sofern dieser Situation überhaupt Herr zu werden sei, hänge alles von der *Qualität des Managements* ab. Trotz aller Betonung der Erlern- und Professionalisierbarkeit von Systemsteuerung und „rationaler" Führung feiert letztlich auch Malik „die Großen" und legt eine Selbstinterpretation des verantwortlichen Managers nahe, die den ausgreifenden Anspruch dieses Führungsverständnisses verdeutlicht.

6.6.2 Ganzheitsorientierung und Reduktion von Komplexität

Der zentrale Grundsatz des „wirksamen Management[s] für eine neue Zeit" ist bei Malik die „Resultatorientierung des Handelns"[385] Es komme darauf an, „einen

---

[381] Vgl. dagegen z.B. die ausgewogene Analyse der Ursachen für „Unterentwicklung" sowie die Darstellung der Stärken und Schwächen der Dependenzansätze bei Nuscheler 1996, S. 156 ff.
[382] Malik 2000, S. 51.
[383] Vgl. Malik 1993, S. 28.
[384] Vgl. ebenda, S. 28.
[385] Vgl. Malik 2000, S. 73 ff.

Beitrag zum Ganzen" zu leisten.[386] Diese *Beitragsorientierung* sei der „Kern eines ganzheitlichen Denkens, Voraussetzung für unternehmerisches Handeln, Weg zu flachen hierarchiearmen Organisationen und schließlich der „Schlüssel" für dauerhafte Motivation.[387] Allein die *Resultate* zählen, obwohl der Maßstab der Feststellung dieser Resultate im Dunkeln bleibt. Dass bereits die Feststellung von Resultaten ein Politikum sein kann bzw. regelmäßig ist, wird überhaupt nicht problematisiert.

Hinsichtlich des Motivationsproblems in Organisationen hat Malik indes eine dezidierte Position. Ob ein Unternehmensangehöriger, Manager oder Arbeitnehmer motiviert sei, hänge im Gegensatz zu einer verbreiteten Auffassung nicht zwangsläufig damit zusammen, dass die Arbeit „Spaß und Freude" macht.[388] Im Gegenteil hätten Vorstellungen, welche die Realisierung persönlichen Glücks innerhalb von Organisation in den Vordergrund rücken, und die Malik unter dem Begriff „Pursuit of Happiness Approach" zusammenfasst, „in einer Organisation nichts zu suchen."[389] Der von Karl Popper für die Sphäre des Politischen scharf kritisierte „Wunsch, die Menschen glücklich zu machen" als normative Idee wird von Malik nun im Problemkontext der Organisations- und Unternehmensgestaltung thematisiert und gleichfalls zurückgewiesen.[390]

Indes könnten aber Malik zufolge ganz im Sinne der „Resultatorientierung" wenigstens die Ergebnisse der Arbeit Freude machen und „mit Stolz erfüllen", und zwar selbst bei Arbeiten, die „an der Grenze des menschlich Zumutbaren" liegen:

> „Toilettenanlagen an Flughäfen zu reinigen, jeden Tag die gleichen Müllkübel zu leeren [...] macht selbst den Analphabeten unter den ausländischen Hilfsarbeitern keinen Spaß (sic! M.S.). Sie wissen, dass sie das Letzte in unserer Gesellschaft sind. Diesbezüglich haben sie keine Illusionen. Aber selbst solche Tätigkeiten können immer noch mit Ergebnissen, mit einer Leistung verbunden sein, über die man ein Minimum an Stolz empfinden kann."[391]

„Viel wird es meistens nicht sein, da sollte man sich nichts vormachen; aber ein gewisses Maß an Stolz kann eine Toilettenfrau durchaus empfinden, wenn ihre Toiletten die saubersten des Hotels sind – und wenn das

---

[386] Vgl. ebenda, S. 88.
[387] Vgl. ebenda S. 88 ff.
[388] Vgl. ebenda S. 80 ff.
[389] Vgl. ebenda, S. 30 und S. 80 ff.
[390] Vgl. Popper 1992, Bd. 1, S. 187 ff. und Bd. 2, S. 262 ff. Nebenbei ist hier zu bemerken, dass Popper erklärt: „Und jene kleine Propheten, die die unausweichliche Ankunft gewisser Ereignisse, wie etwa eines Abgleitens in totalitäre Ideen und Praktiken (*oder eine Herrschaft der Manager*) ankündigen, tragen dadurch, ob sie es wollen oder nicht, manchmal zu ihrer Verwirklichung bei." Vgl. ebenda, Bd. 1, S.7.
[391] Malik 2000, S. 85.

gelegentlich (sic! M. S.)³⁹² auch von einem Gast oder vom Hoteldirektor anerkannt wird."³⁹³

Die bedingungslose Ergebnisorientierung erweist sich an dieser Stelle als Zynismus. Der Rekurs auf eine rationale und vermeintlich *realistische* Betrachtung solcher Tätigkeiten übersieht die Möglichkeit, den Menschen auch noch anhand anderer Kriterien und in anderen Zusammenhängen als denen der „Wirksamkeit für das Ganze" wahrzunehmen. Die deutliche Formulierung: „Sie wissen, dass sie das Letzte in unserer Gesellschaft sind", ist nicht bloß „realistisch", sie ist in gewisser Weise affirmativ.

Malik erklärt, dass die Anwendung *des Grundsatzes der Resultatorientierung* eine „radikale Änderung in der Einstellung von Führungskräften..." bewirke. Für solche „wirksamen Menschen" würden *Hierarchien* bedeutungslos.³⁹⁴ Es gibt nur noch gute und schlechte Leute und Leistungen:

> „Wesentlich ist, dass es die guten Leute sind, jene, die die wirklichen Leistungen erbringen, die wirklich etwas bewegen."³⁹⁵

Wodurch zeichnen sich nun die „guten Leute" aus? Die *wirksamen Menschen* verlieren „das Ganze" nicht aus den Augen und sind Generalisten und keine Spezialisten. Dazu heißt es: „Arroganz und Indifferenz sind die typischen Untugenden der Spezialisten."³⁹⁶ Malik zufolge ist der „Nur-Spezialist" *unbrauchbar* und sogar *gefährlich*.³⁹⁷ Im Zusammenhang mit der kategorischen Kritik an „den Spezialisten" deutet sich auch Maliks Vorstellung eines Unternehmens als Organismus bereits an: „Der Spezialist sieht die kranke Leber, aber nicht den Patienten...".³⁹⁸

Der Rekurs auf den systemtheoretischen Ansatz und Maliks Verständnis von Management als Beherrschung von Komplexität deuten darauf hin, dass Malik sich der Komplexität sowohl von Unternehmen als auch der gesellschaftlichen „Umwelt" bewusst ist und das Ganze in eben dieser Komplexität in Augenschein nehmen will. Die Reflexionskompetenz dafür liegt aber ausschließlich an der Spitze, denn: „Manche Leute versuchen hinter ihrem Komplexitätsgerede und Philosophieren nur ihren Mangel an Ausbildung und Sachkenntnis und gelegentlich ihre Faulheit zu verbergen, die sie daran hindert, die Arbeit auf sich zu nehmen, die erforderlich ist ...".³⁹⁹

Das Nachdenken über komplizierte Zusammenhänge und der analytische, bzw. kritische Verstand von Mitarbeitern sind also offenbar gerade nicht gefragt.

---

[392] Malik ist überdies der Auffassung, dass der Arbeitgeber mit Lob eher sparsam umgehen sollte. Vgl. ebenda, S. 259.
[393] Ebenda, S. 85.
[394] Vgl. ebenda, S. 88.
[395] Ebenda, S. 91.
[396] Ebenda, S. 92.
[397] Vgl. ebenda, S. 93.
[398] Ebenda, S. 96.
[399] Ebenda, S. 203.

Analysen gefährden die Resultate: „Die Leute beginnen sich rasch an Status- und Rangfragen, an akademischen Titeln und Diplomen statt an Resultaten zu orientieren. Sie werden sich mit Interessantem statt mit Wichtigem befassen. Und die Kosten werden steigen, aber nicht in erster Linie deshalb, weil die Assistenten und Koordinatoren selbst Geld kosten, sondern weil diese allen anderen Mitarbeitern die Zeit stehlen und sie vom Arbeiten abhalten. Statt zu handeln, werden dann Analysen gemacht."[400]

Was erforderlich und „wichtig" ist, entscheiden die wirksamen Menschen an der Spitze, bei denen die Steuerungskompetenz und Übersicht über „das Ganze" konzentriert sind. Für alle andern gilt es, die Arbeit, die zu tun ist, *einfach zu machen*. Deutlich wird überdies eine relativ einfach strukturierte Leistungsideologie, die auf eine Typologisierung mittels der konventionellen Beschreibungsmodi *Faulheit* und *Fleiß* hinausläuft.[401]

6.6.3 Systemisch-evolutive Entwicklung[402]

Malik bezeichnet die Organisation als einen „systemisch-evolutiven Organismus", für den „günstige Bedingungen" geschaffen werden müßten, um „Eigendynamik und Selbstentwicklung" zu erlauben.[403] Das immer wieder eingeforderte „ganzheitliche Denken" impliziert dabei für Malik einen permanenten Erneuerungsprozess des Unternehmensorganismus:

> „In jeder Institution muß ein Prozess des Ausmerzens von Altem, Überkommenem und Überflüssigem installiert werden."[404]

Um eine verständliche Sprache bemüht, bezeichnet Malik diesen Prozess auch als „systematische Müllabfuhr."[405] Diese sei der Schlüssel „...zur wirksamen Auseinandersetzung mit dem *Wesenskern* einer Institution, zur Definition des fundamentalen Geschäfts- oder Organisationszwecks, zur *Business Mission*."[406] Das Denken in der Kategorie eines belebten Organismus wird explizit auf eine naturgesetzliche Basis zurückgeführt:

> „Veraltetes aufzugeben und Ballast abzuwerfen [...] führt zu Revitalisierung und Selbsterneuerung einer Organisation. Es ist die von innen heraus

---

[400] Ebenda, S. 200.
[401] Obwohl die Komplexität von Organisationen immer wieder herausgestellt wird und daher eigentlich auch die Komplexität der Ursachen individuellen Leistungsverhaltens akzeptiert werden müsste, gibt es offenbar neben den *wirksamen* und den *unwirksamen* Menschen für Malik auch die von Natur aus *Fleißigen* und *Faulen*.
[402] Die Evolutionsidee wird immer wieder vertreten. So spricht z.B. Momm 1997 von Evolution „Basis der Wettbewerbsfähigkeit von Unternehmungen" und als „Leitungsaufgabe". Analog zu seiner Auffassung von Evolution als Fähigkeit des Menschen zu stetiger Weiterentwicklung und damit als *Intelligenz*, spricht Momm vom Leitbild einer „intelligenten Unternehmung", die Erneuerungsprozessen besonders gut gewachsen ist. Vgl. Momm 1997, S. 2 ff.
[403] Vgl. Malik 1993, S. 26 ff.
[404] Malik 2000, S. 373.
[405] Vgl. ebenda S. 373.
[406] Vgl. ebenda, S. 377.

geschehende Entschlackung und Selbsthygiene – ein Grundprinzip der belebten Natur."[407]

Vitalität, Schnelligkeit und Produktivität sowie die „*Eliminierung von parasitären Denk- und Verhaltensweisen*" könnten nur durch die „Konzentration auf das wirklich Wesentliche" bewirkt werden.[408] Malik fordert regelrecht einen Wechsel zu einem „biologischen Paradigma", mit dem er sich in einem Aufsatz mit dem Titel *Biologische Organismen als neues Modell?* ausführlicher beschäftigt.[409] Um Missverständnissen vorzubeugen erklärt Malik hier zwar: „Wenn gesagt wird, daß das neue Paradigma (des Managements M.S) an der Biologie orientiert sein müsse, dann schließen viele daraus sofort, daß ein Unternehmen, eine Organisation, ein Staat usw. biologische Organismen seien. Das läßt sich aber [...] keineswegs ableiten. Damit würde man sich auf das gefährliche Gebiet der Metaphern und Analogien begeben. Dieser naheliegende, aber falsche Schluß führt zum Biologismus [...] und er führt zu Irrlehren wie dem Sozial-Darwinismus."[410]

Diese Wendung ist indes wenig überzeugend. Wie sind denn die oben referierten Formulierungen sonst zu verstehen, wenn nicht als Analogien und Metaphern? Man muss hier genau sein. Malik spricht von *parasitären Denk- und Verhaltensweisen*. Zumindest „parasitäre Denkweisen" dürften aber doch wohl in erster Linie Menschen und nicht anderen Lebewesen attestiert werden. Wer Missverständnissen vorbeugen und sich vom Biologismus distanzieren will, wählt andere Worte.

Doch zurück zur von Malik geforderten „Konzentration auf das Wesentliche". Ähnlich wie bei Kunde bleibt das Konkretionsniveau dieses *Wesentlichen* auch bei Malik stets derart vage, dass mithin jede Form des Managements und der Unternehmensführung darunter verstanden werden kann. Die Deutungskompetenz dafür, was innerhalb einer Organisation als „Abfall" zu gelten hat, sieht Malik ausschließlich beim Top-Management. Das Partizipationsproblem und die Frage der Demokratisierung von Unternehmen findet hingegen nicht seine Aufmerksamkeit. Malik ergreift Partei für einen managementdominierten Prozess der permanenten Veränderung, denn auch er sieht die Gefahr, dass das Unternehmen resp. der Organismus in „Lethargie und Trägheit" verfällt.[411] Sowohl die „Paralyse durch Analyse" als auch hierarchische, strukturelle und bürokratische Hemmnisse gefährden die Dynamik der belebten Organisation und die

---

[407] Ebenda, S. 380.
[408] Vgl. ebenda, S. 377 f. Hervorhebung M.S. Die Vorstellung, dass so genannte „unterstützende Funktionen", also etwa Stabstellen, „...die als Folgen des Hauptzweckes einer Organisation benötigt werden...", diese Konzentration auf den Hauptzweck und „das Wesentliche" regelmäßig nicht bewältigen (wollen), ist verbreitet. Malik attestiert diesen Abteilungen allgemein einen „inhärent imperialistischen Charakter." (vgl. ebenda, S. 378).
[409] Vgl. Malik 1997, S. 2 f.
[410] Ebenda, S. 6.
[411] Vgl. Malik 2000, S. 380.

Resultate: „Alles wird verwissenschaftlicht und man befindet sich in einer neuen Bürokratie."[412]

6.6.4 Regulation und Verhaltenssteuerung

Die wirksamen Manager, die das *Ganze* im Auge behalten, stellen den Unternehmenserfolg Malik zufolge durch eine wertorientierte Unternehmensführung sicher: „Den Ausdruck Unternehmenskultur habe ich nie für besonders nützlich gehalten, was er bezeichnet hingegen schon. Organisationen brauchen das, was man im Englischen *the spirit of an organisation* nennt, sie brauchen Werte, unter anderem solche der Wirksamkeit."[413] Diese Werte müssten in der Form von „Grundsätzen oder Prinzipien" zum Ausdruck gebracht werden, welche dann „das Handeln der Menschen" regulieren.[414] Das „Verhalten von Menschen" müsse überdies „durch vernünftige Kontrolle gesteuert werden."[415] Gelegentlich wirken die von Malik in diesem Zusammenhang propagierten „Grundsätze" widersprüchlich. So wird etwa einerseits betont, dass eine zentrale Managementaufgabe im Schaffen von *Vertrauen* besteht, andererseits erhält man aber folgenden Hinweis: „...man muss sicherstellen, dass man dahinter kommt, ob und wenn Vertrauen missbraucht wird; und man muss sicherstellen, dass die Mitarbeiter wissen, dass man dahinter kommen wird und dass dies schwerwiegende und nicht verhandelbare Folgen hat."[416]

Die Kriterien der Leistungsbeurteilung, die Malik vorschlägt, verdienen überdies eine genauere Betrachtung. Sie sind für ihn ein zentrales Instrument wirksamen Managements, und es überrascht nicht, dass die „typischen Leistungsbeurteilungssysteme" zu bürokratisch sind und mit ihnen angeblich nicht *das Richtige* beurteilt wird. Was das Richtige ist, wird präzise formuliert:

> „Gegenstand ihrer Aufzeichnungen ist unter anderem das, was man als Critical Incidents zu bezeichnen pflegt. Das sind, für sich und isoliert genommen, *kleine und bedeutungslose Vorkommnisse, die unerfahrenen Leuten entgehen und unbeachtet bleiben*; im Kontext aber und für erfahrene Menschen sind es kritische Ereignisse, die darüber Aufschluss geben, *wie ein Mensch wirklich ist. Wie verhält sich jemand, wenn er sich unbeobachtet fühlt*; wenn er ein Glas zuviel getrunken hat; gegenüber Mitarbeitern und Kollegen – insbesondere gegenüber Frauen, falls es ein Mann ist – auf einem Betriebsausflug; wie reagiert jemand auf zweideutige Witze und wie verhält er sich in Situationen, in denen sich die Gelegenheit zu Wahrheit, Ehrlichkeit, Anstand, Offenheit und Integrität bietet."[417]

---

[412] Vgl. ebenda, S. 377.
[413] Ebenda, S. 65. Hervorhebung M.S.
[414] Vgl. ebenda, S. 65.
[415] Vgl. ebenda, S. 233 ff.
[416] Ebenda, S. 233.
[417] Ebenda, S. 370. Hervorhebung M.S.

Kontinuierliche Aufmerksamkeit nicht nur zum Beurteilungstermin und ein „kleines schwarzes Büchlein"[418] sind die Kontrollwerkzeuge eines Managers für die „neue Zeit". Die Verfahrensweise nimmt wieder den ganzen Menschen unter Beobachtung, und durch die Formulierung „wie ein Mensch wirklich ist" wird deutlich, dass es hier um weit mehr als eine einfache Leistungsbeurteilung geht. Der Kontrolleur muss den Charakter und die Intimität des Mitarbeiters überprüfen und, wenn nötig, korrigieren. Um Missverständnissen vorzubeugen: Sexistisches Verhalten und Ausfälligkeiten von Mitarbeitern *sollen* registriert und müssen sanktioniert werden. Dies ist aber innerhalb und außerhalb der „Rahmenhandlung Betriebsfest" auch ohne Totalkontrolle, Untersuchung des *Charakters* und psychoanalytische Detailerhebung möglich.[419] Wer mit betrieblicher Leistungskontrolle oder den Einzelheiten ihrer Durchführung Schwierigkeiten hat, ist verdächtig:

> „Alle wirklichen Performer wollen wissen, wo sie stehen [...] Wer es nicht wissen will, hat dafür einen Grund, und in der Regel ist es ein Grund, der für keine Organisation positiv und tolerabel ist."[420]

Dieser Logik zufolge wollen und brauchen Menschen also Kontrolle und Leistungsbeurteilung. Wer nichts zu „verbergen" hat, wird einwilligen.

Darüber hinaus nimmt Malik (neben der zuvor eingeführten Unterscheidung in wirksame und unwirksame Mitarbeiter) eine weitere Typisierung von Menschen vor, diesmal hinsichtlich ihres Selbstverständnisses als Mitarbeiter und ihrer daraus resultierenden *Gefährlichkeit* für die Führung:

Als Beispiel dienen die drei Maurer, die danach gefragt werden, womit sie beschäftigt seien. Während Maurer I auf diese Frage angibt, er verdiene seinen Lebensunterhalt, und Maurer II behauptet, er sei der beste Maurer überhaupt, ist Maurer III mit seiner Aussage „Ich baue eine Kathedrale" für Malik der Inbegriff des resultat- und beitragsorientierten „Managers". Dazu heißt es resümierend:

> „Der erste Maurer stellt kein Problem dar. Es gibt viele Menschen dieses Typus', es wird sie immer geben, und wir werden sie auch immer brauchen. Es sind Menschen, die ihr Leben nach dem Motto führen: Für guten Lohn leiste ich gute Arbeit, für mehr Geld etwas mehr und für weniger Geld etwas weniger. Menschen dieser Art machen selten Schwierigkeiten; sobald man weiß, wie sie denken, sind sie leicht zu führen."[421]

---

[418] Vgl. ebenda, S. 369.
[419] Betriebsfeste sind beliebte Anlässe, um psychologische Untersuchungen anzustellen. Die dort aufkommende Nähe entsteht nicht immer zufällig. Wer hingegen an der Installierung von Prozessen und Strukturen interessiert ist, die wirksam vor Diskriminierung, Belästigung und Mobbing schützen, dem stehen ganz andere Möglichkeiten der Organisationsgestaltung zur Verfügung. Die Ausführungen Maliks zur betrieblichen Kontrolle lassen erkennen, dass auch Malik gewissermaßen eine „sittliche Überlegenheit" der Führungskraft voraussetzt.
[420] Malik 2000, S. 371.
[421] Ebenda, S. 91. Hervorhebungen geändert M.S.

Der zweite Mauerer sei hingegen „ein großes Problem". Sein auf das Spezialistentum gestütztes „Selbstverständnis und Weltbild" gehe mit Arroganz und Indifferenz einher:

> „Arroganz und Indifferenz sind die typischen Untugenden der Spezialisten [...]. Sie gehören auf die Liste der Todsünden wider den Geist einer guten Organisation."[422]

Maurer I lässt sich leicht steuern und stellt „kein Problem" dar. Maurer II aber ist gefährlich und muss in den Griff bekommen werden. Diejenigen, die schließlich die sprichwörtlichen Kathedralen bauen, sind die durch ihre Resultatorientierung legitimierten Führungseliten.

Auch Malik verzichtet in seiner Darstellung nicht auf typische Managerweisheiten. So erklärt er etwa, dass es darauf ankomme, „positiv oder konstruktiv zu denken"[423] und dass, wer Vertrauen schaffen wolle, sich von „Intriganten" trennen und charakterlich integer sein müsse.[424] „Negatives Denken" hingegen und das diesem Denken entsprechende Verhalten seien „...derart zerstörerisch, dass sie in keiner Organisation um sich greifen..." dürften.[425] Auch gibt es Malik zufolge einen „Typ Mensch", der prinzipiell leistungsunwillig ist.[426] Diesem ist nicht zu helfen. Allerdings gelte: „Glücklicherweise gibt es noch immer genügend Menschen, die leisten wollen, denen man nicht erst lange erklären und beibringen muss, positiv zu denken."[427] Diese müssten „als Vorbilder sichtbar gemacht und als Maßstab aufgebaut werden."[428] Schließlich wird der aus Maliks Perspektive professionelle Manager ob seiner Vorzüglichkeit und seines herausragenden Engagements also doch wieder zu einer Superperson. Trotz aller bekundeten und als notwendig erachteten „kompromisslosen" Rationalität im Management bleibt die Ursache des wirklichen Erfolges unerklärlich:

Es gebe ein „*Geheimnis* jener Führungskräfte, die ein oft un- oder übermenschlich erscheinendes Arbeitspensum bewältigen und es trotzdem schaffen, Mensch zu bleiben."[429] Dieses „Geheimnis" wird (natürlich) nicht verraten.

6.6.5 Zusammenfassung

Zusammenfassend kann festgehalten werden, dass Maliks Bekenntnis zum Liberalismus und dessen Vertretern Hayek und insbesondere Popper mit einer impliziten Anthropologie korrespondiert, deren wesentliche Grundaussage darin besteht, dass der Mensch (mit Ausnahme der Störenfriede) prinzipiell danach strebt, Leistungen zu erbringen.

---

[422] Ebenda, S. 92. Hervorhebung geändert M.S.
[423] Vgl. ebenda, S. 153.
[424] Vgl. ebenda, S. 144 f.
[425] Vgl. ebenda, S. 153.
[426] Vgl. ebenda, S. 164 ff.
[427] Ebenda, S. 165.
[428] Ebenda, S. 165.
[429] Vgl. ebenda, S. 383. Hervorhebung M.S.

Es sind dann Malik zufolge zuallererst bürokratische und organisationsimmanente Barrieren, die Menschen daran hindern, „ihr Bestes" zu geben. Malik hält seine Vorstellung vom Erlernbaren und professionalisierbaren Management als einer rationalen Technik nicht durch und greift gelegentlich doch auf ein intuitionistisches und eigenschaftstheoretisches Managerbild zurück. Durch den zentralen Stellenwert des „Managerberufes" als „wichtigster Beruf überhaupt" werden hier die Bedeutung und die Möglichkeit der Steuerung komplexer Organisationen durch das Management und nicht vorrangig die Managerpersönlichkeit überbelichtet. Anders als Kunde wendet sich Malik gegen eine Psychologisierung des Managements und gegen die Installierung einer Firmenreligion. Ohne weitere Explikation geht Malik allerdings davon aus, dass es notwendigerweise zu einem (permanenten) Veränderungsprozess der Organisationen in der nun angebrochenen „neuen Zeit" kommen muss und dass die Nichtbeachtung der von ihm entwickelten Grundprinzipien des „wirksamen Managements" katastrophale Folgen hat. Das Unternehmen benötigt schließlich doch einen so bezeichneten *Spirit*, einen leistungs- und motivationsfördernden „Geist des Hauses", und die Leistungsträger, die Performer, müssen Malik zufolge systematisch als Vorbilder und Maßstab aufgebaut und etabliert werden. Mit diesen Maßnahmen visiert auch Malik die Beeinflussung der Hintergrundüberzeugungen der Geführten an, wenngleich nicht mit der Absicht, den arbeitenden Menschen grundsätzlich zu einem Anderen zu machen. Neben der Führung durch Zielvorgaben (*Management by Objectives*) sind auch für Malik Prinzipien und Grundsätze wichtige Führungsinstrumente. Die Werte, die in diesem Zusammenhang formuliert und etabliert werden, sollen den „Wesenskern" der Unternehmung ausmachen. Diese Vorstellung vom Unternehmen als Substanz und die Idee einer Organisation als belebtem Organismus sowie der Rekurs auf eine biologistische Hygienevorstellung ist trotz der von Malik selbst gemachten Einschränkung irritierend. Offen bleibt die Frage, ob bei Malik unter „parasitären Denk- und Verhaltensweisen" sowie „Abfall" und „Ballast", von denen sich die Unternehmung trennen muss, tatsächlich nur bürokratische Hemmnisse zu verstehen sind.

Außerdem sollte nicht außer Acht gelassen werden, dass die Feststellung, ein gutes Management sei sowohl für Unternehmen als auch für politische Prozesse *die* Lösung, weitreichende Folgen hat. Diese Denkweise impliziert neben der bereits oben erwähnten Reduktion von Komplexität eine inadäquate Gleichsetzung der *Systeme* Unternehmen und Staat. Es dürfte wohl zustimmungsfähig sein, dass die erfolgreiche Leitung eines Unternehmens wesentlich andere Kompetenzen und Fähigkeiten voraussetzt als das demokratisch-legitimierte Regieren eines Staates. Dies liegt allein schon in der Tatsache begründet, dass die Zielsetzungen in beiden Fällen unterschiedlich sind. Im einen Fall geht es um effizientes und ökonomisch erfolgreiches Wirtschaftshandeln, im anderen Fall geht es um die Verwirklichung eines möglichst guten Lebens aller unter Berücksichtigung der unterschiedlichsten Bereiche und konträrer Interessenlagen, aber eben nicht nur um das *Funktionieren* des Systems. Die Frage, ob die vom *System Staat* oder vom *System Gesellschaft* produzierten „Resultate" zufrieden stellend sind, sind selbst Fragen der politischen Diskussion, der Deutung von Wirklichkeit und der Interpretation. Beide *Systeme* unter der Prämisse einer scheinbar ideologiefreien Resultatorientierung zu betrachten, wird der Pluralität der in Unternehmen und Gesellschaft vorherrschenden Lebensanschauungen, Wirklichkeitsinterpretationen und Interessen und damit gerade der *Komplexität* ökonomischer und sozialer Praxisvollzüge nicht gerecht. Das gleiche gilt für die verallgemeinernde Bewertung von Arbeitshaltungen und der *Wirksamkeit* von Menschen. Mag es für ein Unternehmen gerade noch hingehen, den Menschen anhand seiner Arbeitshaltung und seiner Leistungsbereitschaft sowie seiner *Wirksamkeit* für das Ganze zu beurteilen, so hätte eine Übertragung dieses Verfahrens auf den Gesellschaftskontext fatale Folgen.

7 Das Unternehmen als Gemeinschaft

> *„Der motivbildende Gedanke ist die Versöhnung der mit sich selber zerfallenden Moderne, die Vorstellung also, daß man ohne Preisgabe der Differenzierungen, die die Moderne sowohl im kulturellen wie im sozialen und ökonomischen Bereich möglich gemacht haben, Formen des Zusammenlebens findet, in der wirklich Autonomie und Abhängigkeit in ein befriedetes Verhältnis treten: daß man aufrecht gehen kann in einer Gemeinsamkeit, die nicht diese Fragwürdigkeiten rückwärtsgewandter substantieller Gemeinschaftlichkeiten an sich hat."* (Jürgen Habermas)

7.1 Annäherung an einen schwierigen Begriff

Mit der Konzipierung (oder Imagination) eines Unternehmens als *Gemeinschaft*[1] sind Implikationen verbunden. Da der Begriff der Gemeinschaft eine lange Geschichte hat, gleichwohl aber für meine Untersuchung einen zentralen Analysetopos darstellt, stelle ich meiner Analyse der Gemeinschaftskonstituierung in Unternehmen eine begriffliche Klärung dieses für die politische Wissenschaft zentralen Begriffes voran. Darauf aufbauend erläutere ich im Anschluss meinen Begriff der *Unternehmensgemeinschaft*.

Bereits in der antiken Politischen Philosophie werden die Probleme und Grenzen menschlicher Gemeinschaft formuliert und erörtert. Für Aristoteles handelt es sich bei einer *Gemeinschaft* um „eine menschliche Einrichtung, die ein bestimmtes Gut verfolgt..."[2]. Im Vordergrund des Sozialverbandes steht hier also das Verfolgen von Zwecken (Güter verschiedener Qualität). Die vornehmste Form der Gemeinschaft ist für Aristoteles bekanntlich die *staatliche Gemeinschaft*.[3]

Die Abgrenzung des Wortes Gemeinschaft zum Begriff *Gesellschaft* ist in der diesbezüglichen Debatte der Gesellschaftswissenschaften ohne weiteres als Evergreen zu bezeichnen und vor allem mit den umfangreichen Arbeiten der Soziologen Ferdinand Tönnies und Max Weber verbunden. Bei Tönnies wird Gemeinschaft als soziologischer Grundbegriff formuliert und als innige Form einer Verbundenheit von der „rational und zweckbestimmten" Verbindung *Gesell-*

---

[1] Interessante Hinweise zur Etymologie des Begriffes finden sich u.a. bei Otnes 1990. In: Renaissance der Gemeinschaft? Stabile Theorie und neue Theoreme, hrsg. von Carsten Schlüter und Lars Clausen, Berlin 1990, S. 72-73. Im etymologischen Wörterbuch der deutschen Sprache wird auf 1. *munus* ‚Verrichtung, Aufgabe' hingewiesen. Auch lat. Communis mit gleicher Bedeutung. Zugrunde liegt ein (ig.) **moino* ‚Wechsel, Tausch'. Vgl. Kluge 1995, S. 311. Vgl. zu Bedeutung, Problemgehalt und Unschärfe des Begriffs auch Hoffmeister 1955, S. 254.
[2] Vgl. Aristoteles, Politik, 1252a, S. 1 f.
[3] Vgl. ebenda, S. 1.

schaft abgegrenzt. Tönnies richtet sich gegen eine synonyme Verwendung der Begriffe, welche „die bisherige wissenschaftliche Theorie [...] nach Belieben zu verwechseln..." pflege.[4] Gemeinschaft und Gesellschaft sind Tönnies zufolge auf den Oberbegriff *Verbindung* bezogen.[5] In seiner Schrift „Gemeinschaft und Gesellschaft" (zuerst 1887) wird das Leben in Gemeinschaften als das „vertraute, heimliche, ausschließliche Zusammenleben" verstanden.[6] Insbesondere *seelischgeistige* Verbundenheit wird mit dem Begriff der Gemeinschaft assoziiert, während Gegenstand der gesellschaftlichen Verbindung zuvörderst Vertrag und Satzung sind. Den Mitgliedern einer Gesellschaft ist nach Tönnies gemeinsam, dass sie zwar „auf friedliche Art nebeneinander leben und wohnen, aber nicht *wesentlich verbunden*[7], sondern wesentlich getrennt sind.[8] Gemeinschaften hingegen komme die „wesentliche Verbindung", das gemeinsame Band zu. Sie seien ferner durch „natürliches", „organisches", auf gleicher Abstammung, auf ähnlicher Gesinnung, auf gemeinsamen Schicksalen und Bestrebungen beruhende Zusammenleben einer Menschengruppe gekennzeichnet. Das Zusammenleben in einer Gemeinschaft ist Tönnies zufolge dauerhaft und entsteht durch Glaube, Gewohnheiten, Bräuche, Eintracht, Sitte und Religion.[9] Gesellschaft hingegen werde durch Kontrakte und Satzungen konstituiert.[10]

Die „Idee der Familie" sei der „allgemeinste Ausdruck für die Realität von Gemeinschaft" überhaupt: In Gemeinschaft mit den Seinen befindet man sich, von der Geburt an, mit allem Wohl und Wehe daran gebunden."[11] „Höchster Ausdruck", „...zu dem die Idee der Gemeinschaft fähig ist...", sei hingegen die „religiöse Gemeinde."[12] Allerdings könnten auch Städte, Dörfer, Zünfte,

---

[4] Tönnies 1972, hier immer zitiert nach der 8. Auflage von 1935 im Nachdruck der wissenschaftlichen Buchgesellschaft von 1972 S. 3.
[5] Vgl. ebenda 1972, S. 3. Ausgangspunkt für Tönnies sind die „menschlichen Willen", die „in vielfachen Beziehungen zueinander" stehen. Es komme zu einer „gegenseitigen Wirkung", die im Empfangen und Erleben sowie im Geben bestehe. Diese Wirkungen könnten sich in gegenseitiger Bejahung oder Verneinung äußern, wobei die „Verhältnisse gegenseitiger Bejahung" den Untersuchungsgegenstand von Tönnies ausmachen: „Jedes solche Verhältnis stellt eine Einheit in der Mehrheit oder Mehrheit in der Einheit dar [...] Die durch dies positive Verhältnis gebildete Gruppe heißt, als einheitlich nach innen und nach außen wirkendes Wesen oder Ding aufgefasst, eine Verbindung." Vgl. ebenda, S. 3.
[6] Vgl. ebenda, S. 3.
[7] Hervorhebung M.S. Die Probleme, die mit der Verwendung des Wortes *Wesen* aus heutiger Sicht einhergehen, kann ich hier nicht thematisieren. Tönnies will offensichtlich die „Ursprünglichkeit", Tiefe und Intensität sowie den emotionalen Aspekt gemeinschaftlicher Verbundenheit hervorheben.
[8] Vgl. Tönnies 192, S. 40 ff.
[9] Vgl. die ähnliche Zusammenfassung des Gemeinschaftsbegriffes bei Tönnies auch bei Krell 1994, S. 27 ff.
[10] Vgl. Tönnies 1972, S. 40 ff.
[11] Vgl. ebenda, S. 23 und S. 3 ff.
[12] Vgl. ebenda, S. 23.

Stämme, Geschlechter und sogar Völker[13] eine Gemeinschaft bilden. Konstitutives Moment ist bei allen Gemeinschaftsformen die enge, „wesentliche", dauerhafte seelische und/oder geistige Verbindung der Gemeinschaftsmitglieder.[14] Bei Tönnies gehören, wie bereits erwähnt, die Vertragsbeziehungen im allgemeinen und die Wirtschaftsbeziehungen, die auf den ersten Blick wesentlich durch Rationalität, Verträge und satzungsmäßige Ordnung bestimmt werden, im besonderen, in die Sphäre der *Gesellschaft*. Dies gilt ebenso für Betriebe bzw. Unternehmen:

> „So sind insonderheit die Handelsgesellschaften bedeutend; wenn auch unter den Subjekten eine Vertraulichkeit und Gemeinschaft vorhanden sein mag, so kann man doch von Handelsgemeinschaft kaum reden. Vollends abscheulich würde es sein, die Zusammensetzung Aktien-Gemeinschaft zu bilden."[15]

Auch das Lohnarbeitsverhältnis wird bei Tönnies der Gesellschaft zugerechnet.[16] Dort, wo prototypische *gesellschaftliche* Beziehungen vorherrschen, kann Tönnies zufolge allerdings durchaus eine *Gemeinschaft* vorhanden sein. Die beiden Typen menschlicher Verbindung können auf den gleichen Personenkreis bezogen gewissermaßen nebeneinander existieren, so dass zu einer sachgerechten Unterscheidung immer die Hinsicht angegeben werden muss, auf welche sich deren Typologisierung bezieht.

Max Weber, der die von Tönnies angestellten Überlegungen explizit aufgreift[17], fasst *Vergemeinschaftung* und *Vergesellschaftung* gleichfalls als Typen sozialer Beziehungen.[18]

Er definiert: „*Vergemeinschaftung* soll eine soziale Beziehung heißen, wenn und soweit die Einstellung des sozialen Handelns – im Einzelfall oder im Durchschnitt oder im reinen Typus – auf *subjektiv gefühlter* (affektueller oder traditionaler) Zusammengehörigkeit der Beteiligten beruht."[19] Von „Vergesellschaftung" hingegen solle die Rede sein, „...wenn und soweit die Einstellung des sozialen

---

[13] Die vielschichtigen Probleme einer imaginierten oder phantasierten *Volksgemeinschaft* und die furchtbaren historischen Konsequenzen solcher Phantasien sind an anderer Stelle thematisiert worden. Dem Verfasser ist der Problemgehalt des Gemeinschaftsbegriffes, der vielfach zu seiner Desavouierung beigetragen hat bewusst. Im Rahmen dieser Darstellung steht jedoch die Beschreibung einer spezifischen Art von Verbindung im Vordergrund, die aus meiner Sicht am besten mit *Gemeinschaft* beschrieben wird. Zu der von Tönnies selbst eingenommenen kritisch distanzierten Position, die aus einem aufgeklärten republikanischen Selbstverständnis resultiert und zu seiner ablehnenden Haltung gegenüber dem Nationalsozialismus vgl. Schlüter/Clausen 1990, S. 12 ff.
[14] Vgl. Tönnies 1972, S. 23 ff.
[15] Vgl. ebenda, S. 4.
[16] Vgl. ebenda, S. 40 ff. und S. 73 ff.
[17] Vgl. Weber 1980, S. 22.
[18] Vgl. ebenda, S. 21 und ders. 1978, S. 59 ff.
[19] Ebenda 1980, S. 21. Art der Hervorhebung im Original verändert M.S.

Handelns auf rational (wert- oder zweckrational) motiviertem Interessenausgleich oder auf ebenso motivierter Interessenverbindung beruht."[20]

Beide Typen sozialer Beziehungen können Weber zufolge eine *offene* oder *geschlossene* Form annehmen, wobei von einer geschlossenen sozialen Beziehung und insbesondere von einer geschlossenen Gemeinschaft gesprochen werden kann, „insoweit und in dem Grade, als ihr Sinngehalt oder ihre geltenden Ordnungen die Teilnahme ausschließen oder beschränken oder an Bedingungen knüpfen."[21] Auch in Webers Typologie der Gemeinschaften wird der ursprünglichere, innigere und emotional Charakter der Gemeinschaft in Abgrenzung zur Gesellschaft durchaus noch sichtbar. Die von Tönnies explizierte Dichotomie ist jedoch nicht der zentrale Ansatzpunkt in Webers Analyse.[22] Weber diagnostiziert ebenso wie Tönnies das gleichzeitige Auftreten beider Formen sozialer Beziehung als Mixtur: „Die große Mehrzahl sozialer Beziehungen aber hat teils den Charakter der Vergemeinschaftung, teils den der Vergesellschaftung. Jede noch so zweckrationale und nüchtern geschaffene und abgezweckte soziale Beziehung (Kundschaft z.B.) kann Gefühlswerte stiften, die über den gewillkürten Zweck hinausgreifen."[23] Dies sei vor allem dann zu erwarten, wenn die soziale Beziehung „auf Dauer eingestellt" sei.[24] Auf Dauer angelegte Arbeitsbeziehungen bzw. Arbeitsverhältnisse können vor dem Hintergrund dieser Charakterisierung Webers als Spezialfall sozialer Beziehungen, die aus zweckrationalen Motiven heraus eingegangen werden, aber darüber hinausgehende „Gefühlswerte" beinhalten, verstanden werden.

Des Weiteren ist Vergemeinschaftung Weber zufolge auch als Gegenbegriff zu *Kampf* zu verstehen. Dies dürfe jedoch nicht darüber hinwegtäuschen, „daß tatsächlich Vergewaltigung jeder Art innerhalb auch der intimsten Vergemeinschaftungen gegenüber dem seelisch Nachgiebigeren durchaus normal ist."[25] Webers Topos von der „subjektiv gefühlten Zusammengehörigkeit" als Konstituens für die Entstehung einer Gemeinschaft schließt immer auch die „Entstehung bewußter Gegensätze gegen Dritte" ein.[26] Diese bewussten Gegensätze gegen Dritte erfordern allerdings ihrerseits ein gemeinsames Bewusstsein der Gemeinschaftsmitglieder von ihrer Gemeinschaft. Eugen Fink formuliert:

> „Die menschliche Gemeinschaft ist wesentlich durch Selbstverständnis bestimmt. Zu ihr gehört immer eine Auslegung ihrer selbst."[27]

---

[20] Vgl. ebenda, S. 21.
[21] Vgl. ebenda, S. 23.
[22] Vgl. Weber 1980, S. 212. Gleichwohl ist die von Weber angeführte „Rechtsgemeinschaft" eine Folge ursprünglicherer Gemeinschaftstypen. Vgl. ebenda, S. 201.
[23] Ebenda, S. 22. Dies gilt Weber zufolge auch für den umgekehrten Fall.
[24] Vgl. ebenda, S. 22.
[25] Ebenda, S. 22.
[26] Vgl. ebenda, S. 23. Das Beispiel zur gemeinsamen Sprache und ihrer Relevanz für die Bildung eine Gemeinschaft verdeutlicht, welche Bedingungen erfüllt sein müssen, damit tatsächlich Gemeinschaft entsteht.
[27] Fink 1987, S. 8.

Fink zufolge sind Gemeinschaften nicht als „tatsächliche Naturbefunde" zu verstehen, es gibt sie nicht „an sich", sondern sie konstituieren sich „primär in ihrem Sinnentwurf vom Wesen der Gemeinschaft."[28] Das Moment der *Selbstverhaltung* wird existenzentscheidend:

> „Sie [die Gemeinschaften M.S.] *sind*, sofern sie sich zu sich verhalten, sich im Licht des eigenen Sinnentwurfs auffassen, ein Bild ihrer selbst mit sich führen."[29]

Die Notwendigkeit der „Präsenz eines Sinnes", auf den die Gemeinschaftsmitglieder allesamt referieren können, stellt, wenn man Fink hier folgt, einen weiteren zentralen Gesichtspunkt von Gemeinschaft dar. Wenn also seelisch-geistige Verbundenheit, gefühlte Zusammengehörigkeit der Mitglieder, Dauerhaftigkeit und Ernsthaftigkeit der Verbindung, bewusste Abgrenzung gegen Dritte sowie ein Selbstverständnis als Gemeinschaft und die Präsenz eines gemeinsamen Sinnentwurfes zusammenfallen, ist die Rede von einer *Gemeinschaft* berechtigt.[30]

Tönnies und insbesondere Weber weisen daraufhin, dass eine ganze Reihe sozialer Beziehungen zumindest teilweise den „Charakter der Vergemeinschaftung" aufweisen. Unter diese Form sozialer Beziehungen fällt auch Arbeits- bzw. Betriebsgemeinschaft, die regelmäßig eben auch eine „Gefühlsgemeinschaft" ist.[31]

Ich bevorzuge hier allerdings den Begriff der *Unternehmensgemeinschaft* und zwar aus mehreren Gründen: Der Begriff der *Arbeitsgemeinschaft* weist heute zu sehr in eine andere Richtung, etwa in die einer lockeren Verbindung von Schülern oder Studenten zur Prüfungsvorbereitung etc. und ist daher für unseren speziellen Zusammenhang zu unscharf. Das Wort Betriebsgemeinschaft, bei Gertraude Krell 1994 ein zentraler Analysetopos, hat hingegen eine lange Begriffsgeschichte.[32] Im Gegensatz zu Krells Untersuchung, die insgesamt darauf angelegt ist, die Zusammenhänge zwischen älteren und neueren Formen der Vergemeinschaftung im Betrieb zu belichten und nachzuweisen, dass bemerkenswerte Gemeinsamkeiten zwischen dem „Unternehmenskulturansatz" und den *normativen Personallehren* der älteren deutschen Betriebswirtschaft bestehen[33], konzentrieren sich meine Überlegungen stärker auf die neueren und neuesten Entwicklungen im weiten Feld der Steuerung von Unternehmenskul-

---

[28] Vgl. ebenda, S. 8.
[29] Ebenda, S. 8 f.
[30] Dass eine enge gemeinschaftliche Verbindung regelmäßig auch mit Verhaltenserwartungen derselben an ihre Einzelmitglieder einhergeht, ist offensichtlich. Gemeinschaftsinterne Regel-, Norm- und evtl. Kontrollsysteme, die mit den mehr oder weniger legitimen Interessen der Einzelmitglieder konfligieren bzw. konfligieren können, sind augenscheinlich gleichfalls *typisch* für Gemeinschaften. Diese Einsicht ist keinesfalls neu (vgl. schon Platon: Gorgias 507d-508a, S. 451), allerdings spielt sie gerade für die Ermittlung der Spezifika einer *Unternehmensgemeinschaft* eine Rolle.
[31] Vgl. Krell 1994, S. 28 und bereits Vierkandt 1923, S. 201 f.
[32] Vgl. Krell 1994, insbesondere S. 57 ff.
[33] Vgl. ebenda sowie den folgenden Abschnitt *Zur Genese der Vergemeinschaftungsidee*.

tur, genauer auf das „philosophierende Unternehmen", das die *Gemeinschaftsbildung* beabsichtigt und fördert bzw. die Vergemeinschaftung mittels unternehmensweit eingesetzter Instrumente zielgerichtet praktiziert. Da die Steuerung der Unternehmenskultur gemeinhin als Aufgabe des Top-Managements gilt und die relevante Entscheidungs- und Umsetzungsebene für derartige Aktivitäten des Managements heute beinahe ausnahmslos das *Unternehmen* und weniger der *Betrieb* (im gebräuchlichen Sinne des Wortes) ist, und insbesondere größere Unternehmen mit mehreren Betrieben bzw. Betriebsstätten eine einheitliche Unternehmenskultur anstreben bzw. eine einheitliche Unternehmensphilosophie formulieren, erscheint die Rede von einer *Unternehmensgemeinschaft* für diesen Zusammenhang sachgerecht.[34]

Anhand der zuvor vorgenommenen Überlegungen können wir die Charakteristika einer Unternehmensgemeinschaft nun folgendermaßen beschreiben: Wenn neben der arbeitsvertraglichen Gebundenheit des einzelnen Arbeitnehmers an den Arbeitgeber eine langfristige, enge, kohärente, subjektiv gefühlte und arbeitsalltäglich erfahrbare Zusammengehörigkeit der Beschäftigten untereinander und zum Unternehmen vorliegt, eine implizite oder explizite Identifikation mit der durch das Unternehmen repräsentierten *Idee*, *Vision* oder *Mission* erfolgt, eine bewusste Abgrenzung nach außen erkennbar wird und sich schließlich die Unternehmensangehörigen weitgehend selbst als Gemeinschaft verstehen und einen Sinnentwurf bezüglich ihrer Arbeit in dieser und Teilhabe an dieser teilen, dann liegt eine *Unternehmensgemeinschaft* vor.

Ausmaß und Intensität der Vergemeinschaftung können dabei natürlich stark variieren. Insbesondere die Schwelle zur Bedenklichkeit, der Punkt also, an dem der Grad der Vergemeinschaftung Kritik verdient, weil etwa eine unangemessen hohe Beeinflussung der Person erfolgt, die sich weder aus der Rechtsnatur des Arbeitsverhältnisses oder aus anderen Gründen rechtfertigen ließe, ist nur im Einzelfall nach sorgfältiger Prüfung und genauer Kenntnis des jeweiligen Unternehmens anzugeben.[35] Wenn Unternehmen bei der Gemeinschaftsbildung allerdings auf Instrumente zurückgreifen, die in das Privatleben der Betroffenen intervenieren und die private Lebenspraxis in hohem Maße organisieren (sollen), oder regelrecht der Abschluss eines „psychischen Arbeitsvertrages" anvisiert

---

[34] Dieser Umstand lässt sich vor allem anhand der so genannten *Global Players* verdeutlichen. Bei der Vielzahl der Betriebe, die das *eine* Unternehmen bzw. der Konzern unterhält, wird das Problem des Aufeinandertreffens unterschiedlicher „Arbeitskulturen" aus der Perspektive des Top-Managements in hohem Maße virulent. Die vielbemühten *Subkulturen* werden nicht grundsätzlich aber doch mehrheitlich gefürchtet. Eine unternehmensweit – im Zweifel also „weltweit" einheitliche Philosophie und Kultur gilt als Voraussetzung für ökonomischen Erfolg. Vgl. u.a. Kunde 2000 und Brinkmann 1996, S. 9. Zum „interkulturellen Management" vgl. auch Marré 1996, S. 104 f.

[35] Dass die Gefahr der Manipulation und Beeinflussung besteht, wird bei den kritischen Beiträgen natürlich erkannt, aber auch von Autoren eingeräumt, die dem Kulturmanagement im Unternehmen nicht kritisch oder ablehnend gegenüberstehen. Vgl. etwa Weinand 2000, S. 433 f, Krell 1994, S. 250 ff.

wird, kann von einem Versuch der „Herstellung" einer Unternehmensgemeinschaft gesprochen werden.

Daran ändert auch der grundsätzliche Einwand Deekelings, selbst eine subtil formulierte und transportierte „Phraseologie der Gemeinschaft" erzeuge noch keine „belastbare Identität", insofern nichts, als zunächst die Strategien der Identitätsbildung von ihren tatsächlichen Effekten unterschieden werden müssen. Hier kann selbst bei aus unternehmerischer Sicht ausbleibendem Erfolg bereits die Absicht, d.h. das Vorhandensein entsprechender Strategien der Einflussnahme, als Befund gewertet werden.

In seinem Beitrag, in dem das angebliche Scheitern der Identitätsbildungsstrategien und des Corporate-Identity-Ansatzes diagnostiziert wird, verweist Deekeling zwar auf den Umstand, dass „Jobgarantien" und berechenbare Arbeitsperspektiven die Identifikationsbereitschaft von Mitarbeitern erfahrungsgemäß erhöhen, während die heutige Arbeitswelt im Gegenteil angesichts großer Unsicherheiten und der permanent bestehenden Möglichkeit der Entlassung durch einen prinzipiell prekären Mitgliedsstatus des Arbeitnehmers in der Organisation gekennzeichnet sei.[36] Deekeling blendet dabei aber die durchaus auf der Hand liegende Möglichkeit weitgehender Identifikation mit der Unternehmensgemeinschaft als vermeintliche, mehr oder weniger reflektierte, Lösungsstrategie des Arbeitnehmers gerade zur Vermeidung des Ausschlusses aus der Organisation aus. Die psychischen Belastungen, die aus der Sorge um die Zukunft des eigenen Arbeitsplatzes, die vielfach eine Sorge um die materielle Existenz ist, erwachsen, münden gerade nicht zwangsläufig in Teilnahmslosigkeit und „geringe Identifikationsbereitschaft", wie es Deekeling nahe legt. Es ist im Gegenteil davon auszugehen, dass die Belastungssituation eine ansehnliche Zahl von Beschäftigten für die einfachen Wahrheiten der Vergemeinschaftung, die mithin stets die Aussicht implizieren, man könne sich vor dem Ausscheiden aus der Gemeinschaft durch eigene Anstrengung wirksam schützen, besonders empfänglich macht. Daher kann eine „Phraseologie der Gemeinschaft" sehr wohl dazu beitragen, die prekäre Situation des vom Ausscheiden bedrohten Arbeitnehmers zu verdunkeln und an die Stelle kritischer Reflexion der eigenen Lage die kritiklose Übernahme der Gemeinschaftsideologie zu setzen. In schwierigem Umfeld als Teil der Gemeinschaft einen existentiellen Wettstreit gegen die „bedrohliche" Umwelt auszufechten, erscheint vor diesem Hintergrund allemal attraktiv. Den Beschäftigten prinzipiell eine Art *rational choice* zu unterstellen, die Identifikation mit dem Unternehmen nur dann vorzunehmen, wenn die Arbeitssituation und ihre Perspektiven es aus der Sicht eines objektiven Dritten rechtfertigen würden (im anderen Fall jedoch nicht), greift angesichts der Tatsache, dass es für den Menschen in der ihn prägenden Arbeitsbeziehung um eine Angelegenheit von ganz grundsätzlicher Bedeutung geht, bei der er viel zu verlieren hat, offensichtlich zu kurz und weist auf eine zugleich optimistische und eng

---

[36] Vgl. Deekeling 2003, S. 23. Hinsichtlich der Möglichkeiten der Vergemeinschaftung und Homogenisierung von Belegschaften eher skeptisch ist auch Uske 1995, S. 25 ff.

gefasste Theorie rationalen Handelns hin. Aus der Sicht betroffener Arbeitnehmer kann es gerade unter materiellen Gesichtspunkten durchaus „rational" sein, sich mit der Unternehmensgemeinschaft zu identifizieren, selbst dann, wenn diese keine „berechenbaren Arbeitsperspektiven" in Aussicht stellt. Genau dieser Umstand macht betriebliche Vergemeinschaftung so problematisch. Mein Argument lautet also: In Phasen hoher Arbeitslosigkeit und hoher Unsicherheit von Arbeitsbiographien sind Strategien der Vergemeinschaftung im Unternehmen, wenn sie mit dem entsprechenden Geschick verfolgt werden, gerade besonders erfolgreich. Die Vergemeinschaftungspraktiken von Unternehmen dienen ja gerade dazu, die existentielle Betroffenheit, die sich charakteristischerweise in den allermeisten Fällen aus den Abhängigkeiten des Lohnarbeitsverhältnisses ergibt, systematisch und unter Ertragsgesichtspunkten auszunutzen.[37] Dass konformes Verhalten und überdurchschnittliche Leistungsbereitschaft durch Vergemeinschaftungspraktiken nicht nur erreicht werden sollen, sondern auch tatsächlich erzeugt werden, ist nicht nur innerhalb von Unternehmen, sondern auch in anderen Bereichen zu beobachten.[38] Sobald nämlich höhere Zwecke ins Spiel kommen und erfolgreich suggeriert wird, man partizipiere an einer großen und bedeutenden Sache, verringern sich die Chancen, hinsichtlich des Grades der eigenen Identifikation mit der Unternehmensgemeinschaft tatsächlich eine kritisch distanzierte Wahl zu treffen. Die Gemeinschaftsidee als vielgestaltiger Topos der politischen Philosophie mit ihrem Leitbild eines „guten, kollektiven Lebens" hat als politische Idee immer als Basismotiv für Entgleisungen unterschiedlicher Art fungiert. Gerade deswegen muss eine politologische Kritik am Gemeinschaftsbegriff insoweit festhalten, als sie, wie es Vogl pointiert formuliert, dessen „Desymbolisierung anstrebt und die machtgestützten Rituale politisch-sozialer Identitätsstiftungen unterläuft."[39] Dies sollte, so meine ich, auch und gerade für Unternehmensgemeinschaften gelten.

---

[37] Zur Aktualität dieser Idee sei nebenbei auf einen Kommentar im *Stern* vom 23. Juni 2005, S. 28 hingewiesen, in dem Hans-Ulrich Jörges die Unternehmensgemeinschaft wie folgt charakterisiert: „Das Modell „autonomes Unternehmen" macht den Ausnahme-, den Not-, den Verteidigungsfall zur Regel [...] Management und Belegschaften begriffen sich fortan als anpassungsfähige *Schicksalsgemeinschaften*, um sich im Sturm der Globalisierung zu behaupten." Die Gemeinschaft soll dann gleich noch Löhne und Arbeitsbedingungen intern aushandeln; dieses erfahrungsgemäß höchst fragwürdige Verfahren wird dann als „Demokratie" gedeutet. Vgl. ebenda, Hervorhebung M.S.
[38] Die Beispiele sind so zahlreich, dass die Auswahl schwer fällt. Auf der Hand liegen Vergleiche aus der Welt des Sports. Mannschaften gehen „an ihre Grenzen", wachsen über sich hinaus", setzen sich „total" ein, „kämpfen bis zum Umfallen" etc. Die zum Teil kriegerische Sprache kommt nicht von ungefähr. Auch die Kriegsführung, und ihre Vorbereitung setzt in vielen – wenn nicht in allen – Fällen weitgehende Vergemeinschaftung im Hinblick auf vermeintlich *Höheres* und *Größeres* voraus. Zur Vergemeinschaftungspraxis in Unternehmen und dem *roten Faden*, der sich durch die Beiträge zur Personallehre seit den zwanziger Jahren des letzten Jahrhunderts zieht vgl. v.a. Krell 1994.
[39] Vgl. Vogl 1994, S. 10.

Die Vergemeinschaftungsidee in Unternehmen hat Tradition. Neben prägenden Einflüssen aus der amerikanischen Management- und Führungsdebatte, in der die Inszenierung und Konstituierung von Gemeinschaft im Unternehmen, eine emotionenorientierte Führung und die Konstruktion höherer Zwecke spätestens seit Peters/Waterman zentrale Topoi sind, sind hier auch ältere deutsche Konzepte der Vergemeinschaftung zu beobachten. Auf einige herausragende Vertreter deutscher normativer Personallehren gehe ich im folgenden Abschnitt kurz ein.

7.2 Zur Genese der Vergemeinschaftungsidee in Unternehmen

Die so genannte „ethisch-normative Richtung" der deutschen Betriebswirtschaftlehre erfuhr ihre Grundlegung durch wichtige Beiträge etwa von Rudolf Dietrich und Heinrich Nicklisch in Deutschland bereits vor dem zweiten Weltkrieg. Zusammen mit Guido Fischer, August Marx und Josef Kolbinger gelten sie Wunderer zufolge als Begründer einer „verantwortlichen Betriebs- und Personalführung."[40]

Die Idee, normative oder ethische Postulate und Präskriptionen mit ökonomischen bzw. managementtheoretischen Effizienzüberlegungen in Verbindung zu bringen, ist, wie auch die maßgebliche Arbeit von Gertraude Krell zu diesem Thema zeigt, insofern keineswegs neu. Gemeinsam ist den Vertretern dieses älteren Ansatzes, dass neben *rein* ökonomischen Überlegungen politische und pädagogische sowie psychologische Fragen in den Blick genommen werden. Als zentrale Referenz dient die Idee des Betriebes als organischer und „geistiger" Einheit.

Der Gedanke der *Betriebsgemeinschaft* findet sich bereits bei Rudolf Dietrich: Der dem Arbeitsverhältnis innewohnende „Zwang" zur Gemeinschaft mit anderen im Betrieb kann, „weil jeder einzelne zu seinen Nächsten, zu allen Mitarbeitern, zum Ganzen ein freundliches, innerliches, festes Verhältnis gewonnen [hat] und „die gleiche betriebsgenossenschaftliche und persönliche Gesinnung alle eint und bindet", durch eine „freie Gemeinschaft" ersetzt werden, welche dann Dietrich zufolge eine „erhöhte" Form derselben darstellt.[41] Auch will Dietrich bereits 1914 eine „Betriebs-Ethik", eine „Pflichtenlehre (Ethik) des inneren Betriebslebens" begründen. Das „Gebot der Wirtschaftlichkeit" werde nachgerade zur „sozialen Pflicht" gegenüber dem Personal.[42] Allerdings erfordere „das Gesetz der Wirtschaftlichkeit" im Betrieb „als sichere Wesenheiten" *Ganzheit, Einheit, Planmäßigkeit* und *Ordnung*. Die „Einheit und Einheitlichkeit der Leitung", welche sich auf „Geist und Grundsätze der leitenden Personen" und auf die „Durchführung der leitenden Arbeit" bezögen, sind Dietrich zufolge sogar die „natürliche Bedingung tüchtigen Betriebslebens".[43] Die Leitung eines Betrie-

---

[40] Vgl. Wunderer 1975, S. 33 f. und zusammenfassend Krell 1994, S. 52 ff.
[41] Vgl. Dietrich 1914, S. 105 und dazu kritisch Krell 1994, S. 57 ff.
[42] Vgl. Dietrich 1914, S. 104 f.
[43] Vgl. ebenda, S. 100 ff.

bes muss Dietrich zufolge „alles Ungesunde, Krankhafte" bereits „im Keime" ersticken und, sofern erforderlich, „sehr streng" vorgehen.[44] Diese Strenge entspringe allerdings aus der „Reinheit unanfechtbarer Gesetze". Ordnung und Aufsicht tue „allen Verhältnissen wie Personen not und wohl – peinlichste Ordnung in jedem Sinne..."[45]. Die Gestaltung der *Arbeit-Gemeinschaft* (sic!) ist bereits bei Dietrich vorzügliche Leitungsaufgabe. Enger geistiger und emotionaler Zusammenhalt und gemeinsame Pflichterfüllung sollen externe Interessenvertretungen entbehrlich machen:

> „Daß der kranke Betriebskörper aus eigener Kraft oder mit betriebswissenschaftlicher Hilfe zur Arbeit-Gemeinschaft gesunden könnte – dieser Gedanke liegt jenem großen Kreise (den Befürwortern externer, also gewerkschaftlicher Interessenvertretungen M.S.) fern."[46]

Dietrich fasst das in Aussicht stehende Ziel, welches bei konsequenter Gestaltung der Arbeit-Gemeinschaft und der Anwendung seiner Führungskonzeption erreichbar sein soll, folgendermaßen zusammen:

> „Läßt die verantwortliche Leitung die Macht der hier niedergelegten Grundsätze im Innenleben des Betriebes walten, so braucht sie sich nicht weiter darum zu sorgen, daß Arbeit-Freude alle Mitglieder der Arbeit-Gemeinschaft erfülle: sie ergibt sich als natürliche und dauernde Folge von selbst. Jeder freut sich seiner Stelle."[47]

Für Heinrich Nicklisch bedeutet die Konstituierung einer *Betriebsgemeinschaft*, „daß Menschen, einheitlich verbunden, das Leben des Betriebes leisten und daß der Mensch auf diese Weise aus dem Betriebsmechanismus einen Organismus macht."[48] Gertraude Krell weist in ihrer Arbeit auf das implizite Bedauern Nicklischs hin, mit dem er angesichts der Arbeitsteilung und funktionalen Gliederung von Organisationen die Problematik einer fehlenden „Kraft der Einheit" und einer „unmittelbare[n] Beziehung [...] zum Ganzen" sowie das Fehlen des „Gefühl[s], mit ihm [dem Ganzen] verbunden zu sein", konstatiert.[49] Der Wunsch nach enger und fester Gemeinschaft der Betriebsmitglieder und die offenbare Hoffnung auf daraus resultierenden größeren ökonomischen Erfolg von

---

[44] Vgl. ebenda, S. 694.
[45] Vgl. ebenda, S. 694.
[46] Ebenda, S. 722.
[47] Ebenda, S. 694. Vgl. darüber hinaus zur Übersicht über die umfangreiche „betriebswissenschaftliche" Gesamtkonzeption v.a. S. 1 ff. und zur Arbeit-Gemeinschaft S. 668 ff. sowie S. 714 ff. Dietrich vertritt letzten Endes die Auffassung, dass in einer „wohlgeordneten" Arbeit-Gemeinschaft keinerlei Notwendigkeit zur Interessenvertretung besteht. Denn: „Danach sind die persönlichen Verhältnisse der Mitarbeiter, ist ihre betriebsrechtliche Stellung nach allen Seiten hin so geordnet, daß ihr wirtschaftliches und soziales Recht auf der erreichbaren Höhe steht. Was bliebe da noch zu erstreben?" Ebenda, S. 714.
[48] Vgl. Nicklisch 1932, S. 296.
[49] Vgl. Krell 1994, S. 58 und Nicklisch 1928, S. 16. Zu Nicklischs „grundlegenden" anthropologischen Betrachtungen und zum Problem des Egoismus als angeblich „schlimmste Entartung" vgl. v.a. Nicklisch 1920, S. 16 f.

Unternehmungen werden hier ebenfalls bereits deutlich. Auch wird der unmittelbare Zusammenhang zwischen dem „Wohlergehen des Betriebes" und dem der Mitglieder der Betriebsgemeinschaft explizit hervorgehoben.[50] Alle Betriebsmitglieder haben Nicklisch zufolge prinzipiell *gemeinsame Interessen*. Ziel betrieblichen Handelns ist immer die Erschaffung eines *gemeinschaftlichen Werks*, das allerdings vom „innersten Kreis" der Gemeinschaftsmitglieder „besonders stark" verfolgt werde. Nicklisch betont: „Nicht das Kapital, sondern der Geist der Arbeit ist die Seele der Unternehmung."[51] Verfehlungen von „Gewissenlosen" oder „Fremdkörpern", welche „den Organismus bedrohen", rechtfertigen Nicklisch zufolge ein „System von Kontrollen.[52] Die Betriebsgemeinschaft ist für ihn ein pädagogisches Projekt:

> „Allgemein hilft bei den Irrenden Erziehung. Auch bei den Gewissenhaften verstärkt Erziehung, unermüdliche Selbsterziehung den Rückhalt, den ihr gesundes Pflichtgefühl den menschlichen Organismen, auch den Unternehmungen bietet."[53]

Da das Streben des Menschen stets auf die Erhaltung des „Ganzen und des Gliedes zugleich" gerichtet sein müssen, nimmt es nicht wunder, dass die Grenzen zwischen Betriebsgemeinschaft und „Volksgemeinschaft" zumindest in einer Schrift mit dem Titel *Aufwärts!* von 1934 zu verschwimmen scheinen:

> „Das Ziel der Erziehung kann nur [...] der Vollmensch sein, der Volksgenosse, der als ein Ganzes auch Glied ist und als solches die Fähigkeit hat, sein körperliches Leben für die Gemeinschaft zu opfern, um sein geistiges zu retten. Denn das Vollmenschentum ist geistig; der Körper ist ihm nur Werkzeug."[54]

Eine so genannte „Gliedschaftsbindung", die als „organische Bindung" zu verstehen sei, soll, da der „private Egoismus" dem Wesen des Menschen widerspreche, die Verbindung zwischen dem Einzelnen und der „Gemeinschaft der Menschen" (hier sind das Volk, die Familie *und* der Betrieb gemeint) in beiderlei Richtung sicherstellen.[55]

---

[50] Vgl. Nicklisch 1932, insbesondere das Kapitel *Die Betriebsgemeinschaft als Verkörperung der Arbeit*, S. 294 ff.
[51] Vgl. ebenda, S. 294 ff und S. 296.
[52] Vgl. ebenda, S. 297.
[53] Ebenda, S. 297 f.
[54] Nicklisch 1934, S. 40, vgl. auch insbesondere S. 26 ff.
[55] Vgl. zum etwas rätselhaften Begriff der „Gliedschaftsbindung" ausführlicher Nicklisch 1934, S. 26 ff. Ich verzichte hier auf eine detailliertere Darstellung, weil die 1934 erschienene Schrift eine eindeutig *nationalsozialistische* Diktion und Tendenz aufweist, die sich von den mir darüber hinaus vorliegenden Schriften abhebt. Lediglich die Zusammenfassung zum Phänomen der so genannten „Gliedschaft" sei hier noch erwähnt: „Denn die deutliche und starke Empfindung der Gliedschaft ist es auch, aus der der Volksgenosse das wird, was er sein soll: der Kamerad aller Mitgenossen im Volk und ein freier Helfer des Führers in der Höhenlage, in die dieser ihn beruft." Ebenda, S. 45.

Auch die späteren Beiträge zur normativen Personallehre rekurrieren auf die Idee enger und „organischer" Gemeinschaft. Guido Fischer zufolge ist es erforderlich, dass in jedem Betrieb um das Werden einer „echten und lebendigen Betriebsgemeinschaft gerungen und geworben" werde.[56] Auch Fischer negiert einen prinzipiellen Interessengegensatz und stellt zunächst fest:

> „Auch die Belegschaft muß sich um die Existenzsicherung des Betriebes bemühen. Die Sozialmaßnahmen des Betriebes sind für die Dauer nur zu gewährleisten, wenn die Betriebsgemeinschaft gesund ist."[57]

Nur durch ein umfassendes eigenes Bemühen „um die beste Leistungsgestaltung" jedes Arbeiters und Angestellten entstünde gemeinschaftliches Vertrauen zwischen den Beteiligten, „das die Voraussetzung für das wirkliche *Empfinden der Existenzsicherung im Betrieb*" sei.[58] Die Betriebsgemeinschaft als „Form einer Sozialgemeinschaft und als Organ der menschlichen Gesellschaftsordnung" müsse „von Unternehmer und Belegschaft „gefühlt und gestaltet" werden.[59] Der *„Gestaltung der Meinungen und Beziehungen der Menschen innerhalb des Betriebes"* und der Betriebsgemeinschaft müsse verstärkte Aufmerksamkeit gewidmet werden. Wir lesen:

> „Es muß jedoch mit all den erkannten Methoden einer angewandten Psychologie, die auch bei einer Werbung angewendet werden, versucht werden, das Zusammengehörigkeitsgefühl zwischen den Mitarbeitern im Betrieb und ihr Interesse an dem Schicksal ihres Betriebes, der ihre Arbeitsstätte ist, zu wecken und zu fördern."[60]

Angesichts der angeblich rückläufigen Bedeutung anderer Gemeinschaften soll die Betriebsgemeinschaft sogar ein „Vorbild für andere Institutionen sein" und schließlich die „industrielle Gesellschaftsordnung" überhaupt wieder „menschlich" machen.[61]

Eine historische Deutung der Betriebsgemeinschaft liefert Kolbinger, der zunächst eine „Entgemeinschaftung im Geist" als Moment und zentrale Implikation industrieller Entwicklung erkennen will, um daraufhin eine „Wiedervergemeinschaftung" zu fordern, welche als „Wiedergewinnung einer betrieblichen Sinnmitte" gedacht wird.[62] Dabei sind es bei Kolbinger gleich „metaphysische Bande", die durch die Annahme eines Interessengegensatzes geleugnet würden.[63]

---

[56] Vgl. Fischer 1950, S. 120.
[57] Ebenda, S. 112. Erster Satz des Zitates im Original hervorgehoben.
[58] Vgl. ebenda, S. 113. Hervorhebung M.S.
[59] Vgl. ebenda, S. 117.
[60] Ebenda, S. 121.
[61] Vgl. Fischer 1975, S. 19 ff. und S. 66. Der guten Ordnung halber ist anzumerken, dass Fischers Diktion sich natürlich grundlegend von der von Nicklisch unterscheidet und sein Konzept hinsichtlich der bedenklichen Reichweite der Vergemeinschaftungspraxis weit zurückbleibt. Vgl. dazu auch die Überlegungen Fischers zu Arbeit und Menschenwürde, ebenda, S. 22 ff.
[62] Vgl. Kolbinger 1958, S. 9 ff.
[63] Vgl. ebenda, S. 9.

Seit dem Mittelalter will Kolbinger den „Untergang einer ganzheitsbezogenen Sicht" erkennen:

> „Unternehmer und Arbeiter kennen keine gemeinsame sittliche, religiöse, kulturelle Sinnmitte, seit das Fabrikzeitalter die Bande des Geistes löst, die bis dahin Meister und Gesellen zu einem gemeinsamen Zentrum blicken ließen..."[64]

Der Verlust der „gemeinsamen Sinnmitte" und des „gemeinsamen Zentrums" wird als Zustand „falscher" Ordnung beschrieben. Darüber hinaus wird bereits bei Kolbinger der auch heute so populäre Gedanke der unbedingten „Reorganisation bislang brachliegender Leistungspotentiale" beschworen.[65] Wie von Gertraude Krell gezeigt, kann vorläufig festgehalten werden, dass bei allen bisher genannten Autoren die Vergemeinschaftung mittelbar oder unmittelbar als „Medium sozialer Kontrolle proklamiert wird."[66] Gemeinschaftskonstitution, Konformitätserwartung und Kontrolle scheinen demnach nicht zufällig zusammenzuhängen, sondern ein typisches „Managementproblem" der modernen Wirtschaft zu sein. Woher der „politische Wind" in diesen Beiträgen weht, wird noch deutlicher, wenn wir bei Kolbinger lesen, eine wichtige Aufgabe der Personalpolitik bestehe darin, „auf das *Gefühl* für Rangordnung in der Belegschaft hinzuarbeiten, dieses zu stärken und damit einen der wesentlichen Gesichtspunkte menschlicher Gemeinschaften lebendig zu machen."[67] Unverzichtbar für das Gelingen des Projektes der Betriebsgemeinschaft sei mithin eine grundlegende „geistige Umorientierung" aller „am Betriebsprozeß Beteiligten", insbesondere müssten die „geistigen Grundideen" der Partnerschaft ihren Niederschlag in der Organisation des Betriebes insgesamt finden.[68]

Bei August Marx heißt es hinsichtlich der Subjektgebundenheit der Arbeitstätigkeit unmissverständlich:

> „Die Zerlegung des gesamten Leistungsprozesses in Teilaufgaben und deren möglichst wirksame Verteilung auf einzelne wirtschaftliche Funktionsträger wäre dann relativ unproblematisch, wenn gewissermaßen 'Norm-Arbeitskräfte' zur Verfügung stünden und nicht Individuen mit jeweils verschiedenen seelisch-geistigen Anlagen und beruflichen Fähigkeiten."[69]

Das Problem fehlender „Norm-Arbeitskräfte" hält sich – Ironie des so genannten Fortschritts – hartnäckig auf der Agenda der Manager und Managementtheoretiker. Obwohl heute allenthalben die *Individualität* der Arbeitnehmer betont

---

[64] Ebenda, S. 9.
[65] Vgl. ebenda, S. 11 f. und S. 27 ff.
[66] Vgl. Krell 1994, S. 60.
[67] Vgl. Kolbinger 1972, S. 62. Andere Hervorhebung M.S.
[68] Vgl. Kolbinger 1958, S. 89 ff. sowie ders. 1966, S. 87 f.
[69] Marx, August: Aspekte des betrieblichen Personalwesens, Personalbeurteilung, Personaleinsatz. In: Kosiol, E./Sundhoff, E.: Betriebswirtschaft und Marktpolitik, Festschrift für R. Seyffert, Köln/Opladen 1968, S. 323, hier wegen Unverfügbarkeit ausnahmsweise zitiert nach Krell 1994, S. 55.

wird, bleibt, wie wir in der Analyse beispielhafter neuerer Beiträge in Kapitel 6 gesehen haben, auch in der modernen Variante der vergemeinschaftenden Personalpolitik, dem *Unternehmenskulturansatz*, ein möglichst *homogener, funktionierender* und sich selbst als Gemeinschaft konzipierender „Organismus" das Leitbild eines gelungenen Unternehmens, auch wenn dieses Leitbild in zeitgemäßere Formulierungen gekleidet präsentiert wird. Daran ändert auch die inflationär bemühte Vokabel *System* nichts, sie dient im hier thematisierten Zusammenhang allzu häufig als Chiffre für das durchaus alte Konzept planmäßiger *Vergemeinschaftung*. Die Verneinung des konstitutiven Interessengegensatzes zwischen Arbeitgeber und Arbeitnehmer, dessen Behauptung heute (wieder) als „rückwärtsgewandt" und „überholt" gilt, hat bereits eine längere Tradition. Für Kolbinger ist die Annahme eines Interessengegensatzes sogar Ausdruck eines „gesellschaftlichen Darwinismus", welche „den Betrieb in seiner organischen Struktur zerstörten."[70] Der Mensch im Betrieb leide unter „geistiger Entfremdung" und „artfremder Leistungsweise".[71] Die führungsseitige Gestaltung der betrieblichen Geistesgemeinschaft erfordert Kolbinger zufolge die Entfaltung des Menschen in viererlei Hinsicht: weltanschauliche, wissensmäßige, ästhetische Entfaltung sowie die Entfaltung vitaler Kräfte.[72] Er stellt in Aussicht:

> „Es verdient ferner festgehalten zu werden, daß durch verschiedene Maßnahmen bedingte menschliche Leistungsbrachen durch entsprechende betriebliche Maßnahmen, eben durch Leitungspolitik im Bereich der Geistesgemeinschaft, teilweise oder völlig behebbar werden."[73]

Die in der gegenwärtigen Managementlehre sowie im Seminar und Trainingsbereich und vielen Unternehmen populäre Persönlichkeitsentwicklung bzw. die Förderung der Entfaltung sämtlicher einer Person zugeschriebener Potentiale als gewissermaßen gemeinschaftlich-edukatives Großprojekt impliziert insofern einen durchaus traditionellen pädagogischen Anspruch.[74]

Auch die bei Dietrich formulierte Idee, den „kranken Betriebskörper" durch Management gesunden zu lassen, ist nach wie vor aktuell. So geht es ja auch Rudolf Mann in seinem Ansatz der neuen Führung darum, „Unternehmen und ihre Organe nachhaltig zu heilen". Ältere wie neuere Führungslehren sind in vielen Fällen Variationen des Themas, wie aus dem prinzipiell als defizitär oder zumindest noch defizitär gedachten Mitarbeiter ein möglichst wirksamer, fähiger, kompetenter, leistungsbereiter, glücklicher und vor allem motivierter Mensch in der Unternehmensgemeinschaft gemacht werden kann.[75] Der viel bemühte Ausspruch: Der Mensch steht (bei uns) im Mittelpunkt garantiert dabei keineswegs eine humanitäre Anstrengung in der Unternehmensführung, sondern ist inso-

---

[70] Vgl. Kolbinger 1958, S. 9 ff.
[71] Vgl. ebenda, S. 155.
[72] Vgl. ebenda, S. 104.
[73] Ebenda, S. 105.
[74] Vgl. dazu auch Krell 1994, S. 85 ff.
[75] Ich glaube zeigen zu können, dass eine prinzipielle *Konformitätserwartung* dabei stets eine Rolle spielt.

fern zutreffend, als der (arbeitende) Mensch kontinuierlich Gegenstand intensiven Nachdenkens über seine „Optimierung" und die Aktualisierung seiner sämtlichen Potentiale für Organisationserfordernisse ist.

7.3 Wir, die Firma: Die Konstruktion kollektiver Identität[76]

Nachdem nun die Voraussetzungen und Indizien für das Vorhandensein von *Unternehmensgemeinschaften* bestimmt worden sind und auf die Tradition des vergemeinschaftenden Ansatzes hingewiesen wurde, lässt sich anhand der Analyse einzelner Selbstaussagen in Unternehmensdarstellungen zeigen, dass die Tendenz zur Vergemeinschaftung insgesamt besteht.

Im Vergleich mit den von Huber 1985 analysierten und dokumentierten Unternehmensphilosophien lässt sich darüber hinaus erkennen, dass vergemeinschaftende und emotionenorientierte Elemente im Verlauf der letzten knapp 20 Jahre offenbar eher noch verstärkt eingesetzt werden.[77] Durch das ergänzende Eingehen auf Beiträge aus dem Management- und Trainingsbereich versuche ich deutlich zu machen, dass die Techniken der Vergemeinschaftung gerade in diesem Bereich befördert, praktiziert und forciert werden. Die Zitatauswahl erfolgt beispielhaft. Rückschlüsse auf konkrete Arbeitsbedingungen und individuelle Strategien der Unternehmenskultursteuerung in einzelnen Unternehmen können daraus nicht gezogen werden. Nur ausnahmsweise, wenn Quellen zugänglich sind, die weitergehende Aussagen erlauben, können Widersprüchlichkeiten zwischen Anspruch und Wirklichkeit der Unternehmenskultur benannt werden.[78]

Es geht mir lediglich darum, die Richtung deutlich zu machen, in welche die Darstellungen unternehmerischen Selbstverständnisses gehen.

Zunächst werde ich dazu prototypische Aussagen behandeln, die auf eine *emotionale Bindung* der Beschäftigten an das Unternehmen gerichtet sind. Danach erfolgt die Analyse von Aussagen, die das Unternehmen als eine *Wertegemeinschaft* konzipieren sollen. Im Anschluss werde ich auf die Vorstellung des Unternehmens als Familie eingehen. Bei der Angabe von Selbstaussagen einzelner Unternehmen oder Beratungsorganisationen werde ich nachfolgend in der Fußnote nur das Unternehmen angeben. Mit Hilfe der Schlussübersicht über die untersuchten Unternehmenspublikationen und die Darstellungen im Internet lassen sich die Quellentexte ermitteln.

---

[76] Der Slogan *Wir, die Firma* ist Titel eines Buches von Oswald Neuberger und Ain Kompa. Es handelt sich dabei um einen wichtigen kritischen Beitrag zur Debatte um Unternehmenskultur. Vgl. Neuberger/Kompa 1987.
[77] Vgl. Huber 1985, S. 99-143, S. 161 f. sowie S. 316 f. Huber spricht, wie eingangs erwähnt, von „Betriebsphilosophien".
[78] In diesen Fällen werden die Quellen, die Grundlage einer Beurteilung sind, ausgewiesen.

7.3.1 Das Hervorrufen emotionaler Bindung

Das Lohnarbeitsverhältnis ist seiner Natur nach zunächst ein Rechtsverhältnis. Seine rechtliche Basis ist regelmäßig der Dienstvertrag des § 611 BGB. Der Arbeitnehmer schuldet *Dienste*, Gegenstand des Vertrages können „Dienste jeder Art" sein.[79] Der Umstand, dass über diese rechtliche Gebundenheit hinaus emotionale Bindungen an das Unternehmen, die Eigentümer, andere Beschäftigte etc. bestehen, ist allerorten zu beobachten. Insbesondere bei über lange Zeiträume hinweg stabilen Arbeitsverhältnissen und noch dazu in Unternehmen von überschaubarer Größe ist es geradezu schwer vorstellbar, dass ein gewisses Maß an Identifikation mit dem Unternehmen ausbleibt. Wird im beruflichen Alltag darüber hinaus der Vollzug einer *sinnvollen* und angemessen vergüteten Tätigkeit erfahren, werden Verantwortungs- und Entscheidungsspielräume gewährt und genutzt, und ist Anerkennung für Geleistetes „erlebbar", sind aller Wahrscheinlichkeit nach ausgeprägte emotionale Bindungen der Mehrzahl der Beschäftigten an ein Unternehmen zu erwarten. In dem Maße jedoch, in dem die zuvor genannten Kriterien nicht oder nur zum Teil erfüllt sind, wird, so lässt die Alltagserfahrung vermuten, die Bindung der Beschäftigten an das Unternehmen geringer sein. *Vertrauen* und *Bindung*, aber auch *gemeinsames Lernen* (Stichwort: *lernende Organisation*), so ist allerwegen zu hören, werden in komplexen Organisationen immer wichtiger und sind längst als bedeutsame Erfolgsfaktoren ausgemacht.[80] Eine diese Prämisse berücksichtigende Personalpolitik zielt darauf ab, die Mitarbeiterbindung steuernd zu beeinflussen und „emotionale und soziale Qualitäten in ihren Corporate Spirit" (Worrach) einzubinden. Dabei geht es in erster Linie um die emotionale Bindung der aus Unternehmenssicht „fachlich, sozial und emotional kompetenten Mitarbeiter."[81] Insbesondere bei dieser Mitarbeitergruppe reichen rein materielle Anreize für eine langfristige Motivation und Bindung offensichtlich nicht aus.[82]

Sobald nun seitens der Vertreter des Unternehmenskulturansatzes gefragt wird, wie diese emotionale Verbundenheit trotz des vielerorts offenbaren Fehlens idealtypischer Arbeitsbedingungen erreicht werden kann, kommen die *Corporate Culture Techniken* (Gerken) und die Strategien mehr oder weniger umfassender Vergemeinschaftung in den Blick. Dabei sind die offiziellen Selbstdarstellungen und Unternehmensphilosophien der Unternehmen, wie angedeutet, nur ein, gleichwohl bedeutsamer, Indikator. Bei der Drogeriemarktkette *dm* etwa ist über das gemeinschaftliche Selbstverständnis zu lesen:

> „Wir sehen als Wirtschaftsgemeinschaft (dazu gehören auch die Mitarbeiter M.S.) die ständige Herausforderung, ein Unternehmen zu gestalten, durch das wir die Konsumbedürfnisse unserer Kunden veredeln, den zu-

---

[79] Vgl. § 611, Abs. (1) und (2).
[80] Vgl. etwa Sackmann et al. 2002, S. 55.
[81] Vgl. Worrach 2001, S. 66.
[82] Vgl. z.B. Bernatzeder 2001, S. 18.

sammenarbeitenden Menschen Entwicklungsmöglichkeiten bieten und als Gemeinschaft vorbildlich in unserem Umfeld wirken wollen."[83]

Den Mitarbeitern soll dabei *geholfen* werden „Umfang und Struktur unseres Unternehmens zu erkennen."[84] Die emotionale Bindung an das Unternehmen wird durch ein Set verschiedener Maßnahmen begünstigt: Neben Theater-Workshops als Pflichtveranstaltung für alle Auszubildenden, „Fragen- und Themenwerkstätten" sowie einiger sozialer und karitativer Engagements der Firma *dm*, ist vor allem auf die Konzeption *Die Mitarbeiter als Lerngemeinschaft*[85] hinzuweisen. Ausgehend von einem neueren, handlungsorientierten und selbstregulierenden lerntheoretischen Ansatz konzipiert *dm* die Arbeitssituation als permanente Lernsituation und verzichtet eigenen Angaben zufolge mit Ausnahme von Seminaren zur *Unternehmenskultur* ganz auf institutionelles Lernen außerhalb der Unternehmung. Berufliche Bildung und Persönlichkeitsentwicklung sollen sich überschneiden:

> „Auf die Bedeutung der beschriebenen Lernprozesse für die Persönlichkeitsentwicklung möchte ich besonders hinweisen: Die genannten Handlungskompetenzen, die unsere Mitarbeiter in der „offenen Lerngemeinschaft dm" erwerben, befähigen zur Arbeit und bilden darüber hinaus in ihrer Summe einen selbständigen handlungsfähigen, sozial kompetenten, lernfähigen Menschen, der in der Lage ist, sein Leben selbst in die Hand zu nehmen."[86]

Die emotionale Einbindung der Beschäftigten erfolgt also in diesem Beispiel durch eine Strategie der *gemeinsamen Entwicklung*. Durch die Mitgliedschaft in der Unternehmensgemeinschaft wird der Mensch im doppelten Wortsinn „gebildet", er soll im Verlauf der Arbeit als Lernprozess zu einem selbständigen, sozial kompetenten und handlungsfähigen Menschen *erst werden*. Die anthroposophisch geprägte Führungs- und Entwicklungsauffassung impliziert weitgehende Mitarbeiterverantwortung und die Vorstellung einer *Veredelung* des Menschen durch Zutrauen in seine Fähigkeiten. *dm* verfügt über eine eigene Unternehmenssprache: Mitarbeiter werden als *Kreativposten*, Auszubildende als *Lernlinge*, Führungskräfte als *Lernbegleiter* und Personalkosten als *Mitarbeitereinkommen* bezeichnet.[87] Insgesamt kann die dm-Drogeriemarktkette als typisches Beispiel für ein Unternehmen gewertet werden, dessen Managementstrategie auf eine starke emotionale Bindung der Beschäftigten abzielt. Dabei steht der populäre Gedanke persönlicher *Entwicklung* im Vordergrund, der im Rahmen eines firmenweiten Projektes, der Lerngemeinschaft verwirklicht werden soll.

---

[83] dm.
[84] dm. Vgl. auch den Beitrag von Dagmar Deckstein in der Süddeutschen Zeitung vom 31.10./ 01./02.11.2003, S. 32 mit dem Titel *Dichter, Denker und Drogisten. Mit Anthroposophie zum Ziel: Zutrauen veredelt den Menschen, ewige Bevormundung hemmt sein Reifen.*
[85] Vgl. dazu den gleichnamigen Vortrag von Götz Werner vom 11.11.2003.
[86] Ebenda, S. 7.
[87] Vgl. Deckstein 2003 a.a.O.; S. 32.

Die Mitgliedschaft in Unternehmensgemeinschaften wird mitunter als eine *stimulierende* und aufregende Angelegenheit präsentiert. Auf der Internetseite einer Beratungsfirma wird unter anderem folgender Vorschlag für einen ersten Grundsatz einer Unternehmensphilosophie angeboten:

> „Wir sind ein großartiges Unternehmen; es ist unglaublich stimulierend, dazuzugehören."[88]

An gleicher Stelle ist außerdem die Aufforderung an die Unternehmensangehörigen zu lesen:

> „Zeit der Dankbarkeit [...]. Und sagen Sie Ihrem Chef, dass Sie dankbar sind, in solch einer tollen Firma arbeiten zu dürfen."[89]

Während die Aufforderung, sich für die Zugehörigkeit zum Unternehmen dankbar zu erweisen, üblicherweise nicht vorgenommen wird, ist das Hervorheben der eigenen Einzigartigkeit, der besonderen Kultur, der herausragenden Stärken, der eigenen „Identität"[90] sowie eines hohen Anspruchsniveaus bezüglich des Arbeitsergebnisses ein typisches Merkmal zahlreicher Unternehmensdarstellungen. Üblich sind moderate Formulierungen, wie diese:

> „Sie werden bald feststellen: Unsere Ziele, also Ihre Ziele, sind sehr anspruchsvoll – ganz gleich, ob Sie im Innen- oder Außendienst Ihre Frau oder Ihren Mann stehen."[91]

Die Mitarbeiter werden nicht etwa nur aufgefordert, die Ziele des Unternehmens als eigene Ziele zu betrachten, die Übereinstimmung gilt als selbstverständlich. Die Zielerreichung erfolgt idealiter als Teamleistung. Henry Ford wird bemüht:

> „Zusammenkommen ist ein Beginn. Zusammenbleiben ein Fortschritt. Zusammenarbeiten ein Erfolg."[92]

Der Gedanke des Zusammenarbeitens als Team wird zuweilen weit über den Unternehmenskontext hinausgehoben, dramaturgisch überhöht und durch aus dem Zusammenhang genommene Aussagen namhafter Philosophen untermauert. So zum Beispiel durch den Rekurs auf ein Wort Bertrand Russells:

> „Das Einzige, was die Menschheit zu retten vermag, ist Zusammenarbeit, und der Weg zur Zusammenarbeit nimmt im Herzen der Einzelnen seinen Anfang."[93]

---

[88] Vgl. www.noch-erfolgreicher.com, Stand: 19.06.2004. Auf dieser Internetseite findet sich im Übrigen eine ganze Sammlung von Erfolgrezepten aller Art.
[89] Vgl. ebenda.
[90] Der komplizierte Begriff der Identität wird in Unternehmensdarstellungen üblicherweise in dem Sinn gebraucht, in dem er in der Alltagssprache lange in Mode war.
[91] Provinzial Rheinland.
[92] Vgl. ebenda.
[93] Landhotel Schindlerhof.

Das Hervorrufen einer Vorstellung emotionaler Verbundenheit erfolgt regelmäßig über die Hervorhebung der Idee, als Mitglied der Gemeinschaft zu *den Besten* zu gehören:

> „Wir wollen die Besten sein, und das im Dienst an unseren Kunden."[94]

Gelegentlich wird auch mit Komparativ formuliert:

> „Wir wollen besser sein als andere."[95]

> „Wir wollen besser sein als unsere Mitbewerber. Darum stellen wir hohe Anforderungen an uns."[96]

Oftmals wird auch zum Ausdruck gebracht, dass in der Konkurrenz mit anderen Unternehmen schließlich ein *Sieg* erzielt werden soll:

> „Wir nehmen den Wettbewerb an und wollen ihn gewinnen (Gewinnermentalität)."[97]

> „Wir entwickeln eine selbstbewusste Gewinnermentalität, mit der wir aggressiver im Markt auftreten."[98]

Der Wille zum Sieg wird als eine Frage der Mentalität verstanden.[99] Die Mitarbeiter dieses Unternehmens sollen sich als eine Gemeinschaft „aggressiver" Gewinner verstehen.

Die angestrebte oder bereits erbrachte Spitzenleistung wird regelmäßig mit dem Wunsch nach permanenter Optimierung des Leistungsniveaus kombiniert:

> „Wir zählen damit (mit unseren Ergebnissen M.S.) zu den Besten am Markt. Grund: Unsere „exzellenten" Anlage-Ergebnisse. Dennoch steigern wir das Leistungsniveau weiter – durch noch mehr Investitionen in Personal und Steuerungsinstrumente."[100]

Ein typisches Kennzeichen der allermeisten Unternehmensdarstellungen besteht in der Präsentation von Gemeinplätzen und Leerformeln, die zwar keinerlei konkrete Aussage enthalten, jedoch als zustimmungsfähig gelten bzw. aller Wahrscheinlichkeit nach affektuelle Zustimmung erhalten. Nachfolgend seien nur einige wenige Beispiele referiert, etwa das sehr beliebte „Bekenntnis" zu Leistung und Erfolg:

> „Leistung bestimmt unser Handeln."[101]

> „Erfolge und Resultate stehen im Mittelpunkt unseres Handelns."[102]

---

[94] Deutsche Bank.
[95] Aachener und Münchener.
[96] BHW.
[97] Signal-Iduna.
[98] Ebenda. Ähnlich auch bei der Kumavision AG, einem Unternehmen, „das sich im Konkurrenzkampf durchsetzt".
[99] Ähnlich argumentiert auch Dietrich 1999, S. 46, der die Notwendigkeit einer neuen „Servicementalität" hervorhebt.
[100] Hier z.B. Provinzial Rheinland.
[101] Deutsche Bank.

Gleichfalls unverbindlich bleibt üblicherweise die Formulierung von „Grundüberzeugungen":

> „WalMart setzt auf Menschlichkeit."[103]
> „Dabei orientieren wir uns an Menschlichkeit, Liberalität und Toleranz."[104]

Vielen Unternehmen liegt daran, eine „gleichberechtigte" oder „offene" Kommunikationskultur zu betonen. Es wird suggeriert, dass die kommunikativen Vollzüge im Unternehmen dialogische und sozusagen „herrschaftsfreie" Qualität haben.[105] Konkrete Aussagen zur betrieblichen Kommunikation und zum betrieblichen Informationsmanagement werden dabei zumeist vermieden. Bei der Axa-Konzern AG etwa erfährt man nur:

> „Die beste Form der Kommunikation ist der Dialog."[106]

Bei der Firma Mövenpick wird für die interne kommunikative Praxis indes eine verhältnismäßig klare Verhaltensregel formuliert:

> „Wir verlangen von unseren Angestellten, dass sie zueinander liebenswürdig und freundlich sind und *zu jeder Zeit* ein hohes Maß an Kameradschaft demonstrieren."[107]

Die Arbeit in der Unternehmensgemeinschaft soll „Freude" machen. Der ökonomische Erfolg der Firma und des Einzelnen hängen zusammen. Erwähnenswert ist hier die folgende Schlussfolgerung, die durch ihre Prägnanz den Verzicht auf grammatikalische Einzelheiten erlaubt:

> „Wir wollen den Erfolg, denn: Ohne Erfolg wenig Freude."[108]

Die Firma SAW stellt in Aussicht, sich um eine „Atmosphäre von Einsatzfreude, Spaß und Begeisterung zu bemühen, und erklärt:

> „Die Arbeit muss Spaß machen."[109]

Der Wunsch nach Bindung der Beschäftigten an das Unternehmen und Identifikation mit demselben wird von vielen Unternehmen unterstrichen:

> „Gerade weil wir ein globales Unternehmen sind, bedeutet uns Ihre persönliche Identifikation mit der Deutschen Bank sehr viel. Es ist unsere Identität, die wir alle gemeinsam teilen."[110]

---

[102] Signal-Iduna.
[103] WalMart.
[104] Landhotel Schindlerhof. Die „Freude am gemeinsamen Erfolg" rückt u.a. auch die Firma Consileon in den Vordergrund. Die Firma Schwarzpharma erklärt: „Wir haben Freude an Leistung...".
[105] Vgl. WalMart, Ikea u.a.
[106] AXA.
[107] Vgl. Mövenpick Grundsätze, bei Nagel 1991, S. 100.
[108] Landhotel Schindlerhof.
[109] Vgl. SAW.
[110] Deutsche Bank.

Beim „kundenbewegten" Unternehmen Karstadt ist sogar von einer *Bewegung* die Rede, zu der die Arbeitnehmer gehören sollen. In dieser Bewegung gibt jedes Mitglied der Unternehmensgemeinschaft sein Bestes für die gemeinsame Sache:

> „Die Bewegung ist nicht umkehrbar. Der Vorstand setzt sich an ihre Spitze und sichert die Einhaltung der Verfassung. Jeder ist aufgefordert, diese Bewegung zu tragen – unabhängig davon, auf welchem Arbeitsplatz er seinen Beitrag dazu leistet."[111]

Hier ist nicht das Grundgesetz gemeint, sondern eine konzerninterne *Unternehmensverfassung*. Die Einhaltung der dort formulierten Regeln ist erste Vorstandsaufgabe. Durch den Zusatz, dass die vorstandsseitig initiierte Bewegung nicht umkehrbar sei, wird eine gewisse Unausweichlichkeit der eingeschlagenen unternehmenspolitischen Richtung suggeriert. Gleichsam wird implizit vor möglichen Sanktionen bei etwaigen „Verfassungsverstößen" gewarnt.

Die emotionale Bindung kann auch dokumentiert werden, indem man die Beschäftigten selbst zu Wort kommen und sie so *ihr* „Selbstverständnis" formulieren lässt:

> „Wir wollen selbstbewusste, motivierte und leistungsorientierte Mitarbeiter für die Barmenia sein [...] Anerkennung und sachliche Kritik stärken unser Selbstbewusstsein, fördern unsere Selbständigkeit und ermuntern uns, eigene Ideen zu entwickeln."[112]

Immer wieder wird die gemeinsame Zielerarbeitung durch das Unternehmen und seine Beschäftigten betont:

> „Wir verfolgen gemeinsame und gemeinsam erarbeitete Unternehmensziele. Daher beschäftigen wir in allen Bereichen die besten und fähigsten MitunternehmerInnen der gesamten Branche."[113]

Die Beschäftigten als *Mitunternehmer* oder *Entrepreneurs* zu bezeichnen, ist durchaus eine relativ neue Vorgehensweise. Arbeitnehmer sollen die Unternehmerperspektive einnehmen, sich selbst als Unternehmer konzipieren und in den Grenzen ihrer Kompetenzen auch als Unternehmer handeln.[114] Die so genannte „Arbeitnehmermentalität" muss überwunden werden. Das Bewusstsein, im Unternehmen selbst als Unternehmer zu fungieren, dürfte, sofern die Vermittlung dieser Vorstellung in ausreichendem Maße gelingt, ein Höchstmaß an emotionaler Bindung, Loyalität sowie Leistungs- und Einsatzbereitschaft hervorrufen. Ähnliche Aussagen sind durchgängig zu beobachten. Auch wenn nicht explizit von *Arbeitnehmern als Unternehmern* die Rede ist, wird die Existenz eines vorgegebenen Interessengegensatzes regelmäßig in der hier beispielhaft vorgeführten Weise umgedeutet und damit letztlich in Abrede gestellt:

---

[111] Karstadt Warenhaus AG.
[112] Barmenia.
[113] Landhotel Schindlerhof.
[114] Das „Prinzip des Unternehmertums" verfolgt u.v.a. etwa die Firma SAW. Ein Unternehmensgrundsatz lautet: Wir bieten unseren Mitarbeitern einen Freiraum, in ihrem Wirkungsbereich unternehmerisch tätig zu sein." Vgl. SAW.

> „Die Mitarbeiter, die Führungskräfte einschließlich des Vorstandes und die Anteilseigner bilden eine Interessengemeinschaft zur Erreichung gemeinsamer Ziele."[115]

Das Bestehen dieser Interessengemeinschaft zu behaupten und damit die speziellen Probleme der aus dem Arbeitsverhältnis resultierenden Lohnabhängigkeit und strukturellen Machtasymmetrie aus dem Blick zu nehmen, ist nicht neu, sondern im Gegenteil ein *point de depart* für die überwiegende Zahl der mir bekannten Beiträge zur Managementlehre. Es kann beobachtet werden, dass diese Tendenz in den Unternehmensdarstellungen ebenfalls besteht.

Eine weitere typische Aussage, die auf emotionale Bindung an das Unternehmen abzielt, ist die Vorstellung einer Unternehmensumgebung als Ort für *potentielles persönliches Wachstum*. Unter der Überschrift „Wir sind ein leistungsorientiertes Team" verspricht etwa die Citibank:

> „Wir sorgen dafür, dass Citibank für alle unter uns, die wachsen wollen, Initiative ergreifen und stolz darauf sind, ein Teil des Teams zu sein, ein großartiger Arbeitsplatz ist."[116]

Das Versprechen impliziert zwar mehrere Bedingungen, gleichwohl ist die Perspektive eines „großartigen Arbeitsplatzes" (im Gegensatz zu den anderen Unternehmen) verlockend. Im o.g. Zitat steht das Wort Citibank bereits nicht mehr mit dem zu erwartenden bestimmten Artikel. Damit soll wohl zum Ausdruck kommen, dass „Citibank" eben mehr ist als eine Bank: Markenzeichen, Gemeinschaft, Team, ein Ort für Sieger und „Wachstum der Persönlichkeit", jedenfalls etwas in jeder Hinsicht ganz Besonderes. Der Gemeinschaftsbildung wird, nebenbei bemerkt, speziell bei der Citibank ohnehin starke Bedeutung beigemessen. Im Wirtschaftsmagazin *Plusminus* des NDR vom 02. März 2004 wird ein Mitarbeiter der Citibank mit den Worten zitiert, bei der Citibank fühle man sich eher als Mitglied einer – so wörtlich – „Sekte", denn als Mitarbeiter einer Bank.[117]

Abgesehen von diesem Einzelfall ist die Erwähnung des *Stolzes*, Mitglied der Gemeinschaft sein zu dürfen, auch in anderen Darstellungen keine Seltenheit.[118] Aus der Perspektive emotionenorientierten Managements geht es darum, die Mitarbeiter gewissermaßen „bei der Ehre" zu erreichen. Wenn die Identitätsbildung durch Interventionen, die Gefühle wie *Stolz* und *Ehre* berühren, erfolgt,

---

[115] Commerzbank.
[116] Vgl. Citibank.
[117] Die Redaktion des Magazins bestätigte mit auf telefonische Nachfrage diese Aussage ausdrücklich und gestattete mir, darauf Bezug zu nehmen. Der NDR wies allerdings verständlicherweise daraufhin, dass sich der betreffende Mitarbeiter die Wahrung seiner Anonymität habe zusichern lassen.
[118] Vgl. z.B. auch die Mövenpick-Grundsätze. Die Firma SAW erklärt: „Wir wollen, dass jeder Mitarbeiter auf seine und die gemeinschaftliche Leistung stolz ist und sich damit persönlich identifiziert." Vgl. SAW. Zur Bedeutung des mitarbeiterseitigen Stolzes auf das Unternehmen und der daraus resultierenden „Anforderungen" an die Formulierung der Unternehmensphilosophie vgl. Nagel 1991, S. 97 f.

sind im Arbeitszusammenhang generell starke Effekte auf das Selbstkonzept von Mitarbeitern zu erwarten.[119]

Die Betonung der eigenen Leistungsfähigkeit, Größe und Dynamik, die zur Identifikation einladen soll, ist ein stetiger Gemeinplatz. Die Stärken der Unternehmung werden immer wieder vorgeführt. Auf diese Weise wird den Beschäftigten nahe gelegt, eigenes Erfolgsstreben und das Erfolgsstreben des Unternehmens zusammenzudenken. Dabei wird auf kurze, prägnante und kämpferische Slogans gesetzt.[120]

Schließlich, und hier schließt sich der Argumentationskreis der emotionalen Anbindungsversuche, wird das der ökonomischen Rationalität immanente Gewinnstreben des Unternehmens mit der Sicherung *Ihrer* Arbeitsplätze in Zusammenhang gebracht. Immer wieder ist zu lesen, dass unternehmerischer Erfolg „Maßstab des Handelns" sei, dass man „gewinnorientiert" arbeite oder gar, dass man sich zum Gewinn „bekenne".[121] Der Zusammenhang zwischen Gewinn und Arbeitsplätzen wird dann etwa in dieser Weise aufbereitet:

> „Unsere Preiskalkulation beinhaltet einen angemessenen Gewinn. Dieser Gewinn dient *vornehmlich* der Sicherung vorhandener und dem Ausbau neuer Arbeitsplätze sowie der Reinvestition ins Unternehmen."[122]

> „Gemeinsam sehen wir in Wachstum und Ertrag unserer Unternehmen den besten Weg zu möglichst sicheren Arbeitsplätzen."[123]

Die Vorstellung, dass zufrieden stellende Erträge gewissermaßen *automatisch* Arbeitsplätze sichern, hält sich trotz aller Gegenargumente und zahlreicher gegenteiliger Erfahrungen hartnäckig und wird auch in den mir bekannten Unternehmensdarstellungen regelmäßig unterstrichen. Die hier gemachten Aussagen tragen dazu bei, vermeintliche Gewissheiten der Dienstleistungswirtschaft, etwa die Auffassung, *der Kunde zahle das Gehalt* oder *Wenn es der Firma gut geht, geht es auch mir gut*, weiterzutragen. Ertragsinteressen sollen nicht nur störungsfrei verfolgt werden können. Sie sollen auch zu einer emotionalen Angelegenheit der Beschäftigten gemacht werden.

Oftmals wird in ähnlicher argumentativer Richtung eine *gemeinsame Zukunft* thematisiert, deren Bewältigung wiederum mit Ertragsnotwendigkeiten in einen Zusammenhang gesetzt wird und deren Akzeptanz auf diese Weise sichergestellt werden soll:

> „Zur Bewältigung der Zukunft und unter Wahrung unternehmerischer Selbständigkeit und Identität strebt die Gothaer ein ausgewogenes Verhältnis zwischen Ertrag und Wachstum an."[124]

---

[119] Vgl. Stahlberg/Gothe/Frey 1999, S. 681 f.
[120] So heißt es etwa bei der Axa-Konzern AG:„Global Player AXA: Eine Marke erobert die Welt".
[121] Vgl. z.B. Württembergische.
[122] FJS Media. Hervorhebung M.S.
[123] Hamburg-Mannheimer.
[124] Gothaer Versicherungen.

Doch nicht nur gemeinsame existentielle Interessen werden formuliert, die Realisierung der gemeinsamen Ziele soll auf der Basis gemeinsamer Wertvorstellungen erfolgen. Im folgenden Abschnitt werden derartige Argumentationsfiguren behandelt und problematisiert.

7.3.2   Das Unternehmen als Wertegemeinschaft

Ein unternehmensinterner Wertekonsens *aller* Organisationsmitglieder gilt als Voraussetzung kooperativen Arbeitshandelns, das gerade in neuen arbeitsorganisatorischen Strukturen und insbesondere in komplexen, hochtechnisierten Produktionsabläufen unverzichtbar ist, und damit als wichtiger oder gar „entscheidender" Erfolgsfaktor.[125] Die Präsentation „gemeinsamer" Werte kann als durchgängiges Phänomen in Unternehmensdarstellungen beobachtet werden. Die mit dem Unternehmenskultur-Ansatz eng verknüpfte „wertorientierte Unternehmensführung" hat denn auch in den Unternehmensphilosophien und Unternehmensleitbildern sichtbare Spuren hinterlassen. Die Konzeption des Unternehmens als Wertegemeinschaft ist über alle Unternehmensgrößen hinweg anzutreffen.[126]

Dabei wird auf eine Vielzahl unterschiedlicher so bezeichneter „Werte" Bezug genommen. Außerdem ist zu beobachten, dass diese mit unterschiedlichem Nachdruck und einem variierenden Konkretions- und Verbindlichkeitsgrad formuliert werden. Auch in Bezug auf den Umfang und die Präzision der Darstellung lassen sich erhebliche Unterschiede ausmachen. Einzelne Unternehmen verfügen über umfassende Kataloge oder über „Ethikkodizes", während andere nur einen einzigen Grundsatz oder ein Set von Gemeinplätzen präsentieren. Darüber hinaus differieren die formulierten und tatsächlichen Ansprüche, die mit derartigen Wertsetzungen einhergehen. Die Untersuchung der Selbstaussagen der von mir untersuchten Unternehmen bestätigen insgesamt im wesentlichen Kreikebaums Beobachtung, dass deutsche Unternehmen im Gegensatz etwa zu US-Amerikanischen im Zusammenhang mit Werte- und Grundsatzfragen vor allem die *gemeinsame Verantwortung für das Unternehmen* betonen[127] und in ihren Darstellungen nur selten von der organisierten Implementierung und Institutionalisierung einer Unternehmensethik im engeren Sinne berichten.[128] Die Grundsätze der von mir zum Vergleich herangezogenen und auch in Deutschland aktiven Unternehmen, etwa die der Citibank und die der Einzelhandelsfirma WalMart, sind weit stärker formalisiert und legalistisch orientiert.

---

[125] Vgl. etwa Jänicke/Kleine 2002, S. 32 und Sundrum 2001, S. 39.
[126] Die Idee des Unternehmens als „Wertzentrum" für eine Gesellschaft, deren Mitglieder sich ansonsten „immer weniger auf gemeinsame Werte verständigen können" ist nach wie vor populär. Vgl. dazu Wickler 2002, S. 477 im Rekurs auf Habbel 2001.
[127] Neben vielen anderen Unternehmen ist hier beispielsweise die Deutsche Telekom mit ihrem Konzernleitbild zu nennen. Hier heißt es an die Adresse aller Mitarbeiter ausdrücklich: „Wir alle tragen Verantwortung für den Erfolg unseres Unternehmens."
[128] Vgl. Kreikebaum 2001, S. 4 ff.

Auf das vieldiskutierte Problem, unter welchen Umständen überhaupt von einer *Unternehmensethik* die Rede sein kann, komme ich noch zurück.[129]

Zunächst kann aber festgehalten werden, dass in den Unternehmen unter den der Geschäftstätigkeit zugrunde liegenden *Werten* Unterschiedliches verstanden wird. Nicht zuletzt diese signifikanten Unterschiede machen es erforderlich, den Wertebegriff ebenso zu präzisieren wie das Schlagwort einer „wertorientierten Unternehmensführung." Ich gehe zunächst von Menzers allgemeiner Wertdefinition aus. Mit dem Wort Wert bezeichnet er „ein von den Menschen gefühlsmäßig als übergeordnet Anerkanntes, zu dem man sich anschauend, anerkennend, verehrend, strebend, verhalten kann."[130]

Für den hier behandelten Zusammenhang können Werte mit Silberer als „elementare, individuelle Vorstellungen vom Wünschenswerten" im Sinne grundlegender Ziel- und Normvorstellungen verstanden werden.[131] Mit dem Begriff der werteorientierten Unternehmensführung ist im weitesten Sinne eine Berücksichtigung dieser Ziel- und Normvorstellungen durch die Unternehmensführung, aber auch deren Beeinflussung gemeint. Silberer definiert:

> „Wertorientierte Unternehmensführung bedeutet, daß Werte bzw. Wertesysteme in ihren Folgen, ggf. auch in ihrer Steuerbarkeit, in allen Bereichen der Unternehmung Beachtung finden. Gemeint ist damit die Umsetzung wertrelevanter Erkenntnisse in unternehmerisches Verhalten."[132]

Auf der Basis einer Ausgangsannahme des Unternehmenskulturansatzes, dass die dem Arbeitshandeln der Unternehmensmitglieder zugrunde liegenden Werte „alle Bereiche des menschlichen Verhaltens" maßgeblich beeinflussen, wird ein grundsätzlicher Zusammenhang zwischen den Werten der Organisationsmitglieder und dem Unternehmenserfolg vermutet. Darüber hinaus geht der Ansatz weiterhin davon aus, dass auch Werthaltungen in der relevanten Umwelt, z.B. der Kunden, der Lieferanten und der Öffentlichkeit eine so bedeutende Rolle spielen, dass die Rücksichtnahme auf dort vorherrschende Wertvorstellungen in die unternehmerischen Entscheidungen einfließen muss. So warnt Silberer vor einem „Werte-Autismus" und plädiert:

> „Ein Werte-Autismus würde die Existenz des Unternehmens ernsthaft gefährden. Ein Wertekonsens oder eine Wertesynthese sind in dem Sinne anzustreben, daß bei divergierenden Interessenlagen oder konfliktären Wertemustern ein tragfähiger Wertekompromiß gefunden und schließlich glaubhaft vermittelt wird. Daß Werte gezielt beeinflußt werden können, darf nicht außer acht gelassen werden."[133]

Silberers Argumentation verdeutlicht ein wichtiges Problem des Unternehmenskulturansatzes: Zunächst wird die Möglichkeit divergierender Interessenlagen

---

[129] Vgl. Kapitel 10.
[130] Vgl. Schischkoff 1991, S. 776.
[131] Vgl. Silberer 1991, S. 3.
[132] Ebenda, S. 171.
[133] Ebenda, S. 172.

grundsätzlich anerkannt. Das Plädoyer für einen tragfähigen Wertekompromiss erscheint sowohl ökonomisch vernünftig, wie ethisch unbedenklich, da ein Ignorieren gesellschaftlicher Wertvorstellungen direkte Effekte auf den Produkt- und Dienstleistungsabsatz hat, wie es am Beispiel der „Brent-Spar-Affäre" und den damit zusammenhängenden Verbraucherprotesten gegenüber Shell zu sehen ist.[134]

Allerdings wird die Möglichkeit „gezielter Beeinflussung" gleichwohl in Betracht gezogen. Negative Effekte auf den Ertrag aufgrund von Diskrepanzen zwischen dem Wertegefüge des Unternehmens und den Wertegefügen der Unternehmensmitglieder sollen vermieden werden. Wenn nun Unternehmen die Bedeutung von Werthaltungen für den Unternehmenserfolg anerkennen, als hoch bewerten und durch die Festlegung und Präsentation von Werten zugleich betonen, dass die Werte von allen Organisationsmitgliedern geteilt und, wie gerne unterstrichen wird[135], arbeitsalltäglich „gelebt" werden (müssen), kann diese Vorgehensweise folgerichtig als Versuch gesehen werden, den aus der Werteproblematik befürchteten „Gefahren" für den Unternehmenserfolg zuvorzukommen. Nach innen und nach außen sollen Werte und tatsächliches Verhalten ganz im Sinne des Corporate Identity Ansatzes ein stimmiges Gesamtbild ergeben. Insbesondere, wenn die traditionellen Wertvorstellungen der Beschäftigten mit den Anforderungen an ihre Arbeitsleistung und den im Arbeitsalltag gemachten Erfahrungen, also mit der Arbeitsrealität überhaupt, konfligieren, bleiben für eine Unternehmensleitung, die Effekte dieser Art vermeiden möchte, schließlich nur zwei Strategien: Entweder müssen die strukturellen und organisatorischen Bedingungen der Arbeitstätigkeit passgenau auf die Wertvorstellungen der Beschäftigten abgestimmt werden – ein Unterfangen, das sich als umständlich, aufwendig und kostenintensiv, mithin also als in den meisten Fällen als undurchführbar erweisen würde – oder es müssen Beschäftigte gefunden werden, deren Überzeugungen und Wertvorstellungen ein Arrangement mit der Arbeitsrealität erlauben. Da ein kompletter oder weitgehender „Austausch" von Belegschaften nicht in Frage kommen dürfte, liegt eine systematische Einflussnahme auf die Werthaltungen der vorhandenen Arbeitnehmer als Strategie der Wahl auf der Hand.[136]

Dass es sich hier um ein für die Managementlehre und die Unternehmensleitungen einzelner Unternehmen Problem erster Ordnung handelt, zeigt sich einerseits in der Aufmerksamkeit, den dieser Führungsansatz in der wissenschaftlichen Diskussion erfährt, andererseits in der „praktischen Umsetzung" des Ansatzes in der Form, dass Unternehmen *ihre* Werte eben in Unternehmensphilosophien, Leitbildern oder Grundsätzen festschreiben und für die Un-

---

[134] Vgl. zur Royal Dutch/Shell Group zuletzt kritisch Werner/Weiss 2003, S. 360 f.
[135] Vgl. z.B. Kopelent 2001, S. 83.
[136] Die Möglichkeiten und Reichweiten der Beeinflussung werden unterschiedlich beurteilt. So vertritt etwa Deekeling die Auffassung, dass sich „Werte" zur Identitätsbildung prinzipiell nicht verordnen lassen. Das Unternehmensleitbild sei von untergeordneter Relevanz. Vgl. den Beitrag „Corporate Identity – Idée fixe und Sackgasse. In: FAZ vom 16.06.2003.

ternehmensmitglieder verbindlich machen. Dabei werden Begriffe verwandt, die voraussichtlich ein höchstmögliches Maß an intuitiver resp. affektueller Zustimmung erfahren. Dieser Umstand hat zur Folge, dass auch hier regelmäßig in äußerst vage Formulierungen ausgewichen wird. Wird beispielsweise der vielfach zu lesende „Wert" *Leistungsorientierung* als Grundlage allen Handelns dargestellt, ist zwar kein interner oder externer Protest dagegen zu erwarten, genauso wenig ist jedoch mit Klarheit darüber zu rechnen, was im Unternehmen darunter zu verstehen ist.[137] Gleichwohl werden die Worte Leistung und Leistungsorientierung, Aktivität, Tatkraft, Dynamik inflationär verwandt und gelten einer Vielzahl von Unternehmen als Werte. Mit Nachdruck wird auch die unternehmensinterne Geschlossenheit als Wert formuliert:

> „Die Gothaer Gesellschaften stellen sich nach innen und nach außen als ein Unternehmen dar."[138]

Dass im Rahmen üblicher Public-Relations-Aktivitäten ein einheitliches Auftreten nach außen angestrebt wird, ist selbstverständlich. Bei der Darstellung von Einheit „nach innen" klingt jedoch wieder einmal die weit verbreitete Botschaft der Unternehmensleitung mit, dass man an einer gemeinsamen Sache arbeite, die alle angehe und den intensiven Einsatz jedes Mitgliedes der Unternehmensgemeinschaft erfordere. Besonders betont wird außerdem der viel bemühte Grundsatz der Kundenorientierung, auf den ich noch gesondert eingehe.[139] Zumeist sind moderate Formulierungen, wie im folgenden Beispiel zu beobachten:

> „Wir wollen die Sprache unserer Kunden und Partner sprechen. Wir wollen ihnen klar und leicht verständlich unsere besonderen Produkte erläutern. Um diese ehrgeizigen Ansprüche zu erfüllen, soll unsere Arbeit stets von diesen drei Gedanken geleitet werden: Kundenorientierung, Kompetenz, Kooperation."[140]

Kooperation und Teamfähigkeit erklären denn auch beinahe alle von mir untersuchten Unternehmen zu ihren Werten oder Grundsätzen, mithin wird die Teamarbeit sogar zur Hauptbedingung des Erfolges:

> „Wer alleine arbeitet, addiert. Wer im Team arbeitet, multipliziert. Das ist unser Motto. Der „Einzelkämpfer" in immer komplexer und internationaler werdenden Unternehmen kann mittelfristig nicht erfolgreich sein. Nur die Arbeit im Team macht Sie und uns gemeinsam erfolgreich. Werden Sie erfolgreich in unserem Team – erfolgreich mit Schlecker."[141]

---

[137] So nimmt es auch nicht Wunder, dass das Problem nicht ausgereifter und unklarer Unternehmensphilosophien, Leitbilder und „Visionen" auch bei den Anhängern des Ansatzes gesehen wird. Vgl. z.B. Jänicke/Kleine 2002, S. 31 ff.
[138] Gothaer Versicherungen.
[139] Vgl. das nächste Unterkapitel.
[140] Provinzial.
[141] Schlecker.

Die Deutsche Bank, die u.a. Leistung, Verlässlichkeit, Fairness und Ehrlichkeit und den „Dienst an unseren Kunden" zu ihren Werten zählt, bemerkt ihren Mitarbeitern gegenüber zu ihrem unternehmensinternen „Wertesystem":

> „Gerade weil wir ein globales Unternehmen sind, bedeutet uns Ihre persönliche Identifikation mit der Deutschen Bank sehr viel. Es ist unsere Identität, die wir alle gemeinsam teilen. Ein Wertesystem, über das wir uns alle definieren. Eine Identität, die sich jeder von uns Tag für Tag zu eigen macht. Sie ist das Grundgefüge eines leistungsstarken Unternehmens."[142]

Hier wird ein Anspruch formuliert, der über die gängigen Forderungen zur Gemeinsamkeit noch hinausgeht: Alle Mitarbeiter sollen sich sogar über das von der Deutschen Bank verordnete Wertesystem und die gemeinsame *Identität* „definieren".

Bestandteil vieler Darstellungen von Unternehmenswerten ist die Bezugnahme auf das gesellschaftliche Umfeld, in dem das jeweilige Unternehmen tätig ist. Nur mittelbar auf die Gemeinschaftsbildung nach innen gerichtet, formulieren Unternehmen hier einerseits zustimmungsfähige Standards ihres Wirtschaftshandelns und betonen andererseits die Übernahme freiwilliger Selbstverpflichtungen. Da hier vorrangig die öffentliche Akzeptanz des Unternehmens anvisiert wird und die Gemeinschaftsbildung im Unternehmen dabei eher als ein Nebenziel verstanden werden kann, sollen hier zur Illustration einige wenige Beispiele genügen.

Der Satz „Wir bekennen uns zu unserer gesellschaftlichen Verantwortung…" ist in beinahe allen ausführlicheren Unternehmensdarstellungen in gleicher oder ähnlicher Form zu lesen, konkrete diesbezügliche Maßnahmen, Kampagnen oder Initiativen und deren Präsentation sind tendenziell eher für größere Unternehmen typisch.

Ein aktuelles Problem gesellschaftlicher Akzeptanz unternehmerischen Handelns stellt sich seit einiger Zeit u.a. für Handelsunternehmen der Textilwirtschaft, deren Produzenten oder Lieferanten in ärmeren Ländern operieren, bei denen bekanntermaßen prekäre und mitunter skandalöse Arbeitsbedingungen vorherrschen. Das Ausweichen auf in ärmeren bzw. armen Ländern gefertigte Produkte oder Vorprodukte liegt in der Logik der vieldiskutierten Globalisierung der Weltwirtschaft.[143] Obwohl einige größere Unternehmen (z. B.

---

[142] Deutsche Bank.
[143] Die Darstellungen, Berichte und Veröffentlichungen über Arbeitsbedingungen insbesondere im Kontext des Globalisierungsdiskurses sind ohne weiteres als unüberschaubar zu bezeichnen. Beispielhaft sei hier nur auf die Publikationen von Naomi Klein „No Logo", Christa Wichterich: Die globalisierte Frau. Berichte aus der Zukunft der Ungleichheit, Reinbek bei Hamburg 1998, Viviane Forrester: Der Terror der Ökonomie, München 1998 und Norbert Köhnen: Ehrenwerte Geschäfte – zweifelhafte Methoden, a.a.O. hingewiesen. Auch die internationale Arbeitsorganisation ILO und das Netzwerk www.labournet.de sowie amnesty international verfügen diesbezüglich über aussagekräftiges Material. Gegen die Deutung von Forrester siehe v.a. Rojas 1999.

Nike)[144] im Zusammenhang mit ihrer Einkaufs- und Beschaffungspraxis in letzter Zeit in die Kritik geraten sind, kann doch insgesamt ein eher geringes Interesse der Öffentlichkeit an den diesbezüglichen Problemen konstatiert werden.

Die institutionellen Voraussetzungen für eine wirksame Überwachung und Kontrolle von Arbeitsbedingungen etwa in Fernost sind u.a. aufgrund vielfältiger Kompetenz- und Zuständigkeitsfragen und einer komplizierten und schwer zu überblickenden Interessenlage trotz einiger bemerkenswerter Anstrengungen bisher nicht gegeben. Gleichwohl sehen sich etwa die Unternehmen des Textilhandels gehalten, der Öffentlichkeit und ihren Mitarbeitern die Wahrnehmung ihrer „unternehmerischen Verantwortung" zu versichern, ohne dabei jedoch allzu verbindlich zu werden. Üblich sind Formulierungen dieser Art:

> „Daher sehen wir uns verpflichtet, in der Gesellschaft, in der wir leben und tätig sind, verantwortungsvoll zu handeln. Wir werden außerdem zusammen mit unseren Lieferanten darauf hinarbeiten, die Sozial- und Umweltstandards in den für H&M produzierenden Fabriken zu verbessern. Wir wollen damit zu einer verträglichen Entwicklung auf diesen Gebieten beitragen."[145]

Die bekannte Modefirma C&A verspricht „Faire Produktionsbedingungen für die jeweiligen Mitarbeiter". In der Unternehmensphilosophie heißt es unter dem Stichwort „Ethik", dass man aufgrund der Tätigkeit in „internationalen Zuliefermärkten" mit „unterschiedlichsten gesellschaftlichen Erwartungshaltungen konfrontiert" sei. Man unterstütze die Verbesserung der Arbeitsbedingungen „speziell in den Entwicklungsländern."[146]

Der Konzern hat einen eigenen Verhaltenskodex[147] formuliert und lässt seine Zulieferbetriebe, wie Werner/Weiss berichten, seit 1996 durch eine Organisation namens *Socam* kontrollieren, die aber von der Eigentümerfamilie finanziert wird. Nach der Aufdeckung massiver Arbeitsrechtsverletzungen in Zulieferbetrieben wurde 1989 in den Niederlanden die „Kampagne für saubere Kleidung", die Clean Clothes Campaign, gegründet. Durch den Abbruch von Lieferantenbeziehungen versucht der Konzern Menschenrechtsorganisationen und der Öffentlichkeit gegenüber eine veränderte Unternehmenspolitik zu dokumentieren. Werner/Weiss berichten allerdings über Kontrollen der Clean Clothes Campaign im Jahr 2000:

> „So [wurde] festgestellt, dass an zwei Standorten in Indonesien Arbeiter mit empfindlichen Geldstrafen zur Ableistung von Überstunden gezwungen wurden. Arbeiterinnen wurden wegen Protestaufrufen eingesperrt, sexuell belästigt, bei Feststellung einer Schwangerschaft entlassen und nach Wiedereintritt schlechter bezahlt [...] Darüber hinaus ist von Kindern

---

[144] Vgl. z.B. Werner/Weiss 2003.
[145] H&M.
[146] Vgl. C&A.
[147] *The C&A Code of Conduct für Supply of Merchandise.* Vgl. www.c-and-a.com/de/about//companyinfo/people.asp (Stand 03.05.2004).

unter 15 Jahren die Rede, die dieselbe Arbeitszeit wie die anderen Arbeiter abzuleisten hatten (bis zu 80 Stunden pro Woche M.S.)."[148]

Der Konzern bestreitet, dass es sich zum Zeitpunkt der Kontrollen noch um C&A Zulieferbetriebe gehandelt habe. Der Nachweis der Geschäftsbeziehung zum Untersuchungszeitpunkt konnte aber, so Werner/Weiss weiter unter Bezugnahme auf eine Untersuchung von Ingeborg Wick 2000, durch C&A Labels auf produzierten Kleidungsstücken erbracht werden.[149]

Einige Unternehmen heben besonders die *legal compliance* des eigenen ökonomischen Handelns nachdrücklich hervor. Der ausdrückliche Verzicht auf jegliche Korruption und Schmiergeldzahlungen an Bedienstete öffentlicher Körperschaften als Unternehmensstandard sowie das Verbot der Geschenkannahme für eigene Mitarbeiter finden ebenso Erwähnung wie die Unterlassung finanzieller Zuwendungen an politische Parteien oder deren Vertreter.[150] Auch die allgemeine Versicherung, konkurrierende Marktteilnehmer nicht anderweitig an ihrer Wirtschaftstätigkeit zu behindern, ist durchaus üblich.[151]

Die Erfüllung bzw. freiwillige Übererfüllung gesetzlicher Mindestnormen, insbesondere wenn die Unternehmen in Ländern außerhalb der führenden Wirtschaftsregionen tätig sind, wird ausdrücklich hervorgehoben. So teilt etwa die Shell AG mit:

> „Wir werden nach unserem Verhalten beurteilt. Es ist daher ein existentielles Anliegen, den guten Ruf, den Shell genießt, zu wahren. Das wird nur gelingen, wenn wir unsere Geschäfte aufrichtig und integer ausüben und in Übereinstimmung mit den jeweiligen Gesetzen, Werten und Normen handeln."[152]

Als „Verantwortung gegenüber der Gesellschaft" will Shell auch die „Unterstützung der fundamentalen Menschenrechte im Rahmen der uns als Wirtschaftsunternehmen zugewiesenen Rolle" verstanden wissen, allerdings mit der impliziten Einschränkung, dass die „Prioritäten" der Verantwortlichkeiten gegenüber Aktionären, Kunden, Mitarbeitern, „Geschäftsgruppen" und Gesellschaft vom Management „ständig gegeneinander abzuwägen" seien.[153]

Die Werte „Aufrichtigkeit" und „Integrität" und „Respekt vor den Menschen" werden immer wieder angeführt. Dass Shell die Einhaltung der *jeweiligen* „Gesetze, Werte und Normen" von seinen Mitarbeitern ausdrücklich verlangt, ist nicht nur aufgrund der internationalen Ausrichtung des Konzerns nachvollziehbar.[154] Damit ist allerdings nichts über die tatsächliche Realisierung dieses Grundsatzes in der unternehmerischen Praxis gesagt. Werner/Weiss beispiels-

---

[148] Werner/Weiss 2003, S. 285.
[149] Vgl. ebenda, S. 285. Die Untersuchung von Ingeborg Wick et.al. trägt den Titel *Das Kreuz mit dem Faden. Indonesierinnen nähen für deutsche Modemultis*, Siegburg 2000.
[150] Vgl. z.B. Shell AG.
[151] Ebenda.
[152] Ebenda.
[153] Vgl. ebenda.
[154] Zur begrenzten Reichweite des Compliance Ansatzes vgl. v.a. Ulrich/Kaiser 2001.

weise kommen auf der Basis ihrer in einem Schwarzbuch der Markenfirmen zusammengestellten Untersuchung zu ganz anderen Ergebnissen bezüglich der Unternehmenspolitik der Royal Dutch/Shell Group:

> „Finanzierung von Bürgerkrieg und Waffenhandel, Zerstörung der Lebensgrundlagen in Ölfördergebieten, Kooperation mit Militärregimen."[155]

Insbesondere die Aktivitäten des Konzerns in Nigeria sind aufgrund der Vorwürfe skandalöser Umweltverschmutzung, großflächiger Vernichtung von Ackerland und Korruption äußerst umstritten. Werner/Weiss kommentieren: „Was Shell im Gegenzug an Arbeitsplätzen, Investitionen und sozialer Unterstützung schafft, ist geradezu zynisch wenig".[156]

Indes geht es hier nicht darum, die Übereinstimmung von formulierten „Werten" mit der tatsächlichen Unternehmenspolitik genau zu untersuchen. Dies setzte ohnehin genaue Einzelanalysen von Unternehmen voraus. Dass hier aber Diskrepanzen bestehen, ist durch zahlreiche Beispiele dokumentiert.[157] Obgleich branchenweite, nationale oder internationale Initiativen, die auf freiwillige Selbstverpflichtungen von Unternehmen zu ökologischen, humanitären oder sozialen Standards ihres Wirtschaftshandelns in jüngster Zeit rege diskutiert werden, und mitunter viel versprechende Verhaltenkodizes[158] formuliert und verabschiedet wurden, bleibt die Frage nach wirksamer rechtsverbindlicher Normensetzung in den internationalen Wirtschaftsbeziehungen virulent.[159]

Beispielhaft für eine freiwillige Selbstverpflichtung ist etwa die Anerkennung des *Global Compact,* der auf eine Initiative des UN-Generalsekretärs Kofi Annan zurückgeht. Gegenstand der hier formulierten insgesamt neun Prinzipien sind der Schutz der Menschenrechte innerhalb des unmittelbaren *und* mittelbaren Einflussbereiches des Unternehmens, das Recht auf Vereinigungsfreiheit und kollektive Interessenvertretung, die Ächtung der Zwangs- und Kinderarbeit, ein umfassendes Diskriminierungsverbot sowie die Ausrichtung des Wirtschaftshandelns an einer vorsorgenden und nachhaltigen Ökologiekonzeption.[160] Das größte deutsche Unternehmen, die Daimler-Chrysler AG etwa, die den Global Compact eigenen Angaben zufolge als eines der ersten Unternehmen anerkannt hat, formuliert in der Präambel seiner „Grundsätze der sozialen Unternehmensverantwortung":

> „Daimler Chrysler bekennt sich zu seiner sozialen Unternehmensverantwortung und zu den neuen Prinzipien, die dem Global Compact zugrunde liegen. Zur Verwirklichung dieser gemeinsamen Ziele hat Daimler Chrys-

---

[155] Werner/Weiss 2003, S. 360 f.
[156] Vgl. ebenda, S. 361.
[157] Vgl. insbesondere Werner/Weiss 2003.
[158] Vgl. hier zusammenfassend die Internetseite des deutschen „Runden Tisches" *Verhaltenskodizes* unter www.coc-runder-tisch.de (Stand 29.04.2004).
[159] Zur Bewertung der einzelnen Instrumente globaler Regulierung von Arbeit (ILO-Kernarbeitsnormen, OECD Guidelines, Global Compact, Codes of Conduct und Rahmenvereinbarungen zwischen einzelnen Unternehmen und Gewerkschaften) vgl. zuletzt Stelzl 2004, 152.
[160] Vgl. www.unglobalcompact.org (Stand : 29.04.2004).

ler mit den internationalen Arbeitnehmervertretungen die nachfolgenden Grundsätze vereinbart. Wir unterstützen die Initiative der Vereinten Nationen und wollen gemeinsam mit anderen Unternehmen und Institutionen verhindern, dass der unumkehrbare Prozess der Globalisierung bei den Menschen auf dieser Welt Ängste auslöst; wir wollen das menschliche Gesicht der Globalisierung auch durch die Schaffung und den Erhalt von Arbeitsplätzen zeigen."[161]

Die Versuche, gerade global operierende Unternehmen auf eine sozial verantwortliche Unternehmensführung zu verpflichten, nehmen tendenziell zu.[162] Im Schlussbericht der Enquete-Kommission „Globalisierung der Weltwirtschaft, Herausforderungen und Antworten des Deutschen Bundestages" (14. Wahlperiode) wird die Förderung nicht rechtsverbindlicher, *freiwilliger* Verpflichtungserklärungen und Abkommen, das so genannte „soft law", ausdrücklich befürwortet.[163] Neben der Frage der Wirksamkeit von Regelungen unterhalb der Rechtsverbindlichkeit steht insbesondere die Frage nach einem wirksamen Monitoring, also verlässlicher Kontrollen für die Einhaltung der formulierten Kodizes und die Frage der Sanktionierung bei Verstößen im Mittelpunkt der umfangreichen Debatte,[164] die an dieser Stelle jedoch nicht in Einzelheiten referiert werden kann.

Das im Global Compact und auch schon in den Kernarbeitsnormen der Internationalen Arbeitsorganisation *ILO* (Übereinkommen 98) formulierte Prinzip der Vereinigungsfreiheit und der kollektiven Aushandlung von Arbeitsbedingungen zielt vornehmlich auf eine Überwindung der in zahlreichen ärmeren Ländern, im Gegensatz zu den westlichen Demokratien, immer noch üblichen Verbote von Gewerkschaften ab.[165]

Die Frage nach dem Umgang mit gewerkschaftlicher und betrieblicher Interessenvertretung in einzelnen Unternehmen stellt sich aber auch in Bezug auf Wirtschaftsregionen, in denen der rechtliche Status von Gewerkschaften unangefochten und die betriebliche Mitwirkung bzw. Mitbestimmung von Arbeitnehmervertretungen als Rechtsinstitut etabliert ist. In den von mir untersuchten Unternehmensdarstellungen werden Gewerkschaften nur ausnahmsweise, Arbeitnehmervertretungen zumeist als „Partner" erwähnt, mit denen das Unternehmen vertrauensvoll zusammen arbeite. Gelegentlich wird die Mitbestimmung ausdrücklich „begrüßt".[166]

---

[161] Daimler Chrysler. www.daimlerchrysler.com/decom/html (Stand Juli 2005). Vgl. dazu auch Stelzl 2004, S. 149 und gegenüber Daimler Chrysler kritisch Werner/Weiss 2003, S. 292 f.
[162] Vgl. Stelzl 2004, S. 149.
[163] Vgl. www.bundestag.de/gremien/welt/glob_end/10_3_4.html. (Stand 01.03.2004) und dazu im Einzelnen Stelzl 2004, S. 149 f.
[164] Zu den vielfältigen Problemen der Einführung rechtsverbindlicher Standards, „weltweiter" Arbeitnehmerrechte und der Frage nach *Sozialklauseln* im Welthandeln vgl. Braun 1995, 6 ff.
[165] Vgl. www.ilo.org.
[166] Vgl. etwa die Unternehmensgrundsätze der Firma Sanacorp. Vgl. aber auch die Unternehmensgrundsätze der Firma SAP, in der eine Sonderform der Arbeitnehmermitbestimmung im Aufsichtsrat institutionalisiert ist. Neben der in den Grundsätzen dieses Unternehmens stark

Ganz anders äußert sich dagegen die amerikanische Firma WalMart, deren umfassendes Unternehmenskulturkonzept in Deutschland spätestens zum Zeitpunkt des hiesigen Marktauftritts des Konzerns eine breite Aufmerksamkeit erfahren hat.[167] Diese geht nicht zuletzt auf den Umstand zurück, dass WalMart im Gegensatz zu vielen anderen Unternehmen aus der im Konzern gepflegten kompromisslos antigewerkschaftlichen Haltung keinen Hehl macht. Ich gehe auf dieses spezielle Unternehmen relativ ausführlich ein, weil das „Wertemanagement" bei WalMart sowohl in ideeller als auch in arbeitsalltäglicher Hinsicht eine hervorgehobene Bedeutung hat.[168] Die Firma hat den Grundsatz:

> „WalMart ist strikt gegen eine Vertretung durch Dritte. Wir sind nicht gegen Gewerkschaften; wir sind für unsere Mitarbeiter/innen."[169]

Die Aussage, man habe bei WalMart nichts *gegen Gewerkschaften* einzuwenden, ist nachweislich unzutreffend. Da keine rechtlichen Möglichkeiten der Ausschaltung bestehen, ergreift das Management vorzugsweise politisch-ideologische Maßnahmen, um die Gewerkschaftsmitgliedschaft von Mitarbeitern zu verhindern. Mit „offener Kommunikation" und einer „Politik der offenen Tür", will WalMart einer gewerkschaftlichen Organisierung der Mitarbeiter vorbeugen:

> „Es ist unser Standpunkt, dass jede/r Mitarbeiter/in für sich selbst sprechen kann, ohne sein/ihr hart verdientes Geld an eine Gewerkschaft zahlen zu müssen, um Gehör und Hilfe bei der Lösung von Problemen zu finden."[170]

WalMart fürchtet den die „Firmenkultur" störenden Einfluss von Gewerkschaften so sehr, dass eigens ein Führungskräfte-Handbuch mit dem Titel „Wie bleiben wir gewerkschaftsfrei?" erstellt wurde, in dem Ratschläge zum frühzeitigen Erkennen gewerkschaftlicher Aktivitäten gegeben werden und ein Melde- und Informationswesen vorgestellt wird, mit dem unverzüglich auf etwaige „Bedrohungen" durch einen „Gewerkschafts-Organizer" reagiert werden kann. Bis in Einzelheiten und mit vorstrukturierten Beispielen von idealtypischen Gesprächsabläufen mit Mitarbeitern werden hier Verhaltensmaßregeln für die „erste Ver-

---

betonten *Loyalitätsaufforderung* an alle Mitarbeiter wird hier der besondere Umgang mit Fragen betrieblicher Mitbestimmung zum Identitätsmerkmal. SAP stellt die hausinterne Mitbestimmungslösung so dar, als sei durch Arbeitnehmervertreter im Aufsichtsrat eine besonders umfassende Mitbestimmung gewährleistet. Ein Standpunkt, der durchaus diskussionswürdig ist.

[167] Vgl. dazu v.a. Köhnen 2000.

[168] Auf die vor einiger Zeit in den Nachrichten zu verfolgende Debatte um zweifelhafte „Ethikgrundsätze" bei WalMart, wie z.B. das Verbot von Beziehungen zwischen MitarbeiterInnen und die Möglichkeit, unerwünschtes Verhalten von MitarbeiterInnen anonym zu denunzieren, kann hier nicht mehr eingegangen werden. Es bleibt zu bemerken, dass zumindest in Deutschland Versuche, derartig weitreichend in das Privatleben einzugreifen, gerichtlich überprüft und wohl nicht standhalten werden.

[169] „Wie bleiben wir gewerkschaftsfrei? Handbuch für das Management", Windsor u.a. 1997, S. 6.

[170] Ebenda.

teidigungslinie gegen eine gewerkschaftliche Organisierung" (gemeint sind die Mitglieder der Managementteams) gegeben. WalMart erklärt:

> „Es ist wichtig, dass Sie *beständig* auf der Hut sind vor Versuchen einer Gewerkschaft, Ihre Mitarbeiter/innen zu organisieren [und] *beständig* wachsam sind gegenüber allen Anzeichen eines Interesses Ihrer Mitarbeiter/innen an Gewerkschaften."[171]

Angeblich sei „ein hohes Niveau an Arbeitsmoral", die mittels verschiedener „Mittel der Messung" (darunter Vier-Augen-Gespräche, Befragungen bei Kündigungen, Coachings und „Bewertungen") ermittelt wird, entscheidend für die Wahrung des gewerkschaftsfreien Status'.[172] Mit der peniblen Registrierung kleinster Details (Zunahme von internen und externen Telefonaten, private Treffen von Mitarbeitern, „Parkplatzgespräche" etc.) sollen sich die Führungskräfte beschäftigen und sich genau an die vorgegebenen Verfahren zum Umgang mit „frühen Warnzeichen" halten. Im Ergebnis ist dieses Handbuch als Ratgeber zur Totalüberwachung zu verstehen. Das Unternehmen will durch die Einrichtung einer „Gewerkschaftshotline" offenbar eine regelrechte Denunziationskultur installieren.[173] Dabei ist man sich bei WalMart – vor allem bekannt durch die *goldene Regel* eines morgendlichen, vor der Arbeit von allen Beschäftigten aufzuführenden Tanzes, dem so genannten WalMart Cheer[174] – sicher, dass die *Politik der offenen Tür* „unsere größte Schranke gegenüber den Versuchen der Gewerkschaften [ist], auf unsere Firmenkultur und unseren gewerkschaftsfreien Status Einfluss zu nehmen."[175] Es wird hier nahe gelegt, dass auf der Grundlage des Lohnarbeitsverhältnisses eine zwanglose Kommunikationssituation „auf gleicher Augenhöhe" ohne weiteres möglich sei. Die Beschäftigten können für sich selbst sprechen, und ihre Probleme finden bei der Unternehmensleitung Gehör. Sie benötigen keine eigene Interessenvertretung, schon gar keine, die im Zweifel die Belegschaft auf einen Konflikt mit der Unternehmensleitung hin orientieren und so die Einheit der Unternehmensgemeinschaft beeinträchtigen könnte. Interessant ist der Widerspruch, dass Mitarbeiter, die „mündig und selbstbewusst" ihre eigenen Anliegen vertreten können, gleichzeitig so anfällig für externe Beeinflussungen sein sollen. Der Zynismus dieser Auffassung wird spätestens dann deutlich, wenn WalMart argumentiert, den hart arbeitenden Mitarbeitern sei es nicht zuzumuten, einen Beitrag an die Gewerkschaft zu bezahlen.

Heiner Köhnen weist in seiner Studie *Das System WalMart* nach, dass ausgerechnet die WalMart Beschäftigten in den USA aufgrund prekärer Arbeits- und

---

[171] Ebenda, S. 5.
[172] Vgl. ebenda, S. 7.
[173] Vgl. ebenda, S. 15 ff.
[174] Vgl. Köhnen 2000, S. 18 f. und S. 76. Der WalMart Cheer besteht darin, dass ein Marktleiter die Buchstaben der Firma WalMart in einer morgendlichen Mitarbeiterzusammenkunft der Reihe nach ausruft und die Mitarbeiter im Chor laut antworten müssen. Danach wird etwa gefragt „Wer ist für uns die Nummer 1?", Antwort: „Der Kunde immerzu". In der Zwischenzeit ist ein so genannter „Twist" aufzuführen.
[175] Vgl. „Wie bleiben wir gewerkschaftsfrei?", S. 6.

Einkommensbedingungen eine „Vertretung durch Dritte" bitter nötig hätten.[176] Nebenbei ist zu erwähnen, dass auch Köhnens Bemerkungen über WalMarts Aktivitäten in Ländern der Dritten Welt aufschlussreich und lesenswert sind.[177] Werner/Weiss berichten über eine Recherche der New York Times 2002, aus der hervorgeht, dass die „Politik der offenen Tür" gelegentlich eher eine Politik der „geschlossenen" Tür ist:

> „In manchen Filialen war es üblich, dass die Geschäftsführer nach Geschäftsschluss alle Türen zusperrten und die Angestellten zwangen, stundenlang unbezahlte Arbeit zu leisten."[178]

Die erfolgsideologischen Grundlagen der Unternehmenspolitik WalMarts werde ich im anschließenden Kapitel 8 in einem kurzen Exkurs behandeln, da in diesem Fall der Zusammenhang zwischen dem Unternehmen als „Wertegemeinschaft" und einer auf dem Gründer als Superperson basierenden Ideologie der methodischen Aneignung von wirtschaftlichem Erfolg exemplarisch deutlich wird.

Engagement in Bezug auf ökologische Fragen und Probleme wird von beinahe allen über ausführlichere Selbstdarstellungen verfügenden Unternehmen beteuert, bzw. die „ökologische Ausrichtung" des Handelns wird als Wert formuliert. Dabei wird sowohl von ausgewählten Umweltschutzprojekten als auch von der Prüfung betrieblicher Produktionsabläufe auf deren Umweltverträglichkeit berichtet. Die Unternehmen reflektieren hier ein insgesamt maßvoll gestiegenes gesellschaftliches ökologisches Bewusstsein, das sich letztlich auch im Verbraucherverhalten niederschlägt. Die Selbstaussagen der Unternehmen weisen jedenfalls insgesamt in diese Richtung. Dabei spricht vieles für die Annahme, dass die Optimierung der Umweltverträglichkeit von Produkten und betrieblichen Abläufen immer dann am besten funktioniert, wenn gleichzeitig auch ökonomische Vorteile realisiert oder komparative Konkurrenzvorteile erzielt werden.

Verbreitet sind außerdem Darstellungen, in denen die der unternehmerischen Tätigkeit ohnehin immanente Gewinnerzielungsabsicht selbst als „Wert", Ziel oder Prinzip bezeichnet wird:

> „Wir arbeiten in unseren Unternehmen mit dem Ziel, einen überdurchschnittlichen Gewinn zu erwirtschaften."[179]

Dabei werden Begründungen für die Notwendigkeit und Rechtmäßigkeit eines *angemessenen* oder *überdurchschnittlichen* Gewinns gegeben. Neben der Sicherstellung der in jüngerer Zeit viel bemühten „Zukunftsfähigkeit" sind es vor allem

---

[176] Vgl. Köhnen, 2000 S. 27 f. Werner/Weiss fassen die Vorwürfe gegen WalMart wie folgt zusammen: „Systematische Verweigerung der Bezahlung von Überstunden […] im Wert von Hunderten von Millionen Dollar jährlich, gefängnisähnliche Arbeitsbedingungen in chinesischen Zulieferbetrieben." Vgl. Werner/Weiss 2003, S. 372 .
[177] Vgl. Köhnen, 2000, S. 31 ff.
[178] Werner/Weiss 2003, S. 373.
[179] Sanacorp AG.

die Anspruchsgruppen, für die man tätig ist, für welche die Gewinnerzielung erreicht werden soll. Typisch sind Aussagen wie diese:

> „Wir brauchen den Gewinn, um durch Investitionen unsere und die Wettbewerbsfähigkeit unserer Kunden zu sichern und um unseren Kapitalgebern eine angemessene Rendite zu bieten."[180]

> „Wir bekennen uns zum Gewinn. Er ist Maßstab für den Erfolg unseres Handelns."[181]

Der Firma C&A zufolge ist der „geschäftliche Erfolg" nicht nur für die Zukunftssicherung des Unternehmens, sondern für die „Wohlstandsentwicklung der Gesellschaft unabdingbar...".[182]

Noch einen Schritt weiter geht die Signal-Iduna, deren Beschäftigte eigener Angabe zufolge über eine „aggressive" *Gewinnermentalität* verfügen, die das Ergebnis eines Entwicklungsprozesses sein soll:

> „Wir haben ertragsorientiertes Wachstum als strategisches Bewusstsein entwickelt."[183]

Durchweg bejaht werden die „soziale Marktwirtschaft" als wirtschaftliche Rahmenordnung mit dem konstitutiven Grundsatz des Privateigentums, das Leistungsprinzip und der marktwirtschaftliche Wettbewerb als Austauschprinzip:

> „Soziale Marktwirtschaft, Leistung, Wettbewerb und Privateigentum sind Säulen unseres Handelns."[184]

In leichter Abwandlung und mit der bekannten Behauptung, alle „stakeholder"[185] hätten prinzipiell gemeinsame Interessen, sind auch vielfach Formulierungen wie die nachfolgende zu beobachten:

> „Wir bekennen uns zur sozialen Markwirtschaft und sehen im wirtschaftlichen Erfolg die unabdingbare Voraussetzung, um den Bedürfnissen und Zielen unserer Kunden, der für uns tätigen Menschen und unserer Aktionäre dauerhaft gerecht werden zu können. Dies erfordert marktgerechtes, kundenorientiertes und leistungsbezogenes Verhalten."[186]

Das „Bekenntnis" zum Gewinn wird häufig mit der Sicherung vorhandener oder dem Zustandekommen neuer Arbeitsplätze in Verbindung gebracht:

---

[180] Ebenda.
[181] Württembergische.
[182] Vgl. C&A.
[183] Signal-Iduna.
[184] Ebenda.
[185] Vgl. zum Stakeholder-Ansatz v.a. Roloff 2002, S. 77 ff. Der Kern der Stakeholder-Ansätze besteht in der Annahme, dass Unternehmen insbesondere dann wirtschaftlich erfolgreich sind, wenn sie die Interessen *aller* Anspruchsgruppen systematisch beachten. Interessenkonflikte sollen vermieden werden, ohne dass die Existenz prinzipiell unterschiedlicher Interessen von vornherein bestritten wird. Vgl. ebenda, S. 78 f.
[186] Hamburg-Mannheimer.

> „Durch solides wirtschaftliches Handeln sichern wir unsere Arbeitsplätze und unsere unternehmerische Unabhängigkeit."[187]

Nur selten wird die Gewinnerzielungsabsicht deutlich konkretisiert. Bei der Bausparkasse Schwäbisch Hall, die insgesamt eher moderat formuliert und wie viele Unternehmen z.B. „vertrauensvolle Kommunikation" und „respektvolle Zusammenarbeit" zu ihren Werten zählt, heißt es jedoch:

> „Unser Anspruch ist es, für das Gesamtunternehmen und in jedem unserer Geschäftsfelder im In- und Ausland einen Ergebnisbeitrag vor Steuern von 15% des Eigenkapitals zu erreichen."[188]

Diese kleine Auswahl macht gewisse Regelmäßigkeiten deutlich: Gewinn, Erfolg, Leistung und Gemeinschaft stehen im Vordergrund. Die Werteorientierung in Bezug auf die Mitarbeiter beschränkt sich auf sehr allgemeine Aussagen, wie etwa eine grundsätzliche „Mitarbeiterorientierung" oder den Hinweis, Mitarbeiter seien Garanten für den Geschäftserfolg.

Das gleiche gilt für die „gesellschaftliche Verantwortung". Auch hier bleibt die Mehrzahl der Unternehmen eher unverbindlich, wenngleich insbesondere bei größeren Unternehmen der Trend zu freiwilligen Selbstverpflichtungen und ihrer imagewirksamen Aufbereitung deutlich wird. Inwiefern hier Worte und Taten im Einklang stehen, ja vor dem Hintergrund einer ökonomischen Funktions- und Wettbewerbslogik überhaupt stehen können, war nicht zu untersuchen. Es muss jedoch davon ausgegangen werden, dass von einigen Unternehmen glaubwürdige und ermutigende Engagements verfolgt werden, dass aber andererseits nicht selten augenfällige Diskrepanzen zwischen der Wertorientierung und dem tatsächlichen Handeln bestehen.

Der Rekurs auf demokratische Grundwerte, die Verfassung, eine freiheitliche Ordnung oder die Idee des Mitarbeiters als mündiger Staatsbürger, wie sie noch von Huber 1985 in einigen der von ihm untersuchten Fälle beobachtet wird, ist so gut wie überhaupt nicht mehr zu erkennen.[189]

Auf der Basis der von mir untersuchten Materialien ist eine Instituierung des Unternehmens als orientierendes „Wertezentrum" der Gesellschaft[190] mit stabilisierender Wirkung für eine vermeintlich orientierungslose Gesellschaft weder ernsthaft zu erwarten, noch angesichts der äußerst allgemein gehaltenen und zum Teil fragwürdigen Werte-Sets normativ zu wünschen.

Die Vorstellung, dass sich Wirtschaftunternehmen zukünftig „unabhängig von den erwerbswirtschaftlichen Zielsetzungen" als eine humanitäre (und wirklich demokratische) Arbeitskultur verkörpernde „Wertegemeinschaften" nicht nur verstehen, sondern sich auch so verhalten würden, könnte mit Peter Wickler als „eine der bedeutendsten Entwicklungen des Arbeitslebens überhaupt" ver-

---

[187] Hier z.B. BHW.
[188] Bausparkasse Schwäbisch-Hall.
[189] Vgl. Huber 1985, S. 187 f. und S. 205 ff.
[190] Vgl. Habbel 2001, S. 631.

standen werden.[191] Signifikante Anzeichen für eine solche Entwicklung waren im Rahmen dieser Untersuchung jedoch nicht zu beobachten.

7.3.3 Exkurs: Christlicher Glaube als Grundlage der Unternehmensführung

Vereinzelt stoßen wir auf Unternehmer bzw. Unternehmensleitungen, die auf den christlichen Glauben als Grundlage ihrer unternehmerischen Tätigkeit hinweisen oder im weitesten Sinne „christliche Werte" zur Grundlage ihrer Vorstellung von Unternehmensführung erklären.[192] Auch dies geschieht wiederum in unterschiedlicher Ausführlichkeit und Reichweite. Ich konzentriere mich an dieser Stelle auf drei exemplarische Fälle, durch die der Raum abgesteckt werden kann, in dem Konzeptionen christlicher Unternehmensführung angedeutet und formuliert werden. Während hin und wieder nur ein kurzer Hinweis auf eine christliche Grundhaltung zu lesen ist, sind einzelne Unternehmen in einem umfassenden Sinn „christlich" geführt, und die Arbeit wird als zentraler Aspekt der Lebenspraxis umfassend von (zumindest im Sinne der Verfasser) christlich orientierten Überzeugungen dominiert.

So begnügt sich etwa die Firma bauMax auf ihrer Internetseite mit dem Satz:

> „Die christliche Glaubensethik: bauMax ist von der geistlichen Einstellung der Gründer geprägt, die im christlichen Glauben verankert ist. Unser Handeln ist von Offenheit, Aufrichtigkeit, Vertrauen und Fairness bestimmt."[193]

Darüber hinaus betont das Unternehmen seine Verantwortung für Mitarbeiter, seine „Verantwortung für die Öffentlichkeit", sowie eine „Verantwortung für unsere Aktionäre". Auch hier steht „der Kunde [...] im Mittelpunkt aller Bemühungen". Es wird berichtet, dass man aus Gründen der Verantwortung den Aktionären gegenüber eine „nachhaltige Unternehmenswertsteigerung" durch eine „dynamische Expansionsstrategie" anstrebe. Weitere eher moderate und eher zurückhaltende Aussagen lassen sich auch an anderen Beispielen beobachten.[194]

Bei der Drillbox GmbH wird neben dem „unbedingten Willen zu Transparenz und Kommunikation" verlangt, dass alle Führungskräfte „bekennende Christen" sind, damit sie „den Geist des Unternehmens leben."[195]

---

[191] Vgl. Wickler 2002, S. 477.
[192] Es scheint nützlich, hier noch einmal zwischen „christlich geprägten" und „christlichen" Unternehmen zu unterscheiden. Die Pax-Bank etwa, die sich als „katholische Bank für Christen" bezeichnet, richtet sich mit ihrem Angebot – insbesondere im Bereich der so bezeichneten „ethischen Geldanlage" – direkt und vornehmlich an Christen, was bei den christlich geprägten Unternehmen nicht zwangsläufig der Fall sein muss. Vgl. zu den Unternehmenszielen der Pax-Bank und der im Unternehmen vorhandenen Institution eines „Ethik-Beirates" www.pax-bank.de, Stand 19.06.2004.
[193] Vgl. bauMax.
[194] Vgl. z.B. die ausgewählten Beispiele bei Huber 1985, S. 188.
[195] Vgl. dazu den Bericht *Not lehrt beten* von Martin Reim. In: Süddeutsche Zeitung Nr. 123, 29./30./31. Mai 2004, S. 28.

Die christliche Überzeugung des Gründers ist auch beim Essener Handelsunternehmen Deichmann Grundlage der Unternehmenspolitik. Zur „Deichmann-Unternehmenskultur" gehöre, „dass die Mitarbeiter einen menschlichen Führungsstil erleben und sich im Unternehmen wohl fühlen."[196] Neben einem detaillierten Verhaltenskodex, dessen Einhaltung offensichtlich von unabhängiger Seite überprüft wird, dokumentiert das Unternehmen ein umfangreiches soziales und karitatives Engagement des Gründers, vor allem in Indien und Tansania, aber auch im Nahen Osten und in Deutschland.[197] Zum Zusammenhang des beachtlichen Engagements des Gründers mit der wirtschaftlichen Tätigkeit des Unternehmens ist zu erfahren:

> „Dieser persönliche Einsatz wirkt auch in das Unternehmen hinein. Das soziale Engagement ist eine Identifikationsmöglichkeit für die Mitarbeiter, „ein geistiger Besitz, der verbindend wirkt", wie Dr. Deichmann es einmal formuliert hat."[198]

Obwohl auch hier die gemeinschaftsbildende Intention erkennbar wird, wirken Deichmanns Engagement und die „christliche Überzeugung" als Grundlage der Unternehmenskultur durchaus unaufdringlich.[199]

Ganz anders liegt der Fall bei der Selbstdarstellung der Firma Putzmeister AG bzw. ihres Gründers, auf die ich ausführlicher eingehe, weil sie einen prototypischen Fall für die Konstruktion der Unternehmensrealität als „christliche Lebenspraxis" darstellt, der problematisch ist.

Der Firmengründer stellt im Internet seine Position zu grundsätzlichen Fragen umfassend dar.[200] Das Regelwerk für die Mitarbeiter des Unternehmens ist in so genannten „Druckschriften" niedergelegt, in denen der Verfasser die Gebote der Bibel in recht eigenwilliger Weise interpretiert. Fragwürdig ist diese, der privatreligiösen Unternehmerpersönlichkeit natürlich freistehende Interpretation insbesondere aus dem Grund, dass die eigene Bibelauslegung direkte Konsequenzen für das „Leben bei Putzmeister" haben soll.[201]

Der Unternehmer stellt seiner Interpretation der 10 Gebote eine kurze Kommentierung der „europäischen Aufklärung" voran, die ihm zufolge zu einer Spaltung zwischen „Moral und Religion" geführt habe. Der „aggressive Rationalismus" und der „geistvolle Skeptizismus" der Aufklärung sowie ein „beharrlicher Willen, alles zu durchdenken", seien dem religiösen *Glauben* „nicht bekommen".[202] Zu Positionen, welche die Möglichkeit einer Letztbegründung ethi-

---

[196] Vgl. Deichmann.
[197] Vgl. ebenda.
[198] Ebenda.
[199] Vgl. auch das ausführlichere Interview mit Heinz-Horst Deichmann in: DB mobil, Nr. 12/2002, S. 47 f. Deichmann erklärt hier: „Die ungezügelte Gier erscheint mir wie eine heimliche Todessehnsucht. An ihr könnte die freiheitliche Art zu wirtschaften zugrunde gehen." Ebenda, S. 47.
[200] Vgl. www.karl-schlecht.de.
[201] Der Ausdruck „Leben bei Putzmeister" ist eine Formulierung des Unternehmers.
[202] Vgl. Putzmeister AG.

scher und moralischer Handlungsmaximen ohne den Verweis auf eine „göttliche Offenbarung" annehmen, bemerkt Schlecht:

> „Diese Anschauungen wurden im Laufe unseres Jahrhunderts (des. 20. Jahrhunderts M.S.) wieder in Frage gestellt, vor allem durch das vergleichende Studium der verschiedenen Religionen und ihrer zentralen moralischen Gebote. Es zeigt sich nämlich, daß alle Religionen erstaunlich ähnliche Gebote für das menschliche Handeln aufgestellt haben."[203]

Gemeinsames Kennzeichen der großen Religionen sei es vor allem, zu einem „moralischen Lebenswandel" aufzufordern. Für den Unternehmer reflektieren die Gebote der großen Religionen eine natürliche Ordnung. Gleichwohl hat Schlecht eindeutige Präferenzen für die christliche Perspektive. Er rechnet in seinem offenbar weltweit operierenden Unternehmen mit Kritik an einer in diesem Sinne „christlichen Unternehmensführung" und hebt daher stark auf die angeblich beinahe vollständigen Überschneidungen mit anderen Religionen bezüglich religiöser Vorschriften ab, die das menschliche Handeln leiten sollen. Allerdings wird auch die christliche Perspektive nicht in einem dogmatischen Sinne durchgehalten, sondern mit einer esoterisch-magischen Erfolgslogik kombiniert. Unter der Überschrift *Die zehn Gebote der Bibel. Elementare Werteskala auch für Putzmeister* ist zu lesen:

> „Viele Menschen wundern sich, warum sie im Leben letztlich unglücklich oder erfolglos sind, keine Sinnerfüllung im Leben finden und auf der vergeblichen Suche danach durch das Leben irren oder seelisch und körperlich krank werden. Oft ist dies so, weil sie diese Grundwerte nicht achten, verhöhnen oder gar bewußt verletzen. Die gilt für den Einzelnen wie auch für Unternehmen. Unmoral ist uns zu teuer! Nicht ohne Grund sagte Gandhi: ‚Geschäft ohne Moral ist Sünde'."[204]

Wer also nicht erfolgreich ist oder erkrankt, hat dies selbst zu vertreten, da „oft" eine Verletzung der „Grundwerte" die Ursache ist. Aus der Sicht des Unternehmers gefährden Nichtbeachtung oder Unkenntnis der „uns als Pflichten überlieferten 10 Gebote" bei den Mitarbeitern den unternehmerischen Erfolg.[205] Dieser Gefahr muss durch entsprechende Qualifikation begegnet werden.[206]

Darüber hinaus helfe die Implementierung religiöser Gebote „Vertrauen im Betrieb, Nächstenliebe wie auch Liebe zur Sache" und schließlich ein „beglü-

---

[203] Ebenda.
[204] Putzmeister AG
[205] Vgl. Putzmeister AG.
[206] Dazu heißt es: „Ausgaben dafür können wir uns erfahrungsgemäß bei solchen Firmenangehörigen sparen, welche diese Gebote der Bibel von Jugend an verinnerlicht haben und in der Praxis leben. Aus ihrer Verbundenheit mit Höherem schöpfen sie eine Zuversicht und Gewissheit, die anderen abgeht. Weil es daran häufig fehlt und so aus Mangel an Hoffnung und Glaube eher Ängste entstehen, sollten wir uns diese Grundregeln bei Putzmeister immer wieder aufs Neue verdeutlichen und beachten lernen. Dann können wir gut und mit Freude zusammenarbeiten und erfahrungsgemäß im geschäftlichen Leben erfolgreich sein."

ckendes berufliches Leben zu finden."[207] Auch in dieser Konzeption, die sich um die Fundierung einer „Geschäftsethik" im Rückgriff auf biblische Grundsätze bemüht, werden die Mitarbeiter als moralisch defizitär gedacht. Der engagierte christliche Unternehmer, dies zeigt die ausführliche Kommentierung und Explikation seiner Vorstellung von Religion und ihrer Relevanz für *seinen* Erfolg, verfügt über ein Wissen, über das ein Teil der Beschäftigten nicht bzw. noch nicht verfügt.

Der Religionsbegriff wird unter funktionalen Aspekten bestimmt: Religion ist für Schlecht *der entscheidende Erfolgsfaktor*. Ergriffensein, Erfülltsein und Bewegtsein sind die Momente religiöser Erfahrung, die Schlecht hervorhebt. Der Glaube an *etwas* schütze gegen die „Versuchung [...], sich selbst und seine Arbeit zu verabsolutieren...".[208]

In dem das, „was wir zu unserem Gott zählen" von jedermann im Unternehmen geehrt und nicht „verunehrt" wird, sei es auch möglich, sich in Demut zu üben. Wir lesen: „So können wir auch in Demut (=Mut zum Dienen!) die bescheidenen Möglichkeiten unserer eigenen Wirkung im Leben begreifen."[209]

Wenn Bescheidenheit und Dienstbereitschaft zu den „Grundwerten" des Unternehmers gehören, liegt es nahe, diese Eigenschaften auch von den Beschäftigten zu erwarten. Der geforderte *Mut zum Dienen* soll allerdings nicht in erster Linie die Beziehung der Angestellten zu Gott kennzeichnen, sondern im Unternehmen eine spezifische Form konformen Verhaltens hervorrufen.

Besonders fragwürdig sind auch die Bemerkungen Schlechts über die Ehe und den „Ehebruch" (Ex. 20,14). Hier greift Schlecht weit in die Privatsphäre der Arbeitnehmer ein. Zunächst heißt es:

> „Ohne die uns Menschen von Gott geschenkte und besonders der Ehe zugrunde liegende Gabe der Liebe für einander kann keine gute Lebensgemeinschaft oder Ehe gelingen – ja, sie kann sonst zur Hölle werden und zerbrechen. Wer die Ehe bricht, der bricht auch das in ihn gelegte und seine Seele tragende Vertrauen. Er schadet sich damit selbst am meisten."[210]

Die Beziehung zwischen Ehe, Liebe und Arbeitstätigkeit wird schließlich wie folgt hergestellt:

> „Wenn wir gut zusammenleben wollen, dürfen wir weder uns selbst noch den Partner betrügen. Dieses Instrument der Liebe untereinander pflegen und entwickeln ist also eine wichtige Disziplin im Zusammenleben bei der Arbeit. Dies wird uns nicht geschenkt!"[211]

> „Liebe ist zugleich die edelste Art des Dienens und die höchste Tugend."[212]

---

[207] Vgl. Putzmeister AG.
[208] Vgl. ebenda.
[209] Ebenda.
[210] Putzmeister AG.
[211] Ebenda.
[212] Ebenda.

> „Der Sinngehalt dieses Gebotes soll uns ebenso auch anleiten für gute Beziehungen des einzelnen im und zum Unternehmen hinsichtlich Treue und Verlässlichkeit, besonders aber hinsichtlich Pflege und Erhaltung des Vertrauens zueinander. Vertrauen im Unternehmen ist wie Liebe in der Ehe [...] Als dem wichtigsten Kraftstoff im Unternehmen dürfen wir diese Werte nicht gefährden oder diese Bindungen brechen."[213]

Damit ist das Verbot formuliert. Der Unternehmer schlussfolgert, dass nur derjenige, der in seiner Ehe das „Instrument der Liebe" richtig einzusetzen weiß, dies auch in seiner Arbeitstätigkeit in adäquater Weise kann.[214]

Schlechts Ansicht über die Ehe hat es in sich: Ein Arbeitnehmer kann seine privaten Verhältnisse nur in seltenen Fällen vor dem Unternehmen verbergen. Hier ist nicht einmal ein Indiskretionismus erforderlich, relevante Daten kommen zwangsläufig in der Personalabteilung bzw. der Lohnbuchhaltung an. Erfahrungsgemäß werden „missglückte" Ehen zu einem Thema im Büro, was üblicherweise keine Konsequenzen für das Arbeitsverhältnis hat und der Rechtsnatur des Arbeitsverhältnisses nach auch nicht haben darf. Wenn allerdings durch das *Klima* des Unternehmens, wenn durch die Unternehmenskultur der so genannte *Ehebruch* verboten oder auch das Scheitern einer Ehe in dieser Weise begriffen wird, stellt sich die Frage nach Formen der Sanktionierung eines in dieser Weise disqualifizierten Verhaltens. Immerhin wird suggeriert, dass der im Privatleben entlarvte Ehebrecher auch in seiner Arbeitstätigkeit wenig vertrauenswürdig sei.

Der Erfahrung nach wirken solche, in unternehmensoffiziellen „Druckschriften" niedergelegte und nach eigener Facon interpretierte Vorschriften auch unabhängig von einer tatsächlichen Sanktionspraxis disziplinierend. Da hier der von Arbeitnehmern gefürchtete Betrugsvorwurf gegen ihre Person implizit (und sogar explizit) im Raum steht, ist u.a. zu erwarten, dass es im Falle des Falles auch ohne arbeitsrechtliche Konsequenzen zu psychischen Belastungsproblemen kommt.

Im Zusammenhang mit Exodus 20,15 sind die Beschäftigten durch den so genannten „PM-Vertrauenskodex" aufgefordert, sich zu fragen: *„Ist es wahr, bin ich ehrlich? Dient es dem Wohle aller?"* Schlecht erläutert:

> „Dies ist die Forderung, das, was anderen gehört, als deren Eigentum zu achten; sich nichts anzueignen oder trickreich zu erschleichen, was einem in guter Auslegung der Regeln unseres Zusammenlebens nicht ohne Verdienst und eigene Leistung zusteht oder gehören sollte."[215]

Nicht auf das Eigentum als Rechtsinstitut, sondern auf dessen religiöse Fundierung wird hier verwiesen. Die unrechtmäßige Aneignung, der Diebstahl als Ge-

---

[213] Ebenda.
[214] Vgl. ebenda. Schlecht weiß außerdem: „Nüchtern gedacht ist Liebe und das Gebot „Liebet einander" ein von Gott gegebenes „Mittel zum (guten) Zweck" – selbst das eigene Immunsystem reagiert nachweislich positiv darauf!"
[215] Ebenda.

fährdung der Eigentumsposition wird zurückgewiesen, aber zugleich in einer Weise interpretiert, die als skandalös zu bezeichnen ist:

> „Wer krank wird, weil er nicht angemessen auf seine Gesundheit achtet, entwendet seinem Unternehmen und der Gesellschaft den von ihm versprochenen Dienst. Er nimmt damit auch seinem Nächsten, der für ihn stellvertretend arbeiten muß, dessen Zeit für eigene Aufgaben und belastet ihn doppelt."[216]

Die zugrunde liegende Argumentationsfigur, dass Krankheit selbstverschuldet sei und dass selbstverschuldete Krankheit andere Beschäftigte mutwillig zusätzlich belaste, hält sich hartnäckig, obwohl jedermann weiß, dass die Zusammenhänge zwischen Gesundheitszustand und Lebensführung außerordentlich komplex sind, und dass auch eine sehr gesundheitsbewusste Lebensführung keine sichere Gewähr dafür bietet, nicht zu erkranken. Disziplinierungsabsicht (der Krankenstand muss gering sein) und Zynismus (der Arbeitnehmer hat seinen Gesundheitszustand in der eigenen Hand) ergänzen sich hier zu einem kritikwürdigen Kompositum. Der *Kranke als Dieb* ist eine Idee, die auch bei Arbeitnehmern vielfach anzutreffen ist. Die Konsequenzen für Bewusstsein und Verhalten der Betroffenen sind offensichtlich: Wenn diese Auffassung von Krankheit den Konsens in der Unternehmensgemeinschaft darstellt, werden die Bemühungen, der Arbeit ja nicht krankheitsbedingt fernbleiben zu müssen, in unangemessener Weise verstärkt werden. Abgesehen von psychischen und gesundheitlichen Belastungen des Einzelnen sind auch in ökonomischer Hinsicht kaum positive Effekte zu erwarten. Schließlich verbirgt sich hinter dem wohlwollenden Hinweis, sich um sich zu sorgen, darüber hinaus eine Leistungsmoral, welche ganz nebenbei die anerkannten Prinzipien der Feststellung von Arbeitsfähigkeit resp. Arbeitsunfähigkeit in Frage stellt.[217]

Die praktische Relevanz seiner Interpretation im Unternehmen fasst Schlecht schließlich folgendermaßen zusammen:

> „Unsere 10 Gebote sollen nicht eine „Diktatur der Werte" beinhalten, sondern Orientierungshilfe sein und Weisungscharakter haben auch dort, wo es zu Gott keine erkennbaren Beziehungen mehr gibt, weil viele glauben, aus sich selbst heraus ihr Leben bewältigen zu können. Wenn wir die auf materielle Werte gerichteten Gebote achten, wird uns deutlich, daß Gott eine eigene Ökonomie hat."[218]

Der hier formulierte Führungsansatz geht davon aus, dass der Mensch als Lohnempfänger Orientierung benötigt. Die Deutlichkeit der Ausführungen und ihre Niederlegung in einer arbeitsanweisungsähnlichen „Druckschrift" legen die Vermutung nahe, dass der Grad der Verbindlichkeit dieser Regeln im Unternehmen hoch ist. Zusammenfassend ist festzustellen, dass Schlecht mit seinen

---

[216] Ebenda.
[217] Von hier aus ist es dann nicht mehr weit zum Argument, dass wer nicht arbeitet auch nicht essen solle. Vgl. etwa zur historischen Bedeutung dieses Gedankens im Christentum: Hartmann 2001, S. 22 und Oexle 2000.
[218] Putzmeister AG.

weitreichenden Forderungen nicht eigentlich eine *christliche Unternehmensführung* zu erkennen gibt, sondern eher eine Mixtur umgedeuteter Auszüge und Bestandteile aus dem Schrifttum der großen historischen Religionen, einer Art praktischer Alltagsklugheit, sowie einer impliziten Leistungs- und Erfolgsethik, deren Geltung weder theoretisch abgesichert, noch legitimiert wird.

Es ist an dieser Stelle darauf hinzuweisen, dass die Frage, was unter *christlicher Unternehmensführung* zu verstehen ist und sein sollte, in verschiedenen Zusammenhängen rege diskutiert wird. Eine Suchanfrage in der Internet-Suchmaschine *Google* ergibt alleine bei der Schlagwortsuche nach dem Begriff „christliche Unternehmer" über 7000 Ergebnisse.[219] In zahlreichen Foren und auf den Verbandsseiten christlicher Unternehmervereinigungen, auf die ich hier nicht im Einzelnen eingehen kann, werden Fragen christlicher Unternehmensführung unter Globalisierungsbedingungen aus unterschiedlichen Perspektiven erörtert und zum Teil sehr differenzierte Betrachtungen vorgenommen.[220]

Neuerdings wird auch der Frage nachgegangen, wie erfolgreich „christlich" geführte Unternehmen im Vergleich zu anderen Unternehmen sind. Martin Reim berichtete in seinem Artikel *Not lehrt beten* in diesem Zusammenhang jüngst von einer amerikanischen Studie, der zufolge „christliche Unternehmer etwas geringeren ökonomischen Erfolg haben als ihre weltanschaulich neutralen Konkurrenten". Als Gründe für die „angebliche Unterlegenheit" werden, so Reim, „zu viele Skrupel" der „Gläubigen" gegenüber anderen Wettbewerbern und eine inkonsequente Entlassungspolitik in Krisenzeiten genannt.[221] Karl Schock vom Stiftungsrat einer „Akademie für christliche Führungskräfte" in Gummersbach rät den christlichen Unternehmern indes:

> „Haben Sie keine Skrupel, sich ähnlich zu verhalten wie ein atheistischer Geschäftsmann. Es kommt nicht auf die Handlungen selbst an, sondern auf den Geist, der dahinter steht."[222]

Eine abschließende Bewertung der „christlichen Unternehmensführung" kann und soll schon aufgrund der Unschärfe des Begriffs hier nicht vorgenommen werden. Das Prädikat *christlich* sagt ohne Ansehen des jeweiligen Einzelfalles noch nichts über die Arbeitspraxis und die Arbeitsbedingungen in im weitesten Sinne „christlichen Unternehmen" aus. Am Beispiel Putzmeister AG wird allerdings deutlich, dass christliche Überzeugungen der Führung, Wertorientierung im Unternehmen und Strategien vergemeinschaftender Personalpolitik durchaus zusammenfallen und aufgrund des beschriebenen Übergriffs in die Privatsphäre fragwürdig sein können.

---

[219] (Stand 07.01.2004). Bei der Suche nach dem Begriff in Anführungszeichen sind es immerhin noch 203 Ergebnisse.
[220] Vgl. etwa die Darstellungen des Bundes katholischer Unternehmer unter www.bku.de.
[221] Vgl. Reim 2004, S. 28.
[222] Ebenda, S. 28.

7.3.4 Das Unternehmen als Familie und das japanische Vergemeinschaftungsmodell

Die Idee des Unternehmens als Wertegemeinschaft und die Strategie der emotionalen Anbindung von Beschäftigten an die Firma und ihre Ziele kulminieren in der Strategie der „Familialisierung" des Unternehmens. Die Rede vom Unternehmen als *Familie* hat dabei nicht immer bloß metaphorischen Charakter. Ähnlich der referierten Konzepte, die den Organismuscharakter von Unternehmen behaupten und unterstreichen, rekurriert diese Sicht auf organische und „natürliche" Zusammengehörigkeit der Mitglieder der Unternehmensgemeinschaft. Der Familienbegriff suggeriert eine noch größere *Nähe* der Beteiligten untereinander als die Verweise auf eine gemeinsame „Gewinnermentalität", geteilte Überzeugungen oder die kooperative Ausrichtung des Arbeitshandelns. In einer Familie ist man „zu Hause" und unter *Verwandten* – Familien sind die elementare menschliche Sozialform. Die hier bestehenden Verbindungen sind im Normalfall durch existentielle Angewiesenheit, innige und intime Verbundenheit und Anteil nehmende Lebenspraxis gekennzeichnet. Das Schlagwort „Ein Unternehmen – eine Familie" wurde, wie Gertraude Krell berichtet, bereits Anfang des 20. Jahrhunderts geprägt.[223] Der gedachte Familiencharakter des Unternehmens kann auf die Gründerfamilien verweisen und das Wertesystem des Unternehmens als durch die Werte der Gründer geprägt erscheinen lassen („Wir bei Bosch, Haniel, Daimler" usw.).[224] Die subjektiv empfundene „persönliche Verbundenheit" mit der Gründerfamilie basiert häufig auf einem auf beiden Seiten gleich verstandenen Treueverhältnis und wird durch gemeinschaftsfördernde Maßnahmen des Unternehmens dokumentiert und stabilisiert, obschon diese traditionelle Identifikationsform in Deutschland sukzessive an Bedeutung zu verlieren scheint.[225]

Die Konstruktion einer unternehmensweiten „kollektiven Familienidentität" bedarf dieser Prägung durch die Gründer als Grundlage aber nicht zwangsläufig. Familienbewusstsein kann durch eine konsistente Unternehmenspolitik auch ohne diese Bezüge regelecht eingeübt, tradiert und perpetuiert werden. Als prototypische Fälle für starke Familialisierung des Unternehmens gelten nach wie vor viele japanische Unternehmen. Die besonders weitreichenden Vergemeinschaftungsformen in japanischen Unternehmen erfuhren in den Vereinigten Staaten und ab Ende der 70-er Jahre auch in der deutschen Managementdiskussion große Aufmerksamkeit und dienten dem Unternehmenskulturansatz als Vor- bzw. Leitbild. Gertraude Krell weist nach, dass die Historizität des japanischen Modells der Betriebgemeinschaft und die damit zusammenhängende Fa-

---

[223] Vgl. Krell 1994, S. 210.
[224] Vgl. Brinkmann 1996, S. 16.
[225] Die Bedeutung der eher traditionellen Bindungsformen durch Gründerengagement insbesondere in großen Industriebetrieben, also etwa die Bereitstellung von Werkswohnungen für Betriebsangehörige, Betriebssport, betriebliche Sozialeinrichtungen (Kindergärten, Kantinen) und größere Versorgungszusagen etc., ist in der modernen Dienstleitungsgesellschaft klar rückläufig.

milienidee keineswegs weit in die japanische Geschichte zurückreichen. Die „Beschwörung" der Andersartigkeit der japanischen Verhältnisse oder die etwa von Shimizu vertretene Auffassung, das einzigartige japanische Familiensystem habe sich sozusagen bruchlos zum „familialen Management" und die Dorfgemeinschaft zur Betriebsgemeinschaft entwickelt, ist vor dem Hintergrund der Forschungsergebnisse von Krell in dieser Weise nicht zu halten.[226] Noch um die Jahrhundertwende könne verschiedenen Quellenzeugnissen zufolge überhaupt nicht von einer familienähnlichen, engagierten Betriebs- bzw. Unternehmensgemeinschaft die Rede sein. Nicht der „legendäre Fleiß", sondern die „typische Faulheit" japanischer Fabrikarbeiter wurde in Zeugnissen wiederholt zum Ausdruck gebracht.[227] Von Totale Leistungsbereitschaft, systematisch praktizierte kontinuierliche Verbesserungsprozesse, „Soldaten der Firma", 24-Stunden Einsatz, „Rundumnutzung und Rundumbetreuung" der Arbeitskraft usw. konnten nicht beobachtet wrden. Der japanische Weg zur „Rundumnutzung der Arbeitskraft" (Deutschmann) lasse sich, so Krell weiter, allenfalls bis zum 1907 eingeführten „mutual relief programme for National Railways workers, which was based upon a german model" (Sumiya) und zur etwa gleichzeitigen Gründung gemeinsamer Berufsverbände von Arbeitnehmern und Arbeitgebern zurückverfolgen.[228] Die für Japan typischen kooperativen Betriebsgewerkschaften als „wichtige Säule der japanischen Arbeitsbeziehungen" sind aber nicht losgelöst von Koalitionsverboten bis 1926 und den Niederlagen konfliktorientierter Gewerkschaften bzw. ihrer staatlichen Verfolgung, sondern als Resultat dieser Politik zu begreifen. Die Propagierung der „Betriebsfamilie" wurde dann später vor allem durch die der DAF vergleichbaren Einheitsorganisation *Sanpo* vorgenommen.[229] Hinsichtlich der Rezeption der normativen Personallehre Nicklischs in Japan und auch angesichts des „Importes" deutscher Konzepte wie der „betrieblichen Partnerschaft" kommt Krell zu dem überraschenden Fazit:

> „Insbesondere vor, aber auch noch nach dem zweiten Weltkrieg finden sich in der japanischen Betriebswirtschaftslehre Vorstellungen vom Betrieb als Gemeinschaft von Kapital und Arbeit, die z.T. stark durch die deutsche normative Betriebs- bzw. Personalwirtschaftslehre geprägt sind."[230]

Diejenigen Elemente der japanischen Betriebsgemeinschaft, die weltweite Aufmerksamkeit erfuhren, also die auf Konformität, Gruppenidentität, Vertrauen und beiderseitiger Treue aufgebauten vorrangig „moralisch" und „informell" und nicht „rechtlich" verfassten Arbeitsbeziehungen, sind also relativ neue Phänomene. In Japan erfordert ein „idealtypisches Stammbeschäftigtenleben" (Krell)

---

[226] Damit wird allerdings auch von Krell nicht bestritten, dass das „Primärziel der Sozialisation in Japan *nicht* die individuelle Entfaltung, sondern eine Wir- bzw. Gruppenidentität" ist, was zur Erklärung des im Vergleich doch enormen Vergemeinschaftungsgrades in japanischen Unternehmen beitragen kann. Vgl. Krell 1994, S. 217, Hervorhebung M.S.
[227] Vgl. ebenda, S. 208.
[228] Vgl. ebenda, S. 209 f.
[229] Vgl. ebenda, S. 211.
[230] Ebenda, S. 216.

den „Einsatz der ganzen Person bzw. des ganzen Lebens für die Firma, die das Leben ihrer Beschäftigten fast vollständig unter Kontrolle hat."[231] Kenichi Ohmae, ein Kenner der „japanischen Strategien", formuliert euphemisierend:

> „Weil er (der japanische Angestellte M.S.) sich für sein ganzes Leben mit dem Unternehmen verbunden fühlt und glaubt, daß sein und dessen Glück miteinander steigen oder fallen werden, besitzt er, auf eine bestimmte Weise, eine Topmanagementperspektive."[232]

Der vollständige Zugriff japanischer Firmen auf den Menschen und der damit verbundene Problemgehalt ist jedoch zwischenzeitlich in Japan selbst Gegenstand kritischer Diskussion. Aus Krells ausführlicher Schilderung der japanischen Situation wird deutlich, dass hier komplizierte Exklusions- und Inklusionsmechanismen wirken[233], und dass insofern die relativen Vorteile an Sicherheit, materiellem Auskommen, Stabilität der Arbeitsbeziehungen in Japan nur den sorgfältig ausgewählten Mitgliedern der Stammbelegschaften zugute kommen. Während die aus der Gemeinschaft der Stammbelegschaften ausgeschlossenen Arbeitnehmer prekäre Arbeitsbedingungen haben und gleichwohl unter umfassender Kontrolle stehen[234], gelten im Inneren der „Schicksalsgemeinschaft" (Hirschmeier) üblicherweise die rigiden informellen Verhaltenskodizes, von denen die Vertreter des Unternehmenskulturansatzes fasziniert sind. Die japanische „Betriebsfamilie" war und ist darüber hinaus vornehmlich ein *Männerbund*.[235] Typisch für die japanischen Arbeitsbeziehungen ist im Gegensatz zu Deutschland, dass mit den „rigiden Normen und dem Bewußtsein sozialer Interdependenz im Inneren der Betriebsgemeinschaft" quasi normfreie Außenbe-

---

[231] Vgl. ebenda, S. 224 f.
[232] Ohmae 1986, S. 173.
[233] Zu den Einzelheiten dieser Mechanismen und zum Umgang mit „Stiefkindern" und „Waisen" der Betriebsfamilie vgl. Krell 1994, S. 234 ff.
[234] Dies geht bis hin zu arbeitnehmerseitigen Kündigungsverboten, strenger Beaufsichtigung in „Arbeiterinnenwohnheimen", Abzügen vom Lohn im Sinne einen Zwangssparens – sogenannte „Einsperrgelder" – und anderen Zwangsmechanismen. Vgl. die Einzelheiten ebenda, S. 241.
[235] Vgl. Krell 1994, S. 225f. Der von Griepenkerl zur Illustration erfundene „Herr Sato" dokumentiert die Verschränkung von Leben und Arbeitsleben besonders deutlich: „Er tritt nach dem Schulabschluß als Mitglied der Stammbelegschaft in ein Unternehmen ein. Als Junggeselle wohnt er im Wohnheim der Firma. Er isst morgens, mittags und abends in der Kantine des Wohnheimes oder des Betriebes. Die Wochenenden verbringt er auf firmeneigenen Sportplätzen mit seinen Kollegen. Gelegentlich nimmt er auch an Fortbildungskursen in den dafür zuständigen betrieblichen Einrichtungen teil. Seinen Urlaub verbringt er im firmeneigenen Erholungsheim, wobei er den Urlaubsanspruch nie voll ausschöpft [...] Eine geeignete Lebenspartnerin sucht er innerhalb des Betriebes. Sein Vorgesetzter fungiert als Ehevermittler [...] Nach einigen Jahren kauft Herr Sato eine Eigentumswohnung mit Hilfe eines Firmendarlehns. Bei der Geburt der Kinder bekommt er finanzielle Zuwendungen seines Betriebes [...] Nach Feierabend geht Herr Sato nicht sogleich nach Hause, sondern isst und trinkt gelegentlich mit Vorgesetzten und Kollegen in Restaurants und Bars. Bei dieser Gelegenheit werden viele informelle Daten ausgetauscht. Alle wachsen zu einer Gemeinschaft zusammen, indem sie Erlebnisse, Erfahrungen und Sorgen miteinander teilen [...] So stellt sich der Betrieb als Schicksalsgemeinschaft dar...", Griepenkerl 1987, S. 87 f., hier zitiert nach Krell 1994, S. 225 f.

ziehungen einhergehen. Noch 1987 berichtet Deutschmann vom Scheitern aller Bemühungen, „überbetriebliche Normen für Arbeitszeit und Arbeitsbedingungen zu etablieren".[236] In Deutschland erfolgt die Verwendung des Familienmotivs daher gegenwärtig unter völlig anderen Ausgangsbedingungen, weil Arbeitsverhältnisse und Arbeitsbeziehungen umfassend rechtlich geregelt sind. Auch ist hier, anders als in Japan, aus verschiedenen Gründen die Familienidee *nicht* zwangsläufig mit kohärenter und konsistenter Unternehmenspolitik in diese Richtung verbunden. Das Arbeitsverhältnis als Rechtsverhältnis setzt dabei allzu weit reichenden Familialisierungsphantasien eine äußere Schranke. Die kollektive Regelung von Arbeitsbedingungen durch Gesetz und Tarifvertrag macht das Arbeitsverhältnis zu einer teilweise *öffentlichen* Angelegenheit und verringert insofern die Freiheitsgrade unternehmensindividueller familialer „Identitätspolitik". Dies darf freilich nicht darüber hinwegtäuschen, dass einige immer noch vom japanischen Vorbild beeindruckte Vertreter des Unternehmenskulturansatzes weder von der Vergemeinschaftungsidee, noch von der Idee des Unternehmens als Organismus, noch vom Familienmotiv abgerückt sind. Auch einige der hier untersuchten Unternehmen, allerdings eine Minderheit, betonen in ihren Selbstdarstellungen, man verstehe sich als Familie. So heißt es etwa bei der Provinzial über das Miteinander „im Herzen unseres Hauses" idealisierend:

> „Fast so, wie es früher in der historischen Großfamilie ein Miteinander von Familien- und Arbeitsleben in einem Raum gab."[237]

Die „historische Großfamilie" wird hier als ursprünglicher, natürlicher Arbeitsraum verklärt. Dazu passt, dass eine Arbeitstätigkeit in „familiärer Atmosphäre" von vielen Beschäftigten in Deutschland geschätzt wird.[238] Bei der Firma *hinke (hsb)* wird berichtet:

> „Der Mensch steht im Mittelpunkt aller unternehmerischer Überlegungen. Die hsb-Mitarbeiter verstehen sich als große Familie. Partnerorientiertes Miteinander ist kein leeres Schlagwort, sondern täglich Erlebtes."[239]

Die IHK Bodensee zitiert eine Mitarbeiterin des eigenen Angaben zufolge „familienorientierten" Unternehmens *Vaude* mit den Worten: „Wir duzen uns alle und sind wie eine große Familie".[240] Diese wenigen Beispiele mögen hier genügen. Die Firma wird in einigen Unternehmensdarstellungen als Familie bezeichnet, Anzeichen für eine systematische Familialisierungspolitik gibt es jedoch kaum. Bedenkliche Einzelfälle werden aber berichtet. Hier sind etwa die von

---

[236] Vgl. Krell 1994, S. 239 im Rekurs auf Deutschmann 1987, S. 213.
[237] Provinzial.
[238] Vgl. Jänicke/Kleine 2002, S. 31 f.
[239] Hinke (hsb). Von einer Familie spricht auch die Firma Vorwerk. Bei der Firma Eller ist es das „gesellige Beisammensein", welches zu „Harmonie und Zufriedenheit jedes einzelnen Mitarbeiters" beitragen soll, und welches deswegen gefördert werde. Auch die Firma Rabenhorst versteht „unser Unternehmen als eine große Familie". Vgl. Rabenhorst.
[240] Vgl. www.weingarten.ihk.de/IHK_Bodensee/artikel/Presse/detail1000718.jsp?msf=, Stand 13.04.2004.

Kühnlein dargestellten Fallstudien zu nennen. Die Autorin veröffentlicht allerdings keine Unternehmensnamen. Für den „Beispielbetrieb A" ist von einer „Leadership Initiative" die Rede, im Zuge derer die Beschäftigten zu Gemeinschaftsdiensten in sozialen Einrichtungen verpflichtet wurden. In einer Anleitung für Führungskräfte zur Vorbesprechung des „Community Service" heißt es bezeichnenderweise:

> „Ihr Ziel bei der Einführung des Community Service ist es, den Teams bezüglich des Konzeptes einen Überblick darüber zu geben, warum sich A im Community Service engagiert. Ihr Ziel darf es nicht sein, ihnen ein Wohlgefühl bezüglich der Erfahrung zu vermitteln, die sie machen werden. *Sie wollen, dass die Teilnehmer ein unsicheres Gefühl haben.*"[241]

Kühnlein spricht hier von einem regelrechten *Erziehungsprogramm*.[242] Bei einem weiteren Beispielbetrieb wird von einem so genannten „Humanisierungsplan" berichtet, an dessen Absolvierung durch Arbeitnehmer die Vollaufnahme in die „große Familie" geknüpft ist. Materielle Leistungen werden direkt an mentale Gefolgschaft geknüpft, wie Kühnlein illustriert.[243] „Familiäre" Nähe, hier im negativen Sinn, entsteht insbesondere dann, wenn fehlerfreie Arbeitsverrichtungen bei einzelnen Arbeitnehmern dadurch erreicht werden sollen, dass die Gruppe dafür belohnt oder bei Nichterreichung sanktioniert wird. Man kennt dieses Prinzip aus Japan. Auch in Deutschland kommt es zur Anwendung. Es gilt als Ausdruck wachsender Freiheitsspielräume und Selbstverantwortung von Arbeitnehmern. Kühnlein resümiert:

> „Diese Veränderungen – die Stärkung von Eigenverantwortung und Selbstkontrolle und die Aufforderung, sich auf „freiwilliger Basis" beruflich stärker zu engagieren, die sich in Deutschland noch in der Erprobungsphase befinden – werden flankiert durch einen neuen, geradezu aggressiven Umgangston. Da ist von „äußeren Feinden" die Rede die als „Gegner" vom Markt verschwinden und vernichtet werden müssen. Da ist aber auch von „Feinden im Inneren", von „Parasiten", die Rede, die – als Leistungsschwächere – dem Unternehmen und damit den Kollegen schaden und ausgemerzt werden müssen."[244]

Hier erweist sich, dass die bloße Verwendung des Begriffes Familie nicht entscheidend ist, es kommt vielmehr auf seine Implikationen an. Wenn *Familie* und *Gemeinschaft* der *Sieger* meint, dass nicht nur alle gemeinsam ein großes Werk verbringen, sondern sich dabei auch in einem von externer Seite nicht kontrollierten „kontinuierlichen Verbesserungsprozess" befinden, der schließlich auf eine gewünschte aktive und „leidenschaftliche" Beteiligung am Prozess der Rationalisierung hinausläuft, sind zumindest potentiell immer elementare Grundrechte und die Menschenwürde in Gefahr. Die japanische Betriebsfamilie und das im so bezeichneten *Toyotismus* verkörperte japanische Produktionsmanage-

---

[241] Kühnlein 1999, S. 47.
[242] Vgl. ebenda, S. 43 ff.
[243] Vgl. dazu des näheren ebenda, S. 53 f. Hervorhebung v. Kühnlein.
[244] Ebenda, S. 52.

ment sollte hier keinesfalls Vorbild sein. Krell zitiert Shimizu mit Worten über Toyota, die keines weiteren Kommentars bedürfen: Die Achtung der Menschenwürde, wie Toyota sie verstehe, bedeute „wertlose, parasitäre Menschen, die besser nicht da wären, aus der Belegschaft auszumerzen, und in allen Menschen mit dem Bewusstsein, dass sie durch ihre eigene Kraft die Arbeitsstätte besser machen können, das Zugehörigkeitsgefühl zu wecken."[245]

Dass diese Sichtweise nicht (mehr) Stand der gegenwärtigen japanischen Führungsdebatte ist, kann nur begrüßt werden. Gertraude Krell resümiert allerdings:

> „Während in Japan mehr oder weniger grundlegende Veränderungen stattfinden und anstehen, wird die japanische Variante vergemeinschaftender Personalpolitik im Westen als vorbildliches Modell präsentiert und propagiert: für Erfolg durch Unternehmenskultur."[246]

Dieses Fazit ist nun etwa zehn Jahre alt. Die Euphorie der „Machbarkeit" von Unternehmenskultur mag rückläufig sein. Skeptisch kritische Aufmerksamkeit dürfe indes weiterhin angezeigt sein, wann immer Unternehmen als *Familie* konzipiert werden.

7.4 Im Mittelpunkt aller Anstrengungen...: Die Verabsolutierung des Kunden

Die Betonung der *Kundenorientierung* des unternehmerischen Handelns ist ein Gemeinplatz in den von mir untersuchten Unternehmensdarstellungen. Ein „klares Bewusstsein, wer der Kunde ist und was er braucht" soll erreicht werden.[247] Die triviale Einsicht, dass zufriedene Kunden die Voraussetzung für gegenwärtigen und zukünftigen Geschäftserfolg darstellen, wird durch den Einsatz verstärkender Adjektive regelmäßig untermauert. Die Unternehmen berichten von umfassender, besonderer, absoluter oder gar totaler Kundenorientierung – häufig um die Unverwechselbarkeit des eigenen Hauses zu unterstreichen, obschon gerade in dieser Hinsicht keinerlei gravierende Unterschiede festzustellen sind. Andererseits liegen die Ursachen dafür auf der Hand: Gerade dann, wenn die Unternehmen in wesentlichen Wirtschaftsbereichen mit stark standardisierten und weitgehend vergleichbaren Produkten miteinander konkurrieren und die klassischen Komparativa Preis, Ausstattung und Qualität so ähnlich sind, dass sie nur noch eingeschränkt als Kaufargument im Vergleich zu den Produkten anderer Anbieter fungieren, kommt den Serviceaspekten und den persönlichen Beziehungen zwischen Anbietern und Nachfragern eine entscheidende Bedeutung zu. Eine ideologische Wendung erhielt die Diskussion um den Kunden

---

[245] Vgl. Shimizu 1979, S. 329 f., hier zitiert nach Krell 1994, S. 221 f.
[246] Vgl. Krell 1994, S. 247.
[247] Vgl. Kopelent 2001. Zum Zusammenhang von Unternehmenskultur und Kundenorientierung als einer „inneren Einstellung" und zur angeblichen Notwendigkeit, dass die „Philosophie des Kundenbindungsmanagements [...] von den Mitarbeitern getragen und gelebt werden" müsse, siehe auch Pattloch 2001, S. 26.

durch die vielfach kritisierte angebliche Serviceunfähigkeit in Deutschland (Stichwort *Servicewüste*), also durch die Stilisierung des identifizierten Problems zur Mentalitätsfrage. Die Unternehmerin Britta Steilmann etwa stellt, bezogen auf größere Handelsketten und eventuelle Investitionen der vermeintlich stärker serviceorientierten europäischen Konkurrenz kategorisch fest:

> „Allerdings wäre das große Problem eines solchen Wettbewerbs, daß die Ausländer ja ebenfalls mit deutschem Personal arbeiten müßten. Und Service ist etwas, das man hierzulande einfach nicht gelernt oder vielleicht verlernt hat. Zu dienen, jemandem gefallen wollen, weil ich etwas verkaufen will, das ist so was von abgesagt...".[248]

Mit mehr Service und Leidenschaft müssen die Kunden gepflegt, zufrieden gestellt und sogar „geliebt" werden, so die zwischenzeitlich unumstrittene Auffassung. Im Zusammenhang mit dieser Erkenntnis werden die Unternehmen trotz der beobachtbaren Tendenzen zur Produktstandardisierung etwa im Telekommunikations- oder Finanzdienstleistungsbereich nicht müde zu betonen, dass die von ihnen präsentierten „Lösungen" *individuell* und *maßgeschneidert* seien.[249] Nachfolgend wende ich mich einigen typischen Formulierungen zu, die den allgemeinen Tenor, der hinsichtlich der Kundenorientierung unternehmerischen Handelns zum Ausdruck kommt, wiedergeben. Die Deutsche Bank etwa teilt mit:

> „Der Kunde steht im Mittelpunkt aller unserer Aktivitäten, wir orientieren uns kompromisslos an seinen Zielen und Wünschen."

> „Unser Handeln ist von Leistung und Konsequenz geprägt. Dabei stehen unsere Kunden immer an oberster Stelle."[250]

Diese Formulierungen sind prototypisch für die Mehrzahl der untersuchten Unternehmen. Interessant ist auch folgende Konstruktion:

> „Zusammen sichern wir unsere gemeinsamen Kunden vor dem Angriff konkurrierender Wettbewerber."[251]

Es schwingen wieder die typischen Anspielungen auf den bedrohlichen Charakter marktwirtschaftlichen Wettbewerbs mit. Hier ist es jedoch der Kunde, der vor einem *Angriff* geschützt werden muss. Dies ist erste und wichtigste Aufgabe der Unternehmensgemeinschaft. Dass der Wettbewerb stetig an Härte zunimmt, hat Konsequenzen für die vorhandenen Kunden, denn:

> „Neue Kunden zu gewinnen wird immer teurer und schwieriger. Deswegen ist es so wichtig, den Kundenstamm zu halten."[252]

---

[248] Horx/Steilmann 1995, S. 53.
[249] Nebenbei bemerkt ist der viel bemühte Kunde, wenn von ihm und seiner Wichtigkeit die Rede ist, in den Unternehmensdarstellungen üblicherweise männlichen Geschlechts, was auf eine gewisse Resistenz gegenüber neueren Ansprüchen der political correctness schließen lässt.
[250] Deutsche Bank.
[251] Provinzial.
[252] Ebenda.

Die in der Managementtheorie allenthalben geforderte Konzentration auf die eigenen Stärken kann bei diesem Unterfangen erwartungsgemäß nützlich sein. WalMart berichtet:

> „Diese Stärken sind das Ergebnis unserer kompromisslosen Kundenorientierung, einer modernen Organisation und erstklassigen Mitarbeiterschulung."[253]

Auch die Barmenia richtet eigenen Angaben zufolge „alle Aktivitäten" auf die Kunden und ihre Bedürfnisse aus und stellt klar:

> „Wir sind uns bewußt, daß der Kunde unser Arbeitgeber ist."[254]

Diese gängige Behauptung stellt eine klassische Argumentationsfigur dar. En passant wird die Unterscheidung zwischen dem Arbeitgeber und einem *wirklichen Arbeitgeber* eingeführt. Das Bewusstsein, der Kunde sei der „eigentliche" Arbeitgeber, befördert die Einsicht in die Notwendigkeit, tatsächlich alles Vorstellbare für ihn zu unternehmen, obschon dieses Bemühungen in den wenigsten Organisationen mit entsprechenden Kompetenzspielräumen bzw. weitreichenden Gestaltungsmöglichkeiten tatsächlich wirksam betrieben werden können. Brinkmann argumentiert, die Frage der Kundenzufriedenheit sei eng mit der Frage nach dem Sinn der Arbeit verbunden. Arbeitnehmer erführen gerade durch das Gefühl, „den Menschen, die ihnen Arbeit geben", also hier den Kunden, zu *helfen* „ ein hohes Maß an Sinnerfüllung und [...] damit auch viel Sinn bei der täglichen Arbeit selbst."[255] Unternehmensphilosophie und „der Wunsch des Mitarbeiters nach einem sinnvollen Wirken" würden sich in der gemeinsamen Kundenorientierung ergänzen und treffen.[256]

Auch der Vorstand, die Geschäftsleitung bzw. das Top-Management erhält nun einen externen Arbeitgeber. Das schafft Nähe und Vertrauen im Innern der Organisation. In dem Maße, in dem die Geschäftsleitungen nur noch Agenten dieses neuen Arbeitgebers sind, geben sie einen Großteil ihrer Gestaltungsmöglichkeiten aus der Hand. Alle im Unternehmen sitzen nun in einem Boot, alle sind nur Mitarbeiter, da der Arbeitgeber ja jetzt der kritische, skeptische oder „gefährliche" Kunde ist. Dem neuen Arbeitgeber muss daher entsprechendes Verhalten entgegengebracht werden:

> „Wir sind aufrichtig in der Information und Beratung und selbstkritisch bei Fehlern."[257]

> „Der Kunde steht als Partner im Mittelpunkt. Wir hören ihm zu, wir verstehen ihn und helfen ihm – besser als andere."[258]

---

[253] WalMart.
[254] Barmenia. Ähnlich formuliert die Firma Pit-Stop: „Das wichtigste für uns bei Pit-Stop ist der Kunde, er ist unser Arbeitgeber und steht im Mittelpunkt all unserer Bemühungen." Vgl. Pit-Stop. Bei der Kumavision AG sichert der Kunde „unsere Zukunft". Vgl. Kumavision AG.
[255] Vgl. Brinkmann 1996, S. 189 f.
[256] Vgl. ebenda, S. 190.
[257] Barmenia.

> „Für die Zufriedenheit unserer Kunden fühlen sich unsere Verkäuferinnen und Verkäufer besonders verantwortlich."[259]

Stets schwingt die von Parion explizit formulierte Botschaft:

> „Kundenzufriedenheit schafft die Basis für unsere Arbeitsplätze."[260]

mit. Die Kundenorientierung der Unternehmensgemeinschaft wird durch Hinweise an die Mitarbeiter unterstrichen, denen deren Notwendigkeit entweder bereits deutlich geworden ist (Für unsere Kunden tun wir alles, damit sie gerne zu uns kommen[261]) oder aber verständlich erklärt werden muss:

> „Es ist unserer Aufgabe, das Problem des Kunden zu lösen. Wenn wir es nicht tun, macht es der Wettbewerb. Denn der Kunde hat die Wahl zwischen vielen anderen Anbietern. Unser Unternehmen und alle Mitarbeiter leben davon, die Probleme des Kunden besser zu lösen, als der Wettbewerb."[262]

Es handelt sich insofern um eine Frage von existentieller Reichweite – *alles Leben ist kundenorientiertes Problemlösen*. Mit dieser Auffassung geht mit unüberhörbarem Nachdruck ein Anspruch des Unternehmens an die Mitarbeiter einher:

> „Durch unser Verhalten und unsere Leistung geben wir dem Kunden das Gefühl, ein besonderer Kunde zu sein. Für den Kunden sind wir immer da! Er kann uns nie stören oder bei der Arbeit unterbrechen. Es ist sein gutes Recht, Wünsche und Fragen zu haben. Und es ist sein gutes Recht, uns täglich wieder aufs Neue zu fordern."[263]

In eine ähnliche Richtung geht auch die schulmeisterlich anmutende Aufforderung, freundlich zu den Kunden sein:

> „Freundlichkeit ist für uns selbstverständlich."[264]

Man könnte fragen, ob es tatsächlich notwendig ist, auf Selbstverständlichkeiten dieser Art hinzuweisen, und würde womöglich mit dem Argument konfrontiert, dass angesichts offenkundiger Mängel in der Dienstleitungsqualität verschiedener Anbieter ein solcher Grundsatz allemal verständlich ist. Jeder, der schon einmal nach der erfolgreichen Meisterung längerer Warteschlangen schließlich unfreundlichen „Service-Mitarbeitern" begegnet ist, wird einer so trivialen Forderung ohnehin zustimmen. Gleichwohl enthalten Aussagen dieser Art ein Drohpotential. Sich die „Dienstleistungsmentalität" nicht im erforderlichen

---

[258] BHW.
[259] Karstadt.
[260] Parion.
[261] Z. B. Real.
[262] Pit-Stop.
[263] Ebenda.
[264] Commerzbank.

Umfang anzueignen, wird zunehmend weniger toleriert.[265] „Das Wort besteht aus zwei Anteilen", wie Danckwerts bemerkt, „dienen und leisten"[266] Die Aufforderung zu unbedingter Freundlichkeit (zu jeder Zeit, bedingungs- und ausnahmslos, gegenüber jedermann) gerät so schnell zu einer disziplinierenden Geste.[267] Doch es wird noch mehr verlangt:

> „Freundlichkeit kostet nichts. Der Kunde soll spüren, daß wir unsere Arbeit gerne tun."[268]

Die Aussichtslosigkeit der Forderung, alle müssten ihre Arbeit „gerne tun" und deren offensichtliche Realitätsferne hält Unternehmen nicht davon ab, auf dieser zu beharren. Man kann diesen Ausspruch als zum Katalog der üblichen Leerformeln zuordnen und ihr jegliche Bedeutung absprechen. Allerdings manifestiert sich an dieser Stelle genau das grundsätzliche Problem neurer Führungsansätze: Der prekäre und widersprüchliche Motivationszustand der Mitarbeiter. Dieser muss unbedingt kontrolliert und in den Griff bekommen werden, gerade wenn es sich um Tätigkeiten mit Kundenkontakt handelt. Vor allem müssen die Mitarbeiter gerne Leistung erbringen und unbedingt einsehen, dass der Kunde König ist:

> „Dienen kommt vor dem Verdienen."[269]

Dies gelingt offenbar nur dann, wenn der Vorrang der Kundenbedürfnisse vor allem anderen bedingungslos eingesehen und adaptiert wird. Letztlich müssen Mitarbeiter zur Arbeitsfreude nötigenfalls gezwungen werden. Gefordert ist ein „unbedingter Service-Willen", der „in der gesamten Organisation verbreitet" werden muss.[270]

Die Qualifizierung des Kunden als *Arbeitgeber*, als *Maßstab des Handelns*, als *Mittelpunkt aller* Anstrengungen etc., der nicht nur zufrieden gestellt, sondern sogar *begeistert*[271] und inspiriert[272] werden muss, ließe sich nun weiter fortsetzen,

---

[265] Wer Erfahrungen in Dienstleistungsberufen gesammelt hat, der weiß, dass der Streit mit Kunden über angebliche Freundlichkeit oder Unfreundlichkeit von Mitarbeitern, wie auch Beschwerden von Kunden an höherer Stelle zum Arbeitsalltag gehören. Üblicherweise werden über die beanstandeten Vorgänge mehrere Versionen erzählt: Die des Kunden, die der Kollegen und die des Betroffenen. Die allgemeine Dienstleitungseuphorie sollte nicht die einfache Einsicht in Frage stellen, dass auch die Belastbarkeit von menschlichen Nervensystemen, deren Aufgabe es ist, Dienstleitungen zu erbringen, an Grenzen stößt.
[266] Vgl. Danckwerts 1997.
[267] Gutgemeinte Ratschläge dieser Art können offenbar nur auf der irrigen Annahme beruhen, jemand begegne einem Kunden unfreundlich, weil er nicht weiß, dass man freundlich sein soll. In den allermeisten Fällen dürften die Ursachen an ganz anderer Stelle zu suchen sein.
[268] Württembergische.
[269] Dieser Satz ist ein Klassiker der Experten für „Servicementalität". Das Landhotel Schindlerhof etwa bezeichnet diese Aussage als „Spielregel". So wird man indirekt daran erinnert, dass auch Dienstleistungsarbeit nichts anderes ist als „Lohnarbeit im Kapitalismus" – mit allen Konsequenzen.
[270] Vgl. Signal-Iduna.
[271] Landhotel Schindlerhof.

um die ideenreichen Variationen der verhältnismäßig einfachen Aussage zu dokumentieren. Ich verzichte an dieser Stelle darauf und belasse es bei einigen Anmerkungen zu den Implikationen totaler Kundenorientierung:

Mit der permanenten Fokussierung auf *den Kunden* wird eine unternehmensexterne Superperson konstruiert, welche die unbedingte, jederzeitige und absolute Aufmerksamkeit der Dienstleistenden zu Recht fordert und erhält. Der ökonomische Erfolg wird über den Umweg der Deklaration der Kundenzufriedenheit als zentraler Erfolgsfaktor scheinbar in die Hände der Mitarbeiter gelegt. Gleichwohl verbleiben aber die von Mitarbeitern im Zweifel nicht steuerbaren und dennoch erfolgsrelevanten Fragen von Organisation des Geschäftsbetriebes, Personalbesetzung, Preis- und Produktgestaltung, Werbemaßnahmen etc. in der Verantwortung der Geschäftsleitung. Insofern wird suggeriert, die Zufriedenstellung oder Begeisterung des Kunden sei vor allen Dingen eine Sache des Engagements, des Leistungswillens und der besonderen „Dienstleitungsmentalität" der Mitarbeiter, obwohl dies de facto nicht zutrifft.

Die Beteuerung totaler Kundenorientierung erfüllt weiter den Zweck, auch den Kunden ein Versprechen zu geben, nämlich auf einen komparativ größeren Nutzen bei der Produktwahl. Wie jedermann weiß, muss dieser vermeintlich erhöhte Kundennutzen jedoch mit den Ertragszielen des Unternehmens in Übereinstimmung zu bringen sein. Natürlich stehen – daran ist, solange es nicht bestritten wird, nichts auszusetzen – die Ertragsziele der Unternehmung *im Mittelpunkt aller Anstrengungen*. Durch die Konzentration auf den fiktionalen „Super-Kunden", dessen Erwartungen stetig steigen, der preis- und wettbewerbsbewusster und kritischer geworden sein und aufgrund neuer technischer Möglichkeiten (z.B. Internet) über eine tendenziell größere Marktübersicht verfügen soll (obwohl mitunter genau das Gegenteil zutreffen dürfte) wird vom eigentlichen Ziel eines Wirtschaftsunternehmens abgesehen. Dieser Befund ist zunächst kaum überraschend. Im Zusammenhang mit unseren Überlegungen ist jedoch anzumerken, dass die „Ideologie der Kundenorientierung" ein zentraler Baustein für die Konstruktion einer Unternehmensgemeinschaft ist. Alle müssen diesen zentralen Maßstab verinnerlichen, es handelt sich um eine gesollte grundlegende Übereinkunft sämtlicher Unternehmensangehöriger, die nicht hintergehbar ist. An der unbedingten Gültigkeit dieses Grundsatzes darf es im Unternehmen keinen Zweifel geben. Genauso wenig darf sich die Vorstellung durchsetzen, der Kundenorientierungsprozess könne an einem bestimmten Punkt der Unternehmensexistenz zu einem Abschluss gelangen. Vielmehr muss ein permanenter Prozess der Optimierung der Kundenzufriedenheit in Gang gesetzt werden. Konformes Mitarbeiterverhalten kann zugleich Voraussetzung und Ergebnis dieses Prozesses sein. Es entsteht eine Art „Dauerspannung". Dies kann motivierend aber auch sehr belastend sein.

---

[272] Vgl. H&M.

7.5 Potentialität und Aktualität: Die unbedingte Notwendigkeit zur Realisierung aller Möglichkeiten in der Unternehmung

Bei der Untersuchung ausgewählter Beiträge der „Managementphilosophie" ist die Vorstellung eines im Unternehmen vorhandenen Potentials, das noch nicht aktualisiert ist, aber prinzipiell durch eine dafür geeignete Unternehmensführungspraxis aktualisiert werden könnte, bereits als eine der typischen Argumentationsfiguren erfasst worden. Den Entwürfen liegt jeweils die Idee einer tiefer liegenden Möglichkeit zu *Größerem* und *Höherem* zugrunde, die in der Reichweite eigener *Potentiale* zur Realisierung gelangen kann. Es liegt nahe, auf die Parallelen zu politischen Utopiekonzeptionen unterschiedlicher Prägung zu referieren. Ausgangspunkt ist ein als defizitär erlebter gegenwärtiger Zustand, der durch Aktion, Revolution, Reform, Notwendigkeit etc. – also ein wie auch immer Beschaffenes *Dazwischen* in einen neueren, weniger defizitären oder gar vollkommenen Zustand übergehen soll. Der permanenten Verbesserung und Optimierung betrieblicher Prozesse wird aber nicht nur in Krisenphasen, sondern auch dann zentrale Bedeutung beigemessen, wenn die Selbstinterpretation des Unternehmens bereits die eigene Erfolgträchtigkeit unterstreicht (Auch Gutes kann verbessert werden).[273] Die Notwendigkeit eines kontinuierlichen Verbesserungsprozesses (KVP)[274] ist mittlerweile unumstritten. Im Zusammenhang mit den Chancen zur *Unternehmensentwicklung* spricht etwa Maria Kopelent von einer „paradiesischen Vielfalt" der Möglichkeiten.[275] Den Ausgangspunkt bildet hier stets die Auffassung, es sei *noch nicht alles ausgeschöpft – noch nicht alles erreicht*. Mit der wachsenden Einsicht in die begrenzte Steuer- und Veränderbarkeit von unternehmerischer Wirklichkeit und der Betrachtung von Unternehmen als komplexe (und „selbststeuernde") Systeme rücken Optimierungs- und Entwicklungsaufgaben folgerichtig in den Mittelpunkt der Aufgaben von Managern. Unbedingte Aktualisierung sämtlicher „Potentiale" als Reaktion auf permanente Anpassungserfordernisse des Marktes wird zur vorherrschenden Maxime. Der wahrgenommene Veränderungs- und Innovationsdruck wird gelegentlich äußerst drastisch formuliert:

> „Unternehmen, die sich nicht kontinuierlich erneuern, sterben"

ist von einem Vorstandsmitglied der Siemens AG zu hören.[276] Neben der Schaffung arbeitsorganisatorisch und technisch optimaler Bedingungen fällt auch hier wieder der Blick auf die Herstellung optimaler Motivationsbedingungen. „Das Genie im Mitarbeiter" muss freigelegt werden.[277] Die Motivation von Arbeitnehmern ist allerdings eine schwierige und komplexe Angelegenheit, über die im

---

[273] Vgl. etwa Landhotel Schindlerhof.
[274] Bei der Firma Schwarzpharma wird der Prozess der ständigen Verbesserung mit dem Wort „Business Excellence" bezeichnet, welche zugleich die „Basis unserer Kommunikation" (!) sein soll.
[275] Vgl. Kopelent 2001, 82.
[276] Vgl. Volk 1999, S. 718, der das Siemens Vorstandsmitglied Claus Weyrich zitiert.
[277] So zuletzt Petrowitsch 2004, S. 20.

Managementdiskurs bisher keine abschließende Gewissheit erzielt werden konnte. Motivation gilt vielen als „Geheimnis". Sie in der sozialen Interaktionssituation des Unternehmens bzw. in der Unternehmensgemeinschaft methodisch herbeizuführen, macht, so die verbreitete Auffassung, einen Zugang zu tieferen Bewusstseinsebenen erforderlich. So wundert es nicht, dass allenthalben verborgene Motivationspotentiale, wahre Kerne, Herzen von Unternehmen, *Substanzen* etc. vermutet werden.[278] Die Überlegungen der Managementlehre zu diesem Problem spiegeln sich in den Selbstaussagen von Unternehmen wider. Auch hier ist die Auffassung verbreitet, große Potentiale seien noch nicht erschlossen. Ich gebe dafür nachstehend nur einige wenige Belege, welche aber den insgesamt vorhandenen Trend abbilden. Charakteristisch ist der Mut machende Hinweis auf die anstehende Zukunftsaufgabe:

> „Unsere gemeinsame Zukunftsaufgabe wird sein, alle noch nicht gehobenen Potentiale zu identifizieren und kunden- und ertragsorientiert für alle Beteiligten zu erschließen."[279]

Gelegentlich werden die Felder, auf denen weitere Potentiale bestehen, auch genauer eingegrenzt:

> „Für die Hamburg Mannheimer bedeutet das (Das Wachstum sei hinter dem Markt zurückgeblieben, trotz steigender Cross-Selling-Quote sei weiteres Potential vorhanden und trotz eines positiven Trends sei das Image weiter verbesserungsbedürftig M.S.): unzählige Wachstumschancen, die es konsequent zu nutzen gilt!"[280]

Für das gleiche Unternehmen wird konstatiert, dass „vorhandene Stärken" noch intensiver genützt werden müssten. Darüber hinaus seien die Profitabilitätspotentiale insgesamt noch nicht ausgeschöpft.[281] Einzelne Unternehmen richten auch ihr Agenda-Setting dementsprechend aus:

> „In der nächsten Zeit werden uns besonders die Projekte „Kostensynergien" und „Kundenbindungsmanagement" beschäftigten. Dabei geht es darum, Kosten einzusparen, den Kundenservice zu verbessern und die Betriebsabläufe zu optimieren."[282]

Auch werden die in den Mitarbeitern „schlummernden" Potentiale direkt thematisiert:

> „Unsere Mitarbeiterinnen und Mitarbeiter, ihr Wissen und Engagement sowie unsere Unternehmenskultur sind das Innovationspotential des Unternehmens."[283]

---

[278] Vgl. Kapitel 6.
[279] Provinzial.
[280] Hamburg-Mannheimer.
[281] Vgl. ebenda.
[282] Signal-Iduna.
[283] Schwäbisch-Hall.

> „Durch Personalentwicklungsseminare (PES) ist es möglich, Potentiale von Mitarbeitern zu erkennen und mehr über ihren Entwicklungsbedarf zu erfahren."[284]

Das Potential des Einzelnen ist das Potential der Gemeinschaft und umgekehrt. Dieser Zusammenhang wird immer wieder hergestellt. In eine ähnliche Richtung geht die Vorstellung eines *sich selbst entwickelnden* Mitarbeiters bei der Firma Ikea:

> „Wir sind davon überzeugt, dass die fast 70.000 Mitarbeiter von Ikea, jeder in seiner Einzigartigkeit, zur Verwirklichung unserer Vision beitragen können und müssen. Ebenso überzeugt sind wir davon, dass alle unsere Mitarbeiter große Möglichkeiten in sich tragen, um sich in ihrer Arbeit weiterentwickeln zu können."[285]

Auch hier sind wieder *alle* Mitglieder der Unternehmensgemeinschaft gefordert:

> „Alle *MitunternehmerInnen* setzen ihr Wissen und ihr Können dafür ein, neue und bessere Lösungsmöglichkeiten zu finden. Auch Gutes kann verbessert werden. Veränderungen werden nur dann nicht mehr vorgenommen, wenn sie keine Verbesserungen mehr bewirken."[286]

Dieser Punkt scheint allerdings selten erreicht zu werden, weil der Glaube an die Notwendigkeit von *Veränderung* im Unternehmen, zumal so Unterschiedliches darunter verstanden werden kann, und der Glaube an neue, große und ertragreiche Möglichkeiten offenbar so verbreitet ist, dass dieser Prozess als ein *Verlauf ohne Abschluss* gedacht wird. Dass die Bemühungen in dieser Hinsicht nicht an ein Ende kommen dürfen, scheint ausgemacht, denn:

> „Natürlich genügt es nicht, Erreichtes zu sichern."[287]

Die großen Chancen der Märkte zu realisieren, ist die vorzügliche Führungsaufgabe. Die Führenden sollen die *Ideen wecken*, die in Mitarbeitern schlummern und „ein unschätzbares Reservoir kleiner und großer Verbesserungen darstellen". Deshalb heißt es z.B. bei der Firma Parion:

> „Die Führungsgrundsätze benennen den Freiraum und die Bedingungen für die Entfaltung der vorhandenen Talente [...] Führung heißt, Ideen und Fortschrift zu fordern und zu fördern [...] Ideen sind die Triebfeder für die Weiterentwicklung von Prozessen, Produkten und Strukturen."[288]

Ständige Optimierung von Abläufen, Innovation, Qualitätsverbesserung und *Weiterentwicklung* sind die Schlagworte, mit deren Gebrauch auf die Realisierung prinzipiell schon vorhandener Potentiale rekurriert wird. Üblicherweise wird dieser Punkt mit einer Betonung eigener Stärken, wirklicher und besonderer

---

[284] Axa.
[285] Ikea.
[286] Landhotel Schindlerhof, Hervorhebung M.S.
[287] Württembergische.
[288] Parion.

Leistungsfähigkeit oder *Größe* im Sinne von Exzellenz verknüpft. In direkter Kundenansprache teilt etwa die Firma Duraplast mit:

> „Unsere Philosophie lautet: Für Sie entfalten wir gerne unsere wahre Größe."[289]

Nicht zuletzt werden die permanente Verbesserung und Optimierung in einzelnen Unternehmen auch mit der Sicherheit von Arbeitsplätzen in Zusammenhang gebracht:

> „Durch Verbesserungsideen und Vorschläge tragen wir zur Weiterentwicklung unseres Unternehmens und damit zur Sicherung unserer Arbeitsplätze bei."[290]

All dies sind wiederum nur vage formulierte Formen und Formeln einzelner Unternehmen. Die Liste vergleichbarer Beispiele ließe sich hier mühelos erweitern. Mir ging es vornehmlich darum, auf eine gewisse Aufgeregtheit hinsichtlich der Spannung von Möglichkeit und Wirklichkeit in Unternehmen hinzuweisen. Wer kann schon gegen „positive" Veränderung sein? Was darunter aber im Einzelnen zu verstehen ist, kann in Unternehmen höchst umstritten sein. In dem hier präsentierten Ausschnitt kommt zum Ausdruck, dass die Optimierung, die Verbesserung und die volle Entfaltung der vorhandenen Möglichkeiten für Unternehmen eine der vordringlichen Gemeinschaftsaufgaben darstellt, bei der wieder jedes Mitglied der Unternehmensgemeinschaft ganz und gar gefordert ist. Die Potentialentfaltung erfolgt gerichtet auf das Unternehmensziel und gesteuert durch die Unternehmensleitung. Die Förderung von Mitarbeitern zu diesem Zweck ist kein Selbstzweck und *nicht* notwendigerweise Ausdruck wachsender Freiheit für Arbeitnehmer. Schon bei einem einfachen Seminarbesuch, der die „Potentialentfaltung" eines Mitarbeiters befördern soll, unterliegt die Auswahl der Veranstaltung nicht der Dispositionsgewalt desjenigen, der seine Potentiale entfalten soll. Gerade bei einfachen, hochkontrollierten, monotonen und repetitiven Tätigkeit erweist sich die flammende Rede von der „paradiesischen Vielfalt" der Möglichkeiten bei der Kompetenz und Potentialentwicklung darüber hinaus nicht selten als Zynismus. Dass Unternehmen Veränderungsprozesse durchlaufen und ihre Arbeitsprozesse optimieren, weiß jedes Kind. Diese Einsicht ist so trivial, dass sie keiner fortwährenden Erwähnung bedürfte, ginge es nicht auch darum, Mitarbeiter für eine freiwillige Beteiligung bei Optimierungsprozessen, deren Ausgang für sie oft fraglich ist, zu gewinnen. Da die Aktualisierung der vorhandenen Potentiale planmäßig nie zu einem Ende kommt, wird bezogen auf Leistungsbereitschaft, Kundenzufriedenheit, Motivation, Zusammenarbeit, Kompetenz etc. eine Spannung zwischen dem Realisierten und dem Möglichen erzeugt, die an die Stelle stabiler Erfolgserfahrung womöglich stärker als früher die äußerste psychische Anstrengung der Person setzt.

---

[289] Duraplast.
[290] Stadtwerke Düsseldorf.

7.6 Vergemeinschaftung durch „Weiterbildung"

Betriebliche Weiterbildung ist ein wichtiges Instrument der Personalpolitik. Dies gilt insbesondere vor dem Hintergrund weitreichender und immer schnellerer Veränderungen der Anforderungen an Arbeitnehmerqualifikationen. Die populäre Rede von der Notwendigkeit „lebenslangen" Lernens gerade im Unternehmenszusammenhang ist Ausdruck einer tendenziell sinkenden Stabilität und langfristigen Verwertbarkeit von Qualifikationen. Die in der Berufsausbildung erworbenen Kenntnisse und Fähigkeiten bedürfen, nicht nur bei komplexen und kognitiv anspruchsvollen Tätigkeiten, einer stetigen Erweiterung, Vertiefung und Aktualisierung. Die rückläufige Stabilität von Arbeitsbeziehungen und schneller technischer und organisatorischer Wandel wirken sich erwartungsgemäß auf die Anforderungsprofile von Unternehmen aus. Der rationalisierungsbedingte Wegfall einfacher und einfachster Tätigkeiten, die weitere Technisierung oder Vollautomatisierung von Arbeitsabläufen, die in schneller Folge erneuerten EDV-Systeme, die selbstverständliche Nutzung des Internets als Kommunikationsinstrument etc. bringen in wachsender Veränderungsgeschwindigkeit vielfältigen Bedarf an Qualifizierung und Schulung der Unternehmensangehörigen mit sich.[291] Doch die unternehmensseitigen Intentionen betrieblicher Weiterbildung sind nicht auf die originäre fachlich-inhaltliche Weiter- und Neuqualifizierung beschränkt.

Gertraude Krell unterscheidet grundsätzlich zwei Funktionen von Weiterbildungsmaßnahmen in Unternehmen: Nahe liegend ist einerseits, dass sie „der Vermittlung jener Kenntnisse und Fähigkeiten dienen" sollen, „die zur Aufgabenbewältigung" erforderlich sind. Um die Arbeitsaufgabe und sich ergebende fachliche, technische und organisatorische Neuerungen im gewünschten Maß erfüllen zu können, werden die Mitarbeiter durch interne und externe Maßnahmen qualifiziert. Die zweite Funktion betrieblicher Weiterbildung besteht andererseits in der Formung von „Einstellungen, Motivationen und Werthaltungen der Beschäftigten".[292] Für die gegenwärtige Weiterbildungssituation in Unternehmen lässt sich beobachten, dass Veranstaltungen, die auf die Erfüllung der zweiten Funktion abzielen, tendenziell zunehmen bzw. dass Weiterbildungskonzepte oftmals beide Funktionen gleichermaßen erfüllen sollen. Krell weist zu Recht darauf hin, dass bereits die Tatsache, dass überhaupt Weiterbildungsmaßnahmen stattfinden, Symbolcharakter hat: „Wir tun etwas für die Entwicklung unserer Mitarbeiter".[293] Uske weist darauf hin, dass *Personalentwicklung* und *Persönlichkeitsentwicklung* zumindest grundsätzlich unterschieden werden müssen. Bei der

---

[291] Bei neuen EDV-Systemen, Rechnerarchitekturen und Software-Programmen ist dies besonders augenfällig und selbst in Stellenanzeigen zu beobachten: Bisweilen erschließt sich auf der Basis der Formulierung der Qualifikationserfordernisse dem mit einer formelhaft-kryptischen Mischung aus Sprach- und numerischen Zeichen konfrontierten Laien nicht einmal ansatzweise, worin die Tätigkeit eigentlich besteht und wie die zur ihrer Durchführung erforderliche Expertise beschaffen sein muss.
[292] Vgl. Krell 1993, S. 49 f.
[293] Vgl. ebenda, S. 49.

Personalentwicklung geht es nicht „um die allseitige Entfaltung des Menschen, sondern um die Nutzung seiner Potenzen zur Erzielung von Leistung..." (Neuberger). Unternehmen betonen aber unermüdlich, ihnen gehe es um die Entwicklung der *Persönlichkeit*.[294]

Der Zusammenhang von Vergemeinschaftungszielen und gezielter Weiterbildung liegt auf der Hand: Neben den konkreten Anstrengungen der Unternehmensleitung, mittels geeigneter Seminarsituationen die Gemeinschaftsbildung, etwa durch die Herstellung von gemeinsamen „Grenzerfahrungen", zu befördern, sowie erläuternder, erklärender und präskriptiver Verhaltensanleitung durch und im Kontext der „Weiterbildung", wird durch die Gewährung der Weiterbildung der „psychologische Arbeitsvertrag" unterstrichen und die Bindung an das Unternehmen gefestigt. In Weiterbildungsveranstaltungen kann erfahrungsgemäß mittels geeigneter psychologischer Methoden viel besser und nachhaltiger auf die Einstellungen und Haltungen der Mitarbeiter eingewirkt werden als in der konkreten Arbeitssituation, in einmaligen Informationsveranstaltungen oder betrieblichen Rundschreiben. Insbesondere, wenn ein betriebliches Weiterbildungssystem eng mit standardisierten betrieblichen Karrierepfaden korrespondiert, sind Beeinflussungserfolge sowie Effekte auf die Motivation und Leistungsbereitschaft wahrscheinlich. Neuere Ansätze, wie etwa die Idee des Arbeitsplatzes als Lernort bei der Drogeriemarktkette *dm*, gehen hier noch weiter: Mitarbeiter sollen zu dauerhaften *Lerngemeinschaften*[295] formiert werden, auf externe Qualifizierung wird ganz verzichtet.[296]

Mikropolitisch bietet die Organisation der betrieblichen Weiterbildung darüber hinaus aber auch Möglichkeiten zur Differenzierung und Distinktion: Wer bekommt welche Seminare? Wer wird auf welche Führungsaufgabe vorbereitet? Wer wird mit besonders attraktiven oder kostspieligen Veranstaltungen für herausragende Leistungen, wer für hervorstechende Loyalität oder Konformität belohnt?

Durch den Einsatz von Weiterbildungsmaßnahmen können daher Inklusions- und Exklusionsstrategien verfolgt werden. Beschäftigte, die dauerhaft gehalten werden sollen, werden in der Regel Zugang zu den Weiterbildungsmaßnahmen erhalten. Der Ausschluss von Maßnahmen kann insbesondere für jüngere Beschäftigte Anlass und Motivation für eine Eigenkündigung sein. Die betriebliche Weiterbildungspolitik hängt also mit anderen Gebieten der Personalpolitik, etwa der Personalabbauplanung oder der Eingruppierungspolitik, eng zusammen. In tarifgebundenen Unternehmen ist z.B. durchaus üblich, die tarifliche

---

[294] Vgl. zur Unterscheidung der Begriffe Uske 1995, S. 19 ff. und Neuberger 1991.
[295] Vgl. auch den folgenden Abschnitt.
[296] Scholz berichtet, dass die „unternehmensspezifische Weiterbildung" offenbar auch insgesamt an Bedeutung gewinnt, während übergreifende Qualifikationsmaßnahmen, die auch die „langfristige Beschäftigungsfähigkeit" von Mitarbeitern befördern und die auch außerhalb des Unternehmens uneingeschränkt nützlich sind, im Zuge von Kostenreduzierungen im Bereich der Personalentwicklung „drastisch reduziert" würden. Vgl. Scholz 2004, S. VI der Sonderbeilage *Personalführung heute*.

Eingruppierung an den Besuch von Seminaren und Weiterbildungsveranstaltungen zu knüpfen, obwohl in Tarifverträgen die Eingruppierung nach der tatsächlichen Tätigkeit und nicht nach der verbrieften Qualifikation vorgesehen ist („Machen Sie erst einmal das Kundenberatungsseminar, dann sehen wir weiter...).

Im Abschnitt 8.5 gehe ich beispielhaft auf Veranstaltungen ein, die auf die Erfüllung der zweiten der hier skizzierten Funktion betrieblicher Weiterbildung ausgerichtet sind. Dabei werde ich berücksichtigen, dass die Vergemeinschaftungsidee im Unternehmen auf dem Seminar- und Trainingsmarkt nur *ein* Aspekt unter mehreren ist. Die Frage, wie die methodische Aneignung von Erfolg „erlernbar" ist bzw. wie durch Seminare und Trainings die Persönlichkeit von Mitarbeitern, Führungskräften und Managern „optimiert" werden kann, steht hier im Mittelpunkt.[297]

7.7 „Leisten und Leben": Die Konnexität von Unternehmenserfolg und der Realisierung persönlicher Ziele

Das Problem, Arbeitnehmer zu engagierten Arbeitshaltungen zu motivieren, erfordert aus der Sicht des Managements die fortwährende Überbrückung der Diskrepanz unternehmensseitiger und arbeitnehmerseitiger Zielvorstellungen. Der wirtschaftliche Erfolg der Unternehmung muss aus der Sicht moderner Managementkonzepte mit der *Realisierung privater Glücksvorstellungen*, hier verstanden als Entwürfe eines *guten Lebens*, in einen notfalls konstruierten Zusammenhang gebracht werden.[298] Damit die Arbeitnehmer die *Sache* des Unternehmens zu ihrer eigenen machen, müssen sie das Gefühl haben, dass ökonomisches Gelingen Ihnen nicht nur „nützt", sondern eine notwendige Bedingung für die Verwirklichung privater Lebenswünsche darstellt und dass letztlich diese Wünsche, Ziele und Vorstellungen passgenau mit den Erwartungen des Unternehmens an sie übereinstimmen. Unsere Ziele sind Ihre Ziele, erklärt die Provinzial ihren Mitarbeitern.[299] Im Extremfall können die Zielvorstellungen des Arbeitnehmers sich im Wesentlichen auf die Arbeitnehmertätigkeit richten, so dass die Selbstinterpretation ganz durch die Zugehörigkeit zum Unternehmen definiert wird. „Alles, was Sie tun oder sagen, steht in verbindlichem Zusammenhang mit der Firma", ermahnt beispielsweise WalMart seine Mitarbeiter der mittleren Führungsebene.[300] Das Ziel der totalen Identifikation mit dem Unternehmen kann als Endpunkt aller „philosophischen" Anstrengungen und mentalen Beein-

---

[297] Dass es Weiterbildungsmaßnahmen unterschiedlicher Qualität gibt, ist offensichtlich. Im Idealfall profitieren durch die Erweiterung von Kompetenzen (auch persönlich) beide Seiten. Erst wenn „Bildung" zur Steuerung wird, entstehen Probleme in Bezug auf die geistige Freiheit der Teilnehmer.
[298] Vgl. etwa Worrach 2001, S. 66 ff. Das Konzept des Arbeitnehmers als „Lebensunternehmer" ist nur ein Beispiel für die Assoziierung der Unternehmensziele mit persönlichen Zielen.
[299] Vgl. Provinzial-Rheinland.
[300] Vgl. WalMart, Handbuch, a.a.O., S. 27.

flussungsstrategien aufgefasst werden. Die Citibank schreibt ihren Mitarbeitern vor:

> „Wir müssen die Strategie der Sieger verinnerlichen und täglich leben, um im Wettbewerb zu bestehen."[301]

Die Identifikation mit der Bank und die Selbstverortung als *Sieger* soll die Grenze zwischen Berufs- und Privatleben überwinden. *Sieger* trennen nicht zwischen beruflicher und privater Existenz und auch nicht zwischen Unternehmenszielen und eigenen Zielen, die in der Unternehmensgemeinschaft zusammenfallen und gemeinsam erreicht werden. Die sozialtechnische Herstellung solchen Bewusstseins ist in der gegenwärtigen Lage offenbar vor allem deswegen erforderlich, weil die Arbeitsrealität der Mehrheit der Beschäftigten eben keine überzeugende Erfahrung der traditionellen *Berufung* gestattet. Souveränes „selbstbestimmtes" Tätigsein ist nur für eine Minderheit der Erwerbstätigen in Reichweite.[302] Ohne hier Idealisierungen einzelner Berufsgruppen vornehmen zu wollen, ist doch die methodische Herstellung engagierter Arbeitshaltungen und gemeinsamer Zielvorstellungen etwa in ärztlichen Berufen oder auch in Lehrberufen häufig obsolet, weil die arbeitnehmerseitigen Qualifikationsentscheidungen bereits einer subjektiv gefühlten oder reflektierten „Berufung" folgen, und die Freiheitsgrade hier vergleichsweise hoch sind. Wenngleich Enttäuschungen freilich auch in diesen Feldern nicht ausbleiben, müssen in der Regel Engagement, Begeisterung und Leidenschaft für die Arbeit nicht künstlich „erzeugt" werden, weil die Arbeitsrealität – mit allen Einschränkungen – letztlich doch wenigstens in etwa mit anvisierten Zielperspektiven übereinstimmt und in vielen Fällen den Vollzug einer als *sinnvoll* erfahrbaren Arbeitspraxis gestattet.[303]

Wo dies aber nicht der Fall ist, müssen die Ziele notfalls vorstrukturiert, die Leistungskultur künstlich angeregt und etwa durch eine inszenierte Belobigungspraxis unterstrichen werden. Den „Siegern" wird in Aussicht gestellt:

> „Viele Citibanker sind bereits mit einem CitiStars-Award ausgezeichnet worden. Ich glaube aber, dass es noch viele, viele mehr sind, die unsere Grundwerte täglich über das zu erwartende Maß hinaus umsetzen [...] Jeder Citibanker könnte einmal auf der Bühne stehen. Jeder könnte im Rahmen der Gala seinen Award in Empfang nehmen. Jeder könnte im

---

[301] Citibank.
[302] Einer Umfrage des Gallup-Institutes zufolge waren 2003 nur 12% der arbeitenden Gesamtbevölkerung „mit ganzem Herzen" bei der Arbeit, darunter die Männer sogar nur zu 10%. Beim so genannten „Engagement-Index" liegt Deutschland deutlich hinter Ländern wie USA und Großbritannien aber interessanterweise vor Japan. Vgl. dazu ausführlicher den bezeichnenden Focus Titel *Wege zur Glücks-AG*. In: Focus Nr. 9/2004, S. 117 ff.
[303] Man kann im Grunde nicht vorsichtig genug formulieren. Natürlich sind auch mir die schwierigen Bedingungen bekannt, unter denen Krankenhausangestellte und Lehrer heute ihrer Tätigkeit nachgehen. Diese scheinen jedoch nicht in Motivationsproblemen begründet, denen man mit Managementtechniken beikommen könnte.

Scheinwerferlicht stehen und den Applaus der SMG-Mitglieder und aller Gäste genießen."[304]

Der Focus der künstlichen Erzeugung engagierter Arbeitshaltungen liegt daher auf denjenigen Branchen, Bereichen und Tätigkeiten, in denen aufgrund der strukturellen und materiellen Arbeitsbedingungen sowie aufgrund des Arbeitsinhaltes die Sinnbezüge des Arbeitens subjektiv und objektiv im vorhinein nicht in Übereinstimmung mit Arbeitnehmererwartungen zu bringen sind. Das typische Kennzeichen der von uns hier betrachteten Konstruktionen besteht ja gerade darin, in strukturellen und organisatorischen Arbeitsumfeldern, in denen sich der *Sinn* des Arbeitens und die Nützlichkeit des unternehmerischen Erfolges für den arbeitenden Menschen keineswegs „automatisch" erschließt, managementseitig zu intervenieren.[305] Dies darf jedoch, vor allem wenn auf symbolisches Management zurückgegriffen werden soll, nicht gleichzeitig „als von oben angeordnet" erfahren, sondern muss als ein "inneres Bedürfnis" wahrgenommen werden.[306] Das setzt einen systematisch angeregten Bewusstseinswandel zur Beförderung intrinsischer Motivation voraus. Eine der vielfältigen Methoden, diesen „Change" herbeizuführen, ist die Suggestion eigener Verantwortlichkeit und eigener „Wichtigkeit" für das Unternehmen, die auch in den Unternehmensdarstellungen unablässig betont wird. So unterstreicht etwa die Provinzial:

> „Der Erfolg unseres Unternehmens hat einen ganz einfachen Grund: Hochmotivierte, flexible und äußerst kompetente Mitarbeiterinnen und Mitarbeiter."[307]

Viele Unternehmen erklären, dass es für den Unternehmenserfolg auf *jeden Einzelnen* ankommt, obwohl in modernen Großunternehmen, sofern es sich nicht um wenige knappe Spezialqualifikationen handelt, gerade die Austauschbarkeit einzelner Funktionsträger offensichtlich ist. Dabei ist derzeit besonders die Idee populär, den Arbeitnehmer geradewegs zum *Unternehmer* oder *Mitunternehmer* im Unternehmen zu erklären. So bekundet die Citibank:

> „Auf Ihr Engagement kommt es an. Nur wenn wir alle als Unternehmer im Unternehmen handeln, können wir unsere Ziele gemeinsam erreichen."[308]

Auch im Parion-Konzern sollen alle Mitarbeiter „Unternehmer sein", denn:

---

[304] Citibank.
[305] Die Firma Pluss erklärt unumwunden: „Der Erfolg eines jeden Mitarbeiters ist durch den Grad seiner Identifikation mit unserem Unternehmen und der Bereitwilligkeit, zu der Unternehmensentwicklung beizutragen, klar steuerbar." Vgl. Pluss. www.pluss.de/unternehmengrundsatz.html (Stand: Juli 2005) – nicht zu verwechseln mit dem Handelsunternehmen *Plus*.
[306] Vgl. Ulrich 1990, S. 290 f.
[307] Provinzial.
[308] Citibank. Die Gemeinsamkeit der Ziele wird u.a. auch bei der Firma Consileon ausdrücklich betont.

> „Unternehmer denken und handeln für die Zukunft. Unternehmer nutzen vor allem Chancen und tragen Risiken. Unternehmer gehen mit dem Budget so verantwortungsvoll um wie mit ihrer Privatschatulle."[309]

Die Übernahme der Unternehmerperspektive setzt keineswegs eine materielle Beteiligung voraus, sondern ist in vielen Fällen eher als *geistige Beteiligung* zu verstehen. Auch hier geht es um die ideelle Zugehörigkeit zur Unternehmensgemeinschaft. Allerdings werden leistungsorientierte Vergütungssysteme mitunter so interpretiert als seien die erzielten Resultate Ausdruck höherer Freiheits- und Selbstverantwortungsgrade. So erklärt etwa die AXA-AG:

> „Ab voraussichtlich 2003 wird es für viele Mitarbeiter der AXA möglich sein, einen spürbaren Teil ihres Gehaltes selber zu bestimmen."[310]

Erinnern wir uns an Peters/Watermans Empfehlung: „Schon der Glaube, wir hätten ein *bißchen* mehr Entscheidungsspielraum, führt zu einem *viel* stärkeren Engagement."[311] Die Suggestion der Übernahme „echter" Verantwortung als Unternehmer korrespondiert mit dem gesamtgesellschaftlichen Trend zur allgemeinen Hochschätzung der unternehmerischen *Selbständigkeit*. Ob als „Unternehmer seiner eigenen Arbeitskraft", als „Lebensunternehmer"[312], als Geschäftsführer der *„Selbst-GmbH"* oder auch als hoffnungsvoller Aussteiger aus der Arbeitslosigkeit durch Gründung der so genannten „Ich-AG", der arbeitende Mensch soll in den Grenzen definierter Spielräume und aus unterschiedlichen Gründen selbständig, *eigenverantwortlich* und „weniger bevormundet" sein.[313] Vom Traum der Selbständigkeit scheint ein eigenartiger Zauber auszugehen, weswegen auch die Anstrengungen einiger Unternehmen, ihren Beschäftigten in den Grenzen vorgegebener funktionaler Freiheitsspielräume ein unternehmerisches Selbstverständnis zu verordnen, nachvollziehbar erscheinen. Jeder Mitarbeiter habe die Chance, eine Führungskraft zu werden, jeder vertrete das gesamte Unternehmen „verantwortlich", ist zu vernehmen.[314] Dass der angestrebte Bewusstseinswandel das Management eines Unternehmens vor Schwierigkeiten stellt, ist offensichtlich. Wunderer stellt schon 1999 fest:

> „'Wir denken, entscheiden und handeln unternehmerisch' – Diesen Unternehmensleitgrundsatz im Bewußtsein breiter Belegschaftsschichten zu verankern, wird zunehmend erklärtes Ziel von Managern und Personalexperten. Das 'Wie' ist bislang jedoch in Wissenschaft und Praxis noch wenig geklärt."[315]

---

[309] Parion.
[310] AXA.
[311] Peters/Waterman 1989, S. 108.
[312] Vgl. Worrach 2001, S. 66.
[313] Dass insbesondere die letzten beiden Begriffe als Gemeinplätze der Reformdebatte in Deutschland häufig lediglich als Chiffren für die Begrenzung und Rückführung staatlicher Transfer- und Unterstützungsleistungen zu sehen sind, ist keine Neuigkeit.
[314] Vgl. hier etwa die Firmen *real* und *Pit-Stop*.
[315] Wunderer 1999, S. 22. Vgl. dazu auch kritisch Kühnlein 1999, S. 21 ff.

Die Strategie, mit der Erzeugung unternehmerischen Bewusstseins positive Motivations- und Leistungssteigerungseffekte zu erzielen und die Identifikation von Arbeitnehmern mit „ihrem" Unternehmen weiter zu erhöhen, stößt an Grenzen. Einerseits ist es überhaupt nicht jedermanns Absicht, Unternehmer zu sein. Nicht nur Arbeitnehmern, die sehr einfache, anweisungsgebundene und vorstrukturierte Tätigkeiten ohne jeglichen Entscheidungsspielraum ausführen, sondern auch anderen Beschäftigten wird die Übernahme der Unternehmerperspektive dann schwer fallen, wenn die Arbeitsbedingungen, Strukturen und Führungspraktiken den Unterschied zwischen dem Leben eines Arbeitnehmers und dem Leben eines Unternehmers konträr zur im Unternehmen gepflegten Rede, alle seien Unternehmer, fortwährend augenfällig werden lassen. Management als Sinnvermittlung wird dann schnell zur Un-Sinnvermittlung (Holleis).[316] Ohne grundlegende arbeitsorganisatorische Veränderungen und die Gewährung echter Freiheitsspielräume und wirklicher Beteiligung werden die anvisierten Ziele kaum erreicht werden können. In der gegenwärtigen Diskussion werden die Gründe für mangelnde Überzeugungskraft der Idee des Arbeitnehmers als Unternehmer aber nicht in der mangelnden Übereinstimmung von Unternehmerphraseologie und Arbeitsrealität gesucht, sondern mitunter zu einer Charakter- oder Mentalitätsfrage von Arbeitnehmern erklärt. Mit unüberhörbarer Kritik an vorhandener Skepsis formuliert beispielsweise Norbert Walter, Chefvolkswirt der Deutschen Bank:

„Es entspricht einfach nicht der deutschen Mentalität, Unternehmer zu sein."[317]

Eine vernünftige Diskussion des Problems der vermeintlichen Abneigung von Arbeitnehmern gegen die Unternehmerperspektive wird durch verallgemeinernde Aussagen dieser Art nicht befördert. Fallstudien aus der betrieblichen Praxis, in denen Innovation und ökonomischer Erfolg durch kooperative, eine wirkliche Beteiligung von Arbeitnehmern implizierende Modernisierungsprozesse anvisiert wurden, dokumentieren, dass es nicht auf die Bezeichnung *Unternehmer*, sondern auf den tatsächlichen Grad der Beteiligung von Beschäftigten, also vor allem auf die Strukturen betrieblicher Entscheidungsfindung, kommunikative Routinen und die impliziten Organisationsverständnisse der Beteiligten bzw. Betroffenen ankommt, wenn die Frage nach der Bereitschaft zu selbständigem, in diesem Sinne „unternehmerischen" Handeln beantwortet werden soll. Unternehmen, die vor dem Hintergrund des wettbewerbsbedingten Anpassungsdrucks ausgerechnet bei weiterer betrieblicher Rationalisierung verstärkt auf die konstruktive Mitarbeit der Arbeitnehmer angewiesen sind, werden aller Wahrscheinlichkeit nach insbesondere dann mit skeptischen Haltungen der Belegschaft konfrontiert, wenn es sich bei der Rede vom Arbeitnehmer als Unternehmer lediglich um eine Ideologie des Unternehmertums handelt, die kaum signifikante organisatorische und strukturelle Folgen zeitigt. Es gibt aber Anzei-

---

[316] Vgl. Holleis 1987, S. 290 ff.
[317] Hier zitiert nach Kühnlein 1999, S. 25.

chen dafür, dass einzelne Unternehmen dieses Problem erkennen und ihre Reorganisationsprozesse beteiligungsorientiert gestalten. Die Erfahrungen aus Wannöffels Fallstudie etwa zeigen, dass gerade dann, wenn die Unterschiedlichkeit der Ziele von Arbeitnehmern und Arbeitgebern, abweichende Interessen und die Machtstrukturen offen gelegt werden, kooperative Prozesse der Organisationsgestaltung für alle Beteiligten erfolgreich sein können.[318]

Wenn bereits die Frage, wie der Erfolg überhaupt gemessen werden soll, thematisiert und die Zahlenmystik durch ein Verfahren ersetzt wird, in dem die festzustellenden Erfolgskriterien als Aushandlungskompromiss zu verstehen sind, in den auch originäre Arbeitnehmerziele (angemessene Vergütung, Qualifizierung, Dispositionsfreiheit, Wertschätzung der Arbeit, Arbeitsplatzsicherheit etc.) einbezogen werden, kommt es offenbar längerfristig sowohl zu engagierten Arbeitshaltungen als auch zu akzeptablen ökonomischen Resultaten, welche die Rede von den *Siegern der Unternehmensgemeinschaft* und das ganze Set manipulativer Interventionen auch unter Ertragsgesichtspunkten als nicht alternativlos erscheinen lassen.[319] Eine unternehmensseitige Vorstrukturierung dessen, was als arbeitnehmerseitige Zielvorstellung akzeptiert werden kann, wie sie in den weitreichenden Ansätzen einer vergemeinschaftenden Personalpolitik intendiert ist, muss insofern auch aus der Sicht von Unternehmen nicht die zwangsläufige Antwort auf die Herausforderungen des Wettbewerbs sein.

Für das Management bedeutet eine weitreichende Beteiligungsorientierung aber eine wirkliche Machtabgabe, die für viele Unternehmensleitungen offensichtlich weniger attraktiv erscheint, als Strategien des Managements, mit denen gerade die Macht- und Interessendimension der Arbeitsbeziehungen verdunkelt wird.[320] Die Gründe, warum sich dies so verhält, können freilich nur vermutet werden. Wird womöglich gefürchtet, eine wirklich nennenswerte Beteiligung von Arbeitnehmern an grundsätzlichen Fragen der Unternehmensführung könnte Emanzipationsprozesse in Gang setzen und Ansprüche auf Freiheit und Selbständigkeit im Arbeitshandeln provozieren, welche die Machtbasis und die Legitimität betrieblicher Führung auf neue Weise in Frage stellen?[321]

7.8 Wettbewerb als permanente Krise: Unternehmen in einer „bedrohlichen" Umwelt

Wettbewerb unter Marktteilnehmern ist ein Grundprinzip der Marktwirtschaft überhaupt. Vor dem Hintergrund weltweiter Standortkonkurrenz und stetig wachsender Kapitalmobilität auf der einen und angesichts von Massenarbeitslosigkeit, der desolaten Lage öffentlicher Finanzen, steigender Soziallasten usw.

---

[318] Vgl. Wannöffel 2001, S. 3 f.
[319] Vgl. ebenda, S. 3 und S. 36 ff.
[320] Gemeinschaftsideologie und Gemeinschaftsphraseologie verbriefen nicht die Vertrauensbasis, die bei Prozessen beteiligungsorientierter kooperativer Modernisierung erforderlich ist.
[321] Zu den theoretischen Problemen des Emanzipationsbegriffes vgl. Herwig 1980, S. 8 f. und insbesondere S. 152 ff. An dieser Stelle scheint mir seine Verwendung indes vertretbar.

auf der anderen Seite befinden sich scheinbar alle mittelbar und unmittelbar am Wirtschaftsgeschehen beteiligten Akteure fortwährend unter enormem Wettbewerbs- und Anpassungsdruck. Wettbewerb als Prinzip impliziert ein konstitutiv exklusives Moment. Es kommen eben nicht alle Marktteilnehmer gleichermaßen zum Zuge, sondern nur diejenigen, deren Produkte und Dienstleistungen auf wirksame Nachfrage treffen. Fortlaufend müssen durch unternehmerisches Handeln komparative Wettbewerbsvorteile erzeugt werden und durch geeignete Innovations-, Investitions-, Marketing- und Kostenreduzierungsstrategien stabilisiert bzw. ausgebaut werden. Das für einzelne Akteure mitunter fatale Ausscheiden aus dem Markt ist der Wettbewerbswirtschaft inhärent. Der *Ausschluss* nur suboptimal wettbewerbsfähiger Marktteilnehmer ist über kurz oder lang zwangsläufig die Folge, weil die Logik der Kapitalrentabilität einen Verbleib im Marktgeschehen nach Aufzehrung eventueller Rücklagen verhindert, sofern keine externen Interventionen, z.B. Eingriffe des Staates, erfolgen.

Der wettbewerbsbedingte Anpassungsdruck ist vornehmlich in Unternehmen, in Zeiten der Globalisierung aber auch in Wirtschaftsregionen und angesichts der vielfältigen Effekte der wirtschaftlichen Rahmenbedingungen auf den konkreten Unternehmenserfolg in Form der *Standortdebatten* schließlich in der politischen Öffentlichkeit von Nationalstaaten als zentrales Thema präsent.

In komplexen Wirtschaftsbeziehungen sind aber Ausmaß und Intensität des Anpassungsdrucks durch den Wettbewerb in hohem Maße ausdifferenziert. Welche Teilnehmer in welchem Maße unter hohem oder höchstem Druck stehen und welche Unternehmen, Branchen oder Staaten angesichts einer „verschärften" Wettbewerbssituation in nachteilige Wettbewerbspositionen geraten oder andererseits davon profitieren, ist nicht immer ohne weiteres auszumachen. Noch komplizierter wird die Wettbewerbsbetrachtung, wenn nach geeigneten Strategien des Umgangs mit veränderten Wettbewerbssituationen gefragt wird. Insofern ist die Thematisierung von Wettbewerbserfordernissen und die Explikation des Anpassungsdrucks immer auch ein Interpretieren und Deuten der ökonomischen Realität. Darüber hinaus ist der Verweis auf den „sich verschärfenden" Wettbewerb, mit dem ja suggeriert wird, das Wettbewerbsprinzip selbst sei Veränderungen hinsichtlich seiner Intensität und seiner konkreten Folgen für Marktteilnehmer Veränderungen unterworfen, Halbsatz vieler Argumentationen, mit denen unter Umständen völlig unterschiedliche, mithin gegensätzliche politische Forderungen untermauert werden können. In Wirtschaft und Gesellschaft setzen sich, so meine ich, Erfahrungen des Wettbewerbs als *Bedrohung* durch. Dies geschieht einerseits auf der Ebene einzelner Unternehmen, in denen existenzbedrohliche Wettbewerbsentwicklungen „hautnah" erfahren werden.[322]

---

[322] Auch diese Erfahrung lässt sich methodisch erzeugen, bzw. die Krise kann regelrecht professionell „produziert" werden, wie Jens Bergmann über die international tätige Firma General Electric berichtet. Den für Deutschland zuständigen Manager des Unternehmens zitiert Bergmann mit den Worten: „Man muss in einem Unternehmen für eine gewisse Krisenstimmung sorgen, muss den Eindruck vermitteln: Wenn wir das nicht packen, sind wir geliefert." Vgl. Bergmann 2002, S. 49.

In dem Maße, in dem ein Unternehmen vom Ausschluss aus dem Markt bedroht ist, sind auch die Arbeitsplätze der Unternehmensmitglieder und damit deren Chancen auf materielle Existenzsicherung gefährdet. Andererseits ist zu beobachten, dass der Wettbewerb für ganze Wirtschaftsregionen und Staaten als *Bedrohung* erscheint. Das Paradebeispiel für die fortwährende Entfaltung von Bedrohungsszenarien ist die deutsche Standortdebatte. Der Standort muss im globalen Wettbewerb mit anderen Standorten konkurrieren. Der für die Rahmenbedingungen zuständige Staat wird in noch stärkerem Maße selbst Marktteilnehmer.

Die allenthalben unterstellte „Verschärfung" des globalen Wettbewerbs gefährdet nicht nur einzelne Unternehmen, sondern stellt in dieser Perspektive die Existenz ganzer Gesellschaften in ihrer bisherigen Form, nicht mehr nur einzelner Unternehmen, in Frage. Die marktwirtschaftsimmanente Wettbewerbslogik verursacht permanente Krisen, lässt sich aber scheinbar weder durch Interventionen einzelner Akteure noch durch Markteingriffe des Staates vollständig außer Kraft setzten, vorausgesetzt, die Marktwirtschaft und Wettbewerb als solche sollen nicht per se „abgeschafft" werden. Die Frage nach den geeigneten Maßnahmen, wie also den neueren Entwicklungen zu begegnen sei, ist indes sowohl eine Frage der Angemessenheit staatlicher Interventionen in das Wirtschaftsgeschehen, als auch eine Frage der Interpretation von Bedrohungssituation und der darauf basierenden Wahl von Maßnahmen. Hier sind politische Überzeugungen, Positionen und Interessen von Bedeutung, sowohl in Unternehmen als auch in der Managementphilosophie und schließlich auch in den öffentlichen politischen Diskussionen.

Für unseren Zusammenhang ist zunächst die Aufbereitung des Wettbewerbs in Unternehmen und in den Beiträgen zu Management und Führung von Interesse, weil erkennbar ist, dass die Interpretation des Wettbewerbs als Mittel der Gemeinschaftskonstituierung eingesetzt wird. Die Mitarbeiter sollen verstehen, dass es in der gegenwärtigen Lage um Fragen grundsätzlicher und für sie existentieller Art geht:

> „Marktsättigung und erbitterter Kampf um Marktanteile erzwingen Denkstrukturen, in denen Fragen nach dem Sinn und Ziel des Unternehmens, nach seiner Existenzberechtigung zu beantworten sind."[323]

Es besteht Einigkeit darüber, dass es Wirtschaftsunternehmen seit langem mit schwierigen und krisenhaften Wettbewerbsbedingungen zu tun haben. Der Hinweis auf den gerade jetzt *harten, schwierigen, existenzbedrohenden* und v.a. den viel bemühten *sich verschärfenden* Wettbewerb ist ein Gemeinplatz in den Beiträgen zur Managementlehre und Führung ebenso wie der Mehrzahl der von mir untersuchten Unternehmensdarstellungen. Dabei ist insgesamt, so meine ich, eine Tendenz zu beobachten, die gegenwärtige Lage zu dramatisieren. So sollen etwa durch eine „strategische Aufstellung" entscheidende Wettbewerbsvorteile gesichert werden, und die bereits erwähnte „Gewinnermentalität" soll

---

[323] Agnos.

das „Überleben" in schwer umkämpften Märkten sicherstellen. Während Kunde im Rahmen eines „letzen Aufrufes" für eine seine Variante der Unternehmensführung wirbt, will Gerken im Zusammenhang mit der von ihm so bezeichneten *3.technologischen Revolution* sogar die Zuspitzung des internationalen Wettbewerbs auf einen *Endkampf* zwischen Amerika und Japan erkennen.[324] D'Aveni spricht von einer notwendigen „Mobilmachung" und an anderer Stelle sogar von einem „totalen Krieg". In der „Hyperwettbewerbsschlacht" hätten „Fair Play" und „Ritterlichkeit" ausgedient – die Alternative bestehe in *Töten oder getötet werden*.[325] Über den *Hyperwettbewerb* notiert D'Aveni:

> „Im Hyperwettbewerb hängt der Erfolg davon ab, ob es einem Unternehmen gelingt, die Eskalationsleitern mit Visionen, Fähigkeiten und Taktiken zu steuern, die zur Überwältigung der Wettbewerbsgegner in einem Krieg dienen, in dem viele Schlachten und Scharmützel um Herz und Psyche der Kunden gefochten werden."[326]

Moderater, aber in die gleiche Richtung gehend, argumentieren viele Unternehmen. „Keiner von uns" könne sich „in solchen Zeiten des Wandels" den ständigen Herausforderungen des Wettbewerbs entziehen, ist von der Commerzbank zu erfahren, weswegen es „klarer Orientierungshilfen für die Ausrichtung unserer Kräfte und unserer Mittel" bedürfe.[327] Die AXA-AG erklärt, dass sich der Wettbewerb in der Versicherungsbranche deutlich verschärft habe.[328] Die Deutsche Bank erläutert:

> „In einem immer härter umkämpften Markt sind Identität und Marke daher als Einheit zu verstehen. Sie verkörpern den Kern unseres Unternehmens."[329]

Die Firma *Cosmos direkt* berichtet:

> „Im immer härter umkämpften Markt hat sich der bereits im Geschäftjahr 1999 schwierige Wettbewerb weiter verschärft."[330]

Die Firma Enwei will mit „moralisch korrekten" und „fachlich qualifizierten" Mitarbeitern den Wettbewerb bestehen und sich in einer „uneinnehmbaren Festung verbarrikadieren."[331]

---

[324] Vgl. Gerken 1994, S. 96.
[325] Vgl. D'Aveni 1995, S. 401, S. 392 und S. 407 f. Eine sehr kriegerische Sprache findet sich auch bei Ohmae 1985, S. 53.
[326] Vgl. ebenda, S. 285.
[327] Vgl. Commerzbank .
[328] Vgl. AXA.
[329] Deutsche Bank.
[330] Cosmos direkt.
[331] Vgl. Enwei. www.enwei.com.cn/Germany (Stand: Juli 2005) In der Selbstdarstellung dieses Unternehmens ist außerdem zu erfahren, dass hier Menschen mit einer „geistigen Auffassung" arbeiten. Es soll ein „wirksamer Beitrag zur Gesellschaft und Menschheit" geleistet werden. Dafür sei ein bestimmter Menschentypus erforderlich, der von anderen Menschentypen abgegrenzt wird. Vgl. die Einzelheiten ebenda.

Die Provinzial beklagt „allgemein sinkende Margen" und „immer schärfere Konkurrenz", die mehr „Dynamik bei der Produktentwicklung" erfordere.[332] Die „aktuelle und zukünftig zu erwartende Marktentwicklung" mache einem anderen Versicherungsunternehmen zufolge die „permanente Optimierung von Strukturen und Prozessen notwendig, um dem mit der Deregulierung ausgelösten stetig steigenden Wettbewerbsdruck auf Kosten und Preise [...] entgegenzuwirken."[333] Auch hier ließen sich mühelos weitere Beispiele ergänzen.

Analog zur Darstellung der Wettbewerbssituation durch Unternehmen und „Managementphilosophen" erfolgt die öffentliche Perzeption des weltweiten Wettbewerbes ebenfalls in der appellhaft-bedrängenden Form einer permanenten Bedrohung, die in der Zwischenzeit einen allgemeinen ökonomischen Alarm zur Folge hat. Parallel dazu wird mit ökonomischen Diagnosen auch gesamtgesellschaftlicher Alarm ausgelöst. Meinhard Miegel titelt *Die deformierte Gesellschaft.* Hans Werner Sinn fragt wortgewaltig *Ist Deutschland noch zu retten?* Und Gabor Steingart nennt sein Buch *Deutschland – der Abstieg eines Superstars.*[334] Die Wirtschaftsteile der überregionalen Tageszeitungen sind randvoll mit entsprechender Rhetorik: *Allianzen zum Überleben*[335] sollen gegen die „Konkurrenz aus dem Osten" geschmiedet werden. Schulze will in der „Katastrophenfolklore" in positiver Umdeutung sogar das „Ende der Verdrängung und Schönfärberei" und einen „Umschwung im Denken" erkennen. Der Focus würde durch den „deutschen Pessimismus" wieder stärker auf die „Kollektivgüter" als auf „Gruppeninteressen" gerichtet.[336] Pieper sprich von „Deutschen Träumereien" und will einen Widerwillen gegen das Ökonomische und gar eine „heute geläufige Ökonomophobie" in Deutschland erkennen.[337]

Dabei entbehrt die Bewertung des Wettbewerbs als Instrument in den verschiedenen Debatten durchaus nicht einer gewissen Widersprüchlichkeit: Einerseits gilt er als Schlüssel zu Wachstum, Beschäftigung und ökonomischer Prosperität und wird als das Erfolgsmodell schlechthin betrachtet. Homann spricht von „Sünden gegen die Marktwirtschaft", wenn er beklagt, dass „es in vielen Bereichen existierender Marktwirtschaften *zu wenig Markt und zu wenig Wettbewerb* gibt."[338] Um die Marktwirtschaft aus liberaler Sicht „zu voller Blüte" zu bringen, ist also prinzipiell immer mehr Wettbewerb erforderlich. Andererseits scheint der gegenwärtige Wettbewerb zugleich *hart, ruinös, existenzbedrohend, erbarmungslos, „hyper"* oder jedenfalls irgendwie außer Kontrolle geraten zu sein. Die häufig gebrauchte Formel, der Wettbewerb habe *sich* verschärft, kann als

---

[332] Vgl. Provinzial-Rheinland.
[333] Vgl. Gothaer.
[334] Vgl. Miegel 2002, Sinn 2003 und Steingart 2004.
[335] Süddeutsche Zeitung vom 03./04. April 2004 in einem Artikel mit dem Titel „Leuchttürme im Meer des Wissens" über eine Konferenz der „IT-Leaders" in München, Vgl. ebenda, S. V1/15.
[336] Vgl. Schulze 2004, S. 13.
[337] Vgl. Piper 2004, S. 13.
[338] Vgl. Homann/Blome-Dress 1992, S. 69.

Ausdruck für die Erfahrung dieses Kontrollverlustes verstanden werden. Die Entwicklung scheint undurchschaubar, handfeste Akteure sind kaum auszumachen. Daher die Tendenz, den Wettbewerb selbst zu personalisieren.

Niemand kann sich unter echten Wettbewerbsbedingungen ausruhen. Gerade gegenwärtig wird deutlich erkannt, dass Strukturwandel, Produktionsumstellungen, Betriebsstilllegungen, Bankrotte und Entlassungen von Arbeitskräften eben nicht Ausdruck vorübergehender Krisenphasen sind, sondern den *wettbewerbswirtschaftlichen Normalfall* darstellen, oder – um es mit Homann in eine liberale Diktion zu übersetzen – „die Bedingung des Wohlstandes aller und damit der Freiheit aller."[339]

Die unablässige Rede von der unbedingten Notwendigkeit der Herstellung von „Wettbewerbsfähigkeit" als einer Frage des Überlebens – seien nun Unternehmen, Verwaltungen, Hochschulen, Wirtschaftsunternehmen, Schüler, Studenten etc., etc. gemeint – kann als Ausdruck eines Klimas gewertet werden, indem sich diejenigen menschlichen Erfahrungen greifbar häufen, die im Erleben des Scheiterns an den Anforderungen dieses neuen Maßstabes bestehen. Ein konsequentes Durchhalten des Wettbewerbsprinzips geht immer mit Ruin, Ausscheiden und Verlust einher, was erwartungsgemäß Legitimationsprobleme impliziert. Homann spricht von „Strapazen", die den Menschen zugemutet werden.[340]

Die diffusen Bedrohungslagen müssen, damit sie nicht zu leistungshemmender Orientierungslosigkeit führen, für die Mitarbeiter konkret erläutert, kristallisiert und kanalisiert werden. Der Wettbewerb und seine Notwendigkeiten müssen den Mitarbeitern *erklärt* werden. Auf die vornehmlich den großen Führungspersönlichkeiten zugeschriebene entscheidende Fähigkeit, das Überleben der Gemeinschaft unter diesen schwierigen Bedingungen sicherzustellen, und die mit dieser Zuschreibung intendierte Legitimation des Führungshandelns habe ich bereits hingewiesen.

Im Unternehmenszusammenhang kann die wahrgenommene oder durch managementseitige Interventionen noch verstärkt erfahrene Bedrohung durch den Wettbewerb als Abgrenzungsvehikel instrumentalisiert werden. Die Identifikation mit der Unternehmensgemeinschaft fällt umso leichter, je eher diese einen wirksamen Schutz zur Abwehr gemeinsam gefühlter Bedrohungen zu garantieren scheint. Darüber hinaus wird auch die Notwendigkeit der inneren Geschlossenheit und Einigkeit ein weiteres Mal unterstrichen: In diesem bedrohlichen Umfeld sind suboptimale Leistungsabgabe, Konflikte, mühsame Aushandlungsprozesse oder gar Machtkämpfe mit Quertreibern nicht tolerabel.

---

[339] Vgl. ebenda, S .78. Die Aufzählung ist im wesentlichen von Homann übernommen. Allerdings habe ich den Euphemismus „Freisetzungen von Arbeitskräften" durch das den Tatbestand adäquat erfassende Wort „Entlassungen" ersetzt.
[340] Vgl. Homann/Blome-Drees 1992, S. 78 f. Zu den daraus resultierenden Problemstellungen für die Politische Philosophie siehe Steinvorth 1999, S. 206 ff.

7.9 Der Arbeit einen Sinn geben: Zur Produktion von *Sinn* in der Unternehmung

Die Bedeutung des schwierigen Begriffes *Sinn*, um die es hier geht, kann nur eine *teleologische Bedeutung* sein. Wenn Arbeit für den Arbeitenden in diesem Zusammenhang einen *Sinn* haben soll, dann muss die Arbeitstätigkeit auf ein nachvollziehbares und verstehbares *Ziel* hin ausgerichtet sein.[341] Die Arbeit muss in ihrer Eigenart kontextuell in eine verstehbare Erfahrungsgesamtheit eingeordnet werden können. Die verfolgten Ziele und Zwecke sowie die zur Zweckverfolgung eingesetzten Mittel müssen dem Arbeitenden *plausibel* sein und, da die Sinnerfahrung eine subjektive Angelegenheit ist, in einer weitgehend selbständigen Verstandesleistung in einem mehr oder weniger *eigenen teleologischen Sinnkonzept* bzw. einer privaten *Hierarchie der Zwecke* verortet werden.[342] In der gegenwärtigen Arbeitswelt, so wird es nicht nur von kritischen Beobachtern konstatiert, scheinen indes nicht selten nur geringe Möglichkeiten für die Erfahrung eines in dieser Weise teleologischen Sinns in der Arbeitstätigkeit zu bestehen. Gleichwohl besteht aber unter Arbeitnehmern, so die einvernehmlich Auffassung, ein „vitale[s] Interesse an einer sinnvollen und erfolgreichen Arbeit".[343]

Uwe Böning weiß über die neuen Manager und Führungskräfte, die er als „soziale Architekten der Unternehmenskultur" bezeichnet:

> „Sie müssen von leitenden Angestellten zu leitenden Persönlichkeiten ihrer Mitarbeiter werden, damit sie Sinn in der Arbeit, wirtschaftlichen Erfolg und Daseins-Sinn miteinander verknüpfen können."[344]

Geborgenheit, Sinn und das „Wir-Gefühl" würden heute, „...da die alten Sozialsysteme aufbrechen...", sogar *gerade* in Unternehmen gesucht. Folglich falle „den Unternehmen (wieder) eine sozialstabilisierende Rolle zu." Dabei handele es sich um „eine alte Rolle im neuen Gewand".[345]

In ihrem Buch *Die Sinn-Macher. Wer siegen will muss führen* stellt Gertrud Höhler gleich zu Anfang kategorisch fest: „Der Sinn wird knapp. Niemand nennt uns eine *sinnerfüllte Gesellschaft*".[346] Für die meisten Managementdenker steht indes außer Frage, dass das vermeintlich erkannte Sinndefizit zu einem guten Teil kein strukturelles, sondern ein Moderations-, Vermittlungs- und Or-

---

[341] Vgl. zu den unterschiedlichen Dimensionen des Begriffs etwa Brugger 1976, S. 352 f.
[342] Unablässig wird in der Managementdebatte die Notwendigkeit der Übernahme der Unternehmensziele durch die Mitarbeiter betont. Häufig erscheint diese Zielaneignung als bloßer Lernprozess, nach dessen Abschluss eine Zielaneignung quasi selbstverständlich erfolgt. Wenn die Mitarbeiter nur endlich gelernt haben, was Kundenzufriedenheit wirklich bedeutet, so die geradezu naive Annahme, dann werden sie sich mit ganzer Kraft dafür engagieren. Die immanente Inferiorisierung ist nicht zu überlesen. Vgl. z.B. Dietrich 1999, S. 46.
[343] Vgl. Adamaschek 2001, S. 38.
[344] Böning 1989, S. 458. Ähnlich Nagel 1991, S. 39 f.
[345] Vgl. ebenda, S. 458.
[346] Vgl. Höhler 2002, S. 13.

ganisationsproblem darstellt. Auch ist der Zusammenhang zwischen *Sinnerfahrung in der Arbeitstätigkeit* und *Motivation zur Arbeitsleistung* unumstritten.

Schon 1987 beginnt Wilfried Holleis seine Analyse des Unternehmenskulturansatzes mit der Frage, welche psychische Befindlichkeit der moderne Mensch in der modernen Gesellschaft und in der Unternehmung habe und ob er „an Werten und Sinn verloren" habe.[347] Die Debatte über Unternehmenskultur ist, wie Holleis herausarbeitet, im Wesentlichen durch die weiterhin aktuelle Idee von *Management als Sinnvermittlung* geprägt. Aufgabe gerade der obersten Führungsebene sei eben nicht die „rationale Gegenwartsbewältigung", sondern „die Produktion von Sinnüberschuß".[348] Allerdings bleibe dort, wo die „Produktion von Sinn", Sinnvermittlung und Sinnzusammenhang als „Hauptfunktion" der Unternehmenskultursteuerung und des Managements erachtet werden, allzu oft völlig unklar, „welcher Sinn überhaupt vermittelt werden soll".[349]

Ist der „Sinnverlust" nicht zuletzt durch seine permanente Thematisierung erst einmal als Phänomen identifiziert und als Vermittlungsproblem qualifiziert, können einerseits die Überlegungen zu den vermeintlichen Ursachen dieser Entwicklung (Wertewandel, Faulheit, Bequemlichkeit, Saturierung, Entfremdung von der Arbeit, Verfall der Arbeitsfreude etc.) angestellt, andererseits die Strategien zur Beseitigung des auch unter Ertragsgesichtspunkten als hinderlich erkannten „Sinndefizits" verfolgt werden. Ob eine „Erosion der protestantischen Arbeitsethik" oder eine „Zerrüttung" des Verhältnisses des Menschen zur Arbeit allgemein, ob strukturelle Ungereimtheiten des Arbeitsalltages oder globalisierungsinduzierte Unsicherheiten und Ängste ins Feld geführt werden, der *Sinnverlust* bzw. das allgemeine *Sinndefizit* werden als konstitutiv für gegenwärtige Arbeitszusammenhänge angesehen.[350] Lutz von Rosenstiel hat darauf hingewiesen, dass dieser Sinnverlust, wenn er denn überhaupt in der oben beschriebenen Weise tatsächlich vorliegt, durchaus gute Gründe hat. Zum einen sei eine „funktionelle Berufsauffassung" angesichts der Instabilität der Mehrzahl der Arbeits- und Berufssituationen und der damit zusammenhängenden hohen Anforderungen an persönliche Anpassungsleistungen geradezu unvermeidlich. Diese Auffassung sehe „Arbeit im wesentlichen als Erwerbsquelle" und orientiere sich „an den jeweiligen Verwertungschancen der persönlichen Kenntnisse und Fähigkeiten."[351] Die Bereitschaft, Leistung zu erbringen, sei andererseits weit stärker als in der Vergangenheit an die Erwartung geknüpft, eigene Fähigkeiten und Neigungen in die Arbeitstätigkeit einbringen und Bedürfnisse nach „Kreativität" und der „Verwirklichung *individueller Sinnvorstellungen*" befriedigen zu können sowie über *tatsächliche* nennenswerte Handlungsspielräume zu verfügen. Die

---

[347] Vgl. Holleis 1987, S. 7 ff.
[348] Vgl. auch Löhner 1990, S. 98.
[349] Vgl. Holleis 1987, S. 40 ff.
[350] Vgl. zu den unterschiedlichen Thesen über die Gründe des beschriebenen Defizits v.a. Holleis 1987, S. 60 ff.
[351] Vgl. v. Rosenstiel u.a. 1987, S. 19 ff.

Arbeitswelt hingegen sei nun aber geeignet, genau *diese Bedürfnisse* zu enttäuschen:[352]

> „Eine umfassende Sinngebung der Arbeit aus der unmittelbaren Arbeitswirklichkeit heraus ist nur für wenige von den Arbeitsbedingungen her Privilegierte möglich."[353]

Die Bestimmung des *Lebenssinns durch Arbeit* wird angesichts der Arbeitsbedingungen einer Mehrzahl von Beschäftigten daher nicht nur zunehmend problematischer, sondern der Aufbau übermäßiger Sinnbezüge bis hin zur Hingabe an die Arbeit führt v. Rosenstiel zufolge angesichts hochspezialisierter moderner Arbeitsformen zu „Überforderung und psychischer Verarmung". Nur dort, „wo das Arbeitsverhältnis von Dauer und der Beruf durch persönliches Verhalten weitgehend formbar ist", könne es überhaupt zu einem „idealistisch-ganzheitliche[n] Arbeitserlebnis" kommen und zu einem direkten Zusammenhang zwischen Berufsausübung und so genannter Selbstverwirklichung.[354]

In dem Maße, in dem in der Arbeitsrealität die Diskrepanz zwischen dem Wunsch nach dauerhaft stabilen Arbeitsbeziehungen, die mit tatsächlichen Handlungsspielräumen ausgestattet sind und die selbständig rational erfahrbare Sinnbezüge enthalten, und dem erfahrenen Arbeitsalltag wächst, kommt für die Managementdenker und die Experten für Unternehmensphilosophie eine steuernde Einflussnahme in den Blick. Gemeinsame Werte sollen „gelebt"[355], die Mitarbeit an einer großen „sinnvollen" Sache suggeriert und der motivationsrelevante *Sinn* notfalls künstlich produziert werden. Da nicht der „effektivste Weg zum gegebenen Ziel" (Ulrich), sondern die Ermittlung des *Ziels* selbst, den Kern der gegenwärtigen Managementprobleme darstellt, sollen die Unternehmensphilosophie einerseits und die Partizipation an der Unternehmensgemeinschaft andererseits dieses „Zieldefizit" beseitigen.[356] Wenn auch Holleis zufolge ein „geschlossenes Sinnsystem" angesichts weit ausdifferenzierter gesellschaftlicher Werthaltungen „beim Stand der Entwicklung" nicht mehr zu erwarten sei, können doch die Ansätze, die sich „Management als Sinnvermittlung" vornehmen, auch als Versuche interpretiert werden, die Unternehmensgemeinschaften als geschlossene Sinnsysteme zu konzipieren.[357] Bei aller Diskussion um mögliche „Grenzen der Sinnproduktion" und trotz der oben vorgetragenen Einwände, ist

---

[352] Vgl. ebenda, S. 9 ff. Hervorhebung M.S.
[353] Ebenda, S. 20.
[354] Vgl. ebenda, S. 20 f. André Gorz gibt zu bedenken: „Niemals wurde sich auf die unersetzbare, unerlässliche Funktion der Arbeit als Quelle sozialer Bindung, sozialen Zusammenhalts, von Integration, Sozialisierung, persönlicher Identität und des Lebenssinns so zwanghaft berufen, wie seitdem sie keine dieser Funktionen mehr erfüllen kann...". Gorz 2000, S.81f. Claus Offe, dieses Problem wohl sehend, beharrt auf einer „fest verankerte[n] moralisch-ökonomische[n] Intuition", die für zweifelsfrei hält, „... daß es die Erwerbsarbeit ist, die das organisierende Zentrum eines gelungenen Lebens sein und bleiben muß." Offe 2000, S. 501.
[355] Vgl. etwa Kopelent 2001, S. 83.
[356] Vgl. Holleis 1987, S. 80 ff.
[357] Ebenda, S. 347 f.

das Sinnstiftungsbedürfnis neuerer Management- und Führungslehren gewaltig. Wo Holleis kritisch fragt, inwiefern die Unternehmen selbst am diagnostizierten Sinnverlust eigentlich maßgeblich beteiligt sind,[358] geben etwa Kunde und zur Bonsen dazu in jeder Hinsicht eindeutige Antworten. Die typische Herstellung eines Sinnzusammenhangs wird über die Vermittlung der an einer großen Sache arbeitenden Unternehmensgemeinschaft bewirkt. Indem geschäftlicher Erfolg und persönliche Entwicklung in einen direkten Zusammenhang gebracht werden, soll Sinn „erzeugt" werden, und zwar ohne dass sich Arbeitsumstände, Arbeitsorganisation und tatsächliche Einflussmöglichkeiten strukturell verändern.

Die Unterstellung, die von v. Rosenstiel beschriebene typisch rationale und weitgehend emotionslose Haltung sei Ausdruck eines *geistigen Defizits* und weise auf Orientierungslosigkeit hin, der begegnet werden müsse, stellt die gemeinsame Basis dieser Anstrengungen dar. Gertrud Höhler spricht sogar von einem „Hunger nach Sinn" und weiß, dass Sinn *sich* (sic!) nur entfaltet, „wenn die metaphysische Dimension in unseren Köpfen" gleich wichtig genommen werde, wie das omnipräsente Profitdenken. Schließlich gehe es um die *„added values der menschlichen Existenz"* – Tugenden, Würde und den Menschen als Zweck an sich selbst.[359] Das Ego des modernen Menschen wehre sich gegen seine „Verzweckung". Aber auch bei Höhler ist die Sinnproduktion eine Aufgabe für eine gesellschaftliche Elite, eine „Herausforderung an den Mut der Mächtigen." Führung sei die „Sinn-Agentur der Zukunft" in der „Ära der großen Verunsicherung".[360] Löhners „verantwortlicher Manager" hat sich um „eine tragfähige Sinnantwort unter Berücksichtigung des Wandels" zu bemühen und hat dabei nicht nur den Sinn der Arbeit, sondern gleich den *Sinn des Lebens* im Auge[361], und Böckmann formuliert plakativ: *Vom Sinn zum Gewinn.*[362]

Das Bemühen um die Produktion tragfähiger Sinnbezüge im Unternehmen dürfte mit Abstand das schwierigste und zugleich das am weitesten ausholende Unterfangen einer auf die Konstituierung einer Unternehmensgemeinschaft abzielenden Personalpolitik darstellen. Eine „administrative Erzeugung von Sinn" (Habermas) erscheint ausgeschlossen. Dies gilt Peter Ulrich zufolge jedenfalls dann, „wenn der Modus der „Sinnvermittlung" und damit der dahinterstehende *eigentliche* Sinn der instrumentalisierten Sinnzusammenhänge durchschaut wird."[363] Ulrich unterscheidet zwischen einem durch symbolisches Kulturmanagement im Rahmen des Unternehmenskulturansatzes „gemachten" und einem „gegebenen" Sinn, der vom Einzelnen oder einer Sinngemeinschaft als „authentisch" empfunden werden könne und der sich einer „beliebigen Manipulation"

---

[358] Vgl. ebenda, S. 136.
[359] Vgl. Höhler 2002, S. 19.
[360] Vgl. ebenda, S. 19 ff.
[361] Vgl. Löhner 1990, S. 107.
[362] Vgl. Böckmann 1990. Der vollständige Titel des Beitrages lautet: *Vom Sinn zum Gewinn. Eine Denkschule für Manager.*
[363] Vgl. Ulrich 1990, S. 293.

angeblich entziehen soll.[364] Diese Trennung scheint mir für den Unternehmenskontext kaum plausibel: Wer hindert Unternehmensangehörige daran, den von der Unternehmensleitung „gemachten" Sinn als den „gegebenen" und „authentischen" Sinn zu erfahren?

Bewertungen des Sinnproblems in Unternehmen setzen auch hier den Ausweis der Perspektive voraus, aus der sie vorgenommen werden. Wenn das Management Bedingungen schafft und Veränderungsprozesse in Gang setzt, in denen Sinnerfahrung ermöglicht oder befördert wird, kann dies im Sinne des Ziels einer humanen Arbeitsgesellschaft nur begrüßt werden. Wenn aber *Sinnvermittlung* als eine mentale Intervention bzw. ein geistiger Zugriff zu verstehen ist und als Chiffre für die Forderung nach noch mehr Engagement und Leistung unter Ausnutzung der im Unternehmen vorhandenen besonderen sozialen Situation begriffen werden muss, ist Kritik angezeigt. Die anvisierte Verhaltenssteuerung *durch* Sinnvermittlung ist und bleibt ein fragwürdiges pädagogisches Projekt, dessen Unverträglichkeit mit dem Leitbild einer Gesellschaft freier, mündiger und damit auch für die Produktion von Sinn selbst verantwortlicher Bürger evident zu sein scheint.

---

[364] Vgl. ebenda, S. 293.

8 Erfolgsideologien innerhalb und außerhalb des Unternehmenskontextes

> *„Jeder Mensch ist der Schöpfer/ seines Schicksals"*
> *(Jürgen Höller)*
>
> *„Unsere Arbeitswelt braucht keine Versorgung durch Stammplatzgarantie. Jeder hat seinen Erfolg selbst in der Hand: jeder Mitarbeiter, jedes Unternehmen und zusätzlich – als neuer psychologischer Kontrakt – beide gemeinsam!" (Christian Scholz)*

8.1 „Erfolg ist machbar": Zum Problem der methodischen Aneignung von Erfolg

Jeder ist seines Glückes Schmied, so heißt es in dem bekannten Sprichwort. Indes widerspricht die dem geflügelten Wort zugrunde liegende Einsicht nicht selten dem, was üblicherweise mit dem Wort *Lebenserfahrung* bezeichnet wird. Das Diktum bezeichnet nur die eine Seite einer zweiseitigen Medaille. Man hat es zwar vielfach selbst in der Hand, ob das eigene Leben gelingt, man unternimmt Anstrengungen, versucht etwas und müht sich mehr oder weniger intensiv. Führen diese Bemühungen zu einem *Gelingen* welcher Art auch immer, scheint der Fall klar: Man hat sein Glück selbst geschmiedet. Gleichzeitig ist ein einzelnes Leben jedoch stets *Widerfahrnissen* ausgesetzt, die ein unbegrenztes Gestalten und eine unbegrenzte Einflussnahme auf das Gelingen des Lebens einschränken oder gar verbieten. Diese Spannung und Diskrepanz zwischen eigener Einflussmöglichkeit und äußerer, konstellativer Begrenzung ist konstitutiv für die menschliche Existenz. Die „Spielräume", die im Einzelfall zur Verfügung stehen, sind mithin sehr unterschiedlich. Der nach Erfolg Strebende ist immer Teil einer komplexen Konstellation. Die Einsicht, einen Lebensverlauf nicht vollständig *in der eigenen Hand* zu haben, ist zunächst eine Angelegenheit individueller Reflexion und wird nicht selten als ernüchternd und bedrückend erlebt. Vielleicht ist dies der Grund, warum das oben erwähnte Sprichwort, trotz aller gut begründeten Einwände und Relativierungen, dennoch immer wieder Beachtung findet und auch in der Perzeption und Deutung ökonomischer Prozesse sowie der Interpretation von Arbeitsbiographien eine nicht unerhebliche Rolle spielt. Kontingenten Lebensverläufen wird schnell eine Kausalität attestiert, die dann bei näherem Hinsehen nicht zu halten ist (Kein Wunder, dass er es ganz nach oben geschafft hat, so fleißig wie er war...). Insbesondere diejenige Art des Erfolges, die durch einen besonderen beruflichen Werdegang dokumentiert wird, eine außerordentliche *Karriere*, ist kaum mit Patentrezepten aller Art zu erreichen. Voraussetzungen edukativer und qualifikatorischer Art, um nur ein Beispiel zu nennen, können bis zu einem gewissen Grad beeinflusst werden, Einsatz und Leistungsbereitschaft können überdurchschnittlich sein. Gleichwohl bieten diese Voraussetzungen keine Garantie für einen in diesem Sinne erfolgreichen Verlauf eines

Arbeitslebens. Zu viele andere Faktoren spielen hier eine Rolle z.B. gute persönliche Kontakte für beruflichen Aufstieg, günstige Bedingungen im Unternehmen, Neuinvestitionen des Unternehmens in bestimmten Bereichen, wirtschaftliche Rahmenbedingungen, Besitz einer knappen Qualifikation, die zum Zeitpunkt ihres Erwerbs evtl. nicht knapp war oder schlicht ein zufälliges Zusammentreffen oder ein informelles Gespräch zur rechten Zeit.

Ständig unternehmen wir implizite Ein- und Abschätzungen, Chancenbewertungen und Prognosen, mit denen begründet werden kann, sich *so und nicht anders* zu verhalten. Einschätzungen dieser Art können fehlgehen. Wer seine Karriere plant, ist darüber hinaus in der Regel kein *homo oeconomicus* im strengen Sinne und folgt bei seinen Lebensentscheidungen nicht automatisch einer erst noch zu präzisierenden *Theorie rationalen Handelns*.[1] Vielmehr spielen eine Fülle von Faktoren und subjektiven Präferenzen eine Rolle.

Ganz ähnlich verhält es sich mit dem ökonomischen Erfolg einer Unternehmung. Auch hier sind durch Maßnahmen der Unternehmensführung einzelne erfolgsrelevante Faktoren gut, andere weniger gut oder gar nicht zu beeinflussen.[2] Längst hat sich die Vorstellung von einem Unternehmen als komplexem System mit komplexen Interaktionsbeziehungen zur Umwelt weitgehend durchgesetzt und sind die Grenzen der Gestaltbarkeit deutlich geworden. Trotz aller Einwände ist die Auffassung, ökonomischer Erfolg respektive eine gelungene Arbeitsbiographie seien im Wesentlichen eine Sache eigener Anstrengung, weiterhin sehr populär. Die Aufmerksamkeit, die „Geheimrezepte" aller Art erfahren, und die Zielstrebigkeit, mit welcher Mythen über erfolgreiche *Unternehmerpersönlichkeiten* verbreitet werden und Beachtung finden, lassen jedenfalls keinen anderen Schluss zu, als dass es offenbar erhebliche Widerstände gegen die Einsicht gibt, dass Erfolg zu einem gewissen Grad eine Sache auch des „Glücks" oder Zufalls ist und nicht ausschließlich „methodisch" angeeignet und forciert werden kann. Auf der Suche nach ökonomischem Erfolg, Reichtum, Status, Anerkennung und Ansehen wird versucht, die vermutete verborgene *Logik des Erfolges* endlich aufzuspüren, um dann ihr gemäße Handlungen unternehmen und Entscheidungen treffen zu können.

Sam Waltons Regeln zum Aufbau eines Geschäfts[3], die Business-Tipps der Wirtschaftsillustrierten oder etwa Robbins 11 Lektionen zu den „Prinzipien geistigen Erfolges"[4] sowie die unzähligen in Lebenserinnerungen und Autobiographien[5], in denen „Erfolgspersönlichkeiten" Erklärungen über die Ursachen

---

[1] Zur aktuellen Diskussion um die neueren Beiträge zum *homo oeconomicus* und seinen „Nachfolger", den „REMM" (resourceful, evaluating, maximizing man) vgl. Gerlach 2002, S. 229.
[2] Man denke nur an Wechselkursrisiken, die überraschende Zahlungsunfähigkeit wichtiger Kunden, staatliche Interventionen aller Art und schwer zu überschauende, evtl. plötzliche Veränderungen des Konsumentenverhaltens.
[3] Vgl. Abschnitt 8.4.
[4] Vgl. Robbins 2001.
[5] Vgl. die folgenden Abschnitte.

der von ihnen erbrachten Leistungen abgeben, sind allesamt als Versuche zu bewerten, diese unterstellte *Logik des Erfolges* zu veranschaulichen und damit in den Griff zu bekommen. Durch Präsentationen dieser Art wird regelmäßig vermittelt, dass der Aufstieg zur *Erfolgspersönlichkeit* eben doch eine Sache eigenen Willens und eigener Anstrengung ist. Der berühmte „Tellerwäschermythos" (success myth) ist keineswegs erledigt.[6] Populäre Erfolgsideologien weisen Gemeinsamkeiten hinsichtlich des in ihnen Behaupteten auf, die folgendermaßen erfasst werden können:

1. Der Glaube bzw. die Behauptung, Erfolg könne systematisch herbeigeführt werden.
2. Die Behauptung, dies gelinge entweder durch das „Erlernen" von Erfolgstechniken, durch Einstellungsveränderung („positives Denken") oder durch das Durchschauen verborgener Erfolgsprinzipien.
3. Materieller Erfolg wird als ein Zeichen bzw. Ausdruck humaner Exzellenz und besonderer intuitiver, spiritueller, mentaler oder sonstiger Fähigkeiten gedeutet.
4. Fast immer wird suggeriert, über das Vehikel materiellen Erfolges könne ein *gutes Leben* geführt und die Begrenztheit der individuellen menschlichen Existenz überwunden werden.
5. Die meisten Erfolgsideologien sind „Welterklärungen" von zwar geringem Strukturierungsgrad aber großer Reichweite.

Ich gehe nun so vor, dass ich zunächst Ansätze problematisiere, die Optimismus und „positives Denken" propagieren, um dann im darauf folgenden Abschnitt auf die Implikationen des Verfahrens, Unternehmer und Manager als vorbildhafte *Superpersonen* zu deklarieren, einzugehen. Zur Abrundung dieses Abschnitts wird anhand der Analyse der erfolgsideologischen Grundlagen des Beispiels WalMart als einer „Gemeinschaft der Erfolgreichen" der Bezug zur Praxis der Unternehmensführung unterstrichen.

Der facettenreiche Markt der Anbieter von Seminaren und Trainings, in denen „Erfolgspersönlichkeiten" entwickelt werden sollen, in denen also die Möglichkeit methodischen Aneignung von Erfolg nicht nur in Aussicht gestellt, sondern „professionalisiert" wird, soll im Anschluss daran wenigstens in einem kleinem Ausschnitt betrachtet werden.

8.2 Optimismus und „positives Denken" als Illusion des Privaten

Erklärungen einer *Logik des Erfolges* bis in die Reichweite von „Welterklärungen" und die Begründung der Notwendigkeit positiven Denkens sind wirkmächtige Phänomene. Die Leserschaft von Büchern über Erfolg, Motivation und positives Denken umfasst Millionen.[7] Die Kernfrage des Erfolgsdenkens im privaten Leben aber auch im Beruf lautet: *Wer entscheidet über Ihr eigenes Glück oder Un-*

---

[6] Vgl. Hansen 1995, S. 59.
[7] Vgl. Scheich 2001, S. 7.

glück? – die gemeinsame ideologische Antwort der „Erfolgsphilosophen" unterschiedlicher Provenienz lautet: *Sie Selbst!*[8] Das private Individuum, „Ich" oder „Selbst", von Alltagsproblemen, Misserfolgen, Durchschnittlichkeit und Angst bedrückt, in einer komplizierten, undurchschaubaren und belastenden Lebenssituation in einer noch komplizierteren Welt verhaftet, erhält etwa von Erich Lejeune die verheißungsvolle Nachricht:

> „Du schaffst, was du willst! Die Kraft ist in dir!"[9]

Alles ist möglich, jedes Ziel kann erreicht werden, man muss nur die nötige „Energie" dafür aufbringen und die in den jeweiligen Ratgebern vorhandenen Ratschläge genau beachten, dann steht einem vollständig geglückten privaten Leben nichts mehr im Wege. Hier nur ein paar typische Botschaften, welche die Erfolgsexperten nicht müde werden, ihren Lesern mit auf den Weg zu geben. „Die größte Kraft ist ihre Begeisterung" weiß Lejeune und „Wirklich real sind nur ihre eigenen Träume". Ein konsequenter Blick nach oben und vor allem keine falsche Bescheidenheit sind am Platze, denn:

> „Die Größe deiner Wünsche muss der Größe deiner Entschlossenheit entsprechen."[10]

Alle „Niederlagen" des Lebens müssen als Chance begriffen und in „Siege" umgedeutet werden. Es soll gar eine *Gesetzmäßigkeit* darin bestehen, dass „die meisten großen Erfolge ihren Ausgangspunkt oft in katastrophalen Niederlagen nahmen."[11] Man müsse „Eins werden" mit dem eigenen Lebensziel, Begeisterung setze ungeahnte „Energien" frei, die schließlich das Erleben „magischer Augenblicke" gestatteten soll.[12] Das eigene Bewusstsein müsse auf die Kernbotschaft „Das kann ich" programmiert werden. Lejeune weiß:

> „Das kann ich! führt immer zum Erfolg!"[13]

„Grübeln" und Skepsis sind gefährlich, aber positives Denken habe eine „unglaubliche Macht". Es werde gar eine „neue Dimension des Denkens" erreicht.[14] Die „Grenzen des eigenen Ichs" können „gesprengt" werden, wenn man es nur richtig anstellt. Der Erfolg selbst sei eine „Philosophie des permanenten Wachstums."[15] Bei Lejeune und anderen wird die Möglichkeit der bewussten Entscheidung für ein erfolgreiches Leben vollständig dem Einzelnen zugerechnet. Erfolg heißt hier, trotz gewisser Einschränkungen, in erster Linie materieller Reichtum. Entscheidend bei Lejeune ist sein nachgerade „naturgesetzliches" Erfolgsdenken. Die plakativen Botschaften sind hier Ausdruck der Annahme,

---

[8] Vgl. ebenda, S. 14. Scheich rekurriert hier auf einen Ausspruch Norman Vincent Peales.
[9] Vgl. den gleichnamigen Titel von Lejeune 1999.
[10] Lejeune, S. 21.
[11] Vgl. ebenda, S. 21.
[12] Vgl. ebenda, S. 22 ff.
[13] Ebenda, S. 32.
[14] Vgl. ebenda, S. 43.
[15] Vgl. ebenda, S. 284.

anhand von Beispielen lasse sich auf verborgene Prinzipien von Erfolg und Misserfolg schließen. Dabei werden die Biographien einzelner Figuren des Erfolges in Richtung auf dieses angebliche Gesetz interpretiert, um dann als Beleg für die Richtigkeit der Behauptungen zu fungieren.

Peter Döring verspricht in seinem Buch *Perfekt programmiert auf den eigenen Lebenserfolg*, die „Geheimnisse der wirklich Erfolgreichen" zu lüften. Die ganze Welt besteht bei Döring aus „verkaufen" und „überzeugen". Deswegen wird empfohlen:

> „Sei dein eigener, erfolgreicher Verkäufer"[16]

„Begeisterung" und „Konzentration auf meine Stärken" sind dabei bereits die ersten beiden Geheimnisse. Hier gilt das Gesetz: „Begeisterung führt zu Erfüllung."[17] Eine erfolgreiche Persönlichkeit lasse sich nicht das Leben durch die Umstände bestimmen, sondern bestimme die Umstände. Die Machtphantasien der kleinen und der großen Leute werden befördert. Widerfahrnisse spielen keine Rolle mehr, denn:

> „Große Persönlichkeiten sind Herr im eigenen Haus. Sie bestimmen, was geschieht."[18]

Im Kapitel mit dem Titel *Was Versager falsch machen* rät Döring, „große Schwierigkeiten in kleine zu verwandeln und kleine in gar keine". Da jeder allein für sich selbst verantwortlich sein soll, ist auch dies wieder ausschließlich eine Frage eigener Anstrengungen.[19] Die eigenen Möglichkeiten sind prinzipiell „unendlich". In Kombination mit dem Naturgesetz des Erfolges kommt es zu einem geradezu automatischen Verlauf. Darüber hinaus wird Erfolg als Charakterfrage interpretiert:

> „Entschließen Sie sich dazu, das unvorstellbar leistungsfähige Unterbewusstsein ständig mit weiteren positiven Gewohnheiten zu versehen, die Sie zu Erfolgen führen werden, über die andere nur staunen können! Sie kommen damit zu einem Erfolgs-Charakter, der sich wie eine Kegelkugel verhält. Einmal angestoßen, roll die Kugel ins Ziel. Da sie kugelrund ist, wird sie durch Reibungswiderstände kaum gebremst [...] Durch nur wenige und verhältnismäßig harmlose Negativ-Programme so gut wie nicht beeinträchtigt, steuern diese Programme Sie geradewegs ins Ziel."[20]

In einigen Erfolgslehren wird die Notwendigkeit von Dankbarkeit betont. Dabei stellen das Leben selbst, die Prinzipien des Erfolges oder explizit „Gott" bzw. „der Schöpfer" die Adressaten des Dankes dar. Lejeune und Döring, aber auch Robbins, empfehlen das Danken als Schlüssel zu noch mehr „menschlichem

---

[16] Vgl. Döring 2001, S. 7.
[17] Vgl. ebenda, S. 13 f.
[18] Ebenda, S. 21.
[19] Vor allem schlechte Gewohnheiten, wie das Rauchen, kennzeichnen angeblich den „Versager". Vgl. ebenda, S. 228 f.
[20] Döring 2001, S. 233 f.

Reichtum".[21] Dies erscheint insofern erwähnenswert und zu einem gewissen Grade widersprüchlich, als doch immer wieder behauptet wurde, der zwangsläufige Erfolg bzw. das „Versagen" sei durch schlechthin niemanden bewirkt oder verschuldet als durch den Erfolgsaspiranten selbst.

Die Liste der Rezepturen lässt sich mühelos verlängern. Corssen verspricht sogar eine „ultimative Erfolgsformel" und weiß, dass Glück nichts anderes als eine „Überwindungsprämie" für einen nie aufhörenden Prozess der „Selbstentwicklung" ist.[22]

In seinem Buch *Positives Denken macht krank* analysiert Scheich weitere „Propheten positiven Denkens", darunter Joseph Murphy („Werde reich und glücklich"), Norman Vincent Peale („Zum Gewinnen geboren", „Die Kraft des positiven Denkens"), Dale Carnegie („Sorge dich nicht, lebe!") und Erhard F. Freitag („Kraftzentrale Unterbewusstsein").[23] Scheich berichtet etwa über Murphys Empfehlung von Gebetstechniken als Manipulationsinstrumenten für das Unterbewusstsein. Mit dem richtigen *Glauben* kann alles im Leben erreicht werden. Murphy spricht von einer „wunderwirkende[n], magische[n], alles verwandelnde[n] Kraft", die

> „alle vom Leben geschlagenen Wunden des Geistes und des Körpers heilt, die die angstgequälte Seele trösten und sie für immer vom Druck der Armut, des Mißerfolges, des Elends, des Mangels und der Enttäuschung befreien wird."[24]

Der religiöse Duktus in Murphys Ansatz ist kaum zu übersehen. Scheich spricht von einer „Instrumentalisierung des Glaubens".[25] Im Falle der Erfolgslehre von Norman Vincent Peale, einem „Pfarrer der Superlative", weist Scheich nach, dass dieser einerseits beruflichen und wirtschaftlichen Erfolg mit dem Glauben an Gott verknüpft, um dann andererseits ausschließlich auf die Erreichung irdischer Ziele abzuheben und damit eine rein immanente Heilslehre zu vertreten.[26] Das positive Denken und die *Begeisterung*, die in erster Linie zu materiellem Erfolg führen, werden garniert mit dosierter Religiosität:

> „Ich vermag alles durch den, der mich stark macht, Christus (Philipper, 4,13). Wiederhole dieses Wort gleich jetzt."[27]

Auch bei dem wohl auch in Deutschland bedeutendsten amerikanischen Erfolgsdenker Dale Carnegie, der im Gegensatz zu anderen Vertretern dieser Zunft

---

[21] Vgl. Döring 2001, S. 260 f. , Robbins 2001, S. 9 ff. und S. 85 ff., Lejeune, S. 274 ff.
[22] Vgl. Corssen 2002. Auch bei renommierteren Autoren ist die Neigung zur Annahme von Erfolgsgesetzen keine Seltenheit. So erklärt z. B. Goleman, dass die „Leistungs-Asse" über Kompetenzen „Jenseits des Sachverstandes" und eine „andere Art von Klugheit" verfügen. Das Schlagwort lautet hier „emotionale Intelligenz", die übrigens nicht nur für den Einzelnen, sondern auch für Unternehmen der Schlüssel zum Erfolg sei. Vgl. dazu Goleman 1999.
[23] Vgl. Scheich 2001.
[24] Murphy 1967, S. 18, zit. nach Scheich 2001, S. 34.
[25] Vgl. Scheich 2001, S. 33.
[26] Vgl. dazu des näheren Scheich 2001, S. 43 ff.
[27] Peale 1988, S. 53 f., zit. nach Scheich 2001, S. 51.

immerhin überhaupt die Existenz schwerzulösender Probleme und existentieller Nöte zugesteht, wirken „Naturgesetze" des Erfolges. Allerdings bleibt dem Leser des in Deutschland über 2,5 Millionen Mal verkauften Bestsellers *Sorge Dich nicht, lebe!* ein diffuser religiöser oder esoterischer „Überbau" erspart. Die Quintessenz von Carnegies Denken lässt sich in der Maxime pointieren:

> „Denken und Handeln Sie voll Heiterkeit, dann empfinden Sie auch heiter."[28]

Es sei physisch unmöglich, „traurig oder deprimiert zu sein, wenn man sich benimmt, als sei man überglücklich." Dies sei „eines der kleinen fundamentalen Gesetze der Natur".[29] Der Erfolg stellt sich immer dann ein, wenn die Verhaltensmaßregel des permanenten „So tun als ob" befolgt wird. Das Leben des Erfolgreichen ist ein Schauspiel.[30]

Die Erfolgslogik des Heilpraktikers und Hypnotiseurs Erhard F. Freitag kombiniert seine Idee von der uneingeschränkten Selbstmächtigkeit des Menschen mit einer dezidiert antiwissenschaftlichen Position:

> „Jeder Mensch [...] bekam das Recht mit auf die Welt, sich selbständig mit den höchsten Kräften des Seins und seinem Urgrund zu beschäftigen, ohne den fachmännischen Filter von Psychologen und Theologen."[31]

Das Wundermittel gegen alle Übel und für grenzenlosen Erfolg ist auch bei Freitag das positive Denken. Gedanken seien „lebendige Wesen, die nach Realisation, Materialisation streben." Alles lässt sich erreichen, erklärt Freitag, der die Begrenztheit menschlicher Existenz mit einer Erlösungsphantasie negiert:

> „Sie müssen nicht auf die Erlösung in einer unendlich fernen Zukunft warten [...] Sie sind Ihr eigener Erlöser."[32]

Die Selbstermächtigungsidee steht auch hier im Mittelpunkt und wird in teilweise grotesken Variationen unablässig vorgetragen. Selbst Expeditionen ins Tierreich werden unternommen: Spencer Johnson verspricht bei kompromissloser Anwendung der so bezeichneten „Mäuse-Strategie für Manager" ein völlig anderes, besseres Leben. Veränderungen müsse man mit *Instinkt* begegnen, man müsse den Erfolg emsig und unablässig suchen und sich auf neue Situationen so flexibel einstellen wie die flinken Mäuse bei ihrer Jagd nach Käse – so die einzige Aussage des immerhin knapp 100 Seiten langen Bestsellers.[33] Für die Führung

---

[28] Carnegie 1984, S. 141, zit. nach Scheich 2001, S. 65.
[29] Vgl. ebenda, S. 137, zit. nach Scheich, S. 64.
[30] Zu den erwartbaren psychischen Folgen vgl. die sehr informative Darstellung bei Scheich 2001.
[31] Freitag 1983, Vorwort, zit. nach Scheich 2001, S. 68 f.
[32] Freitag 1983, S. 17, zit. nach Scheich 2001, S. 68 f.
[33] Vgl. Johnson 2001.

von Unternehmen sind als Vorbilder aus der Tierwelt derzeit offenbar *Ameisen* und *Bienen* sehr in Mode.³⁴

Bodo Schäfer verspricht in seinem Buch *Der Weg zur finanziellen Freiheit*, dass sich die „erste Million" nach exakt sieben Jahren auf dem eigenen Konto befinde, sofern man seinen Ratschlägen folge, und hält auch eine „Anleitung für ein erfolgreiches Leben" mit dem bezeichnenden Titel *Die Gesetze der Gewinner* parat.³⁵ Markus Frick, „der Mann, der Millionäre macht" verspricht: *Ich mache Sie reich.*³⁶ Jürgen Höller empfiehlt: *Sag ja zum Erfolg* und *Sprenge deine Grenzen*.³⁷ In einer Eigenpublikation seiner Firma *Inline AG* mit dem Titel *Jenseits der Grenzen* erläutert Höller insgesamt „10 Gesetze für ein erfolgreiches Leben".³⁸ Emile Ratelband, der ebenfalls verspricht, man könne es lernen zu schaffen „was immer du willst" rät:

> „Du kannst Dein Gehirn umprogrammieren. Bejahe dein Leben, denk positiv, lache viel, dann geht alles besser. Wer gut drauf ist, hat Erfolg, wer Erfolg hat, ist gut drauf. Fühle dich mächtig, dann bist du es auch."³⁹

Mit der von Ratelband vertretenen „Logik" der Macht lädt er sein Publikum dazu ein, eigene Machtphantasien unreflektiert zu bejahen, und stellt die Möglichkeit in Aussicht, diese in naher Zukunft auch ausleben zu können. Unablässig wird die Ideologie der totalen Selbstverantwortlichkeit für Lebensverläufe proklamiert und mit einem kaum erträglichen Zynismus vorgetragen. So weiß Jürgen Höller:

---

³⁴ Vgl. den Artikel *Von Ameisen lernen. Wie Insekten Managern den richtigen Weg weisen* in der Online-Ausgabe der Süddeutschen Zeitung vom 27.04.2004. In: www.suedeusche.de/jobkarriere/erfolggeld/artikel/826/30796 (Stand: 18.05.04) Ausgerechnet anhand des Ameisenstaates soll „gelernt" werden, wie man „große Betriebe effektiv organisiert". Dem Leser wird erklärt: In der Natur gehe es schließlich auch „um Krisenmanagement und den Aufbau von Netzwerken, um Konfliktlösung und Marktbehauptung, um die Etablierung von Hierarchien und das Lenken von Mitarbeitern." Die Unsitte der „Insektifizierung" von *politischen Gegnern* hat bekanntermaßen Tradition. Vgl. dazu Zinn 2003, S. 206 f. Der Vergleich von Mitarbeitern oder Erfolgspersönlichkeiten mit Tieren ist – wenn auch nicht ebenso gefährlich – zumindest ebenso überflüssig.

³⁵ Vgl. Schäfer 2000 und Schäfer 2001.

³⁶ Vgl. Frick 2002.

³⁷ Vgl. Höller 2000a und Höller 1999. Ein ganzes Erfolgs- und Motivationsensemble bekräftigt die Erfolgsideologie nicht nur durch die Ratgeberliteratur, sondern auch durch Motivationsveranstaltungen vor großem Publikum. Der „Boom" dieser Veranstaltungen mag vorbei sein. Indes handelte (und handelt) es sich nicht um eine Kleinigkeit. Allein Höller zählte (allerdings nach eigenen, von mir nicht nachprüfbaren Angaben) folgende Organisationen zu seinen Kunden: IBM, Deutsche Telekom, McDonald's, Lancaster, Compaq, CDU und debis. Vgl das Booklet der Motivations-CD mit dem Titel *Ziele setzen und erreichen* der Firma Inline-Motivations AG in Gochsheim o.J., letzte Seite.

³⁸ Vgl. Höller 2000c.

³⁹ Vgl. Ratelband 1996 und Ratelband 1998 sowie www.fashion-links.de/Motivation.htm (Stand: 05.05.2004)

> „Jeder ist für seine Erfolge und Mißerfolge selbst verantwortlich. Armut kommt von *arm an Mut*'."[40]

„Versager" sollen an ihrer Misere selbst schuld sein. Wenn sie keinen Erfolg haben, liegt dies eben in mangelndem Engagement begründet. Oder darin, dass sie nicht in der Lage sind, Ziele zu entwickeln. Höller rechnet vor:

> „Nur ca. 5% aller Menschen besitzen überhaupt ein Ziel. Diese ca. 5% der Menschen verfügen über ca. 64 % des gesamten Einkommens."[41]

Die politische Dimension des Erfolgsdenkens muss gar nicht erst analysiert werden. Jürgen Höller, selbst um das Allgemeinwohl besorgt, erklärt:

> „Erfolglose Menschen sind unsozial."[42]

Diese Rechtfertigung der Verhältnisse stellt gewissermaßen den Extrempunkt der vulgären Erfolgslogik dar. Die Verknüpfung des tatsächlichen Erfolges mit der „sozialen Tauglichkeit" von Menschen ist kaum erträglich. Die Konzeption politischer Gemeinschaft wird durch die Erfolgsidee als zentralem Maßstab derart dominiert, dass das Politische schließlich durch den Kampf um Erfolg ersetzt wird. Doch dieser Zynismus ist nicht in nur als politische Idee fatal, sondern die Versprechen der Erfolgsexperten sind auch hinsichtlich ihrer Wirkung auf die Psyche ihrer Anhänger äußerst bedenklich. In den Massenveranstaltungen der Motivationsgurus werden Hoffnungen geweckt, die an der Alltagserfahrung regelmäßig scheitern. In einer Ankündigung des eindrucksvollen Dokumentarfilms von Doris Metz mit dem Titel *Ich werde reich und glücklich* heißt es zutreffend:

> „Die Grenze zwischen Motivation und Manipulation ist hauchdünn. Es sind die bekannten Mechanismen von geführt werden und Gefolgschaft, von Allmacht und Abhängigkeit, von Fremdsteuerung und Selbsttäuschung, die den Weg zum „Erfolg" markieren. Doris Metz hat drei Frauen und drei Männer über acht Monate hinweg auf ihrer Suche nach dem Erfolg begleitet. Herausgekommen sind bizarre, anrührende und beklemmende Geschichten von Menschen, die Gewinner sein wollen und sich dabei immer mehr verlieren."[43]

Gerade dieser sehenswerte Filmbeitrag, der im Grunde als qualitative Sozialforschung zu verstehen ist, verdeutlicht die psycho- und pneumopathologischen Implikationen der Erfolgsphantasien so anschaulich, dass es keiner psychologischen Fachausbildung bedarf, um die fatale Wirkung zwanghaft positiven Den-

---

[40] Vgl. Höller 2000d und www.fashion-links.de/Motivation.htm (Stand 05.05.2004) sowie den Dokumentarfilm von Doris Metz mit dem Titel *Ich werde reich und glücklich*. In: ARD, 04.12.2002, 23:00 Uhr. Hervorhebung geändert M.S.
[41] Diese Rechnung findet sich auf dem Cover der Motivations-CD mit dem Titel *Ziele setzen und erreichen* der Firma Inline-Motivations AG, a.a.O.
[42] Vgl. den entsprechenden Dokumentarfilm von Doris Metz, a.a.O. und www.daserste.de/doku/021204.asp (Stand 05.05.2004).
[43] Vgl. www.kickfilm.de/download/reich_und_gluecklich.pdf und www.daserste.de/doku/021204.asp (Stand jeweils 05.05.2004)

kens auf die Welterfahrung, die Selbstinterpretation und die psychische Gesundheit zu erkennen.[44]

Die Mixtur aus Allmachtsphantasie, Welterklärung, bedingungsloser Hingabe an den als Vorbild fungierenden Motivationsexperten und dem vorprogrammierten Scheitern an der Wirklichkeit kann auf Dauer nicht folgenlos für die Wahrnehmung der Realität bleiben bzw. führt im Einzelfall mit großer Wahrscheinlichkeit zu regelrechtem Realitätsverlust. Cornelia Wienken erwartet konkrete Verhaltenseffekte, darunter den Verlust der Fähigkeit zur *Toleranz* anderer Auffassungen, der Verlust von Hemmungen, das „Durchsetzen um jeden Preis", die Provokation und Belästigung des sozialen Umfelds nebst entsprechender Folgen für die Fähigkeit, stabile Sozialbeziehungen einzugehen.[45] Schüle spricht von einer „Diktatur der Optimisten" und erklärt den Erfolg der Motivationsbewegung damit, „dass sie dem Einzelnen eine schier endlose, von gesellschaftlicher Erziehung verschüttete Selbstmächtigkeit unterstellt."[46]

Die Begierde nach Macht, Pleonexie, Gier, Sehnsucht nach einem anderen, schöneren Leben – Erklärungen dieser Art bergen immer die Gefahr, anthropologische Vorentscheidungen zu treffen oder jedenfalls verallgemeinernde Zuschreibungen zu unternehmen. Gleichwohl ist das große Verlangen nach Anerkennung und Erfolg um jeden Preis nicht zu übersehen.

Die sowohl politologisch wie psychologisch interessante Paradoxie der Erfolgsideologien besteht in der simultanen *Affirmation des Bestehenden* (Jeder bekommt, was er verdient...) und der *Verneinung des Normalen*, die ja gerade im Versuch der Überwindung der Lebenssituation zum Ausdruck kommt. Obwohl also angeblich alles „mit rechten Dingen" zugeht und die Verteilung von Gewinnern und Verlierern gar „gerecht" sein soll, darf das eigene Leben keineswegs so bleiben wie es ist, sondern muss in ein ganz anderes transformiert werden.

Da die enorme Popularität der Erfolgsideologen ungebrochen, die weitgehende Realitätsferne der gemachten Versprechungen aber evident ist, und da hier außerdem vorrangig die Erfolgsträchtigkeit des Einzelnen thematisiert wird, kann von einer *Illusion des Privaten* gesprochen werden.[47]

Für die Behandlung der Frage, inwiefern das in Unternehmens- und Managementphilosophien repräsentierte Denken tatsächliche Beeinflussungswirkungen auf Rezipienten entfalten kann, ist die Attraktivität von Erfolgsideologien für ein großes Publikum insofern interessant, als sie auf ein gesellschaftliches

---

[44] Vgl. dazu ausführlicher auch Scheich 2001, S. 7 ff. und S. 79 ff.
[45] Vgl. Wienken 1999, S. 11 f.
[46] Vgl. Schüle 2001, S. 2 f.
[47] Zum Nachweis der Relevanz des Themas „Erfolg" mögen folgende Angaben genügen: Auf der Internetseite www.fashion-links.de werden für die Motivationsseminare von Höller bisher 450.000, für Ratelband 300.000 und für Robbins „über 2 Millionen" Seminarbesucher genannt. Der Internetbuchhändler Amazon führt die Taschenbuchausgabe von *Sorge dich nicht – lebe!* auf Verkaufsrang 933 (Stand Mai 2004) und gibt an, es sei allein in Deutschland über 2,8 Millionen Mal verkauft worden. Meine Lektüre erfolgte anhand einer 52. Ausgabe von 1990. Vgl. www.fashion-links.de/Motivation.htm (Stand: 06.05.2004) und www.amazon.de mit einfacher Suche nach Carnegie. Vgl. außerdem Carnegie 1990.

Klima weisen, in dem die *Inszenierung ökonomischer Erfolgträchtigkeit* begeistert aufgenommen wird.

Trotz aller bei anthropologischen Bewertungen gebotenen Zurückhaltung kann dies als Indikator dafür gewertet werden, dass mit den *Festen des Erfolges* und der Phantasie völliger Selbstermächtigung ein Verlangen, ein unübersehbares Begehren tangiert wird. Dieses ist indes nicht eine ausschließlich private Angelegenheit, sondern gleichfalls eine gesellschaftlich soziale „Rahmenbedingung" des wirtschaftlichen Handelns in der Leistungsgesellschaft. Wenn es außerhalb von Unternehmen möglich ist, Menschen mit einfachsten Ideen in einen Bann zu ziehen und ihnen weiszumachen, sie seien die Größten, wieso sollte dies dann nicht im Unternehmen möglich sein?

Wie eng Erfolgsideologien und die Idealisierung von Unternehmern und Managern zusammenhängen und wie stark sie den Diskurs über Wirtschaft beeinflusst haben und beeinflussen, soll im nachfolgenden Abschnitt skizziert werden.

8.3 Die Unternehmer- und Managerpersönlichkeit als Held[48]

Gleich zu Beginn seines aufschlussreichen Beitrags *Die Mentalität des Erwerbs. Erfolgsphilosophien amerikanischer Unternehmer* stellt Klaus P. Hansen fest: „So wie im Zeitalter der Renaissance der zur See fahrende Entdecker alle Blicke auf sich zog und die folgenden Epochen den großen Feldherrn bewunderten, ist der *big boss* der Führungsetage der Held des 20. Jahrhunderts."[49]

Diese „Helden" werden als Vorbilder studiert und schmücken sich üblicherweise selbst gerne mit den „Insignien ihrer Außergewöhnlichkeit"[50] Wem etwas Großes und Besonderes gelungen ist, wer ein erfolgreiches Unternehmen gegründet oder gar einen Weltkonzern aufgebaut hat, der erregt die Neugierde derjenigen, die unbedingt wissen möchten, was letztlich das *Geheimnis des Erfolges* gewesen ist. Die Inszenierung dieser Erfolgsgeschichten erfolgt mittels unterschiedlicher medialer Instrumente. In Lebenserinnerungen, Autobiographien, kleineren Artikeln in den entsprechenden Fachzeitschriften und Wirtschaftsillustrierten für Unternehmer und Manager und nicht zuletzt in den Selbstdarstellungen von Unternehmen spielen diese Geschichten eine Rolle. Oswald Neuberger notiert schon 1994 kritisch: „In einer Leistungsgesellschaft wird man nachzuweisen haben, daß die Herrschenden leistungsüberlegen sind und darum muß der Anschein erweckt werden, daß nur solche Personen nach oben kommen, die sich bereits bewährt haben oder an denen Zeichen künftiger Bewährung erkennbar sind."[51]

---

[48] Deal/Kennedy bezeichnen Manager als „Helden", die zeigen sollen, „that the ideal of success lies in human capacity." Entdeckt bei Krell 1994, S. 259.
[49] Hansen 1995, S. 7.
[50] Vgl. ebenda, S. 7.
[51] Vgl. Neuberger 1994, S. 62.

Für zwei Helden des amerikanischen Managements *Lee Iacocca* und *Donald Trump* und deren autobiographische Schriften zieht Hansen ein Resümee, das auch für andere Veröffentlichungen dieser Art Gültigkeit beanspruchen kann:

> „Die Schriften der Praktiker, diese Beurteilung drängt sich schließlich auf, bestätigen jene diffuse Vorstellung vom Unternehmer und Spitzenmanager, die der wirtschaftlich uninformierte Laie immer schon hegte: daß sie hart arbeiten, daß sie entscheidungsfreudig sind, Gespür für den Markt besitzen und sich durch Führungsqualitäten auszeichnen."[52]

Diese Stereotypen kommen uns nicht ohne Grund vertraut vor, wie Hansen nachweisen will. Sie sind letztlich Chiffren für das Prädikat *Außergewöhnlich*. Es gibt offenbar eine Art *standardisierte Meinung* über die Tätigkeit des Unternehmers und Managers, die in der o.g. Beurteilung pointiert zum Ausdruck kommt und die in den veröffentlichen Selbstinterpretationen des eigenen unternehmerischen Handelns der prominenten Akteure ebenfalls regelmäßig revitalisiert wird. Diese Meinung gehört, Hansen zufolge, ohne dass dies den Akteuren und Beobachtern immer bewusst ist, „zum geläufigen Idiom unseres westlichen Diskurses über Wirtschaft."[53]

Nun ist zu fragen, wie es zu dieser Sicht auf den Unternehmer bzw. Manager kommen konnte und ob dieses Bild eigentlich mit der Wirklichkeit übereinstimmt. Hansen lässt, nicht ohne Hinweise auf eine „vorbürgerliche" Phase der Erwerbsmentalität, den amerikanischen Erfolgsmythos mit Benjamin Franklin beginnen, dessen Autobiographie er ausführlich analysiert. Diese Schrift sei das erste Dokument des Westens, „in welchem der Mensch zum Schmied seines eigenen Glückes aufrückt."[54]

Franklins Tugendkatalog, in dem Mäßigung, Zügelung der Begierden, Schweigsamkeit, Entschlossenheit, die Zügelung des Temperaments, weitere Disziplintugenden wie die Aufforderung zum Erhalt von Gesundheit und Leistungsfähigkeit sowie zu Fleiß und Leistungsbereitschaft die zentrale Rolle spielen, und die in Hansens Deutung schließlich auf die drei Lernziele *Selbstbeherrschung, Selbsterhaltung und Selbstdarstellung* konzentriert werden, ist zunächst Ausdruck der Bejahung einer kontrollierten Lebensführung.[55]

Entscheidend ist für Hansen allerdings, dass die Befürwortung dieser Lebensweise mit einem umfassenden Vertrauen in „die Planbarkeit der Lebensumstände und die selbständige Gestaltung der eigenen Existenz" einhergeht und mit der Idee des *self-improvement*, dem Ideal einer allseitigen Ausbildung der Persönlichkeit und fortwährender „Selbstoptimierung" (als frühe Idee „lebenslangen Lernens") kombiniert wird. Die hier präsentierte Variante der „Mittelstandsmoral" wird schließlich durch die Auffassung komplettiert, dass moralisches Handeln den Weg zum Reichtum ebne und umgekehrt. Die Idee ist genial:

---

[52] Hansen 1995, S. 9.
[53] Vgl. ebenda, S. 12.
[54] Vgl. ebenda, S. 67.
[55] Dafür spricht auch Franklins Empfehlung, Tagesabläufe zu schematisieren. Vgl. ebenda, S. 66.

Der Reiche komme nicht in die Versuchung zu stehlen – so wird erklärt – und könne sich angesichts seines Reichtums um den darbenden Nächsten kümmern: „Moral ermöglicht einerseits Erfolg, andererseits Erfolg Moral."[56]

Das Denken Franklins ist Ausdruck einer spezifischen Vorstellung von humaner Exzellenz. Hansen will nun am Beispiel nachfolgender großer Erfolgspersönlichkeiten (Barnum, Canergie und Ford) einerseits eine Rezeption wesentlicher Elemente von Franklins Selbstdeutung nachweisen, andererseits die Wendung hin zu einer Art *Geniekult*, für die bei Franklin noch keine Anzeichen zu entdecken sind.

Carnegie und Ford kommen insofern in den Blick, als ihre Biographien bis heute ein reges Interesse erfahren. Typische Sichtweisen, die auch in den Selbstdeutungen der untersuchten Wirtschaftslenker der „postindustriellen" Phase (Watson, Iacocca, Trump) zu beobachten seien, mit denen Hansen zufolge eine Phase der „Selbstinszenierung" beginnt, seien bereits bei den Unternehmensführern der industriellen Phase formuliert. Ob der von Hansen hier unterstellte *rote Faden* der Erwerbsmentalität, der bei ihm natürlich viel ausführlicher begründet wird, als es diese kurze Skizze hier erlaubt, tatsächlich an den ausgewählten Figuren hinreichend belegt werden kann und einer genaueren historischen Überprüfung standhält, vermag ich nicht zu beurteilen. Interessant sind allerdings die von Hansen vorgenommenen Zusammenfassungen seiner Analyse, weil sie zentrale Gesichtspunkte einer Selbstinterpretation des Managers bzw. Unternehmers reflektieren, die Parallelen zu den von mir in Kapitel 6 untersuchten Positionen aufweisen. Auf der Basis der nun zu explizierenden Schlussfolgerungen Hansens kann unterstrichen werden, dass die dominierenden Vorstellungen über den Managerberuf offensichtlich in einer weiter zurückreichenden Tradition wurzeln und gleichwohl früher wie gegenwärtig kaum mit der Wirklichkeit übereinstimmen.[57] In der Gesamtsicht ergibt sich dann, mit allen Einschränkungen des Gültigkeitsanspruches und der Relativierungen, die mit der Verwendung ausgewählter Beiträge zwangsläufig einhergehen, ein trotzdem aussagekräftiges Bild. Der ganze Verbund an Stereotypen, der dem Managerberuf anhaftet, erfüllt, so Hansens (und auch meine) Behauptung, Kriterien, die es rechtfertigen, von einer „geistigen Tradition" zu sprechen.[58]

Vier Dogmen lassen sich insbesondere für die postindustrielle Phase ausmachen, die Hansen bei den von ihm untersuchten Personen nachweist und die in gleicher oder ähnlicher Form auch bei der Analyse neuerer Beiträge zur Managementlehre zu beobachten sind:

1. Die Karriere eines Unternehmenslenkers kann „ganz unten" beginnen.
2. Die Tätigkeit ist nicht an Universitäten erlernbar, und die Befähigung habe man von Natur aus oder eben nicht

---

[56] Vgl. ebenda, S. 63.
[57] Vgl. zur aktuellen Bedeutung fragwürdiger Annahmen über den Managerberuf auch Höhler 2002, S. 140 ff.
[58] Vgl. Hansen 1995, S. 213.

3. Der Manager braucht Entscheidungsfreude und Intuition, ein Gespür für den Markt, die Kunden, „seine Leute" etc.
4. Ein Unternehmen braucht eine straffe Führung durch große und „charakterstarke" Persönlichkeiten. *Zu viele Köche verderben den Brei.*[59]

Mit wenigen Einschränkungen, etwa der Ansicht Fredmund Maliks, dass Management als Beruf sehr wohl „erlernbar" sei, findet man hier die typischen Argumentationen aus dem vergangenen Kapitel wieder. Vor allen Dingen die Argumentation Kundes wird hier beinahe vollständig widergespiegelt. Auch Gerkens Analyse der „selbsttranszendierenden" Managerpersönlichkeit geht in weiten Teilen in eine ähnliche Richtung. Zu ergänzen wäre allenfalls noch die neuerdings geforderte Offenheit für neue und „unkonventionelle" Ideen, mit denen sich „der neue Manager" (Gerken) als Motor des Fortschritts und Leistungsträger schlechthin in Szene setzt. Gertraude Krell spricht im Zusammenhang mit der Popularität des Unternehmenskulturansatzes von einer regelrechten *Renaissance der Führer*[60] und beobachtet bereits 1994 die Revitalisierung eines „emotional getragenen Führertum[s]" mit „charismatischen Führerpersönlichkeit[en]", die als *Visionäre* und *Sinnvermittler*, als „Bindeglied zwischen Kultur und Mitarbeitern" (Nagel), die Firmenwerte umfassend managen.[61]

Krell gibt eine ausführlichere Übersicht über die Führungsauffassungen der „Klassiker" des Unternehmenskulturansatzes, die so aussagekräftig ist, dass ich hier darauf verweisen kann (Krell 1994, S. 248 ff.) und mich darauf beschränke, nur das Fazit ihrer Untersuchungen der Beiträge von Peters/Waterman 1989, Pascale/Athos 1982, Deal/Kennedy 1982, Bennis/Nanus 1987, Ouchi 1982 sowie Gerken u.a. zu referieren:

> „Letztendlich dient die gesamte Personalpolitik der „kollektiven Programmierung". Das erfordert, daß alle personalpolitischen Maßnahmen und Instrumente an den gewünschten Grundwerten ausgerichtet werden und in die gleiche Richtung wirken – wobei die wichtigste Grundorientierung die Schaffung einer leistungs- und sozialkonformen Gemeinschaft ist. Ist alles, einschließlich der MitarbeiterInnen, „aus einem Guss", dann gilt die Vision „Wir, die Firma" als verwirklicht und der Unternehmenserfolg als sichergestellt."[62]

Der „herumwandernde" (management by wandering around), wertegestaltende (management by values), visionäre (management by vision) und charismatische Führer kann sich bei seiner inszenierten Gemeinschaftsgestaltung durch emotionenorientierte und symbolische Führung, auf sein „Gespür" (bzw. seine Intuition, seine „Nase", seine „natürliche" Fähigkeit) verlassen. Als „Feldherr" (Kunde) oder Held (Deal/Kennedy), Visionär bzw. Held des Chaos (Gerken),

---

[59] Eigene Darstellung im Rekurs auf Hansen Zusammenfassung. Vgl. Hansen 1995, S. 215 ff.
[60] Vgl. Krell 1994, S. 259.
[61] Eine ausführliche Darstellung hierzu ebenfalls bei Krell 1994, S. 259 ff. Vgl. auch Nagel 1991, S. 135 ff.
[62] Krell 1994, S. 263.

Heiler (Mann) Schamane (Ray) oder „corporate guru" (Morgan)[63] ist er zuständig für die *Re-Moralisierung* und *Re-Mythologisierung* der betrieblichen Praxis.[64] Als Architekt großer Veränderungen ist er aber auch „schöpferischer Zerstörer". Es ist auch diese Seite, das Vermögen, das Ende des Unternehmens oder seine vollständige Neugestaltung (mit allen Nebenfolgen) kausal zu bewirken, welche die Faszination der großen Wirtschaftsführer ausmacht. So wird Schumpeters Dialektik von Erschaffung und Zerstörung, wie Neuberger zeigt, bei einzelnen Autoren noch zur Selbsterschaffung und Selbstzerstörung, zur Überwindung des „Schicksals", ja gar seiner Ausschaltung, ausgeweitet. Neuberger fasst zusammen:

> „Damit vereinigt der (Wirtschafts-) Führer in sich Polaritäten, die in großen Religionen durch antagonistische Prinzipien oder Gottheiten repräsentiert waren (Erschaffer und Vernichter; gebärende und verschlingende Mutter)"[65]

Unabhängig davon, ob man den Vergleich mit Gottheiten für nützlich erachtet oder nicht, wird doch jetzt immer deutlicher, dass der große Wirtschaftsführer, der sich seines Schicksals „ermächtigt", als Vorbild und Lebenszielfiktion der Motivationsgurus und ihrer Anhänger fungiert. Die Aussage Höllers, jeder Mensch sei der Schöpfer seines Schicksals[66], „bewahrheitet" sich doch scheinbar gerade anhand ihrer Lebensläufe überzeugend und unbestreitbar.

Die Idealisierung der Helden, der „Geniekult" impliziert indirekte Legitimationen von Führung und Gefolgschaft Gerade dies macht sie, unabhängig davon, ob gängige Managerbilder mit der Realität übereinstimmen, problematisch.[67]

8.3.1 Vom Tellerwäscher zum Millionär oder *Die Mentalität des Erwerbs*

Eine Karriere von *ganz unten* nach *ganz oben*, vom Tellerwäscher zum Millionär, ist nicht erst in der gegenwärtigen Lage praktisch so gut wie ausgeschlossen. Die suggerierte totale soziale Mobilität besteht de facto nicht. In den seltensten Fällen verfügen Manager nicht über ein universitäres Studium. Hansen konzediert

---

[63] Hier allerdings in kritischer Absicht.
[64] Erweiterte Zusammenstellung auf der Basis der Aufzählung bei Krell 1994, S. 277.
[65] Vgl. im einzelnen Neuberger 1994, S. 55.
[66] Vgl. Höller 2000c, S. 71.
[67] Das Paradox gängiger Managerbilder besteht in ihrer Wirkmächtigkeit im Diskurs über Wirtschaft und Unternehmensführung *trotz* ihrer Realitätsferne (Vgl. dazu den folgenden Abschnitt). So wenig sich die Stereotype über den Managerberuf bei genauerer biographischer Analyse im Einzelfall bewähren, so stark wirken sie indirekt in die Diskussionen über die Frage, welche Formen der Entscheidungsfindung in Unternehmen möglich, praktikabel und normativ zu wünschen sind. Wenn erst einmal Einigkeit darüber erzielt ist, dass „zu viele Köche den Brei verderben" und insbesondere unter den Bedingungen der Konkurrenzwirtschaft nur eine „straffe Führung" durch „starke Persönlichkeiten" zum Erfolg führt, müssen alle Parteinahmen, die eine Notwendigkeit der Ausdehnung wenigstens ansatzweise demokratischer bzw. beteiligungsorientierter Verfahren und Prozesse in das konkrete Wirtschaftsleben geltend machen, als Phantastereien erscheinen.

ironisch: „Zum Leidwesen der Betroffenen, die sich gern in der Unplanbarkeit und Unerlernbarkeit, also im Außergewöhnlichen ihrer Tätigkeit sonnen, ähnelt die Karriere des Managers immer mehr der höheren Beamtenlaufbahn."[68] Längst sind vielfach formale Qualifizierungsnachweise zu erbringen, wie etwa die Geschäftsleiterprüfung im Bankwesen, deren Erreichung eine systematische Vorausplanung der Karriere erfordert, die aber gleichwohl keine Garantie für den Erhalt der angestrebten Position darstellt. Mit Formalisierungen dieser Art wird dem Entstehen *des Berufsbildes Manager* Vorschub geleistet. Wer *tatsächlich* Unternehmensleiter wird, ist in der Tat nicht planbar, aber wer es aufgrund der Nichterfüllung formaler, intellektueller oder sonstiger Anforderungen als „Tellerwäscher" auf keinen Fall werden wird, lässt sich mit großer Wahrscheinlichkeit vorhersagen.

In den Berichten und biographischen Hinweisen spielt all dies freilich keine Rolle: Hier erfährt man von kleinen Jungen, die sich bereits im Kindergartenalter sicher waren, später einmal ein eigenes Unternehmen zu gründen: „Er begann damit, mit dem Fahrrad zum Nachbarn zu fahren und ihnen Streichholzschachteln zu verkaufen."[69]

Oder es wird von dem „armen Studenten" Mr. Honda berichtet, der davon träumte, „einen Kolbenring zu konstruieren", um diesen an Toyota zu verkaufen. Nachdem Toyota abgelehnt hatte, wurde Mr. Honda Anthony Robbins zufolge von Freunden und Bekannten verspottet. Selbst schwierigste wirtschaftliche Rahmenbedingungen konnten Mr. Honda nicht aufhalten, denn er gilt für Robbins als Typus des „Entscheidungsstarken", der selbst die größten Hindernisse überwindet:

> „Mr. Honda ließ niemals zu, dass Tragödien, Probleme, Herausforderungen oder das Auf und Ab der äußeren Umstände ihm den Weg verstellten. Im Gegenteil, er betrachtete selbst die größten Hindernisse lediglich als Hürden, die es auf dem Weg zum Ziel zu überspringen galt."[70]

Über den Gründer von Kentucky Fried Chicken, einer großen Fast-Food Kette, wird in einem Informationsblatt, das in den Restaurants der Firma in Deutschland ausliegt, berichtet, dass er bereits mit acht Jahren für die ganze Familie gekocht habe, um der „lieben verwitweten Mutter" zur Hand zu gehen. Mit 40 lebte er diese Affinität zum Kulinarischen dann während der Arbeit in einer Tankstelle in Kentucky aus, zu der nach kurzer Zeit die Kunden hauptsächlich „wegen [des] schmackhaften Essens" kamen.

Dass Mut, Weitsicht, Übersicht, Intuition, Fleiß und eine geniale Idee, eben eine „Gewinnermentalität", zum Erfolg führen, ist auch hier die Botschaft. Über diese Eigenschaften verfügt man entweder oder nicht. Gerade die implizite

---

[68] Vgl. Hansen, S. 216.
[69] So wird es z.B. von Ikea, über den Firmengründer Ingvar Kemprad berichtet. Vgl. Ikea.
[70] Robbins 2001, S. 40. Ähnlich auch Abschnitte über Kindheit und Jugend in der Autobiographie von Jack Welch. Vgl. Welch 2000, S. 19 ff.

Kombination des *Mythos Manager* mit der Vermittlung des „Tellerwäschermärchens" erleichtert Identifikationen. So möchte man auch sein.

Die etwa von Kunde, Gerken und zur Bonsen vorgeführten Managerfiguren sind außergewöhnlich wie Ingvar Kemprad und Mr. Honda, auch wenn die Inszenierung des Managers bei den genannten Autoren durch neue Ideen ergänzt wird.[71]

Erwähnenswert ist auch das Verfahren, die ideale „Unternehmermentalität" als Gegenkonzept zum Mitarbeiter mit traditioneller „Angestelltenmentalität" vorzuführen. Die Unternehmerin Britta Steilmann etwa weiß über die Wurzel gegenwärtigen ökonomischen Übels:

> „Hätte ich jetzt im Moment ganz viele fleißige Heinzelmännchen, die so mit Lust am Risiko und an Zukunftschancen in die Verkaufsoffensive gehen würden, dann ginge es mit uns steil nach oben. Aber heutige Studenten möchten bitte 25 Mark in der Stunde verdienen und gleichzeitig noch über den Kommerz schimpfen."[72]

Ökonomische Probleme wären lösbar, allseitiger wirtschaftlicher Erfolg wäre erreichbar, stieße nicht der innovative Unternehmer immer an die Grenzen des Anspruchsdenkens.[73] Die Apologeten dieses Unternehmer- bzw. Managerbildes interpretieren sich selbst als „kleine kämpfende Gruppe" (Horx), die letztlich nicht nur für sich selbst, sondern vermeintlich für die gesamte Gesellschaft an einer großen Sache arbeitet.[74] Diese implizite „Anmaßung des Ganzen" ist höchst fragwürdig.

8.3.2   Wer siegen will, muss führen...[75]- Die Selbstinterpretation von Managern

Deutschmann berichtet über eine von Hartmann 1953-1955 durchgeführte Untersuchung zum Selbstverständnis und zu Werthaltungen deutscher Führungskräfte, in der es darum ging „die (damaligen M.S.) normativen Grundlagen von Autorität und Organisation in deutschen Unternehmen zu klären". Neben einer starken Hervorhebung des Privateigentums als „Grundlage sozialer Ordnung"

---

[71] Manager als „Religionsstifter" und Symbolarchitekten einer „liturgischen Praxis" etc.
[72] Horx/Steilmann 1995, S. 58.
[73] Die Risikobereitschaft des Arbeitnehmers und sein Verständnis für innovative Arbeitsformen sollte Steilmann zufolge soweit gehen, dass – wie in Amerika angeblich üblich – Verkäufer ausschließlich auf Provisionsbasis bezahlt werden und Kellner eines neuen Restaurants anfangs mit „let's say per night one dollar" auskommen sollen. Vgl. ebenda, S. 58.
[74] Horx schlägt vor, sich als „kleine kämpfende zielbewußte Gruppe [zu] begreifen, die die Mühsalen des Dschungels, der Gebirge und der Wüsten in Vorteile für sich umwandelt." Vgl. Ebenda, S. 59.
[75] So lautet der Untertitel eines Buches von Gertrud Höhler, welches mit dem vielversprechenden Titel „Die Sinn-Macher" überschrieben ist. Die hier offensichtlich in kritischer Absicht verfasste Darstellung traditioneller Managermythen wird gleich wieder durch einen neuen Managermythos ersetzt wird. Vgl. Höhler 2002.

extrahiert Hartmann, wie Deutschmann berichtet, aus den 200 Interviews die beiden Schlüsselbegriffe *Berufung* und *Elite*.[76] Deutschmann notiert:

> „Die befragten Führungskräfte fühlen sich zu ihrer Aufgabe "berufen", betrachten sich also als Werkzeug einer letztlich religiös begründeten „höheren Mission" [...] Verbunden sind diese Vorstellungen mit scharfen Polemiken gegen die *Demokratie* und den *Gewerkschaftsstaat*".[77]

Auch die hier befragten Führungskräfte sind überzeugt, einer geistigen Elite anzugehören: „Dieses Bewußtsein rechtfertigt sich nicht aus der spezifischen Leistung oder Funktion des Unternehmers oder Managers, sondern aus der Überzeugung, „das Beste an Leistung, Können, Wollen und Wissen" zu repräsentieren".[78] Die Zugehörigkeit zur Elite werde weiterhin, so berichtet Deutschmann, durch die Fähigkeit begründet „zwischen wichtig und wesentlich" unterscheiden zu können, sowie durch ein „Wissen um die großen Zusammenhänge".[79] Bemerkenswert ist, dass der ökonomische Erfolgsbezug, der für „heutige Organisationskultur-Konstrukte" (Deutschmann) so bezeichnend ist, hier gerade fehlt: „Der ökonomische Erfolg gilt nur als Nebenprodukt einer „höheren Mission", die unmittelbar geglaubt und für selbstverständlich gehalten wird."[80] Deutschmann vollzieht diese Beobachtung im Zusammenhang mit der Ausgangsfrage, ob Unternehmensberater bzw. die „Consulting-Industrie" als neue „Reflexionseliten" begriffen werden können, und kommt zu dem vorläufigen Ergebnis, dass Unternehmer und Spitzenmanager heute, anders als noch in den bei Hartmanns Untersuchungen beobachteten Selbstinterpretationen, von Verkündern zu Adressaten der Botschaft geworden seien: „Die Rolle der Prediger ist von (sozialwissenschaftlich geschulten) geschäftstüchtigen Unternehmensberatern übernommen worden."[81] Mir scheint dieses Fazit vor dem Hintergrund meiner Studien zumindest ergänzungsbedürftig. Die neuere Managementphilosophie betont stark die Vorbildfunktion der Führung und die enorme Bedeutung dort vorhandener Werthaltungen und aktiver Wertevermittlung. Die „Verkündung" der Botschaft ist seitens der Unternehmer und Manager, so mein Befund, zumindest nicht aus der Hand gegeben worden. Dies bedeutet allerdings nicht, dass es nicht häufig Unternehmensberatungen sind, die Unternehmensführungen das Management der Unternehmenskultur und „Unternehmenswerten" nahe legen. Für die Inszenierung betrieblicher Führungsgrößen spielt die „Quelle des Wissens" mithin nur eine untergeordnete Rolle. Ein Ende der Präsentation großer Wirtschaftsführer ist jedenfalls ganz und gar nicht auszumachen. Es ist vielmehr einerseits die Rekonstruktion konservativistischer Füh-

---

[76] Vgl. Deutschmann 1993, S. 65. Zu den Einzelheiten des Problems der symbolischen Selbstdarstellungen von Unternehmen und ihren Führungseliten sowie den Einzelheiten der Hartmannschen Untersuchung vgl. ebenda, S. 63 ff.
[77] Deutschmann 1993, S. 65. Geänderte Hervorhebung M.S.
[78] Vgl. ebenda, S. 65.
[79] Vgl. ebenda, S. 65.
[80] Vgl. ebenda, S. 66.
[81] Vgl. ebenda, S. 67.

rungskonzeptionen zu beobachten und anderseits die bewusste Betonung partnerschaftlicher und kooperativer Führungsstile. Beide Varianten sind mit der Konzipierung der unternehmerischen *front person* als außergewöhnlich, zur Elite gehörig und zu seiner Aufgabe *berufen* und „in höherer Mission" unterwegs, vereinbar. Kundes nicht gerade „kooperative" Feldherren[82] beispielsweise, die eine effiziente Führung garantieren und die befürchtete Verselbständigung einzelner Unternehmensmitglieder oder sogar Gruppen unbedingt vermeiden sollen, um das Unternehmen vor dem Untergang zu retten, sind bereits in den Vorstellungen von Carnegie und Watson präsent:

> „Eine Armee mit zwei Oberkommandierenden, ein Schiff mit zwei Kapitänen wird ebenso katastrophal enden, wie ein Industrieunternehmen mit zwei Führern"[83]

stellt Carnegie fest, und Watson vertritt sogar die Auffassung, ein Betrieb sei eine Diktatur und arbeite gerade deswegen effizienter als eine „Regierung mit Gewaltenteilung."[84] Die andere, modernere Variante der unternehmerischen *front person* soll in der glaubwürdigen Präsentation eines bestimmten Lebensstils oder eines im weitesten Sinne „moralischen" oder auch „spirituellen" Anspruchs bestehen. Die Gründerin der Firma *The Body Shop* Anita Roddick kann als prototypisch für dieses Selbstverständnis bezeichnet werden. Roddick erklärt:

> „Wenn im Business keine Moral, kein Mitleid und kein Verhaltenskodex mehr gilt, dann gnade uns Gott."[85]

Die Unternehmensgründerin bescheinigt sich selbst eine „weltweit[e] Verantwortung für das, was wir unternehmen."[86] Auch The Body Shop hat eigenen Angaben zufolge eine Corporate Religion. Anita Roddick erklärt: „Die Erkenntnis, dass die Arbeit für The Body Shop mehr bedeutet als Regale auffüllen oder Seife zu verkaufen, weckt unbändigen Stolz und Begeisterung."[87] Und doch geht es um mehr als vergemeinschaftende Personalpolitik und die bekannt klingenden Bekenntnisse zu Moralität und Verantwortlichkeit. In der Person Anita Roddick fallen die Repräsentation eines scheinbar anderen Wirtschaftens („Business as unusual"), Marke, Spiritualität und höherer Zweck des Unternehmens zusammen. Sie selbst formuliert Hoffnungen und Visionen:

> „Meine Vision, meine Hoffnung heißt ganz einfach: Mögen viele Wirtschaftsführer erkennen, was ein Business ist, nämlich die wichtigsten Brutstätten des Menschengeistes, und nicht bloß Fabriken und Produktionsstätten für materielle Güter und Dienstleistungen."[88]

---

[82] Vgl. Abschnitt 6.2.4.
[83] Carnegie zit. nach Hansen 1995, S. 217.
[84] Watson zit. nach Hansen 1995, S. 217.
[85] The Body Shop.
[86] Ebenda.
[87] Vgl. ebenda.
[88] ebenda.

Wieder war es eine „einfache Philosophie", die am Anfang stand, als 1976 „eine Frau in einem Badeort an der Südküste Englands ihren ersten Laden eröffnete."[89] Roddick verkörpert Alternativität und „Verrücktheit", verfolgt beachtliche soziale und ökologische Engagements und verlangt gleichzeitig eine „hohe Identifikation" mit dem von ihr gegründeten Unternehmen. Die Erfolgsgeschichte von Anita Roddick findet rege Beachtung. Für Jesper Kunde ist sie ein „leuchtendes Beispiel" für eine charismatische Führungspersönlichkeit.[90]

Aufschlussreich ist, dass trotz der Einsichten in die Grenzen der Steuerbarkeit gerade großer Unternehmen, wie an neueren Texten belegt werden kann, der Mythos vom großen und außergewöhnlichen Führer, wie gesehen, keineswegs ad acta gelegt worden ist. Doch die Übereinstimmung bestimmter Zuschreibungen zum Managerberuf mit der Wirklichkeit ihres Arbeitsalltags ist nur die eine Seite. Gedankliche Konstruktionen, die auf die „Alleinregierung" eines Unternehmens durch eine Person oder einen kleinen ausgewählten Kreis dazu befähigter Personen abzielen, zementieren und verstärken die gängige Auffassung einer Funktionslogik des Wirtschaftsunternehmens als eines Ortes, in dem demokratische und partizipative Elemente zwangsläufig nicht vorkommen können oder – unter Effizienzgesichtspunkten – nicht dürfen.

8.4 Exkurs: WalMart als Gemeinschaft der Erfolgreichen

Bei WalMart werden die „Werte", welche die als *Associates* oder *Partners* bezeichneten Mitarbeiter verinnerlichen sollen, auf dem Umweg über die Mystifizierung des legendären Firmengründers Sam Walton und dessen Einsichten transportiert. Prinzipien, mit denen es dem Unternehmer gelungen ist, einen Weltkonzern aufzubauen, sollen den Mitarbeitern „helfen", selbst erfolgreich zu sein.

Auf der amerikanischen Internetseite findet man die drei „Basic Beliefs the company was built on" des Firmengründers: 1. Respect for the Individual, 2. Service to Our Customers, 3. Strive for Excellence" mit der Versicherung, man sei diesen „grundsätzlichen Einsichten" stets treu geblieben.[91]

Neben verschiedenen Hinweisen auf die, durchaus bemerkenswerten, karitativen Aktivitäten des Unternehmens („Sam Walton believed that each WalMart store should reflect the values of its customers and support the vision they hold for their community") finden sich auch „Sam's Rules for Building A Business", die den Mitarbeitern das Geheimnis des Erfolges (secret to success) von WalMart erklären und zugleich die gemeinsamen „Grundwerte" darstellen sollen. Ich konzentriere mich nur auf die für unseren Zusammenhang relevanten Passagen. Alle, die erfolgreich sein wollen, benötigen eine besondere Leidenschaft (Passion):

---

[89] Vgl. ebenda.
[90] Vgl. Kunde 2000, S. 116.
[91] Vgl. WalMart

> „I don't know, if you're born with this kind of passion, or if you can learn it. But I do know you need it to love your work. If you love your work, you'll be out there every day trying to do it the best you possibly can, and pretty soon everybody around will catch the passion from you – like a fever."[92]

Es ist notwendig, die eigene Arbeitstätigkeit und das Unternehmen zu *lieben*. Besonderer Wert wird den Selbstaussagen zufolge auf Kommunikation und Information gelegt. In Sam's Rules For Building A Business wird im Hinblick auf die *Associates* bzw. *partners* folgender Schluss gezogen:

> „The more they know, the more they'll understand. The more they understand, the more they'll care. (...) If you don't trust your Associates to know what's going on, they'll know you don't really consider them partners. Information is power..."[93]

Bekanntermaßen unterstreicht das Plädoyer für eine *ausreichende* Informationen der Associates einen prinzipiell unterschiedlichen Wissensstand von Führenden und Geführten hinsichtlich Umfang, Bedeutung und Qualität von Informationen und Einsichten. Die Betonung des Bemühens, für einen hinreichenden Informationsstand zu sorgen, weist gerade auf die Stabilisierung von Distanzen hin. Wer etwas wissen muss und welche Informationen in Umlauf gebracht werden, entscheiden nicht die „Partner", sondern das Management. Diese Partner, mit denen der Profit zu einem gewissen Grad geteilt werden soll (Share your profits with all your Associates), müssen für ihre Begeisterung und ihren Einsatz fortwährend gelobt werden:

> „Appreciate everything your Associates do for the business. A paycheck and a stock option will buy one kind of loyalty. But all of us like to be told how much somebody appreciates what we do for them. We like to hear it often, and especially when we have done something we're proud of. Nothing else can quite substitute for a few well-chosen, well timed, sincere praise. They're absolutely free – and worth a fortune."[94]

Darüber hinaus erfahren die Associates in Waltons Regeln, dass konsequente Kostenkontrolle einen Wettbewerbsvorteil darstellt, und erhalten den wenig originellen Rat, dass man „gegen den Strom" schwimmen solle, wie es der Firmengründer einst selbst getan habe.[95] Die Führungskraft bei WalMart muss jedoch trotz aller Partnerschaftlichkeit eine gewisse Unberechenbarkeit behalten:

> „Keep everybody guessing as to what your next trick is going to be. Don't be too predictable."[96]

---

[92] Vgl. ebenda.
[93] Ebenda.
[94] Ebenda.
[95] Vgl. zum Mythos um die Person Sam Waltons v.a. Ortega 2001, S. 9 ff.
[96] WalMart.

Auch wenn derlei Aussagen nur mittelbar auf eine wertorientierte Unternehmensführung verweisen, wird doch ein Klima spürbar. Bei WalMart wird der Arbeitsalltag als permanenter Event, als eine *Party ohne Ende* inszeniert:

> „Celebrate your successes. Find some humor in your failures. Don't take yourself so seriously. Loosen up, and everybody around you will loosen up. Have fun. Show enthusiasm – always. When all else fails, put on a costume and sing a silly song. Then make everybody else sing with you. Don't do a hula on Wall Street. It's been done. Think up your own stunt. All of this is important, and more fun, than you think, and it really fools the competition. 'Why should we take those cornballs at WalMart seriously?'"[97]

Schließlich erhält man neben dieser Anregung, sich von so viel guter Laune anstecken zu lassen, den Hinweis, dass es ganz entscheidend sei, den Mitarbeitern im Unternehmen genau zuzuhören (Listen to everyone in your company. And figure out ways to get them talking).

Der entscheidende Bezugspunkt der „Wertorientierung" bei WalMart ist die von Ortega so bezeichnete „Lebensphilosophie" des Gründers.[98] Die fortgesetzte Implementierung und Stabilisierung des Wertesystems im Unternehmen wird nicht nur durch eine Art „liturgische Praxis" (feste Regeln für den ganzen Tag, morgens Tanz, gruppendynamische Steuerungstechniken etc.) unterstützt, sondern auch durch die Konstruktion der Allgegenwärtigkeit des an Arbeitswillen, menschlicher Exzellenz und Weisheit alles überragenden Gründers[99]. Bob Ortega, der als Journalist des *Wall Street Journal* offenbar selbst einer gewissen Faszination für Walton erliegt, notiert in seinem Buch über WalMart zu dieser Superperson:

> „Innerhalb des WalMart-Imperiums wurde er verehrt wie ein Heiliger. Sein Besuch in einer Filiale wirkte wie ein Stromstoß: die Angestellten schwirrten um ihn herum, wollten ihm die Hand schütteln und mit ihm sprechen. Sie waren so aufgeregt und euphorisch, als würde ihnen die englische Queen oder der Papst persönlich einen Besuch abstatten."[100]

Der auf diese Weise charakterisierte Unternehmer hat Ortega zufolge für diesen Status umfangreiche Anstrengungen unternommen. Von den zahlreichen Aktionen, die der Meister der Selbstinszenierung zur Intensivierung des Zusammengehörigkeitsgefühls bei WalMart und der Herstellung und Pflege der Unternehmensgemeinschaft unternommen hat, kann ich an dieser Stelle nur einen kleinen Ausschnitt wiedergeben. Ortega berichtet etwa über eine eigenartige Kombination von Patriotismus, religiöser Expression und Verherrlichung der Firma, wenn er über die als „Event" organisierte Hauptversammlung 1989 berichtet:

---

[97] Ebenda.
[98] Vgl. Ortega 2001, S. 10.
[99] Vgl. zu dieser nachgerade klassischen Methode auch Hansen 1995, S. 143 ff.
[100] Ortega 2001, S. 15.

Erfolgsideen innerhalb und außerhalb des Unternehmenskontextes 265

> „Als das Satellitensystem fertig installiert war und seinen Betrieb aufgenommen hatte, wurden die Jahreshauptversammlungen in alle Filialen übertragen. Jedes Jahr wurde die Zeremonie aufwendiger, die Veranstaltung länger und die Rituale ritueller (Sic! M.S.). 1989 begann die Hauptversammlung in der verdunkelten Halle mit dem Abspielen patriotischer Szenen auf drei riesigen Bildschirmen und 7000 Menschen sprachen den nationalen Treueschwur. Dann wurden die Lichter eingeschaltet, und es folge ein Gebet, das von Walton vorgesprochen wurde: mit gesenktem Haupt auf einem Bein kniend und die Baseballmütze mit dem WalMart Emblem in der Hand."[101]

Der mögliche Einwand, dass es sich hier um die Zelebrierung einer „typisch amerikanischen" Erfolgsstory handelt und dass derartige Veranstaltungen in Deutschland aus verschiedenen Gründen schwer vorstellbar seien, liegt nahe und kann, gerade mit Blick auf die Frage ihrer Psychowirksamkeit bei den Beteiligten, doch nicht recht überzeugen.[102] Einiges spricht für die Annahme, dass systematische Manipulationen grundsätzlich möglich sind und kontextunabhängig beobachtbare Auswirkungen auf das Verhalten und die Selbstinterpretation von Beschäftigten haben. Die Reichweite dieser Art der Unternehmensinszenierung mag in Europa und insbesondere in Deutschland geringer sein, verschiedene Techniken der Beeinflussung mögen sich für bestimmte Länder eher weniger oder eher besser eignen – die zugrunde liegenden Mechanismen sind jedoch, so kann vermutet werden, vergleichbar.

Für den amerikanischen Fall, um noch kurz bei WalMart zu verweilen, konstatiert Ortega:

> „Es bestand auch eine reelle Notwendigkeit, die Mitarbeiter von WalMart zu motivieren, denn wenn man es im Unternehmen zu etwas bringen wollte, gab es fast kein Leben mehr neben der Arbeit."[103]

Das große Unternehmen funktioniert aber nur dann, wenn es möglichst viele zu etwas bringen wollen. Die Bereitschaft zu Arbeitszeiten von 60 bis 70-Wochenstunden für stellvertretende Marktleiter und das Ableisten unbezahlter Arbeitsstunden durch „einfache Arbeiter", die darüber hinaus „mit Nachdruck dazu ermuntert [wurden], sich für bestimmte Aufgaben freiwillig zu melden" (!), ist nur

---

[101] Ebenda, S. 313.
[102] Eine „völkertypologische" Argumentation ist stets mit Problemen behaftet. Die implizite Verallgemeinerung ist, auch wenn durchaus je unterschiedliche Tendenzen im Grad der Amalgamierung von Erfolgsphantasie und religiöser Expression zu beobachten sein mögen, bedenklich. Massenveranstaltungen mit einem fragwürdigen Drehbuch finden mithin auch in Deutschland statt. Die Vorstellung, „Motivationspotentiale" mit allen erdenklichen Mitteln freilegen zu müssen, ist keine „typisch amerikanische" Idee. Gerade bei der Frage nach der Wirkung solcher Inszenierungen, dürfte der Rückgriff auf nationale „Mentalitäten" schwer zu begründen sein. Eine gewisse Zurückhaltung deutscher Firmen bei Massenspektakeln dieser Art mag der Sorge um das Ansehen in der deutschen Öffentlichkeit geschuldet sein oder eine echte Rücksichtnahme auf Erfahrungen der deutschen Vergangenheit darstellen. Angebracht ist sie in jedem Fall.
[103] Ortega 2001, S. 313.

durch eine implizite oder explizite Arbeitsethik in Kombination mit einer weitreichenden Gemeinschaftsphantasie erklärlich. Die geforderte „Love to your Work" muss tatsächlich erfolgreich geweckt worden sein. Mit der richtigen Arbeitseinstellung bewältigt der „einfache" WalMart Beschäftigte auch Situationen wie diese:

> „Er [Sam Walton M.S.] war Meister darin, Leute zum Reden zu bringen [...] Oder er ging nach vorne, wie in den Sam's Club Großhandelsmärkten, forderte alle auf sich auf den Boden zu setzen und ging auf die Knie herunter, um mit ihnen ein Zwiegespräch zu führen. Er begab sich sozusagen auf dasselbe Niveau wie seine Gesprächspartner."[104]

Der hier zitierte letzte Satz Ortegas trifft wohl eher ungewollt ins Schwarze. Die suggerierte Egalität der Gesprächspartner hat ausschließlich symbolische Qualität.[105] Die Unternehmenskultur und „Philosophie" WalMarts ist nicht nur ein Beispiel dafür, dass eine systematische Steuerung von Unternehmenskultur und damit die absichtvolle Erzeugung konformen Mitarbeiterverhaltens tatsächlich in hohem Maße möglich und wirksam ist, sondern zeigt auch, dass durch die Manipulation in Richtung Konformität und absoluter Einsatzbereitschaft die Spannung zwischen den vorgegaukelten Erfolgserlebnissen, der bunt gemalten Firma und den tatsächlichen Arbeitsbedingungen bzw. der im Vergleich zur vorgenommenen Inszenierung eher ernüchternden Arbeitsrealität scheinbar überwunden werden kann.

8.5 Die Entwicklung von *Erfolgspersönlichkeiten* durch Seminare und Trainings

„Mentale Fitness" gilt nicht nur für ausgewiesene Führungskräfte heute als Voraussetzung für beruflichen Erfolg und erfährt daher in vielen Unternehmen breite Aufmerksamkeit.[106] Gemeinschaftserlebnisse sind heute nicht nur Teil betrieblicher Praxis, sondern ein beliebtes Thema im schwer zu übersehenden Seminar- und Trainingsmarkt. „Gemeinsam Denken muss geübt werden", und „ohne überlegte Trainingsunterstützung" seien die zur Sicherung der Wettbewerbsfähigkeit verstärkt auf Teamarbeit und Kommunikation angewiesenen Mitarbeiter „ihren Aufgaben menschlich wie sachlich kaum wirklich gewachsen"– so

---

[104] Ebenda, S. 315.
[105] Das Methodenarsenal zur Herstellung vermeintlicher Egalität ist vielfältig: Sie kann auch durch den Verzicht auf Vorzimmer, die gemeinsame Benutzung von Parkplätzen oder Kantinen ohne Trennung nach Statusgruppen erfolgen. Vgl. zu diesen Beispielen auch Berger 1993, S. 17.
[106] Vgl. dazu Sonnenschmidt 2000, S. 15 f. Sonnenschmidt bezieht sich auf einen Bericht des Nachrichtenmagazins *Der Spiegel* (Nr. 1/2000), nach dem einer Untersuchung des Kölner Instituts der Deutschen Wirtschaft zufolge Unternehmen für auf „mentale Fitness" abzielende Weiterbildung jährlich rund 34 Milliarden DM, also etwa 17 Mrd. Euro (!) aufwenden.

ist zu lesen.[107] Unzählige Anbieter bieten eine Vielzahl von Kursen, Seminaren, „Incentives" und „Events" an, die auf eine optimale *Teamentwicklung*, die *Entwicklung der Persönlichkeit* oder eine erfolgreiche *Führung* im Betrieb bzw. eine erfolgreiche Führungszusammenarbeit mit den unterschiedlichsten Methoden und Praktiken abzielen.[108]

Dass die Angebote von unterschiedlicher Qualität sind, liegt auf der Hand. Neben gut fundierten, vernünftig konzipierten Seminaren, die den Teilnehmern helfen können, sich über eigene Stärken und Schwächen klar zu werden und mehr Verhaltenssicherheit und eventuell kritische Distanz zur Arbeitsroutine zu gewinnen, sind auch völlig unnötige und inadäquat konzipierte, mit irrelevanten und unsinnigen Übungen und Informationen versehene Veranstaltungen denkbar.[109] Auch hier stößt man immer wieder auf die typischen Gemeinplätze der Managementliteratur. Für den hier behandelten Zusammenhang ist jedoch auch noch ein dritter Seminartyp von Interesse, auf den ich wenigstens hinweisen muss und den Lutz von Rosenstiel in dieser Weise charakterisiert:

> „Es gibt aber auch solche Vorgehensweisen, die geeignet erscheinen, die Teilnehmer tief zu beeindrucken, sie im Kern zu erschüttern, ihnen bislang unbekannte Seiten ihrer eigenen Persönlichkeit zu zeigen, und die zugleich Gemeinschaftserlebnisse vermitteln, die den Teilnehmern bis dahin gänzlich fremd waren."[110]

Bärbel Schwertfeger hat in ihrem Buch *Der Griff nach der Psyche* Seminare und Psychotrainings dieser Art untersucht und kritisiert. Im Zusammenhang mit der Aufzählung und Erläuterung typischer Beeinflussungs-, Programmier- und Kontrolltechniken spricht Schwertfeger von einem „raffinierten System".[111] Dabei erscheinen mir zunächst zwei korrespondierende Botschaften derartiger Veranstaltungen, die gleichsam bereits deren wesentliche „ideologische Substanz" pointiert wiedergeben, als besonders bedenklich, und zwar auch dann, wenn in Persönlichkeits- und Motivationsseminaren nicht die ganze instrumentelle Palette der von Schwertfeger geschilderten Methoden zum Einsatz kommt. Die erste Botschaft zielt auf die oben bereits problematisierte Übernahme der Auffassung:

> „Ich kann alles erreichen, was ich will"

---

[107] Vgl. etwa Volk 1999, S. 718. Die Notwendigkeit professioneller „Unterstützung" sieht u.a. auch Kopelent 2001, S. 82 ff.
[108] Eine einfache Suche in der Internet-Suchmaschine „Google" ergibt bei den Stichworten „Seminare" und „Persönlichkeitsentwicklung" bereits über 20.000 Treffer.
[109] Der Seminaranbietermarkt ist wenig reguliert. Persönlichkeitsentwicklung und Beratung sowie Erfolgstrainings erfordern in der Regel keine ausgewiesene zertifizierte oder akademische Qualifikation. Einschränkungen beruhen bisher v.a. auf freiwilliger Selbstverpflichtung und selbst gesetzten Standards seriöser Anbieter.
[110] Lutz von Rosenstiel in einem Vorwort zu Bärbel Schwertfegers Buch „Der Griff nach der Psyche", Frankfurt/New York 1998, S. 10.
[111] Vgl. Schwertfeger 1998, S. 37 ff.

ab. Das zynische Pendant dieser Illusion besteht darin, Glauben zu machen, dass berufliches oder privates, materielles oder persönliches Scheitern ausschließlich oder hauptsächlich in eigenem Verschulden respektive in eigener *Defizienz* begründet sei. Dies geschieht aber nun nicht mittels Erfolgsratgebern in Buchform, sondern in einer Seminarsituation. Die psychischen Folgen, so Schwertfeger, sind beträchtlich und münden erfahrungsgemäß nicht selten in komplettem Realitätsverlust:

> „Seminare, die sich diese (die oben zitierte M.S) Allmachtsphantasie zum Leitspruch machen, verführen viele zum Größenwahn [...] Man fühlt sich als der Größte, selbst schwierige Probleme erscheinen als Kinderspiel."[112]

Was das Problem indirekter oder direkter Verhaltenssteuerung von Seminarteilnehmern angeht, muss stets die Gruppen- bzw. die Gemeinschaftssituation, in denen sich die betreffenden Personen befinden, mitbedacht werden. Hier entstehen bekanntlich ebenso schnell eine überzogene Gruppeneuphorie, wie ein implizites Regelsystem, das auch nach dem Ende des Seminars verhaltenssteuernd wirken kann. Ist der kritische Verstand erst einmal still gestellt, sinken auch die Chancen, sich zu distanzieren, beträchtlich. Die Vermeidung von ungewollten Seminar- und Trainingssituationen im betrieblichen Kontext ist im Normalfall ebenfalls mit Schwierigkeiten verbunden. Der Arbeitgeber entscheidet häufig allein über die Auswahl entsprechender Veranstaltungen und die Mitarbeiter, die teilnehmen sollen. Selbst wenn Anordnungen dieser Art nicht erfolgen, muss auch hier die verpflichtende „Gruppendynamik" berücksichtigt werden: Wer gilt unter Kollegen schon gern als jemand, der die „Eigenqualifikation" oder gar die „Entwicklung" der eigenen Persönlichkeit bzw. „persönliches Wachstum" verweigert?

Dabei sind die Gelegenheiten, in die Falle zu tappen, wie Schwertfeger zeigt, obwohl man sich selbst nicht für anfällig hält, auf manipulative Techniken hereinzufallen, durchaus gegeben. Das paradoxe Phänomen, dass in vielen Veranstaltungen, die manipulativen Charakter haben, die Selbstverantwortlichkeit und Selbstentfaltungsmöglichkeit der Teilnehmer unermüdlich betont wird, beurteilt Schwertfeger so:

> „Trainings, die mit Methoden der mentalen Programmierung arbeiten, haben stets einen heimlichen Lehrplan. So betonen alle totalitären Ansätze unermüdlich, daß sie die Selbstverantwortlichkeit des Einzelnen fördern. In Wahrheit herrschen jedoch strenge Regeln. Die Teilnehmer werden entmündigt. Es wird der totale Gehorsam verlangt. Das klingt paradox, aber es funktioniert."[113]

Ich kann an dieser Stelle, an der es mir im wesentlichen nur darum geht, noch einmal auf die Relevanz unternehmensseitiger „pädagogischer Maßnahmen" für die Konstituierung der Unternehmensgemeinschaft hinzuweisen, nur einige we-

---

[112] Ebenda, S. 108. Vgl. auch Schwertfegers Berichte über dokumentierte Fälle psychischer Erkrankungen, insbesondere S. 113 ff.
[113] Ebenda, S. 109.

nige Beispiele referieren, die jedoch einen Eindruck vermitteln. Dabei steht mir in den allermeisten Fällen *kein* Urteil über die tatsächliche Qualität einzelner Konzepte und darüber, ob diese Anbieter tatsächlich mit den von Schwertfeger kritisierten Methoden arbeiten, zu, – mir geht es, in dem ich die Selbstdarstellungen und Internetwerbungen einiger weniger Seminar- und Trainingsanbieter referiere, lediglich darum, Argumentationsfiguren, die auch aus anderen Kontexten bereits bekannt sind, herauszustellen.

Bereits der Trend zu *Persönlichkeitsentwicklung*[114], *Selbstwachstum, mentaler Erfolgsstimulation und „Spiritualität"* ist (gerade im Unternehmenskontext) schon als solcher interessant und insofern als *Befund* zu qualifizieren.[115] Eine einfache Suche in der Internet-Suchmaschine *Google* ergibt unter den kombinierten Suchbegriffen „Seminare, Unternehmen, Persönlichkeitsentwicklung" über 19000 Fundstellen.[116]

Dabei wird, wer diese Suche nachvollziehen will, so ziemlich alle Methoden und Techniken im Angebot von Seminaranbietern vorfinden, die er sich vorstellen kann. Hier nur ein paar Schlagworte: Schamanismus, Erfolg und Spiritualität durch Meditation, Feng Shui, Buddhismus, Zen im Beruf, NLP, Pendeln, Leben im Licht: Quelle und Weg zu einem neuen Bewusstsein, Seelenrückholung, Trancetänze, schamanistisches Coaching, "Clearing", „Potentialhebung", „Herzintelligenz-Methode", Inner Quality Management, Farbtherapie, Kristalle, Kosmologie, Erfolg durch Transformation des Bewusstseins, Das LOL² A-Prinzip oder die Vollkommenheit der Welt, Organisationsaufstellungen, mentale Optimierung etc. etc.

Betrachten wir zunächst ein zufällig ausgewähltes Beispiel, die Firma RAS Training und Beratung, die auf ihrer Internetseite folgende Arbeitsschwerpunkte benennt: *Führungstraining, Verkaufstraining, Kommunikationstraining, Team-Training, Coaching, Mentoring, Lebensberatung, Systemische Struktur-, Organisations- und Familienaufstellungen* sowie *Persönlichkeitsentwicklung, Bewusstseinsentwicklung, Unternehmensberatung, Mitarbeiterentwicklung* und schließlich *Vision-Workshops.*[117] Unternehmen werden direkt angesprochen, es heißt:

> „In RAS-Workshops entwickeln Sie Ihr Unternehmensleitbild: Ihre -Mission, -Visionen, -Werte, -Ziele -Strategien und -Philosophie..."[118]

RAS „hilft Ihnen, Sinn und Erfüllung in Ihrer Arbeit zu finden" und gibt als Ziel einer Zusammenarbeit für den einzelnen Teilnehmer u.a. die „ganzheitliche, persönlichkeitsgerechte *Erweiterung* individueller *Einstellungen,* Fähigkeiten und Verhaltensweisen und für die Organisation u.a. die Befähigung „zum selbständi-

---

[114] Zur herausragenden Bedeutung der Personalentwicklung in der „ganzheitlichen Unternehmensführung" vgl. ausführlich Brinkmann 1996, S. 66 f.
[115] Welcher Anbieter nun im Einzelnen fundierte und unbedenkliche Methoden verfolgt und welcher nicht, ist für diesen weiteren Problemzusammenhang zunächst gar nicht entscheidend und an dieser Stelle ohnehin nicht zu untersuchen.
[116] Stand 26.11.2003.
[117] www.ras-training.de – Stand 24.11.2003.
[118] Ebenda.

gen Bewältigen erforderlicher Veränderungen und permanenter Anpassung an neue Herausforderungen..." an.[119]. Im Seminar finden RAS zufolge eine „Beobachtung" der Teilnehmer und eine Analyse der „kritischen Strukturen" statt. RAS weiß, dass das oberste Unternehmensziel immer „Zufriedene Kunden!" lautet. Wir lesen:

> „Wenn ein Unternehmen ein am Markt vorhandenes Bedürfnis besser befriedigt als jeder Mitbewerber, ist dieses Unternehmen automatisch, naturgesetzlich erfolgreich!"[120]

Ein ganzheitliches Denken verlange nach einer Antwort auf die Frage nach dem „Nutzen des Unternehmens für die Menschheit...". Über Motivation erfährt man, dass Führungskräfte für den „beständigen Fluss einer *Motivations-Energie-Kaskade* im Unternehmen verantwortlich" seien. Es erinnert an Kundes Corporate Religion, wenn es außerdem heißt:

> „Um im operativen Management strategisches Denken zu entwickeln, müssen alle Mitarbeiter begriffen haben, wohin „die Reise geht" bzw. alle an einem Strang und gemeinsam in eine Richtung ziehen."[121]

Kräfte müssen gebündelt und „in eine Richtung gelenkt" und ein „sinnvolles, begeisterndes Motto" muss gefunden werden, denn: *Ein guter Schlachtruf ist die halbe Schlacht.* Als „Partner" der RAS finden sich neben weiteren Trainings- und Beratungsanbietern u.a. NLP-Anbieter, Therapie- und Organisationsaufstellungsanbieter und Hypnoseinstitute. Der Vollständigkeit halber sei hier auf die umfangreichen Literaturempfehlungen der Firma hingewiesen, die zwar für das Themengebiet „Management und Mitarbeiter-Führung" durchaus einschlägige Titel nennt, darüber hinaus aber auch einen „Gemischtwarenladen" an Ratgeberliteratur weitgehend esoterischer Provenienz vorstellt. Dass diese Empfehlungen natürlich auch bei anderen Anbietern vorgefunden werden könnten, versteht sich.[122]

Die Firma *Afek* bietet ein 1-tägiges Erfolgsseminar über „emotionale Kundenbindung" an.[123] Bei der Firma *Akavis* ist zu lesen, dass im Seminar *Meditation für Manager* ein „Zugang zu ihrem ganzheitlichen Potential" erreicht werde.[124] Die Ziele der Meditation sind *Sein* (sic!) und die Erlangung *kosmischen Bewusstseins*.[125] In der Unternehmensphilosophie von Akavis ist darüber hinaus zu erfah-

---

[119] Ebenda, Hervorhebung M.S.
[120] Ebenda.
[121] Ebenda.
[122] Vgl. für einen durchaus breiten Überblick zum „Stand der Dinge" in der Ratgeberliteratur www.ras-training.de/neu/publikationen/empfehlungen.htm. Unter anderem finden sich folgende Hinweise: Blancherd, Ken/Bowles, Sheldon: Gung ho! Wie sie jedes Team auf Höchstleistung bringen, Reinbek bei Hamburg 2000; Böckmann, Walter: Sinn-orientierte Leistungsmotivation, Stuttgart 1980, Childre, Doc/Cryer, Bruce: Vom Chaos zur Kohärenz. Herzintelligenz im Unternehmen, Kirchzarten 2000 und viele andere.
[123] www.afek.com – Stand 26.11.2003.
[124] www.akavis.de/seminare – Stand 22.11.2003.
[125] Ebenda.

ren, dass „Intuition und Kreativität, Gestaltungskraft, Lebensfreude, Humor und ein Charisma" *Werte* darstellen, die sich bereits „in uns" befinden und dass dieses „brachliegende Potential" nur „zum Nutzen für Mitarbeiter, Geschäftspartner und unsere Familie" aktiviert werden müsse. Bei Akavis stehen dafür u.a. „energetische Feng-Shui" Berater, „Mentaltrainer", Heilpraktiker und „Seminarleiter im Outdoor- und Alpinbereich" zur Verfügung.[126] Die Firma *mido* verspricht über ihr Seminarmodul *Committed to Excellence*:

> „Ein Programm zur effizienten Behebung von Störfeldern im menschlichen Miteinander, die schon in vielen Unternehmen ganze Abteilungen zum Stillstand gebracht haben! Nur ein vollmotivierter, zufriedener Mitarbeiter wird mit seiner ganzen Kraft arbeiten."[127]

Der monatliche Newsletter der Firma verspricht Informationen über „ganz praktisch[e] Spiritualität". Auch bei mido erfolgen genaue Beobachtungen der Seminarteilnehmer, die Erfahrung zeige, dass „ganze Abteilungen" durch *Störenfriede* lahm gelegt werden könnten. Interne Konflikte seien existenzgefährdend, da sie „Energie und Aufmerksamkeit" der Mitarbeiter in die falsche Richtung lenkten. Offenbar wird bei *mido* die *Physiognomik*, die „Antlitzdiagnostik für die Praxis" favorisiert. Auf der Website wird über ein entsprechendes „Lehrbuch" berichtet:

> „Frau Castrian bringt in ihrem neuen Buch ihre Erfahrung aus mehreren Jahrzehnten angewandter Psycho-Physiognomie ein. In einer sehr klaren, nicht wertenden Sprache zeigt sie, wie der Geist die Materie formt. Wie sich im Gesicht eines Menschen manifestiert, welche Energien ihn treiben."[128]

Es seien für den erfahrenen Physiognomie-Experten Rückschlüsse auf den „Charakter" und das „Innere" des Menschen bzw. des Mitarbeiters möglich, denn, so wird uns bedeutet, „Alles Leben" habe gar „keine anderen Möglichkeit, als ins *Sein* zu treten und sich charakteristisch zu offenbaren als durch Form, Farbe, Spannung, Bewegung und Strahlung." Im Seminar werde dann auf der Basis psycho-physiognomischer Erkenntnisse eine „individuelle *Gebrauchsanleitung*" für jeden Mitarbeiter entwickelt.[129] Dass insbesondere Methoden wie die so genannte Antlitzdiagnostik, im Unternehmen eingesetzt, zu mannigfaltigen Problemen und Distanzlosigkeiten für betroffene Arbeitnehmer führen können, liegt auf der Hand.

Die so genannten „Sechs Hüte des Denkens" werden auf einer Internetseite als ein „wissenschaftlich fundiert[er]" und effektiver „Weg zu mehr Produktivität" vorgestellt. „Dr. E. Bono's" Methode erlaube durch „gezieltes Fokussieren" die Umwandlung konfrontativer in „parallel konstruktive und interaktive Kommunikation":

---

[126] Ebenda.
[127] www.mido.org/inhouse/inhouse.html (Stand 25.11.2003).
[128] www.mdio.org/inhouse/Excellence/excellence.html (Stand 25.11.2003).
[129] Vgl. ebenda.

"Schwarzmaler und Quertreiber wandeln sich zu seriösen Optimisten und Gestaltern, kreative aber unstrukturierte Mitarbeiter zu strukturierten Impulsgebern."[130]

Unter www.soullight.de finden sich weitere Angebote zum mentalen Training. Diesmal geht es um „Hypnotherapie, Schamanismus, Buddhismus" sowie „verschiedene Bewusstseinstrainings von brasilianischen Heilern und Schamanen. Der Trainer verspricht durch eine Potentialanalyse Wege zu mehr Selbstbewusstsein und „Energiemeisterschaft":

> „Gemeinsam mit geistiger Hilfe stellen wir eine Energie her, die ich Heilraumenergie nenne. Diese Energie bewirkt auf wunderbare Weise, dass bei einem Menschen ganz natürlich das aus der Tiefe auftaucht, was verwandelt, erlöst oder befreit werden möchte."[131]

Bärbel Schwertfeger berichtet in ihrer Untersuchung vom „Forum" der Firma „Landmark-Education". In der Broschüre zu dieser Tagung erfährt man:

> „Das Landmark-Forum bietet eine völlig neue Vorstellung dessen, was in unserem Leben möglich ist. Dieser Wandel, diese Transformation, ist das wesentliche Merkmal des Kurses".[132]

Das Forum sei eine „Untersuchung, was es heißt Mensch zu sein", es gehe nicht um Psychologie, sondern um *Philosophie*, erklärt ein Mitarbeiter der Firma auf einer entsprechenden Veranstaltung in München. Das „internationale Bildungsunternehmen" wird bei Schwertfeger in ihrem Kapitel *Landmark und seine Ableger* ausführlich behandelt und mit einem umstrittenen Psychokult in Zusammenhang gebracht. Werner Erhard[133], welcher der Internetpräsentation von Landmark zufolge nur noch beratend tätig sein soll, wird als Urheber der Landmark-Trainingsmethode von Schwertfeger wie folgt beschrieben:

> „Erhards Training ist ein Mix aus verschiedenen Richtungen der Philosophie, Psychologie und Esoterik. Dazu gehören die Motivationspsychologie, Hypnose, Zen Gestalttherapie, Dale Carnegie, Silva Mind, Gesprächstherapie (Carl Rogers), Buddhismus und Scientology".[134]

Bei den Veranstaltungen von EST (Erhard Seminar Training) muss es Schwertfeger zufolge mitunter zu schwersten Zwischenfällen bis hin zu einem Todesfall aufgrund emotionaler Überbelastung gekommen sein.[135] Dabei wurden, so Schwertfeger, ein „autoritärer" Ton und umfassende Methoden der Bewusstseinskontrolle eingesetzt, um die Teilnehmer in einen äußerst kritischen psychischen „Erregungszustand" zu versetzen. Ohne die Umstände und Einzelheiten der Zusammenhänge zwischen EST und dem offensichtlichen Nachfolger „Landmark-Education" hier im Einzelnen wiedergeben zu können, bleibt fest-

---

[130] www.welcome-to-win.de/welcome-to-win-6-huete.htm – Stand 27.11.2003.
[131] www.soullight.de/training.htm – Stand 26.11.2003.
[132] Zit. nach Schwertfeger1998, S. 128.
[133] In Einzelfällen ist die Schreibweise *Erhardt* zu finden.
[134] Schwertfeger 1998, S. 128 f.
[135] Ebenda, S. 128 ff. und insbesondere S. 131.

zuhalten, dass es sich bei diesem Anbieter offensichtlich um einen zweifelhaften „Marktteilnehmer" handelt. Der aktuelle Internetauftritt (Stand 25.11.2003) beschäftigt sich vor allem mit der vielstimmigen Kritik an der Firma („Herr Erhard hat sich sogar eine Reihe von mächtigen Feinden gemacht"). Die Skepsis der Beobachter und Kritiker wird als eine für „fortschrittliche Ideen" typische Abwehrhaltung der Gesellschaft interpretiert. Gutachten und „Expertenstimmen" werden zitiert und referiert, um die Seriosität des Unternehmens zu bekräftigen. Gleichwohl scheint der „Bildungsanspruch" kontinuierlich aufrechterhalten worden zu sein:

> „Ein grundlegendes Prinzip der Arbeit von Landmark Education ist, dass Menschen – und die Gemeinschaften, Organisationen und Institutionen, mit denen sie arbeiten – nicht nur die Möglichkeit von Erfolg haben, sondern auch die Möglichkeit von Erfüllung und Großartigkeit."[136]

Landmark Education verspricht „Erlebnisse, die ein Leben lang andauern", und versichert, dass es mittels dieser Art der „Qualifizierung" möglich sei, sich „unabhängig von den Umständen" *wohl* zu fühlen. Es würden Kräfte frei, um in den wichtigsten Lebensbereichen „effektiv" zu sein.[137] Außerdem erfahren wir auf dieser Website:

> „Menschen sind in der Lage, höhere Maßstäbe von Außergewöhnlichkeit zu erreichen und über bisherige Einschränkungen und Paradigmen hinaus zu denken und zu handeln [...] Landmark Education Technology erlaubt es Menschen erfolgreich eine Zukunft von größtem Erfolg in persönlicher oder firmenweiter Leistungsfähigkeit herbeizuführen."[138]

Der Personaltrainer und Unternehmer Michael Walleczek, der eigenen Angaben zufolge namhafte Firmen wie BMW, DASA, Siemens und Escada zu seinen Kunden zählt, wird bei Schwertfeger mit folgenden Worte zitiert:

> „Es braucht ein völlig neues Denken. [...] Alles was wir wollen, sind Ergebnisse. Was eine Möglichkeit nicht erlaubt, ist eine Wolke der Vergangenheit, und wir wollen die dräuende Wolke der Vergangenheit aus der Zukunft nehmen."[139]

Das so genannte „Dialog-Management" sei eine „Untersuchung", die sich mit der „ontologische[n] Architektur des Menschscheins" befasse, und die schließlich auf einen „Durchbruch in Denken und Effektivität" abziele, so konnte Schwertfeger in Erfahrung bringen. Sie berichtet über den Kommentar einer Teilnehmerin:

---

[136] www.landmarkeducation.de – Stand: 25.11.2003.
[137] Vgl. ebenda.
[138] Ebenda. Zur Bedeutung von Landmark Education in Deutschland vgl. Schwertfeger 1998, S. 139 f.
[139] Schwertfeger 1998, S. 150. Schwertfeger bezeichnet Walleczek als „Erhard-Schüler". Vgl. ebenda, S. 149. Zur Methodik seiner Seminare befragt, erklärt der Trainer außerdem, er präsentiere „rigorose Denkmodelle". Vgl. wieder ebenda, S. 150.

„Das war das Beste, was ich je gemacht habe, das war der Kick. [...] Da müssen Sie selbst hingehen. Das ist eben Ontologie"[140]

Der Unternehmer und Erfolgtrainer ist weiterhin vielfältig aktiv. So ist er als Gründer der Firma „Walleczek & Partner" in einem Unternehmen tätig, das sich „mit seinem Bildungsprogramm für die Erreichung nicht-linearer Ergebnisse in Organisationen, für die Transformation von Unternehmenskultur und die Entwicklung von Führungskräften einsetzt"[141], über welches jedoch nicht viel herauszubekommen ist. Meine Internetrecherche ergab allerdings, dass Walleczek darüber hinaus Referent auf verschiedenen einschlägigen Tagungen ist, so etwa bei 3. Schönbrunner Symposium des *Lasalle-Institutes Zen. Ethik. Leadership* mit dem Titel *Leadership in Krisenzeiten*.[142]

Das Institut bietet zahlreiche Veranstaltungen zu Management, Führung und mentaler Entwicklung an, deren Titel in eine eindeutige Richtung weisen, weswegen ich sie hier für das Jahr 2004 nenne:

- Klausur: Das Unmögliche wird möglich. Nicht-linare Führung & Zen (Ein Pilotseminar, welches neue Denkweisen mit Zen-Praxis verbindet und damit innere Begrenzungen auflöst)
- Zen für Führungskräfte. Die Kunst des klaren Blicks
- Teamentwicklung mit mentaler, emotionaler und spiritueller Intelligenz
- Seminarreihe zur Schönbrunner Dialog- und Unternehmenskultur (Mit der mentalen, emotionalen und spirituellen Intelligenz Selbst-bewusstsein (sic!) und Sozialkompetenz fördern, sowie authentische Gesprächs-führung (sic!) entwickeln
- Meine Schwächen – Tore zu meiner Kraft. Von der Kernverletzung zur Kernkompetenz (Mit Methoden der transpersonalen Psychologie Kernverletzungen heilen, Schatten transformieren und damit die emotionale und soziale Kernkompetenz entfalten)
- Konfliktlösung mit mentaler, emotionaler und spiritueller Intelligenz (Persönliche und berufliche Konflikte erkennen, konstruktive Lösungsansätze entwickeln und konkrete Schritte zu deren Umsetzung einüben).[143]

---

[140] Ebenda, S. 150.
[141] Vgl. ebenda, S. 153.
[142] Vgl. das Jahresprogramm des Institutes www.lasalle-institut.org/jp/jp_uebersicht03.html – Stand 25.11.2003.
[143] Vgl. www.lasalle-institut.org/jp/jp_uebersicht04.html – Stand 25.11.2003. Vgl. darüber hinaus die Tagungsanzeige der Akademie Heiligenfeld für einen internationalen Kongress mit dem Titel *Die spirituelle Dimension im wirtschaftlichen Handeln* vom 06.-09.11.2003 in Würzburg. In der Ankündigung heißt es unter anderem: „Die Veranstalter sind überzeugt, dass Spiritualität die Kraft hat, polarisierende und widersprechende Interessen zu integrieren und zu transformieren und so das Mitgefühl und die Verantwortung für alles Leben zu entwickeln."; und: „[...]die Herzen von wirtschaftlich, gesellschaftlich und religiös Verantwortlichen dafür zu öffnen, der Menschlichkeit zu dienen – jeder nach seinen strukturellen Möglichkeiten, persönlichen Fähigkeiten und dem eingenommenen Platz in der Gesellschaft." Auch auf dieser

Erfolgsideen innerhalb und außerhalb des Unternehmenskontextes 275

Das Institut bezeichnet sich als Kooperationspartner des so genannten *Spiritual Venture Network*, über welches auf dessen Internetseite wiederum zu lesen ist:

> „Dabei leitet uns die Überzeugung, dass sich eine transpersonale Spiritualität mit persönlichen Auftritten, Aufgaben und Geschäften harmonisch verbinden lässt."[144]

Ein Seminarangebot des Netzwerkes verspricht durch „Stille-Meditation" das Erreichen „tiefere[r] Ebenen der Persönlichkeit" und die „Einübung geistiger Präsenz", die den Zugang zu „Bewusstseinsdimensionen, die das gewöhnliche Tagesbewusstsein übersteigen", ermögliche. In einer Tagungsanzeige der Akademie Heiligenfeld heißt es über Spiritual Venture Network sogar:

> „Das Spiritual Network fördert die Verwirklichung humanistischer und spiritueller Werte im ökonomischen Handeln und trägt zur Weiterentwicklung des individuellen und *kollektiven menschlichen Bewusstseins* bei."[145]

Einen „Erfolgskreislauf" anstatt eines „Versagenskreislauf[es]" verspricht die Internetseite www.nlp4business.de. Richtig geführte und motivierte Mitarbeiter seien der Weg zu einer „leistungsfähigen und schlagkräftigen Organisation".[146] Viele andere NLP Anbieter versprechen Ähnliches und erfreuen sich derzeit offenbar starker Nachfrage durch Unternehmen. Ich kann an dieser Stelle auf die weitreichenden Probleme und Fragen im Zusammenhang mit NLP (Neurolinguistisches Programmieren) nicht weiter eingehen, muss aber darauf hinweisen, dass es sich, trotz ernstzunehmender Stimmen, die NLP grundsätzlich für eine segensreiche Sache halten und seriös anwenden, letztlich um eine *Technik des mentalen Programmierens* handelt, die nachgewiesenermaßen als Manipulations- und Kontrollinstrument eingesetzt werden *kann* und daher aus meiner Sicht in Weiterbildungsmaßnahmen von Unternehmen prinzipiell nichts zu suchen hat.

Auf dem ersten deutschen „IIR-(Institute for International Research)-Motivationstag" in 1999, so berichtet Kühnlein über die damalige Internetwerbung des Anbieters (www.iir.de), soll den Teilnehmern unter anderem durch den „echten Motivationsexperten" Christoph Daum gezeigt werden „wie man sich und andere motivieren und damit bis an die Leistungsgrenze heranführen kann." Teilnehmer lernen das „Geheimnis des Erfolges in Führungspositionen kennen."[147] Kühnlein berichtet über weitere typische Versprechen und „Einsichten" anderer Anbieter, wie etwa die folgenden:

> „So trainieren Sie Ihr Unternehmen an die Spitze; Wie Ihre Mitarbeiter jeden Tag 30% mehr schaffen – als wäre es der letzte Tag vor dem Urlaub."

---

hochkarätig besetzten Veranstaltung spricht Michael Walleczek mit einem Vortrag über „Wege aus der Krise – Die Notwendigkeit nichtlinearen Denkens und die Selbstorganisation in Unternehmen". Vgl. dazu auch www.spiritual-venture.net (Stand 27.11.2003).
[144] www.spiritual.venture.net/Aktivitäten/Frames/Aktivitäten.html (Stand 27.11.2003).
[145] Vgl. die Tagungsanzeige der Akademie, a.a.O.
[146] Vgl. www.nlp4business.de (Stand 25.11.2003).
[147] Zit. nach Kühnlein 1999, S. 39.

> „Finden Sie den Power-Knopf – sowohl in Ihrem Kopf als auch in dem Ihrer Mitarbeiter."
>
> „Führungskräfte werden heute mehr denn je gefordert: Die soziale Absicherung erfüllt die Grundbedürfnisse der Menschen. Motivation zur Arbeit ist nur bedingt vorhanden."
>
> „Erfolgreiche Menschen haben eine starke Persönlichkeit. Sie besitzen innere und äußere Stärke. Authentische Autorität und Stärke speisen sich aus dem inneren Potential, das jeder in sich trägt."[148]

Ich muss nochmals betonen, dass die von mir hier genannten Beispiele nur einen winzigen Ausschnitt der derzeitigen allgemeinen Personalentwicklungs- und Erfolgs*mode* darstellen. Es ist nun für den Betrachter außerordentlich schwierig, über Einzelbeispiele hinaus, Angaben darüber zu machen, Qualität und Wirkung einzelner Seminare und Trainings zu beurteilen. Noch schwieriger ist es, dahinter zu kommen, welche Unternehmen mit Seminaranbietern fragwürdiger Provenienz zusammenarbeiten, obwohl viele der Anbieter bemüht sind, mit der Reputation ihrer Auftraggeber für sich selbst zu werben.[149] Schwertfeger legt jedoch überzeugend dar, „daß so mancher Seminaranbieter mit seinen abenteuerlichen Versprechungen bei ihnen offene Türen einrennt."[150]

Der Trend zu „mentaler Weiterbildung" und „Persönlichkeitsentwicklung" und zur schrittweisen Ablösung von Weiterbildungskonzepten, die vorrangig auf fachliche Weiterqualifikation ausgerichtet sind, ist erkennbar und wurde bereits kritisch thematisiert.[151] Gertrud Kühnlein kommt in ihrem Gutachten im Zusammenhang mit den beobachteten Trends in der derzeitigen Bildungsszenerie zu dem Schluss:

> „Im Vordergrund steht ausdrücklich nicht mehr die bloße „Vermittlung" von fachlichem Wissen und Können, sondern die Beeinflussung, Veränderung des „ganzen Menschen", der sich in den Arbeitsprozess einbringen soll."[152]

Dabei kommt im Zusammenhang mit dem gezielten Einsatz von mentaler Weiterbildung durch Unternehmen zur „Potentialoptimierung", wie Kühnlein an zahlreichen Beispielen zeigt, ein „stark eingeengte[s] Verständnis von Persönlichkeitsentwicklung" zum Vorschein.[153] Der Prozess der „Entwicklung" besteht in aller Regel in der „Transformation" (Kühnlein) des Mitarbeiters zum „Mitarbeiterunternehmer", dessen „Mitwissen, Mitdenken, Mitentscheiden, Mithan-

---

[148] Zit. ebenda, S. 39 ff.
[149] Vgl. z.B. die Internetseite www.welcome-to-win.de . Die Beratungs- und Coachingfirma gibt an, für die Audi AG, die Siemens AG, die GEW und andere namhafte Unternehmen und Organisationen tätig zu sein. Vgl. ebenda, „Kreative Partner" – Stand 25.11.2003.
[150] Vgl. Schwertfeger 1999, S. 113 ff.
[151] Vgl. v.a. das hochbrisante Gutachten von Getrud Kühnlein *Mentale Weiterbildungsstrategien im Rahmen betrieblicher Organisationsentwicklung*, Dortmund 1999, S. 20 ff.
[152] Kühnlein 1999, S. 21.
[153] Vgl. ebenda, S. 23 ff.

deln und Mitverantworten [...] forciert wird."[154] Der klare Bezug der „Entwicklung" zum Unternehmenskontext steht dabei außer Frage.

Die Beteiligung des Arbeitnehmers am Unternehmen soll von traditionellen „Beteiligungsformen" zu einer „Beteiligung im *Geiste*" werden. Die Relevanz mentaler Trainings ist nicht zuletzt ein weiterer Ausdruck des für die Unternehmensführung erfolgsentscheidenden Problems der „intrinsischen Motivation". Schenkt man einem Bericht der Wochenzeitschrift *Focus* und dem dort zitierten Beratungsunternehmen „Commax" Glauben, sind andererseits angeblich „bis zu 70 Prozent der berufstätigen Deutschen" *demotiviert*.[155] Auf das Motivationsproblem als zentralem Topos des Managementdiskurses (der in dieser Frage eher ein „Konkurs" ist) habe ich in den Kapiteln 5 und 6 bereits mehrfach hingewiesen. Seminare und Trainings zu dieser (engen) Form der Persönlichkeitsentwicklung stellen wiederum einen Baustein, ein Instrument in den permanenten Bemühungen zur Lösung dieses prinzipiellen Managementproblems dar. Betriebliche Veränderungsprozesse, so die verbreitete Ansicht, gelingen, insbesondere wenn die Veränderungen „schmerzlich" sind, besser, wenn die Mitarbeiter irgendwie dazu bewegt werden, diese Prozesse freiwillig durchzuführen, sich schließlich aktiv und konstruktiv einzubringen. Die gezielte, systematische und mental aktivierende Vorbereitung durch persönlichkeitsvereinnahmende Seminarsituationen erscheint für das Management vielfach als gangbarer Weg, um sich die Mühen „echter" Arbeitnehmermitbestimmung, fairer kooperativer Modernisierung oder gar konfrontativer Veränderungsverweigerung zu ersparen.

Dass mentale Trainings in einem unmittelbaren Zusammenhang mit den von uns hier untersuchten Problemen der Gemeinschaftskonstituierung stehen, wird deutlich, wenn man das Fazit des Gutachtens von Gertrud Kühnlein auszugsweise betrachtet. Die drastische Formulierung der Autorin ist angesichts der in ihrem Beitrag illustrierten Bespiele nicht mehr überraschend:

> „Als sektenartig erscheinen viele der hier aufgezeigten Methoden und Strategien vor allem deshalb, weil sie darauf abzielen, aus den Mitarbeitern *Mitstreiter in einem „Heiligen Krieg"* (um Marktanteile) zu machen, die sich ganz und gar nur noch diesem Ziel verschrieben haben. Das Gefühl, zu einem besonderen Kreis von „Auserwählten" zu gehören, soll als der höchste, zu erreichende Verdienst gelten, den jeder Beschäftigte für sich erstreben kann. Ganz im Stil pseudoreligiöser Erweckungsbewegungen sollen sie dabei als Botschafter für „ihre" Firma tätig werden, um für deren Image zu werben – so als wäre dies die Idee von einer besseren Welt!"[156]

Kühnlein kommt zu dem Schluss, dass die Akzentuierung vermeintlicher oder tatsächlicher Unterschiede in den jeweiligen Trainings insgesamt zu vernachlässigen sei, weil eine Gemeinsamkeit ausnahmslos bestehe:

---

[154] Vgl. ebenda, S. 24.
[155] Focus, Nr. 14/2002 vom 30. März 2002, S. 111.
[156] Kühnlein 1999, S. 66.

„Sie fordern alle, betriebliche Gefolgschaft als persönliche Selbstverwirklichung zu betrachten und lassen die Beschäftigten die „Verwandlung" Schritt für Schritt einüben."[157]

Dieses Fazit für den Seminar- und Trainingsbereich weist Parallelen zu den von untersuchten Managementkonzeptionen auf. Ohne dass hier eine Gesamtschau möglich wäre, erscheint doch die Richtung dieselbe zu sein. Das einmal unternehmensseitig entdeckte Feld der Persönlichkeitsentwicklung und mentalen Programmierung lässt sich zur Beförderung der Gemeinschaftsbildungsprozesse einsetzen, wovon reger Gebrauch gemacht wird. Dabei ist wiederum der gesellschaftliche Gesamtzusammenhang, in dem derzeit „Veränderungsprozesse" in Unternehmen durchgeführt werden, in den Blick zu nehmen. Die prinzipielle *Notwendigkeit* von „Veränderung" im Zuge der Globalisierung ist bereits auch gesellschaftlich umfassend dogmatisch abgesichert. Es steht außer Frage, dass es sich bei den weltwirtschaftlichen Entwicklungen um einen mehr oder weniger dramatischen „Existenzkampf" handelt. Unter solchen äußeren Bedingungen hat das große pädagogische Projekt der Persönlichkeits- und Potentialentfaltung gute Chancen, dauerhaft akzeptiert zu werden und auf allen Seiten fragwürdige Hoffnungen zu wecken, währenddessen skeptisch-kritische Zugänge weiter zurückgedrängt werden dürften, da sie falschen Erfolgsillusionen ermangeln.

---

[157] Ebenda, S. 66.

9 Spuren des Religiösen in Managementlehre und Unternehmensführung

„Die List des Marktes führt zu einem volkswirtschaftlichen Gesamtnutzen, somit zu einem guten Ende, das sittlicher Bewertung durchaus standhält."
(Manfred Genz)
„Es gibt sehr falsche und höchst sinnlose Religionen"
(Alexis de Tocqueville)

9.1 Zum hier zugrunde gelegten Verständnis des Wortes Religion

Auf die schwierige Frage, was heute unter dem Wort *Religion* verstanden werden kann, sind wieder und wieder verschiedene Antworten gegeben worden. Das gleiche gilt mithin für den ebenfalls unscharfen Begriff des *Religiösen* und die sich steigender Beliebtheit erfreuenden Attribute *ersatzreligiös, quasireligiös, kryptoreligiös* etc.

Von unterschiedlicher Seite und in verschiedenen Wissenschaften werden die oben genannten Begriffe in diversen Zusammenhängen für eine je spezielle Perspektive verwandt.[1] Jeder, der zu dieser unüberschaubaren Diskussion um Religion, ihre Formen, Ausprägungen, ihre Zukunft sowie zur kritischen Auseinandersetzung mit im weitesten Sinne religiösen Existenzinterpretationen beitragen will, wird also bereits zu Anfang mit komplizierten definitorischen Problemen konfrontiert. Angesichts dieser Schwierigkeiten ist zu fragen, ob zu den sich hier ergebenden Problemen überhaupt etwas gesagt werden kann, wenn man nicht über eine religionswissenschaftliche oder theologische Ausbildung verfügt. Dies kann aus meiner Sicht nur insofern bejaht werden, als es hier nicht darum geht, für ein Denken bzw. eine theoretische Konzeption mehr oder weniger willkürlich das Attribut *religiös* oder *„enthält religiöse Elemente"* aufzurufen und anschließend die Aufdeckung eines Phänomens und die Demaskierung einer verborgenen Wahrheit festzustellen. Dies würde bedeuten, den Religionsbegriff solange auf die eigenen Absichten „zuzuschneidern", bis das von vornherein intendierte Ergebnis schließlich erzielt worden ist.

Das „Thema Religion" kommt im Zusammenhang mit meinen Überlegungen vielmehr deswegen in den Blick, weil die hier untersuchten Führungskonzeptionen und Managementansätze die Aufmerksamkeit des Untersuchenden darauf lenken. Wie anders als mit der Frage nach dem religiösen Gehalt des Beitrags und der dort vertretenen Konzeption von Religion sollte man etwa auf ein Buch über Management mit dem Titel *Corporate Religion* reagieren?[2]

Die Brisanz dieses Beitrages und ähnlicher Publikationen rechtfertigt das riskante Unternehmen, auf die *Spuren des Religiösen* einzugehen. Wenn es hier

---

[1] Vgl. zu den Definitionsproblemen insbesondere Pollack 1995, S. 163 f.
[2] Vgl. Kunde 2000.

also darum geht, nach den religiösen Implikationen der „Managementphilosophie" einerseits und den Spuren des Religiösen in der Ökonomie und der Rede über sie im weitesten Sinne andererseits zu fragen, muss angegeben werden, was unter *Religion* und *dem Religiösen* verstanden werden soll.

Ich möchte keinen eigenen *Begriff von Religion* zu explizieren versuchen und schon gar keine Urteile über religiöse Erfahrung fällen, die ohnehin eine Anmaßung wären. Es geht darum, die in der Analyse der Beiträge zu Führung und Management erzielten Ergebnisse als Ausgangspunkt für weitere Überlegungen zu nehmen, wesentliche Aussagen und Behauptungen, die dort über *Mensch und Welt* vorgenommen werden, nochmals aufzugreifen und sie unter einer neuen Perspektive zu behandeln. Das zentrale Problem scheint dabei weniger in der Frage nach dem *essentiell religiösen Gehalt* des neueren Managementdenkens zu bestehen, an dem mit guten Gründen gezweifelt werden kann, als darin, durch die Frage nach der Geeignetheit des Prädikates *religiös* für die Beschreibung und Erfassung der hier untersuchten Phänomene einer Einordnung derselben in den weiteren Zusammenhang des Verhältnisses von Religion und Ökonomie näher zu kommen.

Religion[3] wird in dieser Untersuchung zunächst als ein weiter und zusammenfassender Begriff für eine Vielzahl von historischen und gegenwärtigen Phänomenen, Weltdeutungen und Welterklärungen verstanden. Gängig ist die Assoziation des Begriffes Religion mit dem Glauben an die Existenz eines Gottes bzw. einer Gottheit und mit den großen und religions- und wirkungsgeschichtlich bedeutenden Religionsgemeinschaften. Dieses Verständnis von Religion weist Parallelen zu streng *substantiellen* Definitionsversuchen auf, mit denen aber, wie Pollack zeigt, „nicht alle Formen, die in den Bereich der Religionen hineingehören" erfasst werden.[4]

Es besteht eine weitgehende Übereinstimmung darin, dass es bei religiösen Fragen um Probleme „letzter" und grundsätzlicher Bedeutung geht, um die Ausdeutung des grundlegenden Verhältnisses von Mensch und Welt. Der Glaube an die Existenz einer wie auch immer beschaffenen höheren Macht, eine je bestimmte Weltansicht, eine je implizite oder explizite Auffassung von Entstehung, Grund und *telos* der Welt sowie eine aus diesen Ansichten abgeleitete Festlegung auf eine spezifische Lebenspraxis sind die gemeinsamen Kennzeichen von Religionen. Aus *heutiger* Sicht ist noch hinzuzufügen: Religionen sind *mögli-*

---

[3] Zur Etymologie des Begriffs ist von kompetenterer Seite bereits alles gesagt worden, weswegen ich an dieser Stelle nicht genauer darauf eingehe. Während Schischkoffs Philosophisches Wörterbuch den Ursprung des Wortes im lat. *religare*, anbinden festbinden, „etwas wiederholt und sorgfältig beachten" sieht, verweist Kluge auf *religio (onis)*, auch: gewissenhafte Berücksichtigung, Sorgfalt und eine Entlehnung aus *relegere*, bedenken, acht geben. Vgl. u.a. Kluge 1995, S. 679 und Schischkoff 1991, S. 612 f.

[4] Pollack nennt als Beispiel etwa den frühen Buddhismus, in dem die Gottesvorstellung *nicht* zentral ist. Moderne „Religionsgestaltungen", so Pollack, verzichten zum Teil ganz auf eine Gottesvorstellung und rücken „nicht selten unbestimmte" Formeln wie *Sein, Gerechtigkeit, Frieden, kosmische Energie, Schicksal u.s.w.* in den Mittelpunkt.

che oder jedenfalls *nicht zwangsläufige* Antworten auf die unüberholbaren und die Menschen immer wieder neu bedrückenden Fragen nach dem Grund und dem Sinn des Lebens.[5] Sie sind Formen der Bewältigung der Kontingenz der Welt. Die Schwierigkeit besteht vor allem darin, diese Aussage umzukehren: Sind, wenn das zutrifft, alle Versuche, Ansichten und Erklärungen, welche die Kontingenz der Welt zu bewältigen versuchen, deswegen als *Religion* zu bezeichnen?

Können Kriterien dafür angegeben werden, wann eine Weltsicht als Religion zu bezeichnen ist? Ich kann die Schwierigkeiten des Kriterienausweises hier nur andeuten: Soll der Gottesbezug, soll das individuelle religiöse Erleben, der Glaube an etwas Absolutes, soll die von einer jeweiligen Weltsicht erfüllte „Funktion" oder etwas anderes die Grundlage eines solchen Kriterienausweises darstellen? Mit Blick auf die neuere Diskussion um Religion und die These ihrer *Privatisierung* ist außerdem zu fragen, ob Religion gesellschaftlicher Institutionalisierung prinzipiell bedarf, welche Organisationsform die Religion in modernen Gesellschaften annehmen kann und welche sie dann tatsächlich annimmt.

Auf Deutschland bezogen ist, ohne hier die komplizierten Fragen der „Messung" religiöser Orientierung behandeln zu können, trotz aller gegenläufigen Tendenzen die immer noch herausgehobene Bedeutung des Christentums und der großen christlichen Kirchen als *Institutionen* der Religion offensichtlich.[6]

Wenn allerdings die Beobachtung zutrifft, dass es trotz dieser traditionell herausgehobenen Stellung in Bezug auf die „Zuständigkeit" für Fragen der Religion in den letzten Jahren und Jahrzehnten zu einem erheblichen Bedeutungsverlust der christlichen Kirchen gekommen ist und dass die Bevölkerung zu den Weltdeutungen der christlichen Kirchen zumindest in Deutschland und Westeuropa mehr und mehr auf Distanz geht, sind Überlegungen darüber angezeigt, welche Überzeugungen an die Stelle christlicher Orientierung getreten sind.[7] Ein ganzes Bündel weiterer Fragen ließe sich hier ergänzen: Ist der Mensch des 21. Jahrhunderts in Deutschland weniger oder gar nicht mehr religiös? Ist Taylors Rede von der „*Gottesfinsternis* in unserer Kultur" und einem Subjekt, welches im Gegensatz zum „Subjekt in einer verzauberten Welt" nicht mehr „zur Welt hin offen" ist, berechtigt?[8] Ist der Glaube an den christlichen Gott einem indifferenten Glauben an ein wie auch immer beschaffenes „höheres Prinzip" oder einer diffusen und unbeschreibbaren Schicksalhaftigkeit gewichen? Wird überhaupt nicht mehr „richtig" geglaubt, sondern allenfalls eine gelegentliche Feiertagsreligiosität praktiziert? Stellen sich die mit Religion eng assoziierten Sinnfragen, die letzten und grundsätzlichen Fragen, die den Menschen als ganzen angehen, nicht mehr in der uns vertrauten Weise? Ist der Glaube dem Skeptizismus, dem

---

[5] Ich formuliere an dieser Stelle so allgemein, weil ich die Anwendung eines rein funktionalen Religionsbegriffes noch nicht implizit vorwegnehmen will. Zum Problemgehalt der Systemintegrations- und Systeminterpretationsthesen vgl. etwa Luhmann 1996, S. 11 ff.
[6] Damit ist noch nichts über die *religiöse Erfahrung* gesagt.
[7] Vgl. auch Taylor 2003, S. 7 ff.
[8] Vgl. ebenda, S. 14 und S. 16.

Atheismus oder dem Agnostizismus gewichen? Wie ist die *Corporate Religion* Jesper Kundes einzuordnen? Schließlich kann mit Blick auf unseren Zusammenhang gefragt werden, ob nicht gerade in der gegenwärtigen Lage „der Kapitalismus" als (neue) Religion zu verstehen ist, wie es schon Walter Benjamin in seinem Fragment von 1921 nahe legt.[9]

Die allgemeine Frage: Was *glauben* die Leute heute? – oder, wie es in einem Vortrag von Ronald Hitzler Mai 2003 in Duisburg hieß: Sind die „Ichs" noch religiös? ist hochinteressant, sprengt aber den Rahmen dieser Untersuchung.[10] Angesichts der großen Unklarheit wird allerdings die Frage nach der Religion und der Religiosität *außerhalb* der großen Religionen gestellt und sollte gestellt werden.[11]

Luckmann hat darauf hingewiesen, dass der Schluss, aufgrund der zurückgehenden Reichweite der christlichen Kirchen sei die moderne Gesellschaft als *unreligiös* zu bezeichnen, voreilig ist.[12] Die Orientierungsprobleme, Unsicherheiten und Spannungen, die dem modernen Menschen durch die so genannte Säkularisierung und die von Max Weber diagnostizierte *Entzauberung der Welt* offenbar aufgebürdet wurden und die durch die aktuellen politisch-ökonomisch-ökologischen Problemkonstellationen in noch größerem Maße bewusst werden, scheinen die menschlichen Sehnsüchte nach *Wiederverzauberungen* aller Art zu befördern. Die Bedeutung von Anregungen durch östliche Philosophie und Religionen und ihre oft diffuse und selektive Apperzeption, das stetig wachsende Interesse an einer Vielzahl von Angeboten „esoterischer" Lebensbewältigung, Lebensberatung, Meditations- und Konzentrationstechniken unterschiedlicher Provenienz, Seminaren und Trainings zu Problembewältigung und Sinnfindung und der *Persönlichkeitsentwicklung* sowie des Selbst- und Erfolgsmanagements weisen jedenfalls in diese Richtung. Dass zwischenzeitlich ein regelrechter *Markt der Sinnanbieter* entstanden ist und auf diesem Markt das Konkurrenz- und Wettbewerbsprinzip weitgehend uneingeschränkt gilt, kann kaum übersehen werden. Die starke Nachfrage nach Angeboten dieser Art kann durchaus als Indikator für das Bedürfnis nach *(ersatz-)religiöser Erfahrung* interpretiert werden. Das impliziert dann entweder die Annahme einer prinzipiellen religiösen Bedürftigkeit des Menschen und/oder eine streng an der *Funktion* von Religion für die moderne Gesellschaft orientierte Sicht. Dies hat Folgen für die Bestimmung des Religionsbegriffes: Die erste Perspektive eines *homo religiosus* wird daher der Frage nach dem religiösen Gehalt neuer, außerkirchlicher Sinnangebote nicht aus dem Weg gehen können. Wenn Religion primär die Funktion der Kontingenz-

---

[9] Vgl. Benjamin 2003, S. 15 f. Benjamin konzediert: „Im Kapitalismus ist eine Religion zu erblicken, d.h. der Kapitalismus dient essentiell der Befriedigung derselben Sorgen, Qualen, Unruhen, auf die ehemals die so genannten Religionen Antwort gaben."
[10] Zu den Schwierigkeiten „Religion zu messen" vgl. v.a. Luckmann 1996, S. 60 f.
[11] Vgl. dazu Schlette 1971, S. 158 ff. sowie den Aufsatz *Religion in der modernen Gesellschaft* von Thomas Luckmann 1980, S. 173 ff. Zur Unterscheidung der Begriffe Religion und Religiosität vgl. ausführlich Hauser 2004, S. 45 ff.
[12] Vgl. Luckmann 1996, S. 56.

bewältigung (Luhmann) oder die Einordnung des Individuums in einen gesellschaftlichen „Sinnkosmos" (Luckmann) erfüllten soll, sind damit ebenfalls weit gefasste Bestimmungen von Religion verbunden. Religion wird in beiden Fällen auf etwas bezogen, ein entweder individuelles oder gesellschaftliches Problem, zu dessen Lösung Religion einen Beitrag erbringt. Bei einer streng funktionalen Religionsdefinition kommt es daher darauf an, „zu bestimmen, was Religion *leistet*".[13]

Unter der Prämisse eines allzu weiten Religionsbegriffes allerdings könnten bereits die starke emotionale Bindung an bestimmte Gewissheiten und die tiefe Empathie für eine bestimmte Lebenspraxis oder etwa eine sportliche Aktivität als *religiös* bezeichnet werden. Detlef Pollack weist darauf hin, dass es zu einer Absolutsetzung oder „Sakralisierung" von Kulturelementen auch in einer ausgeprägten idealistischen Haltung, in einer „poetischen Wirklichkeitssicht", in der Politik[14], im Sport usw. kommen kann, ohne dass deswegen gleich der Begriff Religion angezeigt wäre. Denn: „...nicht jeder Gegenstand mit subjektiv empfundenen Unbedingtheitscharakter erfährt auch religiöse Verehrung."[15] Der Nachteil weiter Religionsbegriffe besteht in ihrer „unspezifischen Weite" und der Gefahr, dass der Erklärungsgehalt des Prädikates *religiös* mit zunehmender Ausweitung unaufhaltsam gegen null tendiert.

Bei aller nötigen Vorsicht können aber Weltsichten, die auf einem unbedingten Glauben an vermeintliche Gesetzmäßigkeiten beruhen, mit guten Gründen auf die Spuren religiösen Gehalts bzw. religiösen Ursprungs hin untersucht werden, ohne dabei gleich von einer Religion zu sprechen.[16]

Zunächst ein Beispiel: Die in der Welt des so genannten „Turbo-Kapitalismus" vorherrschende Ansicht einer grundsätzlichen Unbeherrschbarkeit von ökonomischen Kausalverläufen („Der Markt zwingt uns..."), die mit dem marktliberalen Zauber einer unbeschränkten Verantwortlichkeit für das eigene Schicksal und den damit kombinierten Verheißungen ökonomischen Erfolges zusammenfällt, ist in ihrer Widersprüchlichkeit nur zu begreifen, wenn man nach den Grundlagen der Vorstellung der Selbstregulation von Märkten fragt. Die Annahme einer „invisible hand" etwa rekurriert auf eine implizite mehr oder minder diffuse *Theorie der Harmonie*, die ihren Ursprung in der Idee einer verborgenen Ordnung der Dinge hat. Ob diese Vorstellung von Harmonie und Gleichgewicht, wie Alexander Rüstow meint, Elemente des pythagoreischen Mystizismus, des Tao Laotses und des Logos' Heraklits und der Stoiker enthält, kann hier nicht entschieden werden.[17] Jedenfalls werden mit der Behauptung der „invisible hand" wirkende Kräfte, Gesetze und Prinzipien unterstellt, die einer inter-

---

[13] Vgl. Pollack, 1995, S. 179
[14] Hier wäre sicher Voegelins Begriff der "politischen Religion" zu verorten.
[15] Vgl. Pollack 1995, S. 172.
[16] Dies muss, so meine ich, nicht zwangsläufig einen pejorativen Gebrauch des Wortes *religiös* implizieren.
[17] Vgl. Rüstow 2001, S. 21 f.

subjektiven Nachprüfbarkeit nicht zugänglich sind.[18] Da der Markt die Menschen zu etwas „zwingen" können soll, wird darüber hinaus die Frage nach dessen substantialer Beschaffenheit virulent, da doch offensichtlich von ernstzunehmender Seite keine Personalisierung des Marktes ins Auge gefasst werden kann. Wer also soll hier eigentlich am Werk sein, wenn uns der Markt zu etwas zwingt?

Es liegt auch bei diesem Beispiel auf der Hand, dass einmal mehr alles vom Religionsbegriff abhängt, der hier zur Anwendung gebracht werden soll. Ein ausbalancierter Religionsbegriff, der einerseits zahlreiche Formen, Erscheinungen und Facetten des Religiösen ausmachen und zugleich integrieren will, dabei aber andererseits nicht soweit ausholt, dass automatisch jede die Alltagserfahrung überschreitende Orientierung als Religion bezeichnet wird[19], scheint der neuen Situation angemessen.[20] Denn die Perspektive eines streng substantialen, an den Gottesbezug gebundenen bzw. eines engen Religionsbegriffes, der auf eine weitgehende oder vollständige Gleichsetzung von Religion mit den bedeutenden Weltreligionen hinausläuft und zugleich eine Identifikation religiöser Praxis und Erfahrung ausschließlich mit der Partizipation an den traditionellen religiösen Institutionsformen bedingt, schneidet die Diskussion um die Frage der möglichen Gestaltungen von Religion in der modernen Gesellschaft vorzeitig ab.[21]

Zwar sind nicht alle Versuche, die Frage nach dem Grund und dem Sinn des Geschehens in der Welt, das nicht (mehr) als selbstverständlich erfahren wird, zu behandeln, als *religiös* zu bezeichnen, weil die Frage nach dem *warum* nicht nur eine religiöse, sondern ebenso eine wissenschaftliche, philosophische und existentielle ist. Erst wenn auf Transzendenzen als Referenz Bezug genommen und ein Nichtgegenwärtiges, den Menschen Überschreitendes, im Sinne kontingenzbewältigender bzw. spannungsauflösender Erklärung in einen Zusammenhang zum Erfahrbaren gesetzt wird, wenn also auf die Frage nach dem *Warum* explizit „geantwortet" wird, kommt der genuine Unterschied zwischen Religionen und philosophischem Fragen zum Vorschein.[22] Pollack formuliert als Bedingung:

---

[18] Zinn spricht in diesem Zusammenhang von einem *Religionsersatz*. Vgl. Zinn 2003, S. 192 f.
[19] Eine bloße Ausweitung des Lebens „bis zu seiner Grenze" etwa durch eine sportliche Anstrengung oder die schlichte Empathie für eine bestimmte Lebenspraxis, einen Lebensstil, prominente Künstler u.s.w. fallen dann nicht darunter.
[20] Dies bleibt auch nicht ohne Konsequenzen für das, was unter *Transzendenz* verstanden werden kann. Taylor identifiziert ein „modernes Subjekt", welchem die Zugangsweisen des „Subjektes von einst" zu Transzendenzerfahrungen resp. die Erfahrung Gottes nicht in gleicher Weise offen stünden: „Das ist der Grund, warum die Moderne unablässig neue Formen der Spiritualität gebiert." Vgl. Taylor 2003, S. 16.
[21] Vgl. zum Problem der substantialen und funktionalen Definitionen Deutschmann 2003, S. 146 f.
[22] Vgl. Pollack 1995, S. 184.

„Deshalb müssen in jeder Religion die als Unerreichbares fungierenden Letztgrößen mit relativ lebensnahen, konkreten, anschaulichen Vorstellungen und Praktiken verbunden sein."[23]

Genau diese Bindung der Religion an die konkrete Erfahrung mache, so Pollack, den Unterschied zur Philosophie aus. Nimmt man mit Pollack diese „Verbindung von Bestimmtheit und Unbestimmtheit, von Zugänglichem und Unzugänglichem, von Transzendenz und Immanenz" als „Grundstruktur von Religionen" an und begreift Mythos, Ritus, Symbole, Bilder, Gleichnisse, Kult etc. und eine auf eine wie auch immer geartete höhere Referenz ausgelegte Lebenspraxis als Formen der „Veranschaulichung des Unanschaulichen", so können Phänomene, die außerhalb traditioneller Religionen stehen, gleichwohl aber diese Grundstruktur aufweisen, in den Religionsbegriff integriert werden.[24]

Wenn man sich vorläufig auf diesen weiteren Religionsbegriff einlässt, kann das eigenartige compositum mixtum aus *Spiritualismus*[25] bzw. Spiritualität in Wirtschaft und Unternehmensführung, ökonomischer Rationalität, diagnostizierter gesellschaftlicher Orientierungskrise und dem hier besonders wichtigen Aspekt des formulierten Bedürfnisses nach *Sinnerfahrung* in der Arbeitstätigkeit aus der Perspektive der Frage nach religiösen Implikationen strukturiert und analytisch erfasst werden. Um zwischen den Dimensionen des Religiösen in Wirtschaft und Unternehmensführung, dem quasireligiösen Gehalt eines individuellen Erfolgsglaubens und dem Glauben an die unbedingte Gültigkeit von Marktgesetzen zu differenzieren, schlage ich die folgende, den jeweils unterschiedlichen Charakter der zugrunde liegenden Ideen berücksichtigende, systematische Unterscheidung vor:

1. Die neueren Ideen von der *Spiritualität* des Managers und der daraus resultierende Bezug von Unternehmensführung und religiöser bzw. außeralltäglicher Erfahrung
2. Der zielgerichtete und mithin außerordentlich „rationale" Einsatz einer im weitesten Sinne religiösen Praxis als Bestandteil einer vergemeinschaftenden Sozialtechnik in der Unternehmensführung
3. Die Idee wirtschaftlichen Erfolges als Paradigma geglückten bzw. *guten* Lebens
4. Die Idee der absoluten Gültigkeit der Marktgesetze und die Vorstellung vom Markt als Ursache selbsttätiger Vollzüge

---

[23] Ebenda, S. 186.
[24] Vgl. ebenda, S. 182 ff.
[25] Auch mit diesem Begriff wird in der Debatte höchst Verschiedenes bezeichnet: Während z.B. Gerd Gerken offenbar das Wirkliche als Erscheinungsweise des Geistigen begreift („Es ist der Geist, der die Materie erschafft", vgl. den Abschnitt 6.4) bzw. durch das Geistige verursacht sieht, vertritt etwa Hans Wielens einen Spiritualitätsbegriff, der stark auf die unmittelbare innere geistige Verbundenheit des Menschen mit der Welt abhebt. Vgl. dazu insbesondere Wielens 2004, S. 171 ff.

Bevor ich näher auf die religiösen Implikationen der hier differenzierten Ideen eingehe, muss ich den von mir vorgeschlagenen weiten Religionsbegriff auf der Basis des religionssoziologischen Ansatzes von Thomas Luckmann noch weiter präzisieren.

9.1.1 Die Typologie der Transzendenzen

Der hier gewählte Zugang berücksichtigt, dass der Gebrauch des Wortes *Religion* (wie bei den etablierten Vertretern eines weiten Religionsbegriffes) nicht mehr zwangsläufig mit Gott, dem Numinosen, dem Heiligen[26], dem Absoluten oder dem über alles hinausragenden unfassbaren Geheimnis verbunden ist. Bei Luckmann heißt es:

> „Religion findet sich überall dort, wo aus dem Verhalten der Gattungsmitglieder moralisch beurteilbare Handlungen werden, wo ein Selbst sich in einer Welt findet, die von anderen Wesen bevölkert ist, mit welchen, für welche und gegen welche es in moralisch beurteilbarer Weise handelt."[27]

Religiös ist für Luckmann bereits der „Vorgang der Einführung des individuierten Organismus der Gattung *homo sapiens* in die Transzendenz einer historischen Gesellschaft" und zwar selbst dann, „wenn Transzendenzen[28] höherer Größenordnung in einer solchen Gesellschaft nicht vorkonstruiert sind" oder – und dies dürfte in der gegenwärtigen Lage der Fall sein, „*wenn* sie es (noch M.S.) sind, sich (aber M.S.) Einzelne oder viele an den vorkonstruierten Modellen nicht ausrichten."[29] Luckmanns Typologie der Transzendenzen unterschiedlicher Reichweite ist für die Erläuterung des hier zu behandelnden Problems insofern sehr ergiebig, als sie einerseits Begriffe an die Hand gibt, mit denen die behandelten Phänomene in Beziehung zu traditionellen Formen des Religiösen gesetzt werden können, und andererseits durch die vorgenommene Differenzierung die Gefahr reduzieren hilft, zu Unterschiedliches unsachgerecht miteinander zu vergleichen. Danach gibt es für Luckmann so genannte *kleine Transzendenzen*, die

---

[26] Zu den neuen definitorischen Schwierigkeiten, zu denen eine Ersetzung des Gottesbegriffes durch den zentralen religionswissenschaftlichen Begriff des *Heiligen* führt vgl. Pollack 1995, S. 168.

[27] Luckmann 1996, S. 165.

[28] Auch der schwierige Begriff der Transzendenz wird hier in einem weiten Sinne verstanden. Das die individuelle Existenz und ihren Erfahrungshorizont *Übersteigende* muss diesem, an Luckmann orientierten Verständnis von Transzendenz nach nicht zwangsläufig außerhalb der Welt liegen.

[29] Vgl. Luckmann 1996, S. 165. Hervorhebung M.S. Zum Transzendenzbegriff bei Luckmann vgl. auch Luckmann 1980, S. 177 f. Das „Transzendieren" wird hier als wesentliches und „ordinäres" Merkmal aller menschlichen Erfahrung begriffen, da eine Erfahrung, die sich in „in ihrer Aktualität und Unmittelbarkeit" erschöpfe, schlicht „undenkbar" sei. Luckmann nimmt allerdings folgende Präzisierung vor: „Erst wenn das intentionale Korrelat dieser Erfahrung, also das *wohin* man transzendiert, zum Thema gemacht und reflektiert erfaßt wird, betreten wir den Bereich, den man in einem prägnanteren Sinn als transzendent bezeichnen kann." Ebenda, S. 177.

ein nicht Erfahrenes, aber prinzipiell Erfahrbares bezeichnen, *mittlere Transzendenzen*, die nur mittelbare Erfahrungen von bisher nicht Erfahrenem gestatten und schließlich *große Transzendenzen*, die einen Fall von Erfahrung kennzeichnen sollen, in der „etwas überhaupt nur als Verweis auf eine andere, außeralltägliche und als solche *nicht* erfahrbare Wirklichkeit erfaßt wird...".[30] Alle drei Fälle beschreiben die Überschreitung einer Grenze, die nach Luckmann allenfalls bei kleinen Transzendenzen alltäglich, bei den mittleren bereits nur noch ausnahmsweise gelingen kann.[31] Die Möglichkeit der Erfahrung von *Transzendenz* in ökonomischen Zusammenhängen erscheint vor dem Hintergrund dieser Typologie prinzipiell gegeben. Die Ideen von persönlichem „Wachstum" und der „Entwicklung der Persönlichkeit", die vollständige Aktualisierung „verborgener Potentiale" von ökonomisch handelnden Personen, Erfolg, Ansehen, Anerkennung und ein im weitesten Sinne durch materiell-ökonomischen Erfolg „gelingendes" Leben, als Ideen der *Überschreitung der eigenen Person* können mithin als *Transzendenzen* kleiner und eventuell mittlerer Reichweite verstanden werden. Die äußersten Zielpunkte moderner Erfolgsideologien bleiben aber die *Utopie absoluten Reichtums* (Deutschmann) sowie das in unzähligen Karrieremythen explizierte und perpetuierte „Tellerwäschermärchen". Beide Utopien sind durchaus auf eine Überwindung der menschlichen Lebensbedingung schlechthin angelegt, weswegen in diesen Fällen kaum noch von „kleinen Transzendenzen" gesprochen werden kann. Beide Utopien sind auf ein *ganz anderes, neues, besseres Leben* ausgerichtet. Es handelt sich um eine ganz außerordentliche Hoffnung, um eine spezifisch weltimmanente Erlösungsvorstellung. Die Begrenztheit der menschlichen Existenz, der mühsame Erwerb des Lebensunterhalts, die prekäre materielle Situation oder Armut können, so wird in Aussicht gestellt, überwunden werden. Ein (aus eigener Kraft hervorgebrachtes) großes (materielles) *Vermögen* garantiert nicht nur unbeschränkte Bedürfnisbefriedigung, sondern versetzt den Erfolgreichen in die ganz neue Lage der Freiheit von Präskriptionen und Restriktionen vielfältiger Art. Die Fähigkeit zur eigenmächtigen Bewirkung von Kausalverläufen, von Verfügungsgewalt über die eigene Person und die Welt nimmt, so steht anhand der Vorbildhaftigkeit der wenigen „Superreichen" und „Supererfolgreichen" in konkret erfahrbarer Aussicht, enorm zu. Der transzendente Gehalt dieser modernen Hoffnung, die angesichts der Tatsache, dass eine Realisierung der „Utopie" nur ganz wenigen gelingt, offensichtlich als (vorkonstruierte) Illusion zu begreifen ist, wird dabei allerdings gesellschaftlich kaum reflexiv wahrgenommen.[32]

---

[30] Vgl. Luckmann 1996, S. 168. Hervorhebung M.S.
[31] Vgl. ebenda, S. 168 f.
[32] Vgl. dazu auch Benjamin 2003, S. 18. Benjamin spricht – nebenbei bemerkt – von der *Bilanz* als dem „erlösende[n] und „erledigende[n] Wissen".

9.1.2 Religion und Privatheit[33]

Die von Luckmann diagnostizierte *Privatisierung* der Religion geht mit der Einsicht einher, „daß kein einigermaßen allgemeines, selbstverständlich verbindliches, gesellschaftlich konstruiertes Modell einer außeralltäglichen Wirklichkeit mehr besteht", und wird von ihm als Folge „der funktionalen Segmentierung der modernen Sozialstruktur" interpretiert.[34] Nach Luckmann kommt es im Verfolg dieser Entwicklung zu einem „Warenmarkt der Transzendenzen", zu einem „Markt der heiligen Universa", auf dem die „modellhaften Rekonstruktionen verschiedener Transzendenzerfahrungen unterschiedlicher Herkunft konkurrieren".[35] Die Konkurrenz erstrecke sich aber auch auf „Lebensorientierungsmodelle", die aus „Rekonstruktionen diesseitiger Transzendenz" abgeleitet sind. Bereits kollektive Repräsentationen wie „Nation, Rasse, klassenlose Gesellschaft, „Befreiungen" verschiedener Art usw.", die aus den „sozialen Konstruktionen der Erfahrung „mittlerer" Transzendenzen abgeleitet worden" seien, hätten das moderne Bewusstsein entscheidend geprägt.[36] Das Interesse an „kleinen Transzendenzen", die Luckmann durch „solipsistische Begriffe wie *Selbsterfüllung*" symbolisiert sieht, breite sich immer weiter aus und habe zwischenzeitlich einen massenkulturellen Charakter.[37] Die diesem theoretischen Ansatz zufolge für die „großen Transzendenzen" zuständigen Kirchen hingegen sind zu „Institutionen unter anderen Institutionen" geworden. Luckmann sieht in der Folge dieser Entwicklung eine „Sakralisierung des (schein-autonomen) Subjekts", die durchaus parallel zu einer strukturellen Privatisierung desselben gesehen werden könne. Kleine Transzendenzen, Selbsterfüllung und Selbstverwirklichung stehen im Mittelpunkt des Interesses. Privatisierung ist für Luckmann „die vorherrschende moderne Sozialform der Religion" und zeichne sich „durch das Fehlen allgemein glaubwürdiger und verbindlicher gesellschaftlicher Modelle für dauerhafte, allgemein menschliche Erfahrungen der Transzendenz" aus.[38] In diesem Umfeld können wir nun die verschiedenen Formen der behandelten privaten und gemeinschaftlichen Erfolgsideologien als einen Spezialfall der Subjektsakralisierung verstehen. Parallel dazu können wir mit Deutschmann einen *Marktradikalismus* als regulative Leitidee beobachten, der „den finanziellen Erfolg zum unmittelbaren Maßstab allen Handelns" macht:

> „An die Stelle der Idee einer optimalen institutionellen Ordnung setzt er (der Marktradikalismus M.S.) die Idee einer globalen Konkurrenz der In-

---

[33] Zur These von der „Entinstitutionalisierung" der spezifisch religiösen Erfahrungen vgl. auch schon Luckmann 1980, S. 185 f.
[34] Luckmann 1996, S. 179. Die Frage, ob dieses Modell so grundsätzlich je bestanden hat, kann hier nicht entschieden werden.
[35] Vgl. ebenda, S. 180.
[36] Vgl. ebenda, S. 180 f.
[37] Vgl. ebenda, S. 181. Geänderte Hervorhebung M.S.
[38] Vgl. ebenda S. 181 f.

stitutionen. Er legt alle Betonung auf das Heil, das im finanziellen Gewinn liegt, vermeidet aber alle verbindlichen Festlegungen bezüglich des Wie."[39]

Das Fehlen der orientierenden Anleitung, auf welchen Wegen die ökonomische Verheißung, der so sehr angestrebte *Erfolg*, der, wie Deutschmann bemerkt, eben gerade nicht in direktem Zusammenhang zu erbrachten Leistungen steht, erreicht werden kann, produziert Überforderungssituationen. Aufgrund der Legitimitäts- und Glaubwürdigkeitsdefizite des Marktradikalismus werden nun fortwährend Interpretations-, Erklärungs- und Vermittlungsanstrengungen erforderlich. Genau an dieser Stelle ist der Zusammenhang zwischen „sinnproduzierender" Unternehmensführung und dem gerade benannten Defizit festzustellen: Die Arbeitnehmer als Mitglieder der Gemeinschaft der Sieger und der Erfolgreichen sollen im Ergebnis, so die unausgesprochene Idee aktueller symbolischer und „sinnstiftender" Managementkonzepte, in einem gegebenen Rahmen vorkonstruierte Transzendenzerfahrungen machen können. Die Vorkonstruiertheit ergibt sich bereits aus der Tatsache, dass mittels unternehmenspolitischer Steuerung das in dieser Hinsicht *Mögliche* bestimmt und verabschiedet wird. Die dadurch vorgegebene Ordnung impliziert eine Engführung der erfahrbaren Transzendenzen auf die Gemeinschaftsmitgliedschaft und die Realisierung ökonomischen Erfolges, der in der zynischen Variante dieser Art der Unternehmensführung mitunter lediglich einen „geistigen Anteil" am Gesamterfolg und eben keine tatsächlich materielle Teilhabe darstellt.

Die axiomatische Voraussetzung dieses Argumentationsgangs besteht darin, dass man Luckmanns Grundannahme zur grundlegenden Funktion von Religion teilt, die darin besteht, „Mitglieder einer natürlichen Gattung in Handelnde innerhalb einer geschichtlich entstandenen gesellschaftlichen Ordnung zu verwandeln."[40] Religion erfüllt in dieser Perspektive eine zentrale *Funktion* bei der gemeinsamen Konstruktion gesellschaftlicher Wirklichkeit. Nur unter dieser Prämisse wird der oben formulierte weite Religionsbegriff nachvollziehbar, erst unter dieser Bedingung erscheint die Rede von der „konstitutiv religiösen Natur des menschlichen Lebens"[41] und der von Religion als „gesellschaftliche[r] Ontologisierung subjektiver Transzendenzerfahrungen"[42] berechtigt.

Unabhängig davon allerdings, ob man die Einschätzungen Luckmanns zu den Funktionen der Religion und ihrer Privatisierung zur Gänze teilt, stellt der Ansatz ein Instrumentarium bereit, um die zu erfassenden Phänomene zu beschreiben. Unterschiedliche Anbieter von Transzendenzen unterschiedlicher Reichweite, darunter auch Wirtschaftsunternehmen und der Seminar- und Trainingsmarkt, konkurrieren mit Sinn- und Deutungsangeboten, unterschiedlichen Welterklärungen, unterschiedlichen Mitteln und mit verschiedenen Organisationsstrukturen um diejenigen, denen durch die Übernahme der vorgegebenen

---

[39] Deutschmann 2003, S. 173.
[40] Vgl. Luckmann 1996, S. 165.
[41] Vgl. ebenda, S. 164.
[42] Vgl. ebenda, S. 166.

Wirklichkeitskonstruktionen scheinbar die Möglichkeit der subjektiven Erfahrung von Transzendenz eröffnet wird.

Im folgenden Abschnitt wende ich mich nunmehr den vier Aspekten des Zusammenhangs von Religion und Wirtschaft zu, die ich oben unterschieden hatte. Dabei wird sich erweisen, dass die Verwendung des Prädikates *religiös* zur Kennzeichnung der hier untersuchten Führungs- und Managementansätze vorschnell ist und am eigentlichen Problem vorbei geht. Als Problemanzeige für die Utopie totalen wirtschaftlichen Erfolges sowie den Glauben an die absolute Gültigkeit der Marktgesetze und die Selbsttätigkeit des Marktes hingegen ist sie fruchtbar.

9.2 Die Dimensionen moderner Religiosität in Unternehmensführung und Wirtschaft

9.2.1 Die Entdeckung des „spirituellen" Managers

Spiritualität im Management hat „Hochkonjunktur", darüber besteht nicht nur aufgrund des in dieser Untersuchung gezeigten Ausschnitts kein Zweifel. Gerd Gerken beispielsweise will ein „wachsendes Bedürfnis nach spiritueller Gewißheit", ja sogar nach einer „Wissenschaft des Spirits" im Management erkennen. Die neuen Probleme in Unternehmen seien „Probleme des Geistes", welche nur durch „mentale oder geistige Kompetenz" gelöst werden könnten.[43] Dazu erfahren wir unter der Überschrift „Aufbruch zum elitären Geist":

> „Unsere Gesellschaft wird nämlich immer geistiger: Materialismus und Spiritualismus gehen in unserer Zeit eine neuartige Verbindung ein. Dadurch explodiert der Geist."[44]

Angeblich sei hier eine „neue Praxis der Spiritualität" gemeint, die „weit entfernt von Esoterik, Kirche und New Age" sei. Es gehe, so Gerken in gewohnt rätselhafter Formulierung, „um die Nutzung der höchsten spirituellen Energie für die Arbeit des Mind." Denn:

> „Es ist die epochale Entdeckung, daß letztlich alles in der Welt Geist oder Spirit ist."[45]

Die neue Führung werde bewusst „spirituell" vorgehen, so Gerkens Prognose aus dem Jahr 1994. Der Manager als „Menschenführer" solle „die Menschen optimieren" (sic!) und „den Geist der Menschen [...] qualifizieren."[46] Gerken spricht explizit von der Wichtigkeit „mentaler Fitness" und auch von einer

---

[43] Vgl. Gerken, 1994, S. 704 f.
[44] ebenda, S. 704.
[45] Ebenda, S. 705. Dass hier nur der gängige Topos „Wissensgesellschaft" gemeint sein könnte, erscheint mir unwahrscheinlich.
[46] Vgl. ebenda, S. 710.

"mentale[n] Überlegenheit" des Managers.[47] Wie ernst sind diese Behauptungen zu nehmen?

Die Selbstinterpretationen von Managern und die Alltagsvorstellungen über den Beruf des Managers sind, so hat es zunächst den Anschein, ähnlich wie die Meinungen über die Kriterien der Befähigung für Führungspositionen in Unternehmen üblicherweise keinen allzu großen Veränderungen unterworfen. Typische Gemeinplätze der Rede über Manager sind etwa die Behauptung, Manager seien besonders herzinfarktgefährdet und immer im Stress oder die Annahme, Manager arbeiteten im Vergleich zu anderen Beschäftigten besonders hart und ausdauernd sowie, auf die Tagesarbeitszeit bezogen, besonders lang. Manager neigten darüber hinaus dazu, ihrem Privatleben wenig Aufmerksamkeit zu schenken, und litten daher häufig unter einer Instabilität ihrer Partnerschaften und sonstigen sozialen Beziehungen. Weitere Stereotypen, auf die ich im Abschnitt 8.3 schon eingegangen bin, sind die geradezu sprichwörtliche *Entscheidungsstärke* von Managern sowie die gleichfalls kaum näher bestimmbaren „Kompetenzen" *Intuition* und *Gespür für den Markt*. Manager haben es zu etwas gebracht, sind überdurchschnittlich engagiert, stets äußerst angespannt, können führen, mitreißen, Vorbild sein, den Weg zeigen, begeistern usw. Dagegen stehen die ebenfalls verbreiteten Ideen von einem „eiskalten" *big boss*, der mit einer Unterschrift ganze Firmen kauft, verkauft oder zerschlägt, Mitarbeiter entlässt und unfassbar viel Geld verdient.

Große Popularität hat derzeit die Fitnessorientierung von Managern und Führungskräften, wie ein wahlloser Blick in die entsprechenden Managerzeitschriften sofort erkennen lässt. Während Erich Kästner 1929 in seinem bekannten Gedicht *Offener Brief an Angestellte* noch die Korpulenz und „feiste Bäuche" als Insignien der großen Bosse karikierte und sich über „schußbereite Zigarren" lustig machte, gilt körperliche „Fitness" und sportliche Aktivität heute ebenso als absolutes Muss für die neueste Generation der Führungskräfte wie ein elegantes und professionelles „Kommunikationsdesign" und ein souveränes Understatement.[48] Soweit die typischen Ansichten.

Neu ist jedoch das dezidierte und planvolle Streben der Manager nach dem „besseren Geist", wie es Gerken formuliert. Mentale „Fitness", Selbstvergewisserung, Achtsamkeit, Balance und Spiritualität sind die Schlagworte, mit denen diese Entwicklung grob umschrieben werden kann. Die überragende Bewusstheit der „neuen Führung" (Mann) oder die „Selbsttranszendenz" sowie der Kontakt mit kosmischen Metakräften (Gerken) sind *neue* Insignien der Außergewöhnlichkeit. Die Idee der humanen Exzellenz von Managern wird also, wie auch in den hier untersuchten Positionen zum Management der Zukunft unterstrichen wird, zunehmend mit geistig-spirituellen Qualitäten und Kompetenzen, mit einer auf Innenschau basierenden überzeugenden Bewusstseinshöhe assoziiert.

---

[47] Vgl. ebenda, S. 711.
[48] Vgl. Kästner 1999, S. 38. Nebenbei bemerkt: Es war meiner Auffassung nach allein die kurzfristige Nichtbeachtung des ungeschriebenen Understatementgebotes, welches den Angeklagten im Düsseldorfer Mannesmann-Prozess eine derart kritische Presse eintrug.

Viele Anbieter auf dem „Markt der Transzendenzen", haben Person und Persönlichkeit sowie die psychische Befindlichkeit des Managers als Gegenstand ihrer Bemühungen entdeckt. In der Ankündigung einer Radiosendung des WDR am 13. Februar 2004 mit dem Titel *Führungskräfte mit Seele – wenn Manager ihre Spiritualität entdecken* heißt es:

> „Manager und Unternehmer auf den Spuren von Mönchen und Samureis. In Zen-Schulen, Klöstern oder Meditationsecken im eigenen Büro suchen sie nach geistiger und spiritueller Erneuerung, um in Zeiten wirtschaftlicher Krisen, Wandel und Werteverfall bestehen zu können."[49]

Hans Wielens wünscht sich *meditierende* Manager. Die von ihm maßgeblich initiierte Zen-Akademie in Münster will, eigenen Angaben zufolge, „Führungskräften einen Weg aufzeigen, wie sie Kraft aus der Stille, aus ihrem eigenen inneren Wesen schöpfen können...".[50] Körper und Geist sollen „wieder als Einheit empfunden" werden, eine „Haltung der Achtsamkeit" soll gefördert werden, die „zu mehr Rücksichtnahme auf die Mit-, Um- und Nachwelt führt". Die Reflexion eigener Ängste und Gefühle und das Finden einer „inneren Balance" sollen die Erfahrung ermöglichen, „dass man integraler Bestandteil der Schöpfung und des Kosmos ist".[51]

Dieses und viele andere Beispiele weisen auf die Bemühung von Managern und Führungskräften um das *Nicht-Rationale*. Die *Sorge um sich* und die bewusste Konzentration auf Lebensbereiche und Ebenen der Erfahrung die *vor* oder *über*, aber jedenfalls außerhalb des operativen und strategischen ökonomischen Kalküls liegen, kommt hier zum Ausdruck. Vermutlich ist diese Bezugnahme auf Religiosität und Spiritualität als Zeichen für ein wachsendes Bedürfnis nach *Sinn* und Orientierung, die das Wirtschaftshandeln als solches nicht selbst hervorbringen kann, zu werten. Angesichts der Krisenerfahrung nimmt der Manager im Seminar oder in kontemplativer Übung *sich selbst* ins Auge und strebt bewusst nach außeralltäglicher Erfahrung. In der oben genannten WDR-Sendung sagt ein Manager (O-Ton 4):

> „Früher gab es Unternehmen mit einer starken Kultur, dafür standen Persönlichkeiten, ein Reuter zum Beispiel//, es gab einen Nixdorf, es gab eben besondere Menschengruppen und auch Firmenideen. Heute in einer Zeit der so genannten Globalisierung, wo einer den anderen frisst, ich nenne nur mal Volksfürsorge wird von Aachen-Münchener geschluckt, und kaum ist das passiert, geht's schon weiter mit Generali, oder andere Prozesse, wie wir sie bei der HypoVereinsbank erlebt haben. Das lässt den Menschen kaum die Möglichkeit, wirklich ernsthafte Leitbilder zu entwickeln, sondern es geht immer um shareholder-value, und das steht oft im Kontrast zu Firmenkultur, zu alten Firmenwerten, im Widerspruch zu Mitarbeitern – man baut sich ein Team auf, die Mitarbeiter glauben an einen und man kriegt die Nachricht, die Hälfte davon zu liquidieren. Das sind Probleme,

---

[49] www.wdr5.de/suchen/archivsuche.phtml?sq=Manager&Sendung=&service=&df – Stand 30.03.2004.
[50] www.zen-akademie.org unter „Was wollen wir?" – Stand 30.03.2004.
[51] Vgl. ebenda.

die – wenn jemand ein echter Mensch ist mit Herz, sicherlich nicht einfach in die Ecke schmeißen kann." (sic!)[52]

Der gleiche Manager bestätigt später, durch Meditation zu erfahren, „was größer ist als ich es bin, was mich überschreitet". Ihm sei plötzlich klar geworden: „Dein Leben steht ja im Zusammenhang mit der Menschheitsentwicklung...". Das Leben als Dienst an diesem Zusammenhang gebe ihm „auch persönlich etwas", und zwar: „...mehr als einfach nur ein bisschen mehr materiellen Reichtum oder eine kurzfristige Befriedigung irgendeines Bedürfnisses".[53]

Während Mann und Gerken kräftig an der Instituierung des Managers als einer *Superperson* arbeiten und die Rede über Spiritualität in beiden Fällen als Teil einer kritikwürdigen Führungsideologie vorgetragen wird, kann das insgesamt zunehmende Interesse an „Spiritualität im Management" offenbar auch als Zeichen für die Suche nach neuem Umgang mit konkret erlebten Überforderungssituationen begriffen werden. Die Schlagworte *work-life balance*, Achtsamkeit, Konzentration und die Idee des (Wieder-)Findens einer „inneren Mitte" weisen auf Entwürfe von einem *guten Leben*, welche auf Überschreitung der vermeintlich typischen Managerlebensstile abzielen. Die vielfältigen Quellen spirituellen Wissens und spiritueller Lebenspraxis können dabei nicht zufrieden stellend bestimmt werden, wenngleich hier Adaptionen aus der östlichen traditionellen Religiosität (Buddhismus, Zen-Meditation[54]) wohl eine nicht zu unterschätzende Bedeutung haben. Der WDR berichtete in der oben genannten Sendung, dass u.a. Unternehmen wie Porsche, Daimler-Chrysler, Commerzbank und Stinnes sowie diverse Unternehmen der IT-Branche Zen-Meditation bzw. Zen-Seminare für Führungskräfte favorisieren.[55]

Unter der Überschrift *Exerzitien des Erfolges* berichtet die Süddeutsche Zeitung über den Trend zu Managerseminaren in Klöstern:

> „Ließen sich Manager noch vor zwei Jahren von lauten Motivationsgurus á la Jürgen Höller unter Tschaka-Schreien über glühende Kohlen treiben, richten sich nun mehr und mehr Kurse mit Titeln wie „Mystik für Macher" oder „Menschen führen – Leben wecken" an verunsicherte Führungskräfte."[56]

Im Kloster Andechs etwa soll in Seminaren, die durch das „Andechser Zentrum für Unternehmenskultur" (AZU) organisiert werden, inmitten einer christlich-asketischen Lebens- und Gebetspraxis das benediktinische Führungscredo „Dienen statt Herrschen" von Managern eingeübt werden. Das Interesse an „Besinnung" und einem „Hauch geheimnisvoller Spiritualität" ist, wie die Ordensvertreter berichten, außerordentlich groß. Namhafte Firmen schicken vermehrt Führungskräfte ins Kloster.[57] Eine Bewertung der neuen Religiosität und

---

[52] Vgl. das entsprechende Sendemanuskript, S. 4. Unveränderte Originalabschrift.
[53] Vgl. ebenda, O-Ton 8, S. 7.
[54] Vgl. Wielens 2003 und Lindner-Hofmann/Zink 2002, v.a. S. 51 ff.
[55] Vgl. das entsprechende Sendemanuskript, S. 3 f.
[56] Vgl. Balser 2004, S. 26. In: Süddeutsche Zeitung Nr. 84, 10./11./12.04.2004, S. 26.
[57] Vgl. ebenda, S. 26.

Spiritualität im Management insgesamt soll hier nicht vorgenommen werden. Es genügt die Feststellung des Befundes, dass der Rekurs auf im weitesten Sinne religiöse Weltdeutungen, religiös begründete Lebenspraxis sowie der offensichtliche Wunsch vieler Manager und Führungskräfte nach außeralltäglicher Erfahrung (v.a. durch Konzentrationstechniken, Introspektion und Meditationsübungen), Selbstverortung und Selbstvergewisserung als neues Phänomen erkennbar ist.[58]

9.2.2 Religiöse Elemente als Bestandteil einer Sozialtechnik

In Kapitel 6 habe ich anhand der Analyse der Führungsansätze von Jesper Kunde und Matthias zur Bonsen illustriert, wie als religiös bezeichnete oder zumindest an eine religiöse Praxis erinnernde Führungs- und Beeinflussungstechniken empfohlen werden. Das in *diesem* Sinne „religiöse" oder „spirituelle" Management zielt darauf ab, den Reiz des Religiösen technisch zu verwerten. Ganz im Sinne des Religionsbegriffes, den Kunde in seiner „Corporate Religion" andeutet, nämlich als *Vereinigung in einem gemeinsamen Glauben*, wird das Unternehmensziel als ein Höchstes und Größtes und die Zugehörigkeit zur Unternehmensgemeinschaft als *Sensation* konzipiert. Mit Mythen, Ritualen, Emotionen, Begeisterung, Leidenschaft und einer Organisation des Arbeitshandelns als „Opfer und Fest" wird ein ansonsten überaus „säkularer" und mithin unspektakulärer Arbeitsalltag künstlich symbolisch aufgeladen.[59] Interessant sind dabei die Parallelen, die zwischen den Ansprüchen einiger Unternehmen heute und den traditionellen Erklärungs- und Deutungsansprüchen von Religionsgemeinschaften beobachtet werden können: In beiden Fällen wird das Mitglied der Institution mit einem *Dogma* konfrontiert, in beiden Fällen sind es Organisationen, die über Durchsetzungs- und Sanktionsgewalten verfügen. Wenn die Vorschläge der Managementexperten Kunde und zur Bonsen verwirklicht werden, stellt die Instituierung einer „rituellen Praxis" eine weitere Gemeinsamkeit dar. Beide Institutionen können des Weiteren als *Transzendenzanbieter* verstanden werden. Lebenssinn, Orientierung und der Abbau von Verunsicherung sind nunmehr auch Ziele von Unternehmen. Eine „geistige Heimat", die traditionelle religiöse Gemeinschaften ihren Anhängern sein wollen und sind, sollen nun auch Unternehmen „anbieten". Es soll, so verlangen es die exponierten Vertreter des Ansatzes, regelrecht zu einer *Gemeinschaft des Glaubens* an das Unternehmen

---

[58] Der WDR berichtet gegen Ende der Sendung von der Gründung eines „religionsübergreifenden Netzwerkes" von Managern, Unternehmern und Unternehmensberatern, dessen Name nicht zu ermitteln war, das aber, wie in der Sendung berichtet wurde, „das eigene und das gesellschaftliche Bewusstsein weiterentwickeln" wolle. Darüber hinaus sollen, so wörtlich, „...die Herzen von wirtschaftlich, gesellschaftlich und religiös Verantwortlichen" dafür geöffnet werden, „der Menschlichkeit zu dienen – jeder nach seinen strukturellen Möglichkeiten, persönlichen Fähigkeiten und dem eingenommenen Platz in der Gesellschaft." Vgl. ebenda, S. 9.

[59] Nagel 1991, S. 96 empfiehlt wie viele andere die „bewußte Zelebrierung von Symbolen und Ritualen", um den Mitarbeitern den richtigen Weg zu zeigen – nicht ohne darauf hinzuweisen, dass dies aber auch wirklich „aufrichtig" und mit innerer Überzeugung geschehen müsse.

und seine Ziele kommen. In Einzelfällen geht sogar der Anspruch auf Vorstrukturierung privater Lebensvollzüge mit der Organisationsmitgliedschaft einher. Und dennoch hinkt dieser Vergleich. Unternehmen sind aus gutem Grund eben *keine* Kirchen. Warum nicht?

Entscheidend ist dabei, so meine ich, Peter Ulrichs hellsichtige Diagnose, dass es sich bei dieser Form des „religiösen" Managements um den äußersten Endpunkt einer zynischen Manager-Rationalität handelt, weil die steuernden und führenden Akteure keineswegs selbst von der zweifelhaften Form „religiöser Erfahrung" überzeugt sind, sondern den Prozess der Implementierung einer allenfalls *pseudo*religiösen Praxis deliberativ in Gang setzen. Auf der Basis einer vulgären Anthropologie, einer Ideologie der Bedürftigkeit und eines vermeintlichen Wissens darüber, was Menschen heute wollen, welche Sehnsüchte sie angeblich haben usw., wird eine „rationale" Technik zur Leistungsoptimierung eingesetzt. Das, was die Experten für Management bei den Kirchen als Erfolgsrezept für historisch einzigartige Integrationsleistungen einerseits und geistige Einflussnahme andererseits an Instrumenten, Ideen und Methoden meinen abschauen zu können, wird nun für den Unternehmenszusammenhang funktionalisiert. Man kann sich über diese Instrumentalisierung entrüsten oder nicht: In jedem Fall handelt es sich dabei um eine „zynische Steigerung des technokratischen Rationalismus im Management" (Ulrich) und nicht um einen neuen Irrationalismus, wie man angesichts der Empfehlung des Vollzuges „magischer Handlungen", den Spuren „quasi archaischer" Symbolik und der Entdeckung von Mythos, „Story-Telling" und dem gemeinsamen „Erfinden von Zukünften" meinen könnte.[60] Hier von einer neuen „Religion" zu sprechen, wäre deplaziert.

Die vorausgegangene Diagnose, dass zuviel Rationalität im Management den angeblichen Sinnverlust verursacht habe und daher Begeisterung, Leidenschaft, Emotion, Mythos und um jeden Preis die Aktualisierung des gemeinsamen *Glaubens an den Erfolg* durch symbolisches und dramaturgisches Management erst (wieder) hergestellt werden müssten, mündet in zwei Grundaufgaben des „neuen Managers", die in Anlehnung an Peter Ulrich folgendermaßen erfasst werden können:

1. Den Handlungen der Führenden und der Geführten muss Sinn und Bedeutung verliehen werden.
2. Die Bedeutung dessen, was Mitarbeiter tun, muss durch stetiges „magisches Be-Sprechen" ihres Tuns in einprägsamen „magischen Formeln" in Worte gefasst und zu einer sozialen Tatsache ersten Ranges erhoben werden.[61]

Durch die Wiederholung und permanente Reaktualisierung sollen die Glaubensinhalte, seien sie auch noch so absurd, eine „Innenlenkung durch (Hintergrund-) Überzeugung" bewirken. Ulrich weist auf die Paradoxie hin, dass es sich hier um den „Versuch des zweckrationalen Umgangs mit dem Vorrationalen"

---

[60] Vgl. Ulrich 1990, S. 277 ff.
[61] Vgl. ebenda, S. 290.

handelt. Damit der Zauber funktioniert, sind zwei Voraussetzungen zu erfüllen. Ulrich fasst zusammen:

1. „Der Manager als „Mythenerzähler" und „Symbolarchitekt" steht – wie ein Kolonisator aus zivilisierten Ländern selbst außerhalb der gedachten mythischen Organisationswelt. Er hat für sich selbst das mythische durch ein rationales Weltbild überwunden. Er konstruiert, analysiert und instrumentalisiert „magische Formeln" in einer selbstdistanzierenden, „berechneten" Weise, in der Regel ohne selbst an sie zu glauben..."

2. „Die Geführten andererseits sind als die „Eingeborenen" der mythischen Welt, die da zweckrational manipuliert werden soll, gedacht. Sie dürfen gerade umgekehrt das, was mit ihnen geschehen soll, auf keinen Fall durchschauen: Die magischen Formeln wirken nur, wenn die „Besprochenen" sie unbefragt akzeptieren und sich von ihrem „Zauber" einfangen lassen, am besten unbewußt oder zumindest unreflektiert."[62]

Wenn sich dies so verhält und die von mir im sechsten Kapitel untersuchten Managementansätze in diesem Sinne zu verstehen sind, dann kann keine Rede von einem *Paradigmenwechsel* in der Management- und Führungslehre und einem „Abschied von den kalten Strategien" (Gerken) sein. Im Gegenteil: Aus dem „technokratisch-rationalistischen" Paradigma wird durch den planvollen Einsatz des Nicht-Rationalen eine *zynische Rationalität*. Die Frage nach der Berechtigung des Prädikates *religiös* macht in diesem Zusammenhang allerdings insofern Sinn, als angesichts dieses Befundes gewissermaßen ex negativo gerade auf den *areligiösen* Charakter dieser Techniken verwiesen werden kann. Die *Corporate Religion* ist eine äußerst rationale und kalkulierte Angelegenheit.

9.2.3 Wirtschaftlicher Erfolg als Paradigma geglückten Lebens

Weit schwieriger zu beurteilen und analytisch zu erfassen, ist die weiter ausholende Frage nach dem religiösen Charakter des Glaubens an die Idee wirtschaftlichen Erfolges als Zeichen *guten Lebens*. Kategorische Aussagen sind hier wenig hilfreich, weswegen ich mich auf einige vorsichtige Anmerkungen beschränke. Der hier interessierende Zusammenhang ist bekanntlich bereits von Max Weber umfassend untersucht worden, jedoch unter einer anderen Fragestellung: Weber fragt nicht, ob der Gebrauch des Wortes *Religion* für das menschliche Streben nach Erfolg einen Sinn ergibt, sondern will die geistigen Ursprünge der okzidentalen kapitalistischen Wirtschaftsweise verfolgen. Insbesondere die spektakuläre Idee des „Erwerb[s] von Geld und immer mehr Geld, unter strengster Vermeidung alles unbefangenen Genießens..."[63] steht im Mittelpunkt seiner Untersuchung *Die protestantische Ethik und der Geist des Kapitalismus*. Die sehr ausführliche Darstellung Webers läuft auf die zentrale These hinaus, dass der Ursprung des Kapitalismus und der Idee des Reinvestierens der ökonomischen

---

[62] Ebenda, S. 291.
[63] Vgl. Weber 1991, S. 44.

Resultate in einer protestantischen Werk- und Arbeitsethik und insbesondere in der calvinistischen Prädestinationsvorstellung zu suchen sei. Die weltliche Berufsarbeit sowie eine systematisierte Lebensführung sind Weber zufolge im Zusammenhang mit Deutungs- und Erklärungsnotwendigkeiten, welche die bewegende Frage nach der je eigenen Zugehörigkeit zum Gnadenstand auslöste, zu sehen. Das praktische Lebensideal des Puritanismus, die Selbstbeherrschung, ist vor dem Hintergrund eines Heilszusammenhangs zu verstehen.[64] Eine „methodische Heilsaneignung" wird hier, mithin konträr zum lutherischen Protestantismus, trotz aller Differenzen, die zwischen den unterschiedlichen Richtungen des Calvinismus, Pietismus, Puritanismus usw. bestanden, als prinzipiell möglich gedacht.[65] Die puritanische Askese verdankt ihre zentrale Bedeutung der geglaubten sittlichen Verwerflichkeit von Muße, Genuss und Zeitvergeudung. Der Arbeit am „Ruhm Gottes" darf nicht zuviel Zeit durch Kontemplation verloren gehen: „Rastlose, stetige, systematische" Berufsarbeit „als schlechthin höchste[s] asketische[s] Mittel" und sicheres Zeichen der Bewährung der „Glaubensechtheit" des Menschen in Verbindung mit der Idee des Strebens nach Reichtum um seiner selbst willen als „Gipfel des Verwerflichen" führen Weber zufolge zu dem schon sprichwörtlichen Ergebnis: *Kapitalbildung durch asketischen Sparzwang.*[66] Ich kann die Einzelheiten der mit dieser These zur Entstehung des „Geistes des Kapitalismus" verbundenen hochkomplizierten Probleme hier nicht weiter verfolgen. Die vormals dominierenden Askesevorstellungen sind zwischenzeitlich allemal zugunsten offensiver Konsumhaltungen verabschiedet worden. Man darf heute durchaus zeigen, was man erreicht hat, muss es mithin sogar. Der Genuss der in der Wirtschafts- und Berufstätigkeit erzielten Früchte ist allenfalls noch ausnahmsweise verpönt, wenn nämlich die Inszenierung des Erfolges zur schwer erträglichen Angeberei wird. Für unseren Zusammenhang ist eine andere Beobachtung Webers von Interesse, die gegenwärtig immer noch, ja erst recht zuzutreffen scheint:

> „Die heutige kapitalistische Wirtschaftsordnung ist ein ungeheurer Kosmos, in den der Einzelne hineingeboren wird und der für ihn, wenigstens als Einzelnen, als faktisch unabänderliches Gehäuse gegeben ist, in dem er zu leben hat. Er zwingt dem Einzelnen, soweit er in den Zusammenhang des Marktes verflochten ist, die Normen seines wirtschaftlichen Handelns auf."[67]

Webers Diagnose beschreibt eine Welterfahrung, die vor dem Hintergrund der Vorstellungen von einer *sich ereignenden Globalisierung* als hochaktuell bezeichnet werden kann.[68] Wirtschaftliches Handeln und Berufsarbeit finden innerhalb

---

[64] Vgl. ebenda, S. 115 ff.
[65] Vgl. ebenda, S. 158 f.
[66] Vgl. ebenda, S. 180.
[67] Ebenda, S. 45.
[68] Der Begriff „der Kapitalismus" scheint die Unterschiede einzelner auf dem Marktprinzip basierender Wirtschaftsordnungen nicht adäquat zur Geltung zu bringen. Insofern könnte man von „Kapitalismen" sprechen. Andererseits werden die nicht hintergehbare Notwendigkeit der

einer vorgegebenen Ordnung statt, deren Normen und Wertbezüge vom Einzelnen nicht einfach ignoriert werden können. Was unter solchen Bedingungen als ein *gutes Leben* erachtet werden kann, ist zwar nicht prädeterminiert und gerade in freiheitlichen Gesellschaftsordnungen mehr als anderswo eine Sache der freien Wahl, aber eben auch nicht von der Wirtschaftsordnung unabhängig. Bei Verfehlung einer gewissen materiellen und ökonomischen Grundsicherung scheint sich die Frage nach dem guten Leben schnell zu erübrigen. Der Satz *Geld allein macht nicht glücklich* muss nicht als Zynismus gemeint sein. Gleichwohl gibt es Anzeichen dafür, dass die Assoziierung wirtschaftlichen Erfolges und Geldreichtums mit geglücktem Leben gegenwärtig dominant wird und der Gelderwerb im Zentrum ungeheurer Anstrengungen steht. Die Versprechen der kritisierten Erfolgsideologien suggerieren ja allesamt gerade die Möglichkeit einer *methodischen Aneignung* von Erfolg. Da letzte Gewissheiten, wie einvernehmlich vertreten wird, einerseits nicht mehr zur Verfügung stehen und die Lebenswelt andererseits zu einem bemerkenswerten Teil als eine ökonomische, eine wirtschaftliche Welt erscheint, ist die Hochschätzung wirtschaftlichen Erfolges folgerichtig. Die Ursache der Faszination, die ein sichtbar erfolgreicher Umgang mit Geld und Wirtschaftstätigkeit auslöst, kann in den konkreten Folgen, die dieser in einer klar auf den Konsum von Waren konzentrierten Gesellschaft zeitigt, gesucht werden. Geld und Erfolg ermöglichen großen Warenkonsum, Annehmlichkeiten jeder Art und enorme dispositive Freiheiten. Durch die Nebeneffekte des ökonomischen Erfolges können Status-, Anerkennungs- und Selbstverwirklichungsziele nicht nur verfolgt, sondern erreicht werden.[69] Der Genuss des Erreichten kann dabei heute zum größten Teil ohne Rücksichtnahme auf moralische Restriktionen erfolgen. Der Konsum ist nicht nur beabsichtigt, sondern zugleich Funktionsvoraussetzung für das Wirtschaftssystem. Die Anerkennung der Anderen ist dem erfolgreichen Unternehmer sowie dem Berufstätigen mit Karriere sicher. Arbeitswelt und Wirtschaft sind die zentralen Referenzorte der eigenen Kompetenz. Hier kann man beweisen, wozu man in der Lage ist, wie viel man „verdient" und wer man „ist". Diese Einsicht ist zunächst genauso trivial wie die Vermutung, dass die Formen und Modi der Schätzung geglückten Lebens, die gesellschaftlich auch durch die Art des Wirtschaftens zumindest strukturell vorgeordnet sind, auf Dauer die dominierende Idee vom *guten Leben* prägen. Hier aber setzt die Frage nach dem religiösen oder quasireligiösen Gehalt des Zusammenhangs zwischen Erfolgsglauben und gelungener menschlicher Praxis wieder an. Der von Dirk Baecker jüngst herausgegebene Band *Kapitalismus als Religion* enthält dazu mehrere Beiträge, in denen vor dem Hintergrund je unterschiedlicher Fragestellungen ein gleichnamiges Fragment Walter Benjamins

---

Profiterzielung und die Ausrichtung am Ertrag (und nicht am Bedürfnis) als gemeinsames Prinzip dieser Ordnungen von dieser Differenzierung nicht tangiert.
[69] Das schon erwähnte Vermögen, mittels *Vermögen* Wirklichkeitsverläufe kausal zu bewirken oder maßgeblich zu beeinflussen, impliziert darüber hinaus ein Machtpotential, welches regelmäßig nicht nur auf die weitgehende Abwesenheit von Fremdbestimmung der eigenen Person beschränkt bleibt.

interpretiert wird. Norbert Bolz, der in seinem *konsumistischen Manifest* vom „kapitalistischen Konsumismus" als einer *Weltreligion* spricht[70], diagnostiziert im Zuge seiner Benjamin-Interpretation einen Schauplatzwechsel des religiösen Bedürfnisses:

> „Es verläßt den kirchlichen Raum und siedelt sich auf dem Marktplatz an. Nicht die Kirchen, sondern die Konsumtempel sind der Ort moderner Religiosität."[71]

Wenn ich Bolz richtig verstehe, erfolgt diese Beobachtung bei ihm ohne jede moralische Entrüstung. Im Gegenteil: Erst die moderne Wirtschaft und das Marktsystem würden „die Bewährung der Tüchtigkeit auf dem Feld der Pleonexie" ermöglichen.[72] Wirtschaftlicher Erfolg kompensiere einen „Mangel an Achtung", der moderne Konsum sei eine „liberale, unblutige Form, sich Anerkennung zu verschaffen".[73] Der moderne oder postmoderne, der religiösen Bindung gleichwohl bedürftige *homo religiosus* befriedigt dieses Bedürfnis also im Marktsystem durch Konsum. Da dies friedlich und „unblutig" abläuft, ist Kritik am konsumistischen Lebensstil nach fehl am Platze. Bolz begrüßt sogar den „Gewinn an religiöser Beweglichkeit", die der Konsum als „ritueller Vollzug" mit sich bringt:[74]

> „Wir leben in einem Polytheismus der Marken und Moden. Die Fetische des Konsums sind nun nicht mehr nur Vehikel zur Transzendenz, sondern das Heilige selbst. Formelhaft gesagt: Man streicht Gott, um desto besser religiöse Gefühle bedienen zu können."[75]

Man kann diese Sicht aus mehreren Gründen in Frage stellen[76], gerät jedoch auf der Suche nach einem begründbaren Maßstab der Kritik am Konsumismus insgesamt schnell in Schwierigkeiten. Vergleiche wie die des Theologien Harvey Cox, die Schaufenster der Warenhäuser erinnerten an die „Krippenszenerie", und die Etiketten der Markenfirmen seien als „säkularisierte Hostie" zu deuten, hinken[77] und implizieren eine Interpretation des Wandels von Lebensstilen als Fehlentwicklung oder Entgleisung. Die Verwendung des Prädikates *religiös* weist dann gemeinhin auf den Umstand, dass der kapitalistische Konsumismus auf der Basis einer anderen normativen Konzeption guten Lebens abgelehnt wird.

Um die offensichtliche Dominierung der westlichen Lebenswelt durch den Markt und konsumorientierte Lebensstile zu diagnostizieren, scheint mir die Verwendung des Wortes Religion hier nicht unbedingt erforderlich. Auch kann

---

[70] Vgl. Bolz 2002, S. 14 f.
[71] Bolz 2003, S. 201.
[72] Vgl. Bolz 2002, S. 15.
[73] Vgl. ebenda, S. 15.
[74] Vgl. Bolz 2003, S. 202.
[75] Ebenda, S. 202.
[76] Mir will nicht recht einleuchten, wer diesen Prozess Bolz zufolge eigentlich in Gang setzt, wer sich also hier hinter dem Wörtchen „man" verbirgt.
[77] Vgl. Bolz 2003, S. 202.

ich, anders als Bolz, keinen Grund erkennen, worin der Vorteil „religiöser Beweglichkeit" eigentlich bestehen soll. Dass aber Konsummarken über eine geradezu „magische" Anziehungskraft verfügen und wirtschaftlicher Erfolg konstitutiv mit vorherrschenden Ideen von einem guten oder glücklichen Leben verbunden ist, kann kaum ernsthaft bestritten werden. Ebenso unverkennbar ist, dass auf dem Markt nicht nur Produkte gehandelt werden, sondern Ideen, Kulte und Phantasien: Vehikel, die Anerkennung und Überschreitung des eigenen Lebens zugleich versprechen. Ein Schuh der Firma Nike ist mehr als ein Schuh, ist Lebensgefühl, Freizeit, Erfolg, Marke, Symbol. Man kann das mit den Markeninszenierungen gegebene Versprechen als ein *Falsches* entlarven, muss dann aber angeben, worin denn die *Richtigen*, die vertrauenswürdigen Versprechen bestehen – oder anders: Welchen kleinen oder großen Transzendenzversprechen haftet denn der Makel fehlender Glaubwürdigkeit bzw. ein erkennbar illusionärer Gehalt nicht an?

Für die Ausgangsfrage nach dem *religiösen* Gehalt der Idee vom wirtschaftlichen Erfolg als Paradigma geglückten Lebens bedeutet dies: Man kann den Glauben an den wirtschaftlichen Erfolg als religiösen Glauben qualifizieren, muss es jedoch nicht, um lediglich die dominierende Bedeutung dieser „Lebensentwürfe" hervorzuheben. Das Bewusstsein davon, dass andere Paradigmen *guten Lebens* nach wie vor konträr zur Idee des wirtschaftlichen Erfolgs als allein Glück verheißend stehen, lässt die Rede vom kapitalistischen Konsumismus als „Weltreligion" jedenfalls als unangemessen erscheinen. Dies heißt freilich nicht, dass der wirtschaftliche Erfolg und die Sehnsucht nach materieller Teilhabe am Dasein angesichts der allseits erfahrbaren konkreten Auswirkungen der wirtschaftlichen Lage auf die Möglichkeiten, ein *gutes Leben* zu führen, nicht, sowohl individuell wie gesellschaftlich, entscheidend die vorherrschenden Zugriffe auf die politische Realität dominieren würden.

9.2.4 Kapitalismus als Religion und die Idee der absoluten Gültigkeit der Marktgesetze

9.2.4.1 Der variierende Problemgehalt der Rede vom *Kapitalismus als Religion*

Diejenigen, die den Kapitalismus als Religion bezeichnet haben und wieder bezeichnen, behandeln dabei höchst unterschiedliche Fragen und Probleme. Dies möchte ich kurz beispielhaft illustrieren. Nehmen wir zunächst Benjamins Fragment als Ausgangspunkt: Der Kapitalismus dient für Benjamin „essentiell der Befriedigung derselben Sorgen, Qualen, Unruhen, auf die ehemals die so genannten Religionen Antwort gaben."[78] Der Kapitalismus ist für ihn anders als für Weber nicht „religiös bedingt", sondern selbst eine „essentiell religiöse Erscheinung". Dabei will er drei Kennzeichen für den Kapitalismus als Religion erkennen: Erstens handele es sich um eine „reine" Kultreligion ohne spezielle „Dogmatik" und „Theologie", zweitens um einen Kult von „permanenter Dauer". Der

---

[78] Benjamin 2003, S. 15.

Kapitalismus sei ein Kult *sans [t]rêve et sans merci*. Jeder Tag im Kapitalismus sei ein Tag der „fürchterlichen Entfaltung [...] sakralen Pompes" und der „äußersten Anspannung der Verehrenden". Schließlich sei der Kapitalismus als Religion im Gegensatz zu allen anderen Religionen der erste Fall eines nicht „entsühnenden, sondern verschuldenden Kultus". Der Gebrauch des Wortes Religion erfolgt hier pejorativ. Für Benjamin ist der Kapitalismus nicht nur ein „Parasit" des Christentums, sondern Ausdruck einer geradezu ungeheuerlichen Deformation. Er spricht hier sogar von einer *Zertrümmerung* (sic!) des Seins. Die menschliche Verzweiflung sei im Kapitalismus zum „religiösen Weltzustand" ausgeweitet worden. Die Bilanz wird als das einzig „erlösende und erledigende Wissen" verstanden.[79] Obwohl hier keine systematische Theorie des Kapitalismus als Religion entfaltet wird, ist Benjamins Position doch an Radikalität der Kapitalismuskritik kaum zu übertreffen: Der Kapitalismus erscheint als das Zertrümmernde, Fürchterliche, als das Grundfalsche schlechthin. An der Hoffnungslosigkeit des Daseins, die bei Benjamin mit *kapitalistischer Perfektion* funktional äquivalent gesetzt wird, besteht für Benjamin kein Zweifel. Kapitalismus wird als eine zunächst fortdauernde Katastrophe gedacht. Da ein *Ende* nicht in Sicht ist, wird die geschichtsphilosophische Vorstellung einer *Unterbrechung* des „natürlichen" Geschichtsverlaufs ins Auge gefasst.[80]

In eine ganz andere Richtung argumentiert Alexander Rüstow. Der liberale Kritiker des Wirtschaftsliberalismus analysiert bereits in den 30er Jahren des letzten Jahrhunderts die Ursachen für das von ihm diagnostizierte „Versagen" desselben. Zwischen Kapitalismus und Marktwirtschaft wird bei Rüstow strikt unterschieden. Die kapitalistische Verfasstheit der Wirtschaft im 19. und 20. Jahrhundert wird als eine *Entgleisung* der Marktwirtschaft begriffen. Eine die Handlungsspielräume des Staates einschränkende Konzentration von Wirtschaftsmacht ist für den ordoliberalen Denker *das* zentrale Ärgernis. Rüstows Denken ist im Zuge der gegenwärtigen Debatten um die Handlungsspielräume der Politik im Zeichen der Globalisierung von erstaunlicher Aktualität. Die religiösen Implikationen und Ursprünge dominierender Vorstellungen von ökonomischer Rationalität allerdings verortet der Altphilologe und Soziologe dort, wo man sie nicht unbedingt erwarten würde. Rüstow notiert:

> „Die Lehre Adam Smiths von der Selbstregulierung der Marktwirtschaft, die zum Eckpfeiler des modernen Liberalismus werden sollte, ist die Vervollkommnung der physiokratischen Idee der *ordre naturel*. Smiths „unsichtbare Hand" enthält unverkennbar ein Element des pythagoreischen Mystizismus, und die wohltätige Harmonie, die sie leitet, ist nichts anderes als der Logos Heraklits und der Stoiker sowie das Tao Laotses, nur wurde sie in die christliche anthropomorphe Sprache des Deismus transformiert."[81]

---

[79] Vgl. ebenda, S. 15-18.
[80] Vgl. Bolz 2003, S. 204 f.
[81] Rüstow, Alexander: Die Religion der Markwirtschaft, Münster u.a. 2001, S. 23. Vgl. zusammenfassend auch das Vorwort von Walter Oswald, ebenda, S. 7. ff.

Wenn Rüstow von Religion in der Marktwirtschaft oder von einem „theologisch-metaphysische[n] Charakter der liberalen Volkswirtschaftslehre" spricht, dann meint er – ganz anders als Benjamin oder natürlich auch als Marx[82] – den Glauben an die „unbedingte Gültigkeit der ökonomischen Gesetze", den Glauben an das *Laissez faire* als wirtschaftspolitisches Konzept und insbesondere den Glauben an die Selbsttätigkeit und Selbstregulierung des Marktes und seiner Prinzipien hin auf einen harmonischen Gleichgewichtszustand.[83] Diese *Theorie der Harmonie*, an deren offensichtlicher Falschheit für Rüstow kein Zweifel besteht, stellt für ihn einen „Aberglauben" dar. Sein gemäßigter Lösungsvorschlag will nicht die Marktwirtschaft überwinden, sondern durch einen intervenierenden und „starken" Staat gewissermaßen „einhegen". Die Verwendung des Religionsbegriffes ist bei Rüstow insgesamt so zu verstehen, dass „das Versagen des Wirtschaftsliberalismus als religionsgeschichtliches Problem" (vgl. den gleichnamigen Titel) gefasst wird. Kapitalismus und Marktwirtschaft *sind nicht* Religion, weisen aber in ihrer klassischen Form einer auf Smith rekurrierenden Idee der unsichtbaren Hand religiöse Spuren auf.[84]

Bei Norbert Bolz ist es der *kapitalistische Konsumismus*, dem der Status, einer von zwei Weltreligionen zu sein, zugedacht wird – die zweite besteht Bolz zufolge angeblich im Antiamerikanismus.[85] Gegenüber Benjamins Metapher des Kapitalismus als „Parasit" des Christentums offenbar ebenso skeptisch wie gegenüber Webers Ansatz, geht es Bolz, wie oben gesehen, im Ergebnis um die Bejahung konsumorientierter Lebensstile. „Wirtschaftlicher Erfolg" wird vor dem Hintergrund der gegenwärtigen Terrorismusbedrohung gar als „Opium für die Fanatiker" proklamiert. Die Geldwirtschaft bringt einzigartige Kulturleistungen zustande. Dort, wo das Geld regiert, bleibe uns „der Terror von nackter Faust und guter Gesinnung" erspart.[86] Bolz' These ist eindeutig:

> „Die Friedlichkeit der Existenz, die vom Markt ausgeht, setzt universale Geldwirtschaft voraus. Unter diesen Bedingungen ist aber nur ein einziger

---

[82] Marx spricht in einem wiederum anderen Zusammenhang vom „Geheimnis" und von „Fetischcharakter der Ware". Da Marx zufolge die Waren als die Objektivierung der gesellschaftlichen Produktionsverhältnisse zu begreifen sind und die Warenwerte stets ein Geheimnis verbergen, kann er schlussfolgern: „Aller Mystizismus der Warenwelt, all der Zauber und Spuk, welcher Arbeitsprodukte auf Grundlage der Warenproduktion umnebelt, verschwindet daher sofort, sobald wir zu anderen Produktionsformen flüchten." Marx 2000, S. 83 ff.
[83] Vgl. Rüstow 2001, S. 17 ff.
[84] Vgl. ebenda, S. 17 ff. und S. 103 ff. Vgl. auch den jüngst von Frank und Gerhard Maier-Rigaud wieder herausgegebenen Beitrag *Das Versagen des Wirtschaftsliberalismus*, Marburg 2001. Die erstmals im Istanbuler Exil des Autors erschiene Schrift hieß ursprünglich: *Das Versagen des Wirtschaftsliberalismus als religionsgeschichtliches Problem*, Istanbul 1945. Vgl. zu den Einzelheiten der von Rüstow vorgeschlagenen ordoliberalen Position auch Sibylle Tönnies Nachwort in Rüstow 2001, S. 159 ff.
[85] Vgl. Bolz 2002, S. 9
[86] Vgl. ebenda, S. 73 f. An anderer Stelle schlägt Bolz vor, Hermann Lübbes Diktum von der „modernen Konsumökumene" nicht ironisch, sondern „deskriptiv" zu verstehen. Vgl. Bolz 2002, S. 15.

Lebensstil massendemokratisch möglich, nämlich der Konsumismus. Der Konsumismus ist das Immunsystem der Weltgesellschaft gegen den Virus der fanatischen Religionen."[87]

Die auf dem Markt und im Konsumismus zelebrierten Riten sind „Riten ohne Gott", was den bereits erwähnten „Gewinn an religiöser Beweglichkeit" mit sich bringe. „Naive[s] religiöse[s] Fühlen" gelinge am besten im „Polytheismus der Marken und Moden", Transzendenzerfahrungen würden im rituell und symbolisch aufgeladenen Konsum möglich. An die Stelle des passiven Konsums trete jetzt die „aktive Devotion". In diesem Sinne spricht Bolz vom „Konsumismus als Religionssystem". Es ist offensichtlich, dass Bolz auf eine klare Absage an jegliche Interpretation des so bezeichneten westlichen Kapitalismus und der Geldwirtschaft als einen „falschen" Zustand bzw. an einen überwindungsbedürftigen „Lebensstil" hinaus will. Das gleiche gilt für das Aufgreifen der Rede vom Kapitalismus als Religion durch Vertreter der Theologie.[88] Demokratie und Marktsystem hängen für Bolz unverbrüchlich zusammen. Moral solle nicht ethisch, sondern ökonomisch, aus der „Evolution der Kooperation" begründet werden, wobei Bolz bei der unbedingten Bejahung des Marktes die Tatsache, dass die so genannte Globalisierung (resp. die in derselben handelnden Akteure) fortwährend „Opfer" im Sinne von *victims* produziert, dass es also „immanente Schwächen des konsumistischen Lebensstils" gibt, nicht aus den Augen verliert. Die Verwendung des Begriffes Konsumismus als Religion erfolgt hier insgesamt, wie mir scheint, in provokativer, ja ironischer Absicht. Dabei steht andererseits ein „religiöses Bedürfnis" des Menschen als anthropologische Konstante nicht außer Frage. Ich will diese These von der Friedlichkeit der Markt- und Geldökonomie sowie die psycho-politologische Deutung des wirtschaftlichen Erfolges als „Ausweg aus der Dialektik der Anerkennung"[89] und die damit verbundenen Probleme hier jedoch nicht weiter verfolgen, sondern zur Frage der Verwendung des Religionsbegriffes zurückkommen.

Christoph Deutschmann, der die zentrale religiöse Implikation in der „Verheißung absoluten Reichtums" sieht, will seinerseits die „Fruchtbarkeit der Interpretation des Kapitalismus als Religion für die Analyse der (gegenwärtigen M.S) kapitalistischen Dynamik deutlich machen".[90] Dabei konzentriert sich Deutschmann insbesondere auf die über die Vorstellung von Geld als Tauschmittel und Ausdruck höchster Rationalität hinausgehende „imaginäre" Dimension des Geldes: „Die Recheneinheit *Geld* misst etwas Unsichtbares, sie bezeichnet ebenso wenig etwas Bestimmtes wie die Formel *Gott*"[91] Als „Vermögen" eröffne Geld seinem Eigentümer einen „unermesslichen Horizont sachlicher, sozialer, zeitlicher und räumlicher Optionen"[92]. Um diese unbegrenzten

---

[87] Ebenda, S. 16.
[88] Vgl. Bolz 2003, S. 202 f.
[89] Vgl. Bolz 2002, S. 7 ff.
[90] Vgl. Deutschmann 2003, S. 168.
[91] Ebenda, S. 151. Veränderte Hervorhebung M.S.
[92] Vgl. ebenda, S. 153.

Möglichkeiten des Geldes überhaupt „aushalten" zu können, ist ein komplexes System von Deutungen, Symbolismen, Inszenierungen und Mythen erforderlich, um dem Imaginären des Geldes Herr zu werden. Durch die fortwährende Erzeugung neuer Mythen könne die Gesellschaft so „für immer neue Facetten der Utopie des Reichtums" mobilisiert werden und die „dahinterstehende transzendente Dimension des Kapitalismus gleichzeitig unsichtbar bleiben".[93] Der zunehmende Druck auf Unternehmen im zwischenstaatlichen Wettbewerb erfordere parallel dazu eine fortgesetzte „symbolische Inszenierung der eigenen Erfolgsträchtigkeit". Diese führe zu den Menschen insgesamt überfordernden Konsequenzen:

> „Der neoliberale Marktradikalismus als Sprachrohr der Eigentümer möchte die individuellen Akteure mit der ganzen Komplexität der Möglichkeiten des Geldes konfrontieren und macht den finanziellen Erfolg zum unmittelbaren Maßstab allen Handelns".[94]

Bei unbeschränkter Verantwortlichkeit des Einzelnen für sein Schicksal und einer „marktradikale[n] Utopie totalen Unternehmertums" seien unlösbare Konflikte mit den „Anforderungen des alltäglichen Lebens" unvermeidlich. „Wirklichkeitsverlust, Zynismus und Heuchelei" seien die Folge der paralysierenden Wirkung der so in Gang gesetzten „Mythenspirale".[95]

Die Vertreter der wenigen, von mir hier beispielhaft vorgetragenen Positionen kommen in ihrer Bewertung der religiösen Dimension von Wirtschaft erwartungsgemäß insgesamt zu höchst unterschiedlichen Ergebnissen. Die Verwendung des Wortes Religion kann, wie gesehen, eine kategorische Verneinung des Kapitalismus (Benjamin), eine dezidierte Bejahung kapitalistischer „Lebensstile" (Bolz), eine fundamentale Kritik an der Organisation der Marktwirtschaft *als* Kapitalismus (Rüstow) und eine auf die religiöse Dimension der Verheißungen des Geldes konzentrierte utopiekritische Sicht (Deutschmann) implizieren.

Die vereinfachende Behauptung, dass *der Markt* bzw. *der Kapitalismus* schlicht an die Stelle der Religion getreten sei, muss vor diesem Hintergrund bezweifelt werden. Einerseits steht das Denken in Totalitäten (der Markt, der Kapitalismus, die Religion), welches immer gleich das Gesellschaftsganze in den Griff zu nehmen sucht, nicht nur aus der Perspektive etwa der Systemtheorie und der postmodernen Philosophie der Differenz ohnehin auf dem Prüfstand. Andererseits sind Anzeichen für die These, die historischen Religionen seien als Welterklärungen und orientierende Referenz „abgelöst" worden, gar nicht auszumachen. Im Gegenteil: In den aktuellen Debatten über religiösen Fundamentalismus werden der konstitutive Zusammenhang von Religion und Politik und die Aktualität religiöser Fragen gerade wieder offensichtlich.

Wer vom Kapitalismus als Religion redet, muss sich fragen lassen, was genau gemeint ist und ob diese Charakterisierung des Kapitalismus in deskriptiver, kri-

---

[93] Vgl. ebenda, S. 171.
[94] Ebenda, S. 173.
[95] Vgl. ebenda, S. 173 f.

tischer, affirmativer oder funktionstheoretischer Weise erfolgt. Darüber hinaus wäre zu fragen, welche Erklärungsreichweite sie beansprucht: Soll der Kapitalismus als solcher eine oder gar *die* Religion sein, soll das Vorhandensein von Anzeichen für seine ersatzreligiöse Qualität unterstrichen werden, werden die ökonomische Rationalität und ihre Prinzipien auf ihren tatsächlichen Rationalitätsgehalt hin untersucht, oder wird nur aktuellen Erfolgsideologien eine quasi-religiöse Qualität attestiert?

Mir scheint die Diskussion um die Angemessenheit des Prädikates *religiös* insofern nützlich, als sie auf zwei zentrale Probleme des neueren ökonomischen Denkens verweist: Das sind meiner Ansicht nach der Glaube an die absolute Gültigkeit der Marktgesetze sowie die Konstruktion einer durchaus fragilen logischen Identifikation von gelingendem Marktgeschehen und Gemeinwohl.

9.2.4.2 Markt und Gemeinwohlfiktion

In der in den gegenwärtigen Diskussionen dominierenden Auffassung der Notwendigkeit möglichst weitreichender Deregulierung von Wirtschaftstätigkeit kommt ein Glaube an die selbstregulierenden Kräfte des Marktes zum Ausdruck, den schon Rüstow kritisierte, und der einer empirischen Bestätigung allerdings ermangelt. Das freie Spiel der Marktkräfte kann schon deswegen nicht „empirisch" auf seine angeblich gemeinwohlförderliche Wirkung hin getestet werden, weil die vielfach kritisierte „Deregulierung" bisher keineswegs zu einer Situation vollständiger Konkurrenz mit fairen Marktchancen aller Beteiligten, vollständiger Markttransparenz und Marktübersicht aller Akteure geführt hat. Darin sehen die Apologeten der *invisible hand* gerade die Gründe wirtschaftlicher Krisen.

Die Ursachen der ökonomischen Erfolgsgeschichte der westlichen Demokratien liegen aber zu einem guten Teil eben nicht in der Deregulierung sondern gerade in der politischen Regulierung des Marktes. Trotz des auf Dauer ruinösen Standortwettbewerbs und der Mobilität von Investitionskapital sind die marktwirtschaftlich organisierten Volkswirtschaften nach wie vor längst keine „vollkommenen Märkte".

Vielmehr haben wir es mit einem höchst komplizierten Mix aus mehr und weniger regulierten Wirtschaftsbereichen, staatlichem Interventionismus, rechtlichen Restriktionen, Protektionismus, der gezielt Förderungen und auch Benachteiligung einzelner Branchen zu tun sowie mit Konzentrations- und Monopolisierungsprozessen, die mit der forcierten Deregulierung zusammenfallen.

Der „entfesselte" Kapitalismus und die darunter gefassten konkreten Volkswirtschaften sind funktional und strukturell weit ausdifferenzierte Systeme mit signifikant unterschiedlichen Regulierungsgraden.[96] Schon diese Aus-

---

[96] Nebenbei sei bemerkt, dass eine Kritik an der gegenwärtigen Praxis wirtschaftlicher *Deregulierung* nicht einfach mit „Kapitalismuskritik" gleichgesetzt werden sollte. Eine verallgemeinernde kategorische Kritik *des* Kapitalismus muss die erheblichen Unterschiede einzelner Produktionsregime resp. die Bandbreite der „Spielarten" des Kapitalismus notwendigerweise

gangssituation lässt eine Verifizierung der These von der Selbstregulation des Marktes als optimaler Variante unter den möglichen Optionen in naher Zukunft kaum möglich erscheinen. Wenn nun aber die Unübersichtlichkeit der Wirtschaft zu der Deutung anregt, ökonomische Entwicklungen liefen quasi „von Natur aus" selbsttätig ab, ein Phänomen wie die Globalisierung etwa sei also ein unverursachtes Ereignis und konstituiere selbständig ökonomische und politische Handlungsnotwendigkeiten, dann impliziert dies tatsächlich vor- bzw. außerrationale Annahmen über die Wirkungsgesetze und Prinzipien in der Wirtschaft und der Welt insgesamt, die den Ausweis *guter Gründe* für ihre Annahme und die intersubjektive Nachprüfbarkeit schuldig bleiben müssen. Theorien wirtschaftlicher Harmonie und wirtschaftlichen Gleichgewichts rekurrieren eben immer noch auf Smiths „invisible hand". Der Standortwettbewerb und die anhaltende Deregulierungs- und Privatisierungsmanie erscheinen immer alternativloser. Scheitert die Politik der Deregulierung in dem Sinne, dass weder die vermeintlich krisenbewältigende wirtschaftliche Prosperität im anvisierten Maße eintritt noch die enormen Konsequenzen des Wirtschaftens in sozialer und ökologischer Hinsicht auch nur ansatzweise kontrolliert werden können, wird nicht etwa die Deregulierungspolitik als solche in Frage gestellt, sondern im Gegenteil immer noch mehr der offensichtlich suboptimalen Medikation verordnet. Wenn die mit guten Gründen bis in Details durch eine *Rechtsordnung* geregelte Wirtschaftstätigkeit mit dem bisher verabreichten Maß an Deregulierung – also durch die Abschaffung staatlicher Interventionen in die Wirtschaft und die Rücknahme rechtlicher Regelungen – in ihrer Krisenhaftigkeit nicht in den Griff zu kriegen ist, so die marktfundamentalistische Position, reicht dieses Maß eben bisher noch nicht aus. Dieser Geltungs- und Wahrheitsanspruch bleibt nicht hinter den Wahrheitsansprüchen von Religionsgestaltungen zurück. Angesichts dieses Verfahrens erscheint mir die Einschätzung, dass es sich hier um ein dem religiösen Glauben, der ja ebenfalls „Beweise" für seine Richtigkeit immer schuldig bleiben muss, zumindest verwandtes Phänomen handelt, nachvollziehbar. Dass es der *Markt* sein soll, der politisches Handeln in eine bestimmte und scheinbar alternativlose Richtung zwingt, dass also nicht handelnde Personen die Konstituierung ökonomischer Notwendigkeiten zu vertreten haben, weist auf eine Idee des Marktes als einer selbstmächtigen Instanz oder Superperson.

Die Herstellung des Zusammenhangs von ökonomischer Notwendigkeit und Gemeinwohl ist nun eine äußerst fragile und kaum begründbare Interpretationsleistung, die implizite Begriffe dessen, was denn das Gemeinwohl sei, immer schon enthält. Ob dieser Glaube an die „Verheißungen" des Marktes und die Selbsttätigkeit der Marktvollzüge zum Wohle aller nun als *religiös* bezeichnet wird oder nicht – mit guten Gründen jedenfalls lässt er sich nicht überzeugend rechtfertigen. Die Rede von einer Religion der Marktwirtschaft oder einer Metaphysik des Marktes (Ulrich) kann, trotz aller berechtigten Einwände gegen die

---

unterbelichten und scheint insoweit inadäquat. Vgl. zur Aktualität des „Varieties-of Capitalism"- Ansatzes Höpner 2003, S. 17 ff und S. 210 f.

Überdehnung des Religionsbegriffes, auf den Umstand hinweisen, dass eine krisenfreie Ökonomie glücklicher Marktteilnehmer kaum weniger utopische Momente aufweist als diejenigen Sozialutopien, deren realsozialistische Installierungsversuche diskreditiert sind.

10 Unternehmens- und Managementphilosophie und die Debatte um Ethik in der Wirtschaft – Versuch einer Einordnung

> *„Deutschland ist das einzige Land, wo diejenigen, die erfolgreich sind und Werte schaffen, deswegen vor Gericht stehen."*
> (Josef Ackermann im Düsseldorfer Mannesmann-Prozess)
>
> *„Die Solidarität der Sieger mit den Verlierern des Wettbewerbs wird so als integrative Voraussetzung, nicht als Gegensatz zur liberalen Ordnungsidee verstanden. Daraus ergibt sich im Kern die Aufgabe des wahrhaft liberalen Rechtsstaates, als Grundlage lebbarer Rechtsgleichheit aller Bürger eine von Grund auf sozialverpflichtete Wirtschaftsordnung zu verwirklichen."*
> (Peter Ulrich)

10.1 Argumentationslinien der Unternehmens- und Wirtschaftsethik-Debatte[1]

Eine Einordnung und Bewertung des hier untersuchten Denkens bedarf der Einbeziehung von Fragen und Problemen der *Unternehmens-* und *Wirtschaftsethik* bzw. der Berücksichtigung theoretischer Reflexionen über die ethische Dimension ökonomischen Handelns. Eine kritische Analyse von Personallehren, Management- und Führungskonzeptionen sowie der Selbstaussagen von Unternehmen muss die Maßstäbe, anhand derer Kritik erfolgt, offen legen und begründen.

Bei der Suche nach einem derartigen Maßstab gerät man allerdings schnell in Schwierigkeiten: Wieso sollte es eigentlich problematisch sein, wenn im Unternehmen mittels der vorgeführten Techniken eine innige „politische Gemeinschaft" entsteht? Die Behauptung, eine Unternehmensgemeinschaft, die sich eigene Normen setzt oder diese gewissermaßen „verordnet" bekommt, sei mithin in der Gefahr, zu einer *politischen Gemeinschaft außerhalb der politischen Gemeinschaft* zu werden, liegt angesichts der für Wirtschaftsunternehmen typischen Interessensituation, der strukturellen Machtasymmetrie des Lohnarbeitsverhält-

---

[1] Eine einführende Übersicht zu gegenwärtigen wirtschaftsethischen Problemen und Fragestellungen findet sich u.a. bei Hermann 1992, S. 5 ff. Obwohl eine strikte und ausführliche begriffliche Trennung zwischen einer Unternehmensethik, die rein formal auf den Unternehmenszusammenhang bezogen ist, während in der Wirtschaftsethik Grundsatzüberlegungen über das einzelne Unternehmen hinaus angestellt werden, genauere Aussagen erlauben würde, gehe ich in *diesem* Zusammenhang nicht detailliert darauf ein, weil hier die Probleme ohnehin zusammenhängen.

nisses und immanenter Restriktionen durchaus nahe.[2] Insofern scheinen Bedenken angebracht.

Das Problem lässt sich in der Frage pointieren, welche politischen Implikationen und ethisch-normativen Probleme durch die anhand der Beispiele herausgearbeiteten gemeinsamen Tendenz des in dieser Arbeit analysierten Denkens auszumachen sind und wie diese Tendenz das politische Bewusstsein von den Grundideen einer *republikanisch-liberal verfassten Bürgergesellschaft* tangiert.[3]

Die Bemühungen um begründbare Normensetzung in ökonomischen Fragen und die theoretische Reflexion darüber sind durch unterschiedliche Reichweite und durch ein differierendes Verständnis des Erklärungsgehaltes von Ethik und Wirtschaftstheorie gekennzeichnet. Prinzipiell sind folgende alternative Sichtweisen zu unterscheiden:

1. Ethik in der Wirtschaft als Korrektiv zum der Marktwirtschaft prinzipiell immanenten Gewinninteresse und zum Marktversagen[4]
2. Ethik in der Wirtschaft als Anreiz- und Rahmenordnungsethik[5]
3. Ethik in der Wirtschaft als kritische Ordnungswissenschaft von ökonomischer Rationalität[6]
4. Ethik in der Wirtschaft als positive Erfahrungswissenschaft
5. Ethik in der Wirtschaft als Kultur und Ordnungstheorie[7]
6. Ethik als „strategischer" Erfolgsfaktor und Quelle von Mitarbeitermotivation[8]

Zwischen Vertretern aller dieser Richtungen ist, soweit mir bekannt, ein grundsätzlicher Konsens darüber vorhanden, dass die Verfolgung ökonomischer Ziele, d.h. Gewinnmaximierung, Kostenminimierung und Nutzenmaximierung, inner-

---

[2] Unternehmensinterne Normensetzung führt regelmäßig zu Beteiligungs- und Legitimationsproblemen. Auf der Grundlage von Eigentumsschutz und Direktionsrecht sind die Grenzen der „Demokratie in der Wirtschaft" gerade bezüglich gehaltvoller Demokratiebegriffe und anspruchsvoller Beteiligungskonzepte eng gesetzt. Dies mag funktional gut begründbar sein, in Bezug auf die Frage nach der Generierung von verbindlichen Unternehmenswerten und ihrer handlungsleitenden Qualität bleiben Begründungsdefizite indes bestehen.
[3] Zu dieser normativen Konzeption in der Wirtschaftsethik vgl. v.a. Ulrich 2001, insbesondere S. 259 ff.
[4] Vgl. v.a. Steinmann/Löhr 1989.
[5] Der bekannteste Vertreter dieses Ansatzes ist sicher Karl Homann. Vgl. dazu den Abschnitt 10.2.1.
[6] Dieser Ansatz ist vor allem ist dem Namen Peter Ulrich verbunden. Vgl. dazu insbesondere Abschnitt 10.2.2.
[7] Vgl. zu dieser weitreichenden Sicht v.a. Peter Koslowskis Schrift *Die Ordnung der Wirtschaft*, Tübingen 1994.
[8] Dieses aus meiner Sicht zweifelhafte Ethikverständnis findet sich unter anderem bei Böning1989. Dort heißt es: „Es muß eine betriebliche „Ethik" – die weit über die Produktethik (? M.S.) hinausgeht – verwirklicht werden, um eine hohe Motivation der Führungskräfte wie auch der Mitarbeiter aufrecht zu erhalten." Ebenda, S. 45.

halb von (allerdings unterschiedlich) gesetzten Grenzen, als prinzipiell legitim betrachtet wird.[9]

Bevor ich auf die ersten drei der genannten Konzeptionen genauer eingehe, sind auch noch die Fragen nach den „Zuständigkeitsbereichen" der ethischen Diskussion zu benennen, auf welche die unterschiedlichen Ansätze jeweils bestimmte Antworten zu geben versuchen. Zunächst ist zu fragen, wer jeweils der Träger des *Sollens*, also der für die Einhaltung normativer Setzungen im Einzelnen Verantwortliche, sein soll. Welches also ist der eigentliche *Ort der Moral*? Es muss außerdem angegeben werden, welche anthropologischen und axiomatischen Grundannahmen die jeweilige Ethiktheorie impliziert. Von besonderem Interesse ist die Frage, welcher Stellenwert dem Ethikdiskurs auf Unternehmensebene zukommen soll. Schließlich ist in den Blick zu nehmen, welche konkreten politischen Handlungsanforderungen jeweils abzuleiten und welche Schlussfolgerungen für die Gestaltung der wirtschaftlichen Rahmenordnung daraus zu ziehen wären.

Das Abheben auf die ethische Dimension wirtschaftlichen Handelns geht üblicherweise mit der Auffassung einher, dass die bedingungslose, aber gleichwohl in vielen Fällen scheinbar unvermeidliche, Unterwerfung der Akteure unter die Funktionslogik des Marktes, problematisch ist. Die Geltendmachung von Wertegesichtspunkten kann von unterschiedlichen Standpunkten aus erfolgen. Man kann fragen, „wie viel Ethik" ist unter Marktbedingungen möglich, kann Ethik als Korrektiv zum reinen Gewinninteresse begreifen, oder die ethische Reflexion im Sinne einer metaökonomischen Kritik verstehen, welche die Marktlogik insgesamt in Frage stellt. Welcher Position hier der Vorzug zu geben ist, soll vorerst nicht entschieden werden.

Mir geht es bei der Frage nach den ethischen Fundamenten von Unternehmensaktivität darum, zu verdeutlichen, dass die beschriebenen Formen der Vergemeinschaftung und die Konzepte, die auf umfassende Steuerung der Unternehmenskultur abzielen, insbesondere deswegen zu kritisieren sind, weil sie notwendige Zugänge zu den Problemen der Selbstbindung ökonomischer Akteure nicht, wie gerne suggeriert wird, eröffnen, sondern im Gegenteil versperren.

Am Anfang steht die Frage: Was ist unter Unternehmensethik zu verstehen?

Im weitesten Sinne dient das Nachdenken über Unternehmensethik, unabhängig davon, ob es in Wissenschaft oder Praxis vollzogen wird, „der normativen Orientierung ökonomischer Handlungsvollzüge".[10] Steinmann/Löhr schlagen folgende allgemeine Begriffsklärung vor: „Unternehmensethik umfaßt alle durch dialogische Verständigung mit den Betroffenen begründeten bzw. begründbaren materialen und prozessualen Normen, die von einer Unternehmung zum Zweck der Selbstbindung verbindlich in Kraft gesetzt werden, um die konfliktrelevanten

---

[9] Zur gleichen Beobachtung kommt schon Hermann 1992, S. 11.
[10] Vgl. Steinmann/Löhr 1989, S. 5.

Auswirkungen des Gewinnprinzips bei der Steuerung der konkreten Unternehmensaktivitäten zu begrenzen."[11]

Unternehmensethik hat es also mit der Reflexion über Normen in der Unternehmung und deren Begründung zu tun. Dies geschieht Steinmann/Löhr zufolge prinzipiell mit der Absicht, unvermeidliche „konfliktrelevante Auswirkungen des Gewinnprinzips" in angemessener Form zu begrenzen. Dem gesamtwirtschaftlichen Ordnungsprinzip einer „dezentralen Geld- und Wettbewerbswirtschaft" wird in dieser Sichtweise die Unternehmensethik als ein „situatives Korrektiv" hinzugefügt.[12] Unternehmensethik soll insofern eine „Konfliktethik" sein, die immer dann ein „eigenständiges Steuerungspotential" entfaltet, wenn „das in einer marktwirtschaftlichen Wettbewerbsordnung vom Prinzip her schon gerechtfertigte Gewinninteresse zu ethisch bedenklichen (großflächigen) Auswirkungen führt."[13] Die in durch dialogische Verständigung und Reflexion gesetzten unternehmensethischen Normen sollen *begründbar* sein und dürfen ihre Existenz nicht nur „bloßer Willkür, faktisch fortgeführten Traditionen oder übermenschlichen Autoritäten verdanken."[14] Die Normenbegründung soll – jedenfalls programmatisch – durch die Beteiligten selbst erfolgen:

> „Unternehmensethik wird damit in Anknüpfung an die philosophische Diskussion als eine *Vernunftethik* gedacht, die die Menschen dazu auffordert, die Zwecke des eigenen Handelns begründet selbst zu bestimmen."[15]

Eine inhaltliche (materielle) Norm kann bei Steinmann/Löhr dann als *begründet* gelten, „wenn die Betroffenen selbst ihre Anliegen zur Sprache gebracht und sich in einem friedensstiftenden freien Konsens geeinigt haben."[16] Hier jedoch beginnen die Schwierigkeiten: Dass „optimale Dialogbedingungen" im Zusammenhang mit den auf Unternehmensebene zu führenden Diskussionen über ethische Grundsätze keineswegs von vornherein bestehen, ist Steinmann/Löhr bewusst, wenn sie als Aufgabe für Wissenschaft und Praxis deren stetige Verbesserung fordern. Der Maßstab, anhand dessen letztlich ethische Normen begründet und ein spezifisches Verhalten als normenkonform qualifiziert werden kann, wird in dieser Perspektive schließlich erst durch die Handelnden selbst gefunden werden müssen. Daraus ergibt sich geradezu zwangsläufig, dass die Autoren bei ihrer verständlichen Argumentation wider den Dogmatismus, die vor dem Hintergrund der in dieser Untersuchung zuvor behandelten Positionen grundsätzlich

---

[11] Ebenda, S. 10. Die Definitionen und Begriffsklärungen zum Wort *Unternehmensethik* sind erwartungsgemäß recht zahlreich, weswegen hier eine Auswahlentscheidung zu treffen war. Der Ansatz von Steinmann/Löhr zeichnet sich v.a. dadurch aus, dass sich an die Definition eine ausführliche und verständliche Erklärung der zugrunde liegenden Annahmen sowie nachvollziehbare Abgrenzungen anschließen.
[12] Vgl. ebenda, S. 13.
[13] Vgl. ebenda, S. 13. Dass diese bedenklichen Auswirkungen eher die Regel als die Ausnahme darstellen, ist allerwegen zu beobachten.
[14] Vgl. ebenda, S. 11.
[15] Ebenda, S. 12.
[16] Vgl. ebenda, S. 12.

gerechtfertigt ist, einen gewissen Normenrelativismus befürworten. Die vorgeschlagene „kommunikative Ethik" ist situationsadäquat zu verändern:

> „Mit diesem Ansatz [...] werden zwei alternative Ethik-Konzeptionen auf Unternehmensebene zurückgewiesen, die ebenfalls eine soziale Verantwortung auf Unternehmensebene zur Geltung bringen wollen. Zum einen wird bestritten, daß eine Unternehmensethik als ein Katalog von obersten, ewig gültigen und situationsunabhängigen inhaltlichen Normen für die Orientierung unternehmerischen Handelns postuliert werden darf. Unternehmensethische Normen müssen entsprechend den jeweiligen historischen Bedingungen modifizierbar sein. Der Dialog muß deshalb auch in die Zeit hinein offen gehalten werden. Die inhaltliche Normierung darf nicht zum Dogma gerinnen. Zum anderen unterscheidet sich der dialogische Ansatz von rein personalistischen Bekenntnissen, wie sie etwa in vielen Versionen der Idee von der gesellschaftlichen Verantwortung der Unternehmensführung vertreten werden, soweit diese elitär konzipiert sind und prinzipiell auf einen gesellschaftlichen Interessenausgleich auf der Grundlage (zufälliger) individueller Wertentscheidungen einzelner Manager abstellen."[17]

Trotz der Frage, ob nicht doch Normen mit universalem Geltungsanspruch existieren, die gerade nicht in einem diskursiven Prozess geklärt werden können und sollten, ist die Skepsis gegenüber möglichen dogmatisch-ideologischen Wendungen, wie auch im Verlauf dieser Untersuchung deutlich wurde, nicht unangebracht. „Gesellschaftlicher Interessenausgleich", wie es die Autoren nennen, auf der Grundlage von Wertentscheidungen einzelner Manager ist nicht nur aus verschiedenen Perspektiven fragwürdig, sondern auch höchst unwahrscheinlich![18] Die Betonung der Notwendigkeit einer dialogisch partizipativen Entwicklung der Unternehmensethik durch *alle* Beteiligten, die gerade der subjektiven *Verordnung* einer Unternehmensethik durch die oft bemühten herausragenden Führungspersönlichkeiten vorbeugen soll, ist nachvollziehbar.[19] Grundüber-

---

[17] Ebenda, S. 12

[18] Mit den Problemen der Letztbegründung ethischer Grundsätze sind selbstverständlich auch die „Unternehmensethiker" konfrontiert. Bauer-Harz etwa, die eine auf dem Regelutilitarismus basierende „Ethik für das Innovationsmanagement" in Unternehmen konzipieren will, schlägt als Ausgangspunkt für eine Unternehmensethik die „in einer Gesellschaft relevanten Wertmuster" vor. Darunter versteht Bauer-Harz „einerseits die unveränderlichen Grundwerte und andererseits jene Werte, die sich aus dem gesellschaftlichen Wertewandel ergeben". Als Referenz wird sehr unscharf das „Allgemeinwohl" angeführt. Vgl. Bauer-Harz 1995, S. 38 f. Bei Ansätzen dieser Art wird die Problematik, das Allgemeinwohl zu bestimmen, offensichtlich. Ob das Unternehmen der „philosophische" Ort ist, in dem diese grundlegenden Fragen entschieden werden sollten, ist sehr fraglich.

[19] Vgl. dagegen allerdings den kritischen Beitrag von Leo Kißler 1994 *Partizipation als Ethikproblem*, S. 309 ff. Der Autor wirft überzeugend die Frage auf, ob Partizipation in den bekannten Formen (Qualitätszirkel etc.) aus Arbeitnehmersicht eigentlich wirklich wünschenswert ist, wenn sie letztlich regelmäßig um „managementdominierte Verfahren" handelt. Im Extremfall resultiere aus der Doppelrolle des Arbeitnehmers als „Untertan" im Arbeitsprozess einerseits und als „Bürger" in der partizipativen Betriebsorganisation solange eine Art *schizophrener*

zeugungen einzelner Manager oder Unternehmer, seien sie im Hinblick auf den Grad ihrer Bedeutung für das Streben nach einer humaneren Arbeits- und Wirtschaftswelt auch noch so honorig, machen noch keine Unternehmensethik. Das gleiche gilt für die typischen Gemeinplätze. Die *Verantwortung* für Kunden, die Gesellschaft, die Mitarbeiter, die Umwelt – wenn man so will: also für „Gott und die Welt" – sollte nicht als Unternehmensethik qualifiziert werden.[20] Steinmann/Löhr zufolge sollte auch soziales Engagement der Unternehmung nicht im Mittelpunkt der unternehmensethischen Debatte stehen.[21] Dieser Auffassung ist aus mehreren Gründen zu folgen: Einerseits ist diese Form sozialen bzw. karitativen Engagements stets wiederum Ausdruck der Werthaltungen von Gründern oder Spitzenmanagern und selten das Ergebnis von ethischen Grundsatzreflexionen und intersubjektiver ethischer Übereinkunft. Vielmehr stehen dabei regelmäßig die engagierten Personen, die „moralischen" *front persons*, im Vordergrund, deren Haltung im Zweifel nur bedingt Aufschluss über die ethische Qualität der gesamten Unternehmensaktivitäten gibt. Auch kann verordnetes *soziales* Engagement darüber hinaus selbst Teil der Vergemeinschaftspraxis sein, wie Gertrud Kühnlein nachgewiesen hat.[22] Schließlich liegt der Verdacht einer Instrumentalisierung des Engagements für die Imageoptimierung auf der Hand. Die von Milton Friedman formulierte Behauptung, nach der die soziale Verantwortung der Wirtschaft ausschließlich in der Gewinnerhöhung bestehe[23], kann von Unternehmen heute nicht unwidersprochen vertreten werden, ohne kritische Reaktionen auszulösen. Daher liegen Charity-Aktivitäten zu Verbesserung des Images im Trend. Dieses Ausnutzen eines positiven Nebeneffektes ist prinzipiell kaum überzeugend zu kritisieren. So verstandene Unternehmensethik, die sich bereits in derartigem Engagement erschöpft, wird managementseitig schnell als *Ressource* oder auch als *strategischer Erfolgsfaktor* betrachtet (und behandelt). Mit einem solchen Engagement steht aber die „Klärung legitimen Unternehmenserfolgs" (Ulrich) als Kern der unternehmensethischen Reflexion noch aus.[24] Eine Überbelichtung des zu derartigen Zwecken gepflegten Engagements führt den Beobachter weg von den grundsätzlichen Problemen der Normensetzung und Normenbegründung für unternehmerisches Handeln.[25]

Steinmann/Löhr verstehen Unternehmensethik als „Akt der Selbstverpflichtung" und situatives Korrektiv nicht nur zum der Marktwirtschaft imma-

---

Citoyen, wenn man versucht „Arbeitnehmer mitreden zu lassen, ohne daß sie etwas zu sagen haben, d.h. Definitionsmacht bekommen." Vgl. ebenda, S. 334.

[20] Vgl. Steinmann/Löhr 1989, S. 15.
[21] Vgl. ebenda, S. 15 f.
[22] Vgl. Kühnlein 1999, S. 43 ff. Auch Anita Roddick hat bei The Body Shop eigenen Angaben zufolge die Mitarbeit der Unternehmensangehörigen an "lokalen Sozialprojekten" institutionalisiert und systematisiert. Vgl. The Body Shop.
[23] Vgl. Spence/Rutherford 2002, S. 17.
[24] Vgl. Ulrich/Kaiser 2001, S. 30.
[25] Der Verdacht entbehrt durchaus nicht jeder Grundlage. Die Beispiele, bei denen das soziale, karitative oder kulturelle Engagement parallel zu äußerst fragwürdigen Unternehmensaktivitäten verläuft, sind durchaus zahlreich.

nenten Gewinnprinzip, sondern auch als Korrektiv zu geltendem Recht. Neben der impliziten unternehmensethischen Aufforderung, bestehende Rechtsvorschriften keinesfalls zu übertreten, können unternehmensethische Normen darüber hinaus bei Vollzugsdefiziten in Bezug auf geltendes Recht oder im Falle offensichtlicher Regelungsdefizite eine (ggfs. temporäre) Lücke füllen. Unternehmensethik wäre dann eine freiwillige Ergänzung zu gesetzlichen (und tariflichen M.S.) „Minimalregelungen".[26]

Gegen diese Vorstellung von Unternehmensethik als Korrektiv und Rechtssubstitut, als ein „Gegengift gegen zuviel ökonomische Rationalität" (Ulrich 1994) und als Konzept der *Begrenzung*, setzt Peter Ulrich einen weiter ausholenden integrativen Ansatz der Unternehmens- und Wirtschaftsethik, der die gegenwärtigen Auffassungen von ökonomischer Rationalität insgesamt einer kritischen Reflexion unterzieht, indem er die *Lebensdienlichkeit des Wirtschaftens* zum Maßstab wirtschafts- und unternehmensethischer Normensetzung (wieder-) einführt und auf eine Revitalisierung des Primates einer politischen Ethik vor der ökonomischen Notwendigkeit hin argumentiert.[27] Durch diese „Rekonstruktion des normativen Fundaments ökonomischer Vernunft" werden sowohl das Problem der Vermittlung von Ethik und Ökonomie als auch Fragen unternehmensethischer Normensetzungen in einen weiteren Zusammenhang eingeordnet, der die politische Dimension der Selbstbindungsfragen offen legt.

Die Institutionenethik der Unternehmung wird dabei als „systematischer Anfang integrativer Unternehmensethik" gedacht, die grundlagenkritisch und dialogisch zugleich ist und mithin helfen kann, die als „Individualethik" zu bezeichnenden *personalistischen Konzepte* einer „charakteristisch elitären" neokonservativen Unternehmerideologie einer Kritik zu unterziehen. Der von Ulrich immer wieder in die Diskussion gebrachte unbedingte „Vorrang der Res Publica vor allen privatwirtschaftlichen Interessen" läuft letztlich auf die Konzipierung einer *republikanischen Unternehmensethik* (Ulrich 1994) hinaus.[28]

Ein weiteres in der Debatte maßgebliches Konzept der Wirtschafts- und Unternehmensethik ist die Rahmenordnungs- und Anreizethik Karl Homanns.[29] Für Homann befassen sich Wirtschafts- und Unternehmensethik mit der Frage, „welche moralischen Normen und Ideale unter den Bedingungen der modernen Wirtschaft und Gesellschaft (von den Unternehmen) *zur Geltung gebracht werden können*".[30] Homann rekurriert direkt auf eine Logik der Marktwirtschaft, die für ihn in erster Linie durch ein Versetzen der wirtschaftlichen Akteure (Unternehmen) in Dilemmasituationen gekennzeichnet ist:

---

[26] Vgl. Steinmann/Löhr 1989, S. 14.
[27] Vgl. dazu ausführlich den Abschnitt 10.2.2. Vgl. zu den Notwendigkeiten und „Unausweichlichkeiten" des *neuen Kapitalismus* auch Sennett 2000a, S. 87 ff.
[28] Vgl. Ulrich 1994, S. 75ff. und für eine komprimierte Darstellung der Gesamtproblematik v.a. Ulrich/Maak 2000b, S. 11 ff.
[29] Vgl. Abschnitt 10.2.1.
[30] Vgl. Homann 1994, S. 109. Hervorhebung M.S.

> „Der mit der Marktwirtschaft konstitutiv verbundene Wettbewerb versetzt die Akteure ins Gefangenendilemma und hält sie darin, die Moral der Solidarität aller verlangt demgegenüber oft den Verzicht auf Ausnutzung individuell vorteilhafter Außenseiterpositionen, also die Überwindung von Gefangenendilemmastrukturen. *Moral und Wettbewerb stehen paradigmatisch in direktem Gegensatz zueinander.*"[31]

Dabei unterscheidet er die Ebene der Rahmenordnung wirtschaftlichen Handelns von den Handlungen innerhalb dieser Rahmenordnung – im Sinne von *Spielregeln* und *Spielzügen*. Da den moralischen Akteuren gegenüber den unmoralischen Nachteile aus ihrer Berücksichtigung ethischer Standards erwachsen können bzw. der Erfahrung nach erwachsen – mithin also eine für die Moral „ruinöse Prämierung des Defektierens" in den „anonymen und komplexen Volkswirtschaften" auf individualethischer Ebene nicht vermieden werden kann, müssen über die wirtschaftliche Rahmenordnung die gewünschten „Spielregeln" inkorporiert werden und dann ausnahmslos für alle gelten. In diesem Sinne ist Homanns bekannter Satz: *Der systematische Ort der Moral in der Marktwirtschaft ist die Rahmenordnung* zu verstehen.[32] In dieser Konzeption ist moralisches Handeln einzelner Unternehmer, Manager oder Unternehmen überhaupt nur dann gefragt, wenn die Rahmenordnung in dem einen oder anderen Fall defizitär ist.[33] Homann vertritt letztlich die These, dass Unternehmen überhaupt nur dann moralisch handeln, wenn es sich für sie auszahlt: „Die Gier lässt sich nicht einfach abschaffen" – so das kühle und klarsichtige Fazit in einem Interview Homanns.[34]

Die noch genauer zu beleuchtende Folge dieser Konzeption, die praktisch auf das Setzen ökonomischer Anreize zu moralischem Verhalten in der Rahmenordnung – also bei den allgemeinverbindlichen Spielregeln – hinausläuft, besteht in der Zurückweisung des Vorrangs der politischen Ethik vor der Ökonomik. Dies hat einerseits Konsequenzen für Reichweite und Gehalt der zu inkorporierenden Normen, die den Anforderungen an die Notwendigkeiten der Dilemmata genügen müssen. Andererseits holt Homann mit dem Ansatz soweit aus, dass die Ökonomik letztlich zur politischen Theorie wird. Ein schwieriges Problem besteht darüber hinaus in der Frage, welche ethischen Maßstäbe eigentlich diejenigen Akteure zur Anwendung bringen, die letztlich die Rahmenordnung verändern oder erst herstellen. Kommt es am Ende doch (wieder) auf die individualethischen Prinzipien dieser Akteure an, und kann in diesem Fall die Rahmenordnung wirklich der „systematische Ort der Moral" sein?

Obschon insbesondere diese Frage schwer zu beantworten sein wird, erlaubt die Auseinandersetzung mit Homanns Denken interessante Einsichten in die Konsequenzen einer zu Ende gedachten Verabschiedung von nach normati-

---

[31] Ebenda, S. 111.
[32] Vgl. ebenda, S. 112 und Homann/Blome-Drees 1992, S. 35.
[33] Wirtschaftliche Handlungen als solche sind mithin sogar vollständig *moralfrei*. Vgl. dazu auch die Analyse des Homannschen Ansatzes bei Kramer 2002, S. 102 f.
[34] Vgl. Homann 2002, Interview in der Süddeutschen Zeitung Nr. 297, 24./25./26. Dezember 2002, S. 25.

ven Prinzipien handelnden moralischen Subjekten in der Wirtschaft. Vor dem Hintergrund der auf hohem theoretischen Niveau geführten Debatte zwischen Ulrich, Homann und anderen[35] erscheint das von mir untersuchte Denken jedenfalls erst recht fragwürdig. Die gilt sowohl dann, wenn man mit Ulrich den *Reflexionsstopp* in ökonomisch-gesellschaftlichen Grundsatzfragen, also eine insgesamt dogmatisch verengte Sicht des gegenwärtigen ökonomischen Rationalitätsverständnisses diagnostiziert, als auch, wenn man mit Homann davon ausgeht, dass der prinzipielle Ansatzpunkt einer Debatte um Ethik in der Wirtschaft grundsätzlich die Rahmenordnung ist.

Denn im ersten Fall wäre festzustellen, dass die untersuchten Ansätze, Konzeptionen und Unternehmensdarstellungen vielfach so umfassende Geltungsansprüche aufweisen und ein zum Teil vulgäres ökonomisches Rationalitätsverständnis so unkritisch transportiert wird, dass ein wie auch immer geartetes Primat des Politischen in weite Ferne rückt. Im zweiten Fall dagegen wird das Unternehmen als „Ort der Moral" bzw. als moralisches Subjekt weitgehend ausgeschaltet und kann deswegen die immensen moralischen, sinnstiftenden und „erzieherischen" Aufgaben, die ihm zugedacht werden, nicht erfüllen.

10.2 Ökonomische Entwicklung und Politische Ethik

Irgendetwas stimmt nicht mit der gegenwärtigen Art des Wirtschaftens, so lässt sich, freilich noch sehr diffus, der Eindruck zusammenfassen, der den kritischen Beobachter nicht erst seit der Euphorie der Jahre 1999 und 2000 (Stichwort: *New Economy*) und der darauf folgenden ökonomischen und politischen Baisse, beschleicht. Schon viel früher wurden die brisanten Fragen, mit denen es das Nachdenken über die komplizierten Zusammenhänge von Wirtschaft und Gesellschaft, insbesondere über „unbeabsichtigte" Nebenfolgen des Wirtschaftens in sozialer, politischer und ökologischer Hinsicht zu tun hat, virulent. Im Gefolge der amerikanischen *Business Ethics Bewegung*[36] wird seit einigen Jahren in Deutschland eine Debatte über Unternehmens- und Wirtschaftsethik geführt, die sich, wenn die Zahl der zum Thema vorgelegten Veröffentlichungen hier als Indikator dienen kann, eines regen Interesses erfreut.

Bei dem Versuch, die gegenwärtige Lage und die Problemkonstellationen, in deren Bahnen sich die Debatte bewegt, pointiert zusammenzufassen, hilft eine

---

[35] Der Versuch, alle Beteiligten ausnahmslos zu benennen, erscheint mir als aussichtsloses Unterfangen. Daher sei an dieser Stelle lediglich auf den viel zitierten Sammelband von Löhr/Steinbach (Hrsg.) 1989, die von Karl Homann u.a. herausgegebenen Schriften des *Vereins für Socialpolitik,* das von Horst Allbach 1992 herausgegebene Ergänzungsheft der Zeitschrift für Betriebswirtschaftslehre, die Schriften von Peter Koslowski , insbesondere *Die Ordnung der Wirtschaft. Studien zur praktischen Philosophie und Politischen Ökonomie*, Tübingen 1994 und *Wirtschaftsethik – wo ist die Philosophie?*, Heidelberg 2001 sowie die zahlreichen Herausgeberschaften Peter Ulrichs verwiesen. Der Sammelband *Markt und Moral* herausgegeben vom Forum für Philosophie Bad Homburg (Siegfried Blasche, Wolfgang Köhler und Peter Rohs), Bern, Stuttgart, Wien 1994 erscheint ebenfalls besonders erwähnenswert.

[36] Vgl. Hermann 1992, S .11 sowie Kreikebaum 2001.

Beschreibung von Peter Ulrich und Thomas Maak. Hier finden wir zugleich einen Ansatzpunkt dafür, *was* womöglich *nicht stimmt*:

> „Gemeint ist der Eindruck einer seltsam anonymen *Eigensinnigkeit* der ganzen wirtschaftlichen Entwicklung, die aus lebenspraktischer Perspektive immer *un*sinniger wirkt. Besonders die entfesselte Eigendynamik der globalen Finanz- und Kapitalmärkte – manche sprechen vom „wild gewordenen Kasino-Kapitalismus" – und die scheinbar unaufhaltsame Welle gigantomanischer Firmenfusionen entlarven die derzeit tonangebenden Wirtschaftspolitiker in Goethes Sinn: Die *Geister*, die sie mit ihrer Politik der internationalen „Liberalisierung" und „Deregulierung" riefen, werden sie nun anscheinend nicht mehr los und sie haben sie – entgegen ihren jahrelangen Beteuerungen – ganz offensichtlich in keiner Weise unter Kontrolle. Eigendynamische, bisweilen schon totalitär anmutende ökonomische *Systemzwänge* und mehr noch entsprechendes *Sachzwangdenken* breiten sich in der *Globalisierungsfalle* aus: Die buchstäblich *entgrenzte* Marktwirtschaft ist immer weniger in die Grundsätze einer wohlgeordneten Gesellschaft freier und gleichberechtigter Menschen eingebunden (embedded economy), stattdessen sind die gesellschaftlichen Verhältnisse offenbar immer totaler den anonymen Bedingungen des internationalen „Standortwettbewerbes" unterworfen."[37]

Mit der Beschreibung eines „außer Kontrolle" geratenen Kapitalismus beginnen allerdings neue Schwierigkeiten: Scheinbar, so wird implizit suggeriert, konnten die oben erwähnten „tonangebenden Wirtschaftspolitiker" durch ihre Einwirkungen auf die wirtschaftliche Rahmenordnung die Wirtschaftstätigkeit früher soweit steuern, dass die jetzt zu beobachtende „Entfesselung" und „Entgrenzung" bis zu einem bestimmten Zeitpunkt unterblieben sind. Die Frage, ob dies überhaupt je der Fall gewesen ist, kann an dieser Stelle nicht weiter behandelt werden. Für die gegenwärtige Diskussion spielt vor allem der Eindruck eine Rolle, politische Handlungsspielräume hätten sich angesichts der „Systemzwänge" einer globalisierten Weltwirtschaft und deren Eigengesetzlichkeit in erheblichem Maße verringert. Insgesamt erscheint die wirtschaftliche Entwicklung als komplexe, undurchschaubare, notwendige, selbständig und selbsttätig ablaufende Bewegung. Beunruhigend ist der Umstand, dass auch bei genauerer Betrachtung keine wirklich maßgeblichen Akteure auszumachen sind, welche die Veränderungsprozesse deliberativ betreiben – selbst Vorstandsmitglieder großer Konzerne erscheinen angesichts des Ausmaßes wirtschaftlicher „Sachzwänge" und „Marktnotwendigkeiten" weniger als *Macher*, sondern eher als *Agenten* des Wandels. Sogar die Regierungen verhältnismäßig mächtiger Nationalstaaten müssen sämtliche Entscheidungen auf ihre Konsequenzen hinsichtlich der Beeinträchtigung oder Optimierung des jeweiligen Wirtschaftsstandortes überprüfen und abstimmen. „Das Kapital", so der gängige Zynismus, der zugleich auch als Ausdruck der Ratlosigkeit in Politik und Wirtschaft gelesen werden kann, „geht dorthin, wo es sich wohl fühlt."

---

[37] Ulrich/Maak 2000, S. 14.

Dass es sich bei der Entwicklung der letzten Jahre nicht um eine Kleinigkeit handelt, sondern vielmehr um eine dramatische Veränderung des Verhältnisses von Wirtschaft und demokratischem Rechtsstaat, ist immer wieder angemerkt worden.[38] Aus dem *internationalen Wirtschaftssystem* wird mehr und mehr eine *transnationale Wirtschaft* mit der Folge, dass das auf territorialer Grundlage errichtete Staatensystem mit in staatlichen Grenzen eingebetteten Volkswirtschaften in seinen Existenzvoraussetzungen berührt wird. Globalisierung als komplizierter und widerspruchsvoller Komplex von Veränderungen erodiere den Nationalstaat – Giddens spricht sogar von der „Auflösung" der „Nation".[39] Jürgen Habermas diagnostiziert eine immer stärkere „Verstrickung" des Staates „in die Interdependenzen von Weltwirtschaft und Weltgesellschaft", die schließlich darauf hinauslaufe, dass ein solcher Staat „an Autonomie und Handlungsfähigkeit sowie an demokratischer Substanz einbüßt."[40]

Dabei bestehen die Probleme der Nationalstaaten Habermas zufolge sowohl in verringerten Handlungsspielräumen als auch in „wachsende[n] Legitimationsdefizite[n] im Entscheidungsgang" und einer „zunehmende[n] Unfähigkeit, legitimationswirksame Steuerungs- und Organisationsleitungen zu erbringen."[41] Da der Staat seine Bürger angesichts dieser Umstände weder aus eigener Kraft gegen externe Effekte „anderer Aktoren" schützen kann noch in der Lage ist, eine Deckung zwischen dem Kreis der an demokratischen Entscheidungen Mitwirkenden mit dem Kreis der davon Betroffenen in zufrieden stellender Weise sicherzustellen, gerät die „einzigartige Symbiose" (Habermas) von Nationalstaat und Demokratie unter Druck. Der Nationalstaat ist der globalen Standortkonkurrenz ausgesetzt, und seine Repräsentanten sehen sich einem Kapital gegenüber, welches angesichts seiner Beweglichkeit über beinahe unbegrenzte Exitoptionen verfügt. Führt etwa der Unterhalt eines Lebensrisiken eingrenzenden Sozialstaates, der über Jahrzehnte trotz aller Kritik einzigartige Integrationsleistungen verbuchen konnte, sowie ein vergleichsweise hohes Lohnniveau nebst einer relativ weitreichenden Reglementierung von „Mindest-Arbeitsbedingungen" zu unerwünschten Belastungen der Rendite- und Verwertungsmöglichkeiten, erfolgt erwartungsgemäß die Drohung mit Abwanderung in Wirtschaftsregionen, in denen eine vergleichbare Produktionsmöglichkeit zu geringeren Kosten besteht. Dieses Drohszenario[42] gehört jetzt seit nunmehr über 20 Jahren zum Gemeinplatz jeder wirtschaftspolitischen Debatte auch in Deutschland. Die

---

[38] Vgl. etwa Habermas 2000, S. 153 ff., Giddens 2000, S. 12 ff.
[39] Vgl. Giddens 2000, S. 13.
[40] Vgl. Habermas 2000, S. 156. Vgl. dazu allerdings auch Rieger 2002, S. 3 ff., der zeigt, dass die diagnostizierte sinkende Autonomie und Handlungsfähigkeit des Nationalstaates interessanter- bzw. paradoxerweise mit einem „enorme[n] Macht- und Einflussgewinn der Exekutive" im Feld der Wirtschafts- und Sozialpolitik einherzugehen scheint.
[41] Vgl. Habermas 2000, S. 156.
[42] Die Drohung hat politische Implikationen unabhängig vom tatsächlichen Handeln. Wir sehen ein ständiges „könnte, sollte, müsste", vor dessen Hintergrund trotz der immer aufwändigeren und anstrengenderen politischen Phraseologien die gestaltende Politik sukzessive von der politischen Kommunikation über die Zwänge abgelöst wird.

Öffentlichkeit befindet sich angesichts dieser Drohung (und der Beispiele, in denen diese realisiert und etwa durch Arbeitsplatzverlust konkret erfahrbar wird) mittlerweile in einem Zustand permanenter „Selbstalarmierung"[43]. Die Wirtschaftsnachrichten geben dabei durchaus Anlass, diesen Alarm nicht als übertrieben oder gar irrational zu qualifizieren. Insgesamt sehen sich die mit begrenzten Handlungsspielräumen ausgestatteten Repräsentanten des politischen Systems einer gigantischen Problemkonstellation gegenüber (von der Massenarbeitslosigkeit über die Finanzierung der Rentenversicherung und des Gesundheitswesens bis hin zur katastrophalen Lage der öffentlichen Haushalte und wachsender sozialer Schieflagen – um nur die gegenwärtig die Debatte beherrschenden Probleme noch einmal zu benennen), deren vermeintliche Lösungsmöglichkeit gleichwohl der auf Wählerstimmen angewiesene Politiker dennoch permanent suggerieren muss. Koslowski spricht in diesem Zusammenhang von einer *Notwendigkeit des Gefallens*, die sowohl im politischen als auch im wirtschaftlichen Wettbewerb, auf dem Markt und in der Demokratie dominiert, und die schließlich Fehlschlüsse provoziert, die Markt- und Demokratieversagen zur Folge haben können.[44] Der Wähler fragt sich immer öfter, durch welche grundlegenden Besonderheiten sich die Alternativen, zwischen denen er wählen darf, eigentlich auszeichnen bzw. unterscheiden. Die Politik gerät in dieser Konstellation geradezu zwangsläufig in eine Glaubwürdigkeitsfalle, die schließlich in eine handfeste Legitimationskrise des gesamten politischen Systems mündet, für die das Wort *Politikverdrossenheit* seit Jahren Verwendung findet. Selbst wenn die ökonomischen und wirtschaftspolitischen Probleme in ihrer Mannigfaltigkeit schwer zu übersehen sind, ist es doch wohl im wesentlichen diese Ausgangslage, welche viele Bürger nicht nur deprimiert und verunsichert, sondern gleichzeitig zu der nüchternen Einsicht führt, weder mit dem Stimmzettel noch mit aktivem Engagement sei den oben erwähnten Dilemmata beizukommen. Die „sinkende Kaufkraft von Stimmzetteln" (Streeck)[45] kann dauerhaft nicht folgenlos bleiben für die Legitimation des demokratischen Systems als Ganzem. Diese Überlegungen sind keineswegs neu und hier nicht bis in alle Einzelheiten nachzuvollziehen. Die beschriebene Situation ist allerdings bei der Betrachtung von Fragen der Wirtschafts- und Unternehmensethik zu berücksichtigen.

Die Frage nach den Möglichkeiten der Selbstbindung ökonomischer Akteure stellt sich nämlich insbesondere dann, wenn das politische System als Ort der Entscheidung über den normativen Rahmen des Wirtschaftens nur über begrenzte Einflussmöglichkeiten verfügt. Der so genannte „entfesselte Kapitalismus" ist – wie es die Verwendung des Adjektivs bereits nahe legt – nach umfassenden Deregulierungs- und Liberalisierungsmaßnahmen soweit frei von einschränkenden Fesseln, dass staatliche Interventionen oder gar Protektionen negative (Neben-) Effekte immer schlechter dauerhaft ausgleichen oder wenigstens

---

[43] Vgl. Voruba 1998, S. 53 ff.
[44] Vgl. Koslowski 1994, S. 221 ff.
[45] Vgl. Streek 1998, S. 38

abfedern können. Die Folgen einer Politik, die sich weiter und weiter einer neoliberalen Utopie verschreibt, fasst Ulrich Beck pointiert zusammen:

> „Wenn der globale Kapitalismus in den Ländern des Westens den Wertekern der Arbeitsgesellschaft auflöst, zerbricht ein historisches Bündnis zwischen Kapitalismus, Sozialstaat und Demokratie. Niemand täusche sich: Der Eigentümer-Kapitalismus, der auf nichts als Gewinn zielt und die Beschäftigten, den (Sozial-) Staat und die Demokratie ausgrenzt, gibt seine eigene Legitimität auf. Die neoliberale Utopie ist eine Form demokratischen Analphabetentums. Der Markt trägt seine Rechtfertigung gerade nicht in sich."[46]

Allerdings, so die Hoffnung, könnten sich doch die verantwortlichen Akteure der Wirtschaft in einer Art *Selbsteinwirkung* die Einhaltung ethischer Standards gewissermaßen selbst auferlegen, zumindest dort, wo die sozialen und ökologischen Folgen jeder Kontrolle baren Wirtschaftens schlicht unerträglich werden oder zu werden drohen und die Weltgemeinschaft mit ihren Versuchen, mittels internationaler Vereinbarungen Regelungsdefizite zu beseitigen, in einer chronischen *time-lag*-Falle hinterherhinkt.[47]

Diese Selbstverpflichtungen sind von einem systematischen Stakeholdermanagement, mittels dessen viele Unternehmen in Rahmen eines monologischen oder dialogischen Verfahrens zumindest vorgeben, die Interessen interner und externer Anspruchsgruppen zu berücksichtigen oder durch selbst auferlegte Rücksichtnahmen gar eine ursächliche Konfliktlösung herbeizuführen, abzugrenzen, weil mit dem Stakeholder-Ansatz zwar auf soziale und ökologische Konfliktvermeidung abgezielt wird, oberster Maßstab allerdings, anders als bei Selbstverpflichtungen, stets die ökonomische Vorteilhaftigkeit bleibt.[48] Auch bei den Modebegriffen *Corporate Citizenship*, *Corporate Social Responsibility* oder *Stakeholder Balance Management* ist zwar klar, dass im ökonomischen Handeln Rücksichtnahmen auf Anspruchsgruppen oder extern Betroffene genommen werden sollen. Inwiefern es sich dabei jedoch um Selbstbindungsabsichten handelt, und nicht nur um „dekorative Kosmetik" (Hönig), ist fraglich.[49] Inwieweit ein Unternehmen angesichts der begrenzten Reichweite der populären *Compliance*- und *Corporate*-Governance-Konzepte sowie des stets inhaltlich klärungs-

---

[46] Beck 1999, S. 11.

[47] Unternehmensvertreter betonen erwartungsgemäß stets ihre Präferenz für freiwillige Lösungen. Vgl. z.B. den Artikel *Prinzip Eigenverantwortung.*, o. V. In: Markt und Mittelstand, Heft 2/2001, S. 36 f.

[48] Vgl. dazu ausführlicher Roloff 2002, S.77 ff. Die Autorin weist auf die Schwierigkeiten der Herstellung „echter" symmetrischer Dialogsituationen und am Beispiel der Standortdebatte im „Fall Airbus" in Hamburg auf die daraus resultierenden Probleme suboptimaler Konfliktlösungen hin. Dabei werden die Grenzen des Verfahrens im Hinblick auf die wirkliche Berücksichtigung anderer Anspruchsgruppen insbesondere bei „strategischen" und „monologischen" Verfahren besonders deutlich.

[49] Vgl. Hönig 2001, S. 18. Zu den Einzelheiten der älteren Diskussion um die „gesellschaftliche Verantwortung" von Unternehmen und der etwa seit Mitte der siebziger Jahre vieldiskutierten *Sozialbilanz*-Konzepte vgl. Falthauser 1978, S. 13 ff. und S. 144 f.

bedürftigen *Sustainability*-Ansatzes überhaupt ein *guter Bürger* im Sinne Peter Ulrichs sein kann, hängt von zahlreichen Faktoren ab. Spätestens wenn Gewinnerwartungen hinter Legitimitätserwartungen zurücktreten sollen und echte Konflikte zwischen *Profit* und *Moral* im Unternehmen konkret entschieden werden müssen, geraten die Beteiligten in Schwierigkeiten.[50] Eine wirkliche, die Ertragsziele u.U. ernsthaft tangierende, freiwillige Selbstbindung nämlich, darauf weist Karl Homann zu Recht hin, führt im Wettbewerb regelmäßig nicht zu Vorteilen, sondern unter den gegenwärtigen Rahmenbedingungen üblicherweise zu Nachteilen – moralisches Verhalten „lohnt" sich nicht, wenn andere Wettbewerber aus ihrer Missachtung entsprechender Standards (wenn es sie denn überhaupt gibt) komparative Konkurrenzvorteile erzielen können. Allerdings setzt dieses Fazit wiederum bereits die Bejahung der „eigensinnigen normativen Logik des Marktes" (Ulrich) voraus, der scheinbar ein meta-ökonomisches Rationalitätsverständnis nicht (mehr) entgegengesetzt werden kann.[51] Die Eigendynamik und Totalität der *Marktgesellschaft* ist dann bereits der Ausgangspunkt solcher Überlegungen und steht nicht mehr wirklich zur Diskussion. Oskar Negt fragt hinsichtlich des scheinbar alles dominierenden Globalisierungszusammenhanges:

> „Womit haben wir es also zu tun, wenn wir der Globalisierung einen Wirklichkeitsstatus zusprechen, der die Bewegungsgesetze der Welt, ja die Weltdefinition bestimmt?"[52]

Keineswegs, so Negts Argumentation, liegen die „heute betroffenen Wirklichkeitssegmente", nämlich der Bereich der Ökonomie und ihrer Rahmenordnung, „...jenseits menschlicher Handlungsmöglichkeiten, [...] sondern im Verantwortungsbereich eigener Taten und Unterlassungen...".[53] Wird die Praxis, sich hinter die „Notwendigkeiten" der Globalisierung und ihre vermeintlichen Sachzwänge zurückzuziehen, zugunsten eines Denkens aufgegeben, welches den Akteuren tatsächlich *Tun* und *Unterlassen* zurechnen und sie nicht nur als „Agenten" gleichsam exkulpierend aus ihrer Verantwortlichkeit entlassen will, wird die politische Dimension dieser Bewertung besonders deutlich: Trifft sie zu, müssen wirtschafts- und unternehmensethische Normen Ergebnisse politischer Willensbildung sein und nicht etwa politische Normen das Ergebnis einer (mithin fragwürdigen) „gemeinsamen" Einsicht in die ökonomische Notwendigkeit.

Die Problematik der Selbstbindung ökonomischer Akteure, die in einigen Ansätzen durchaus sämtliche Bürger als *Wirtschaftsbürger* mit einschließt, besteht in der Geltendmachung konkurrierender Wertgesichtspunkte, durch welche die Verträglichkeit des Wirtschaftens in humaner, sozialer und ökologischer Hinsicht reklamiert werden soll – und zwar auch dann, wenn die Funktionslogik des Marktes dadurch beeinträchtigt wird.[54]

---

[50] Vgl. Ulrich/Kaiser 2001, S. 29 f. und Schmidt/Kulessa 2001, S. 299 f.
[51] Vgl. dazu auch schon Haas 1989, S. 291 f.
[52] Negt 2001, S. 61.
[53] Vgl. ebenda, S. 61 f.
[54] Vgl. Ulrich 2001, S. 203 ff.

Dabei ist anzumerken, dass bereits die Annahme der Existenz konkurrierender Wertegesichtspunkte, also letztlich die Existenz anderer Bewertungsmaßstäbe, für ökonomische Entwicklung, ein Werturteil einschließt, nämlich die Zurückweisung marktfundamentalistischer Positionen jeder Art, welche die Eigengesetzlichkeit des Marktes nicht als Problem identifizieren, sondern im Gegenteil dem freien Spiel der Marktkräfte gerade deswegen noch mehr Geltung verschaffen wollen, weil die *invisible hand* zum angeblichen Vorteil aller nachgerade *automatisch* eine für jedermann optimale Lebenschancen beinhaltende Entwicklung erwirke. Auf die dieser Einschätzung zugrunde liegende implizite *Theorie der Harmonie* habe ich im vergangenen Kapitel bereits hingewiesen. Ihre Wirklichkeitsnähe ist fraglich. Kernstücke dieser Position sind bekanntlich das Sachzwangargument (Der Markt zwingt uns...) und der Verweis darauf, dass das Spiel der freien Marktkräfte auf ein gesellschaftliches Optimum zulaufe, welches mit den Worten Peter Ulrichs als *metaphysische Gemeinwohlfiktion* bezeichnet werden kann.[55] Da auch hier implizierte Werturteile und normative Setzungen erfolgen, kann eine kritische Reflexion über ethische Maßstäbe die axiomatischen Grundlagen eines solchen Denkens nicht ausklammern. Insbesondere dann, wenn die Politik nicht nur über mangelnde Gestaltungsspielräume verfügt, sondern in wachsendem Maße dafür bürgt, der normativen Logik des Marktes immer mehr Geltung in immer mehr Lebensbereichen zu verschaffen, ist der Hinweis auf den politisch-kritischen Maßstab der *Lebensdienlichkeit* ökonomischen Handelns angezeigt.[56] Eine so verstandene Wirtschafts- und Unternehmensethik wird damit zur *Politischen Ethik*. Die politische Normenreflexion, Normendiskussion und Normensetzung muss sich in dieser Perspektive auf ihren Vorrang vor der ökonomischen Notwendigkeit berufen und Handlungsspielräume wenigstens dort zur Gänze ausschöpfen, wo sie durchaus bestehen. Und sie muss auf lange Sicht auf internationale und transnationale Regulierung und Normentwicklung zulaufen. Wo schon der Nationalstaat bei der Verteidigung des Maßstabes der Lebensdienlichkeit an Restriktionen stößt, ist der einzelne (ggfs. wohlmeinende) Akteur erst recht überfordert.

Wie soll Wohlverhalten unter Konkurrenzbedingungen durchgehalten werden, wenn es Geld kostet und zu Wettbewerbsnachteilen führt?

Indem ich nun zwei Argumentationslinien der deutschen Unternehmens- und Wirtschaftsethikdebatte nachzuzeichnen suche, sollen die Diskrepanzen zwischen komplexer Problemkonstellation und deren Behandlung in Unternehmensdarstellungen und Managementlehre augenfällig werden.

10.2.1 Ökonomik: Der Anreizethik- und Rahmenordnungsansatz Karl Homanns

Der Wirtschaftsethiker, Volkswirtschaftler und Philosoph Karl Homann, Jahrgang 1943, lehrt seit 1999 an der Ludwig-Maximilians-Universität München und

---

[55] Vgl. Ulrich 2000a, S. 15.
[56] Vgl. ebenda, S. 14 ff.

ist in der wirtschaftsethischen Debatte derzeit ein viel beachteter Repräsentant eines weit ausholenden Theorieansatzes, der *Ökonomik als Gesellschaftstheorie*. Sein Werk verdient mithin eine eingehendere Untersuchung, als dies im Zusammenhang hier zu leisten ist, die es in anderen Disziplinen und mit Blick auf andere Fragestellungen allerdings auch erhält.[57]

An dieser Stelle geht es nur darum, skizzenartig die Grundzüge des homannschen Ansatzes anzugeben und den kritischen Gehalt der Einsichten seiner *Ökonomik* für das sich als moralisches und „kulturelles" Subjekt konstituierende Unternehmen herauszuarbeiten. Homanns Sichtweise eröffnet trotz ihrer recht eindeutig neoklassischen Orientierung neue Möglichkeiten der Kritik an den hier zuvor vorgetragenen Management- und Unternehmensphilosophiekonzepten.

Ökonomik ist für Homann mehr als „nur" *Wirtschaftswissenschaft*. Die Ökonomik untersucht einer Definition von Lionel Robbins gemäß einerseits menschliches Verhalten „als eine Beziehung zwischen Zielen und knappen Mitteln, die unterschiedliche Verwendung finden können."[58] Andererseits, und dies impliziert bereits die von Homann angestrebte größere Reichweite der Theorie, befasst sich die Ökonomik „mit Möglichkeiten und Problemen der gesellschaftlichen Zusammenarbeit zu gegenseitigem Vorteil."[59]

Dabei geht Homann davon aus, dass die marktwirtschaftliche Ordnung mit dem Tausch von Gütern oder Dienstleistungen die Möglichkeit von Kooperationsgewinnen der beteiligten Akteure mit sich bringt. Der Realisierung dieser Kooperationsgewinne, die in den im gemeinsamen *Interesse* liegenden je individuellen Vorteilen aus dem Tausch bestehen, wird durch unterschiedliche Interaktionsprobleme, Informationsprobleme und sonstige Restriktionen aller Art eingeschränkt aber nicht *verun*möglicht, sondern gerade in einer freiheitlichen Wirtschaftordnung *er*möglicht. Die Rolle des Staates im Wirtschaftssystem als Instanz für die Bearbeitung von Interaktionsproblemen ist für Homann unverzichtbar:

> „Ohne standardisierte Regelung typischer Interaktionsprobleme durch den „Staat" kämen viele Interaktionen überhaupt nicht zustande [...] Auch ganz einfache Tauschakte setzen eine ganze Rechtsordnung voraus, und insofern ist bei jedem Tausch „die Gesellschaft" beteiligt. Damit wird auch klar, was die 16% Mehrwertsteuer sollen: Sie sind ein Beitrag zu Aufrechterhaltung dieses kostspieligen Systems, das die Interaktionen zwischen den Partnern so sehr verbilligt."[60]

Der „Wohlstand aller als Ermöglichung der Freiheit aller" gelte als das erwünschte Ziel aller Mitglieder in einer Gesellschaft. Daher komme diesem Ziel

---

[57] So zuletzt etwa 2002 durch Jochen Gerlachs wertvolle Arbeit: Ethik und Wirtschaftstheorie. Modelle ökonomischer Wirtschaftsethik in theologischer Analyse, Gütersloh 2002.
[58] Vgl. Homann/Suchanek 2000, S. 3.
[59] Vgl. ebenda, S. 5.
[60] Ebenda, S. 13 f.

eine „moralische Qualität" zu.[61] Die „zahllosen Akteure", die sich in modernen Volkswirtschaften in komplexen interdependenten Konstellationen der Durchführung „anonymer Austauschprozesse" widmen, verfolgen dieses Ziel gemeinsam. Dabei sei zur „Sicherheit der wechselseitigen Verhaltenserwartungen" die Steuerung „der gesellschaftlichen Kooperation durch Regeln und Institutionen" unerlässlich für das Funktionieren der gemeinsamen Vorteilsrealisierung.[62]

Grundlegend ist für Homann, dass der Wettbewerb in den Marktwirtschaften des Westens die Akteure zwangsläufig in „Gefangenendilemma-Situationen" bringt. Dieser zentrale Punkt in Homanns Analyse bedarf der Erläuterung. Wettbewerb als „Gefangenendilemma auf der einen Seite des Marktes" versetzt die Akteure „in eine Situation der Konkurrenz um die individuell vorteilhafte Kronzeugen- oder Außenseiterposition [...], und durch Justiz und Kartellamt wird ihnen der Ausweg in die Kooperation (Kartelle)" – zum Wohl der Konsumenten – versperrt:

> „Die Situation der Marktteilnehmer wird so gestaltet, daß sie jeden Vorteil gegenüber ihren Konkurrenten zu nutzen versuchen müssen, wenn sie überleben wollen; denn wenn nur ein Konkurrent in diesem „Wettbewerb als Entdeckungsverfahren" einen Vorteil findet, zieht er eine größere [...] Nachfrage auf sich, und die anderen gehen bankrott, wenn sie nicht die Vorsprünge des einen egalisieren oder überkompensieren."[63]

Aus diesem grundlegenden Problem der Angebotsseite folgt Homann nun, dass der Wettbewerb in der Marktwirtschaft der „Logik des Gefangenendilemmas" folgt und dass aber gleichzeitig „die Solidarität aller [...] demgegenüber oft den Verzicht auf Ausnutzung individuell vorteilhafter Außenseiterpositionen", also gerade die „Überwindung von Gefangenendilemmastrukturen", erfordert. Diese Grundsituation des Wettbewerbs hat zur Folge, dass diejenigen Akteure, welche die institutionellen Spielregeln befolgen (z.B. Verbot von Preisabsprachen, Tariftreue, Befolgung vorbildlicher Umweltstandards etc.), keine wirklichen Anreize für im Sinne des gemeinsamen Kooperationszieles „moralische" Handlungen erhalten, solange das „Defektieren" einen Vorteil verspricht:

> „Wer immer die Wahrheit sagt, wer nie korrumpiert, wer die Umwelt schont und Arbeitslose einstellt, läuft Gefahr, gegen seine Konkurrenten in Wettbewerbsnachteil zu geraten."[64]

In diesem Sinne „moralische Unternehmen" geraten sogar in existenzgefährdende Nachteile, solange das regelkonforme Verhalten nicht durch adäquate Anreizstrukturen belohnt wird. Das vorläufige Fazit Homanns lautet:

> *„Moral und Wettbewerb stehen paradigmatisch in direktem Widerspruch zueinander. Karl Marx und Max Weber haben die Logik der Marktwirtschaft genau begriffen, wenn sie übereinstimmend der Auffassung waren, daß*

---

[61] Vgl. Homann 1994, S. 110.
[62] Vgl. ebenda, S. 110 f.
[63] Ebenda, S. 110 f.
[64] Homann 2001, S. 3.

sich Moral, sofern sie etwas kostet, im Wettbewerb freiwillig durch einzelne nicht realisieren läßt."[65]

Moralische Forderungen an das Handeln von Unternehmen können nur durch die „Inkorporierung" gemeinsam akzeptierter „Spielregeln" implementiert werden, was aus der Sicht Homanns „weitreichende Folgen" hat, denn, „die Moral wandert von den Motiven in die Restriktionen des Handelns."[66] Anders als in „Face-to-face-Beziehungen" oder in Kleingruppensituationen stellen in modernen Volkswirtschaften nur „sanktionsbewehrte" moralische Normen, die für alle Akteure gelten und aus deren Befolgung Einzelnen kein Nachteil erwächst, die Einhaltung derselben sicher:

> „In anonymen und komplexen Strukturen moderner Volkswirtschaften muß das Prinzip der Moral, die Reziprozität, die Solidarität, in Institutionen mit formellen Sanktionssystemen konkretisiert werden, da nur so die für die Moral ruinöse Prämierung des Defektierens vermieden werden kann."[67]

Folgen wir dieser wirtschaftsethischen Grundüberlegung bis hierhin, ergibt sich bereits eine starke Relativierung aller Vorstellungen, die das Unternehmen als moralisches Subjekt konstituieren wollen. Die angeblich auf „starken Werten" basierte Unternehmensführung unterliegt grundsätzlich wirkenden Restriktionen. Dies ist bei der Bewertung unternehmensindividueller sozialer oder gesellschaftlicher Engagements einzelner Unternehmen stets mitzudenken. Homann jedenfalls kommt auf der Basis der oben nachgezeichneten Überlegungen zu seiner bereits erwähnten grundlegenden These: *„Der systematische Ort der Moral in der Wirtschaft ist die Rahmenordnung."*[68] Ansätze, die eine Durchbrechung der ökonomischen Logik durch Ethik oder eine Durchsetzung ethischer Normen *gegen* die Ökonomie und die ökonomischen Akteure fordern, vernachlässigen diese Einsicht. Das Paradigma der durch Wettbewerb erzielbaren gemeinsamen Kooperationsgewinne voraussetzend, argumentiert Homann einerseits, dass sich eine moralische Norm „nicht gegen die moderne Wirtschaft, sondern nur in ihr und durch sie geltend machen läßt."[69] Andererseits sei Moral in Unternehmen auf Dauer nur dann zu praktizieren, wenn sie, zumindest langfristig, auch Erträge bringt:

> „Unter Bedingungen funktionaler Ausdifferenzierung lässt sich Moral nur im Schlepptau, im Windschatten ökonomischen Vorteilsstrebens realisieren."[70]

Die Ordnungspolitik wie die Wirtschaftsethik müssen also an der *Rahmenordnung* ansetzen und durch die Implementierung funktionierender Anreizsysteme

---

[65] Homann 1994, S. 111.
[66] Vgl. ebenda, S. 111.
[67] Ebenda, S. 112.
[68] Ebenda, S. 112.
[69] Vgl. ebenda, S. 109 ff.
[70] Homann 2001, S. 1.

dafür sorgen, dass die regelkonformen „Spieler" im Wettbewerb durch moralisches Verhalten komparative Vorteile realisieren können und die „Defektierer" Nachteile oder Sanktionen hinnehmen müssen. Die Defizienz und Funktionsschwächen der wirtschaftlichen Rahmenordnung liegen nach Homann beinahe immer vor und sind seiner Ansicht nach die Kernursache für die globalen ökonomischen Krisen.[71] Moralisches Handeln einzelner Unternehmer oder Manager „kann in einer Marktwirtschaft *systematisch nur dort ins Spiel kommen, wo die Rahmenordnung ihre Rolle nicht, noch nicht oder nur unzureichend erfüllt*, wo sie kurz gesagt Defizite aufweist."[72] Bei Homann et al. wird unternehmerische „Verantwortung" als Einwirkung auf die Diskussion ordnungspolitischer Fragen gesehen.[73] Für Homann befindet sich „die Ordnungspolitik" in einem „beklagenswerten Zustand" und das „ordnungspolitische Bewußtsein vieler Politiker auf einem Tiefpunkt."[74] Viele so genannte „Globalisierungsfolgen" erscheinen so in Homanns Perspektive als durch Regelungsdefizite auf internationaler Ebene und falsche Anreizpolitik induziert. Der Wettbewerb als erfolgreiches Grundprinzip des Wirtschaftens und Grundlage für die optimale Realisierung des Vorteilsstrebens aller wird aber nicht in Frage gestellt, im Gegenteil:

> „Unter Bedingungen der modernen Wirtschaft mit Markt und Wettbewerb erweist sich damit das individuelle Vorteilsstreben der Akteure als die moderne Form, die effizientere Form der Caritas: Wettbewerb ist solidarischer als Teilen, und der barmherzige Samariter oder der heilige Martin geben kein Modell her für die Ordnung moderner Gesellschaften."[75]

Die Unterwerfung unter Regeln, die den Vorteil aller sicherstellen sollen, ist nur attraktiv, wenn langfristige Vorteilsgewinne zu erwarten sind. Mit dieser unkonventionellen These erscheint die ganze Ethikdiskussion in neuem Licht: Die wirkenden Wettbewerbsprinzipien konstituieren letztlich die moralischen Normen – nicht umgekehrt. Was dies für die Bewertung der Etablierung traditioneller Normensysteme in der Vergangenheit bedeutet, wäre einer eigenen Untersuchung würdig. Für den Managementdiskurs folgt daraus aber eine Konsequenz: Gegen Ulrich macht Homann etwa geltend, dass sich eine im Kontext von Demokratisierungsbemühungen in der Arbeitswelt durchgeführte „Abflachung von Hierarchien" in Unternehmen nicht normativ begründen lässt, sondern nur ökonomisch, d.h. hier *ökonomisch funktional*. Lediglich die ökonomische Zweckmäßigkeitsüberlegung kann eine solche Veränderung unter den genannten Bedingungen rechtfertigen. Diese Sichtweise impliziert einen grundlegenden Normenrelativismus. Wir lesen:

---

[71] Vgl. Homann 1994, S. 113.
[72] Vgl. ebenda, S. 114.
[73] Vgl. dazu Kramer 2002, S. 101.
[74] Vgl. Homann 1994, S. 115.
[75] Homann 2001, S. 2.

> „Zwang, Herrschaft, Sanktionen können funktional sein und daher ethisch richtig."[76]

Homann behält das moralische Primärziel des durch gemeinsame Kooperationen erzielten Vorteils immer im Auge, was bei der Beurteilung dieser Aussage berücksichtigt werden muss. Das axiomatisch gesetzte Vorteilsstreben des Menschen führt auf das von Homann favorisierte Konzept des *homo oeconomicus*.[77] Homann weist sowohl die vielfach vorgetragene Kritik an diesem Konzept als ein *pessimistisches Menschenbild* als auch seine vermeintliche Wirklichkeitsferne zurück.[78] Es ist anzumerken, dass Homann keineswegs eine anthropologische Grundsatzbewertung vornimmt, wenn er soziale Interaktionen auf der Basis eines „hypothetischen" homo oeconomicus beschreibt. Es geht ihm nicht um die Favorisierung eines „Menschenbildes" im Gegensatz etwa zu anderen Anthropologien. Die zentrale Aussage des homo oeconomicus-Konzeptes (*Akteure maximieren ihren erwarteten Nutzen unter Nebenbedingungen*) stellt für Homann nur den Ausgangspunkt seiner Analyse dar, in der es um die Beschreibung und Vorhersage von Interaktionen geht. Indem Homann den Bezug zur Dilemmastruktur des Handelns herstellt, wird deutlich, was gemeint ist:

> „Wie sich am Gefangenendilemma illustrieren lässt, ist in Dilemmastrukturen das Defektieren die dominante Strategie. In unserem Konzept bedeutet das: Um sich gegen die Ausbeutung durch den bzw. die Interaktionspartner zu schützen, bleibt dem einzelnen Akteur nichts anderes übrig, als zur *präventiven Gegenausbeutung* zu greifen; das führt dann in die bekannten „sozialen Fallen", weil diese Logik für alle Interaktionspartner in Dilemmastrukturen gilt. Infolge der grundlegenden Asymmetrie zugunsten der Defektionsstrategie wird das Endresultat [...] von dem Akteur bestimmt, der in dieser Situation nur seinen Vorteil im Auge hat, also durch den homo oeconomicus."[79]

In diesem speziellen Sinne bildet der homo oeconomicus „das langfristige Resultat von Interaktionen" zuverlässig ab. Dies gilt jedoch nicht nur für die i.e.S. ökonomischen Bereiche, sondern erscheint bei Homann als Grundprinzip gesellschaftlicher Interaktion:

> „Eine soziale Ordnung, in der die Ehrlichen (immer) die Dummen sind, lässt sich bestenfalls eine begrenzte Zeit mit Predigten von „Werten" aufrechterhalten. Auch „Altruisten können „lernen", und sie werden und müssen sich gegen die Ausbeutung ihres Altruismus irgendwann zur Wehr setzen."[80]

---

[76] Homann 1994, S. 125.
[77] Zur fehlenden empirischen Grundlage traditioneller *homo oeconomicus*-Konzepte Vgl. etwa Spence/Rutherford 2002, S. 30f.
[78] Vgl. Homann 1994, S. 125 f. Die Wirklichkeitsferne diagnostizieren u.a. Spence/Rutherford 2002, S. 32.
[79] Homann/Suchanek 2000, S. 420.
[80] Ebenda, S. 421.

Es wird deutlich, dass es Homann mit seiner Ökonomik weniger um eine Verhaltenstheorie oder um Aussagen *über den Menschen als solchen* geht, sondern um die adäquate Beschreibung und Analyse von Situationen und Interaktionen, durch die „aufschlussreiche Einsichten" in Bezug auf die drängenden Probleme wie „Armut, Arbeitslosigkeit, Inflation, Auswirkungen von Steueränderungen, Ursachen von Umweltverschmutzung, Gründe und Folgen von Fusionen großer Unternehmen" etc.[81] zu erzielen seien.

Mit der Annahme *dieses* homo oeconomicus und der oben skizzierten Dilemmastrukturen ergibt sich für viele Akteure (Unternehmen, Gruppen, Staat etc.) ein gewaltiges Potential, „bestehende Kooperationen zu zerstören und den Aufbau weiterer Kooperationen zu blockieren."[82] Dies macht die globale Ökonomie mit ihren permanenten Regelungsdefiziten anfällig dafür, das Defektieren im Sinne Homanns aufgrund prinzipiell asymmetrischer Konstellation fortwährend zu belohnen. Homann folgert daraus:

> „Wenn Einzelne oder Gruppen über im Prinzip erwünschte Strukturen eine solche „Macht" erhalten, ist die Gesellschaft – der Nationalstaat, zunehmend die Weltgesellschaft – gut beraten, ausnahmslos alle – Individuen, Gruppen, Länder etc. – in den Gesellschaftsvertrag zu integrieren, sie also durch Berücksichtigung ihrer legitimen Interessen und durch Beteiligung an der Politik geneigt zu machen, in der gegenseitigen Kooperation zum gegenseitigen Vorteil bereitwillig mitzuarbeiten [...] Die Zuerkennung grundlegender „Rechte" an alle, die – auch ungewollt – über das für Dilemmastrukturen typische Defektionspotential verfügen, erweist sich so als ein *ökonomisch fundiertes Gebot der Klugheit*. Normative Forderungen finden so eine ökonomische Begründung in den Dilemmastrukturen, die für alle Interaktionen konstitutiv sind."[83]

Welche Rahmenordnungsveränderungen Homann im Einzelnen meint, können wir hier nur vermuten. Sein Hinweis allerdings, dass die Ausnutzung des Defektionspotentials der so genannten 2. und 3. Welt letztlich auch die Kooperations- und Vorteilschancen des Westens in Gefahr bringen könnte und daher die dortigen Akteure mit ihren in diesem Sinne legitimen Interessen und Vorteilskalkulationen stärkere Berücksichtigung erfahren müssten, lässt auf eine Befürwortung des freien Welthandelns bei gleichzeitiger, situationsangemessener internationaler Regulierung desselben schließen. Auch weltweit gilt – einen anderen Schluss lassen Homanns Analysen kaum zu – die Rahmenordnung als „systematischer Ort der Moral", und auch weltweit muss die Prämierung von Normenverstößen systematisch ausgeschlossen werden.

Zu fragen bleibt allerdings, auf welche Weise die Akteure, welche die Rahmenordnung beeinflussen, selbst noch als moralische Subjekte gedacht werden können. Welche impliziten Maßstäbe und Werteauffassungen finden etwa durch Parlamentsentscheidungen zur Gestaltung der Rahmenbedingungen des Wirt-

---

[81] Vgl. ebenda, S. 424.
[82] Vgl. ebenda, S. 425 f.
[83] Ebenda, S. 426.

schaftens Eingang in dieselbe? Müssten nicht, über die grundsätzlich erkannten Dilemmaprobleme, die Verfahren, Faktoren und Probleme des Zustandekommens von Rahmenordnungen auch insoweit einer kritischen Prüfung unterzogen werden, als sich demokratische Institutionen wiederum aus Verantwortlichen zusammensetzen, deren eigene Konzeption einer optimalen Rahmenordnung u.U. stark vom Leitbild Homanns abweicht? Prinzipiell versucht Homann, durch die Verortung der Moral in der Rahmenordnung individuelle Werthaltungen weitgehend aus dem Blick zu bekommen. Diese spielen aber für die Entscheidung über die Wirtschaftsordnung eine zentrale Rolle: Die wirtschaftsethischen Überzeugungen der Parlamentarier, der Parteien, der Medien etc. beeinflussen in erheblichem Maße die Gestalt der Rahmenordnung. Des weiteren darf nicht unterschätzt werden, dass die vorherrschende Rahmenordnung bereits wesentlich durch die Unternehmen und ihre Verbände beeinflusst bzw. mitgestaltet ist und auch zukünftig die Etablierung neuer Spielregeln nur, wie Homann selbst sagt, mit und in der Wirtschaft möglich sein wird. Unternehmensethik als Institutionenethik im Sinne Homanns besteht sogar vordergründig in der Einflussnahme auf die Gestaltung der Rahmenordnung im Sinne politischer Stellungnahme.[84]

Da Wirtschaftsunternehmen jedoch regelmäßig vorrangig eigene „Kooperationsgewinne" und weniger gesamtgesellschaftliche „Win-Win-Situationen" in den Blick nehmen, erscheint das Verfahren, die Rahmenordnung nicht auch ausdrücklich als fixiertes Ergebnis gesellschaftlicher Machtkonstellationen zu denken, zumindest fragwürdig.

Was heißt all dies nun für unseren Zusammenhang?

Obwohl auch gegen Homanns Konzeption einer Wirtschaftsethik Einwände vorgebracht werden können, lassen sich doch einige Argumente und kritische Ansatzpunkte gegen das zuvor untersuchte Denken extrahieren.

Zunächst kann festgestellt werden, dass die Anreiz- und Rahmenordnungsethik das einzelne Unternehmen als „moralisches Subjekt" gar nicht oder jedenfalls nur sehr eingeschränkt vorsieht. Individuelle Moral- und Wertvorstellungen bekommen für Homann nur dann eine Bedeutung, wenn die Rahmenordnung stark defizitär ist. Insofern werden das „wertorientierte Management" und die Überbelichtung des Managers oder Unternehmers als „Schöpfer" verbindlicher gesellschaftlicher Werte mit Homanns Argumentation indirekt ins rechte Licht gerückt. Wenn nämlich die Rahmenordnung der alles entscheidende Ort ist, dann obliegt die Lösung rahmenordnungsinduzierter gesellschaftlicher Problemkonstellationen der Politik und nicht dem Management von Unternehmen. Da das einzelne Unternehmen als vorbildlicher Akteur einen echten, der von Homann referierten Marktlogik zuwiderlaufenden, moralischen Anspruch nicht oder nicht lange durchhalten kann, wenn das Defektieren andererseits komparative Vorteile verspricht, sind moralische und gesellschaftliche, soziale oder kari-

---

[84] Vgl. Homann/Blome-Drees 1992, S. 118 ff.

tative Engagements offensichtlich wesentlich aufgrund ihrer Imageeffekte und für die Realisierung dauerhafter „Kooperationsgewinne" von Interesse.

Management- und Unternehmensphilosophie sowie die „Produktion von Sinn" erscheinen dann schlicht als ein funktionaler und letztlich „legitimer" Erfolgsfaktor unter anderen. Wo Wettbewerb mit dem Ziel der Realisierung gemeinsamer Kooperationsgewinne selbst „moralische Qualität" hat und die Rahmenordnung der systematische „Ort der Moral" ist, kann dies durch die philosophische Anstrengung auf Unternehmens- und Managementebene nicht hintergangen werden.

Es wäre darüber hinaus konsequenterweise wiederum die Rahmenordnung, in der eine Begrenzung der Gestaltungsmacht des Managements (d.h.: eine „Politische Philosophie" des Managements) formuliert werden müsste, gerade dann, wenn die kooperative Vorteilsrealisierung anderer Beteiligter gefährdet wird.

10.2.2 Integrative Wirtschaftsethik: Kritik des Ökonomismus bei Peter Ulrich

Der Professor für Wirtschaftsethik Peter Ulrich, Jahrgang 1948, lehrt seit 1987 an der Universität St. Gallen und kann in der aktuellen Debatte um wirtschaftsethische Fragen und Probleme mit einigem Recht als Gegenspieler Homanns bezeichnet werden, der mit seinem Konzept der „integrativen Wirtschaftsethik" zugleich auch eine Kritik der *rein ökonomischen Vernunft* vorlegt.

Die theoretische Grundlegung seines Ansatzes fußt in einer weit ausholenden Kritik älterer und neuerer utilitaristischer Ethikkonzeptionen. Für Ulrich ist das „vage utilitaristische Prinzip", in welchem als höchstes Gut und Kriterium zur Beurteilung von Handlungen das „größte Glück der größten Zahl" (Bentham), also die „Maximierung des Gemeinwohls" formuliert wird, nur scheinbar ein von pflichtethischen Begründungsproblemen befreiter, verallgemeinerbarer Maßstab.[85] Der von Vertretern des Utilitarismus bzw. einer utilitaristischen Verantwortungsethik gegen Kant vorgebrachte Vorwurf, dessen deontologische Ethik unterbelichte die Folgen des Handelns und hebe rigoros auf eine *Gesinnungsethik* ab, wird von Ulrich mit mehreren Argumenten zurückgewiesen: Einerseits werde „die Unverzichtbarkeit einer deontologischen Fundierung jeder Verantwortungsethik übersehen", da deontologische Maximen oder Grundsätze als „normative Kriterien der Folgenbewertung" auch in diesem Fall implizit vorausgesetzt werden müssten (Wer definiert anhand welcher Maßstäbe das „größte Glück der größten Zahl"? M.S.). Andererseits lasse sich, ganz im Sinne Kants, die Begründung der moralischen Qualität einer Handlung keineswegs nur an den „Folgen selbst", sondern vielmehr nur an der der Handlung zugrunde liegenden Prinzipien festmachen, da die Resultate von Handlungen immer auch durch unbeabsichtigte, der Konstellation der Dinge entspringende und mithin unbeeinflussbare externe Einflüsse geprägt werden.[86] Moralisch ver-

---

[85] Zu den grundsätzlichen Problemen der utilitaristischen Begründung von Normen vgl. Habermas 1999, S. 20 f.
[86] Vgl. Ulrich 2001, S. 67 ff.

antwortet werden kann aber stets nur das normativ Zurechenbare, wie auch Ulrich feststellt.[87]

Regelutilitaristische Verallgemeinerungsansätze, zu denen im Sinne Ulrichs wohl auch Homanns Konzeption zu zählen ist, rekurrieren einerseits implizit auf Ideen der *Gleichberechtigung* und des *fairen Kooperierens*, die als solche schon stillschweigend vorausgesetzt werden, bevor die Regel „Spielregeln gelten für alle – oder für niemanden" als Kern des Ansatzes begründet wird. Andererseits zielen diese Ansätze Ulrich zufolge auf „eine allgemeine Praxis des Unterlassens" (Wimmer) von Regelverstößen ab. Entscheidend ist, wie wir es auch schon bei Homann gesehen haben, die unbedingte Anerkennung der grundsätzlichen Norm, es kann dann nicht *legitim* sein, „wenn Einzelne sich als *free rider* (Trittbrettfahrer) verhalten und davon profitieren, dass die anderen nicht so handeln...".[88] Homanns Lösung der Verortung aller Moral in den Rahmenbedingungen bleibt jedoch in der Lesart Ulrichs den entscheidenden Ausweis des prinzipiell moralisch Erwünschten und dessen Begründung schuldig:

> „Offen bleibt beim regelutilitaristischen Verallgemeinerungsprinzip im Übrigen auch, was denn als wünschens- bzw. vermeiden*swert* zu gelten hat, also die Frage nach dem obersten Wert- oder Zweckkriterium verallgemeinerungsfähigen Handelns."[89]

Für Ulrich ist jedoch gerade diese Frage von zentraler Bedeutung: Eine wirklich begründete Antwort darauf führt ihm zufolge letztlich „auf die (deontologische) Frage nach allgemeinen Grundsätzen moralisch guten oder richtigen Handelns und damit auf die Idee eines unparteilichen, vernünftigen, *allgemeinen Willens*" zurück, es sei denn, es kommt im Verlaufe der Überlegungen dahingehend zu einem „Reflexionsabbruch" bzw. „Reflexionsstopp", bei dem „eine Verkürzung des normativ Richtigen und daher *Gesollten* auf das von konkreten Personen bloß faktisch Gewollte (im Sinne beliebiger subjektiver Präferenzen) in Kauf genommen wird".[90]

Dabei wäre etwa an Homanns apodiktische Behauptung, dass der freie Tausch für alle Teilnehmer regelmäßig die günstigsten Bedingungen für die Realisierung gemeinsamer Kooperationsgewinne bietet, wenn nur die Rahmenbedingungen stimmen, zu denken. Der „Wohlstand aller" wird bei Homann etwas unscharf zum moralisch *Gesollten* erklärt.

Die Überlegungen zu den Grenzen und Problemen einer utilitaristischen Ethik sind das Fundament, auf dem Ulrich seine Kritik des *Ökonomismus* aufbaut. Die Aufgabe der Wirtschaftsethik besteht für Ulrich nicht nur, aber zu einem wesentlichen Teil in der kritischen Grundlagenreflexion der ökonomischen Sachlogik.

---

[87] Vgl. ebenda, S. 74.
[88] Vgl. ebenda, S. 77.
[89] Ebenda, S. 77.
[90] Ebenda, S. 77. Vgl. zum Begriff „Reflexionsstopp" auch Ulrich 2002, S. 22 ff.

Diese Kritik des Ökonomismus muss hier schon deswegen kurz nachgezeichnet werden, weil mit ihrer Hilfe die Kritik an den vorgetragenen Ansätzen des Managementdenkens auf eine solide theoretische Grundlage gestellt werden kann. Unter *Ökonomismus* versteht Ulrich, „de[n] Glaube[n] der ökonomischen Rationalität an nichts als an sich selbst"[91]. Ulrich nennt drei Formen des „Phänomens" Ökonomismus, die er als „dogmengeschichtlich voraussetzungsreich" und bedeutsam qualifiziert:

> „Die drei grundlegenden Erscheinungsformen des Ökonomismus bilden die Verselbständigung der ökonomischen Rationalität, die Verabsolutierung des Kosten/Nutzen-Denkens und die normative Überhöhung der Logik des Marktes zu je einer falschen Totalität mit latent ideologischem Charakter."[92]

Die *Verselbständigung der ökonomischen Rationalität* gegenüber „ethisch praktischen Gesichtspunkten" bedeutet im Verständnis Ulrichs die „Herauslösung einer vermeintlich autonomen ökonomischen Problematik aus der Problematik vernünftigen Handelns", die mit einer „Ausblendung aller „wertvollen" sozialökonomischen Zusammenhänge" einhergeht, und der Konstitution eines „rein ökonomischen Standpunktes", der sich den Anschein vermeintlicher Wertfreiheit gibt.[93] Bei diesem Verfahren kommt es Ulrich zufolge zu einer „Gemeinwohlfiktion", die auf der „unhaltbaren Vorstellung" basiere, „dass die eingesetzten Mittel (natürliche Ressourcen, menschliche Arbeit, Kapital) keinen Eigenwert haben (Eingrenzung des Wertaspektes auf die Handlungszwecke)" und gleichsam ein objektiv fassbares und interessenneutrales „einheitliches Zweckkriterium des Wirtschaftens" bestehe.[94] Durch die *Verabsolutierung des Kosten/Nutzen-Denkens* würden darüber hinaus die ökonomischen Aspekte des Handelns soweit überbelichtet, dass „übergeordnete, außerökonomische Sinn- und Zweckorientierungen" in den Hintergrund geraten:

> „An deren Stelle tritt die stillschweigende Orientierung an der *normativen* Idee der Nutzenmaximierung unter Knappheitsbedingungen (Effizienzidee); diese stellt also die benötigte, allen ethischen Begründungsansprüchen entzogene Grundnorm dar. Die Verabsolutierung des Effizienzaspektes zum Selbstzweck macht aus ihm jedoch eine *ökonomische Weltanschauung*, die sich den Anschein „reiner" Sachrationalität gibt."[95]

Schließlich, so Ulrich weiter, gehe mit der *normativen Überhöhung des Marktes* als „Prinzip der gesellschaftlichen Handlungskoordination schlechthin" zugleich „die Verkürzung der normativen Logik der Zwischenmenschlichkeit (ethische Vernunftidee) auf die ökonomische Logik des wechselseitigen Vorteilstausches"

---

[91] Vgl. Ulrich 2001, S. 165 ff.
[92] Ebenda, S. 127.
[93] Vgl. ebenda, S. 127.
[94] Vgl. ebenda, S. 128. Dies dürfte allerdings, so kann man angesichts der oben vorgestellten Überlegungen zum Homannschen Ansatz, vermuten, von Homann selbst zurückgewiesen werden.
[95] Ebenda, S. 128.

einher.⁹⁶ Diese enge Rationalitätsidee impliziere eine fragwürdige Vorstellung von „richtiger Ordnungspolitik" (vgl. auch Homann), die sich „der Notwendigkeit einer ethischen Integration der normativen Logik des Marktes nicht mehr bewusst ist", und münde in der Erhebung dieser Rationalitätskonzeption zum „Prinzip einer strikt ökonomischen Gestaltung der sozialen Welt."⁹⁷ Ulrich resümiert:

> „Statt dass in sachgemäßer Weise der Markt (als ein Allokationsprinzip unter anderen M.S.) in die sozialen Beziehungen eingebunden würde, werden diese in radikaler Umkehrung in den Markt eingebettet."⁹⁸

Dabei wird der *instrumentelle Charakter aller Wirtschaftstätigkeit überhaupt* missachtet und das Mittel gewissermaßen zum Zweck erhoben. Dies hat im Zweifel gesellschaftliche Konsequenzen, die keineswegs als Kleinigkeit zu betrachten sind. Die Zusammenfassung der Kritik am Ökonomismus fällt folgerichtig bei Ulrich recht deutlich aus:

> „Die Missachtung des instrumentellen Charakters des Wirtschaftens macht aus dem wirtschaftenden Menschen den „wirtschaftlichen Menschen" (homo oeconomicus), lässt dessen zwischenmenschliche Beziehungen auf Tauschbeziehungen schrumpfen und führt so zur gedanklichen Entgrenzung der Idee einer effizienten Marktwirtschaft zur Ideologie einer *totalen Marktgesellschaft.*"⁹⁹

Als typische Argumentationsfiguren des Ökonomismus in seinen verschiedenen Formen und Spielarten, zu denen mithin auch einige der von mir untersuchten Ansätze gehören, extrahiert Ulrich das *Sachzwangargument* (Der Markt zwingt uns…) und die *Gemeinwohlthese* (…aber es dient letztlich dem Wohle aller) als gemeinsame „ökonomische Grundthesen" schlechthin.¹⁰⁰ Es geht also einerseits um die Frage, inwieweit überhaupt die ökonomische Sachlogik transzendierende Handlungsspielräume, etwa für die Politik, bestehen und andererseits darum, ob der „Markt" im Zweifel durch sichtbare oder unsichtbare Hände letztlich *von selbst* zu „ethisch guten und gerechten Ergebnissen" kommt, oder ob nicht vielmehr – dem Gefühl vieler Menschen entsprechend – die Deutung und Organisation des sozialen Lebens in streng marktwirtschaftlichen Kategorien die Umkehrung der Zweck-Mittel Relation in einer Weise befördert, die übergeordneten Zwecken schädlich ist, d.h. dass die Ausweitung des marktlichen Prinzips auf weitere bzw. alle Lebensbereiche, wie wir sie gegenwärtig erleben, hinsichtlich des Zieles eines möglichst *guten Lebens möglichst vieler für möglichst lange Zeit* suboptimale Resultate hervorbringt.

Während die Vertreter der klassischen und neoklassischen Position die Eigensteuerungsfähigkeiten des Marktes bekanntermaßen hochschätzen, sind die

---

⁹⁶ Vgl. ebenda, S. 128.
⁹⁷ Vgl. ebenda, S. 128f.
⁹⁸ Ebenda, S. 129.
⁹⁹ Ebenda, S. 129.
¹⁰⁰ Vgl. ebenda, S. 129.

„unerwünschten" sozialen Nebeneffekte unbegrenzter Marktdynamik zu augenfällig, um der *invisible hand* auf der Basis empirischer Evidenz unbegrenzt zu vertrauen. Auch hier ist zu fragen, welches denn dann die „übergeordneten Zwecke" sein könnten, wenn die Homannsche Leitidee der optimalen Realisierung von Kooperationsgewinnen, also die Steigerung des gesellschaftlichen Wohlstands, zurückgewiesen oder die Entgrenzungstendenzen der Wirtschaftstätigkeit mit dem Argument kritisiert werden, die gegenwärtige Form der globalisierten Wirtschaft sei *ethisch* nicht zu rechtfertigen. Ulrich führt das Kriterium der *Lebensdienlichkeit* allen ökonomischen Handelns als Maßstab in die Debatte ein. Lebensdienlich ist unternehmerisches Handeln und Wirtschaftstätigkeit insgesamt für Ulrich erst dann, wenn es als „Mittel im Dienste höherer buchstäblich *vitaler* Zwecke" verstanden und praktiziert wird.[101] Diese Zwecke seien aber, sofern sie sinnvoll sein sollen, „nur aus dem *Ganzen* einer subjektiv richtigen kultivierten Lebenspraxis bestimmbar."[102] Die Zwecke sind ihrem Charakter nach eine *meta-ökonomische* und in Bezug auf die Frage ihrer Realisierung inmitten fairer intersubjektiver Verständigung eine *politische* Angelegenheit. Indem Ulrich gegen die Sachzwangthese Wirtschaften als „Kulturleistung" begreift, kann er auf dem Vorrang reflektierter Entwürfe guten Lebens vor Fragen der Systemorganisation bestehen:

> „Zwar wird das Praktizieren einer in diesem Sinne lebensdienlichen Wirtschaftsform nur möglich sein, wenn bestimmte strukturelle Voraussetzungen ordnungspolitisch durchgesetzt werden können – aber sie kann in einer demokratischen Gesellschaft auch nur aufblühen, wenn die Mehrzahl der Menschen eine solche kultivierte Wirtschaftsform und die dazugehörigen Rahmenbedingungen wirklich *wollen*."[103]

Es komme also darauf an, und dies ist, wie ich meine, der entscheidende Punkt, „ob sie (die Mehrzahl der Menschen M.S.) eine aufgeklärte und motivierende Idee davon haben, wie sie, wenn sie wählen könnten, im <Wirtschaftsleben> [...] in für sie selbst zuträglicher und auch gegenüber anderen verantwortbarer Weise handeln möchten."[104] Lebensweltliche, kulturelle Motive haben bei Ulrich also Priorität vor der Organisation des Wirtschaftssystems. Abseits des elementaren Sinns des Wirtschaftens, nämlich der Sicherung der Grundbedürfnisse, stellt Ulrich die Frage nach der Möglichkeit einer „Erweiterung der menschlichen Lebensfülle" durch das Wirtschaften, die ganz unabhängig von individuellen Lebensstilpräferenzen in seinen Worten als „fortgeschrittener Sinn" desselben bezeichnet werden kann:

---

[101] Vgl. ebenda, S. 208.
[102] Vgl. ebenda, S. 208.
[103] Ebenda, S. 209.
[104] Vgl. ebenda, S. 209.

> „Die Ökonomie der Lebensfülle ist getragen von der Idee, nicht den
> Markt, sondern die Menschen frei zu machen – frei für die menschlich wesentlichen Dinge des Lebens."[105]

Ulrich nimmt keine präskriptiven Vorentscheidungen, worin diese „wesentlichen Dinge" bestehen sollen, vor, obschon sehr deutlich wird, dass er sie gerade nicht in einem radikalen Konsumismus sieht und eine gewisse Affinität zu selbstbegrenzenden Lebensentwürfen, die insbesondere Zeitwohlstand anvisieren, besteht. Die kulturell jeweils bevorzugten Ideen guten Lebens stehen aber ihrerseits wieder unter dem Vorbehalt der vorherrschenden Wettbewerbsideen. Wenn nicht das gute Leben selbst, sondern der Wettbewerb als solcher und das „Überleben" in ihm die alles dominierende regulative Idee darstellt und das Politische wesentlich als *Selbstbehauptung* in der Wirtschaft konzipiert wird, ist eine Verkehrung der Referenzen, auf die politisches Handeln ausgeht, unausweichlich. Lebensentwürfe wider „das Endlosrennen der Selbstbehauptung im Wettbewerb" führen unter Bedingungen, unter denen die vermeintlich wertneutrale Wettbewerbslogik nicht selbst einer kritischen Grundlagenreflexion unterzogen wird, geradewegs ins gesellschaftliche Abseits.[106] „Aussteiger" fallen sofort in eine „Ökonomie der Armut", weswegen das Unternehmen von Anstrengungen zur Selbstbehauptung allemal die attraktivere Alternative darstellt. In der Arbeitsgesellschaft, der einerseits die Arbeit auszugehen droht (Hannah Arendt)[107], und in der andererseits trotz eines technischen und volkswirtschaftlichen Produktionsniveaus, „das eigentlich die Lebensgrundlagen für alle Menschen tragen könnte", und einer angestrengten Leistungsorientierung der meisten Betroffenen eine neue Armut und eine drastische Spaltung der Gesellschaft in *wenige Gewinner* und *viele Verlierer* zu beobachten ist, ereignet sich scheinbar genau das Gegenteil des in der ökonomistischen Gemeinwohlfiktion in Aussicht gestellten Verlaufs.[108] Ausgerechnet unter Bedingungen, in denen eine nie gekannte Vielfalt und Pluralität und Lebensentwürfen sowie eine emanzipierte politische Aktivbürgerschaft über wirklich nennenswerte Freiheitsgrade der politischen Gestaltung bis hin zur Abkoppelung der politischen Freiheit vom messbaren Arbeitserfolg verfügen könnte, schränkt der totale Wettbewerb *aller* mit *allen* um *alles* diese Freiheiten soweit ein, dass Handlungsspielräume gegen null zu tendieren scheinen. Ulrich spricht von „Symptomen der Sinnverkehrung" als Kennzeichen einer „totalen Marktgesellschaft" und notiert:

> „Die Sinnfrage bleibt damit allerdings offen, denn die totale Marktgesellschaft macht aus dem Mittel (der Erwirtschaftung zunächst des Lebens-

---

[105] Ebenda, S. 215.
[106] Das hatte schon Max Weber diagnostiziert: „Wer sich in seiner Lebensführung den Bedingungen des kapitalistischen Erfolges nicht anpaßt, geht unter oder kommt nicht hoch." Und: „Er (der „Kosmos" der kapitalistischen Wirtschaftsweise M.S.) zwingt dem einzelnen, soweit er in die Zusammenhänge des Marktes verflochten ist, die Normen seines wirtschaftlichen Handelns auf." Vgl. Weber 1991, S. 44 f.
[107] Vgl. Arendt 1997, S. 13.
[108] Vgl. Ulrich 2001, S. 225 f.

notwendigen, dann der Voraussetzungen für Lebensfülle) einen in sich buchstäblich sinnlosen Selbstzweck."[109]

Dieser Befund ist unabhängig davon, wie „Lebensfülle" verstanden wird, bedeutsam. Lebensfülle kann für erfüllende Erwerbsarbeit, aktives politisches Bürgerengagement, Kontemplation, intellektuelles Leben, künstlerisches Schaffen, aber ebenso gut für Familienarbeit, Betreuung, Sozialkontakte usw. stehen. Wenn ich Ulrich richtig verstehe, kommt es nicht in erster Linie auf die inhaltliche Bestimmung dieses Begriffs an, solange überhaupt einmal anerkannt wird, dass Wirtschaft Mittel zu höheren Zwecken ist und nicht umgekehrt.

10.3 Schlussfolgerungen

Genau an diesem Punkt wird deutlich, was Ulrichs Kritik des Ökonomismus mit dem Problem der Wertorientierung mittels der in dieser Arbeit kritisierten Unternehmens- und Managementphilosophien zu tun hat. Hierbei muss ein weiteres Mal zwischen unternehmensphilosophischer Selbstinterpretation in Unternehmen und durch Managementphilosophie intendierte Überwindung der Krise der Unternehmensführung unterschieden werden.

In Unternehmen wird durch die Konstruktion der dort erbrachten Wirtschaftsleistung als *höherer Zweck* und des Erfolgs als Frage des „Überlebens" mit allen entsprechenden Implikationen die Wirkmächtigkeit der uneingeschränkten Wettbewerbsidee ausgeweitet und damit der von Ulrich beschriebenen „Sinnverkehrung" Vorschub geleistet. Die unter funktionalen Gesichtspunkten der „Ideologieplanung wünschenswerte" Gemeinschaft der Sieger ist am Ende Zweck an sich selbst. Die Produktion von Gütern und Dienstleistungen unter bedrohlichen Wettbewerbsbedingungen soll mehr sein als Leistungserstellung, mehr als Mittel zum Zweck. Dadurch, dass die Unternehmensgemeinschaft scheinbar dauerhaft die Voraussetzung der Selbstbehauptung ihrer Mitglieder im Wettbewerb zu garantieren verspricht, kann sie diese im Gegenzug auf Loyalität und totales Engagement verpflichten. Das „Wir" ist genuin *exklusiv*. Normative Ideen guten Lebens abseits des Unternehmenszusammenhangs müssen mit der im Inneren beispielsweise geltenden „totalen Kundenorientierung" genauso konfligieren wie das exklusive und fortlaufende Projekt einer Gemeinschaft der Sieger im Wettbewerb mit dem integrativen Leitbild einer Bürgergesellschaft, in der es möglichst keine „Verlierer" geben soll, im Grunde nicht zu vereinbaren ist.

An die Stelle der Idee ökonomischer gesellschaftlicher Kooperation zum Vorteil aller tritt in einzelnen Selbstinterpretationen die Rede von einer „aggressiven Gewinnermentalität" als „strategischem Bewusstsein" und damit die Idee des Kampfes. Es sind trotz aller Bekenntnisse gerade nicht die *öffentlichen Anliegen*, die in dieser Übertreibung der Wettbewerbsidee Priorität haben. Zu diesen Problemen der Gemeinschaftsideologien und der Perpetuierung des Wettbewerbsvorrangs kommt hinzu, dass sich Unternehmensleitungen mit ihren Philo-

---

[109] Ebenda, S. 230.

sophien und Grundsätzen oft den Anschein geben, die Unternehmen handelten *deliberativ* moralisch, das Unternehmen als „Wertezentrum" sei mithin gar der *Ort der Moral* in der Wettbewerbswirtschaft. Die Analyse des Homannschen Ansatzes zeigte, dass gerade die zu Ende gedachte Wettbewerbslogik selbst diese Behauptung relativiert. In dem Maße, in dem Unternehmen selbst zwangsläufig dem unhinterfragten Gewinnprinzip verpflichtet und in Dilemmasituationen verhaftet sind, können sie eben nicht „moralische Subjekte" sein. Kann unter diesen Umständen das mitunter als Unternehmensethik deklarierte Bekenntnis einzelner Unternehmen zur ihrer gesellschaftlichen Verantwortung eine Diskussion der Legitimität von Unternehmenspolitik in der kritischen Öffentlichkeit ersetzen?

Es ist doch sehr fragwürdig, ob ausgerechnet an dem lebensweltlichen Ort, an dem der Einsatz menschlicher Arbeitskraft als *Mittel zum Zweck* der Gewinnerzielung erfolgt, *Ethik* und *Philosophie*, die als solche immer eine Distanz zur Funktionslogik voraussetzen, sinnvoll „betrieben" werden können.

Ulrichs Position erscheint mir, was die Möglichkeit eines sinnvollen unternehmensethischen Dialogs einerseits und die Chancen der Implementierung „ethischer" Anreizstrukturen und „organisierter Verantwortlichkeit" andererseits angeht, gerade vor dem Hintergrund seiner profunden Ökonomismuskritik, sehr optimistisch. Die von ihm unterbreiteten konkreten Vorschläge zur Unternehmensethik (Formulierung einer „sinngebenden unternehmerischen Wertschöpfungsaufgabe", eines so bezeichneten „Mission Statement", bindende Geschäftsgrundsätze und gewährleistete „Stakeholderrechte", „diskursive Infrastruktur", „ethisch konsistenter Führungssysteme", die „ethische Kompetenzbildung", d.h. regelrechte „Ethiktrainings")[110] sind aber als Leitidee zustimmungsfähig, weil nicht auf eine fragwürdige substantiale Gemeinschaftlichkeit, sondern auf rationalen Interessenausgleich und diskursive Klärung des Unternehmensstandpunktes abgehoben wird und „echte" Verpflichtungen sowie, wenn ich es richtig sehe, auch sanktionsbewehrte Selbstbindungen für das Management vorgesehen sind.[111]

Und obwohl Ulrich die Möglichkeiten eines „fairen" Diskurses im Unternehmen m. E. aus den Gründen, die ich im Abschnitt 4.8. dargelegt habe, zu überschätzen scheint, wird das Problem des Schließens von Verhaltensfreiräumen genau gesehen und als „autoritativer Fehler" identifiziert. „Feste Werte", die von oben nach unten durchgesetzt werden, sind eben keine Ethik und entbehren der Legitimation, die mit so bezeichneten „Ethikmaßnahmen" beansprucht wird. Dieses Verfahren, so Ulrich:

> „...untergräbt außerdem gerade die moralische Verantwortungsfähigkeit der Mitarbeiter auf allen Ebenen, die eigentlich angestrebt wird! Denn da-

---

[110] Vgl. Ulrich 2001, S. 456 f.
[111] Vgl. ebenda, S. 461 f.

mit signalisiert die Unternehmensleitung diesen vor allem, dass sie mit ihrer autonomen Verantwortungsfähigkeit gar nicht ernsthaft rechnet."[112]

Die von mir unter dem Schlagwort Managementphilosophie untersuchten Führungsansätze können in diesem Zusammenhang alle als Varianten dieses „autoritativen Fehlers" verstanden werden. Die Vertreter dieser Ansätze wollen allesamt keine dezidierte Ethik formulieren, aber die (Malik ausgenommen) unablässig unterstrichene Außergewöhnlichkeit und Exzellenz der Führungspersönlichkeiten schließt deren angebliche *moralische* Exzellenz mit ein. Sie geben die Richtung insgesamt und damit auch die „ethische" Richtung des unternehmerischen Handelns vor, genau sie sind den unterschiedlichen Entwürfen zufolge die Experten für das unternehmerische *Sollen*. Statt einer kritisch-diskursiven intersubjektiven Klärung von Werthaltungen und unternehmensweiten ethischen Standards, denen ohnehin Grenzen gesetzt sind, wird teilweise bedingungslose Gefolgschaft in jeder Hinsicht – und damit auch in Fragen von Ethik und Moral des Wirtschaftshandelns – eingefordert. In dem Maße, in dem an die Stelle des emanzipierten, mündigen und kritischen Mitarbeiters, der in selbständiger Zweckverfolgung und sozialer Interaktion im Unternehmen im günstigsten Fall eine einigermaßen erträgliche Balance zwischen Autonomie und Abhängigkeit erlangen könnte, der orientierungsbedürftige, vorbildorientierte, sinn- und führungshungrige, moralisch defiziente Mitarbeiter tritt, sinkt die moralische Verantwortungsfähigkeit und das kritisch-reflexive Vermögen des Einzelnen. Dazu tragen die charismatischen und „spirituellen" Führungsansätze bei. Sie tragen ebenfalls dazu bei, die oben beschriebene „Sinnverkehrung" noch weiter zu verschärfen. Die Corporate Religion und andere „Glaubenssysteme" setzen an die Stelle individueller Verantwortlichkeit die Absolutheit der gemeinschaftlichen „Mission". Jede vorgeschlagene Interventionsform ist wieder auf die Sicherstellung günstiger Bedingungen für die gemeinsame Selbstbehauptung im Wettbewerb ausgerichtet.

---

[112] Vgl. ebenda, S. 460.

11 Schlussbetrachtung und Ausblick

11.1 Zusammenfassung der Ergebnisse – Grundzüge einer gemeinsamen Tendenz

Bei der Zusammenfassung der Analyseergebnisse zum Problem der Gemeinschaftskonstituierung und der von mir unter den Schlagworten Unternehmens- und Managementphilosophie untersuchten Texte ist anzumerken, dass es hier lediglich um das Herausarbeiten einer gemeinsamen Tendenz geht. Angesichts der bereits hervorgehobenen unterschiedlichen Reichweite und Qualität der getroffenen Aussagen müssten zu weitgehende Verallgemeinerungen notwendig in Einzelfällen und bei Details zu inadäquaten Bewertungen führen.

Und um es noch einmal ausdrücklich zu unterstreichen: Die untersuchten Materialien und Beiträge erlauben oft keine Schlüsse darüber, ob die Ideologie der Gemeinschaft im konkreten Fall eine entsprechende Unternehmenspolitik zur Folge hat. Es können aber typische *Figuren des Erfolges* identifiziert werden, die gehäuft auftreten.

11.1.1 Einheit und Geschlossenheit

Einheit und Geschlossenheit im Unternehmen sind die Topoi, die in den allermeisten der untersuchten Materialien nachweisbar waren. Die Einheitsfiktionen vor allem bei Kunde (Corporate Religion), und Peters/Waterman (Das Unternehmen als „geschlossenes Ganzes") sowie die Idee des Unternehmens als *Organismus* korrespondieren mit der regelmäßigen Betonung der Notwendigkeit von Einheit und Geschlossenheit in Unternehmensdarstellungen. Alle Mitarbeiter sollen „an einem Strang ziehen", an gemeinsamen Zielen arbeiten, Abteilungs- und Spezialistendenken ablegen und die gemeinsame Sache mit Engagement vorantreiben. Dabei sollen für alle Mitarbeiter gemeinsame *Ziele, Visionen, Missionen* und das *gemeinsame Interesse* zur handlungsleitenden regulativen Idee avancieren. Dadurch soll eine Innenlenkung bewirkt werden. Der für Arbeitsbeziehungen konstitutive Interessengegensatz wird mit unterschiedlichen Begründungen und variierendem Explikationsgrad, aber stets mit dem gleichen Ergebnis prinzipiell negiert. Eine gemeinsame Verantwortung für die Zukunft des Unternehmens wird unablässig betont, was bereits durch die Verwendung des Wortes *Wir* in nahezu jedem Satz zum Ausdruck gebracht wird. Die Aussage oder Andeutung, es komme dabei auf jeden Einzelnen an, ist ebenfalls typisch.

Mit der Einheitsidee wird eine notwendige und zugleich begrüßenswerte Folge neuer, anderer und großer Herausforderungen als Lösungsidee für schwerwiegende ökonomische Probleme, eine *conditio sine qua non* für ökonomisches „Überleben" eingeführt. Die moderateren Formen des Aufrufes zur unternehmensinternen Geschlossenheit, die Idee konfliktfreier *Teamarbeit* und *Kommunikation* deuten darauf hin, dass erwartungsgemäß auch in Unternehmen, die keine dezidierte Gemeinschaftskonzeption formulieren oder keine gemeinschaftsbefördernde Praxis etablieren, der Grundgedanke eines *Unterneh-*

mens als Einheit eine Bedeutung hat. Die Betonung „flacher" Hierarchien oder die Darstellung, Hierarchien spielten im Grunde überhaupt keine Rolle, unterstreichen die Idee organischer Einheit zusätzlich. Soziale Differenzierung soll insofern, obwohl sie im Unternehmen „funktional" ist, ideell überwunden werden.

Durch die Wettbewerbssituation wird das *Innen* und *Außen*, werden die Grenzen der Gemeinschaft und ihre „Existenzberechtigung" definiert. Die Idee der Aufstellung von Grundsätzen, der Etablierung einer eigenen *Philosophie* oder unternehmensinterner normativer Setzung deutet auf die Strategie der Unternehmensführung hin, eine verbindliche *Ordnung* zu schaffen. Ein unternehmensweit einheitliches Wertesystem dient der Erzeugung unternehmenszielkonformen und berechenbar „standardisierten" Verhaltens. Mit Berger kann die zugrunde liegende Vorstellung, alle Organisationsmitglieder teilen die gleichen Werte oder Grundannahmen oder sollten sie unbedingt teilen, als ein „Vorurteil kultureller Homogenität" begriffen werden.[1] Berger qualifiziert dieses Vorurteil als Rückgriff auf eine Ethnoanthropologie:

> „Die Sympathie der Managementforscher und -berater für die Anthropologie dürfte hauptsächlich in der dort verbreiteten Unterstellung wurzeln, das Verhalten der „Wilden" werde durch einheitliche Weltbilder und Normen gesteuert und integriert."[2]

Im Gegensatz zu der komplexen und bedrohlichen Umwelt (Markt, Mitbewerber, Gesellschaft, Politik) soll (implizit oder explizit) eine *eigene Werte- und Ordnungswelt* geschaffen werden, welche den Rahmenbedingungen trotzt und interne Konflikte jeder Art auf ein Maß katalysiert, das eine Gefährdung des Unternehmenserfolges so weit als möglich ausschließt. Durch den Einsatz von Instrumenten zur Beförderung eines vor allem emotionalen Einheitsempfindens sollen in strukturellen Momenten begründete Motivationsdefizite zielführend bearbeitet werden, möglichst ohne, so kann man spekulieren, grundlegende Anstrengungen zur organisatorischen und strukturellen Verbesserung realer Arbeitsbedingungen einschließlich der damit verbundenen Kosten zu unternehmen.

11.1.2 Emotion, Identifikation und Entwicklung

Durch emotionenorientierte Führung wird versucht, den angestrebten Gemeinschaftsbildungs- und „Identitätsentwicklungsprozess" zu befördern. Die Selbstinterpretation der Beschäftigten im Arbeitsleben soll in Richtung einer hohen bzw. totalen Identifikationsbereitschaft mit dem Unternehmen gelenkt werden. In der vorliegenden Studie konnte die ganze Bandbreite der dafür denkbaren psychowirksamen Methoden nur angedeutet werden.

---

[1] Vgl. Berger 1993, S. 25.
[2] Ebenda, S. 25.

Die eigene Relevanz für den Erfolg des Unternehmens soll erfahren und internalisiert werden – und dies auch in Organisationen und bei Tätigkeiten, in denen die Alltagserfahrung dieser Deutung regelmäßig widerspricht. Dass eigener Erfolg und ökonomischer Erfolg des Unternehmens eng zusammengehören, obwohl hier die Liste der Gegenbeispiele lang wäre, muss erkannt und eingesehen werden. Wer sich „bei uns" einsetzt, mitmacht und Grenzen überwindet, der wird selbst über sich hinauswachsen.

Mit dieser Vorstellung korrespondiert die Idee der Realisierung verborgener oder noch brachliegender Potentiale sowie die Vorstellung einer gemeinsamen Entwicklung von Unternehmen und Unternehmensangehörigen zum Wohl des Ganzen. Die Welt des Unternehmens ist immer eine „falsche" Welt, es wäre immer noch mehr möglich, und zwar in der Reichweite eigener (und gemeinsamer) Verfügung.

Die Bestanderfordernisse, denen die Unternehmen als ökonomische und gesellschaftliche Akteure mit komplexen und vielgestaltigen Umwelt- und Anspruchsgruppenbeziehungen gerecht werden müssen, implizieren allerdings häufig inkonsistente Perspektiven und „Weltbilder". Die Widersprüchlichkeiten etwa zwischen Kosten- und Mitarbeiterorientierung, zwischen langfristigen und kurzfristigen Ertragszielen, zwischen ökologischer Rücksichtnahme und ertragsoptimalem Technikeinsatz, zwischen „Innovations- und Stabilitätsbedarf" usw. liegen auf der Hand.[3] Ulrike Berger resümiert:

> „Ein unternehmensweit zu vermittelndes globales Wertesystem oder Weltbild, das das Problem inkonsistenter Bestandserfordernisse und Orientierungen heilen soll, kann Inkonsistenzen nur vermeiden, solange es vage, und damit wenig instruktiv, bleibt."[4]

Das auffällig geringe Konkretionsniveau vieler Darstellungen von Unternehmen bestätigt diese Annahme. Gerade die widersprüchlichen und „inkonsistenten" Orientierungen sind – einmal positiv gewendet – auch Ausdruck von Pluralität und Freiheit. Das Unterfangen, sie unter eine gemeinsame Idee zu zwingen, ist von Anfang an fragwürdig.

11.1.3 Größe, Exzellenz, Erfolg und Geheimnis

Das „Geheimnis" des eigenen Erfolges wird in der Managementliteratur nur ausnahmsweise als das Erlernen einer rationalen Technik begriffen (Malik), überwiegend wird erfolgreiche Unternehmensführung hier als intuitive, emotionale, visionäre oder gar magische Angelegenheit verklärt. Erfindergeist, Mut, Risikobereitschaft, Gespür für den Markt und der Kontakt mit „kosmischen Metakräften" etc. sind die Topoi, mit denen große Führergestalten inszeniert werden. Unternehmensführung erscheint als eine Angelegenheit der Intuition.

Parallel dazu stellen sich die Unternehmen selbst als „Sieger" dar oder attestieren sich eine „Gewinnermentalität", d.h., die eigene Erfolgsträchtigkeit

---

[3] Vgl. Berger 1993, S. 23.
[4] Ebenda, S. 23 f.

wird zum Teil als Bewusstseinsphänomen und Ausdruck mentaler Überlegenheit interpretiert oder auf einen besonderen „Geist des Hauses" zurückgeführt und nicht als Folge kausaler Bewirkung durch marktadäquate Entscheidungen dargestellt. Um die Diskrepanz zwischen derartigen Selbstinterpretationen und dem Arbeitsalltag der Mehrheit der Arbeitnehmer nicht unüberbrückbar erscheinen zu lassen, werden etwa die Erfolgsmythen über die Gründer als Folie des gemeinsamen Handelns herangezogen und reaktualisiert.

Nicht jeder ist ein Top-Manager, wie im Einzelfall suggeriert wurde, aber die Unternehmen erklären sich zu Orten, an denen es „jeder zu etwas bringen kann". Dass sich alle „selbst und gegenseitig" führen, ist kaum zu erwarten. Aber das Ideal der Exzellenz rangiert vor Strukturen und Führungsbeziehungen.

Individuelle Großartigkeit und die Großartigkeit des Unternehmens werden in einen engen Zusammenhang gestellt. Die präsenten Geschichten über Unternehmensgründer und Leistungsträger („Performer") fungieren als Ausdruck und Beleg der „empirischen" Nachprüfbarkeit einer Logik des Erfolges.

Weil dies allein nicht überzeugt oder jedenfalls nicht ausreicht, die Diskrepanz zwischen der Biographie dieser „Erfolgsmenschen" und der eigenen Existenz und Arbeitsrealität zu überbrücken, bedarf es symbolischer Managementhandlungen. Dies kann durch gemeinsame Feste und Aktivitäten, entsprechende Seminare oder Trainings (bis hin zur „Grenzerfahrung"), die Ernennung von Verkäufern und Mitarbeitern des Monates, durch übermäßig stark leistungsorientierte Beurteilungs- und Vergütungssysteme und viele weitere Instrumente bewirkt werden.

All diese Techniken tragen, gerade wenn sie in extenso eingesetzt und kombiniert werden, dazu bei, günstige Voraussetzungen für die Übernahme der Überzeugung zu schaffen, man habe seinen Erfolg und das Gelingen der eigenen Arbeitsbiographie zur Gänze selbst in der Hand, Misserfolg dagegen selbst verschuldet.

Vor dem Hintergrund der gesamtgesellschaftlich bedeutsamen Idee der eigenen Verantwortlichkeit für den Lebenserfolg und der gleichzeitig enormen Angst vor Arbeitsplatzverlust erscheint die Teilhabe an der Unternehmensgemeinschaft und die dort erfahrbare eigene Bedeutung als *ein* möglicher Ausweg aus dem Dilemma zwischen (mitunter diffusen) Ansprüchen an die eigene Arbeit und den Misslichkeiten und Gefährdungen der Arbeitswelt.

Unter Bedingungen einer systematischen Ideologieplanung und beim Einsatz von Methoden der „indirekten Steuerung" muss ein Begriff von Partizipation jedoch fragwürdig bleiben, der nicht auf Abrede und Regulierung sowie der Anerkennung des Konfliktcharakters von Arbeitsbeziehungen, sondern auf der Inszenierung von Arbeit als Event beruht.

11.2 Das großgeschriebene WIR zurückweisen...- Eine Anmerkung zum Problem von Humanität und Distanz in der Arbeitswelt

Wesentliche Parameter der Arbeitswelt haben sich in den letzten Jahrzehnten verändert und sind weiter im Umbruch begriffen. Im Zentrum der Debatte in den westlichen Industrieländern und allen voran in Deutschland steht mit Recht die bedrückende Frage: Wie kann man das immer drängendere Problem der Massenarbeitslosigkeit wenn schon nicht „lösen", so doch wenigstens entschärfen? Die bloße Arbeitslosenzahl gibt, unabhängig davon, ob man nun von knapp fünf oder gar von über sieben Millionen Arbeitslosen ausgeht, keinen Aufschluss über die individuellen Nöte und Leiden der Betroffenen. In Gesellschaften, in der die materielle, soziale und kulturelle Teilhabe bisher, entgegen mancher Voraussagen über das baldige *Ende der Arbeitsgesellschaft*, mit hoher Wahrscheinlichkeit jetzt und noch auf Dauer so eindeutig vom Zugang zu Arbeitsmöglichkeiten abhängt, bleiben alle mit Erwerbsarbeit zusammenhängenden Fragen virulent. Bosch et al. kommen in einer Analyse der kontroversen Debatten um die Zukunft der Erwerbsarbeit, die mit einer Fülle empirischer Daten unterlegt ist, zu vier eindeutigen Ergebnissen:

- Die Behauptung, dass der Arbeitsgesellschaft die Arbeit ausgeht, widerspreche empirischen Befunden
- Erwerbsarbeit bleibe die wichtigste Quelle der Existenzsicherung
- Die Erwerbsorientierung sei ungebrochen und wachse sogar noch – gerade in Zeiten hoher Arbeitslosigkeit
- Erwerbsarbeit sei alternativlos[5]

In Deutschland gilt den Ergebnissen der Untersuchung zufolge, dass für die klare Mehrheit von 92 % der Haushalte und Personen „...entweder Löhne und Gehälter oder daraus abgeleitete Einkommen (also z.B. Krankengeld oder Renten, M.S.) die Basis für den Lebensunterhalt" darstellen.

Aber Arbeit als Erwerbsarbeit hat den ihr eigenen „Doppelcharakter": Sie ist einerseits, Freiheit und Selbstverfügung zwangsläufig einschränkend, oft eine Zumutung. Und doch ist sie häufig lebenserfüllend. Ein *gutes Leben* ist für viele Menschen ohne eine als sinnvoll erlebte Arbeit, ohne das Gefühl, „gebraucht zu werden" und etwas zustande zu bringen, nicht vorstellbar. Allerdings dürfte der Grundsatz: *Jede Arbeit ist besser als keine Arbeit* mit Recht Widerspruch provozieren.

Wie dem Ausschluss eines erheblichen Teils der Bevölkerung aus existenzsichernder Erwerbsarbeit zu begegnen sei, ist sicher gegenwärtig die vordringlichste Frage. Die je nach politischer Richtung unterschiedlichen Rezepte gegen Arbeitslosigkeit sind hier seit längerem gleichermaßen bekannt wie erfolglos.[6]

---

[5] Vgl. Bosch et al. 2002, S. 11 ff.
[6] Mir geht es hier nicht um Bewertungen einzelner Vorschläge. Gleichwohl zeichnet sich doch mehr und mehr ab, dass eine Politik, die allein auf „mehr Wachstum" setzt, keinen grundsätzlichen Ausweg verspricht und spätestens im Weltmaßstab auf Dauer an Grenzen stoßen

Aber das Problem besteht eben nicht nur darin, Menschen „in Arbeit" zu bringen. Wer (noch) Arbeit hat, ist von der prekären Situation auf dem Arbeitsmarkt ebenfalls betroffen. Die Angst vor Ausschluss und Abstieg ist keine Kleinigkeit. Wird sie chronisch und betrifft immer mehr Menschen, kann sie zum Mittelpunkt der Lebenserfahrung werden. Sie raubt Kraft, verhindert Engagement und Initiative, macht nicht selten krank und drückt das Selbstwertgefühl. Im ungünstigsten Fall befördert sie politischen Extremismus. Dies ist die eine Seite.

Eine andere ist die Frage, ob unter den skizzierten Bedingungen die Forderung nach Humanität in der Arbeitswelt nicht teilweise relativiert werden muss. Wenn Arbeit mancherorts „billig wie Dreck" ist (Beck) und unter skandalösen Bedingungen verrichtet wird, können dann beispielsweise die vermeintlich „glücklichen" Arbeitsplatzbesitzer in den westlichen Industrieländern und ihre Interessenvertreter eigentlich noch legitimerweise auf *ihrem* Humanitätsimperativ bestehen?

Die Logik scheint unausweichlich: Was andernorts womöglich ohnehin besser und unter weit stärkerer Beanspruchung der Arbeitskraft auch kostengünstiger zu produzieren ist, wird auf Dauer ebendort produziert. Im günstigen Fall gelingt es vielleicht durch Innovation und intelligente Lösungen, Anpassungsprozesse dieser Art durch neue qualifizierte Beschäftigung abzumildern. Die Konsequenz könnte andernfalls nur lauten: Verschlechterungen der Arbeitsbedingungen müssen hingenommen werden – „Arbeit hat Vorfahrt". Besondere, kostenrelevante Anstrengungen zur „Humanisierung" des Arbeitslebens scheinen da sogar noch problemverschärfend zu wirken.

Allerdings ist die Humanität der Arbeit keine „Standortfrage", die an nationalen Grenzen halt macht. Für den Punkt, ab dem Arbeit unerträglich wird und das Arbeitsverhältnis offensichtlich „ungerecht", haben die Menschen weltweit ein sicheres Gefühl. Und es ist ökonomisch und politisch zweifelhaft, ob die Zurücknahme oder Relativierung der Forderung nach einer Arbeit in Würde, ob das Zugeständnis zum gewünschten Ergebnis führt.[7]

Ganz gleich für welche Position man hier hält: Obwohl Arbeit eine elementare menschliche Angelegenheit ist, muss sie keineswegs *human* sein. Die Bestimmung dessen, was mit Gründen unter *humanen Arbeitsbedingungen* verstanden werden kann und sollte, ist daher gelegentlich hilfreich. Die folgenden Überlegungen sind ein Versuch, vor dem Hintergrund der in dieser Studie analysierten Ideen und Positionen einen Beitrag dazu zu leisten. Dies erfordert zuerst eine Begriffsklärung:

---

dürfte. Zu den derzeit diskutierten unterschiedlichen Strategien der Bekämpfung von Arbeitslosigkeit vgl. wieder Bosch et al. 2002, S. 25 f. und S. 53 ff.

[7] Bei den Diskussionen um Wege zu mehr „Wachstum und Beschäftigung" gerät die Frage der Humanität der Arbeitswelt seit längerem oft in den Hintergrund. Die Behauptung, Arbeitslosigkeit als *Tragödie des Alltags* (Bourdieu) sei als solche inhuman, trifft wohl zu. Dass allerdings die Umgestaltung der Arbeitswelt in der gegenwärtigen Form, deren Wirksamkeit bei der Bekämpfung der Arbeitslosigkeit keineswegs unumstritten ist, eine Rückwärtsbewegung bei den Humanisierungszielen rechtfertigt, ist kaum plausibel.

Denn *Humanität* hier einfach mit *Menschlichkeit* zu übersetzen, hilft nicht weiter. Bekanntlich ist die Kontroverse über die Frage, was *menschlich* und unter *Menschlichkeit* zu verstehen ist, äußerst unübersichtlich. Auch die Forderung nach *menschengerechter Arbeit* leidet insofern unter einer definitorischen und kriteriologischen Schwäche.[8] Allerdings können zur Annäherung zunächst Kriterien, deren Evidenz soweit auf der Hand liegt, dass ihre Bestimmung heute glücklicherweise nur noch selten auf Ablehnung stößt, benannt werden:

Arbeit und insbesondere abhängige Erwerbsarbeit als Tätigkeit zur Erreichung materieller Existenzsicherung, als kommunikativer und sozialer Akt des mit der Welt und ihren Gegenständen schaffend oder schöpfend „In-Kontakt-Tretens", soll Voraussetzungen erfüllen, um die Möglichkeit der Realisierung mit der Arbeitstätigkeit verfolgter Zwecke in einer Weise zu gewährleisten, in der die als transzendentes Maß objektivierte *Würde* des Menschen nicht angetastet wird. Dieses Sollensgebot ist, soweit ich die Diskussion überschaue, unstrittig und bedarf hier nicht der Erörterung.

Darüber, welches die Voraussetzungen für humanes Arbeiten sind, gibt es einen breiten Konsens, einige Grundbedingungen werden indes kontrovers diskutiert.

Arbeit soll zunächst, so besteht Einigkeit, *schädigungsfrei* und *erträglich* sein (Kriterium der Schädigungsfreiheit und Erträglichkeit). Manifeste und latente physische Gesundheitsbeeinträchtigungen sollen ebenso vermieden werden wie ein gesundheitlich bedenkliches Maß an psychischer Belastung. Der arbeitende Mensch soll physisch, psychisch und kognitiv in der Lage sein, die Tätigkeit auszuführen (Kriterium der Ausführbarkeit). Des Weiteren soll die Arbeit das Kriterium der *Zumutbarkeit* erfüllen, wenngleich hier selbstverständlich unterschiedliche Maßstäbe angelegt werden. Die Arbeitstätigkeit soll außerdem nicht einseitig bzw. einseitig belastend, monoton und übermäßig homogen sein, sondern abwechslungsreich und kognitiv herausfordernd.

Eine breite Aufmerksamkeit erfuhr – im Zusammenhang mit der Diskussion um die *Humanisierung der Arbeitswelt* der siebziger Jahre und der noch weiter zurückreichenden Bemühungen um eine Verbesserung der „Qualität des Arbeitslebens"[9] – die Frage nach den psychischen Auswirkungen der Arbeit auf die Ausbildung und Entwicklung der *Persönlichkeit*. Humanpsychologische Ansätze vertreten seit längerer Zeit ein erweitertes Verständnis humaner Arbeit, welches auch das Kriterium der *Persönlichkeitsförderlichkeit* einschließt. Neben der Möglichkeit der „Entfaltung" der Potentiale der Person in sozialer und intellektueller Hinsicht sowie zur Selbsttätigkeit und Selbstkontrolle sind hier der Erwerb der Fähigkeit zur Übernahme der Perspektiven anderer, die Ausbildung

---

[8] Auf die besonderen Schwierigkeiten, die Kriterien für humane Arbeitsbedingungen exakt zu messen, ist immer wieder hingewiesen worden. Bei dem Versuch, die normative Forderung nach Humanität für den hier behandelten Zusammenhang erst einmal „auf den Begriff" zu bringen, kann diese Thematik jedoch hintangestellt werden. Vgl. zu diesem Problemgebiet etwa Ulich 1998 und Schmale1995.
[9] Vgl. Ulich 1998, S. 46 ff.

eines Gerechtigkeitsgefühls und die Bereitschaft, Verantwortung zu übernehmen, von Bedeutung.[10] Wenngleich dieses Konzept der Persönlichkeitsförderlichkeit stets auf implizite anthropologische Annahmen rekurriert und die prinzipielle Möglichkeit der Persönlichkeitsentwicklung durch Arbeit in Aussicht stellt und normativ als Ziel formuliert, ist doch einsichtig, was hier gemeint ist.[11] Gerade vor dem Hintergrund wachsender Komplexität von Arbeitszusammenhängen, technologischer Innovation, erhöhter Selbststeuerungsgrade und steigender qualitativer Anspruchsniveaus bei bestimmten Tätigkeiten kommt dem Aspekt der personalen Verarbeitung der Arbeitserfahrung eine zentrale Bedeutung zu. Dies führt in einigen, nicht in allen Bereichen zu neuen und permanenten Qualifikationserfordernissen sachlich-fachlicher Art. Aber auch die Person selbst, ihre Motivationszustände und ihr psychisches Befinden, ihre Kommunikation und Interaktion in Arbeitssituationen werden verstärkt Gegenstand der Qualifizierung und mitunter auch der „Optimierung". Der prinzipielle Unterschied zwischen Personalentwicklung und Persönlichkeitsentwicklung ist bei der Frage nach dem Kriterium „Persönlichkeitsförderlichkeit" der Arbeit indes nachrangig. Entscheidend ist vielmehr, dass überhaupt nach den Wirkungen von Arbeit auf Person und Persönlichkeit gefragt wird.

Für die Definition von aus arbeitspsychologischer Sicht *humanen* Arbeitstätigkeiten erweist sich das Konzept Eberhard Ulichs meiner Meinung nach aufgrund seiner Verständlichkeit und Evidenz als besonders geeignet:

> „Als human werden Arbeitstätigkeiten bezeichnet, die die psychophysische Gesundheit der Arbeitstätigen nicht schädigen, ihr psychosoziales Wohlbefinden nicht – oder allenfalls vorübergehend – beeinträchtigen, ihren Bedürfnissen und Qualifikationen entsprechen, individuelle und/oder kollektive Einflussnahme auf Arbeitsbedingungen und Arbeitssysteme ermöglichen und zur Entwicklung ihrer Persönlichkeit im Sinne der Entfaltung ihrer Potentiale und Förderung ihrer Kompetenzen beizutragen vermögen."[12]

Die hier als Humanitätsbedingung eingeführte Möglichkeit der individuellen oder kollektiven Einflussnahme auf Arbeitsbedingungen und Arbeitsorganisation trägt der demokratischen Verfasstheit des Gemeinwesens, in welches die Arbeitssituation eingebettet ist, ebenso Rechnung wie den daraus abzuleitenden Freiheits- und Entfaltungsrechten. Diese Einflussmöglichkeiten unterliegen durch die Verfügungs- und Gestaltungsmacht des Eigentümers bzw. seiner eingesetzten Vertreter starken Restriktionen. Dennoch sollen demokratische Betei-

---

[10] Vgl. ebenda, S. 129 ff.
[11] Ulich notiert über in diesem Sinne persönlichkeitsförderliche Arbeitstätigkeiten: „Arbeitstätigkeiten mit inhaltlicher Komplexität und vielfältigen Anforderungen erhalten und steigern die geistige Beweglichkeit – Arbeit in teilautonomen Gruppen mit umfassendem Arbeitsauftrag fördert die kognitive und soziale Kompetenz – Ablösung von Fremdkontrolle durch Selbstkontrolle und Selbsteinrichten fördern das Selbstkonzept und die Leistungsmotivation." Ebenda, S. 140.
[12] Ebenda, S. 141.

ligungsverfahren diesem Imperativ zufolge, innerhalb der rechtlichen, organisatorischen und politischen Grenzen, in der Arbeitswelt zur Geltung gebracht werden und dadurch individuelle und/oder kollektive Einflussnahme gewährleisten, um der formulierten Humanitätsbedingung zu entsprechen.

Gelegentlich wird das Kriterium der *Arbeitszufriedenheit* angeführt, das allerdings schwierig zu ermitteln und insgesamt dem subjektiven Erfahrungsbereich der Beteiligten zuzurechnen ist. Die vielfältigen Faktoren (Wertvorstellungen und Anspruchsniveau der Person, Arbeitsumgebung, technische und organisatorische Bedingungen, Qualifikationsanforderungen der Tätigkeit, soziale Interaktionen, gesellschaftlicher Wertewandel, Neuerungen der Arbeitsstruktur etc.), die Zufriedenheit bzw. Unzufriedenheit am Arbeitsplatz bedingen, führen bei gleicher Einwirkungslage mit großer Wahrscheinlichkeit bei verschiedenen Personen zu abweichenden Zufriedenheitsgraden.[13]

Im Kontext der oben skizzierten umfassenden Veränderungen in der Arbeitswelt und der wirtschaftlichen Entwicklung kommen weitere Kriterien für humane Arbeitstätigkeit verstärkt in den Blick: So muss angesichts des verbreiteten *working-poor* Phänomens auf die Funktion der Arbeit als Tätigkeit zur materiellen Sicherung einer *humanen Existenz* hingewiesen werden. Der von Ulrich Beck diagnostizierte „*Einbruch des Prekären, Diskontinuierlichen, Flockigen, Informellen in die westlichen Bastionen der Vollbeschäftigungsgesellschaft*[14]" stellt eine Gefährdung für ein sehr konkretes Humanitätsziel dar: Humane Arbeit soll eine Einkommenserzielung gewährleisten, die die aktive Teilnahme am sozialen, kulturellen und politischen gesellschaftlichen Leben tatsächlich ermöglicht. Und dabei geht es um mehr als um die moralische Verurteilung von Armut trotz Arbeit. Beck formuliert zugespitzt: *Ohne materielle Sicherheit keine politische Freiheit.*[15] Der im Falle der westlichen Industrieländer vermeintlich realisierte Anspruch ist angesichts der auch dort wachsenden Zahl skandalös niedrig entlohnter Arbeitsverhältnisse[16] fraglich geworden.

Wenn man es ernst meint mit einer Freiheitsidee, die über die Chance, seine Arbeitskraft frei anbieten zu dürfen, hinausgeht, wird man die Humanität einer Arbeit auch daran messen müssen, inwieweit sie Chancen gehaltvoller Freiheit, d.h. hier Mitwirkung, Mitbestimmung und die Wahl zwischen tatsächlichen Alternativen und Lebensentwürfen, ermöglicht.

---

[13] Vgl. dazu etwa Brandstätter 1999, S. 344 ff.
[14] Beck 1999, S. 8.
[15] Vgl. ebenda, S. 19. Wenn sich wesentliche Parameter verändern, kann dies auch die Frage nach dem Verhältnis von politischer Freiheit und materieller Sicherheit betreffen: Man kann mit guten Gründen dafürhalten, dass die politische Freiheit der materiellen Sicherheit qualitativ vorausgeht. Ich verstehe Becks Maxime nicht als Umkehrung dieser Regel, sondern vielmehr als Diagnose der gegenwärtigen Lage: Wie soll denn gehaltvolle Freiheit in der formalen Freiheit für den möglich sein, dem es am Nötigsten fehlt?
[16] Vgl. ebenda, S. 8. Vgl. zuletzt Jens Schneiders bedrückenden Artikel *5 Euro 40 Cent*. In: Süddeutsche Zeitung Nr. 123, 29./30./31. Mai 2004, S. 28.

Dies würde zugleich die Sicherheit und langfristige perspektivische Planbarkeit von Arbeitsverhältnissen voraussetzen. Auch diese Aspekte können in einer *Politischen Ökonomie der Unsicherheit* (Beck) als Humanitätskriterium erwogen werden. Vor dem Hintergrund der beachtlichen Zahl befristeter Beschäftigungsverhältnisse sowie der insgesamt stetig wachsenden Arbeitslosigkeit gewinnt dieser Punkt zunehmend an Bedeutung.[17] Dies umso mehr, wenn man noch zusätzlich bedenkt, dass oft selbst hohe und höchste Qualifikationen und Flexibilität keine Planungssicherheit garantieren.[18]

Die von mir vorgetragene Argumentation ist eine Kritik an Strategien der Manipulation und Vereinnahmung zur Erzeugung erwünschten Verhaltens bzw. zur indirekten Steuerung und Sicherstellung vorbehaltlosen Engagements für Unternehmensziele. Daher schlage ich angesichts der Problematik von Vergemeinschaftung und „geistigem Zugriff" die Erweiterung des gängigen Kriterienkataloges um ein weiteres Kriterium vor: *die Chancen kritischer Distanzierung von der Arbeitstätigkeit und dem Unternehmen.*

Kritische Distanzierung wird hier verstanden als selbständiger, bewusster und reflektierter Akt der kritischen Würdigung der eigenen Arbeitsbedingungen, der technischen, sozialen und politischen Arbeitsumgebung, der eingesetzten Führungsinstrumente und der im Unternehmen vertretenen oder präsentierten politischen, anthropologischen oder „philosophischen" Positionen. Humane Arbeitstätigkeit muss in diesem Sinne so gestaltet werden, dass die Vollzüge kritischer Würdigung möglich bleiben und begünstigt werden und nicht durch Einheitsfiktionen oder etwa durch die im Unternehmenszusammenhang völlig fragwürdige Stiftung einer „Religion" behindert oder ausgeschlossen werden.

Das Plädoyer für Distanz schließt notwendige Differenzierungen nicht aus: Es geht gerade nicht darum, Erfolg und Erfolgserfahrung im Beruf und im Arbeitsleben herabzuwürdigen. Wie sollte dies auch zu rechtfertigen sein?

Diejenigen, denen derartige Erfahrungen verwehrt bleiben, leiden darunter wie die, für die das Problem menschenwürdiger Arbeitsbedingungen nicht oder nicht mehr virulent ist, weil sie bereits aus der Arbeitswelt ausgeschlossen sind. Auch individuell empfundene Freude an der Arbeit und „aktives Wohlbefinden" bis hin zum „Flow-Erlebnis" können von ernstzunehmender Seite nicht kritisiert oder gering geschätzt werden – nicht einmal, wenn der Einzelne aus der Perspektive anderer die Belastung und Beanspruchung soweit ausdehnt, dass die

---

[17] Dabei sind sowohl die psychischen Auswirkungen einer zeitweiligen oder permanenten starken Angst vor Arbeitsplatzverlust und den damit einhergehenden vielfältigen Folgen und Beeinträchtigungen zu berücksichtigen als auch – mit Blick auf das korrespondierende Leitbild einer insgesamt *humanen* Arbeitsgesellschaft – die Probleme dauer- und massenhaften Ausschlusses einer Vielzahl von Personen von der Arbeitstätigkeit ins Auge zu nehmen.

[18] Je mehr sich das so genannte Normalarbeitsverhältnis als historischer Sonderfall erweist, desto drängender wird die Frage nach einer neuen Form der Grundsicherung – nicht etwa, um die Arbeitsgesellschaft und das „Reich der Notwendigkeit" zu überwinden, sondern um die letztlich Demokratie gefährdenden Ausschlussprobleme wenigstens abzumildern und zu entschärfen. Zu einer auch ökonomisch diskussionswürdigen Alternative vgl. Van Parijs 1992 und 1995.

„Leidenschaft" bei der Arbeit zu Gefährdungen führt. Auch diese individuelle Verantwortung gehört zu einer gehaltvollen Freiheit. Selbst eine hohe oder absolute *Identifikation* mit den Zielen des Unternehmens wird man nicht verächtlich machen, wenn man Respekt vor der Arbeit anderer hat und nicht meint, die Dinge besser beurteilen zu können als die jeweils Betroffenen.

Beim Problem von Humanität und Distanz geht es um etwas anderes: Dort, wo der Zumutungscharakter der Arbeit überwiegt, müssen Spielräume für eine kritische Auseinandersetzung mit der eigenen Arbeitssituation, d.h. hier auch mit der angeblichen *Vision* oder *Mission* sowie dem Wertegefüge des Unternehmens bestehen bzw. gestaltet werden. Es sollte ein Raum existieren auch für die marginale Position.[19]

Einfache Dienstleistungsarbeit ist in der Regel genauso wenig vergnüglich wie die immer noch vorhandene schwere Industriearbeit mit starker körperlicher Beanspruchung. Es gibt sie noch und wieder, jene Tätigkeiten, die monoton und einseitig belastend sind, mit niedrigster Entlohnung und, wenn überhaupt, minimalen Freiheitsgraden. Mögen sie für das „Funktionieren" einer modernen Gesellschaft unerlässlich sein – an ihrem Zumutungscharakter ändert das nichts. Auch der Hinweis auf Zeiten noch härterer Arbeit oder der Blick in andere Gebiete der Welt können nicht recht überzeugen, wenn die Belastungen real und die Kriterien für gesundheitsförderliche Arbeitsgestaltung für den heutigen Stand der technologischen Entwicklung von den Arbeitswissenschaften auf den Begriff gebracht sind.

Es gibt in vielen Wirtschaftsbereichen Arbeit, die im Grunde unerträglich ist, und zwar im wahrsten Sinne des Wortes: Der Mensch kann sie nicht (er)tragen, ohne als Person physisch oder psychisch gefährdet, beschädigt und auf lange Sicht zerstört zu werden.[20] Zwar sind die Grenzen hier fließend und Belastungserfahrungen individuell. Und doch geht es beim Plädoyer für Distanz zuerst um diese Art von Arbeit in all ihren Facetten: Über Stunden, Tage, Jahre der gleiche Handgriff, die permanente Wiederholung des öden Rhythmus', die rein planmäßig mechanische Ausführung immer desselben Dienstes für Andere, die entwürdigende Zurechtweisung, der nicht endende Druck – dies kann nicht Ausdruck eines Begriffes von Humanität sein, der sich nicht in der Exekution von Zwängen erschöpft. Der „humane Rest", der hier gewahrt werden kann, muss außerhalb der Arbeit zu verorten sein. „Nach Feierabend" kann beginnen, was durch den beschriebenen Charakter dieser Art von Tätigkeit vorher nicht gelingen kann: Die menschliche Lebensäußerung, das Gespräch und die Begegnung mit Familie und Freunden, Freizeit und Freiheit des Spieles und des Festes. Eine Gewissheit der Reflexion über empathische Arbeitsbegriffe der Moderne lautet: Die Dignität unerträglicher Arbeit besteht in der Lebenszeit jenseits dieser Arbeit. Dies schließt freilich Empörung und den Willen zur Veränderung von Arbeitsbedingungen nicht aus.

---

[19] Zum Zusammenhang von Humanismus und Marginalismus vgl. H. R. Schlette 1991, S. 56 f.
[20] Bei der Frage der Lebenserwartung wird es dann konkret: Sie liegt bei schwerster Arbeit mehrere Jahre unter den durchschnittlichen Erwartungswerten.

Das Plädoyer für Distanz hält eine „andere Arbeitswelt" nicht prinzipiell für ausgeschlossen. Es erkennt an, dass die Begrenzungen der Sphären von Arbeit und Leben heute weniger starr sind, vornehmlich bei hoch qualifizierten, symbolanalytischen Tätigkeiten. Doch die „neuen Professionellen" (Bell) und ihre Nachfolger dürften eher die Minderheit bleiben.

Es ist daher Skepsis gegenüber Entwürfen und Prognosen angezeigt, die auf eine Aufhebung der Trennung von Arbeit und Freizeit ausgehen, etwa indem eine angeblich ganzheitliche Lebens- und Arbeitserfahrung früherer Zeiten idealisiert und als Paradigma für die Zukunft der Mehrheit geltend gemacht wird. Die Trennung von Arbeit und freier Zeit hat beim Stand der Dinge ihre Gründe: Sie verteidigt das Private und Intime gegen den allzu starken Zugriff und soll Muße und Erholung garantieren – auch von der seelischen Verstrickung in den Arbeitszusammenhang.

Wie verträgt sich dies mit der Ideologie, jedermann sei ein Unternehmer, ein „Top-Manager" in seinem Rahmen? Wie sehr wird die Zumutung im Grunde noch ausgeweitet, wenn die oben beschriebene Art von Arbeit nun zu einem unverzichtbaren Beitrag zum „großartigen Ganzen" erklärt wird? Und wie sehr wird die Defizienz des Menschen unterstellt, wenn Management sich als Sinnvermittlung und Werteerziehung missversteht? Manager als eine Art neue „revolutionäre Avantgarde", die das Bewusstsein gestalten? Was hier als seelisches Therapeutikum verabreicht wird, ist oft Zynismus: Es negiert die Mühe und den Zumutungscharakter von Arbeit. Wenn die Gemeinschaft der Sieger ihre Feste feiert, soll alle Anstrengung verflogen sein. Und der „totale Kundendienst" ist selbstverständlich die vornehmste Lebensaufgabe für den eifrigen und stolzen Dienstleister.

Diese Überhöhungen des Unternehmenszweckes, diese Zugriffe auf den ganzen Menschen, die oft fragwürdigen Deutungen und Erklärungen wollen weismachen, Arbeit sei unter richtiger Führung und mit der richtigen Einstellung letztlich ein Spaß. Dieser Zynismus ist es, den das Plädoyer für Distanz nicht hinnehmen kann. Hier ist es bereit zu streiten. Hier macht es geltend, dass das Abladen der unternehmerischen Verantwortung, „die wir alle gemeinsam teilen" und der Anspruch der Übernahme von Unternehmenszielen als eigene Ziele einen Preis hat, den Preis der erträglichen Arbeitsgestaltung, der würdigen Entlohnung und der instituierten und tatsächlichen und nicht nur ideellen Beteiligung und Mitbestimmung.

Dann wird es konkreter und der Zauber der gemeinsamen Vision verfliegt – im günstigen Fall zugunsten einer guten Praxis kooperativen Handelns, in der die unterschiedlichen Interessen und Bedürfnisse artikuliert und nicht manipulativ harmonisiert werden.

„Leistung aus Leidenschaft" kann man letztlich nicht administrativ und planmäßig erzeugen, ohne die Betroffenen zu Anderen zu machen. Diese Art der Intervention kann aber mit ökonomischen Argumenten allein nicht legitimiert werden.

Unternehmensleitungen verfolgen ihre Ziele und operieren selbst unter Wettbewerbsbedingungen und Anpassungsdruck. Arbeitnehmer wissen dies und richten ihre Ziele und Anforderungen oft schon antizipierend darauf aus. Die meisten geben und leisten mehr, als sie müssten. Sie machen sich die Unternehmensziele oft zu ihren Zielen, und die Produkte sind „ihre" Produkte.[21] Die Logik, dass Unternehmen etwas verdienen müssen, ist ihnen plausibel, und sie bringen ihren Beitrag dazu.[22] Andere leisten aus den verschiedensten Gründen weniger, und man wird diesen Umstand auch mit den raffiniertesten Methoden nicht dauerhaft hintergehen können, denn der Zumutungscharakter ist beharrlich. Und was wäre von der Bindungswirkung einer Arbeits- und Leistungsethik zu halten, deren Notwendigkeit, Gültigkeit und Richtigkeit nicht von Zeit zu Zeit gerade am schlechten Beispiel demonstriert wird? Der Verstoß gegen die Norm hat eine nicht zu unterschätzende Signalfunktion.

Sichere, erträgliche Arbeit trägt, wie Christopher Hann feststellt, trotz aller Kritik dazu bei, „positivere soziale Identitäten herauszubilden, als wir sie ohne dieses Modell (Erwerbsarbeit M.S.) zu entwickeln wüssten. Man bleibt lieber ein entfremdeter Arbeiter als entfremdet *und* arbeitslos".[23]

Der Entfremdungsbegriff ist heute problematisch, u.a. weil seine Verwendung suggeriert, es gäbe eine in Reichweite liegende Chance, aus der Fremde (in die Heimat?) herauszukommen. Und doch wird klar, was gemeint ist: Obwohl Arbeit oft eine Zumutung ist, hängen Selbstwert und Selbstinterpretation von der Arbeit und dem Zugang zu ihr unmittelbar ab. Claus Offe spricht angesichts der ökonomischen *und* sozialen Bedeutung von Arbeit von einer „fest verankerte[n] moralisch-ökonomische[n] Intuition", die für zweifelsfrei hält, „daß es die Erwerbsarbeit ist, die das organisierende Zentrum eines gelungen Lebens sein und bleiben muß."[24] Das bedeutet aber zugleich, dass das Maß der Humanität in diesem organisierenden Zentrum elementarer Ausdruck der Humanität einer Gesellschaft insgesamt ist und bleibt.

Das Plädoyer für Distanz will die Arbeit nicht überwinden, es weist aber das großgeschriebene WIR zurück und verweigert sich der Vereinnahmung. Es weigert sich anzuerkennen, dass es die Ausübung von Erwerbsarbeit erfordert, ein Anderer zu werden.

---

[21] Man denke beispielsweise nur an die bekanntlich große Verbundenheit von Mitarbeitern in der Automobilindustrie mit „ihren Autos" und ihrer Marke.
[22] Dies geschieht nicht nur bei der individuellen Arbeitsleistung, sondern auch in Bezug auf die kollektive Regelung der Arbeits- und Entgeltbedingungen. Es ließen sich eine ganze Reihe von Fällen anführen, in denen in den letzten Jahren substantielle Zugeständnisse bei Arbeitsbedingungen und Entgelten gemacht wurden, wenn die wirtschaftliche Lage schwierig war oder jedenfalls als schwierig galt. Was im Einzelfall als „Beschäftigungspakt" gelten kann und für die Mehrzahl der konkret Betroffenen den Arbeitsplatz auf Sicht erhält, erzeugt natürlich Druck auf Wettbewerber. Die Folge kann eine Spirale abwärts sein, in der das im Einzelfall begründbare Zugeständnis nach und nach zum Normalfall wird.
[23] Vgl. Hann 2000, S. 51.
[24] Vgl. Offe 2000, S. 501.

11.3 Partizipation und Freiheit vor dem Hintergrund des Ökonomismus

Die Frage nach den Möglichkeiten von Partizipation, Mitbestimmung und der Implementierung demokratischer Elemente im Wirtschaftsleben waren und sind stets Gegenstand politischen Streits. Zwar wird Beteiligung, solange es nicht konkret wird, heute allenthalben wortreich bejaht. Die Vorstellungen über ihre Ausprägung und Reichweite allerdings sind kontrovers: Soll Beteiligung nur heißen, dass das zwischen Markt und Mitarbeitern stehende Unternehmen gewissermaßen „zur Seite" tritt (Glißmann) und die Mitarbeiter (als „Mitunternehmer") immer stärker ungefiltert mit den Marktnotwendigkeiten konfrontiert werden, wie dies durch komplexe Kennziffernsysteme und andere Instrumente neuer betrieblicher Steuerung heute vielerorts geschieht? Und ist dann der ganze Aufwand an symbolischem Management und „Ideologieplanung" gerade deswegen erforderlich, weil das direkte Zusammentreffen mit dem Markt für den Einzelnen zuviel ist? Kann man mit dem Markt überhaupt verhandeln?[25]
Oder muss Beteiligung nicht auch (oder erst recht) unter wesentlich veränderten Parametern eine institutionalisierte und regulierte, im Zweifel „konfliktfähige" Form annehmen?

Unter den Bedingungen einer internationalisierten Wirtschaft und hohem Wettbewerbsdruck werden Forderungen nach Beteiligung im Sinne von Mitbestimmung an wichtigen Entscheidungen schnell als Phantastereien abgetan, obwohl doch eine Weiterentwicklung der Entscheidungsspielräume und Verantwortlichkeiten mit dem Konzept des modernen „Arbeitskraftunternehmers" zusammenpassen müsste. Mehr noch: Die Auffassung, schon der jetzige Status quo der Arbeitnehmerbeteiligung sei unter Globalisierungsbedingungen schädlich, gewinnt über das Parteienspektrum hinweg an Gewicht in der öffentlichen Debatte. Bei genauerem Hinsehen erweist sich diese Position im Ländervergleich zwar durchaus als fragwürdig, aber gerade bei Regelungen, durch die das Direktionsrecht des Arbeitgebers ernsthaft tangiert wird, ist eine geringe Akzeptanz auf dieser Seite gewiss.[26]

Der Kritik, eine Weiterentwicklung demokratischer Elemente im Arbeits- und Wirtschaftsleben beeinträchtige die grundsätzlichere Freiheit des Unter-

---

[25] Vgl. Glißmann 2005 und zum Problem des „Verhandelns mit dem Markt" Peters/Sauer 2005.
[26] Höpner 2003 zeigt in seiner hochinteressanten Analyse des Zusammenhangs von aktionärsorientierter Unternehmensführung (Shareholder Value-Ansatz) und Mitbestimmung jedoch, dass das deutsche Mitbestimmungsmodell im Zweifel sogar von Arbeitgebern positiv bewertet wird. Während *ex ante* alle Forderungen nach mehr Mitbestimmung stets heftig bekämpft wurden, werde die Mitbestimmung *ex post* als Instrument betrachtet, „das wegen seiner Komplementaritäten zu den anderen Institutionen hilfreich ist und dem Produktionsregime zu Kohärenz verhilft." Vgl. ebenda, S. 218 f. Höpner sieht im Übrigen auch eine Veränderung der Politiken der Mitbestimmungsorgane hin zu einer Form des Co-Managements. Die traditionelle Konfliktorientierung sei längst zugunsten von Systemkonformität, Effizienzorientierung, Professionalismus und Konsensorientierung verdrängt worden: „Betriebsräte denken zunehmend unternehmerisch" Vgl. ebenda, S. 194 f.

nehmers, kann entgegnet werden, dass in dieser Hinsicht bisher keine allzu weitgehenden Regelungen bestehen. Bei Grundsatzentscheidungen etwa bezüglich des Standortes sind die rechtlichen Möglichkeiten von Arbeitnehmern und Gewerkschaften, entgegen einer verbreiteten Auffassung, eng begrenzt.[27]

Da die Entscheidungen von Unternehmen signifikante soziale, politische und womöglich auch ökologische Konsequenzen für interne und externe Betroffene herbeiführen, müssen aber Wege zu deren Beteiligung an solchen Entscheidungsvorgängen gefunden werden. Und zwar nicht nur in Fällen, in denen es um Zugeständnisse zur „Standortsicherung" geht. Gerade dann, wenn abhängig Beschäftigte sich der Logik neuer Arbeitsorganisationsformen gemäß verhalten sollen (oder müssen) wie Unternehmer, wird man ihre institutionalisierten und formalen Mitbestimmungskompetenzen weiter entwickeln müssen, will man sich nicht dem Vorwurf ausgesetzt sehen, an dieser entscheidenden Stelle unglaubwürdig zu sein.

Arbeitnehmer „mitreden" zu lassen, ohne dass sie etwas „zu sagen" haben, ist jedoch nicht nur politisch unglaubwürdig, es provoziert letztlich auch Legitimationskrisen. Pseudopartizipationen[28], bei denen immer die Ergebnisse erzielt werden, die das Management ohnehin erreichen möchte, sind in diesem Zusammenhang das Gegenteil von Freiheit. Ich habe in dieser Studie zum Teil Ideen und Strategien herauspräpariert, die genau diese nur scheinbare Partizipation verfolgen.

Das Verfahren, die betriebliche Realität und die Arbeitssituation von Arbeitnehmern als komplexe Konstellation von Interessen und Machtpositionen mit jeweils relativen Machtgleichgewichten bzw. Machtungleichweiten zu beschreiben, ist unerlässlich für eine wenigstens annähernd adäquate Bestimmung der je eigenen Lage im Konglomerat aus ökonomischer Notwendigkeit, Globalisierungszwängen und den widersprüchlichen Deutungen und Interpretationen ökonomischer Wirklichkeit.

Orientierung ist erforderlich, die Frage ist nur: Wer orientiert wen in welcher Absicht und auf welcher theoretischen Grundlage? Führung im Betrieb durch Ideen und Werte vom Standpunkt der sittlichen oder humanen Exzellenz ist von Anfang an fragwürdig, und ihre Ausweitung gefährdet die Einnahme legitimer Gegenstandpunkte und Perspektivenwechsel. Man wird der systemischen Konflikthaftigkeit der Arbeitsbeziehungen dadurch nicht entkommen.

Wenn es richtig ist, dass gerade Komplexität und die Erfahrung vielfältiger Zwänge den Bedarf erhöhen, Handlungsspielräume zu bewahren und eine gehaltvolle Freiheit überhaupt erfahrbar zu machen, gilt dies auch für die Ökonomie und die Arbeitswelt. Aber die Erfahrung zeigt, dass der Gewinn von Hand-

---

[27] So regeln etwa die §§ 111-113 BetrvG lediglich Fragen der Arbeitnehmerbeteiligung und Verfahrensgrundsätze bei vom Arbeitgeber geplanten Betriebsänderungen. Ob die Betriebsänderung aber durchgeführt wird oder nicht, ob sie angemessen, vernünftig und in dieser Form Erfolg versprechend ist – all dies liegt allein im Ermessen des AG.
[28] Zu dem Problem des Partizipationsbegriffes und dem Wort *Pseudopartizipation* vgl. Breisig 1993, S. 165 f.

lungsfreiheit und Chancen auf Mitbestimmung in Arbeitssituationen nicht durch Ideen, Werte und Sinnproduktion garantiert, sondern nur durch belastbare Institutionen, Formalia und Regeln gesichert werden können. Durch ein Bewusstsein von Gemeinschaft und einen besonderen „Geist des Hauses" werden Regulierungen nicht überflüssig. Viele der hier untersuchten Standpunkte zielen aber gerade auf die Informalisierung von Arbeitsbeziehungen.

Einige implizieren darüber hinaus eine „Anmaßung des Ganzen", welche vor dem Hintergrund des von Gilbert Weiss diagnostizierten Ökonomismus[29] zwar folgerichtig, aber deswegen nicht weniger problematisch erscheint.

Beobachtet wird nicht nur eine allgemeine Machtverschiebung zulasten der staatlichen und zugunsten der privatwirtschaftlichen Akteure[30], sondern auch eine zunehmende Bedeutung der Prinzipien des Marktes, des Kalküls und der ökonomischen Rationalität insgesamt in immer mehr Lebens- und Erfahrungsbereichen der Person. Dies geschieht *durch*, *mit* und *in* Institutionen und erfolgt eher schleichend als durch eine radikale oder plötzliche Wendung. Höpner spricht von einem *Hineinkriechen* der Marktprozesse in bestehende Institutionen, die auf diese Weise von innen verändert würden.[31] Wettbewerb und Konkurrenz scheinen sich, frei nach Bourdieu[32], regelrecht in die Körper einzuschreiben.

Moderne Erfolgsideologien und Teile der Managementliteratur spiegeln diese Tendenz wider.

Es kann gefragt werden, ob die Ausdehnung des Marktes bzw. das *marktliche Prinzip* und der Glaube an seine „Fähigkeit", gesellschaftliche, soziale und politische Probleme zu bearbeiten und zu lösen, nicht gar soweit getrieben worden ist, dass die Rede von einer *Metaphysik des Marktes* berechtigt ist.

In der totalen Marktgesellschaft (Ulrich) wären jedenfalls alle anderen argumentativen Zugänge und Perspektiven zu politischen Problemen und Fragen der Zeit versperrt.

Sind aber die Prinzipien einer allumfassenden Konkurrenz und des Wettbewerbs sowie der unbedingten Gültigkeit der Marktgesetze wirklich die maßgeblichen Konstituenten der Welterfahrung der gegenwärtigen Zeit? Sind nicht die kritischen und skeptischen Stimmen weltweit gut zu vernehmen? Schwingt bei dieser Deutung nicht immer auch ein romantisierendes Bedauern mit, welches zugleich eine empirisch nicht zu haltende und verklärende Sicht auf vergangene, nur vermeintlich „bessere" wirtschaftliche, politische und soziale Zustände in den westlichen Gesellschaften impliziert?

Und ist bei den hier behandelten Problemen nicht zu bedenken, dass der Ausgangspunkt der Unternehmens- und Managementphilosophie bzw. einer

---

[29] Weiss konzediert: „Eher sollte man von einem Ökonomismus sprechen, der dadurch gekennzeichnet ist, dass die ökonomischen Kategorien des Marktes und des Wettbewerbs zu den alles dominierenden Elementen der politischen, sozialen, kulturellen und auch individuellen Selbstinterpretationen (doxa) avancieren." Vgl. Weiss 2003, S. 26.
[30] Vgl. etwa Forrester 1998, S. 42 und Ramonet 1998.
[31] Vgl. Höpner 2003, S. 230.
[32] Vgl. Bourdieu 1997a, v.a. den Aufsatz *Der Tote packt den Lebenden*, S. 18 ff.

„wertorientierten" Unternehmensführung gerade der Einsicht geschuldet ist, dass funktionierende Marktwirtschaft sehr voraussetzungsreich ist und der Wert- und Normensetzung bedarf?

Nun wurde ja in dieser Untersuchung nicht die Notwendigkeit von Werten, Normen und Sinn bezweifelt, sondern im je konkreten Fall wurden deren Quellen und die Strategien und Verfahren zu ihrer Erzeugung problematisiert.

Die heute überragende Bedeutung der Ökonomie und der ökonomischen Rationalität in Gesellschaft und Politik kann kaum ernsthaft bestritten werden. Und dass hier ein qualitativer Wandel, eine Revision der Ordnung menschlicher Zielgüter stattgefunden hat, scheint evident.[33]

Heute gilt auf so gut wie allen Politikfeldern: Ob Gesundheitspolitik, Bio-Ethik, Arbeitslosigkeit, Bildung oder „demographischer Wandel" – alle Themen des politischen Diskurses sind überhaupt nur vor dem Hintergrund ihrer ökonomischen Dimension zu diskutieren. Die marxsche Kritik kapitalistischer Produktionsverhältnisse findet „diesseits" tatsächlicher und selbst auferlegter Zwänge, in der rhetorischen und in der realen Globalisierungsfalle, eine eigentümliche Bestätigung.

Mit einiger, auch medialer Vehemenz wird allenthalben die existentielle Gefährdung des Wirtschaftsstandortes Deutschland proklamiert. Der auf diese Weise ausgelöste öffentliche Alarm ist nicht erst seit seiner sonntäglich wöchentlichen Reaktualisierung in der ARD-Sendung „Sabine-Christiansen" die Folie jeder Debatte über Wirtschaft und Gesellschaft.[34] Die gesellschaftliche und mediale Totalpräsenz des Ökonomischen ist evident. Sie erreicht den privaten und intimen Raum. Sie prägt Vorstellungen, Werthaltungen und Maßstäbe dessen, was als gutes Leben gelten kann. Sie macht letztlich die Idee einer gestaltenden Politik fragwürdig. Der Bedeutungswandel des Wortes *Reform* ist nur ein Anzeichen dafür.

---

[33] Gleichwohl sind Vorbehalte gegenüber einer Übertreibung des Ökonomischen keine Neuigkeit: Schon bei Aristoteles, für den die Frage der Freiheits- und Emanzipationschancen in der Lohnarbeit freilich nicht im Mittelpunkt stand, kann man im ersten Buch der *Politik* entsprechende Bemerkungen finden. Dort erhalten die „Haushaltslehre" und die „Erwerbskunst" eine allemal knappe Behandlung, und die Gelderwerbskunst erfährt scharfe Kritik. Die lakonische Bemerkung Aristoteles', wem daran gelegen sei, der könne sich ja bei *Chares aus Paros* und *Apollodor aus Lemnos* genaueren „Bescheid" über derartige Fragen holen, und der Hinweis auf Thales' frühe unternehmerische self-made Erfolge im Olivenölgeschäft können als Ausdruck der Geringschätzung ökonomischer Fragen gelesen werden. Für Aristoteles gibt es menschliche Lebensbereiche und Lebensäußerungen, die wichtiger sind als Wirtschaft. Man muss diese Geringschätzung natürlich in den historischen Kontext einordnen und die keineswegs unumstrittenen aristotelischen Maßstäbe für ein gutes Leben berücksichtigen. Auch ist mit dem bloßen Hinweis auf eine philosophische Autorität noch nichts erklärt. Hier geht es mir nur um ein prägnantes Beispiel, dass man *mit Gründen* eine Zweckordnung vertreten kann, an deren Spitze nicht Wirtschaft, Wettbewerb und Geld stehen.

[34] Dabei wird die grundsätzliche Notwendigkeit des Reformierens – in seiner neueren Wortbedeutung – axiomatisch gesetzt und als solche nicht mehr kritisch hinterfragt.

Kritik an dieser Dominanz ökonomischen Deutens und Denkens kann in solcher Lage immer weniger glaubwürdig auf „meta-ökonomische" Zielreferenzen verweisen und besteht dann allzu häufig in einer lapidaren Beschwerde über den Egoismus und die Gier Einzelner.

Üblicherweise wird (übrigens von links und rechts) die Orientierung auf das *Ganze*, das Gemeinwesen eingefordert. Denn die politische Äußerung unterliegt dem Zwang des Gefallens. Deswegen muss auch sie sich das Ganze anmaßen. Auf mehr oder weniger moralisierende Betrachtungen über die Defizienz des Menschen insgesamt und seine vermeintliche mangelnde Fähigkeit, sich am *Wohl des Ganzen* zu orientieren, will ich hier nicht eingehen, sondern mich nur auf eine Argumentationsfigur konzentrieren: Wird aus Sorge über die oben skizzierte Entwicklung der letzten Jahre hervorgehoben, kein *Markt* und keine freie Wirtschaftstätigkeit sei auf Dauer ohne ein Gemeinwesen vorstellbar, „welches das Interesse des Ganzen" wahrnimmt[35], muss dieses präzisiert werden, um das Spezifische der gegenwärtigen Situation erfassen zu können. Die hinter diesem Argument steckende Behauptung der Schwächen des freien Marktes lässt sich mit Rusche so zusammenfassen.

> „Das Eigennutzstreben in der Marktwirtschaft führt zwar zu einer optimalen Güterversorgung, nicht jedoch zu einer gerechten Ausgestaltung des Gemeinwesens."[36]

Schon Adam Smith schlägt zur Vermeidung von „Ungerechtigkeit und Unterdrückung" vor, das freie Wirtschaftsystem in eine politische Ordnung einzubinden, welche dem individuellen Gewinninteresse mit Blick auf das *Allgemeine* Grenzen setzt.[37] Gegen dieses Argument, das in gleicher oder ähnlicher Form oft vorgetragen wird und welches doch einleuchtet, wird nun argumentiert, dass das politische Problem des Ausbalancierens von Eigennutzstreben und Gemeinwohl gar nicht in der vorgetragenen Weise bestehe. Vielmehr fielen Gemeinwohl und auf dem freien Markt zur Entfaltung gelangendes Eigennutzstreben ebenso zusammen wie Unternehmer- und Arbeitnehmerinteressen und -ziele.[38]

---

[35] Vgl. dazu z.B. Rusche 2002, S. 9.
[36] Rusche 2002, S. 9.
[37] Smith 1985, S. 580ff.
[38] An der Zweifelhaftigkeit dieser Behauptung ändert auch das jüngst von Amartya Sen vorgetragene Argument nicht, dass es sich beim *Eigeninteresse* als zentralem Handlungsmotiv des Kapitalismus um einen „Mythos" handele, weil in erfolgreichen kapitalistischen Volkswirtschaften auch andere handlungsleitende Motive bestünden und daher eine „kapitalistische Moral" mehr sei als bloßes Eigeninteresse. Am Beispiel Japan will Sen etwa belegen, dass religiös begründete Verhaltenskodizes und traditionell „kooperative Haltungen" die Grundlage einer für den Erfolg der Wirtschaft ursächlichen, „besonderen Geschäftsmoral" darstellten. Diese Argumentation läuft jedoch bei Sen, anders als in den bekannten Überlegungen Max Webers über die „Funktionen" der *protestantischen Ethik* für die Entwicklung des „westlichen" Kapitalismus, darauf hinaus, dass Sen ausschließlich geschäftsbezogene „moralische" Selbstregulationsfähigkeiten im Auge hat: Erfolgreiche Volkswirtschaften verfügen über Regeln des Geschäftsverkehrs, Vertrauen der Geschäftspartner untereinander und vergleichsweise geringe Korruption. Vorherrschende Tugenden sind auch bei Sen „aufopferungsvolle Arbeit" und die

Wenn die These von einer Ökonomisierung des Politischen einen Sinn machen soll, dann insoweit, als das Bestreiten der Spannung zwischen wirtschaftlicher Freiheit und der Gemeinwohlorientierung wirtschaftlichen Handelns auf der Grundlage des Maßstabs der Lebensdienlichkeit der Ökonomie eine neue Qualität erreicht hat. Die *ökonomistische Gemeinwohlfiktion* (Es dient doch dem Wohle aller...) wird zur dominierenden Referenz politischen Handelns, welches im Extremfall nur noch als Exekution von Zwängen, als Verbesserung von Angebotsbedingungen und Standortoptimierung (Die Globalisierung zwingt uns...) verstanden werden kann.

Die Klärung der Fragen legitimen Unternehmenserfolges – unter anderen Umständen Gegenstand von Kämpfen und politischer Auseinandersetzung, weil es immer um Lebenschancen Einzelner, Interessen, Deutungen und Interpretationen geht – kann in diesem Kontext nicht mehr mit meta-ökonomischen Kriterien und Maßstäben entschieden werden. Und dieses Klima schlägt durch auf die einzelwirtschaftliche Ebene bis hin zu einzelnen Beteiligten.[39]

Unternehmensphilosophien sind in gewisser Weise, wenn auch „kleine", Gemeinwohlfiktionen, obwohl das eigene unternehmerische Handeln keineswegs *gemeinwohlförderlich* sein muss. Die Unternehmensphilosophen vermeiden es, von wenigen Ausnahmen abgesehen, den eigenen Maßstab zur Bestimmung des für alle Guten auszuweisen. Mit der Hervorhebung des verantwortlichen und allgemein nutzenbringenden Handelns der Unternehmen wird eine Verantwortungsübernahme dort suggeriert, wo Verantwortung oft nur sehr eingeschränkt übernommen werden kann, weil durch die systemimmanente Begrenzung der „moralischen" Handlungsspielräume einzelner Akteure die vollzogenen Handlungen gar nicht ohne weiteres zurechenbar sind.

Wenn Ökonomie und ökonomische Zwänge das Sein *und* das Bewusstsein dominieren, kommt den Unternehmen und den Unternehmern geradezu automatisch eine exponierte Stellung zu – auch bei der Interpretation des für alle Guten. Aber gleichzeitig stehen sie selbst unter Druck, sind realen und nicht nur interpretierten Zwängen ausgesetzt. Forderungen nach humaner Arbeit, angemessener Beteiligung und gehaltvoller Freiheit in der Arbeitstätigkeit sind unter diesen Bedingungen dem Anschein nach systematisch-strukturelle „Störfaktoren" eines Markthandelns unter Restriktionen. Widersprüche und Konflikte sind

---

„Hingabe an das Ziel der Produktivitätssteigerung". Dem eigentlichen ethischen Konflikt zwischen Eigeninteresse und Gemeinwohl wird damit wieder ausgewichen. Nur mit dieser Einschränkung kann Sen feststellen: „Wir müssen im System der kapitalistischen Moral sehr viel mehr sehen als nur einen Kodex, der die Habsucht verherrlicht und das Gewinnstreben bewundert." Vgl. Sen 2003, S. 315 ff. Gleichwohl erlauben sowohl Max Webers Untersuchung als auch die neueren Analysen Sens einen interessanten Zugang zu der Frage, warum in vielen Ländern außerhalb des Westens und Japan, insbesondere im großen Russland, die Übernahme einer weitgehend freien Marktwirtschaft so große und bedrückende Probleme zur Folge hat.
[39] Die Interpretation von Erfolg überhaupt ist trotz aller Einwände ein Politikum: So dürfte z.B. bei einer Massenentlassung zur Renditesteigerung und Sicherung der Wettbewerbsposition höchst streitig sein, ob, für wen und unter welchen Voraussetzungen eine solche Maßnahme „erfolgreich" ist.

systemimmanent und nicht im einzelnen Unternehmen zu überwinden. Deswegen läuft moralisierende Kritik am Einzelfall zumeist ins Leere. Unternehmensführung muss krisenhaften Umweltbedingungen ja irgendwie begegnen. Aber Arbeitnehmeransprüche bleiben Störfaktoren, und sie müssen aus Sicht des Unternehmens transformiert, begrenzt und „gemanagt" werden. Dies erfordert beträchtliche Integrations- und Interpretationsleistungen. Die Idee substantialer Gemeinschaftlichkeit und Führerideologien sind gewissermaßen Teil einer „Notlösung". Durch das beträchtliche Arsenal an Mythen und Moden in der Managementlehre werden die jeweiligen Paradigmen richtiger Ordnung und Führung theoretisch abgesichert und in den Status wissenschaftlicher Unternehmensführung erhoben. Oft genug werden dabei, wie diese Studie deutlich machen wollte, anthropologische, politische und philosophische Fragen gleich mitbeantwortet. Ob die Antworten überzeugen und damit „funktional" sind, entscheidet sich im Einzelfall. Die Perspektive politischer Kritik hat indes nicht nur die Systemerfordernisse des einzelnen Akteurs im Blick. Sie macht andere Maßstäbe geltend und reklamiert, dass ökonomischer Erfolg nicht alles ist.

Die *Figuren des Erfolges* sind von politischer Bedeutung, weil die gesellschaftliche Organisation von Arbeit und gerade von abhängiger Erwerbsarbeit eine elementar politische Angelegenheit ist. Die dort präsenten Legitimationen des Führens und Geführtwerdens verdienen daher weiter Aufmerksamkeit. Der Streit darüber lohnt sich umso mehr, je ernster man nach Chancen für Teilhabe und Freiheit fragt – jenseits der Zwänge.

12 Literaturverzeichnis

Aberl, Roland/Gesa Müller, Susanne/Wannöffel, Manfred: Balanced Scorecard. Endlich faire Zahlen. In: Die Mitbestimmung Nr. 11/2003, S. 66-69

Adamaschek, Bernd: Die Bedeutung von Teamstrukturen für die Organisationskultur. In: Verwaltung, Organisation, Personal, Sonderheft 1, 2001, S. 37-39

Adizes, Ichak: Die Adizes-Methode. Wie Unternehmen jung und dynamisch bleiben, München 1995

Albert, Hans: Das Ideal der Freiheit und das Problem der sozialen Ordnung, Freiburg im Breisgau 1994

Allbach, Horst (Hrsg.): Unternehmensethik. Konzepte – Grenzen – Perspektiven. In: Zeitschrift für Betriebswirtschaft, Ergänzungsheft 01/1992

Antoni, Conny H. (Hrsg.): Gruppenarbeit in Unternehmen. Konzepte, Erfahrungen, Perspektiven, Weinheim 1994

Antonoff, Roman: Methoden der Image-Gestaltung für Unternehmen und Organisationen. Eine Einführung, Essen 1975

Arendt, Hannah: In der Gegenwart. Übungen im politischen Denken II, München 2000

Arendt, Hannah: Vita activa oder Vom tätigen Leben, 9. Auflage, München 1997

Aristoteles: Nikomachische Ethik, Philosophische Schriften in sechs Bänden, Band 3, nach der Übersetzung von Eugen Rolfes, bearbeitet von Günther Bien, Hamburg 1995

Aristoteles: Politik, Philosophische Schriften in sechs Bänden, Band 4, übersetzt von Eugen Rolfes, Hamburg 1995

Arlt, Hans-Jürgen: Würde ohne Arbeit. In: Frankfurter Rundschau vom 24. Juni 2005

Asanger, Roland/Wenninger, Gerd (Hrsg.): Handwörterbuch Psychologie, Weinheim 1999

Aswerus, Birgit: Unternehmensphilosophie und Personalentwicklung: Konstruktion eines psychologischen Handlungsmotivationsmodells zur Identifikation der Einflussfaktoren, welche die Unternehmung veranlassen, Personalentwicklung durchzuführen, Münster, Univ. Diss. 1993

Bäcker, Gerhard u.a.: Sozialpolitik und soziale Lage in Deutschland, 3. grundlegend überarbeitete und erweiterte Auflage, Band 1: Ökonomische Grundlagen, Einkommen, Arbeit und Arbeitsmarkt, Arbeit und Gesundheitsschutz, Wiesbaden 2000

Baecker, Dirk: Die Form des Unternehmens, Frankfurt am Main 1993

Baecker, Dirk (Hrsg.): Kapitalismus als Religion, Berlin 2003

Baethge, Martin: Subjektivität als Ideologie. Von der Entfremdung in der Arbeit zur Entfremdung auf dem (Arbeits-) Markt? In: Schmidt, Gert (Hrsg.): Kein Ende der Arbeitsgesellschaft. Arbeit, Gesellschaft und Subjekt im Globalisierungsprozeß, Berlin 1999

Baethge, Martin/Wilkens, Ingrid (Hrsg.): Die große Hoffnung für das 21. Jahrhundert? Perspektiven und Strategien für die Entwicklung der Dienstleistungsbeschäftigung, Opladen 2001

Balthasar, Susanne: Freisetzung für Fortgeschrittene. Kündigt man besser montags oder freitags? In Seminare lernen Vorgesetzte, wie man ein (sic!) professionell entlässt. In: Süddeutsche Zeitung Nr. 263 vom 15./16. November 2003, Seite V1/15

Bär, Ronald W.: Unternehmenskultur ist messbar. In: Marketing & Kommunikation, Heft 3, 2001, S. 14-15

Barlett, Christopher A./Ghoshal, Sumantra: Der Einzelne zählt. Ein Managementmodell für das 21. Jahrhundert, Hamburg 2000

Bärsch, Claus-Ekkehard: Die politische Religion des Nationalsozialismus, München 1998

Bärsch, Claus-Ekkehard: Der Reflex der Relationen: Ein mögliches politikwissenschaftliches Verständnis von Macht. In: Bochumer Jahrbuch zur Ostasienforschung, Sonderdruck, Festschrift zu Ehren von Prof. em. Dr. Peter Weber-Schäfer, Band 23, Bochum 1999

Balser, Markus: Manager auf Sinnsuche im Kloster. Exerzitien des Erfolges. In: Süddeutsche Zeitung Nr. 84, 10./11./12. April 2004, S. 26

Baudrillard, Jean: Die schweigende Mehrheit. In: Freibeuter, Nr. 79, Februar 1999, S. 61-67

Bauer-Harz, Anja: Ethik in Unternehmen – Ein Konzept für das Innovationsmanagement, Univ. Diss., Mannheim 1995

Beck, Ulrich et.al.: Wo bleibt die Arbeit? Eine Sammlung von Diskussionsbeiträgen. In: Gewerkschaftliche Monatshefte, Nr. 6-7/1998

Beck, Ulrich: Macht und Gegenmacht im globalen Zeitalter. Neue weltpolitische Ökonomie, Frankfurt am Main 2002

Beck, Ulrich: Schöne neue Arbeitswelt. Vision: Weltbürgergesellschaft, Frankfurt am Main/New York 1999

Becker, Michael: Reflektierende Urteilskraft und Politische Philosophie. In: Politische Vierteljahresschrift, 38. Jahrgang, Nr. 2/1997, S. 225-246

Beerhorst, Joachim: Kritik der Intermediaritätsthese. In: Industrielle Beziehungen, Zeitschrift für Arbeit, Organisation und Management, 12. Jg., Heft2/2005, S. 178-188

Beise, Marc/Hoffmann Andreas: Moral lohnt sich. Und sie macht Spaß. In: Süddeutsche Zeitung Nr. 146, 28. Juni 2001, S. 23

Bender, Christiane/Luig, Markus: Neue Produktionskonzepte und Industrieller Wandel. Industriesoziologische Analysen innovativer Organisationsmodelle, Opladen 1995

Benjamin, Walter: Kapitalismus als Religion. In: Baecker, Dirk (Hrsg.): Kapitalismus als Religion, Berlin 2003, S. 15-18

Berg, Stefanie: Arbeiten, um zu leben? In: Personalführung, Heft 3, 2001, S. 38-43

Berger, Peter L.: Die Grenzen der Gemeinschaft. Konflikt und Vermittlung in pluralistischen Gesellschaften, Gütersloh 1997

Berger, Ulrike: Organisationskultur und der Mythos der kulturellen Integration. In: Müller-Jentsch, Walther (Hrsg.): Profitable Ethik – effiziente Kultur: Neue Sinnstiftungen durch das Management?, München 1993, S. 11-38

Bergmann, Gustav/Meurer, Gerd (Hrsg.): Best Patterns. Erfolgsmuster für zukunftsfähiges Management, Neuwied 2001

Bergmann, Jens: Der tanzende Elefant. Glühbirnen und TV-Shows, Flugzeugtriebwerke und Versicherungen: General Electric (GE) ist der erfolgreichste Gemischtwarenladen der Welt – zusammengehalten von einer Unternehmenskultur, die für permanente Krisenstimmung sorgt. In: brand eins, Heft 1, 2002, S. 46-51

Bernatzeder, Petra: Debis prüft Stimmung und Arbeitslust. In: Management & Seminar, Bd. 28, 2001, Nr. 9, S. 18-21

Beyme, Klaus von: Theorie der Politik im 20. Jahrhundert. Von der Moderne zur Postmoderne, Frankfurt am Main 1991

Bickmann, Roland: Chance Identität – Impulse für das Management von Komplexität, Berlin 1999

Billerbeck, Liane von: Wir heben die Welt aus den Angeln. Wie die Berliner Firma Kontext mit psychischem Druck Seminarteilnehmer zu Kreditbetrügern machte – und bis heute unbehelligt blieb. In: Die Zeit Nr. 16/2002 (www.zeit.de/2002/16/Politik/print_200216_kontext.html – Stand 11.04.2002)

Birkenbihl, Vera F.: Das Birkenbihl Alpha-Buch, Neue Ein-Sicht-en gewinnen, Landsberg am Lech 2000

Birkenbihl, Vera F.: Management, Motivation & Menschenführung, Düsseldorf/Berlin 2001

Birkigt, Klaus/Stadler, Marinus M.: Corporate Identity. Grundlagen, Funktionen, Fallbeispiele, München 1980

Blasche, Siegfried/Köhler, Wolfgang R./Rohs, Peter (Forum für Philosophie Bad Homburg – Hrsg.): Markt und Moral. Die Diskussion um die Unternehmensethik, Bern/Stuttgart/Wien 1994

Bleicher, Knut: Das Konzept Integriertes Management, 3. Auflage, Frankfurt am Main/New York 1995

Bleicher, Knut: Leitbilder: Orientierungsrahmen für eine integrative Managementphilosophie, 2. Auflage, Stuttgart 1994

Bleicher, Knut: Normatives Management: Politik, Verfassung und Philosophie des Unternehmens, Frankfurt am Main u.a. 1994

Bolz, Norbert: Das konsumistische Manifest, München 2002

Bolz, Norbert: Der Kapitalismus – eine Erfindung von Theologen? In: Baecker, Dirk (Hrsg.): Kapitalismus als Religion, Berlin 2003, S. 187-207

Böning, Uwe: Exzellent führen. Was Führungspersönlichkeiten wirklich erfolgreich macht. Was tun sie? Wie wirken sie?, Freiburg im Breisgau 1989

Bonsen, Matthias zur/Maleh, Carole: Appreciative Inquiry (AI): Der Weg zu Spitzenleistungen, Weinheim und Basel 2001

Bonsen, Matthias zur: Eine neue Geschichte erzählen: Spirit, Mythen, Großgruppen-Interventionen und liturgische Systeme. In: Keil, Marion/Königswieser, Roswitha (Hrsg.): Das Feuer großer Gruppen, Stuttgart 2000, S. 85-99 (2000b)

Bonsen, Matthias zur: Führen mit Visionen. Der Weg zum ganzheitlichen Management, Niedernhausen 2000 (2000a)

Bonsen, Matthias zur: Wandel beschleunigen – mit großen Gruppen arbeiten. Unsere Veröffentlichungen, Oberursel (o.J.)

Bormann, Hans-Werner: Prozesse verändern: schwierig, aber nicht unmöglich. In: Wissensmanagement, Heft 2, 2002, S. 41-43

Bosch, Gerhard et. al.: Zur Zukunft der Erwerbsarbeit. Arbeitspapier der Hans-Böckler-Stiftung Nr. 43, 2. Auflage, Düsseldorf 2002

Bourdieu, Pierre: Das Elend der Welt. Zeugnisse und Diagnosen alltäglichen Leidens an der Gesellschaft, Konstanz 1997 (1997c)

Bourdieu, Pierre: Das politische Feld. Zur Kritik der politischen Vernunft, Konstanz 2001

Bourdieu, Pierre: Der Tote packt den Lebenden, Hamburg 1997 (1997a)

Bourdieu, Pierre: Die verborgenen Mechanismen der Macht, Hamburg 1997 (1997b)

Bourdieu, Pierre: Entwurf einer Theorie der Praxis, Frankfurt am Main 1979

Bourdieu, Pierre: Gegenfeuer: Wortmeldungen im Dienste des Widerstands gegen die neoliberale Invasion, Ulm 1999

Bové, José: Die Welt ist keine Ware. Bauern gegen Agromultis, Zürich 2001

Brakelmann, Günter: Arbeit ist nicht in erster Linie ein Organisationsproblem. In: Gewerkschaftliche Monatshefte, Nr. 6-7/1998; S. 335-337

Brakelmann, Günter: Besinnung auf die Ursprungswerte. In: Gewerkschaftliche Monatshefte, Nr. 11-12/1996, S. 680-687 (1996a)

Brakelmann, Günter: Die protestantischen Wurzeln der sozialen Marktwirtschaft, Gütersloh 1994

Brakelmann, Günter: Für eine menschlichere Gesellschaft, Bochum 1996 (1996b)

Brakelmann, Günter: Zur Arbeit geboren. Beiträge zu einer christlichen Arbeitsethik, Bochum 1988

Brandes, Uta/Bachinger, Richard/Erlhoff, Michael (Hrsg.): Unternehmenskultur und Stammeskultur. Metaphysische Aspekte des Kalküls, Darmstadt 1988

Brandl, Sebastian/Hildebrandt, Eckart: Zukunft der Arbeit und soziale Nachhaltigkeit. Zur Transformation der Arbeitsgesellschaft vor dem Hintergrund der Nachhaltigkeitsdebatte, Opladen 2002.

Brandstätter, Veronika: Arbeitsmotivation und Arbeitszufriedenheit. In: Hoyos, Carl Graf u.a. (Hrsg.): Arbeits- und Organisationspsychologie, Weinheim 1999, S. 344-357

Braun, Dietmar: Der Einfluss von Ideen und Überzeugungssystemen auf die politische Problemlösung. In: Politische Vierteljahresschrift, 39. Jahrgang, Nr. 4/1998, S. 797-818

Braun, Michael: Arbeitnehmerrechte im Welthandel. Sozialklauseln – eine neue Perspektive gewerkschaftlichen Handelns?, INEF-Report Heft 14, Duisburg 1995

Breisig, Thomas: Quo vadis? – Partizipatives Management. In: Müller-Jentsch, Walther (Hrsg.): Profitable Ethik – effiziente Kultur: Neue Sinnstiftungen durch das Management?, München 1993, S. 159-178

Brink, Alexander: Holistisches Shareholder-Value Management. Eine regulative Idee für globales Management in ethischer Verantwortung, München/Mering 2000

Brinkmann, Hans: Ganzheitliche Unternehmensführung und Offensives Personalmanagement, Münster/New York 1996

Brock, Dietmar: Wirtschaft und Staat im Zeitalter der Globalisierung. In: Aus Politik und Zeitgeschichte, B 33-34/1997

Brodbeck, Felix C.: Unternehmensführung – made in Germany. In: Die Mitbestimmung Nr. 4/2004, S. 10-16

Brown, W. Steven: 13 Todsünden des Managers. Und wie man sie vermeidet: mit Strategie-Checklisten, Zürich 1985

Brugger, Walter (Hrsg.): Philosophisches Wörterbuch, 14., neu bearbeitete Auflage, Freiburg/Basel/Wien 1976

Bruhn, Manfred u.a.: Wertorientierte Unternehmensführung, Wiesbaden 1998

Brummer, Malte Alexander: Unternehmenskultur und Effizienz. In: Unternehmer-Magazin, Heft 3, 2001, S. 36-37

Bullinger, Hans-Jörg/Klein, Barbara: Change Management – eine neue Unternehmensphilosophie? In: Assistenz, Bd. 47, Nr. 2/1998, S. 22-24

Buß, Eugen/Fink-Heuberger, Ulrike: Image-Management, Frankfurt am Main 2000

Callenbach, Vera: Im Wartesaal des Lebens. Nur nicht auffallen: Aus Angst vor einem Stellenwechsel verharren viele Arbeitnehmer im ungeliebten Job. In: Süddeutsche Zeitung Nr. 240, 18./19. Oktober 2003, S. V1/17

Camus, Albert: Der Künstler und seine Zeit. Vortrag an der Universität von Uppsala vom 14. Dezember 1957. In: ders.: Fragen der Zeit, Neuausgabe, Reinbek bei Hamburg 1997

Capra, Fritjof: Wendezeit. Bausteine für ein neues Weltbild, 20., überarbeitete und erweiterte Auflage, Bern u.a. 1991

Carnegie, Dale: Sorge dich nicht – lebe!, 52. Auflage, Bern u.a. 1990

Chomsky, Noam: Profit Over People. Neoliberalismus und Globale Weltordnung, Hamburg/Wien 2000

Chomsky, Noam: Wirtschaft und Gewalt. Vom Kolonialismus zur neuen Weltordnung, München 1995

Chossudovsky, Michel: Global Brutal. Der entfesselte Welthandel, die Armut, der Krieg, 19. Auflage, Frankfurt am Main 2003

Clausen, Lars/Schlüter, Carsten (Hrsg.): Hundert Jahre „Gemeinschaft und Gesellschaft". Ferdinand Tönnies in der internationalen Diskussion, Opladen 1991

Cooper, Nina: Den neuen Geist der Kooperation fördern. In: Personalführung, Heft 9, 2001, S. 76-79

Corssen, Jens: Der Selbst-Entwickler. Das Corssen Seminar, München 2002

Czada, Roland: Politische Institutionen und ökonomische Interessen. In: Luthardt, Wolfgang/Waschkuhn, Arno (Hrsg.): Politik und Repräsentation. Beiträge zur Theorie und zum Wandel politischer und sozialer Institutionen, Marburg 1988, S. 149-166

D'Aveni, Richard A.: Hyperwettbewerb. Strategien für die neue Dynamik der Märkte, Frankfurt am Main/New York 1995

Dahm, Karl Wilhelm/Drehsen, Volker/Kehrer, Günter: Das Jenseits der Gesellschaft, Religion im Prozess sozialwissenschaftlicher Kritik, München 1995

Dahm, Wolfgang: Beraten und verkauft – die Methoden der Strukturvertriebe, Wiesbaden 1996

Daldrop, Norbert: Kompendium Corporate Identity und Corporate Design, Stuttgart 1997

Danckwerts, Dankwart: „...das Wort besteht aus zwei Anteilen, dienen und leisten". In: Logistik und Arbeit, Nr. 9-10/1997.

De Geer, Hans: Business ethics in progress?, Berlin/Heidelberg/New York/Tokyo 1994

Deal, Terrence-E.: Unternehmenserfolg durch Unternehmenskultur, hrsg. von A. Bruer, deutsche Übersetzung der von Deal/Kennedy 1982 erschienen Schrift Corporate Cultures. The Rites and Rituals of Corporate Life, Bonn 1987

Deckstein, Dagmar: Dichter, Denker und Drogisten. Mit Anthroposophie zum Ziel: „Zutrauen veredelt den Menschen, ewige Bevormundung hemmt sein Reifen". In: Süddeutsche Zeitung Nr. 251, 31. Oktober./01./02. November 2003, S. 32

Dederichs, Jörg: Unternehmensphilosophie als strategischer Erfolgsfaktor im internationalen Marketing, Marburg 1995

Deekeling, Egbert: Corporate Identity – Idée fixe und Sackgasse. In: Frankfurter Allgemeine Zeitung Nr. 137, 16. Juni 2003, S. 23

Deppert, Wolfgang/Mielke, Dietmar/Theobald, Werner (Hrsg.): Mensch und Wirtschaft. Interdisziplinäre Beiträge zur Wirtschafts- und Unternehmensethik, Leipzig 2001

Deutschmann, Christoph: Die Verheißung des absoluten Reichtums. Zur religiösen Natur des Kapitalismus, Frankfurt am Main 1999

Deutschmann, Christoph: Die Verheißung absoluten Reichtums: Kapitalismus als Religion? In: Baecker, Dirk (Hrsg.): Kapitalismus als Religion, Berlin 2003, S. 145-174

Deutschmann, Christoph: Unternehmensberater – eine neue „Reflexionselite"? In: Müller-Jentsch, Walther (Hrsg.): Profitable Ethik – effiziente Kultur: Neue Sinnstiftungen durch das Management?, München 1993, S. 57-82

Devos, Richard: Das ABC des Erfolges, 16 Regeln für ein menschliches Unternehmen, Landsberg 1999

Dielmann, Klaus: Fusionen aus personalwirtschaftlicher Sicht. In: Personal, 52. Jhrg., Heft 9, 2000, S. 478-480

Dietrich, Fridolin: Integration mit Unternehmensleitbild. In: Personalwirtschaft, Bd. 26, Nr. 6/1999, S. 42-49

Dietrich, Rudolf: Betriebswissenschaft, München/Leipzig 1914

Dilts, Robert B.: Die Magie der Sprache. Angewandtes NLP, Paderborn 2001

Döring, Diether (Hrsg.): Sozialstaat in der Globalisierung, Frankfurt am Main 1999

Döring. Peter: Perfekt programmiert auf den eigenen Lebenserfolg. Die Lebensgeheimnisse der wirklich Erfolgreichen, Düsseldorf /Berlin 2001

Dorow, Wolfgang: Unternehmungspolitik, Stuttgart 1982

Dülfer, Eberhard (Hrsg.): Organisationskultur. Phänomen – Philosophie – Technologie, 2., erweiterte Auflage, Stuttgart 1991

Durchow, Ulrich: Alternativen zur kapitalistischen Weltwirtschaft. Biblische Erinnerung und politische Ansätze zur Überwindung einer lebensbedrohlichen Ökonomie, Mainz 1994

Durkheim, Emile: Die elementaren Formen religiösen Lebens, Frankfurt am Main 1981

Dürr, Walter (Hrsg.): Organisationsentwicklung als Kulturentwicklung. Einübung in die Wahrnehmung eines Ganzen, Baltmannsweiler 1989

Eco, Umberto: Wenn der andere ins Spiel kommt. In: ders.: Vier moralische Schriften, München/Wien 1998, S. 71-88

Edmüller, Andreas/Wilhelm, Thomas: Manipulationstechniken, Planegg 1999

Ehrenreich, Barbara: Arbeit Poor. Unterwegs in die Dienstleistungsgesellschaft, Reinbek bei Hamburg 2003

Eichhorst, Werner: „Benchmarking Deutschland" – Wo stehen wir im internationalen Vergleich?. In: Aus Politik und Zeitgeschichte B 46-47/2002

Empter, Stefan/Kluge, Norbert (Hrsg.): Unternehmenskultur in der Praxis. Aspekte und Beispiele einer Neuorientierung, Gütersloh 1995

Essing, Frank: Leitbilder und Unternehmensphilosophien von Dienstleistungsbetrieben als Elemente des Corporate Identity-Konzeptes, VDD Spiralbuch, o.O. 1998

Falthauser, Kurt: Unternehmen und Gesellschaft. Theorie und Praxis der Sozialbilanz, Berlin 1978

Felde, Gerd vom: Der Weg zu einem Unternehmensleitbild. Entwicklung und Einführung von Leitlinien bei einer Versicherungsgesellschaft. In: Personal, Bd. 46, Nr. 1/1994, S. 30-33

Feldmann, Kim: Der Traum vom schnellen Geld – wie Strukturvertriebe wirklich arbeiten, Berlin 1993

Fetscher, Iring: Solidarität und Individualisierung. In: Gewerkschaftliche Monatshefte, Nr. 4-5/2002, S. 196-200

Fink, Eugen: Existenz und Coexistenz: Grundprobleme der menschlichen Gemeinschaft, Würzburg 1987

Fischer, Guido: Christliche Gesellschaftsordnung und Sozialpraxis des Betriebes, München 1950

Fischer, Guido: Der Betrieb: Institution menschlicher Ordnung, Zürich 1975

Fischer, Guido: Theorie und Praxis der betrieblichen Partnerschaft. In: Kolbinger, Josef (Hrsg.): Betrieb und Gesellschaft. Soziale Betriebsführung, Berlin 1966, S. 123-137

Flassbeck, Heiner u.a.: Ein dritter Weg in das dritte Jahrtausend. Von der Standort zur Zukunftsdebatte, 2. Auflage, Hamburg 2000

Fleischhauer, Jan: Good bye Mr. Brutalo. In: Der Spiegel, 53. Jhrg., Heft 1, 1999, S. 68-70

Forrester, Viviane: Der Terror der Ökonomie, München 1998

Forrester, Viviane: Menschen sind wichtiger als Bilanzen. In: Gewerkschaftliche Monatshefte, Nr. 11/1997, S. S. 617-623

Fourastie, Jean: Die große Hoffnung des zwanzigsten Jahrhunderts, 2. Auflage, Köln 1969

Fourastie, Jean: Gesetze der Wirtschaft von Morgen, Düsseldorf/Wien 1967

Frankl, Viktor E.: Das Leiden am sinnlosen Leben. Psychotherapie für heute, 12. Auflage der Neuausgabe, Freiburg 2001

Frankl, Viktor E.: Der Mensch vor der Frage nach dem Sinn, 14. Auflage, München 2002

Fuchs, Tatjana: Arbeit und menschliche Würde. Arbeitsbedingungen und Arbeitsbelastungen in Deutschland, ISW-Report Nr. 51, München 2002

Frick, Markus: Ich mache Sie reich – Der Mann, der Millionäre macht, München 2002

Fürstenberg, Friedrich: Wandel in der Einstellung zur Arbeit – Haben sich die Menschen oder hat sich die Arbeit verändert?, Teil 1 eines Beitrages zusammen mit Burkhard Strümpel. In: Rosenstiel, Lutz von/Einsiedler, Herbert E./Streich, Richard K.: Wertewandel als Herausforderung für die Unternehmenspolitik, Stuttgart 1987, S. 17-22

Ganssmann, Heiner: Geld und Arbeit. Wirtschaftssoziologische Grundlagen einer Theorie der modernen Gesellschaft, Frankfurt am Main/New York 1996

Ganssmann, Heiner: Modell Deutschland – warum ist der Reifen platt? Über Reformstau, Arbeitslosigkeit und sinkende Investitionen. In: Le Monde diplomatique, Januar 2004, S. 12-13

Geisel, Sieglinde: Auf der Suche nach einem transzendentalen Obdach. Moderne Esoterik zwischen Markt und Seelennot. In: Neue Züricher Zeitung vom 18./19. August 2001, S. 55

Genschel, Philipp: Markt und Staat in Europa. In: Politische Vierteljahresschrift, 39. Jhrg., Nr. 1/1998, S. 55-79

Gerken, Gerd: Die Zukunft des Handelns, Freiburg im Breisgau 1987

Gerken, Gerd: Der neue Manager, München 1995

Gerken, Gerd: Der neue Manager, 2. Auflage, Freiburg im Breisgau 1988

Gerken, Gerd: Magische Masse. Die Rückkehr der großen Mengen, Düsseldorf und München 1996

Gerken, Gerd: Manager... Die Helden des Chaos. Wenn alle Strategien versagen, 3. Auflage, Düsseldorf u.a. 1994

Gerken, Gerd: Neue Wege für Manager. Erfolg zwischen High-Tech und Ethik, Düsseldorf 1989

Gerken, Gerd: Trendzeit. Die Zukunft überrascht sich selbst, Düsseldorf u.a. 1993

Gerken, Gerd: Wild Future. Abschied von den kalten Strategien, Düsseldorf 1995 (1995a)

Gerlach, Jochen: Ethik und Wirtschaftstheorie. Modelle ökonomischer Wirtschaftsethik in theologischer Analyse, Gütersloh 2002

Giddens, Anthony: Die Politik des dritten Weges. In: ders. u.a. (Hrsg.): Ein dritter Weg in das dritte Jahrtausend. Von der Standort zur Zukunftsdebatte, 2. Auflage, Hamburg 2000

Glaubitz, Jürgen/Köhnen, Heiner: WalMart: ein Wolf im Schafspelz?, In: Die Mitbestimmung, Nr. 6/2000

Glißmann, Wilfried: Womit finde ich mich konfrontiert? Indirekte Steuerung im Konzern aus der Perspektive der Beschäftigten. In: Wagner, Hilde (Hrsg.): Rentier' ich mich noch? Neue Steuerungskonzepte im Betrieb, Hamburg 2005, S. 155-204

Glöckler, Thomas: Strategische Erfolgspotentiale durch Corporate Identity, Wiesbaden 1995

Goddar, Jeanette: Das multiple Personal. Ein Arbeitsplatz ist nicht genug: Warum sich immer mehr Menschen als Mehrfach-Jobber durchschlagen. In: Süddeutsche Zeitung Nr. 281, 06-/07. November 2003, S. V1/15

Golde, Roger A.: durchwursteln. unkonventionell führen und organisieren (sic!), Heidelberg 1978

Goleman, Daniel: EQ^2. Der Erfolgsquotient, München/Wien 1999

Gorz, André: Arbeit zwischen Misere und Utopie, Frankfurt am Main 2000

Gorz, André: Kritik der ökonomischen Vernunft, Berlin 1989

Gorz, André: Kritik der ökonomischen Vernunft. In: Ders.: Wege ins Paradies, Berlin 1984, S. 66-69

Graf, Gerhard: Das Phänomen Lean Management. Eine kritische Analyse, Wiesbaden 1996

Gripp, Helga: Jürgen Habermas. Und es gibt sie doch – Zur kommunikationstheoretischen Begründung von Vernunft bei Jürgen Habermas, unveränderter Nachdruck der Erstausgabe von 1984, München/Wien/Zürich 1986

Guggenberger, Bernd: Wenn uns die Arbeit ausgeht..., München 1988

Haas, Jan-Pelgrom de: Management-Philosophie im Spannungsfeld zwischen Ökologie und Ökonomie. Überlegungen zu einer ökologiebewussten Unternehmungspolitik, Univ. Diss., Bergisch-Gladbach/Köln 1989

Habermas, Jürgen: Die Einbeziehung des Anderen. Studien zur politischen Theorie, Frankfurt am Main 1999

Habermas, Jürgen: Euroskepsis, Markteuropa oder Europa der (Welt-) Bürger? In: Ulrich, Peter/Maak, Thomas (Hrsg.): Die Wirtschaft *in* der Gesellschaft. Perspektiven an der Schwelle zum dritten Jahrtausend, Bern/Stuttgart/Wien 2000, S. 151-171

Habermas, Jürgen: Theorie des kommunikativen Handelns, Band 1: Handlungsrationalität und gesellschaftliche Rationalisierung, 3., durchgesehene Auflage, Frankfurt am Main 1985

Habermas. Jürgen: Theorie des kommunikativen Handelns, Band 2: Zur Kritik der funktionalistischen Vernunft, 3., durchgesehene Auflage, Frankfurt am Main 1985

Habermas Jürgen: Vorstudien und Ergänzungen zur Theorie des kommunikativen Handelns, 3. Auflage, Frankfurt am Main 1989

Hacker, Werner: Miese Chefs – miese Stimmung? In: Die Mitbestimmung Nr. 4/2004, S. 34-37

Hagengruber, Ruth: Nutzen und Allgemeinheit. Überlegungen zu grundlegenden Prinzipien der praktischen Philosophie, Bonn 2001

Hahn, Oswald: Die Unternehmensphilosophie einer Genossenschaftsbank, Tübingen 1980

Hanesch, Walter/Krause, Peter/Bäcker, Gerhard: Armut und Ungleichheit in Deutschland. Der neue Armutsbericht der Hans-Böckler-Stiftung, des DGB und des Paritätischen Wohlfahrtsverbandes, Reinbek bei Hamburg 2000

Hann, Christopher: Echte Bauern, Stachanowiten und die Lilien auf dem Felde. In: Kocka, Jürgen / Offe, Claus (Hrsg.): Geschichte und Zukunft der Arbeit, Frankfurt am Main 2000, S. 23-53

Hansen, Klaus P.: Die Mentalität des Erwerbs. Erfolgsphilosophien amerikanischer Unternehmer, München 1995

Hapke, Jens/Müller, Matthias: Das Ende der Selbstausbeutung. Wandel in der New Economy. In: Bizz, Heft 3, 2001, S. 32-38

Hartmann, Ulrich: Deutungen von Arbeit in monastischen Lebensformen mit Schwerpunkt auf dem Zisterzienserorden. In: Kreuzer, Ansgar/ Bohmeyer, Axel (Hrsg.): Arbeit ist das halbe Leben. Zum Verhältnis von Arbeit und Lebenswelt, Frankfurt am Main 2001

Häußermann, Hartmut/Siebel, Walter: Dienstleistungsgesellschaften, Frankfurt am Main 1995

Hauser, Linus: Kritik der neomythischen Vernunft, Band 1: Menschen als Götter der Erde (1800-1945), Paderborn u.a. 2004

Hayek, Friedrich-A. von: Der Strom der Güter und Leistungen, Tübingen 1984

Hayek, Friedrich-A. von: Der Weg zur Knechtschaft, München 1976

Hegel, Georg Wilhelm Friedrich: Grundlinien der Philosophie des Rechts oder Naturrecht und Staatswissenschaft im Grundrisse, Werke 7, 5. Auflage, Frankfurt am Main 1996

Hegel, Georg Wilhelm Friedrich: Vorlesungen über die Philosophie der Religion, Werke 16, Band 1, 3. Auflage, Frankfurt am Main 1995

Hehir, Tom: Lessons From The Dot-Com Debacle. In: Research in urban economics. JAI Press, Bd. 13, Amsterdam 2002, S. 33-46

Heide, Holger: Massenphänomen Arbeitssucht – Historische Hintergründe und aktuelle Bedeutung einer neuen Volkskrankheit, Bremen 2002

Heilbroner, Robert L.: Behind the Veil of Economics. Essays in the Worldly Philosophy, New York/London 1988

Hein, Eckhard/Truger, Achim: Mit radikalen Strukturreformen aus der Krise? In: Die Mitbestimmung Nr. 4/2004, S. 51-54

Heintel, Peter: Reflexionen zum Thema *Massen und faschistoide Phänomene* und zur Organisation von Großgruppen. In: Keil, Marion/Königswieser, Roswita (Hrsg.): Das Feuer großer Gruppen, Stuttgart 2000, S. 45-61

Heinecke, Albert: Das betriebliche Informationsmanagement unter dem Aspekt einer sich ändernden Managementphilosophie, Braunschweig 1993

Heinsohn, Gunnar/Steiger, Otto: Eigentum, Zins und Geld. Ungelöste Rätsel der Wirtschaftswissenschaft, Reinbek bei Hamburg 1996

Helbig, Wolfgang (Hrsg.): Positionen und Erfahrungen – Unternehmensphilosophie in der Diakonie, Hannover 1997

Helms, Ludger: „Politische Führung" als politikwissenschaftliches Problem. In: Politische Vierteljahresschrift, 41. Jhrg., Nr. 3/2000, S. 411-434

Hemminger, Hansjörg: Eine Erfolgspersönlichkeit entwickeln? Psychokurse und Erfolgstechniken in der Wirtschaft, Stuttgart 1996

Hemminger, Hansjörg: Persönlichkeitsentwicklung und Managertraining. In: Panorama der neuen Religiosität. Sinnsuche und Heilsversprechen zu Beginn des 21. Jahrhunderts, Gütersloh 1999

Hengsbach, Friedhelm: Globalisierung aus wirtschaftsethischer Sicht. In: Aus Politik und Zeitgeschichte, B 21/1997

Henkel, Hans-Olaf: Die Ethik des Erfolges, 4. Auflage, München 2002

Henningsen, Bernd/Beindorf, Claudia (Hrsg.): Gemeinschaft. Eine zivile Imagination, Baden-Baden 1999

Herder-Dorneich, Philipp: Unternehmensphilosophie. In: Deutsche Zeitschrift für Philosophie, 38. Jhrg., 1990, S. 944-952

Herder-Dorneich, Philipp: Unternehmensphilosophie, 2. Auflage, Baden-Baden 1991

Hermann, Brigitta: Wirtschaftsethik – Stand der Forschung. In: Allbach, Horst (Hrsg.): Unternehmensethik. Konzepte – Grenzen – Perspektiven. In: Zeitschrift für Betriebswirtschaft, Ergänzungsheft 01/1992, S. 1-33

Herrmann-Pillath, Carsten: Evolution von Wirtschaft und Kultur. Bausteine einer transdisziplinären Methode, Marburg 2000

Herwig, Hedda J.: Formen des Emanzipationsbegriffs. Zur Kritik der unbestimmten Selbstverwirklichung, München 1980

Herwig, Hedda J.: „Sanft und verschleiert ist die Gewalt....". Ausbeutungsstrategien in unserer Gesellschaft, Reinbek bei Hamburg 1992

Heusinger, R. von/Uchatius, W.: Der Mythos vom Abstieg. In: Die Zeit Nr. 17, 15. April .2004, S. 25-26

Hickel, Rudolf: Standort-Wahn und Euro-Angst. Die sieben Irrtümer der deutschen Wirtschaftspolitik, Reinbek bei Hamburg 1998

Hintermeier, Hannes: Die Aldi-Welt. Nachforschungen im Reich der Discount-Milliardäre, München 2000

Hirn, Wolfgang: Moral und Moneten. In: manager magazin, 26. Jhrg., Heft 12, 1996, S. 124-132

Höffe, Otfried: Dreidimensionales Sparen. Was heißt soziale Gerechtigkeit heute? In: Süddeutsche Zeitung Nr. 253, 04. November 2003, S. 13

Höhler, Gertrud: Die Sinn-Macher. Wer siegen will, muss führen, München 2002

Höller, Jürgen: Alles ist möglich – Strategien zum Erfolg, München 2000 (2000b)

Höller, Jürgen: Jenseits der Grenzen – 10 Gesetze für ein erfolgreiches Leben, Gochsheim 2000 (2000c)

Höller, Jürgen: Sag ja zum Erfolg. Der Weg zu Reichtum und persönlicher Freiheit, München 2000 (2000a)

Höller, Jürgen: Sicher zum Spitzenerfolg. Strategien und Praxis-Tips, München 2002 (2000d)

Höller, Jürgen: Sprenge deine Grenzen – Mit Motivationstraining zum Erfolg, 7. Auflage, München u.a. 1999

Höpner, Martin: Wer beherrscht die Unternehmen. Shareholder Value, Managerherrschaft und Mitbestimmung in Deutschland, Frankfurt am Main 2003

Hoffmann, Hilmar/Kramer, Dieter (Hrsg.): Arbeit ohne Sinn? Sinn ohne Arbeit? Weinheim 1994

Hoffmeister, Johannes (Hrsg.): Wörterbuch der philosophischen Begriffe, 2. Auflage, Hamburg 1955

Holleis, Wilfried: Unternehmenskultur und moderne Psyche, Frankfurt am Main/New York 1987

Homann, Karl (Hrsg.): Aktuelle Probleme der Wirtschaftsethik, Berlin 1992

Homann, Karl: Die Interdependenz von Zielen und Mitteln, Tübingen 1980

Homann, Karl (Hrsg.): Wirtschaftsethische Perspektiven I. Theorie, Ordnungsfragen, Internationale Organisationen, Berlin 1994 (1994a)

Homann, Karl/Blome-Drees, Franz: Wirtschafts- und Unternehmensethik, Göttingen 1992

Homann, Karl/Suchanek, Andreas: Ökonomik: Eine Einführung, Tübingen 2000

Homann, Karl: Marktwirtschaft und Ethik. Eine Neubestimmung ihres Verhältnisses. In: Zur Debatte. Themen der Katholischen Akademie in Bayern, Nr. 3/2001, S. 1-3

Homann, Karl: Marktwirtschaft und Unternehmensethik. In: Blasche, Siegfried/Köhler, Wolfgang R./Rohs, Peter (Forum für Philosophie Bad

Homburg – Hrsg.): Markt und Moral. Die Diskussion um die Unternehmensethik, Bern/Stuttgart/Wien 1994, S. 109-130

Homann, Karl: Rationalität und Demokratie, Tübingen 1988

Hönig, Wolf: Dilemma zwischen Moral und Geld. In: Der Organisator, Heft 11, 2001, S. 18-19

Honneth, Axel (Hrsg.): Kommunitarismus. Eine Debatte über die moralischen Grundlagen moderner Gesellschaften, 3. Auflage, Frankfurt am Main/New York 1995

Horx, Matthias/Steilmann, Britta: Millenium Moral. Wirtschaft, Ethik & Natur, Düsseldorf/München 1995

Houellebecq, Michel: Ausweitung der Kampfzone, 7. Auflage, Reinbek bei Hamburg 2002 (2002a)

Houellebecq, Michel: Elementarteilchen, Köln 1999

Houellebecq, Michel: Plattform, 2. Auflage, Köln 2002 (2002b)

Hoyos, Carl Graf u.a. (Hrsg.): Arbeits- und Organisationspsychologie, Weinheim 1999

Huber, Michael: Die betriebspädagogische Bedeutung von Betriebsphilosophien, München 1985

Jacobi, Robert: Das Prinzip Zewa. Arbeitslos, schweres Los – gilt das heute nicht mehr? In: Süddeutsche Zeitung Nr. 5, 07. Januar 2002, S. 13

Jänicke, Gundula/Kleine, Thomas: Unternehmenskultur verstehen. In: Personalwirtschaft, Bd. 29, Nr. 12/2002, S. 31-34

Jahns, Christopher: Unternehmensstrategie und Unternehmenskultur. In: Das Wirtschaftsstudium, Bd. 31, Nr. 2/2002, S. 211-216

Jeong, Young-Joo: Das Unternehmen als Sozialverband und seine Funktionsfähigkeit in der Marktwirtschaft, Univ. Diss., Trier 1992

Jörges, Hans-Ulrich: Brandt im Betrieb. „Bündnisse für Arbeit" in den Unternehmen können zum neuen deutschen Erfolgsmodell werden – wenn wir mehr Demokratie wagen. In: Stern, Nr. 26 vom 23. Juni 2005

Johnson, Spencer: Die Mäuse-Strategie für Manager. Veränderungen erfolgreich begegnen, 6. Auflage, München 2001

Jonas, Hans: Das Prinzip Verantwortung. Versuch einer Ethik für die technische Zivilisation, Frankfurt am Main 1984

Joppe. Johanna/Ganowski, Christian/Ganowski, Franz Josef: Chefsache Privatleben. Mit Managementmethoden zur persönlichen Balance, Frankfurt am Main 2001

Jongebloed, Hans-Carl: Unternehmensphilosophie – Unternehmenskultur: Bedingung oder Folge von Zukunft? In: Deppert, Wolfgang (Hrsg.): Mensch und Wirtschaft: interdisziplinäre Beiträge zur Wirtschafts- und Unternehmensethik, Leipzig 2001, S. 199-221

Kamper, Dietmar/Wulf, Christoph (Hrsg.): Das Heilige. Seine Spur in der Moderne (Syndikat), unveränderter Nachdruck, Bodenheim 1997

Keden, Joachim: „Mit 40 bin ich Millionär". Zur Problematik von Strukturvertrieben/Direktvertriebssystemen am Beispiel von National Safety Associates (NSA), Materialdienst der EZW 09/97

Keil, Marion/Königswieser, Roswita (Hrsg.): Das Feuer großer Gruppen, Stuttgart 2000

Keun, Christian/Schmidt, Karsten: Knüppeln, Knausern, Kontrollieren. In: manager-magazin (online Version), Artikel über das Drogerieunternehmen von Anton Schlecker vom 02.07.2002

Keynes, John Maynard: Allgemeine Theorie der Beschäftigung, des Zinses und des Geldes, 3. Auflage, Berlin 1966

Kirsch, Werner: Beiträge zu einer evolutionären Führungslehre, Stuttgart 1997

Kißler, Leo: Partizipation als Ethikproblem. Eine Annäherung auf der Grundlage der Beteiligungspraxis in der deutschen und französischen Automobilindustrie. In. Blasche, Siegfried/Köhler, Wolfgang R./Rohs, Peter (Forum für Philosophie Bad Homburg – Hrsg.): Markt und Moral. Die Diskussion um die Unternehmensethik, Bern/Stuttgart/Wien 1994, S. 309-350

Klages, Helmut: Indikatoren des Wertewandels. In: Rosenstiel, Lutz von/Einsiedler, Herbert E./Streich, Richard K.: Wertewandel als Herausforderung für die Unternehmenspolitik, Stuttgart 1987, S. 1-16

Klebe, Thomas et. al.: Betriebsverfassungsgesetz. Basiskommentar mit Wahlordnung, 11. Auflage, Frankfurt am Main 2003

Klebert, Karin/Schrader, Einhard/Straub, Walter G.: Moderations-Methode: das Standardwerk, überarbeitete Neuauflage, Hamburg 2002

Kley, Karl-Ludwig: Strategie, Organisation und Unternehmenskultur im Wandel. In: Zeitschrift für Betriebswirtschaft, 68. Jhrg., Heft 11/1998, S. 1155-1179

Kluge, Friedrich: Etymologisches Wörterbuch der deutschen Sprache, bearbeitet von Elmar Seebold, 23., erweiterte Auflage, Berlin/New York 1995

Knaus, Esther: Pro und Contra Corporate Fashion. In: Der Organisator, Heft 2, 2001, S. 32-33.

Kocka, Jürgen / Offe, Claus (Hrsg.): Geschichte und Zukunft der Arbeit, Frankfurt am Main 2000

Kocka, Jürgen: Arbeit früher, heute, morgen: Zur Neuartigkeit der Gegenwart. In: Ders./Offe, Claus (Hrsg.): Geschichte und Zukunft der Arbeit, Frankfurt am Main 2000, S. 476-492

Köhler-Braun, Katharina: Unternehmenskultur und Human Resource Management – Das Beispiel der Walt Disney World. In: Personal, 52. Jhrg., Heft 1/2000, S. 28-33

Köhnen, Heiner: Das System WalMart. Strategien, Personalpolitik und Unternehmenskultur eines Einzelhandelsgiganten, hrsg. von der Hans-Böckler-Stiftung, Düsseldorf 2000

Köhnen, Heiner: Ehrenwerte Geschäfte – zweifelhafte Methoden. Verhaltenskodizes – Persilschein oder Mittel zur Organisierung. In: express, Zeitschrift für sozialistische Betriebs- und Gewerkschaftsarbeit, Nr. 11-12/2001

Kolbinger, Josef (Hrsg.): Betrieb und Gesellschaft. Soziale Betriebsführung, Berlin 1966

Kolbinger, Josef: Das betriebliche Personalwesen II., 2. Auflage, Stuttgart 1972

Kolbinger, Josef: Grundfragen betrieblicher Leistungs- und Entlohnungspolitik. Leistungs- und Lohnpolitik als sozialer und wirtschaftlicher Ordnungsvollzug, Wien 1958

Kopelent, Maria: Unternehmensentwicklung: Vom abstrakten Begriff zum anschaulichen Prozess. In: Rationell reinigen, Bd. 52, Heft 9, 2001, S. 82-88

Koslowski, Peter (Hrsg.): The Theory of Capitalism in the German Economic Tradition. Historism, Ordo-Liberalism, Critical Theory, Solidarism, Berlin/Heidelberg 2000

Koslowski, Peter: Die Ordnung der Wirtschaft. Studien zur Praktischen Philosophie und Politischen Ökonomie, Tübingen 1994

Knaus, Esther: Pro und Contra Corporate Fashion. In: Der Organisator, Heft 2, 2001, S. 32-33

Kramer, Rolf: Das Unternehmen zwischen Globalisierung und Nachhaltigkeit. Sozialethische Überlegungen, Berlin 2002

Krebs, Angelika (Hrsg.): Gleichheit oder Gerechtigkeit. Texte der neuen Egalitarismuskritik, Frankfurt am Main 2000

Krell, Gertraude: Organisationskultur – Renaissance der Betriebsgemeinschaft? In: Dülfer, Eberhard (Hrsg.): Organisationskultur. Phänomen – Philosophie – Technologie, Stuttgart 1988, S. 113-126

Krell, Gertraude: Vergemeinschaftung durch symbolische Führung. In: Müller-Jentsch, Walther (Hrsg.): Profitable Ethik – effiziente Kultur: Neue Sinnstiftungen durch das Management?, München 1993, S. 39-55

Krell, Gertraude: Vergemeinschaftende Personalpolitik. Normative Personallehren, Werksgemeinschaft, NS-Betriebsgemeinschaft, Betriebliche Partnerschaft, Japan, Unternehmenskultur, München/Mering 1994

Kreikebaum, Hartmut/Behnam, Michael/Gilbert, Dirk Ulrich: Management ethischer Konflikte in international tätigen Unternehmen, Wiesbaden 2001

Kroehl, Heinz: Corporate Identity als Erfolgsfaktor im 21. Jahrhundert, München 2000

Krulis-Randa: Einführung in die Unternehmenskultur. In: Lattmann, Charles (Hrsg.): Die Unternehmenskultur. Ihre Grundlagen und ihre Bedeutung für die Führung der Unternehmung, Heidelberg 1990, S. 1-20.

Kühl, Stefan: Back to profit oder Konturen des Exit-Kapitalismus. In: brand eins, Heft 7, 2001, S. 140-141

Kühnlein, Gertrud: Mentale Weiterbildungsstrategien als Instrument betrieblicher Organisationsentwicklung. Ein Gutachten im Auftrag der Hans-Böckler-Stiftung, Dortmund 2000

Kunde, Jesper: Corporate Religion. Bindung schaffen durch starke Marken, Wiesbaden 2000

Kuntz, Michael: Neue Spiritualität macht die Runde. WalMart sieht die Firma als Wertegemeinschaft. In: Süddeutsche Zeitung Nr. 117, 19. Mai 2001, S. 22

Kurnitzky, Horst: Der heilige Markt, Frankfurt am Main 1994

Kurnitzky, Horst: Die unzivilisierte Zivilisation. Wie die Gesellschaft ihre Zukunft verspielt, Frankfurt am Main 2002

Kurnitzky, Horst: Neoliberalismus als Religion?, o.J. Siehe die folgende Internetseite: http://coforum.de/index.php4?Neoliberalismus%20als%20neue"20Religion%3F (Stand 12.06.2002)

Kurz-Scherf, Ingrid: Wenn die Arbeit entbehrlich wird. In: WSI-Mitteilungen, Sonderheft 1997, S. 55-56

Lattmann, Charles (Hrsg.): Die Unternehmenskultur. Ihre Grundlagen und ihre Bedeutung für die Führung der Unternehmung, Heidelberg 1990

Leicher, Rolf: Stellenanzeigen als Spiegel der Unternehmensphilosophie. In: bankmagazin – Zeitschrift für Bankmanagement, Finanzvertrieb und E-Business, Heft 3, 2001, S. 104-105

Leidhold, Wolfgang: Politische Philosophie, Würzburg 2002

Lejeune, Erich J.: Du schaffst, was du willst! Die Kraft ist in dir!, 2. Auflage, Landsberg am Lech 1999

Lemke, Thomas: Neoliberalismus, Staat und Selbsttechnologien. Ein kritischer Überblick über die *governmentality studies*, in: Politische Vierteljahresschrift, 41. Jhrg., Nr. 1/2000, S. 31-47

Linder-Hofmann, Bernd/Zink, Manfred: Die Innere Form. Zen im Management, Herrsching 2002

Locke, John: Zwei Anhandlungen über die Regierung, hrsg. von Wolfgang Abendroth, Ossip K. Flechtheim und Iring Fetscher, Frankfurt am Main 1967

Lohmer, Matthias: Das Unbewusste im Unternehmen: Konzepte und Praxis psychodynamischer Organisationsberatung. In: ders. (Hrsg.): Psychodynamische Organisationsberatung. Konflikte und Potentiale in Veränderungsprozessen. Stuttgart 2000, S. 1-28

Löhner, Michael: Unternehmen heißt denken. Folgerichtigkeit im Management, Düsseldorf/Wien/New York 1990

Love, John F.: Die McDonald's Story. Anatomie eines Welterfolges, 5. Auflage, München 2001

Luckmann, Thomas: Die unsichtbare Religion, Frankfurt am Main 1991

Luckmann, Thomas: Religion in der modernen Gesellschaft. In: ders.: Lebenswelt und Gesellschaft. Grundstrukturen und geschichtliche Wandlungen, Paderborn u.a. 1980, S. 173-189

Lütz, Susanne: Die Rückkehr des Nationalstaates? Kapitalmarktregulierung im Zeichen der Internationalisierung internationaler Finanzmärkte. In: Politische Vierteljahresschrift, 38. Jhrg., Nr. 3/1997, S. 475-497

Luhmann, Niklas: Die Gesellschaft der Gesellschaft, Frankfurt am Main 1997

Luhmann, Niklas: Die Wirtschaft der Gesellschaft, Frankfurt am Main 1988

Luhmann, Niklas: Funktion der Religion, 4. Auflage, Frankfurt am Main 1996

Luhmann, Niklas: Soziale Systeme. Grundriss einer allgemeinen Theorie, 4. Auflage, Frankfurt am Main 1993

Luhmann, Niklas: Soziologische Aufklärung 1. Aufsätze zur Theorie Sozialer Systeme, 6. Auflage, Opladen 1991

Mack, Bernhard: Führungsfaktor Menschenkenntnis, Landsberg 2000

Luthardt, Wolfgang/Waschkuhn, Arno (Hrsg.): Politik und Repräsentation. Beiträge zur Theorie und zum Wandel politischer und sozialer Institutionen, Marburg 1988

Maassen, Oliver: Mitarbeiterintegration und Nachwuchsentwicklung. In: Personalwirtschaft, Bd. 26, Nr. 6/1999, S. 38-41

Malik, Fredmund: Biologische Organismen als neues Modell? Heute noch Science Fiction; morgen Praxis. Komplexe Systeme werden die Konkurrenz verändern, o. O. 1997, hier zitiert nach Pdf-Download von www.managementkybernetik.com (Stand: 10.05.2004)

Malik, Fredmund: Die Unternehmenskultur als Problem von Managementlehre und Managementpraxis. In: Lattmann, Charles (Hrsg.): Die Unternehmenskultur. Ihre Grundlagen und ihre Bedeutung für die Führung der Unternehmung, Heidelberg 1990, S. 21-40.

Malik, Fredmund: Führen, leisten, leben. Wirksames Management für eine neue Zeit, Stuttgart 2000

Malik, Fredmund: Systemisches Management, Evolution, Selbstorganisation. Grundprobleme, Funktionsmechanismen und Lösungsansätze für komplexe Systeme, Bern/Stuttgart/Wien 1993

Mann, Rudolf: Bewußt-Sein im Beruf: Lebenssinn und Erfüllung in zehn Stufen, Düsseldorf/München 1995

Mann, Rudolf: Das ganzheitliche Unternehmen: die Umsetzung des neuen Denkens in der Praxis zur Sicherung von Gewinn und Lebensfähigkeit, Bern u.a. 1988

Mann, Rudolf: Die neue Führung. Vom Kampf um Anerkennung zum authentischen Sein, Düsseldorf/München 1996

March, James G./Simon, Herbert A.: Organizations, 2nd Printing, New York/London 1959

Maron, Monika: Geld macht leer. Wer sich nicht streckt schrumpft: Ein Plädoyer für den Gemeinsinn. In: Süddeutsche Zeitung Nr. 135, 14./15. Juni 2003, Beilage Wochenende, S. 1

Marré, Roland: Die Bedeutung der Unternehmenskultur für die Personalentwicklung, Frankfurt am Main 1997

Marx, Karl: Das Kapital. Kritik der Politischen Ökonomie, ungekürzte Ausgabe nach der zweiten Auflage von 1872, Lizenzausgabe hrsg. von Alexander Ulfig, Köln 2000

Merkens, Hans/Schmidt, Folker/Dürr, Walter (Hrsg.): Strategie, Unternehmenskultur und Organisationsentwicklung im Spannungsfeld zwischen Wissenschaft und Praxis, Baltmannsweiler 1990

Merkens, Hans/Schmidt, Folker: Enkulturation in Unternehmenskulturen, München 1988

Messin, Manfred: Arbeitszufriedenheit im Systemvergleich, Stuttgart 1978

Meyer, Jörg/Fricke, Dietmar: Einführung in die politische Theorie. Eine Einführung, Schwalbach im Taunus 2003

Miegel, Meinhard: Die deformierte Gesellschaft, Berlin 2002

Minssen, Heiner: Die Rationalität der Rationalisierung. Betrieblicher Wandel und die Industriesoziologie, Stuttgart 1992

Mohn, Reinhard: Effizienz und Humanität. In: Gewerkschaftliche Monatshefte, Nr. 3/1999, S. 139-145

Momm, Christian: Die intelligente Unternehmung. Management von Information, Wissen und Werten, Wiesbaden 1997

Moore, James F.: Das Ende des Wettbewerbs, Stuttgart 1998

Moser, Helga: Sinn und Unsinn von Unternehmensphilosophie und Leitbild, In: VGI, Bd. 86, Nr. 1/1998, S. 48-50

Moss-Kanter, Rosabeth: Bis zum Horizont und weiter. Management in neuen Dimensionen, München 1998

Müller, Hans Erich: Leadership und Wertorientierung. In: Die Mitbestimmung Nr. 4/2004, S. 21-23

Müller-Jentsch, Walther (Hrsg.): Profitable Ethik – effiziente Kultur: Neue Sinnstiftungen durch das Management?, München 1993

Müller-Jentsch, Walther: Verteidigung der Intermediaritätsthese. In: Industrielle Beziehungen, Zeitschrift für Arbeit, Organisation und Management, 12. Jg., Heft 2/2005, S. 189-195

Nagel, Gerhard: Durch Firmenkultur zur Firmenpersönlichkeit. Manager entdecken ein neues Erfolgspotential, Landsberg am Lech 1991

Negt, Oskar: Arbeit und menschliche Würde, Göttingen 2001

Negt, Oskar: Lebendige Arbeit – enteignete Zeit, Frankfurt am Main/New York 1990, S. 213f. und S. 214-216

Neuberger, Oswald (Hrsg.): Das 360 Grad Feedback. Alles fragen? Alles sehen? Alles sagen?, München und Mering 2000

Neuberger, Oswald: Führen und geführt werden, 4., verbesserte Auflage, Stuttgart 1994

Neuberger, Oswald: Mobbing. Übel mitspielen in Organisationen, München 1994 (1994a)

Neuberger, Oswald: Personalentwicklung, Stuttgart 1991

Neuberger, Oswald: Was ist denn da so komisch? Thema: Der Witz in der Firma, Weinheim/Basel 1988

Neuberger, Oswald: Wir, die Firma. Der Kult um die Unternehmenskultur, Weinheim/Basel 1987

Neugebauer, Udo: Unternehmensethik in der Betriebswirtschaftslehre, 2., überarbeitete und erweiterte Auflage, Berlin 1998

Nicklisch, Heinrich: Aufwärts! Volk, Wirtschaft, Erziehung, Königsberg 1934

Nicklisch, Heinrich: Der Weg aufwärts! Organisation. Versuch einer Grundlegung, Mannheim 1920

Nicklisch, Heinrich: Die Betriebswirtschaft, 7. Auflage, Stuttgart 1932

Noelle-Neumann, Elisabeth/Strümpel, Burkhard: Macht Arbeit krank? Macht Arbeit glücklich? Eine aktuelle Kontroverse, München 1984

Nordhausen, Frank/Billerbeck, Liane von: Psycho-Sekten. Die Praktiken der Seelenfänger, 2. Auflage, Frankfurt am Main 2000

Nori, Toni/Lazzarato, Maurizio/Virno, Paolo (Hrsg.: Atzelt, Thomas): Umherschweifende Produzenten. Immaterielle Arbeit und Subversion, Berlin 1998

Nuscheler, Franz: Lern- und Arbeitsbuch Entwicklungspolitik, durchgesehener Nachdruck der 4. aktualisierten Auflage, Bonn 1996

Nutzinger, Hans G. (Hrsg.): Wirtschaftsethische Perspektiven III. Unternehmensethik, Verteilungsprobleme, methodische Ansätze, Berlin 1996

O.V.: Der Ausgangspunkt zur Kundenorientierung. In: Markenartikel, Bd. 61, Nr. 1/1999, S. 4-11

O.V.: Fortbildung: Von Ameisen lernen. Wie Insekten Managern den richtigen Weg weisen. In: Süddeutsche Zeitung, Online Ausgabe vom 27.04.2004, www.sueddeutsche.de/jobkarriere/erfolggeld/artikel/826/30796, Stand: 18.05.2004

O.V.: Der Mittelstand in Deutschland – gefeiert, gefordert, gefesselt. In: Frankfurter Allgemeine Zeitung, Nr. 23, 28. Januar 2004, S. 12

O.V.: Prinzip Eigenverantwortung. In: Markt und Mittelstand, Heft 2, 2001, S. 36-43

O.V: Unternehmenskultur. Mehr Freiraum für originelle Köpfe. In: Der Arbeitgeber, Nr. 6/54, 2002, S. 47-50

O'Connor, Joseph: Führen mit NLP. Pfad-Finder im innovativen Unternehmen, Kirchzarten 1999

Oexle, Otto: Arbeit, Armut, Stand im Mittelalter. In: Kocka, Jürgen/Offe, Klaus (Hrsg.): Geschichte und Zukunft der Arbeit, Frankfurt am Main 2000

Offe, Claus: Anmerkungen zur Gegenwart der Arbeit. In: Kocka, Jürgen / Offe, Claus (Hrsg.): Geschichte und Zukunft der Arbeit, Frankfurt am Main 2000, S. 493-501

Ohm, Hans: Allgemeine Volkswirtschaftspolitik II. Der volkswirtschaftliche Gesamtorganismus als Objekt der Wirtschaftspolitik, 2. Auflage, Berlin 1969

Ohmae, Kenichi: Japanische Strategien, Hamburg 1986

Olins, Wally: Corporate Identity weltweit, Frankfurt am Main 1995

Olins, Wally: Corporate Identity. Strategie und Gestaltung, Frankfurt am Main/New York 1990

Oppolzer, Alfred: "Gute Arbeit" erfordert ein humanes Maß für die Arbeitszeit. In: gute Arbeit. Zeitschrift für Gesundheitsschutz und Arbeitsgestaltung, Heft1/2005, S. 24-26

Ouchi, William G.: Theory Z: How American Business Can Meet the Japanese Challenge, New York 1982

Owen, Harrison: The Spirit of Leadership. Führen heißt Freiräume schaffen, Heidelberg 2001

Papcke, Sven: Durchkorrumpierung. Schatten über der politischen Moderne. In: Gewerkschaftliche Monatshefte, Nr. 4-5/ 2002, S. 201-208

Pascale, Richard-T.: Geheimnis und Kunst des japanischen Managements, München 1982

Pascale, Richard-T./Athos Anthony G.: The Art of Japanese Management. Applications for American Executives, New York 1982

Pattloch, Annette: 20% Software – 80% Mitarbeiter Change Management. In: Acquisa, Heft 3, 2001, S. 26-30

Penzel, Hans Gert: Klare Strategie und Zielausrichtung: Erfolgsfaktoren für das Post Merger-Management in Banken. In: Zeitschrift Führung und Organisation (Zfo), Bd. 69, Nr. 1/2000, S. 25-36

Peppers, Cheryl: Searching for Creativity in the Dot-Com Culture. In: Research in urban economics, JAI Press, Bd. 13 (2002), Amsterdam 2002, S. 3-18

Peters, Klaus/Sauer, Dieter: Indirekte Steuerung – Eine neue Herrschaftsform. Zur revolutionären Qualität des gegenwärtigen Umbruchprozesses. In: Wagner, Hilde (Hrsg.): Rentier' ich mich noch? Neue Steuerungskonzepte im Betrieb, Hamburg 2005, S. 23-58

Peters, Thomas/Waterman Robert H.: Auf der Suche nach Spitzenleistungen. Was man von den bestgeführten US-Unternehmen lernen kann, Landsberg am Lech 2000

Peters, Thomas J./Waterman, Robert H.: Auf der Suche nach Spitzenleistungen. Was man von den bestgeführten US-Unternehmen lernen kann, 12. Auflage, Landsberg am Lech 1989

Peters, Thomas J./Austin, Nancy: Leistung aus Leidenschaft. Über Management und Führung, Hamburg 1986

Peters, Thomas: Der Innovationskreis. The Circle of Innovation. Ohne Wandel kein Wachstum – wer abbaut, verliert, München 2000

Petrowitsch, Stephan: Das Genie im Mitarbeiter. In: Süddeutsche Zeitung Nr. 44, 23. Februar 2004, S. 20

Peucker-Perron, Werner: Unternehmenskultur – Interne und externe Effekte. In: Sozialökonomische Beiträge. Zeitschrift für Wirtschaft, Politik und Gesellschaft, 3. Jhrg, Nr. 2/1992, S. 58-69

Piper, Nikolaus: Deutsche Träumereien. Anmerkungen zum Widerwillen gegen das Ökonomische. In. Süddeutsche Zeitung Nr. 78, 02. April 2004, S. 13.

Platon: Des Sokrates Apologie – Kriton – Euthydemos – Menexenos – Gorgias – Menon. In: ders.: Werke in Acht Bänden, Griechisch und Deutsch, zweiter Band, herausgegeben von Gunther Eigler, Darmstadt 1973

Plessen, Ulf: Veränderung der Unternehmensphilosophie. In: Personal, 48. Jhrg., Heft 7, 1996, S. 372-375

Polanyi, Karl: The Great Transformation. Politische und ökonomische Ursprünge von Gesellschaften und Wirtschaftssystemen, Frankfurt am Main 1978

Pollack, Detlef: Was ist Religion? Probleme der Definition. In: Zeitschrift für Religionswissenschaft, Nr. 3/1995, S. 163-190.

Pollard, C. William: Soul of the Firm SC, Michigan 1996

Popper, Karl: Die offene Gesellschaft und ihre Feinde, Band II, 7. Auflage, Tübingen 1992

Popper, Karl: Lesebuch. Ausgewählte Texte zu Erkenntnistheorie, Philosophie der Naturwissenschaften, Metaphysik, Sozialphilosophie, Tübingen 1995

Potthast, Renate: Unternehmensphilosophie. Das Wertsystem der Unternehmung, Köln 1981

Preisendörfer, Bruno: Vermischte Mythen über Markt und Staat. In: Freibeuter, Vierteljahreszeitschrift für Kultur und Politik, Nr. 78, November 1998

Pütz, Reiner-A.: Anspruch und Wirklichkeit japanischer Unternehmensphilosophien, dargestellt an einem ausgewählten Beispiel, Univ. Diss., Lüneburg 1990

Ramonet, Ignacio: Die neuen Herren der Welt, Zürich 1998

Ratelband, Emile: Der Feuerläufer – so schaffst du, was immer du willst!, 2. Auflage, Düsseldorf 1996

Ratelband, Emile: Tsjakkaa! Strategien für ihren persönlichen Erfolg, München u.a. 1998

Reim, Martin: Not lehrt beten. Einige Unternehmen versuchen sich an der Verbindung von Gewinn und Gottesfurcht, doch garantiert ist allein das gute Gewissen – nicht der wirtschaftliche Erfolg. In: Süddeutsche Zeitung Nr. 123, 29./30./31. Mai 2004, S. 28

Riedmüller, Barbara: Arbeit ohne Ende. In: Gewerkschaftliche Monatshefte, Nr. 6-7/1998, S. 442-446

Rieger, Elmar: Die sozialpolitische Gegenreformation. Eine kritische Analyse der Wirtschafts- und Sozialpolitik seit 1998. In: Aus Politik und Zeitgeschichte B 46-47-/2002

Rieger, Elmar/Leibfried, Stephan: Die sozialpolitischen Grenzen der Globalisierung. In: Politische Vierteljahresschrift, 38. Jhrg., Nr. 4/1997, S. 771-796

Rieger, Elmar: Wohlfahrtsstaat und Globalisierung. Antikritisches zu Erklärungsproblemen und Interpretationsversuchen, in: Politische Vierteljahresschrift, 39. Jhrg., Nr. 4/ 1998, S. 819-828

Robbins, Anthony: Das Prinzip geistigen Erfolges, 4. Auflage, München 2001

Rojas, Mauricio: Arbeit ohne Ende. Irrlehren über das Ende der Arbeit, Sankt Augustin 1999

Roloff, Julia: Stakeholdermanagement: Ein monologisches oder dialogisches Verfahren? In: Zeitschrift für Wirtschafts- und Unternehmensethik, Bd. 3, Nr. 1/2002, S. 77-95

Rosenstiel, Lutz von: Führung und Macht. In: Hoyos, Carl Graf u.a. (Hrsg.): Arbeits- und Organisationspsychologie, Weinheim 1999, S. 412-428

Rosenstiel, Lutz von/Einsiedler, Herbert E./Streich, Richard K.: Wertewandel als Herausforderung für die Unternehmenspolitik, Stuttgart 1987

Rühli, Edwin: Beiträge zur Unternehmungsführung und Unternehmungspolitik, 2., erweiterte Auflage, Bern 1975

Rüstow, Alexander: Die Religion der Marktwirtschaft, Münster 2002

Rusche, Thomas: Aspekte einer dialogbezogenen Unternehmensethik. Dialogbezogene Begründung – Christliche Motivation – Verantwortungsvernünftige Praxis, Münster/Hamburg/London 2002

Sackmann, Sonja/Bissels, Sandra/Bissels, Thomas: Kulturelle Vielfalt in Organisationen: Ansätze zum Umgang mit einem vernachlässigten Thema der Organisationswissenschaften. In: Die Betriebswirtschaft, Bd. 62, Nr. 1/2002, S. 43-58

Safranski, Rüdiger: Wieviel Globalisierung verträgt der Mensch?, München/Wien 2003

Sauerborn, Werner/Schlecht, Michael/Wendl, Michael: Jenseits der Bescheidenheit. Löhne und Einkommen im Casino-Kapitalismus, Hamburg 2001

Schäfer, Bodo: Der Weg zur finanziellen Freiheit, 13. Auflage, Frankfurt am Main u.a. 2000

Schäfer, Bodo: Die Gesetze der Gewinner, Frankfurt am Main 2001

Scheich, Günter: Positives Denken macht krank. Vom Schwindel mit gefährlichen Erfolgsversprechen, Frankfurt am Main 2001

Schierenstock, Gerd: Kontrolle auf dem Prüfstand. In: Müller-Jentsch, Walther (Hrsg.): Profitable Ethik – effiziente Kultur: Neue Sinnstiftungen durch das Management?, München 1993, S. 229-251

Schischkoff, Georgi (Hrsg.): Philosophisches Wörterbuch, begründet von Heinrich Schmidt, 22.Auflage, Stuttgart 1991

Schlette, Heinz-Robert: Der Marginalismus ist ein Humanismus. In: ders.: Konkrete Humanität. Studien zur Praktischen Philosophie und Religionsphilosophie, Frankfurt am Main 1991, S. 56-69

Schlette, Heinz Robert: Einführung in das Studium der Religionen, Freiburg im Breisgau 1971

Schlette, Marc: Corporate Philosophy und Corporate Religion. Politische Implikationen und Spuren des Religiösen in sogenannter Unternehmens- und Managementphilosophie. In: Bärsch, Claus/Berghoff, Peter, Sonnenschmidt, Reinhard: „Wer Religion verkennt, erkennt Politik nicht" Perspektiven der Religionspolitologie, Würzburg 2005, S. 159-184

Schlüter, Carsten/Clausen, Lars (Hrsg.): Renaissance der Gemeinschaft. Stabile Theorie und neue Theoreme, Berlin 1990

Schmale, Hugo: Psychologie der Arbeit, Stuttgart 1995

Schmidt, Gert (Hrsg.): Kein Ende der Arbeitsgesellschaft. Arbeit, Gesellschaft und Subjekt im Globalisierungsprozeß, Berlin 1999

Schmidt, Walter: Führungsethik als Grundlage betrieblichen Managements, Heidelberg 1986

Schmidt, Wilhelm/Kulessa, Peter: Unternehmenskultur im Wandel – Wirtschaft und Zivilgesellschaft. In: Die neue Gesellschaft – Frankfurter Hefte, Bd. 48, Nr. 5/2001, S. 299-302

Schneider, Frank: Corporate-Identity-orientierte Unternehmenspolitik. Eine Untersuchung unter besonderer Berücksichtigung von Corporate Design und Corporate Advertising, Heidelberg 1991

Schneider, Jens: 5 Euro 40 Cent. Mehr Arbeitslose, weniger Geld – wie Ostdeutschland sich selbst einen Niedriglohnsektor schafft. In: Süddeutsche Zeitung Nr. 123, 29./30./31. Mai 2004, S. 28

Schneider, Wolfgang: Mit den Falten kommt die Kündigung. In: Arbeitsrecht im Betrieb, Nr. 3/2004, S. 147-148

Schnyder, Alfons Beat: Corporate Identity als Programm zur Kulturentwicklung. Wege zur homöopathischen Veränderung einer Unternehmenskultur. In: Zeitschrift Führung und Organisation, 67. Jhrg., Heft 2, 1998, Seite 101-106

Scholz, Christian: Spieler ohne Stammplatzgarantie. Stellen sind nicht mehr so sicher wie früher: Unternehmen müssen kämpfen und geben diesen Druck nach innen weiter. In: Süddeutsche Zeitung Nr. 112, 15./16. Mai 2004, Beilage Personalführung heute, S. V1

Schoof, Christian: Betriebsratspraxis von A-Z, Köln 1996

Schreyögg, Georg: Kann und darf man Unternehmenskulturen ändern? In: Dülfer, Eberhard (Hrsg.): Organisationskultur. Phänomen – Philosophie – Technologie, Stuttgart 1998, S. 155-168

Schüle, Christian: Die Diktatur der Optimisten. (Dossier) In: Die Zeit Nr. 25/2001, www.zeit.de/2001/25/Wirtschaft200125_gluecksphropheten (Stand 31.01.2002)

Schulze, Gerhard: Katastrophenfolklore. Das Scheingefecht um die Arbeitszeit. In: Süddeutsche Zeitung Nr. 80, 05. April 2004, S. 13

Schwabe, Christian: Beschränkung aufs „Vorletzte". Der moderne Pluralismus und die postmetaphysische Beschneidung der politischen Philosophie, Occasional Papers, XXXI., München 2002

Schweickhardt, Wolfram: Diskrete Tretminen. Wer die ungeschriebenen Gesetze und Regeln in einem Unternehmen missachtet oder nicht erkennt, dessen Karriere kann schnell am Ende sein. In: Wirtschaftswoche, Nr. 24/2001, S. 134-135

Schwertfeger, Bärbel: Der Griff nach der Psyche. Was umstrittene Persönlichkeitstrainer in Unternehmen anrichten können, 3. Auflage, Frankfurt am Main/New York 1998

Sen, Amartya: Ökonomie für den Menschen. Wege zu Gerechtigkeit und Solidarität in der Marktwirtschaft, 2. Auflage, München 2003

Senden, Manfred J./Wöckel, Imke: Gelebte Unternehmensphilosophie contra Normierungszwänge: ISO 9000 im DLR-Wissenschaftsmanagement. In: Wissenschaftsmanagement, Nr. 5/1997, S. 269-273

Senghaas-Knobloch, Eva: Von der Arbeits- zur Tätigkeitsgesellschaft? In: Arbeit, Heft 2/1999, S. 117-122

Sennett, Richard: Der flexibilisierte Mensch. Zeit und Raum im modernen Kapitalismus. In: Ulrich, Peter/Maak, Thomas (Hrsg.): Die Wirtschaft *in* der Gesellschaft. Perspektiven an der Schwelle zum dritten Jahrtausend, Bern/Stuttgart/Wien 2000 (2000a), S. 87- 104

Sennett, Richard: Der flexible Mensch. Die Kultur des neuen Kapitalismus, 4. Auflage, Berlin 2000

Siegmund-Schultze, Manuel: Die unsichtbare Hand des Marktes. Wirtschaft und Naturgesetze, Hamburg 1992

Sievers, Markus: Die Einkommens-Schere wird größer. In: Frankfurter Rundschau Nr. 279, 29. November 2003, S. 9

Sievers, Burkhard: „Psychotische Organisation" als metaphorischer Rahmen zur Sozio-Analyse organisatorischer und interorganisatorischer Dynamiken. In: Freie Assoziation 2, Nr. 1/1999, S. 21-51 hier mit veränderter Seitenzählung beginnend mit Nr. 1 zitiert nach www.wwcont.wiwi.uniwuppertal.de/sievers/archiv/psychotischer_organisation.html (Stand: 16.02.2002)

Silberer, Günter: Werteforschung und Wertorientierung im Unternehmen, Stuttgart 1991

Simon, Hermann: Unternehmenskultur und geistiger Wandel. Die tieferen Herausforderungen der Globalisierung. In: Marketing-Management, ZfB Ergänzungsheft Nr. 1/2002, S. 57-65

Sinn, Hans-Werner: Ist Deutschland noch zu retten?, München 2003

Smith, Adam: Der Wohlstand der Nationen, München 1978

Smith, Adam: Theorie der ethischen Gefühle, Hamburg 1985

Sondak, Harris: Shareholder Value. Unternehmensführung als moralische Herausforderung. Die Rolle der Ethik im Management und in der Ausbildung von Managern. In: Neue Züricher Zeitung Online Dossiers v. 13. April 2003, www.nzz.ch/dossiers/shareholder/share280996.html – Stand 15.04.2003, S.1-9.

Sonnenschmidt, Reinhard W.: Erfolg um jeden Preis? Motivationstraining als Problem und was tatsächlich hilft. In: Trends der aktuellen Sektenszene. Jahresbericht 1999 des Sekten-Info Essen e.V., Essen 2000, S. 15-20

Spence, Laura J./Rutherford, Robert: Soziale Verantwortung, Gewinnmaximierung und der Inhaber-Manager einer Kleinunternehmung. In: IGA. Zeitschrift für Klein- und Mittelbetriebe, Bd. 50, Nr. 1/2002, S. 17-34

Sprenger, Reinhard K.: Aufstand des Individuums. Warum wir Führung komplett neu denken müssen, Frankfurt am Main 2000

Sprenger, Reinhard K.: Gute Führung. Annäherung an ein schwieriges Begriffspaar. In: Die Mitbestimmung Nr. 4/2004, S. 17-19

Sprenger, Reinhard K.: Mythos Motivation: Wege aus einer Sackgasse, 17., überarbeitete Auflage, Frankfurt am Main 2002

Stahl, Günter K.: Management der sozio-kulturellen Integration bei Unternehmenszusammenschlüssen und –übernahmen. In: Die Betriebswirtschaft (DBW), Bd. 61, Nr. 1/2001, S. 61-80

Stahlberg, Dagmar/Gothe, Linda/Frey, Dieter: Selbstkonzept. In: Asanger, Roland/Wenninger, Gerd (Hrsg.): Handwörterbuch Psychologie, Weinheim 1999, S. 680-683

Stark, Werner: Grundriss der Religionssoziologie, Freiburg im Breisgau 1974

Staute, Jörg: Das Ende der Unternehmenskultur. Innenansichten bundesdeutscher Firmen, München 1998

Steilmann, Klaus: Wettbewerbskritik aus Unternehmersicht. Wirtschaft, Umwelt und Soziales erfolgreich vernetzen, Düsseldorf 1995

Steingart, Gabor: Deutschland – der Abstieg eines Superstars, München 2004

Steinmann, Horst/Löhr, Albert (Hrsg.): Unternehmensethik, Stuttgart 1989

Steinvorth, Ulrich: Gleiche Freiheit. Politische Philosophie und Verteilungsgerechtigkeit, Berlin 1999

Stelzl, Bernhard: Codes of Conduct. Freiwillige Selbstverpflichtung und Gewerkschaftsstrategie. In: Arbeitsrecht im Betrieb (aib), Nr. 3/2004, S. 149-153.

Streeck, Wolfgang (Hrsg.): Internationale Wirtschaft, nationale Demokratie: Herausforderungen für die Demokratietheorie, Frankfurt am Main u.a. 1998

Streeck, Wolfgang: Vielfalt und Interdependenz. Überlegungen zur Rolle intermediärer Organisationen in sich ändernden Umwelten. In: Kölner Zeitschrift für Soziologie und Sozialpsychologie, 39. Jhrg., Nr. 2, 1987, S. 452-470

Strümpel, Burkhard: Wandel in der Einstellung zur Arbeit – Haben sich die Menschen oder hat sich die Arbeit verändert, Teil 2 eines Beitrages zusammen mit Friedrich Fürstenberg. In: Rosenstiel, Lutz von/Einsiedler, Herbert E./Streich, Richard K.: Wertewandel als Herausforderung für die Unternehmenspolitik, Stuttgart 1987, S. 23-34

Sundrum, Elisabeth: Der Dialog zwischen den Kulturen. In: Wissensmanagement, Heft 6, 2001, S. 37-40

Swoboda, Michael: Neue Instrumente des Personalmanagements als Voraussetzung und Motor der Veränderung, Vortragsmanuskript, Frankfurt am Main 1997

Taylor, Charles M.: Ein Ort für Transzendenz? In: Information Philosophie, Nr. 2/2003, S. 7-16.

Tönnies, Ferdinand: Die Entwicklung der sozialen Frage bis zum Weltkriege, unveränderter Nachdruck der 4., verbesserten Auflage 1926, Berlin/Leipzig 1989

Tönnies, Ferdinand: Gemeinschaft und Gesellschaft. Grundbegriffe der reinen Soziologie, 3., durchgesehener und berichtigter reprographischer Nachdruck der Ausgabe von 1963 der 8. Auflage von 1935, Darmstadt 1972

Töpfer, Armin/Lindstädt, Gerhard: Der interkulturelle Führerschein. Das Beispiel USA und Deutschland zeigt, dass auch in scheinbar verwandten

Unternehmenskulturen erhebliches Konfliktpotential steckt. In: Personalwirtschaft, Bd. 29, Nr. 8/2002, S. 32-37

Töpsch, Karin/Menez, Raphael/Malanowski, Norbert: Ist Wissensarbeit regulierbar? Arbeitsregulation und Arbeitsbeziehungen am Beispiel der IT-Branche. In: Industrielle Beziehungen, 8. Jhrg., Heft 3, 2001, S. 1-34

Toqueville, Alexis de: Über die Demokratie in Amerika, Stuttgart 1997

Traxler, Franz: Der Staat in den Arbeitsbeziehungen. Entwicklungstendenzen und ökonomische Effekte im internationalen Vergleich. In: Politische Vierteljahresschrift, 39. Jhrg., Nr. 2/1998, S. 235-260

Türk, Klaus: Einführung in die Soziologie der Wirtschaft, Stuttgart 1987

Türk, Klaus: Personalführung und soziale Kontrolle, Stuttgart 1981

Turbanski, Jochen/Jeglinger, Karin: Mitarbeiter kultivieren ihr Unternehmen. In: Personalwirtschaft, Bd. 29, Nr. 5/2002, S. 48-53

Ulich, Eberhard: Arbeitspsychologie, 4. Auflage, Zürich 1998

Ulrich, Dave: Strategisches Human Ressource Management, München/Wien 1999

Ulrich, Hans (Hrsg.): Management-Philosophie für die Zukunft: Gesellschaftlicher Wertewandel als Herausforderung an das Management, Stuttgart 1981

Ulrich, Hans: St. Galler Management-Modell, von Hans Ulrich und Walter Krieg, 3., verbesserte Auflage, Bern 1974

Ulrich, Peter/Fluri, Edgar: Management. Eine konzentrierte Einführung, Bern/Stuttgart 1975

Ulrich, Peter/Kaiser, Markus: Das Unternehmen, ein guter Bürger. Corporate Citizenship im Zeichen gesamtgesellschaftlicher Mitverantwortung. In: new management, Nr. 12/ 2001, S. 25-31

Ulrich, Peter/Maak Thomas: Lebensdienliches Wirtschaften in einer Gesellschaft freier Bürger. Eine Perspektive für das 21. Jahrhundert. In: dies. (Hrsg.): Die Wirtschaft *in* der Gesellschaft. Perspektiven an der Schwelle zum dritten Jahrtausend, Bern/Stuttgart/Wien 2000 (2000b)

Ulrich, Peter/Maak, Thomas (Hrsg.): Die Wirtschaft *in* der Gesellschaft. Perspektiven an der Schwelle zum dritten Jahrtausend, Bern/Stuttgart/Wien 2000 (2000a)

Ulrich, Peter/Thielemann: Ethik und Erfolg. Unternehmensethische Denkmuster von Führungskräften – eine empirische Studie, Bern/Stuttgart 1992

Ulrich, Peter: Der entzauberte Markt. Eine wirtschaftsethische Orientierung, Freiburg 2002 (2002a)

Ulrich, Peter: Integrative Wirtschafts- und Unternehmensethik – ein Rahmenkonzept. In: Blasche, Siegfried/Köhler, Wolfgang R./Rohs, Peter (Forum für Philosophie Bad Homburg – Hrsg.): Markt und Moral. Die Diskussion um die Unternehmensethik, Bern/Stuttgart/Wien 1994, S. 75-107

Ulrich, Peter: Integrative Wirtschaftsethik. Grundlagen einer lebensdienlichen Ökonomie, 3. Auflage, Bern/Stuttgart/Wien 2001

Ulrich, Peter: Sich im ethisch-politisch-ökonomischen Denken orientieren. In: Information Philosophie, Nr. 4/2002, S. 22-32 (2002b)

Ulrich, Peter: Symbolisches Management. Ethisch-kritische Anmerkungen zur gegenwärtigen Diskussion über Unternehmenskultur. In: Lattmann, Charles (Hrsg.): Die Unternehmenskultur. Ihre Grundlagen und ihre Bedeutung für die Führung der Unternehmung, Heidelberg 1990, S. 277-302

Ulrich, Peter: Systemsteuerung und Kulturentwicklung. Auf der Suche nach einem ganzheitlichen Paradigma der Managementlehre. In: Die Unternehmung, Nr. 4/1984, S. 303 ff.

Ulrich, Peter: Transformation der ökonomischen Vernunft. Fortschrittsperspektiven der modernen Industriegesellschaft, 2., durchgesehene Auflage, Bern/Stuttgart 1987

Umiker, Bruno: Gemeinsam die Zukunft vorwegnehmen. In: Management Zeitschrift io, 65. Jhrg., Heft 4, 1996, S. 43-48

Uske, Hans (Hrsg.): Personalentwicklung und Sozialwissenschaften, Duisburg 1995

Van Parijs, Philippe: Arguing for basic income, London 1992

Van Parijs, Philippe: Real Freedom for All. What (if anything) can justify capitalism?, Oxford 1995

Vogl, Joseph (Hrsg.): Gemeinschaften. Positionen zu einer Philosophie des Politischen, Frankfurt am Main 1994

Volk, Hartmut: Unordnung als Überlebensmotor – Freiraum der Mitarbeiter für neue Ideen. In: Fortschrittliche Betriebsführung, Bd. 51, Nr. 1/2002, S. 38-39

Volk, Hartmut: Unternehmensphilosophie. Gemeinsam denken muss geübt werden. In: Flüssiges Obst, Band 66, Nr. 12/1999, S. 718-719

Voruba, Georg: Sozialstaat im Globalisierungsdilemma. In: Freibeuter. Vierteljahreszeitschrift für Kultur und Politik, Nr. 78/1998

Wagner, Hilde (Hrsg.): Rentier' ich mich noch? Neue Steuerungskonzepte im Betrieb, Hamburg 2005

Wallraff, Günter: Ganz unten, Köln 1985

Waschkuhn, Arno: Arbeit, Technik und sozialer Wandel. Einige Aspekte und Implikationen. In: ders., (Hrsg. zusammen mit Wolfgang Luthardt): Politik und Repräsentation. Beiträge zur Theorie und zum Wandel politischer und sozialer Institutionen, Marburg 1988, S. 167-183

Waterman, Robert: Die neue Suche nach Spitzenleistungen. Erfolgsunternehmen im 21. Jahrhundert, Düsseldorf u.a. 1994

Weber, Johannes: Unternehmensidentität und Unternehmenspolitische Rahmenplanung, München 1985

Weber, Max: Die protestantische Ethik. Eine Aufsatzsammlung, 8., durchgesehene Auflage, Hamburg 1991.

Weber, Max: Wirtschaft und Gesellschaft, Grundriss der verstehenden Soziologie, 5., revidierte Auflage, Tübingen 1980

Weghorn. Peter/Lachner, Lothar: Die Rattenfänger in Designerklamotten – wie Strukturvertriebe arbeiten, Wien 1996

Wehnes, Franz-Josef: Mensch und Arbeit. Anthropologische Aspekte der Berufserziehung, Trier 1969

Weinand, Frank: Kulturbewußtes Personalmanagement, Frankfurt am Main 2000

Weiss, Gilbert: Libido Dominandi – Dominatio Libidinis. Zur Pneumopathologie der "Marktgesellschaft", Occasional Papers, Eric-Voegelin Archiv, Ludwig-Maximilians-Universität München, XXXVIII, München 2003

Welch, Jack: Was zählt. Die Autobiographie des besten Managers der Welt, München 2001

Welzmüller, Rudolf: Zu den Folgen der Globalisierung für die nationalen Güter-, Finanz- und Arbeitsmärkte. In: Aus Politik und Zeitgeschichte B 33-34/1997

Werner, Klaus/Weiss, Hans: Das neue Schwarzbuch Markenfirmen. Die Machenschaften der Weltkonzerne, 3. Auflage, Wien/Frankfurt am Main 2003

Wickler, Peter: Wertorientierungen in Unternehmen und gerichtlicher MobbingSchutz. In: Der Betrieb, Bd. 55, Nr. 9/2002, S. 477-484

Wiedemann, Klaus-Peter: Corporate Identity und Corporate Branding – Skizzen zu einem integrierten Managementkonzept. In: Thexis, 18. Jhrg., Nr. 4/2001, S. 17-22

Wielens, Hans: Führen und Meditieren, Frankfurt am Main u.a. 2003

Wielens, Hans: Im Brennpunkt: Geld und Spiritualität. Ist die Krise der materiellen Welt überwindbar?, Petersberg 2004

Wienken, Cornelia: Chancen eines Persönlichkeitsentwicklungs-Trainings erkennen – Abgrenzung zu den Gefahren. In: Du schaffst alles! Mach' was aus Dir! Dokumentation einer Fachtagung vom 05.05.1999 zum kritischen Umgang mit Kursen zur Persönlichkeitsentwicklung, hrsg. vom Diakonischen Werk Westfalten, Münster 1999, S. 3-19

Will, Franz: Was bremst mein Team. 20 Situationen und ihre Lösungen, Weinheim/Basel 2002

Wollert, Arthur: Führen – Verantworten – Werte schaffen. Personalmanagement für eine neue Zeit, Frankfurt am Main 2001

Worrach, Cornelia: Der Mensch – das Maß aller Dinge. In: Personalwirtschaft, Heft 1, 2001, S. 66-69

Wulf, Christoph: Das Soziale als Ritual. Zur performativen Bildung von Gemeinschaften, Leverkusen 2001

Wunderer, Rolf/Dick, Petra: Personalmanagement – Quo vadis? Analysen und Prognosen zu Entwicklungstrends bis 2010, 2. Auflage, Neuwied 2001

Wunderer, Rolf: Führung und Zusammenarbeit. Eine unternehmerische Führungslehre, 3., neubearbeitete Auflage, Neuwied 2000

Wunderer; Rolf: Führungsleitbilder: Grundsätze für Führung und Zusammenarbeit in deutschen Unternehmen, Stuttgart 1990

Wunderer, Rolf (Hrsg.): Mitarbeiter als Mitunternehmer. Grundlagen – Förderinstrumente – Praxisbeispiele, Neuwied 1999

Wunderer, Rolf: Personalwesen als Wissenschaft. In: Personal, 27. Jhrg., Nr. 8/1975, S. 33-36

Zellner, Annette: Die Agenten des Wandels. Was macht eigentlich ein Change Manager? Er bereitet Mitarbeiter auf tiefgreifende Veränderungen vor. In: Süddeutsche Zeitung Nr. 240, 18./19. Oktober, S. V1/37

Zinn, Karl-Georg: Jenseits der Markt-Mythen. Wirtschaftskrisen: Ursachen und Auswege, Hamburg und Aachen 1997

Zinn, Karl-Georg: Keynes und kein Ende? Zur Geschichte und zur Zukunft einer ökonomischen Doktrin. In: Gewerkschaftliche Monatshefte, Nr. 2/1999, S. 65-76

Zinn, Karl Georg: Wie Reichtum Artmut schafft. Verschwendung, Arbeitslosigkeit und Mangel, Köln 2003

Zizek, Slavoj: Die Brisanz des christlichen Erbes. In: Information Philosophie, Nr. 1/2002

12.1 Verzeichnis der untersuchten Unternehmensdarstellungen

1. Aachener und Münchener Versicherungen: Unternehmensleitbild (1994)
2. Agnos Beratung: Die Philosophie des Unternehmens (www.agnos.de, Stand 16.10.2002)
3. Aldi-Süd: Die Philosophie (germany.aldi.com/cor-porate_01/cor-porate_01_2.html, Stand: 03.05.2004)
4. Amway Deutschland: Verhaltensstandards/Verfahrensordnung (1997)
5. Aral AG: Das ist Aral (www.aral.de, Stand 10.06.2004)
6. Auerswald: Unternehmensphilosophie (www.auerswald.de, Stand 17.10.2002)
7. ATS-Group Beschaffungsservice: Philosophie des Unternehmens (www.ats-group.net/philosophie.shtml, Stand 16.10.2002)
8. Axa Colonia: Die Kraft der Vision (2001), Die Axa in Deutschland. Der Wegweiser für Mitarbeiter (2000)
9. Barmenia Versicherungen: Leitbild (1999)
10. bauMax: Unternehmensphilosophie (www.baumax.at/unternehmen.philosophie.html, Stand 22.05.2003)
11. Bausparkasse Schwäbisch-Hall: Unternehmensleitbild (2001)
12. Beltz Verlag Weinheim: 50 Jahre Beltz Weinheim (1999), 1841-1991: 150 Jahre Beltz, Jubiläumsreden, Weinheim und Basel 1991
13. Beratung Kaiser: Unternehmensleitbild (www.beratung-kaiser.at, Stand 25.10.2001))
14. BHW Holding AG: Unser Leitbild (o.J.)
15. Bofrost: Unternehmenskultur der bofrost Unternehmen (o.J.)
16. Bonsen & Associates: Über uns, Unsere Geschichte, Credo und Vision (www.all-in-one-spirit.de, Stand: 26.05.2004)
17. Citibank: Citibank Nothern Europe: Our new bank is born, Informationsmappe für Mitarbeiter (o.J.), Verhaltensregeln & Ethische Grundsätze (1994), „Die Strategie der Sieger"(Mitarbeiterinformation).
18. Citibank: „Unsere Werte fügen Wert hinzu" und „Verhaltenskodex" (www.citibank.de und www.citibank.com, Stand: 20.06.2004)
19. Commerzbank AG: Zukunft formen: Leitbild Commerzbank Konzern (o.J.)

Literaturverzeichnis 395

20. Conosco, Agentur für PR und Kommunikation: (www.conosco.de, Stand: 26.05.2004) und Berg, Stefanie (Geschäftsführerin): Arbeiten um zu leben? In: Personalführung, Heft 3/2001, S. 38-43
21. Consileon GmBH: Unternehmengrundsätze, Kultur und Werte (www.consileon.de/unternehmen/grundsaetze.html, Stand: 13.11.2002)
22. Cosmos Lebensversicherungs-AG: Jahresabschluss und Lagebericht (2000)
23. C&A: Company Information, Ethik, Soziale Verantwortung und The C&A Code of Conduct für (sic!) Supply of Merchandise (www.c-and-a.com/de/about/companyinfo/people.asp, Stamd: 03.05.2004)
24. C&K Finanzdienstleistungen GmbH: Die Philosophie des Unternehmens (www.ck-invest.de, Stand: 16.10.2002)
25. Daimler Chrysler: Soziale Verantwortung bei Daimler Chrysler (www.daimlerchrysler.com, Stand: 29.04.2004)
26. Das Bildungshaus. Verlage für Schule und Wissen: Unser ganzes Wissen für Sie (2001)
27. Deichmann: Unternehmensphilosophie, Codes of Conduct, Soziales Engagement (www.deichmann.de, Stand 17.04.2004)
28. Deutsche Bank AG: Unsere Identität (2001)
29. Deutsche Telekom AG: „Von der Behörde zum Blue Chip – das CI Programm der Deutschen Telekom (ohne nähere Angabe durch die Telekom übermittelt), One World. One Team: Personalbericht 2001, Konzernleitbild (www.telekom.de, Stand: 13.11.2002)
30. DIN-Gruppe: Unternehmensleitbild der DIN-Gruppe (www.din.de/portrait/leitbild.html, Stand: 25.10.2001)
31. Diogenes Verlag: Pressedossier Diogenes Verlag (2002)
32. dm-drogeriemarkt: Porträt, Grundsätze des Unternehmens, Lernen in der Arbeit (www.dm-drogeriemarkt.de/CDA/content/print/0,2103,0-28-152,00.html, Stand: 20.11.2003)
33. Duraplast: Philosophie des Unternehmens (www.duraplast.de, Stand: 16.10.2002)
34. Dresdner Bank: „Checkliste der wichtigsten Menschenrechte", Kreditvergabe und Menschenrechte, Unternehmensgrundsätze, Informationen zum Global Compact (o.J.)
35. (DDS) Dresdner Direct Service: Führungsleitsätze (o.J.)
36. Eismann: Information, Verführerische Einblicke (o.J.)
37. Eller: Die Eller-Mitarbeiter-Philosophie. In: Nagel 1991, a.a.O.; S. 173
38. Enwei Group: Unternehmenspolitische Grundsätze (www.enwei.com.cn/germany/subject.asp?subid=05, Stand: 13.11.2002)
39. Evora Cosmetics: Beraterhandbuch, „So lernen Sie positiv zu denken" (o.J.)
40. Fbs Finanzberatungs GmbH: Philosophie des Unternehmens (www.f-b-s.de/philosophie.html, Stand: 16.10.2002)
41. FJS-Media: Unsere Unternehmensphilosophie (www.fjsmedia.de/web/unternehmensphilosophie.html, Stand: 25.10.01)

42. Gothaer Versicherungen: Unternehmensleitbild (o.J.), Leitbild der Gothaer Vertriebsorganisation (2000)
43. Groß-Gerauer Volksbank eG: Unser Unternehmensleitbild (www.voba-gg.de, Stand: 25.10.01)
44. Gruner + Jahr AG & Co: Visionen Ziele und Werte (o.J.), Inside: Alltag in einem Medienhaus (2001), Geschäftsbericht 2000/2001
45. Haitec AG: Unternehmensgrundsätze. Die Philosophie der HAITEC AG (www.haitec.de: Stand: 13.11.2002)
46. Hamburg Mannheimer Versicherungs-AG: Unternehmenspolitische Grundsätze, Unternehmensziele, Leitsätze der Führung und Zusammenarbeit (1998), Die Strategie der Hamburg-Mannheimer: Ein Leitfaden für Mitarbeiter, Vertriebspartner und Führungskräfte (2000)
47. Hannoversche Leben: Über Uns. Die Hannoversche Leben im Profil (o.J.)
48. Hans Bode Innovative Büroelektronik GmbH: Unternehmensleitbild (www.hansbode.de/leitbild.html, Stand 25.10.01)
49. H&M Hennes & Mauritz GmbH: Fakten über H&M (2001)
50. Herbalife International Deutschland GmbH: A way of life, Der Schlüssel zur Kundenzufriedenheit, Regeln und Richtlinien (o.J.)
51. Hertie: Personalarbeit bei Hertie. Grundlagen, Ziele, Schwerpunke, Operative Maßnahmen (1993), Das Personalkonzept der Hertie-Division. Die Chance für einen systematisierten Neubeginn (1995)
52. hinke (hsb): Unternehmensdarstellung (www.hsb.at/de/company/un_unternehmen.asp, Stand 13.04.2004)
53. IKEA: Daten und Fakten, The Ikea Way (www.ikea.de, Stand: 07.11.2002) und die Unternehmensphilosophie im Aufsatz von Stephanie Schütte: IKEA: Die etwas andere Personalentwicklung. In: wirtschaft & weiterbildung, Nr. 5 1999
54. Karstadt Quelle AG: Unternehmens-Verfassung. Mitarbeiter – Kunde „Spirit-Karstadt", 1. Auflage (o. J.) und 2. Auflage 2000
55. Keeny GmbH: Philosophie des Unternehmen (www.keeny.de, Stand: 16.10.2002)
56. KFC Kentucky Fried Chicken: My Story of KFC (History Leaflet 2001, Kurzbeschreibung)
57. KUMAvision AG: Unternehmensgrundsätze (www.kumavision.at/unternehmen/untern_grundsaetze.jsp, Stand: 13.11.2002)
58. Lexmark: Die Philosophie (www.lexmark.com, Stand: 17.10.2002)
59. Lindner: Lindner-Philosophie (www.lindner-dortmund.de/unternehmen/philoso.html, Stand: 17.10.2002)
60. Lufthansa AG: Konzernprofil (www.lufthansa.com, Stand: 25.10.01)
61. Maritim Hotelgesellschaft mbH: Unternehmensphilosophie (o. J., www.maritim.de, Stand: 20.06.2003)
62. Mame: Wir über uns (www.mame.de, Stand: 17.10.2002)

Literaturverzeichnis 397

63. McDonald's Deutschland Inc. Die Unternehmensphilosophie (www.mcdonalds.de, Stand: 29.03.2003) und Love, John F.: Die McDonald's Story. Anatomie eines Welterfolges, 5. Auflage, München 2001
64. Merz Pharma GmbH & Co KGaA: Unternehmensgrundsätze (www.merz.de/wwwmerzde/das_unternehmen/unternehmensgrundsaetze.htm, Stand: 13.11.2002), Unternehmensziel bzw. „Unsere Mission" (www.merz.de/unternehmen/unternehmensziel/, Stand: 10.06.2004)
65. Mövenpick: Die 10 Mövenpick Grundsätze. In: Nagel 1991, a.a.O., S. 100
66. Münchener Verein Versicherungsgruppe: Unternehmensleitbild (2001), Unternehmensdarstellung (2001)
67. Neuform VDReG: Das Leitbild der neuform-Reformhäuser (o. J.) Reformhaus – eine gesunde Existenz (2001)
68. Nestlé Deutschland AG: Nestle Unternehmensgrundsätze. Weltweit gültige Regeln für Management und Mitarbeiter, 2. Ausgabe, o.O. März 2002
69. NextiraOne Deutschland GmbH: Unternehmensprofil, Unsere Mission (www.alcatel-ebusiness.de/wiru/wiruunpr.html. Stand: 13.11.2002)
70. Orgon Körperpflegemittel GmbH: Unsere Philosophie (www.p-jentschura.de/conpresso/philosophie/index.php, Stand: 07.01.2004)
71. Paradigma Consulting: Unternehmensgrundsätze (www.paradigma.net, Stand 13.11.2002)
72. Parion: Die Führungsgrundsätze des Parion Konzerns (1999)
73. Pax-Pank: Unsere Bank (www.pax-bank.de, Stand: 19.06.2004)
74. Piper Generalvertretung Deutschland AG: Wir über uns (www.piper-germany.de, Stand: 17.10.2002)
75. Pit-Stop Auto Service GmbH: Pit-Stop stellt sich vor (o.J.), optimale Kunden-Zufriedenheit. Leitfaden für das Pit-Stop Personal, Unternehmensphilosophie (2002)
76. Pluss – Personal Leasing und System Service GmbH: Unternehmensgrundsätze, Unternehmensphilosophie (www.pluss.de, Stand: 10.06.2004)
77. Pro-genius consulting & coaching: Die Philosophie (www.pro-genius.de/philo.html, Stand: 25.01.2001)
78. Provinzial: Grundsätzliche Regelungen für die Zusammenarbeit (1992), Umweltbericht 2000, Ziele und Strategien. Ein aktueller Blick in unser Unternehmen und seine Zukunft (2002)
79. Putzmeister AG: Die goldene Regel. Leben bei Putzmeister (www.karlschlecht.de, Stand: 04.04.2002)
80. Rabenhorst: Unternehmensphilosophie, Umwelterklärung (www.rabenhorst.de/philoso/umwelt/ganzheitliches_denken.htm, Stand: 13.04.2004)
81. Real SB Warenhaus GmbH: Gemeinsam sind wir riesig. Vision und Leitbild (o. J.)
82. Royal Dutch/Shell Gruppe: Unternehmensgrundsätze (1997)
83. Sanacorp Pharmahandel AG: Unternehmensleitbild, Leitbild-Führungsleitlinien (1998)

84. Schlatter Training und Beratung: Philosophie des Unternehmens (www.schlatter.de, Stand: 16.10.2002)
85. SAW: Schleswiger Asphaltsplitt-Werke GmbH & Co KG: Unternehmensgrundsätze (www.saw-kg.de/ueberuns/unternehmensgrundsaetze.html, Stand: 13.11.2002)
86. SAP AG: Geschäftsgrundsätze für Mitarbeiter vom 11. Juli 2003, Corporate Governance-Grundsätze in der Fassung von April 2004 (www.sap.com/germany/aboutSAP/cgovernance/index.asp, Stand: 03.06.2004)
87. Signal Iduna: Vision und Strategie 2001
88. Schindlerhof GmbH: Unternehmensleitbild (2002)
89. Schlecker, Anton: Schlecker Jahrbuch 1999, Schlecker Unternehmensgrundsätze, Erfolg mit Schlecker (www.schlecker.de, Stand: 07.11.2002)
90. Schwarzpharma: Philosophie unseres Unternehmens (www.schwarzpharma.de/ueberuns/44.html, Stand: 13.11.2002)
91. Stadtwerke Düsseldorf AG: Unternehmensleitbild (www.swd-ag.de/unternehmen/leitbild.html, Stand: 25.10.2001), Einblicke 2000/2001. Unternehmensportrait (2001)
92. Stuttgarter Versicherungen: Unternehmensphilosophie (1995)
93. The Body Shop: Company and Values, Unternehmenskonzept und Philosophie, Corporate Social Responsibility, Unsere Werte, 2002
94. TPS Technology Personnel Service GmbH: Unternehmensgrundsätze (www.t-p-s.de/unternehmensgrundsätze.html, Stand: 13.11.2002) und Unternehmensphilosophie (www.t-p-s.dephilosophie.html, Stand: 10.06.2004)
95. Triplan AG: Unternehmensleitbild (www.triplan.com/triplan.ims.html, Stand: 13.11.2002)
96. Unilever Deutschland GmbH: Wie wir handeln, Grundsätze (www.unilever.de/10/11/111.html, Stand: 13.11.2002)
97. Vorwerk: Wir über uns, Unternehmensgrundsätze (www.vorwerk.de, Stand: 10.06.2004)
98. WalMart: „Wie bleiben wir gewerkschaftsfrei? Handbuch für das Management" (1997), „3 Basic Beliefs" sowie „Sam's Rules for building a business" (www.walmart.com, Stand: 23.05.2003)
99. Westdeutsche Landesbank Girozentrale: Strategische Leitsätze (o. J.)
100. Wüstenrot & Württembergische AG: Unternehmensziele, Unternehmensleitlinien, Leitlinien zur Führung und Zusammenarbeit („Gemeinsam sind wir stark"), Die Württembergische als Arbeitgeberin. Chancen und Möglichkeiten in einem Finanzdienstleistungskonzern (2000)

12.2 Berichte, Statistiken und Leitfäden

Die Kunst der Motivation. Psychologen über die Ur-Energie für Erfolg und Glück. Focus Titelthema. In: Focus, Nr. 14 vom 30. März 2002, S. 105.118

Literaturverzeichnis 399

"Die schnellen Denker aus Oerlikon" – Wie die Unternehmensberater von IBM Business Consulting Services die Geschäftswelt von morgen gestalten. Von Daniel Kroh und Meinrad Schade. In: Neue Züricher Zeitung, Nr. 218, 20./21. September 2003, S. 57-59

Gebete für den Arbeitsplatz. Josef Ederer, ein Pfarrer im Bayerischen Wald, kämpft gemeinsam mit Betriebsräten und Gewerkschaft gegen die Schließung eines Rodenstock-Werkes in Regen, von Elisabeth Dostert. In: Süddeutsche ZeitungNr. 79, 03./04. April 2004, S. 26

Globalisierung der Weltwirtschaft, Herausforderungen und Antworten des Deutschen Bundestages: Bericht der Enquete-Kommission des Deutschen Bundestages, 14. Wahlperiode

Innovation und ökonomischer Erfolg durch Prozesse kooperativer Modernisierung. Lernbeispiele aus der betrieblichen Praxis. Studie im Auftrag des Forums Mitbestimmung und Unternehmen von Dr. Manfred Wannöffel unter Mitarbeit von Roland Abel, Düsseldorf und Gütersloh 2001

Mit Kooperation zum Erfolg. Praxisleitfaden Unternehmenskooperationen, hrsg. vom Deutschen Industrie – und Handelkammertag, Berlin 2002

OECD Report Corporate Responsibility. Private Initiatives and Public Goals, Organisation For Economic Co-Operation and Development, Paris 2001

Unternehmensleitbilder in deutschen Unternehmen. Eine Untersuchung von KPMG (einer international tätigen Beratungs- und Prüfungsorganisation) in Zusammenarbeit mit dem Lehrstuhl für Unternehmensführung an der Universität Erlangen-Nürnberg, Frankfurt und Nürnberg 1999

Praxis Unternehmenskultur. Herausforderungen gemeinsam bewältigen. Hrsg. von der Hans-Böckler-Stiftung in Zusammenarbeit mit dem Verlag der Bertelsmann-Stiftung, Gütersloh 2001

Reicht eine Zigarette als Kündigungsgrund?. In: Süddeutsche Zeitung Nr. 135, 14./15. Juni 2003, S. V1/15

Soziale Verantwortlichkeit in globalen Produktionsnetzwerken: Erkenntnisse aus der Bekleidungsindustrie. Abschlußbericht zu dem Studienprojekt „Global Manufactoring and Responsible Business Practices" unter Leitung von Dr. Michael Fichter und Prof. Dr. Jörg Sydow. Freie Universität Berlin, Eine Kooperation der Fachbereiche Politik-/Sozialwissenschaften und Wirtschaftswissenschaft, Dezember 2001

Moderne Dienstleistungen am Arbeitsmarkt. Bericht der Hartz-Kommission, 2001

12.3 Radio- und Fernsehsendungen

Die Ikea-Story oder: Wie wird man Milliardär. Ein Film von Malcolm Dixelius und Christian Schulz. ARD- Reportage. Sendedatum: 07. Juni 2004

Führungskräfte mit Seele. Wenn Manager ihre Spiritualität entdecken. Feature aus der Reihe „Neugier genügt" des WDR Hörfunks (WDR 5). Sendedatum: 13.02.2004

Wirtschaftsmagazin „Plusminus" des NDR. Bericht über die Kreditvergabepraxis der Citibank. Sendedatum: ARD, 02. März 2004

12.4 Stellungnahmen

Ehrke, Michael: Der dritte Weg und die europäische Sozialdemokratie. Ein politisches Programm für die Informationsgesellschaft, hrsg. von der Friedrich-Ebert-Stiftung, Bonn 1999

Für eine Zukunft in Solidarität und Gerechtigkeit. Wort des Rates der Evangelischen Kirche in Deutschland und der Deutschen Bischofskonferenz zur wirtschaftlichen und sozialen Lage in Deutschland, Hannover und Bonn 1997

Gesetzesbegründung der Bundesregierung zur Novellierung des BetrvG (www.bundesregierung.de, Stand 21.10.2001)

Grundlagenpapier zur Wirtschaftsphilosophie des Instituts für Wirtschaftsphilosophie e.V., Nürnberg, Stand 2002

Mit Flexibilität Wohlstand schaffen. Positionen der Wirtschaft zum Wahljahr 2002, hrsg. vom Deutschen Industrie- und Handelskammertag (DIHK), Berlin 2002

12.5 Nachweis der Paratexte

Kapitel 1: Jack Welch: Was zählt, hier zitiert nach Jens Bergmann: Der tanzende Elefant. Glühbirnen und TV-Shows, Flugzeugtriebwerke und Versicherungen: General Electric (GE) ist der erfolgreichste Gemischtwarenladen der Welt – zusammengehalten von einer Unternehmenskultur, die für permanente Krisenstimmung sorgt. In: brand eins, Heft 1, 2002, S. 49.

Kapitel 2: Aristoteles, Politik: Philosophische Schriften in sechs Bänden, Band 4, übersetzt von Eugen Rolfes, Hamburg 1995, 1257 b 30 f. und 1258a 10 f.

Kapitel 4: Pierre Bourdieu: Der Tote packt den Lebenden, Hamburg 1997, S. 46.

Kapitel 5: Gerd Gerken: Magische Masse. Die Rückkehr der großen Mengen, Düsseldorf und München 1996, S. 269.

Kapitel 5: Oswald Neuberger: Führen und geführt werden, 4., verbesserte Auflage, Stuttgart 1994, S. 16. Hervorhebung geändert M.S.

Kapitel 6: Arthur Schopenhauer: Werke in zehn Bänden, Zürich 1977, Zur Rechtslehre und Politik in Band IX, S. 269, hier zitiert nach: Zinn 2003, S. 37.

Kapitel 7: Jürgen Habermas: Dialektik der Rationalisierung. In Ästhetik und Kommunikation, Heft 45/46 Oktober 1981, S. 126-155, hier S. 151 f. zitiert nach: Gripp 1986, S. 75

Kapitel 8: Jürgen Höller: Jenseits der Grenzen. Zehn Gesetze für ein erfolgreiches Leben, Gochsheim 1999, S. 71.

Kapitel 8: Christian Scholz: Spieler ohne Stammplatzgarantie. Stellen sind nicht mehr so sicher wie früher: Unternehmen müssen kämpfen und geben diesen Druck nach innen weiter. In: Süddeutsche Zeitung Nr. 112, 15./16. Mai 2004, Beilage Personalführung heute, S. V1

Kapitel 9: Manfred Genz: Zum Zeitpunkt der Aussage Vorstand bei Daimler Benz, hier zitiert nach Ulrich 2001, S. 165.

Kapitel 9: Alexis de Toqueville: Über die Demokratie in Amerika, Stuttgart 1997, S. 227.

Kapitel 10: Josef Ackermann: Stellungnahme im Düsseldorfer „Mannesmann-Prozess", siehe Süddeutsche Zeitung Nr. 24, 30. Januar 2004, S. 22.

Kapitel 10: Peter Ulrich: Integrative Wirtschaftsethik. Grundlagen einer lebensdienlichen Ökonomie, 3., revidierte Auflage, Bern u.a. 2001, S. 263.

Kapitel 11: Oskar Negt: Arbeit und menschliche Würde, Göttingen 20001

12.6 Interviews

„Auch das Management musste sich ändern". Interview mit Helmut Fahlbusch über das weltweite Unternehmens-Leitbild der Schott Gruppe. In: Markenartikel, Bd. 61, Nr. 1/1999, S. 6-11

„Die Gier lässt sich nicht einfach abschaffen": SZ- Interview mit Karl Homann. In: Süddeutsche Zeitung Nr. 297, 24./25./26. Dezember 2002, S. 25

„Den Menschen dienen": Interview mit Heinz-Horst Deichmann. In: DB mobil, Nr. 12/2002, S. 47-48

„Konkurrieren über Konzepte". Was das Thema Marketing mit Religion zu tun hat. Interview mit Jesper Kunde. In: Agenda – Magazin der Firma RWE, Nr. 2/2001, S. 27-28, hier zitiert nach home.tiscali.de/fboensel/reli_11/Markenreligion.pdf (Stand 02.12.2003).

„Marx, Keynes und Starbucks" Interview mit dem US-Ökonom Lester Thurow. In: Die Mitbestimmung Nr. 4/2004, S. 46-50

Moralische Wirtschaft. Interview mit dem Philosophen Rainer Hegselmann. In: brand eins, Heft 6, 2001, S. 72-75

Schinkel, Jens Reimer: Eigenverantwortlichkeit fördern. Interview mit Fritz Schuller, Geschäftsführer und Arbeitsdirektor bei der Hewlett-Packard GmbH. In: Personalwirtschaft, Heft 3, 2002, S. 22-24

„Uns bricht das Fundament unter den Füßen weg". SZ-Interview mit Friedrich Merz. In: Süddeutsche Zeitung Nr. 27, 03. Februar 2004, S. 22

12.7 Internetseiten

www.afek.de
www.alexrusch.com
www.all-in-one-spirit.de
www.azvis.de
www.bundesregierung.de
www.bundestag.de
www.coc-runder-tisch.de
www.corporatereligion.com
www.ekir.de
www.ilo.org
www.landmarkeducation.de
www.lassalle-institut.org
www.mein-persoenliches-konzept.de
www.mein-weg.com
www.erfolgreich.de
www.friedenspädagogik.de
www.iir.de
www.iwp-ev.de (Institut für Wirtschaftsphilosophie e.V., Nürnberg)
www.lebensschule.com
www.mido.org.de
www.noch-erfolgreicher.com
www.ras-training.de
www.religio.de
www.schule-der-persoenlichkeit.de
www.selbstmanager.de

www.sozialpoltik-aktuell.de
www.spiritual-venture.net
www.spirituellebegleitung.com
www.transparent-online.de
www.walmart.com
www.welcome-to-win.de
www.wirtschaftundweiterbildung.de
www.wsb.uni-landau.de/seminare/352.html
www.unglobalcompact.org
www.unternehmensphilosophie.de
www.wirtschaftundweiterbildung.de
www.zist.de